Soia Koester · Elena Rom

# Wörterbuch der modernen russischen Umgangssprache

## Russisch – Deutsch

Soia Koester · Elena Rom

# Wörterbuch der modernen russischen Umgangssprache

## Russisch – Deutsch

60,00 DM

Max Hueber Verlag

Übersetzung ins Deutsche von Herbert Winter
unter Mitarbeit von Eva Salnikow-Ritter und Detlef Burwig

CIP-Kurztitelaufnahme der Deutschen Bibliothek

**Koester, Soia:**
Wörterbuch der modernen russischen Umgangssprache:
russ.-dt. / Soia Koester; Elena Rom. — 1. Aufl. —
München [i.e. Ismaning]: Hueber, 1985.
ISBN 3-19-006319-2
NE: Rom, Elena; HST



1. Auflage 3 2 1


Texterfassung: KDM-Lesemaschine, CCS, Hamburg
Satz: Löding Computersatz GmbH, Hamburg
Druck: Friedrich Pustet, Regensburg · Printed in Germany
ISBN 3-19-006319-2

# ПРЕДИСЛОВИЕ

### Состав словаря

Словарь современного русского разговорного языка содержит свыше 5000 разговорных и просторечных слов. Это первый опыт толкового переводного словаря, отражающего употребление разговорных слов в современном русском языке. К этим словам даны примеры из произведений современных русских писателей, а также из периодической печати. Данный словарь включает:

1. Новые разговорные слова, которые не отражены в других словарях:

**БРЕДЯ́ТИНА** *ж.*
*нелепые вздорные мысли, выдумки.*

**ВОДОЛА́ЗКА** *ж.*
*тонкая трикотажная рубашка с высоким воротником.*

**ЗАНУ́ДА** *м. ж.*
*надоедливый, назойливый человек.*

2. Новые значения уже известных в языке слов:

**БУ́ДКА** *ж. груб.*
*то же, что лицо.*
(в нейтральной лексике: будка — маленькая постройка или ларек, киоск)

**ВА́РЕЖКА** *ж. груб.*
*то же, что рот.*
(в нейтральной лексике: варежка — теплая, вязанная из шерсти или шитая рукавица)

**БАРДАЧО́К** *м.*
*перчаточный ящик в автомобиле.*
(в нейтральной лексике: бардачок — уменьш. к бардак, публичный дом)

3. Слова, которые перешли в разряд разговорных слов из нейтральной и устарелой лексики:

**ВРАЗВА́ЛОЧКУ** (раньше — *нейтральное)*

**ДОТО́ЛЕ, ДОКО́ЛЕ, ДОСЕ́ЛЕ** (раньше — *устарелые)*

**ЗНАКО́МЕЦ** *м.* (раньше — *устарелое)*

4. Слова, которые входили в состав жаргона различных социальных, профессиональных и возрастных групп, напр.:

а) морской жаргон:

**БИЧ** *м.*
*бывший матрос, нигде не работающий, живущий за чужой счет, занимающийся мелкой спекуляцией.*

б) жаргон деклассированных элементов:

**АЛКА́Ш** *м.*
*человек, страдающий алкоголизмом; алкоголик, пьяница.*

**БЛАТНО́Й** *м.*
*человек, принадлежащий к преступному миру; уголовник*

**БЫЧО́К** *м.*
*окурок, недокуренная папироса, сигарета.*

в) детский жаргон:

**БЯ́КА** *ж.*
*о чем-либо нехорошем, дурном, гадком.*

5. Новые разговорные слова, образованные по образцу уже известных разговорных слов:

**БЕЗМАТЕРИ́НЩИНА** *ж.*
*воспитание ребенка в семье без матери.*
(Сравн. **БЕЗОТЦО́ВЩИНА**)

6. Слова, возникшие в результате исторических и социальных изменений:

**ВАЛЮ́ТЧИК** *м.*
*скупщик иностранной валюты.*

**ВО́ХРОВЕЦ** *м.*
*стрелок военизированной охраны МВД.*

**АМОРА́ЛКА** *ж.*
*аморальное поведение // выговор за аморальное поведение //.*

В связи с тем, что данный словарь ставит своей целью наиболее полно отразить состояние современного русского разговорного языка, в нем представлены также разговорные и просторечные слова, которые даны и в других словарях, но толкования этих слов пересмотрены, изменены или частично дополнены.

**Построение словарной статьи**

Словарная статья построена следующим образом: заглавное слово, у существительных указан род, стилистическо-эмоциональная характеристика, перевод слова на немецкий язык, толкование значения слова, литературный пример употребления данного слова с указанием источника:

**БА́РМЕНША** *ж.*
Bardame
*женщина, продающая напитки за стойкой бара.*
В баре пыль столбом и дым коромыслом. Барменша расправляется с иностранцами. Особенно удобно надувать финнов. А.П., 74

**ВИЛЯ́ТЬ** *несов. неодобр.*
Ausflüchte machen, herumdrucksen
*уклоняться от прямого ответа, лукавить.*
И ты будешь волков на земле плодить! / И учить их вилять хвостом. А.Г., 97

Если слово имеет несколько разговорных значений, то даны толкования основных значений и литературные примеры к ним:

**БА́БКА** *ж.*
*1. пожилая женщина.*
Три дня назад бабка в магазине „Океан" в бассейне с рыбами захлебнулась. Г.Минников, Л.Г., 2.3.1973
*2. бабушка.*
Да ему, если хочешь знать, бабка даже лабораторные по химии делает. Л.Маков, Крокодил, № 31, 76

**БАБА́ХНУТЬ**
*1. издать сильный звук, произвести шум.*
— Кажись, стреляют. И вдруг снова бабахнуло — теперь вроде с другой стороны. Вл.В., 274
*2. произвести какое-либо действие, сделать что-либо (обычно резко, с шумом, неожиданно).*
Иван Константинович бабахнул на предприятие письмо. С.Б., 24

Разные значения обозначаются в зависимости от характера связей между ними:

а) цифрами:

**БАЛА́НДА** *ж.*
*1. жидкий, водянистый суп.*
*2. пустословие, болтовня.*

б) параллельными линиями:

**ГНУСА́ВИТЬ** *несов.*
*говорить, петь с носовыми призвуками // петь невнятно или на непонятном языке //.*

У существительных указывается род:

**НОМЕНКЛАТУ́РА** *ж.*, **СТАРИКА́Н** *м.*, **СКО́ТСТВО** *ср.*

Если слово может быть мужского и женского рода в зависимости от употребления применительно к мужчине или женщине, то указываются оба рода:

**ГУЛЯ́КА** *м. ж.*

**ЗАДИ́РА** *м. ж.*

В заглавном слове поставлены ударения. В одной словарной статье даются слова

а) имеющие разное ударение:

**ВПОЛПЬЯ́НА** и **ВПОЛПЬЯНА́**

б) варианты написания слова:

**БАДЯ́ГА** и **БОДЯ́ГА**

в) варианты словообразования слова:

**АНОНИ́МЕЦ** *м.* и **АНОНИ́МЩИК** *м.*

Глаголы даны в основном в совершенном виде:

**БРЯ́КНУТЬ**

**БРЯ́КНУТЬСЯ**

Если глагол дается в несовершенном виде, то это указывается:

**ГИТА́РИТЬ** *несов.*

Иногда указываются обе видовые формы, если они трудно различимы:

**ВПЕРЕ́ТЬСЯ, ВПИРА́ТЬСЯ** *несов.*

Омонимы даются отдельными статьями:

**БА́БОЧКА**[1] *ж. ласк.*
*бойкая женщина.*
„Да, уверенная бабочка," — со злостью подумал Ваганов. В.Ш., 286

**БА́БОЧКА**[2] *ж.*
*галстук, завязанный в виде банта.*
Последним к Лякину подкатился сытенький катышек в бабочке, которого все величали доктором. Д.Иванов, В.Трифонов, Л.Г., 18.10.1978

К словам, имеющим стилистическое и эмоционально-экспрессивное употребление, дается соответствующая помета (неодобр., шутл., ирон., ласк. и др.):

**АМБА́Л** *м. груб.*

**БАБЁНКА** *м. шутл. ласк.*

**БА́БНИК** *м. неодобр.*

**БАЛДА́** *м. ж. бран.*

Пропуски при сокращении цитаты обозначаются тремя точками (...):

**БАЛАМУ́Т** *м.*
*человек, вызывающий тревогу, волнение, беспокойство.*
— Баламут ты, Ванька, — сказал старик. — Ну пошел бы, поработал бы год на свинарнике... Мать не жалеешь. Она всю жисть итак одна прожила. В.Ш., 91

После цитаты, иллюстрирующей значение и употребление слова, дается указание на источник. Названия периодических изданий, а также фамилии авторов и их произведений зашифрованы (см. Список основных источников словаря):

**АВО́СЬКА** *ж.*
*сетка для продуктов, которую берут с собой на всякий случай, „на авось".*
Купили мы картошки и несем в авоське домой. В.Климович, Л.Г., 18.10.1978

**БА́БИЙ**
*то же, что женский.*
Ефим подивился бабьему уму. В.Ш., 136

**ГУЛЯТЬ** *несов.*
*1. ухаживать за кем-либо, быть в близких, любовных отношениях.*
Да я с Нинулькою гулял, с тетипашиной, / И в „Пекин" ее водил, и в Сокольники. А.Г., 167

Если ссылка на какого-либо автора производится менее десяти раз, то его имя не включено в список источников и приводится после соответствующей цитаты полностью:

**УД** *м.*
*то же, что удовлетворительно (о школьной оценке).*
Мы все отлично учились. Исключением опять же была Инка. Отметка „отлично" в журнале была для нее редкостью... Зато „уды" она тщательно скрывала даже от нас. Борис Балтер, До свидания, мальчики!, М., 1978, 9

**Источники словаря**

Отбор слов для данного словаря представлял собой определенную сложность. Это связано с тем, что в современном русском языке употребляется большое количество разговорных и просторечных слов и словосочетаний. Таким образом, отбор слов для словаря продиктован фактом их неоднократного употребления в произведениях современной художественной литературы и периодической печати. Нами были использованы произведения художественной литературы, обращенные к широкому кругу читателей. Для этой цели было выбрано около 150 произведений различных писателей, таких как Василий Аксенов, Виктор Астафьев, Василий Белов, Александр Галич, Владимир Максимов, Виктор Некрасов, Булат Окуджава, Валентин Распутин, Василий Шукшин и др.
Кроме того были использованы материалы периодической печати: „Известия", „Литературная газета", „Новый мир", „Наш современник", „Крокодил", „Континент", „Время и мы", „Юность" и др. за 1973-1982 годы.

**Перевод слов**

Заглавные слова переведены на немецкий язык. При переводе по возможности были использованы немецкие слова, также относящиеся к разговорной лексике:

**ГОРБА́ТИТЬ** *несов.*
ackern, schuften
***много, тяжело работать.***
... мне, старухе, все радость белый свет поглядеть, как родилась, нигде не бывала, весь век на деревне своей промыкалась, на земле горбатила, из навоза не вылезала. В.М. 1, 173

В том случае, когда нельзя было подобрать стилистический эквивалент, то слово переводилось соответствующим нейтральным словом или описательно:

**АВО́СЬКА** *ж.*
Einkaufsnetz
***сетка для продуктов, которую берут с собой на всякий случай, „на авось".***
Были такие, как я, в гражданской одежде, с узлами, рюкзаками, чемоданами и даже домашними авоськами. Л.Л., № 30, 149
Купили мы картошки и несем в авоське домой. В.Климович, Л.Г., 18.10.78

**АВРА́Л** *м.*
Sonderarbeitseinsatz, Sonderschicht, vom ganzen Kollektiv ausgeführte, dringende und eilige Arbeit zur Aufholung eines Planrückstandes
***спешная работа, обычно выполняемая в конце месяца из-за неудовлетворительной организации труда и неправильного планирования.***
Очевидно, и пиво, и ручка были выпущены во время аврала, после 25-го числа... Ю.Рихтер, Юность № 2, 1975, 111

Обследование источников и составление специальной картотеки, послужившей основой для словаря, осуществлялось авторами. Эта картотека насчитывает около 80.000 карточек-цитат.

За поддержку идеи создания словаря, за ценные советы и критические замечания, авторы выражают свою глубокую признательность проф. д-ру Г. Бройеру (университет Кельн), проф. д-ру К. Шуману (университет Берлин).
Перевод на немецкий язык осуществлен д-ром Г. Винтером. Мы благодарны д-ру Еве Сальниковой-Риттер, Гермерсхайм, и Д. Бурвигу, Берлин, за активную помощь, особенно за ценные советы, замечания, добавления, сделанные ими при просмотре перевода данных в словаре слов на немецкий язык. Авторы приносят также свою благодарность проф. д-ру В. З. Рубинзону (университет Тель-Авив), проф. д-ру Ф. Базлеру, Ф. Хеннеке (университет Берлин) за помощь в переводе слов на немецкий язык.
Авторы благодарят также Немецкое исследовательское общество (DFG) и издательство Max Hueber, München за оказанную поддержку в публикации словаря.

Авторы продолжают начатую работу по сбору и подготовке к дальнейшей публикации слов разговорного языка, зафиксированных в литературных произведениях и периодической печати, и поэтому просят всех лиц, заинтересованных в создании наиболее полного словаря русского разговорного языка, присылать слова разговорного языка, не включенные в данный том, с примерами и указанием источников. Эти слова по возможности мы постараемся включить в последующие издания словаря. Наш адрес: S. Koester, FU Berlin, Garystr. 55, 1000 Berlin 33.

Зоя Кестер, Елена Ром

# VORWORT

Bestandteile des Wörterbuches

Das Wörterbuch der modernen russischen Umgangssprache enthält über 5000 umgangssprachliche und volkssprachliche Wörter. Es handelt sich dabei um den ersten Versuch eines zweisprachigen Wörterbuches für den Gebrauch umgangssprachlicher Wörter in der russischen Gegenwartssprache. Die einzelnen Wortartikel werden durch Beispiele aus Werken zeitgenössischer russischer Schriftsteller, aus Zeitungen und Zeitschriften belegt. Dieses Wörterbuch enthält folgende Wörter:

1. Neue umgangssprachliche, in anderen Wörterbüchern nicht erfaßte Wörter:

**БРЕДЯ́ТИНА** *ж.*
*нелепые вздорные мысли, выдумки.*

**ВОДОЛА́ЗКА** *ж.*
*тонкая трикотажная рубашка с высоким воротником.*

**ЗАНУ́ДА** *м. ж.*
*надоедливый, назойливый человек.*

2. Neue Bedeutungen von Wörtern, die im Russischen schon vorhanden sind:

**БУ́ДКА** *ж. груб.*
*то же, что лицо.*
(в нейтральной лексике: будка — маленькая постройка или ларек, киоск)

**ВА́РЕЖКА** *ж. груб.*
*то же, что рот.*
(в нейтральной лексике: варежка — теплая, вязанная из шерсти или шитая рукавица)

**БАРДАЧО́К** *м.*
*перчаточный ящик в автомобиле.*
(в нейтральной лексике: бардачок — *уменьш.* к бардак, публичный дом)

3. Wörter, die aus dem neutralen und veralteten Wortschatz in den umgangssprachlichen Wortschatz übernommen wurden:

**ВРАЗВА́ЛОЧКУ** *(früher — нейтральное)*

**ДОТО́ЛЕ, ДОКО́ЛЕ, ДОСЕ́ЛЕ** *(früher — устарелые)*

**ЗНАКО́МЕЦ** *м. (früher — устарелое)*

4. Wörter, die zum Bestand von Sondersprachen (Jargons) verschiedener sozialer Schichten, Berufs- und Altersgruppen gehörten, z.B.:

a) Seemannsprache:

**БИЧ** *м.*
*бывший матрос, нигде не работающий, живущий за чужой счет, занимающийся мелкой спекуляцией.*

b) Sprache Asozialer:

**АЛКА́Ш** *м.*
*человек, страдающий алкоголизмом; алкоголик, пьяница.*

**БЛАТНО́Й** *м.*
*человек, принадлежащий к преступному миру; уголовник*

**БЫЧО́К** *м.*
*окурок, недокуренная папироса, сигарета.*

c) Kindersprache:

**БЯ́КА** *ж.*
*о чем-либо нехорошем, дурном, гадком.*

5. Neue umgangsprachliche Wörter, die in Analogie zu schon vorhandenen umgangsprachlichen Wörtern gebildet wurden:

**БЕЗМАТЕРИ́НЩИНА** *ж.*
*воспитание ребенка в семье без матери.*
(Сравн. **БЕЗОТЦО́ВЩИНА**)

6. Wörter, die infolge historischer und sozialer Veränderungen entstanden sind:

**ВАЛЮ́ТЧИК** *м.*
*скупщик иностранной валюты.*

**ВО́ХРОВЕЦ** *м.*
*стрелок военизированной охраны МВД.*

**АМОРА́ЛКА** *ж.*
*аморальное поведение // выговор за аморальное поведение //.*

Um den derzeitigen Zustand der modernen Umgangssprache möglichst vollständig zu erfassen, wurden auch solche umgangssprachliche und volkssprachliche Wörter aufgenommen, die in anderen Wörterbüchern zu finden sind. Die Erklärungen dieser Wörter wurden jedoch überprüft, verbessert oder teilweise ergänzt.

### Zum Aufbau der Wortartikel

Ein Wortartikel ist wie folgt aufgebaut: das Titelwort (bei Substantiven ist das Geschlecht angegeben), die stilistisch-emotioale Charakteristik, die Übersetzung des Wortes ins Deutsche, die Erklärung seiner Bedeutung, das literarische Beispiel für seinen Gebrauch mit Quellenangabe:

**БА́РМЕНША** *ж.*
Bardame
*женщина, продающая напитки за стойкой бара.*
В баре пыль столбом и дым коромыслом. Барменша расправляется с иностранцами. Особенно удобно надувать финнов. А.П., 74

**ВИЛЯ́ТЬ** *несов., неодобр.*
Ausflüchte machen, herumdrucksen
*уклоняться от прямого ответа, лукавить.*
И ты будешь волков на земле плодить! / И учить их вилять хвостом. А.Г., 97

Hat ein Wort mehrere umgangssprachliche Bedeutungen, werden die Erklärungen der wichtigsten Bedeutungen und die entsprechenden Beispiele angeführt:

**БА́БКА** *ж.*
*1. пожилая женщина.*
Три дня назад бабка в магазине „Океан" в бассейне с рыбами захлебнулась. Г.Минников, Л.Г., 2.3.1973
*2. бабушка.*
Да ему, если хочешь знать, бабка даже лабораторные по химии делает. Л.Маков, Крокодил, № 31, 76

**БАБА́ХНУТЬ**
*1. издать сильный звук, произвести шум.*
— Кажись, стреляют. И вдруг снова бабахнуло — теперь вроде с другой стороны. Вл.В., 274
*2. произвести какое-либо действие, сделать что-либо (обычно резко, с шумом, неожиданно).*
Иван Константинович бабахнул на предприятие письмо. С.Б., 24

Die verschiedenen Bedeutungen werden entsprechend dem Charakter ihres inneren Zusammenhangs angeführt und wie folgt gekennzeichnet:

a) durch Ziffern:

**БАЛА́НДА** *ж.*
*1. жидкий, водянистый суп.*
*2. пустословие, болтовня.*

b) durch parallele Schrägstriche:

**ГНУСА́ВИТЬ** *несов.*
*говорить, петь с носовыми призвуками // петь невнятно или на непонятном языке //.*

Bei Substantiven wird das Geschlecht angegeben:

**НОМЕНКЛАТУ́РА** *ж.*, **СТАРИКА́Н** *м.*, **СКО́ТСТВО** *ср.*

Bezeichnet ein Wort sowohl männliche als auch weibliche Personen, so wird es als männlichen und weiblichen Geschlechts gekennzeichnet:

**ГУЛЯ́КА** *м. ж.*

**ЗАДИ́РА** *м. ж.*

Beim Titelwort ist die Betonung angegeben. In ein und demselben Wortartikel sind enthalten:

a) Wörter mit verschiedener Betonung:

**ВПОЛПЬЯ́НА и ВПОЛПЬЯНА́**

b) Orthographische Varianten:

**БАДЯ́ГА и БОДЯ́ГА**

c) Morphologische Varianten (Wortbildungsdoubletten):

**АНОНИ́МЕЦ** *м.* **и АНОНИ́МЩИК** *м.*

Verben sind vorwiegend im perfektiven Aspekt angegeben:

**БРЯ́КНУТЬ**

**БРЯ́КНУТЬСЯ**

Wenn das Verbum im imperfektiven Aspekt angegeben ist, so wird dies wie folgt gekennzeichnet:

**ГИТА́РИТЬ** *несов.*

Zuweilen werden jedoch beide Aspektformen aufgeführt, wenn diese Schwierigkeiten bei der Aspektbildung bereiten:

**ВПЕРЁТЬСЯ, ВПИРА́ТЬСЯ** *несов.*

Homonyme sind in verschiedenen Wortartikeln angeführt.

**БА́БОЧКА**1 *ж. ласк.*
*бойкая женщина.*
„Да, уверенная бабочка," — со злостью подумал Ваганов. В.Ш., 286

**БА́БОЧКА**2 *ж.*
*галстук, завязанный в виде банта.*
Последним к Лякину подкатился сытенький катышек в бабочке, которого все величали доктором. Д.Иванов, В.Трифонов, Л.Г., 18.10.1978

Wörter mit stilistischen beziehungsweise emotional-expressiven Merkmalen werden entsprechend gekennzeichnet: *mißbilligend, scherzhaft, ironisch, Kosewort* u.a.:

**АМБА́Л** *м. груб.*

**БАБЁНКА** *м. шутл. ласк.*

**БА́БНИК** *м. неодобр.*

**БАЛДА́** *м. ж. бран.*

Ausgelassene Stellen zur Kürzung von Zitaten werden durch drei Punkte bezeichnet (...):

**БАЛАМУ́Т** *м.*
*человек, вызывающий тревогу, волнение, беспокойство.*
— Баламут ты, Ванька, — сказал старик. — Ну пошел бы, поработал бы год на свинарнике... Мать не жалеешь. Она всю жисть итак одна прожила. В.Ш., 91

Nach dem Zitat, das die Bedeutung und den Gebrauch des Wortes belegt, erscheint die Quellenangabe. Die Titel von Zeitschriften sowie die Namen der Autoren und deren Werke sind abgekürzt (s. Verzeichnis der wichtigsten Quellen des Wörterbuches).

**АВО́СЬКА** *ж.*
*сетка для продуктов, которую берут с собой на всякий случай, „на авось".*
Купили мы картошки и несем в авоське домой. В.Климович, Л.Г., 18.10.1978

**БА́БИЙ**
*то же, что женский.*
Ефим подивился бабьему уму. В.Ш., 136

**ГУЛЯ́ТЬ** *несов.*
*1. ухаживать за кем-либо, быть в близких, любовных отношениях.*
Да я с Нинулькою гулял, с тетипашиной, / И в „Пекин" ее водил, и в Сокольники. А.Г., 167

Wird ein Autor weniger als zehnmal zitiert, so erscheint sein Name nicht im Quellenverzeichnis. Er wird nach dem entsprechenden Zitat in vollem Wortlaut angegeben.

**УД** *м.*
*то же, что удовлетворительно (о школьной оценке).*
Мы все отлично учились. Исключением опять же была Инка. Отметка „отлично" в журнале была для нее редкостью... Зато „уды" она тщательно скрывала даже от нас. Борис Балтер, До свидания, мальчики!, М., 1978, 9

## Quellen des Wörterbuches

Die Auswahl der Wörter für das vorliegende Wörterbuch war mit gewissen Schwierigkeiten verbunden. Dies hängt damit zusammen, daß in der russischen Gegenwartssprache eine große Anzahl umgangssprachlicher und volkssprachlicher Wörter und Wortverbindungen gebräuchlich sind. Somit ist das Kriterium für die Aufnahme der Wörter in das Wörterbuch deren wiederholte Benutzung in den Werken der modernen schöngeistigen Literatur sowie in Zeitungen und Zeitschriften. Wir haben solche Werke der schöngeistigen Literatur ausgewertet, die sich an einen großen Leserkreis wenden. Für diesen Zweck wurden etwa 150 Werke verschiedener Schriftsteller ausgewählt, wie z.B. Vasilij Aksenov, Viktor Astaf'ev, Vasilij Belov, Aleksandr Galič, Vladimir Maksimov, Viktor Nekrasov, Bulat Okudžava, Valentin Rasputin, Vasilij Šukšin u.a. Außerdem wurde folgendes Zeitungs- und Zeitschriftenmaterial ausgewertet: „Izvestija", „Literaturnaja gazeta", „Novyj mir", „Naš sovremennik", „Krokodil", „Kontinent", „Vremja i my", „Junost'" u.a. der Jahrgänge 1973-1982.

## Zur Übersetzung der Wörter

Die Titelwörter sind ins Deutsche übersetzt. Bei der Übersetzung wurden soweit wie möglich deutsche Wörter benutzt, die ebenfalls der Umgangssprache angehören.

**ГОРБА́ТИТЬ** *несов.*
ackern, schuften
***много, тяжело работать.***
... мне, старухе, все радость белый свет поглядеть, как родилась, нигде не бывала, весь век на деревне своей промыкалась, на земле горбатила, из навоза не вылезала. В.М. 1, 173

Wenn ein stilistisch äquivalentes Wort nicht gefunden werden konnte, wurde das Wort neutral übersetzt oder umschrieben.

**АВО́СЬКА** *ж.*
Einkaufsnetz
***сетка для продуктов, которую берут с собой на всякий случай, „на авось".***
Были такие, как я, в гражданской одежде, с узлами, рюкзаками, чемоданами и даже домашними авоськами. Л.Л., № 30, 149
Купили мы картошки и несем в авоське домой. В.Климович, Л.Г., 18.10.78

**АВРА́Л** *м.*
Sonderarbeitseinsatz, Sonderschicht, vom ganzen Kollektiv ausgeführte, dringende und eilige Arbeit zur Aufholung eines Planrückstandes
***спешная работа, обычно выполняемая в конце месяца из-за неудовлетворительной организации труда и неправильного планирования.***
Очевидно, и пиво, и ручка были выпущены во время аврала, после 25-го числа... Ю.Рихтер, Юность № 2, 1975, 111

Als Grundlage für das vorliegende Wörterbuch diente den Verfassern die Untersuchung der Quellen sowie die von ihnen zusammengestellte Kartei, die ca. 80.000 Wörter umfaßt.
Für die Unterstützung bei der Idee der Herausgabe dieses Wörterbuchs sowie für wertvolle Ratschläge und kritische Anmerkungen möchten die Verfasser ihren aufrichtigen Dank den Herren Prof. Dr. H. Bräuer (Universität Köln) und Prof. Dr. K. Schumann (Freie Universität Berlin) ausdrücken.
Die Übersetzung in die deutsche Sprache wurde von Dr. H. Winter besorgt. Wir sind Frau Dr. Eva Salnikow-Ritter, Germersheim, und Herrn Detlef Burwig, FU Berlin, für ihre aktive Mitarbeit, insbesondere für ihre wertvollen Verbesserungsvorschläge bei der Durchsicht und Korrektur des deutschsprachigen Teils des Wörterbuches zu ganz besonderem Dank verpflichtet. Die Verfasser bedanken sich ebenfalls bei Herrn Prof. Dr. W. Z. Rubinsohn (Universität Tel Aviv), Herrn Prof. Dr. F. Basler und Herrn F. Henneke (Freie Universität Berlin) für die Unterstützung bei der Übersetzung ins Deutsche.
Ebenso bedanken sich die Verfasser bei der Deutschen Forschungsgemeinschaft und beim Max Hueber Verlag, München für die erwiesene Hilfe bei der Herausgabe des Wörterbuchs.
Die Verfasser bereiten eine weitere Veröffentlichung dieses Wörterbuches der modernen russischen Umgangssprache vor. Sie wenden sich mit der Bitte an alle Personen, die an einer vollständigen Ausgabe eines Wörterbuchs der russischen Umgangssprache interessiert sind, ihnen Wörter der Umgangssprache, die in dem vorliegenden Band nicht enthalten sind, mit Beispielen und Quellenangaben, zuzusenden. Wir werden uns bemühen, diese Wörter in die nächste Auflage des Wörterbuchs aufzunehmen. Unsere Anschrift: S. Koester, FU Berlin, Garystr. 55, 1000 Berlin 33.

Soia Koester, Elena Rom

## СПИСОК СЛОВАРЕЙ, ИСПОЛЬЗОВАННЫХ ДЛЯ СПРАВОК


Александрова З.Е., Словарь синонимов русского языка, М., 1969
Ахманова О.С., Словарь лингвистических терминов, М., 1969
Ахманова О.С., Словарь омонимов русского языка, М., 1974
Бабкин А.М., Шендецов В.В., Словарь иноязычных выражений и слов, употребляющихся в русском языке без перевода, т. 1-2, М., 1966
Граудина Л.К., Ицкович В.А., Капалинская В.А., Грамматическая правильность русской речи, М., 1976
Даль В.И., Толковый словарь живого великорусского языка, т. 1-4, М., 1956 (напечатано по второму изданию 1880-1882)
Колесников Н.П., Словарь омонимов русского языка, Тбилиси, 1976
Колесников Н.П., Словарь паронимов русского языка, Тбилиси, 1971
Краткий философский словарь под ред. Розенталя М., Юдина П., М., 1952
Львов М.Р., Словарь антонимов русского языка, М., 1978
Новые слова и значения. Словарь-справочник, М., 1971
Ожегов С.И., Словарь русского языка, М., 1970, 1981
Орфографический словарь русского языка, М., 1974
Розенталь Д.Э., Теленкова М.А., Словарь-справочник лингвистических терминов, М., 1976
Словарь библиотечных терминов под ред. Чубарьяна О.С., М., 1976
Словарь иностранных слов под ред. Лехина И.В., Петрова Ф.Н., М., 1954
Словарь литературоведческих терминов. Сост. Тимофеев Л.И., Тураев С.В., М., 1974
Словарь названий жителей СССР под ред. Бабкина А.М., Левашова Е.А., М., 1976
Словарь по этике под ред. Дробницкого О.Г., Кона И.С., М., 1970
Словарь синонимов русского языка, т. 1-2, Л., 1970-1971
Словарь современного русского литературного языка, т. 1-17, М-Л., 1950-1965
Словарь сокращений русского языка. Сост. Алексеев Д.И., Гозман И.Г., М., 1977
Словарь ударений для работников радио и телевидения под ред. Д.Э.Розенталя, М., 1970
Толковый словарь русского языка под ред. проф. Д.Н.Ушакова, т. 1-4, М., 1934-1940
Трудности русского языка. Словарь-справочник журналиста под ред. Л.И.Рахмановой, М., 1974
Трудные случаи употребления однокоренных слов русского языка. Словарь-справочник, составители Ю.А.Бельчиков и М.С.Панюшева, М., 1969
Фразеологический словарь русского языка под ред. Молоткова А.И., М., 1967

Daum, B., Schenk, W. Die russischen Verben, Leipzig 1974
Duden, Das Bedeutungswörterbuch, Mannheim, Wien, Zürich 1970
Duden, Rechtschreibung der deutschen Sprache und der Fremdwörter, Mannheim, Zürich, 1980
Duden, Die sinn- und sachverwandten Wörter und Wendungen, Mannheim, Wien, Zürich 1972
Duden, Das Stilwörterbuch, Mannheim, Wien, Zürich 1970
Görner, U., Synonymwörterbuch, Leipzig 1975
Friederich, W., Geis, S. Russisch-Deutsches Neuwörterbuch, München 1976
Küpper, U., Wörterbuch der deutschen Umgangssprache, Hamburg 1955
Leping, E. I., Das Große Deutsch-Russische Wörterbuch, Moskau 1980
Leiping, E. I., Russisch-Deutsches Wörterbuch, Moskau 1978
Mackensen, L., Deutsches Wörterbuch, Baden-Baden 1962
Schkljarow, W. T., Kurzes Russisch-Deutsches Phraseologisches Wörterbuch, Moskau 1977
Vasmer, M., Russisches Etymologisches Wörterbuch, Heidelberg 1950—1958
Wahrig, G., Das Große Deutsche Wörterbuch, Gütersloh 1967

## СПИСОК ОСНОВНЫХ ИСТОЧНИКОВ СЛОВАРЯ


А.Г. — Галич Александр, Поколение обреченных, Франкфурт-на-Майне, 1974
А.Г.1 — Галич Александр, Когда я вернусь, Франкфурт-на-Майне, 1977
А.Гл. — Гладилин Анатолий, Два года до весны, М., 1975
А.З. — Зиновьев Александр, Светлое будущее, Лозанна, 1978
А.З.1 — Зиновьев Александр, Желтый дом, Лозанна, 1980
А.И. — Иванов Александр, Библиотека крокодила, № 19 (816), М., 1978
А.К. — Кторова Алла, Экспонат молчащий, Франкфурт-на-Майне, 1974
А.Л. — Львов Аркадий, Отель „Амбассадор", Время и мы № 44, 1979
А.М. — Моралевич Александр, Библиотека крокодила № 9 (806) М., 1978
А.Л.1 — Лимбергер Анатолий, Последняя сессия, Время и мы, № 45, 1979
А.П. — Панов Александр, Фарцовщики, Лондон, 1971
А.Р. — Раскин Александр, Библиотека крокодила, № 28, М., 1959
А.С. — Солженицын Александр, Раковый корпус, соб. соч., т.2, Франкфурт-на-Майне, 1971
А.Х. — Хвостенко Алексей, Песни русских бардов (3), Париж, 1977
А.Ч. — Чикарьев Александр, Библиотека крокодила, № 10 (807), М., 1978
А.Я. — Яхонтов Андрей, Библиотека крокодила, № 14 (811), М., 1978
Б.А. — Алмазов Борис, Песни русских бардов (3), Париж, 1977
Б.О. — Окуджава Булат, Проза и поэзия, Франкфурт-на-Майне, 1968
Б.С. — Сухаревский Борис, Библиотека крокодила, № 24, М., 1964
В.А. — Астафьев Виктор, Игра в лапту, Литературная газета, 14.12.1977
В.А. — Астафьев Виктор, Где-то гремит война, М., 1975
В.Ак. — Аксенов Василий, Звездный билет, Юность, № 6-7, 1961
В.Б. — Белов Василий, Утром в субботу, Северо-Западное книжное издательство, 1976
В.В.1 — Высоцкий Владимир, Песни русских бардов (1), Париж, 1977
В.В.2 — Высоцкий Владимир, Песни русских бардов (2), Париж, 1977

В.В.3 — Высоцкий Владимир, Песни русских бардов (3), Париж, 1977

Вл.Б. — Буковский Владимир, Изнутри́ и снаружи, Континент, № 17, 1978
Вл.В. — Войнович Владимир, Жизнь и необычайные приключения солдата Ивана Чонкина, Париж, 1975
Вл.В.1 — Войнович Владимир, Путем взаимной переписки, Париж, 1979
В.К. — Комов Владимир, Библиотека крокодила, № 18 (791), М., 1977
В.Кор. — Корнилов Владимир, Демобилизация, Франкфурт-на-Майне, 1976
В.М. — Максимов Владимир, Семь дней творенья, соб. соч., т.2, Франкфурт-на-Майне, 1976
В.М.1 — Максимов Владимир, Ковчег для незванных, соб. соч., т.6, Франкфурт-на-Майне, 1979
В.Н. — Некрасов Виктор, По обе стороны стены, Континент, № 18-19
В.П. — Перельман Виктор, Банка Джорджес, Время и мы, № 30, 1978
В.Р. — Рыбаков Владимир, Тяжесть, Франкфурт-на-Майне, 1977
В.Расп.1 — Распутин Валентин, Последний срок, Роман-газета, № 23, 1976
В.Расп.2 — Распутин Валентин, Василий и Василиса, Роман-газета, № 21, 1976
В.С. — Смехов Вениамин, Служенье муз не терпит суеты, Юность, № 9, 1976
В.Ш. — Шукшин Василий, Избранные произведения в 2-х томах, т.1, М., 1975
В.Ш.1 — Шукшин Василий, Охота жить, Казань, 1977
Г.Б. — Беляков Георгий, Иванова топь, Грани, № 113, 1979
Г.В.1 — Владимов Георгий, Три минуты молчания, Новый мир, № 7, 1969
Г.В.2 — Владимов Георгий, Большая руда, М., 1971
Г.Р. — Рыскин Григорий, Педагогическая комедия, Грани, № 113, 1979
Д.Я. — Ясиновский Давид, Нескромная улица, Библиотека крокодила, № 23 (796), М., 1977
Е.Е. — Евтушенко Евгений, Библиотека крокодила, № 13 (810), М., 1978

Е.Т. — Терновский Евгений, Приемное отделение, Франкфурт-на-Майне, 1979
Е.Ц. — Цугулиева Елена, Библиотека крокодила, № 20 (769), М., 1976
И.В. — Варламова Инна, Мнимая жизнь, Время и мы, № 31-33, 1978
И.Г.1 — Грекова Ирина, Кафедра, Новый мир, № 9, 1978
И.Г.2 — Грекова Ирина, Маленький Гарусов, Звезда, № 9, 1970
И.С. — Сочивец Иван, Библиотека крокодила, № 20 (793), М., 1977
И.Ф. — Филенков Игорь, Библиотека крокодила, № 24 (797), М., 1977
И.Ш. — Шатуновский Илья, Билет в кино на семь десять, Библиотека крокодила, № 20 (817), М., 1978
Л.Л. — Ларский Лев, Здравствуй, страна героев!, Время и мы, № 29-33, 1978
Л.Ленч — Ленч Леонид, Библиотека крокодила, № 11 (808), М., 1978
Л.М. — Меламид Лев, Ностальгическая баллада, или иудейское похмелье, Время и мы, № 30, 1978
М.З. — Зощенко Михаил, Рассказы. Сентиментальные повести. Комедии. Фельетоны, М., 1977
М.Л. — Левитин Михаил, Юмористические повести и рассказы, Л., 1978
М.М. — Моргулис Михаил, Уйти в дождь, Время и мы, № 30, 1978
М.С.1 — Семенов Мануил, Библиотека крокодила, № 22 (795), М., 1977
М.С.2 — Семенов Мануил, Библиотека крокодила, № 5 (562), М., 1969
М.Ш. — М. Шаргородский, пер. Х. Смит, Русские, Иерусалим 1978
Н.Б.1 — Баранская Наталья, Чему равен икс, Юность, № 5, 1974
Н.Б.2 — Баранская Наталья, Колдовство, Юность, № 7, 1976
Н.Б.3 — Баранская Наталья, Неделя как неделя, Новый мир, № 11, 1969
Н.М. — Монахов Николай, Библиотека крокодила, № 21 (818), М., 1978
С.Б. — Бодров Сергей, Библиотека крокодила, № 15 (812), М., 1978
С.В. — Васильев Сергей, Библиотека крокодила, № 19 (792), М., 1977
С.Д. — Довлатов Сергей, Юбилейный мальчик, Континент, № 19
С.Е. — Есин Сергей, При свете маленького прожектора, Юность, № 2, 1976
С.Е.1 — Есин Сергей, Р-78, Юность, № 3, 1978
С.М. — Михалков Сергей, Библиотека крокодила, № 12 (809), М., 1978
С.Н. — Нариньяни Семен, Библиотека крокодила, № 6, М., 1960
С.С. — Спасский Святослав, Библиотека крокодила, № 3 (800), М., 1978
Т.Ш. — Шабашова Татьяна, Библиотека крокодила, № 4 (801), М., 1978
Ф.К. — Кривин Феликс, Библиотека крокодила, № 12, М., 1961
Ф.Кан. — Кандель Феликс, Зона отдыха, или 15 суток на размышление, Континент № 20
Х.Л. — Лехисте Харри, Библиотека крокодила, № 8 (805), М., 1978
Ц.С. — Солодарь Цезарь, Библиотека крокодила, № 11 (784), М., 1977
Э.С. — Севела Эфраим, Остановите самолет — я слезу!, Иерусалим, 1977
Ю.К. — Ким Юлий, Песни русских бардов, Париж, 1977
Ю.М. — Мартынов Юрий, Библиотека крокодила, № 21 (794), М., 1977
Ю.С. — Юрьенен Сергей, Под знаком близнецов, Континент, № 17
Ю.Т. — Трифонов Юрий, Избранные произведения в 2-х томах, т.1, М., 1978
Ю.Т.1 — Трифонов Юрий, Дом на набережной, Дружба народов, № 1, 1976
Я.А. — Ясен Антон, Библиотека крокодила, № 7 (804), М., 1978

## УСЛОВНЫЕ СОКРАЩЕНИЯ

*Б-ка крок.* — Библиотека крокодила
*бран.* — бранное
*груб.* — грубое
*детск.* — детское
*ж.* — женский род
*ирон.* — ироническое
*ласк.* — ласкательное
*Л.Г.* — Литературная газета
*м.* — мужской род
*мн.* — множественное число
*неодобр.* — неодобрительное
*несов.* — несовершенный вид
*обл.* — областное
*презр.* — презрительное
*пренебр.* — пренебрежительное
*Р. М.* — Русская мысль
*см.* — смотри /-те/
*собир.* — собирательное
*соб. соч.* — Собрание сочинений
*ср.* — средний род
*сравн.* — сравни /-те/
*уменьш.* — уменьшительное
*употр.* — употребляется
*шутл.* — шутливое

## УСЛОВНЫЕ ЗНАКИ

/ — в пояснениях: различные оттенки значения слова; в стихотворных примерах: разделение строк.
// — разные значения одного и того же слова.

## АЛФАВИТ

| | | | | | |
|---|---|---|---|---|---|
| **А** | а | **К** | к | **Х** | х |
| **Б** | б | **Л** | л | **Ц** | ц |
| **В** | в | **М** | м | **Ч** | ч |
| **Г** | г | **Н** | н | **Ш** | ш |
| **Д** | д | **О** | о | **Щ** | щ |
| **Е** | е | **П** | п | **ъ** | |
| **Ё** | ё | **Р** | р | **ы** | |
| **Ж** | ж | **С** | с | **ь** | |
| **З** | з | **Т** | т | **Э** | э |
| **И** | и | **У** | у | **Ю** | ю |
| **Й** | й | **Ф** | ф | **Я** | я |

# А

**АВО́СЬ**
1. vielleicht
2. auf gut Glück, aufs Geratewohl
*1. может быть.*
В походе король свою армию переиначил: / Веселых солдат интендантами сразу назначил, / А грустных оставил в солдатах — „Авось ничего". Б.О., 141
*2. о напрасной надежде; о действиях без обдумывания, наудачу.*
Сама-то для себя она пробавлялась русским авосем: а может, обойдется? а может, только нервное ощущение? А.С., 103

**АВО́СЬКА** *ж.*
Einkaufsnetz
*сетка для продуктов, которую берут с собой на всякий случай, „на авось".*
Были такие, как я, в гражданской одежде, с узлами, рюкзаками, чемоданами и даже домашними авоськами. Л.Л., № 30, 149
Купили мы картошки и несем в авоське домой. В. Климович, Л.Г., 18.10.78

**АВРА́Л** *м.*
Sonderarbeitseinsatz, Sonderschicht, vom ganzen Kollektiv ausgeführte, dringende und eilige Arbeit zur Aufholung eines Planrückstandes
*спешная работа, обычно выполняемая в конце месяца из-за неудовлетворительной организации труда и неправильного планирования.*
Очевидно, и пиво, и ручка были выпущены во время аврала, после 25-го числа... Ю.Рихтер, Юность, № 2, 1975, 111

**АВРА́ЛИТЬ** *несов.*
im Sonderarbeitseinsatz/ auf Sonderschicht/ in der Planerfüllungskampagne sein; im Druck (des Monatsletzten) sein
*выполнять спешную работу, обычно в конце месяца, во время аврала.*
Да как-то авралили мы в депо. Там всегда к концу месяца жмут. В.М., 500

**АВТОМА́Т** *м.*
1. Telefonzelle
2. Automat
*1. кабина, в которой находится телефон-автомат.*
Тебе звоню из автомата, не из дома. Н.Б.1, 46
*2. аппарат, выполняющий работу при помощи специального механизма.*
Спускаюсь в метро. Пью воду из автомата. В.Ак., 65

**АВТОМА́ТЧИК** *м.*
jemand, der die Produktionsabläufe automatisiert; Automatisierer
*о ком-либо, занимающемся вопросами автоматизации каких-либо процессов.*
Оказывается, все последние годы автоматчики добивались очень высокой эффективности от внедрения своих разработок. Г. Целмс, Л.Г., 24.1.81

**АГА́**
aha, hm
*то же, что да, хорошо, согласен.*
— Тебе уже смешно? — Ага. — Что же ты не смеешься? — Ха-ха-ха! В.Ак., 25

**АГИТА́ТОРША** *ж.*
Agitatorin, Wahlhelferin
*женщина-агитатор.*
После окончания рабочего дня похоронщики веселились. Гульба была такая, что барак ходуном ходил, мат стоял — хоть топор вешай, и мои агитаторши, девочки из приличных семей, даже близко к этому вертепу не решались приблизиться. Л.Л., № 31, 192

**АГРОНО́МША** *ж.*
Agronomin, Landwirtin
*женщина-агроном.*
Дело пахло керосином, и Ращупкин с тоски, от неудачи с демобилизацией и академией стал захаживать в ближайший от батареи совхоз, где сошелся с недавно выпущенной из Тимирязевской сельхозакадемии молодой агрономшей и, махнув рукой на будущее, расписался с ней. В.Кор., 221

**А́ДОВО**
höllisch, furchtbar, unerträglich
*очень сильно, неприятно, невыносимо.*
В понедельник, дело было к вечеру, / Голова болела, прямо адово, / Заявляюсь я в гараж, к диспетчеру, / Говорю, что мне уехать надобно. А.Г., 191

**А́ДСКИ**
höllisch, verdammt, schrecklich
*очень сильно, невыносимо.*
... У него адски ломило зубы. В.М., 77

**АЖ**
sogar
*даже.*
А тут у меня происшествие: молнию на джинсах заклинило. Ни туда, ни сюда. Дергал, дергал, аж взмок! Г.Горин, Л.Г., 6.8.75

**А́ЖНИК**
sogar
*то же, что аж.*
— Вот заорал-то, наверно! — Так заорал, так заорал!.. У меня ажник стекла задребезжали. В.Ш., 448

**АЖУ́Р** *м.* **: В АЖУ́РЕ**
in Ordnung, okay
*в порядке; так, как следует; хорошо.*
— Вот, можете проверить. Все в полном ажуре... В.М., 189

**АЙ-АЙ-А́Й**
oh Gott oh Gott, o weh, auweia
*восклицание, выражающее неодобрение, неудовольствие, несогласие, упрек.*
— Где ты этому научился, Дмитрий? — говорил он осипшим от переживания голосом. — Как тебе не ай-ай-ай? Неужели тебя не учили, что тайком делаются только плохие вещи? А.Хорт, Л.Г., 6.4.77

**АЙДА́**
1.los komm!; auf...!
2.drauflos
*1. приглашение идти, пойти куда-нибудь.*
И говорю Пантелееву: „Ну, Пантелеев, айда завтра в цирк". М.Булгаков, Юность, № 7, 74
*2. о быстром движении в каком-либо направлении.*
Чувствуешь? Как все равно, если б Господь на небе был и в четверть седьмого пошабашил и айда до утра — вселенная без хозяина. В.Кор., 275

**А́ЙКАТЬ** *несов.*
o weh/auweia schreien
*вскрикивать, кричать „ай" от испуга, удивления, неожиданности, восхищения и т.п.*
... И написал: „Приезжай". И уставился в это айкающее слово... В.Ш., 293

**АККУРА́Т** *м.* **: В АККУРА́Т**
sorgfältig, pünktlich, genau
*как раз; точно, ровно, точь в точь.*
А халат на мне — ну, прямо в аккурат, / Прямо, вроде на меня халат пошит. А.Г., 220
... Она поняла, что на метро и автобус опоздает и кинулась ловить такси. Через десять минут поймала. Но водитель, спросив, куда ехать, лениво сказал: — Не, ща не по пути. Попозже, часа через три, пожалуйста, мне в аккурат мимо на ужин ехать. Ю. Серов, Л.Г., 7.11.79

**АККУРАТИ́СТ** *м.* **АККУРАТИ́СТКА** *ж.*
Pedant, Prinzipienreiter, pingeliger Mensch
*аккуратный человек.*
Может, это просто моя постоянная тревога, вечная спешка, страх — не успею, опоздаю... Да нет, он хотел пробрать меня, его раздражают мои опоздания. Он прав. Наконец, это его обязанность. Мы же знаем своего зава — он работяга, он аккуратист... Н.Б. 3, 4
Инна поморщилась. Может ей, аккуратистке, не понравился беспорядок, а может, испугалась, что Алексей к ночи заведет опять свой любимый разговор? Н. Баранская, Женщина с зонтиком, М., 1981, 135

**АКСЕЛЕРА́НТ** *м.* **АКСЕЛЕРА́НТКА** *ж.*
hochaufgeschossener, frühentwickelter Jugendlicher, hochaufgeschossenes, frühentwickeltes Mädchen; Frühreife(r)
*о молодом человеке, физическое развитие которого превышает обычно принятые нормы.*
Студенты, акселеранты и акселерантки, целыми взводами ходили по коридорам, среди них преподаватели терялись, как мелкая поросль. И.Г.1, 29

**АКСЕЛЕРА́ЦИЯ** *ж.*
Akzeleration
*об интенсивном физическом развитии молодежи.*
Понравилось ей то, что многие девушки были с нею одного роста, если не выше; называлось это модным словом „акселерация", которое Люда здесь услыхала впервые. И.Г.1, 29

**АКТИВИ́СТ** *м.* **АКТИВИ́СТКА** *ж.*
Aktivist(in), Aktive(r)
*о человеке, принимающем деятельное уча-*

*стие в какой-либо организации, предприятии и т.п.*

В школьной комсомольской ячейке Люда была активисткой, ездила на село с докладами о звездном мире, космосе, космонавтах. И.Г.1, 28

**АКТИ́ВНИЧАТЬ** *несов.*

(bei einer Sache) aktiv/eifrig/übereifrig mitmachen/sein

*принимать деятельное, энергичное участие в чем-либо; проявлять инициативу.*

Филипп смолоду был очень активен. Активно включился в новую жизнь, активничал с колхозами. В.Ш., 354

Задумчивый Малахеев быстро выработал план действий: ... осадить администратора и художественного руководителя, которые уж слишком активничали. Ю.М., 32

**АКТУА́ЛКА** *ж.*

zeitgenössische, moderne Literatur

*современная, актуальная литература.*

— Не станем же мы дублировать наших творческих соперников, — мягко возразил Рукомойников. — Речь ведь идет не о современной актуалке, а о классике. Ц. С., 21

**АЛКА́Ш** *м.*

Alkoholiker, Säufer, Trinker, Schnapsbruder

*алкоголик; человек, страдающий алкоголизмом; пьяница.*

— Не пей там, — посоветовал дед. — Город — он и есть город — чужие все. Пообвыкни сперва... — Што я, алкаш, што ли? В.Ш., 96

**АМБА́Л** *м. груб.*

stämmiger/kraftstrotzender Bursche; Hüne, Bulle

*рослый, сильный парень, мужчина.*

Меня шпана в лагере употребить хотела. Как девочку. Подходят два амбала: наш, говорят, будешь. Ф. Кан., 36

**АМОРА́ЛКА** *ж.*

unmoralisches Verhalten; Rüge (wegen unmoralischen Verhaltens)

*аморальное поведение // выговор за аморальное поведение //.*

А она мне говорит — с аморалкою / Нам, товарищ дорогой, делать нечего. А.Г., 169

**АМУ́РНЫЙ**

Liebes-, Herzens-, amourös

*то же, что любовный.*

Забавно, что ребята не рассказывают мне про свои амурные дела. В.Ак., 52

**АМУ́РЫ** *мн.*

Techtelmechtel, Liebelei, Liebesbeziehungen

*любовные отношения.*

У Татьяны Ивановны, говорят, амуры не с мастером Половинкиным, а со сменным инженером Петуховым. С.Н., 12

**АН**

aber, jedoch, doch

*а, а на самом деле, а вот, а все-таки.*

Василиса поднимается и подходит к Петру. — Сил нету, — печально говорит она ему и вздыхает. — Износилася. Думала, помогу, ан нет. В.Расп. 2, 62

**АНГЛИЧА́НКА** *ж.*

Englischlehrerin, Englischpaukerin

*учительница английского языка.*

Правда, англичанка грозилась вывести годовую двойку, но мы ее чуть ли не всей учительской на коленях умоляли поставить трояк. А.К., 131

**АНЕКДО́Т** *м.*

1. komischer Vorfall, lächerliche Angelegenheit, Witz

2. Anekdote, Witz

*1. смешное происшествие, событие необычного характера.*

— Буратинка, ты помнишь, тебя интересовало, кто придумал наш стеклопластик? Я обещала сказать тебе. — Да, рассказать „преглупую историю". — Точно. Это даже не история, а просто анекдот. Коротенький. Идея была моя, я сама подарила ее Якову. Не потому, что я такая богатая. А потому, что я была беременна. Н.Б. 3, 27

*2. короткий смешной рассказ.*

Пока не забыл, слушай свеженький анекдотик, только что рассказали. Ю.Золотарев, Л.Г., 3.10.79

**АНЕКДО́ТЧИК** *м.*

Witzeerzähler

*человек, знающий много анекдотов и умеющий их искусно рассказывать.*

Вот один из них, к примеру, прослышав очередной из бесконечной серии анекдотов про Чапаева, поначалу предлагает заткнуть рот анекдотчику. Е.Клепикова, Время и мы, № 32, 78

**АНОНИ́МЕЦ** и **АНОНИ́МЩИК** *м. презр.*
anonymer Briefschreiber
*человек, пишущий письма без подписи, скрывающий свое имя.*
За допущенные искажения в действительности на анонимщика просим наложить служебное взыскание. А.Разлацкий, Л.Г., 8.8.79

**АНОНИ́МКА** *ж.*
anonymer Brief
*письмо без подписи и неизвестно кем написанное.*
А вернулась, ей привет — анонимочка / Фотоснимок, а на нем — я да Ниночка! А.Г., 167
Теперь анонимка будет там лежать, а вы будете голову ломать, как меня лечить. А.С., 88

**АНТИМО́НИЯ** *ж.*
Unsinn, Blödsinn, dummes Zeug, Geschwätz
*пустой разговор, болтовня.*
— На обучение тебя специальности государство деньги потратило! Неблагодарный тип!!! У тебя есть станок? Есть. Давай работай! — Но я все же хочу учиться в институте, — твердил я. — Что ты антимонии разводишь!!! Мы даем возможность учиться положительным товарищам. А.П., 37

**АНТИСОВЕ́ТЧИНА** *ж.*
antisowjetische Hetze/Tätigkeit, antisowjetisches Propagandamaterial
*о чем-либо, направленном против советского строя, противном ему.*
И прошу тебя, такую антисоветчину в дом не приноси. А.З., 29

**АППАРА́ТЧИК** *м.*
Apparatschik, Mitarbeiter des Staats- und Parteiapparates
*работник партийно-правительственной организации в СССР.*
Рядовые члены партии не получают дивидендов, которые причитаются акционерному обществу; они достаются лишь тем, кто входит в партийное руководство или занимает должности в партийном аппарате — аппаратчикам. М.Ш., 62

**АРИФМЕ́ТИКА** *ж.*
höhere Mathematik, Buch mit sieben Siegeln.
*что-либо неизвестное, незнакомое.*
Ах, кивера да ментики, пора бы выйти в знать, / Но этой арифметики поэтам не узнать. А.Г., 112

**АРТА́ЧИТЬСЯ** *несов.*
sich sträuben, sich widersetzen, widerspenstig/bockig sein
*упрямиться, упорствовать, не соглашаться с кем-, чем-либо.*
Нравилось /Филиппу/ накануне выборов, например, обсуждать в сельсовете с приезжими товарищами, как лучше провести выборы: кому доставить урну домой, а кто сам придет, только надо сбегать утром напомнить... А были и такие, что начинали артачиться: „Они мне коня много давали — я просил за дровами?..“ В.Ш., 354
„Ну, тот парень не ты, артачиться зря не станет“. В.Ш., 135

**АРХИМО́ДНЫЙ**
hypermodern, hochmodern
*очень модный.*
Слегка пританцовывая, Бороздыка прошел через вестибюль к вешалке, где наткнулся на Сеничкина, сдававшего свое архимодное полуспортивное пальто и большую пыжиковую шапку. В.Кор., 181

**АС** *м.*
As, Kenner
*о человеке, достигшем высокого мастерства / в работе, творчестве/.*
— А если б я сейчас куковал где-нибудь, кто бы меня тащил? ...— Ты же ас, Серега, — мужики загалдели. — Да и дорога — боком катись. В. Мурзаков, Наш современник, № 6, 1979, 21

**АТА́С**
Achtung! Alarm!; Schmiere (stehen)
*Берегись! Тревога! // охрана, стража, выставляемая для предупреждения об опасности //.*
Мы гуляли по больничному скверику, / Я курю, а он стоит на атасе. А.Г., 89

**А́ХИ** *мн.*
Ah-, Ach-Ausrufe
*восклицания, употребляемые при выражении чувств, вызванных чем-либо /радостью, испугом, удивлением, восхищением и т.п./.*
Не пора ли его с пьедестала-то того... поперeть малость и на смену сочувственным охам и ахам призвать беспощадно бичующий, бодрый и всепобеждающий смех? М.Л., 6

**АХИНЕ́Я** *ж.*
Unsinn, dummes Zeug
*вздор, бессмыслица.*
Жена толкнула меня в бок и явно, чтобы замять мою, как она сочла, ахинею, быстро проговорила: „Я тоже за современность. Недавно я с интересом смотрела фильм „Каждый день доктора Калинниковой". Н.М., 25

**А́ХНУТЬ**
1. ach rufen
2. bums/rums machen, krachen, knallen
3. jemandem Bescheid sagen/stoßen, die Meinung sagen/geigen
4. schaffen, schreiben
5. hinunterschlucken, (hinter-/hinunter)kippen
*1. воскликнуть „ах", выражая восторг, удивление, досаду и т.п.*
Вся в тюле и в панбархате / В зал Леночка вошла, / Все прямо так и ахнули, / Когда она вошла. А.Г., 178
*2. произвести какое-либо действие резко, с шумом, внезапно.*
... послышался какой-то странный с прихлебами звук, что-то ахнуло где-то и зазвенели оконные стекла. Вл.В., 273
*3. грубо, резко сказать что-либо.*
— Ахну директору в лоб, что ваши, мол, сто двадцать мне, как рыбе японский зонтик. Д.Иванов, В.Трифонов, Л.Г., 5.7.78
*4. написать, создать какое-либо произведение.*
Можно даже трилогию ахнуть — хватит на весь остаток жизни. В.Н., № 18, 56
*5. выпить что-либо быстро.*
Я ахнул залпом и разбил бокал, / Мгновенно мне гитару дали в руки, / Я три своих аккорда перебрал, / Запел и запил от любви к науке. В.В.3, 4

**АХТИ́: НЕ АХТИ́**
nicht (gerade) rosig, nicht gerade gut, nicht besonders
*вызывающий сожаление, удивление: не очень (хороший, хорошо, много).*
На седьмом месяце и вернулась в порт. Настроение не ахти. Рожать-то рожать, а дальше что? В.П., 30

# Б

**БА́БА** *ж.*
1. Weib(sbild), Olle
2. Frau, Weib, Alte, Oll(sch)e
*1. простая, необразованная женщина, // вообще о женщине //.*
И бабы, и бабы-то за мужиками тоже тянутся, воздыряют почем зря. В.Расп.1, 41
*2. жена.*
Сказывают, Генкина баба штаны, в каких он в лесу был, вчерась весь день в реке полоскала и седни полощет. В.Расп.1, 38

**БАБА́ХНУТЬ**
1 knallen, krachen; ballern
2 hinpfeffern, hinknallen; schmettern, donnern, ballern
3 (hinunter)schlucken, (hinunter)kippen (in einem Zug)
*1. издать сильный звук; произвести шум.*
— Кажись, стреляют. И вдруг снова бабахнуло — теперь вроде с другой стороны Вл.В., 274
*2. произвести какое-либо действие, сделать что-либо (обычно резко, с шумом, неожиданно).*
Иван Константинович бабахнул на предприятие письмо. С.Б., 24
*3. залпом выпить алкоголь.*
Зина зажмурилась и бабахнула первой — водки она до сегодняшнего дня не пила. А.Кучаев, Л.Г., 9.3.77

**БАБЁНКА** *ж. шутл. ласк.*
fesches, schmuckes Weib(chen); kecke/ freche Göre
*бойкая женщина.*
Может, уж заколотить избенку да к Петьке уехать?.. Опасно: он сам ничо бы, да бабенка-то у его... сама знаешь: и сказать не скажет, а кусок в горле застрянет. В.Ш., 74

**БАБЁЦ** *ж.*
Mannweib
*о решительной, энергичной женщине.*
— Видел тоже бабца? В гражданскую офицерье на ленточки на допросах полосовала. В.М.1, 93

**БА́БИЙ**
weiblich, Weiber-
*то же, что женский.*
Ефим подивился бабьему уму. В.Ш., 136
Гришка сопел, недовольный; видно было, что ему давно надоела эта бабья опека. В.Б., 109

**БА́БИТЬСЯ** *несов.*
herumschmusen, sich mit Weibern abgeben, die Zeit mit Weibern verbringen
*проводить время с женщиной или среди женщин.*
Главный инженер наверняка бабится со своей красавицей-супругой, да и без дела и без зову вваливаться в чужой дом неловко. В.Кор., 248

**БА́БКА** *ж.*
1 Alte
2 Großmutter, Oma
*1. пожилая женщина.*
Три дня назад бабка в магазине „Океан" в бассейне с рыбами захлебнулась. Г.Минников, Л.Г., 2.3.77
*2. бабушка.*
Да ему, если хочешь, бабка даже лабораторные по химии делает. Л.Маков, Крокодил, № 31, 76

**БА́БНИК** *м. неодобр.*
Schürzenjäger, Frauenjäger
*человек, любящий ухаживать за женщинами.*
Завещаю, мол, землю и фабрику / Не супругу, засранцу и бабнику, / А родной мой племянник Володечка / Пусть владеет всем тем на здоровьечко! А.Г., 244

**БА́БОНЬКА** *ж. шутл. ласк.*
(schmuckes) Weibchen, Süße
*то же, что женщина.*
— Пойдем-ка, бабонька, ко мне, — вдруг предложила Василиса. В.Расп. 2, 64

**БА́БОЧКА**1 *ж. ласк.*
keckes/ freches Weibchen, Göre
*бойкая женщина.*
— Это он так написал?! — громко возмутилась Попова. — Нахалюга! Надо же!.. — Женщина даже посмеялась. — Ну, надо же! — Врет? — Врет! „Да, уверенная бабочка, — со злостью уже думал Ваганов. — Ну нет, так просто я вам мужика не отдам". В.Ш., 286

**БА́БОЧКА**2 *ж.*
Fliege
*галстук, завязанный в виде банта.*
Последним к Лякину подкатился сытенький катышек в бабочке, которого все величали доктором. Д.Иванов, В.Трифонов, Л.Г., 18.10.78

**БА́БСКИЙ**
Weiber-
*женский.*
Ей-Богу, вот сколь живу, а такого, чтоб мужик в бабском переднике ходил да еще вышивал бы, не видел. Вл.В., 57

**БАБЬЁ** *ср. пренебр.*
Weibervolk
*бабы; женщины.*
— В больницу!.. — Ефим закурил и стал ходить по комнате. — У нас не больница, а монастырь какой-то! Откуда их понагнало, черт и знает — одно бабье. В.Ш., 201

**БАДЯ́ГА и БОДЯ́ГА** *ж.*
Possenreißerei, (Herum)Tändelei, Blödelei
*пустые шутки; балагурство; бессмысленная трата времени.*
И эту сегодняшнюю бодягу завела она просто со скуки. И.В., № 32, 74

**БАЗА́Р** *м.*
Spektakel, Rummel, Krach, Skandal
*шум, крик, скандал.*
После вчерашнего „базара" всем как-то неловко, все подчеркнуто вежливы и сосредоточенно работают. Н.Б. 3, 15

**БАЗА́РИТЬ** *несов.*
lärmen, schreien
*шуметь, кричать, скандалить.*
— Мужики! Перестаньте лаяться! С этого же дураки начинаются, в три короба вас!.. — И то верно! — сказал кто-то. — Хватит базарить! И. Пономарев, Наш современник № 3, 1981, 101

**БАЗЛА́НИТЬ** *несов.*
(los)heulen, plärren, laut jammern; dummes Zeug reden
*кричать; плакать; причитать // болтать глупости //.*
„Пришел я, бритый, домой, она лежит, как удав на перине. Ну, говорю, рассказывай, как ты тут без меня опять скурвилась? Она видит, дело плохо, давай базланить..." В.Ш., 285

**БА́ЙКА** *ж.*
Märchen; Ammenmärchen, Histörchen, Phantasterei
*сказка; невероятная история; побасенка; выдумка.*
Но слаще, чем ваши байки, / Мне гордость моей беды/ Свобода казенной пайки, / Свобода глотка воды. А.Г., 33
А к обеду, как сошлась моя семья, / Начались у нас подначки да байки!. А.Г.1, 97

**БАЛАБО́Л** *м.* **БАЛАБО́ЛКА** *м. ж. пренебр.*
Schwätzer(in), Quatschkopf
*человек, занимающийся пустой болтовней; болтун.*
Мишка — хват: балабол, язык без костей. Все просто: что бабу впрок, что отвертку в бок... Ф.Кан., 38
— Проснись, притвора. Я тебе что, मединспекция из дивизии?! Отвечай, майор где? Показалась распухшая злая физиономия: — Сам ты притвора. У меня, может, черная болезнь, откуда ты знаешь? Я, может, щас взрываться буду... — Балаболка. В.Р., 198

**БАЛАБО́ЛИТЬ** *несов.*
schwatzen, plappern
*говорить пустяки; болтать.*
— Ну, хватит лясы точить, — говорит он. — Что мы, киноеды — балаболить-то столько? Поедемка лучше куда-нибудь за город, на лоно природы, как писали в добрых старинных романах. И. Пономарев, Наш современник № 3, 1981, 81

**БАЛАГУ́Р** *м.*
(guter) Unterhalter, Spaßvogel, komischer Kauz/ Vogel
*разговорчивый человек; шутник; забавник.*
Разве будет Сережка, кудрявый парень, веселый балагур, девкам жених, карточку ее уносить? Н.Б. 2, 9

**БАЛАГУ́РИТЬ** *несов.*
Spaß/ Jux machen, Witze/ Possen reißen
*говорить весело, забавно, с шутками.*
А мы балагурим, а мы куролесим, / Нам недругов лесть, как вода из колодца. А.Г., 48

**БАЛАМУ́Т** *м.*
Panikmacher, Angstmacher, Unruhestifter
*человек, вызывающий тревогу, волнение, беспокойство.*
— Баламут ты, Ванька,— сказал старик. — Ну, пошел бы, поработал год на свинарнике... Мать не жалеешь. Она всю жись и так одна прожила. В.Ш., 91

**БАЛАМУ́ТИТЬ** *несов., неодобр.*
beunruhigen, durcheinanderbringen, Unruhe stiften, Zwietracht säen
*устраивать беспорядок, раздор, волнение.*
— А чего же ты кричал, людей баламутил?— осуждающе покачал головой Самсонов. А.Я., 27

**БАЛА́НДА** *ж.*
1 dünne Suppe/ Brühe, Rennfahrersuppe
2 Geschwätz, Gewäsch, dummes Gequatsche
*1. жидкий, водянистый суп.*
Как объелись чечевичной баландой — / Так не в силах до сих пор отдышаться! А.Г., 31
*2. пустословие, болтовня.*
— Все понятно,— перебили его.— Баланду не разводи. Давай шестьсот рублей — отправим вино по назначению. С.Б., 14

**БАЛБЕ́С** *м. презр.*
Klotz, Trottel, Hohlkopf, Pfeife, Armleuchter
*рослый, грубый, невоспитанный, бестолковый молодой человек.*
Эшелон уходит ровно в полночь, / Паровоз-балбес пыхтит — Шалом! / Вдоль перрона строем стала сволочь, / Сволочь провожает эшелон. А.Г., 294
Павел Николаевич перестал слушать, потерял интерес спорить с ними. Он забылся, сделал неосторожное движение, и так больно отдалось ему от опухоли в шею и в голову, что померк весь интерес просвещать этих балбесов и рассеивать их бредни. А.С., 159

**БАЛДА́** *м. ж. бран.*
Armleuchter, Trottel
*бестолковый, глупый человек.*
И никто и не вспомнил о Шейлочке, / Только брючник надрался — балда! А.Г., 186

**БАЛДЕ́ТЬ** *несов.*
1 verblöden, den Verstand verlieren
2 benebelt/blau/knille/bekifft werden
*1. становиться бестолковым, глупым.*
Чувствую, начинаю балдеть от нее. Г.Долотказин, Л.Г., 22.11.78

*2. пьянеть, подвергаться действиям наркотиков.*
Как наглатывался всяких лекарств, накуривался, нанюхивался, накалывался, дурел потом, балдел, видел галлюцинации — „глюки". Ф.Кан., 28

**БАЛЕРУ́Н** *м. шутл.*
Tänzer
*танцовщик, артист балета.*
Балеруном, к его великому сожалению, он не был. За что он постоянно упрекал свою толстую, важную маму, которая халатно отнеслась к будущему своего сына. А.П., 99
Балерун-юнец в объятьях / У напудренной старухи. С.В., 46

**БАЛОВА́ТЬ** *несов.*
Unsinn/ Dummheiten/ Zicken/ Faxen machen; ausgelassen sein
*шалить, проказничать, резвиться.*
И вдруг появляется над ним Санька Сутырин и угрюмо укоряет: „Ты чего здесь балуешь? Совесть иметь надо". В.М., 118

**БАЛОВА́ТЬСЯ** *несов.*
sich vergnügen an etwas, sich amüsieren bei etwas, sich unterhalten
*делать что-либо ради удовольствия, развлечения.*
— Зачем ты, Кукушкин, вечер портишь! Так хорошо чайком баловались... А.Тараскин, Л.Г., 26.9.73

**БА́ЛОВЕНЬ** *м.*
erfolgreicher Mensch; Glückspilz, Glückskind, Sonntagskind, Hans im Glück
*человек, которому во всем сопутствует успех, удача.*
Гарри Смит... сказал небрежно, панибратским тоном баловня и любимца. Л.Ленч, 44

**БАЛОВНИ́К** *м.*
Spaßvogel, Witzbold, Schelm, Schäker
*шалун, проказник.*
Это что за баловник/ Под юбку забирается. / От простого к сложному / Природа развивается. А.З., 20

**БАНА́ЛЬЩИНА** *ж.*
Banalität, Trivialität, Platitüde, Hohlheit
*пошлость, заурядность; отсутствие оригинальности.*
Любовь, правда, выписана жутко. Банальщина, из пьесы в пьесу. В.С., 41

**БА́НДЕРША** *ж.*
Puffmutter, Kuppelmutter, Kupplerin
*содержательница дома терпимости // сводня // женщина, занимающаяся незаконной, нелегальной деятельностью //.*
Черт возьми, эта старая бандерша Беттина таки права: ох, забыли, как жили с ног до головы в говне, и еще как забыли! А.Л., 115

**БАНДЮ́ГА** *м. груб.*
Bandit, Räuber, schwerer Junge
*то же, что бандит, разбойник, грабитель.*
... на последней приоконной койке тоже будто русский, но не обрадуешься такому соседству: морда у него была бандитская... Бандюга этот, туда же, тянулся к культуре — дочитывал книгу. А.С., 18

**БА́НКА** *ж.*
eine Flasche/ Pulle Wodka
*бутылка водки.*
Потом выпивал в лавочке банку, маленько сидел на крыльце, чтоб „взяло". В. Ш., 122

**БАРАБА́НИТЬ** *несов.*
trommeln
*часто и дробно стучать.*
„Некрасиво, — думает, — при хозяине переодеваться, а с другой стороны не идти же домой в чужой пижаме?" Сидит и пальцами по столу барабанит. Н.Елин, В.Кашаев, Л.Г., 29.8.73

**БАРА́НКА** *ж.*
Steuer, Lenkrad
*рулевое колесо автомобиля.*
А начальник все, спьяну, про Сталина, / Все хватает баранку рукой, / А потом нас, конечно, доставили / Санитары в приемный покой. А.Г., 216

**БАРАХЛИ́ТЬ** *несов.*
stottern, haken
*работать плохо, с перебоями /о механизмах/.*
Я говорю: „Нет. Клапана клапанами, а тут еще и цепь барахлит". Л.Лиходеев, Л.Г., 23.4.75

**БАРАХЛО́** *ср.*
1 Gerümpel, Plunder, Kram, Trödel
2 Sachen, Habseligkeiten, Klamotten
3 Dreck, Mist

*1. старье; старые, подержанные вещи.*
И председатель себя чувствовал вроде той бабы, которую посадили на кучу барахла — сторожить. Вл.В., 12
*2. вещи, имущество.*
Короче, очухался я в дурдоме, с горячкой туда попал. Выписался. Ни копейки, ни барахла, а участковый каждый день ходит. В.М., 383
*3. о ком-, чем-нибудь плохом.*
Среди многочисленной дряни такого рода роман Хвостова нельзя выделить даже как средний. Даже теща сказала, что это жуткое барахло. А.З., 195

**БАРАХО́ЛКА** *ж.*
Trödelmarkt, Flohmarkt
*рынок, где продают бывшие в употреблении, подержанные вещи.*
Ехал с фронта, вез кое-какое барахлишко: часы „Павел Буре", аккордеон... В Новосибирске пересадка. От нечего делать пошел на барахолку. В.Ш., 181

**БАРА́ХТАТЬСЯ** *несов.*
zappeln, strampeln, (herum)hampeln
*делать быстрые беспорядочные движения.*
Но так или иначе, Испания купается / а, может, скорее барахтается / в своей заново приобретенной свободе, которой, как всегда, не хватает. В.Н., № 19, 134

**БАРДА́К** *м.*
Durcheinander
*беспорядок, хаос.*
Когда врага с трудом разбили, / Его не то, чтобы забыли, / А возвеличили, но так, / Что он в глуши развел бардак. А.З., 116
Но и белобилетником я недолго просуществовал. Спустя три дня, после того, как я предъявил билет в военкомате для оформления прописки, мне пришла повестка о призыве в ряды Красной Армии. /Тогда я этому страшно удивился, лишь позже... я убедился, что и в других военкоматах мира такой же бардак/. Л. Л., № 30, 151

**БАРДАЧО́К** *м.*
Handschuhfach
*перчаточный ящик в автомобиле.*
— ... Я и говорю: „Не дело, ребята, в дороге выпивать, не доехать нам живыми", а шофер уж стакан достал из ящичка, что бардачком-то прозывается... В.Б., 115

**БА́РМЕНША** *ж.*
Bardame
*женщина, продающая различные спиртные напитки за стойкой бара.*
В баре пыль столбом и дым коромыслом. Барменша расправляется с иностранцами. Особенно удобно надувать финнов. А.П., 74

**БАРЫ́ГА** *м.*
Hehler
*человек, занимающийся скупкой и перепродажей вещей, обычно краденных.*
Он барыга и калымщик, и жмот, / Он на торговской дает, будь здоров. А.Г., 104

**БАРЫ́Ш** *м.*
Profit, Reibach
*доход; прибыль, получаемая при торговых сделках, продаже и т.д.*
И делясь тоской, как барышами, / Подпевали шлюхи с алкашами. А.Г., 121

**БАСИ́ТЬ** *несов.*
im Baßton sprechen/ singen
*говорить или петь басом.*
„Слушай, Константин, ты Дом открывать будешь?" — басил Коротыгин. Ю.М., 34

**БА́СКЕТ** *м.*
Basketball
*то же, что баскетбол.*
Слушай, как ты думаешь: припилят наши в баскет американцев? В.Ак., 15

**БА́СТА**
basta!, Feierabend!
*о прекращении какого-либо действия. Довольно, достаточно, хватит.*
— Баста! — вознегодовал он. — Не для того сил своих не жалею, ... себе во всем отказываю, чтоб у меня исподняя пропадала. С.Б., 4

**БА́ТЕНЬКА и БА́ТЮШКА** *м. ласк.*
Opa, Onkel, Onkelchen
*фамильярное обращение к мужчине.*
— Да что вы, батенька, вам еще жить да жить. Л. Измайлов, Л.Г., 21.1.76

**БА́ТЬКА** *м.*
Papa
*то же, что отец.*

К ей батька сюда на машине подкатывает. И.В., № 32, 20

**БА́ТЮШКИ!**
ach du großer/ lieber Gott!, Au Backe!, Ach du grüne Neune!, Heiliger Strohsack!
*восклицание, выражающее изумление, испуг и т.д.*
Следующий номер программы — малышка. Вошел снова туда же. Батюшки! Мать по-прежнему хороша и недвижима, а эта худющая, быстрорукая пигалица, юный обожатель сюрпризов — готова! В.С., 39

**БА́ТЯ** *м.*
Papa
*то же, что отец.*
Он помялся и сказал: — Меня не Федей зовут, а Юриком.— А я тетя Валя. А батя у тебя есть? Е.Шатько, Л.Г., 12.7.78

**БАХВА́ЛИТЬСЯ** *несов., неодобр.*
angeben, sich wichtig machen
*хвастаться чем-либо.*
Попенков сидел тихий, скромный, надо признать, совсем не бахвалился. В.А., 59

**БАХВА́ЛЬСТВО** *ср. неодобр.*
Prahlerei, Aufschneiderei, Angeberei
*чрезмерная похвальба, хвастовство.*
Без бахвальства скажу, что плотник я высшего разряда. В.К., 18

**БА́ХНУТЬ**
draufschlagen, einschlagen auf etwas, eins drüberziehen
*сделать что-либо (обычно с шумом, резко, неожиданно).*
И с каким удовольствием было бахнуто по ним фельетоном! А.М., 45

**БА́ЦАТЬ** *несов.*
rhythmisch stampfen/klopfen; einen Tanz aufs Parkett legen
*ударяя чем-либо обо что-либо, издавать сильные, отрывистые звуки // танцевать//.*
Как сладко было помыслить, что не выйдут более два трио в просцениум бацать чечетку и визжать, как кишки в блокаду. А.М., 45

**БАШКА́** *ж.*
Kopf, Birne, Schädel
*то же, что голова.*
Аркашка взял венский стул, подошел к бригадиру и заорал: — Счас как дам по башке! Гад такой! В.Ш., 278

**БАШКОВИ́ТЫЙ**
pfiffig, helle, mit Köpfchen, clever
*умный, сообразительный, толковый.*
— ... Я же какой башковитый-то был! Бывало, стишок два раза прочитаю и тут же его отбарабаниваю без запинки. В.Ш., 299

**БА́ШЛИ** *мн.*
Moneten, Piepen, Kohlen, Zaster
*то же, что деньги.*
— Получайте башли, чуваки! — императорским тоном сказал он и, видимо, поняв, что немного переборщил, ласково подтолкнул Юрку, а Алика похлопал по спине. В.Ак., 35

**БЕ́ГАТЬ** *несов.*
nachlaufen, hinterherlaufen/ -rennen
*неотступно следовать, ходить за кем-либо по какому-нибудь делу.*
В институт я успеваю вовремя. Прежде всего, конечно, к Вале в механическую. Она сердится: — Что вы все бегаете? Сказала же — во вторую половину недели. — Значит, завтра? — Нет, послезавтра. Она права. Хорошо бы, конечно, не бегать. Но другие бегают, и страшно, что ты можешь прозевать какое-нибудь „окно". Н.Б. 3, 12

**БЕГАШИ́** *мн.*
Rennschlittschuhe
*беговые коньки.*
Я давно уже свои „бегаши" / Я старьевщику отдал за гроши. А.Г., 20

**БЕГОТНЯ́** *ж.*
Lauferei(en), Scherereien, Herumlaufen, Gerenne
*занятие, хлопоты, требующие спешного посещения различных мест.*
После недельной беготни с похоронами и оформлением наследства решил Бурлей, что наработаться он еще успеет, пока надо попробовать попасть в институт. С.Е., 46
Ему, конечно, тоже обидно: его мама и бабушка заняты беготней от зама к заву, сидением в приемных, снятием копий и переписыванием прошений, а его подкидывают, то одним, то другим соседям. Б-ка крок., № 18/815/, М., 1978, 38

**БЕДЛА́М** *м.*
Unordnung, Durcheinander, Chaos, Sodom und Gomorrha
*неразбериха, хаос, беспорядок.*
Успокойся, ничего с ней не сделается, спит сном праведницы, в таком-то бедламе, кому сказать только! В.М.1, 277
Моя покойная бабушка Малка говорила: „Маленький сумасшедший домик. Бедламчик". А.Л., 123

**БЕДНЯ́ГА** *м. ж.*
armer Schlucker/ Teufel, armes Schwein
*несчастный человек, заслуживающий жалости, сожаления, сочувствия.*
— Бедняги, у них нет дома телевизора! М.Виленский, Л.Г., 8.9.76

**БЕДНЯ́ЖКА и БЕДНЯ́ЖЕЧКА** *м. ж. ласк.*
armer Schlucker/ Teufel, armes Schwein
*несчастный человек, заслуживающий сочувствия, жалости, сожаления.*
Откроет душу мне матрос в тельняшечке — / Как одиноко жить ему, бедняжечке. В.В. 3, 14

**БЕДОКУ́Р** *м.*
Wildfang, Schelm, Lauser, Lausejunge, Range
*шалун; озорник; проказник.*
За всеми бедокурами не углядишь: то снаряд в костер закатят, то барак общий подпалят, то с грузовика сорвутся, и об лед! Ю.С., 139

**БЕДОЛА́ГА** *м. ж.*
Pechvogel, armer Teufel
*то же, что бедняга; неудачник.*
Почти каждый день он, бедолага, ходил в домоуправление, а там все время отвечали, что мастеров сейчас нет. Александр Хорт, Л.Г., 18.10.78
А пальцы копались, и рвалась бумага... / И пел за стеной тенорок-бедолага. А.Г., 131

**БЕЗАЛА́БЕРНЫЙ**
beschränkt, stupid(e), schwer von Begriff/ Kapee, begriffsstutzig, wirr (im Kopf)
*бестолковый, беспорядочный.*
Для начала волшебника решили приучить к безалаберному распорядку дня. С.Н., 40

**БЕЗВЫ́ЛАЗНО**
ständig (an einem Ort lebend), ohne den Aufenthalt zu ändern
*постоянно, без отлучек.*
Случалось, неделями безвылазно маялся в командировках. В.К., 9

**БЕ́ЗДАРЬ** *ж.*
Stümper, Dilettant, Nichtskönner
*человек, не имеющий дарования, творческих способностей.*
Вот, видишь, все проходимцы и бездари устроились. А.З., 52

**БЕЗДЕ́ЛИЦА** *ж.*
Bagatelle, Lappalie, Kinkerlitzchen
*мелкая, малоценная вещь; пустяк.*
... Бурлей неизменно отказывался принять от Прокопенко любую безделицу: застежку на галстук или фигурную авторучку. С.Е., 50

**БЕЗДЕ́ЛЬНИК** *м.*
Nichtstuer, Faulenzer, Faulpelz
*человек, ведущий праздный образ жизни; лентяй.*
А если иметь несколько бездельников, не лучше ли будет? М.С. 2, 53

**БЕЗДО́МНИЧАТЬ** *несов.*
obdachlos/auf Trebe sein, (herum) vagabundieren
*бродяжничать; не иметь своего дома, жилища.*
А ведь он /Шукшин/ был уже известным киноактером и успел заявить о себе как писатель яркого самобытного дара и как талантливый режиссер. Но, несмотря на все это, вынужден был бездомничать, пока наконец-то не добился разрешения купить жилье в этой самой коробке. И. Пономарев, Наш современник № 3, 1981, 82

**БЕЗМАТЕРИ́НЩИНА** *ж.*
Mutterlosigkeit, mutterlose Erziehung, mutterloses Aufwachsen
*воспитание ребенка в семье без матери.*
А, как хотите, дети без родителей — это все-таки безотцовщина, безматеринщина. А.Р., 50

**БЕЗНАДЁГА** *ж.*
ausweglose/hoffnungslose Situation
*положение, не подающее надежды на благополучный исход, удачу, успех, улучшение чего-либо.*
И отстуканное послание в Правительство, где главным козырем была аспирантура, оказалось

чистым и бесповоротным враньем. Словом, безнадега была полная. В.Кор., 91
... в его нынешнем состоянии раздерганности и безнадеги не хотелось никаких перемен: раз уж есть чемпион, пусть остается. В.Кор., 480

**БЕЗОБРА́ЗИТЬ** *несов.*
sich flegelhaft/ unanständig benehmen, Unfug treiben; Radau machen; randalieren
*то же, что безобразничать; вести себя непристойно, бесчинствовать.*
— Доктор, там больной один безобразит. Я сама не отобьюсь. А.С., 74

**БЕЗОБРА́ЗНИК** *м.*
Radaubruder, Krakeeler, Randalierer, Flegel
*человек, нарушающий порядок, приличия.*
— Безобразник. Что, он не знает, что сейчас за это строго! Забыл. В.Ш., 285

**БЕЗОБРА́ЗНИЧАТЬ** *несов.*
sich flegelhaft/ unanständig benehmen, Unfug treiben; Radau machen; randalieren
*вести себя непристойно, нарушать порядок, приличия.*
Научить мы его больше уж ничему не можем, ну, а он не знает, куда себя девать, да и безобразничает. А.К., 82

**БЕЗОТЦО́ВЩИНА** *ж.*
Vaterlosigkeit
*воспитание ребенка в семье без отца.*
А, как хотите, дети без родителей — это все-таки безотцовщина, безматеринщина. Это нежелательно. А.Р., 50

**БЕЛИБЕРДА́** *ж.*
Unsinn, Blödsinn, dummes Zeug
*вздор, чепуха, бессмыслица.*
Я рассвирепела: „Какого же черта вы меня посвящали во всю эту белиберду? Битую неделю я ухлопала на вашу с Яковкиным продукцию! Что я вам научный ассенизатор? Думаете, мне это интересно? Черта с два!" И.Г.1, 141

**БЕЛОБИЛЕ́ТНИК** *м.*
vom Militärdienst Befreiter, unabkömmlich Gestellter
*человек, освобожденный от военной службы.*
Мне выдали белый билет, каковым мои мечты о военной карьере были перечеркнуты. Но и белобилетником я тоже недолго просуществовал. Л.Л., № 30, 151

**БЕЛОБРЫ́СЫЙ**
semmelblond, weißblond, flachsfarben
*белокурый, светловолосый.*
Глеб Капустин, толстогубый, белобрысый мужик лет сорока, деревенский краснобай, начитанный и ехидный. В.Ш., 172

**БЕЛОГЛА́ЗАЯ** *ж. шутл.*
Flasche Wodka
*о бутылке водки.*
—... „На что, Мишка меня спрашивает, на спор идешь?" Я и говорю, что ежели выхлебаешь не торопясь /водку/, так я ставлю еще одну белоглазую-то, а ежели проиграешь, дак с тебя. В.Б., 4

**БЕЛОГОЛО́ВКА** *ж.*
Flasche Wodka
*о бутылке водки.*
Вставай, подымайся, Николай. Раздавим на трех гномов две белоголовки... В.М., 379

**БЕЛОРУ́ЧКА** *м. ж. презр.*
feiner Pinkel; grobe oder schmutzige Arbeit scheuender Mensch
*человек, избегающий тяжелой или грязной работы.*
Ее обвиняют в том, что она белоручка, боится натрудить гербарной сеткой пальчики, что ей чужды интересы коллектива и что настоящие комсомольцы так не поступают. Ю.Т., 48

**БЕЛЬИ́ШКО** *ср. пренебр.*
Wäsche
*то же, что белье.*
Алеша пошел в дом. — Давай бельишко, — сказал жене, стараясь скрыть свою радость — она почему-то всех раздражала, эта его радость субботняя. В.Ш., 325

**БЕЛЬМЕ́С** *м.:* **НИ БЕЛЬМЕ́СА**
nicht das mindeste/ geringste; keine Ahnung, keinen blassen Schimmer; nicht die Bohne
*совершенно ничего (не знать, не понимать и т.п.)*
Не стоит всерьез сердиться ему... на этого балбеса, который-то и ни бельмеса не соображает... В.Кор., 89

**БЕНЗОКОЛО́НКА** *ж.*
Zapfsäule, Tankstelle
*бензозаправочная станция.*
А служебный автобус уже отутюжил отрезок Ленинградского проспекта, за тоннелем возле гостиницы „Советская" развернулся,.. и пошел петлять по нешироким асфальтированным проездам, среди гаражей, ведомственных автобаз, автокомбинатов, строительных площадок, бензоколонок, небольших заводиков. С.Е.1, 33

**БЕРЛО́ГА** *ж. пренебр.*
Höhle, Loch
*невзрачное, тесное жилище.*
Из порта сразу же отправились в берлогу. В.П., 40

**БЕСИ́ТЬ** *несов.*
in Rage bringen, aufbringen
*приводить в сильное раздражение; сердить кого-либо.*
... меня бесит подлое поведение моего друга. С.Н., 19

**БЕСИ́ТЬСЯ** *несов.*
ausgelassen sein, Jux machen; (herum)mäkeln
*резвиться, шумно шалить // привередничать, капризничать //.*
Что с ребятами делать будем?.. Оглашенными растут какими-то. С жиру, что ли бесятся? С.С., 26

**БЕСПАРДО́ННОСТЬ** *ж.*
Frechheit, Unverschämtheit; Ungeniertheit
*беззастенчивость, наглость, бесцеремонность.*
Эта беспардонность, это хамство: такому персонажу и в голову не придет в чем-то себе отказать, удивительная порода! Ю.М., 44

**БЕСПОКО́ЙКА** *ж.*
Abteilung mit Gummizellen/ Beruhigungszellen
*в психиатрической больнице отделение для душевнобольных в состоянии буйного помешательства.*
— А тебя с беспокойки перевели? — Да, только что. — Симулируешь? — улыбается Венька. — А что, похоже? — сияю я. — Наконец нормальных людей встретил. Время и мы, № 43, 39

**БЕСПРИНЦИ́ПНИК** *м.*
prinzipienloser Mensch, Gesinnungslump
*о человеке, не имеющем определенных принципов, моральных устоев.*
И вообще морально поддержи всех, кто подаст голос. А то найдутся разные беспринципники и начнут канючить: „Неэтично! Нетактично! Неприлично!" Ц.С., 9

**БЕСПРОБУ́ДНО**
pausenlos, ununterbrochen
*постоянно, беспрерывно.*
Солдат, конечно, немедленно пропил добро и вообще пьянствовал беспробудно. А.К., 59

**БЕСПУ́ТНЫЙ**
ausschweifend, lose, leichtfertig, liederlich, verdorben, verkommen
*легкомысленный, разгульный, ветреный, морально неустойчивый.*
И не увижу я никогда уже своего бедолагу, беспутного Ваньку, и не раздавлю с ним пузырька, и даже письмо не знаю куда написать. В.Н., № 18, 76

**БЕССТЫ́ЖИЙ**
frech, schamlos; unzüchtig; (moralisch) verkommen, verdorben
*лишенный чувства стыда; беззастенчивый, наглый.*
— Совесть-то у тебя есть? Или ее уж всю отшибли? Тьфу! — в твои глазыньки бесстыжие! В.Ш., 122

**БЕ́СТИЯ** *ж.*
Bestie, Biest, durchtriebener Kerl
*пройдоха, плут.*
Волны катятся, чертовы бестии, / Не желают режим понимать! А.Г., 85

**БЕСТОЛКО́ВЩИНА** *ж. неодобр.*
Unsinn; Durcheinander, Wirrwar
*о чем-либо бестолковом, непонятном; беспорядок, неразбериха.*
Осваиваясь сейчас среди карусельной бестолковщины хмельного застолья, Золотарев то и дело ловил на себе пристальный взгляд кадровика... В.М.1, 250

**БЕ́СТОЛКУ**
stumpfsinnig, sinnlos, zwecklos
*зря, бессмысленно, бесцельно.*
„Все равно не усну. Проваляюсь бестолку. А так надеремся, просплю до двенадцати, а там позвоню", — подумал я, разливая на табуретке принесенную Гришкой бутылку петровской. В.Кор., 460

**БÉСТОЛОЧЬ** *ж. неодобр.*
Durcheinander, Wirrwar; wirrer/ verwirrter/ konfuser Kerl, Chaot(in)
*беспорядок, неразбериха // бестолковый человек //.*
Князев некоторое время смотрел на Сильченко проникновенно и строго. — Вы что, нарочно, что ли, не понимаете? — Да я серьезно не понимаю! Глупость какая-то, бред!.. Бестолочь какая-то! В.Ш., 375

**БЕСШАБÁШИЕ** *ср.*
Unbekümmertheit, Sorglosigkeit, Verwegenheit, Ausgelassenheit
*то же, что бесшабашность; безудержность, безрассудство, отчаяние.*
Прежде всего, людей, подобных ему, отличает эдакая внутренняя взбудораженность, эдакое порывистое возбуждение, которое сообщает их облику выражение неуверенности и бесшабашия одновременно. В.Ш., 283

**БЕСШАБÁШНОСТЬ** *ж.*
Sorglosigkeit, Verwegenheit, Übermut, Ungehemmtheit, Zügellosigkeit
*беспечность, безрассудство, отчаяние, безудержность.*
Но когда, наконец, он оборотился, обмякшее лицо его не выражало ничего, кроме вызывающей бесшабашности. В.М., 62

**БЕСШАБÁШНЫЙ**
sorglos, übermütig, ausgelassen, zügellos
*беспечный, отчаянный, безудержный.*
Занятная поговорка, жуткая и бесшабашная, сутью своей предполагающая неизбежность посадки, вечное ее ожидание. Ф.Кан., 68

**БЕТÓНКА** *ж.*
Betonpiste
*дорога или взлетная /посадочная/ полоса аэродрома, покрытая бетоном или выложенная бетонными плитами.*
Пронякин спускался вниз по бетонке, уже покрывшейся прозрачным лаком. Г.В. 2, 60

**БИБИ́КАТЬ** *несов.*
hupen
*гудеть, сигналить, издавать прерывистые звуки /обычно об автомобиле/.*
С пригорка донесся детский голос: „Можно я бибикну, ма?" И.Двинский, В.Коваль, Л.Г., 20.12.78

**БИБЛИОТÉКАРША** *ж.*
Bibliothekarin
*женщина-библиотекарь.*
Тебе, Линочка, попался чудный экземпляр... всегда побритый, одетый, трезвый. Поглядеть со стороны и то приятно. Не то, что сынок нашей библиотекарши, Женька. Е.Ц., 17

**БИВÁТЬ** *несов.*
prügeln, verhauen, versohlen
*бить много раз.*
Бронька много скандалил на своем веку, дрался, его часто и нешуточно бивали. В.Ш., 116

**БИЛЕТЁРША** *ж.*
Platzanweiserin
*женщина-билетер, контролер входных билетов.*
Отвези ты меня, шеф, в Останкино, / В Останкино, где „Титан" кино, / Там работает она билетершею, / На дверях стоит вся замерзшая. А.Г., 175

**БИНДЮ́ЖНИК** *м.*
Lastfuhrmann
*ломовой извозчик, занимающийся перевозкой тяжестей.*
Не снимает радист наушники, / А корабль подплывает к пристани, / Но биндюжники — есть биндюжники! / Полбочонка с рифмами свистнули. А.Г., 57

**БИТКÓМ**
brechend/ zum Bersten/ knackend/ knüppeldicke (voll)
*очень плотно, тесно.*
Вот какая история: я санитаром служил, раненых в тыл отвозили. Едем раз. А „студебеккер" наш битком набитый. Стонают, просют потише... В.Ш., 77

**БИ́ТНИК** *м.* **БИ́ТНИЦА** *ж.*
Beatnik, junger Nonkonformist und Bohemien
*о представителе движения молодежи, поведение, внешний вид, одежда и т.д. которых направлены против общепринятых законов общества, в котором они живут.*
Пора за дело браться: стать битницей — причесанной растрепой, надеть брючки уже собственных ног, взять в рот вместе с жевательной резинкой полуметровую сигарету, сесть в тяжелый грузовик, в унисон с которым бьется мое сердце, — и укатить в неизвестность. А.К., 290

**БИЧ** *м.*
Schwarzhändler (ehemaliger Matrose), Schieber
*бывший матрос, нигде не работающий, живущий за чужой счет, занимающийся мелкой спекуляцией.*
Тогда же, в шестьдесят третьем году, был я в Мурманске с заданием от редакции написать фельетон о портовых бичах, живущих за счет рыбаков. В.П., 20

**БИЧЕВА́ТЬ** *несов.*
schwarzhandeln, schieben
*нигде не работать, жить за счет других, заниматься мелкой спекуляцией.*
Да ведь он уже долго бичевал, пообвыкся в бичах, плюнешь в него — умоется. Г.В.1, 5

**БЛАГОВЕ́РНЫЙ** *м.* **БЛАГОВЕ́РНАЯ** *ж.*
*шутл. ирон.*
Ehemann, Ehehälfte, bessere Hälfte; Ehefrau
*муж, жена.*
— У нас с вашей благоверной дамский разговор, но она, как всегда, запаздывает. В.Кор., 208

**БЛАЖНО́Й**
grillenhaft, launisch
*взбаламошный, неуравновешенный, своевольный, капризный.*
— Какой же сон, когда он ее под самыми окнами растягивает. Ведь не идет же, черт блажной, к реке, а здесь старается! Как нарочно. В.Ш., 97

**БЛАЖЬ** *ж.*
Grille, Laune
*прихоть, каприз, причуда.*
А к ихнему начальнику, точно по повестке, / Тоже баба прикатила — налетела блажь — / И тоже: Милый,— говорит / Только по-турецки, / — Свадьба будет,— говорит,— / Свадьба. И шабаш. В.В.3, 20

**БЛАТ** *м.*
Beziehungen, Vetternwirtschaft, Protektion, Vitamin B
*незаконные или полузаконные операции, производимые при помощи связей, знакомств.*
Образцовый жеребец стоял в образцовой конюшне, за невысокой оградой. Косил на людей большим нежнофиолетовым глазом, настороженно вскидывал маленькую голову, стриг ухом. Остановились около него. — Этот? Но. — Кондрат смотрел на жеребца, как на недоброго человека, ехидные повадки которого хорошо изучил. — Он самый! — Орловский! По блату выставили. В.Ш., 35

**БЛАТА́РЬ** *м.*
Gauner, Krimineller
*человек, принадлежащий к преступному миру; уголовник.*
Сопровождающий сразу определил: „За вещами глядеть в оба — на пересылке много блатарей из заключения!" Л.Л., № 30, 149

**БЛАТНО́Й₁** *м.*
Gauner, Krimineller
*человек, принадлежащий к преступному миру; уголовник.*
Но у блатного была своя воровская этика. Л.Л., Время и мы, № 32, 78

**БЛАТНО́Й₂**
Gauner-, Diebes-
*относящийся к преступному миру, воровской.*
Песня не понравилась... „Блатная!" — пояснил тот самый простодушный парень, который считал, что в тюрьме — сплошное жулье. В.Ш., 44

**БЛАТНЯ́ЖКА** *м. ж.*
Gauner, Krimineller
*человек, принадлежащий к преступному миру.*
Сергей Митрофанович сразу определил: этот парень бродяга или блатняжка. Б.А., 563

**БЛЕВА́ТЬ** *несов. груб.*
(aus)kotzen, spucken
*рвать, извергать ртом принятую пищу.*
Требовалась разрядка, иначе ведь и свихнуться недолго, и едва представлялся случай, эти несчастные, прервав на полуслове беспечную болтовню про тот же „сметанный крем", или „тюлевые накидки", или „костюмчик-джерси" / „Я вам это устрою"/ — болтовню, что всего минуту назад их так, казалось бы, занимала, — с каким-то мучительным наслаждением пускались в дебаты по поводу эмбихина, от которого Роза-татарка прямо-таки загибается, блюет и блюет... И.В., 38

**БЛЕВО́ТИНА** *ж. груб.*
Erbrochenes, Kotze
*то, что извергнуто при рвоте.*
... как толчки воды в руке, жизнь возвращал

своей половине, скользящей ладонями в блевотине из желчи и частика в томате по выгибу эмалированного дна, изъязвленного кое-где преждевременной ржавью. Ю.С., 118

**БЛЕДНУ́ШКА** *ж.*
Frau mit blassem Gesicht
*о бледной, худой, слабой женщине.*
Были такие специалистки, у которых всегда пригорало. Особенно этим отличалась аспирантка Галя, высокая бледнушка в очках, которая и на кухню-то выходила не иначе как с книгой. И.Г.2, 136

**БЛЕКОТУ́НЬЯ** *ж. презр.*
Schmierenkomödiantin
*человек, издающий звуки, подобные блеянию козы или овцы.*
Вы ударите по сестрам Монгольфье и еще каким-то Эсфири Тэц с Ольгой Грэс /филармонические блекотуньи, эксплуатация долготерпенья слушателей/. А.М., 46

**БЛЕСК** *м.*
(große) Klasse, erstklassig, prima, ausgezeichnet
*очень хорошо, прекрасно, превосходно.*
— Новенький? Салютик. У тебя что? — У меня? Песенка... — Блеск! — обрадовался молодой человек. Б.С., 43

**БЛЕФОВА́ТЬ** *несов.*
bluffen
*выдумывать, обманывать с целью запугивания или хвастовства.*
Перед игрой Фрам шепнул Димке: „Блефуй, как можешь. У них нервы слабые". А зачем блефовать, если у тебя такая отличная карта? В.Ак., 30

**БЛУДИ́ТЬ** *несов.*
1 den Blick/ die Blicke schweifen lassen
2 umherirren, umherstreifen
*1. переходить с предмета на предмет бесцельно, без определенного направления /о взгляде, глазах и т.п./.*
Парень долго мялся, блудил уклончивым взглядом по сторонам. В.М., 74
*2. бродить, ходить, двигаться без определенной цели, направления.*
„Ну, бесстыдница, подожди, ты у меня допрыгаешься. Вон ты где блудишь". Иван Африканович долго любовался лисой. В.Б., 40

**БЛУДЛИ́ВЫЙ**
geil, unzüchtig, lüstern
*распутный, развращенный.*
А тот, в свою очередь, при виде гостя, весело повел блудливым глазом в глубину вагона. В.М., 95

**БЛЯ́ДСТВО** *ср.*
Hurerei, Unzucht
*распутство, разврат, беспорядок.*
Эта мера, однако, лишь усилила объективную тенденцию общества к блядству и пьянству. А.З., 50

**БЛЯДЬ** *ж.*
Hure, Nutte
*проститутка, распутная женщина.*
А ночами, а ночами / Для ответственных людей, / Для высокого начальства / Крутят фильмы про блядей. А.Г., 229

**БО́БРИК** *м.*
Bürste(nschnitt)
*короткая мужская стрижка.*
Седина бобрика проступила еще определеннее. В.М., 467

**БОБЫ́ЛЬ** *м.* **БОБЫ́ЛКА** *ж.*
Alleinstehende(r), Junggeselle/-in
*об одиноком человеке.*
Не понять тебе, бобылю, что такое жена красивая, по первым годам особенно, когда в цвете вся и в ласке... Л. Бородин, Третья правда, Грани № 119, 135
Я, Лидия Константиновна, человек одинокий — бобылка, как раньше нас, таких, называли. Л.Ленч, 33

**БОДРЯЧО́К** *м. шутл. ирон.*
vor Energie/ Lebensfreude strotzender Mensch
*об энергичном, жизнерадостном, неутомимом человеке.*
Так и видишь этих холеных бодрячков в концертных костюмах. В.Ак., 49

**БОЕВИ́К** *м.*
Schlager, Reißer, Zugpferd, Renner
*кинофильм, эстрадный номер и т.п., пользующийся большим успехом.*
Время /деньги!/, время /деньги!/ — / Мчит во мгле цифропроводов / И смыкается в шеренги / Барышей — кинодоходов. / Боевик! С.В., 43

**БОГАТЕ́Й** *м.*
Reicher, Krösus
*богатый человек.*
На скопленные деньги купил он у богатея Харина красного товару и пошел торговать по деревням. Ф. Абрамов, Пряслины, Л., 1978, 21

**БО́ЙКО**
gewandt, geschickt, fingerfertig
*быстро, ловко.*
... Я даже в лапту играл и даже довольно бойко лупил дощечкой по тряпичному или скатанному из коровьей шерсти мячу. В.А., Л.Г., 14.12.77

**БОКОВУ́ШКА** *ж.*
Nebenzimmer
*боковая комната.*
В сумерках, на пороге боковушки, где размещались свезенные из лагерей заболевшие военнопленные, появился Курт Майер. В.М., 59

**БОЛВА́Н** *м. бран.*
Holzklotz, Strohkopf
*неуклюжий, бестолковый, невежливый человек.*
Если бы болван, не умеющий есть сосисок, не закапал жиром мое новое пальто, я бы встретилась с Вашеком... С.М., 42

**БОЛЕ́ЗНЫЙ**
armer Kerl, armes Würstchen
*вызывающий сострадание, жалость.*
— Милок,— спросила Бориса одна старуха, — куда ж это вы его, болезного, ведете? Вл.В.1, 133

**БОЛЕ́ЛЬЩИК** *м.*
Fan
*любитель спорта; шутливое название страстного наблюдателя спортивных соревнований.*
Пришли болельщики... на лицах предвкушение, а у ворот — вот-те на! — большая надпись: „Матч отменяется". М. Виленский, Л,Г., 8.9.76

**БОЛЕ́ТЬ** *несов., шутл.*
jemandem die Daumen drücken/ halten, jemandes Fan sein
*остро переживать успехи или неудачи кого-либо.*
„Им-то к чему? — думал Бурлей — для внуков берут или сами болеют?" Но по вопросам Бурлей скоро понял: в футболе эти пожилые женщины разбираются. С.Е., 50

**БОЛО́НЬЯ** *ж.*
Nylonmantel
*плащ из синтетической ткани.*
Научиться играть на гитаре не хуже, чем Димка! Накопить денег на болонью! М.Задорнов, Л.Г., 26.4.78

**БОЛТА́ТЬ** *несов.*
1 schwatzen, plaudern, dummes Zeug reden
2 reden, von sich geben, plappern
*1. вести легкий, непринужденный разговор о чем-либо неважном, незначительном.*
Мы, конечно, крутили маки и болтали, а Мила делала молча. Н.Б.1, 45
*2. говорить то, о чем не следует говорить.*
— Ты соображаешь, что болтаешь,— говорю я. — Меня же за одно намерение сочинить подпольную книжку выгонят из партии и с работы. А.З., 25

**БОЛТА́ТЬСЯ** *несов.*
1 baumeln
2 sich herumtreiben; nichts zu tun haben, (untätig) herumhängen
*1. двигаться, колебаться из стороны в сторону; колыхаться.*
Тут же болтался скелетик, как талисман-хранитель. Э.Медведкин, Л.Г., 9.6.76
*2. проводить время без дела; ходить без определенной цели, направления.*
Сошел у Сокольников, думаю: а куда теперь? Пошел в парк и целых три часа там болтался. Ю.М., 42

**БОЛТОВНЯ́** *ж.*
Geschwätz, Gerede, Gequatsche
*несерьезный разговор; пустая, бессодержательная речь.*
Леонид, как зубную боль, переживал всякую неконкретную болтовню. В.С.,43

**БОЛТУ́Н** *м.*
Quatschkopf
*человек, любящий много говорить, часто говорящий лишнее; сплетник.*
Коля покраснел и, вытаскивая бумажку из кармана, тихо воскликнул: — Нет, я не только болтун, я прекрасно понял, что ты имел в виду... В.Р., 9

**БОЛЬНИ́ЧНЫЙ** *м.*
Arbeitsunfähigkeitsbescheinigung, (Krankheits)attest

*документ о временной нетрудоспособности по болезни.*
— Придете теперь двадцать второго, часам к трем,— сказал он, возвращая мне больничный листок. Л. Зинин, Л.Г., 15.8.73

**БО́ЛЬНО**
sehr, mächtig
*очень, чрезмерно.*
— Да,— говорю,— уж больно занятно: ученого слона выводить будут и опять же рыжие, французская борьба... М.Булгаков, Юность, № 7, 74
Уж больно тут дело тонкое! А.Г., 102

**БОЛЬША́К** *м.*
Hauptstraße
*большая широкая дорога.*
В такой-то задумчивый хороший вечер, минуя большак,пришел к родному селу Степан Воеводин. В.Ш., 40

**БОЛЯ́ЧКА** *ж.*
Wunde; wunde Stelle, wunder Punkt
*рана; больное место.*
— Я тебе, наверно, последний раз говорю, — спокойно тоже и устало сказал Егор, застегивая рубаху. — Не тронь меня за болячку... Когда-нибудь ты не успеешь сунуть руку в карман. Я тебе сказал. В.Ш., 430

**БОМО́Н** *м. шутл. ирон.*
Welt, Hautevolee, die oberen Zehntausend, Schickeria
*высший свет, избранное общество.*
Думали мы с женой, думали, потом она и говорит: — Раз, Коля, там будет бомон, надевай новые джинсы. Г.Горин, Л.Г., 6.8.75

**БОМО́НДИСТЫЙ** *ирон.*
mondän, die oberen Zehntausend betreffend
*относящийся к высшему свету, избранному обществу.*
Один Мишка какой-то не бомондистый. Как был рядовой инженер, так и остался. Л.Измайлов, Л.Г., 23.5.79

**БО́НЗА** *м. неодобр.*
Bonze
*о людях, занимающих высокое положение в партийной или правительственной иерархии.*
От них — этих тучных, с вечной одышкой бонз — настала пора избавляться. В.М.1, 59

**БОРМОТУ́ХА** *ж.*
Plempe, gepanschter Wein
*вино, разбавленное водой с различными примесями.*
Так каждая бочка вина превращалась в три бочки бормотухи, и тотчас она шла в торговую сеть. С.Б., 15

**БОРОДА́Ч** *м.*
Bärtiger, Bartträger
*человек, носящий большую бороду.*
„Почему они шипят?" — подступилась тетя к ближайшему бородачу. Т.Ш., 15

**БОРТАНУ́ТЬ**
zurückschicken, abschicken, abwimmeln
*отправить кого-, что-либо назад.*
А под Питером разберутся, что у меня зрение никуда и назад бортанут. В.Кор., 111

**БОСС** *м.*
Boß
*должностное лицо, руководящее, заведующее чем-либо; глава какого-нибудь предприятия, учреждения; начальник.*
— Влиятельные боссы в Мемфисе стремятся предотвратить огласку, — жаловалась мне Ивонда Паунде. И.Андронов, Л.Г., 16.4.1980

**БОСЯ́К** *м. бран.*
Penner, Stromer, Landstreicher
*невоспитанный, грубый человек; бездельник.*
... Сегодня он возмущается тем, что Мишенька имеет напротив бабушки такой рот, а завтра он помчится в магазин „Овощи-фрукты" — покупать этому босяку яблочко, самое хорошее, самое импортное, типа „люкс" плод субтропиков. А.К., 184

**БО́ЯЗНО**
zum Fürchten
*страшно.*
— Мне с ним не так боязно будет. В.Ш., .17

**БОЯ́КА** *м. ж.*
Angsthase
*о ком-либо, склонном к боязни, робости.*
Варвара раз усмеялась, когда ее старик изображал мальчика-бояку. В. Крупин, Новый мир № 8, 1980, 27

**БРА́ЖКА** *ж.*
Gesellschaft, Sippschaft, Kumpanei
*группа лиц, компания.*
Однако на своем опыте я убедился, что придурков на фронте оказалось еще больше, чем в запасном полку, да и почетом они пользовались куда большим, чем тыловая бражка. Л.Л., № 31, 180

**БРА́ЖНИК** *м.*
Zechkumpan, Zechbruder
*пьяница, собутыльник.*
В общем, я за усопшую тетеньку / Пропил с книжки последнюю сотенку, / А как встал, так друзья мои, бражники, / Прямо все, как один, за бумажники. А.Г., 245

**БРА́ЖНИЧАТЬ** *несов.*
zechen, saufen, prassen
*весело проводить время, пьянствовать.*
Отчего ж ты, Господи, невесел? / Где они, соратники Твои? / Бражничали, ели, гостевали, / А пришла беда — и след простыл. А.Г., 277

**БРАКОДЕ́Л** *м. презр.*
Ausschußproduzent, Murkser, Pfuscher
*недобросовестный, небрежный работник, производящий недоброкачественные изделия.*
Сейчас за форточки возьмемся — „набекрень" понавешены... Короче говоря, грехи бракоделов подчищаем. В.К., 31

**БРАНЧЛИ́ВЫЙ** и **БРАНЧИ́ВЫЙ**
zänkisch, streitsüchtig
*сварливый, склонный к ссорам; выражающий свое недовольство в грубых, резких выражениях.*
Кажется, проходя эти главные ворота, из которых неусыпная бранчливая толстуха-сторожиха выпускала только здоровых свободных людей, а больных заворачивала громкими окликами — кажется, ворота эти проходя, должна ж была она перейти из рабочей части своей жизни в домашнюю, семейную. А.С., 108

**БРАТ** *м.*
(mein) Lieber, Alter, Kumpel
*фамильярное, дружеское обращение к мужчине.*
Пусть хоть что судьбой напророчится: / Хоть славная смерть, / Хоть геройская смерть — / Умирать все равно, брат, не хочется. Б.О., 129

**БРАТА́Н** *м.*
Bruder
*то же, что брат; каждый из сыновей, имеющих общих родителей по отношению к другому сыну или к сестре.*
Первача я взял ноль-восемь, взял халвы, / Пару „рижского" и керченскую сельдь, / И отправился я в Белые Столбы / На братана да на психов поглядеть. А.Г., 219

**БРАТВА́** *ж.*
Jungens, Kumpel, Kameraden
*товарищи, друзья.*
Да, конечно, гражданка гражданочкой, / Но когда воевали, братва, / Мы ж с ним вместе под этой кожаночкой / Ночевали не раз и не два. А.Г., 218

**БРАТЕ́ЛЬНИК** *м.*
Bruder
*то же, что брат; каждый из сыновей, имеющих общих родителей по отношению к другому сыну или сестре.*
— ... У меня брательник в Питере такой же ...придурок: тоже строит из себя. В.Ш., 271

**БРА́ТЕЦ** *м.*
Bruderherz, Kumpel, Freundchen
*форма дружеского или фамильярного обращения.*
И тут, братцы, произошло нечто странное, как пишут в романах. В.А., 60

**БРА́ТИЯ** *ж.*
Gesellschaft, Konsorten
*люди одной профессии, одной общественной среды.*
Именно эта многочисленная категория всевозможных „откомандированных" и „прикомандированных" и составляла цвет, элиту всей придурочной братии из числа рядового и сержантского состава. Л.Л., № 30, 180

**БРАТО́К** *м.*
Bruderherz, Kumpel, Freundchen
*форма дружеского или фамильярного обращения.*
— Это тебе, считай, крупно повезло, браток. А.Ч., 27

**БРАТУ́ХА** *м.*
Bruderherz
*то же, что брат; каждый из сыновей, имеющих*

*общих родителей по отношению к другому сыну или сестре.*
— А что это ты там, братуха, варганишь? С.С., 41

**БРАТЬ** *несов.*
(weg)nehmen, mitgehen lassen, klauen, (aus-)plündern, (aus)rauben
*грабить, воровать.*
— А чего вы такие все? — Ларек наши берут, — пояснил один, здороваясь. — Должны звонить... Ждем. В.Ш., 427

**БРАЧЕВА́ТЬСЯ** *несов.*
sich verehelichen
*вступать в брак, супружество.*
Дворец бракосочетания, в своем пластмассовом великолепии очень похожий на крематорий, гнездилище оптовых искусственных ритуалов. Пока одна пара брачуется, несколько других с „сопровождающими лицами" ждут очереди, топчутся, перешептываются, хихикают. И.Г. 1, 158

**БРЕ́ДНИ** *мн. пренебр.*
Spinnerei, Gefasel, ungereimtes Zeug, Phantastereien
*нелепые, вздорные мысли; выдумки.*
Он забылся, сделал неосторожное движение, и так больно отдалось ему от опухоли в шею и в голову, что померк весь интерес просвещать этих балбесов и рассеивать их бредни. А.С., 159

**БРЕДОВО́Й и БРЕДО́ВЫЙ**
Wahn-, Fieber-, Phantasie-, blödsinnig, schwachsinnig
*нелепый, вздорный, странный.*
— Ничего не понимаю,— сказала Ира Ивановна.— Что за бредовый разговор был у вас! Е.Дубровин, Л.Г.,15.2.78

**БРЕДЯ́ТИНА** *ж.*
Spinnerei, Gefasel, ungereimtes Zeug, Phantastereien
*нелепые, вздорные мысли; выдумки.*
— Парень... ты же говорил, что в техникуме сколько-то учился... — Полтора года. — Вот видишь... Чего же ты такую бредятину несешь сидишь? Сам шофер, с техникой знаком... Что, неужели веришь в этот свой двигатель. В.Ш., 337

**БРЕЗЕНТУ́ХА** *ж.*
Windjacke aus Segeltuch
*рабочая куртка из брезента.*
Локтев въехал на эстакаду, куда показал молодой парень в белой, еще новой брезентухе. В. Мурзаков, Наш современник № 6, 1979, 3

**БРЕНЧА́ТЬ** *несов.*
(herum)klimpern, (herum)zupfen
*звенеть, звонко греметь, ударять по струнам, клавишам музыкального инструмента.*
Старуха любила слушать старинные песни и посылала Нинку за Миронихой, чтобы слушать вместе, но их пели редко, все больше чем-то бренчали. В.Расп.1, 38

**БРЕХА́ТЬ** *несов.*
lügen, schwindeln, faseln, spinnen
*лгать, болтать вздор; обманывать.*
„Брешет! Быть того не может!" — успокаивал он себя, нетвердо шествуя об руку с Липочкой в свой постылый люкс. Д.Иванов, В.Трифонов, Л.Г., 14.6.78

**БРЕХНЯ́** *ж.*
Gefasel, Blödsinn, Gerede, dummes Gequatsche
*ложь, обман; вздор, болтовня.*
Мол, всем известно, что это брехня, не имеющая никаких существенных последствий по ее содержанию. А.З., 170

**БРЕХУ́Н** *м.*
Lügner, Schwindler, Schwätzer, Quatschkopf
*болтун, обманщик, лжец.*
Любому брехуну вера, а мне — нет. В.М., 487

**БРИГАДИ́РША** *ж.*
Brigadier(in)
*женщина-бригадир.*
Сам начальник лесопункта пришел: сделай летние сани и телегу. Хоть и не миновать размолвки с бригадиршей, да какой же хозяин ворота добру не раскроет? Ф. Абрамов, Пряслины, Л., 1978, 23

**БРИГАДМИ́Л** *м.*
(freiwillige) Polizeihelfer, Polizeireserve
*добровольная организация граждан, помогающая милиции в охране общественного порядка.*
За работу в бригадмиле мы взялись рьяно, но воспоминания о ней остались самые жидкие... А.Гл., 35

**БРОД** *м.*
Promenade, Flanierstraße

*центральная улица города, излюбленное место встреч и прогулок молодежи.*
... Вовчик взял меня за пальто, раздраил на груди: „Срам! Девки на первом броде засмеют". Г.В.1, 6

**БРОДЯ́ГА** *м. ж.*
Landstreicher, Stadtstreicher; Vagabund, Stromer
*человек, не имеющий определенного места жительства и занятия.*
Не бродяги, не пропойцы, / За столом семи морей / Вы пропойте, вы пропойте / Славу женщине моей! Б.О., 191

**БРОДЯ́ЖЕСТВО** *ср.*
Land-/ Stadtstreicherei, Vagabundieren, (Herum)Stromern, Trebe, Trebegang
*то же, что бродяжничество; жизнь бродяги.*
— Как одна секунда, вроде и не жил еще... Спину холодит — так страшно... Завязать было хотел бродяжество свое. В.М., 308

**БРО́СИТЬ**
1 aufgeben, aufhören, an den Nagel hängen
2 verlassen, im Stich lassen
3 fallenlassen, nebenbei bemerken
*1. прекратить делать что-нибудь.*
Вхожу к врачу. Он сразу: „Вы что, пить бросить хотите?" Л.Измайлов, Л.Г., 21.1.76
*2. оставить навсегда, прекратить всякие отношения.*
Ну, гремела та самая опера, / Где Кармен свово бросила опера. А.Г., 243
*3. сказать небрежно, мимоходом.*
А Регана даже бросает: „И одного не нужно!" Ю. Золотарев, Л.Г., 26.1.77

**БРО́СОВО**
schlecht, wertlos
*плохо, некачественно.*
Леонид снимался с Юрским в фильме по Фенимору Куперу, они почти подружились. Вот человек — ничего не делает бросово, тысячи забот — и каждый час проживается со смыслом. В.С., 42

**БРО́ШЕНКА** *ж.*
Sitzengelassene
*об одинокой женщине, покинутой мужем.*
Дочь была не одна — с мужем. А Надежда Михайловна — старший научный сотрудник института АН СССР, обитательница однокомнатной квартиры, интересная женщина — была все-таки оставленная, покинутая, брошенная, или в простонародном обороте — совсем ужасно! — брошенка. Н. Баранская, Женщина с зонтиком, М., 1981, 264

**БРЫКА́ТЬСЯ** *несов.*
sich sträuben, widerspenstig sein; widersprechen
*проявлять строптивость; упираться, возражать.*
Он /Спирька/ молил в душе: „Господи, помоги! Пусть она не брыкается!" Он повлек к себе женщину... В.Ш., 194

**БРЮЗГА́** *м. ж.*
Nörgler, Meckerer
*человек, который постоянно брюзжит, ворчит.*
Перед закрытием магазина кассирша Феня, хихикая, сказала: „Месячник-то кончился, а ты все еще перед этим брюзгой выламываешься". А.Ч., 36

**БРЮХА́ТЫЙ**
dickbäuchig, dickwanstig
*имеющий округленную, выпуклую форму // имеющий большой живот, большое брюхо //.*
Над селом, где застряло Андреево хозяйство, скользили брюхатые облака. В.М., 133

**БРЮ́ХО** *ср.*
Bauch, Wanst, Wampe
*то же, что живот.*
„Ноги-то наверняка пройдут, — рассуждал он, — брюхо бы влезло". Д.Иванов, В.Трифонов, Л.Г., 28.7.76

**БРЮ́ЧНИК** *м.*
Hosenschneider
*портной, шьющий брюки.*
Только сердце ей, вроде как, заперли, / На признанья смеялась — вранье! / Два закройщика с брючником запили / Исключительно через нее! А.Г., 184

**БРЯ́КНУТЬ** *неодобр.*
1 (unbedacht) herausplatzen mit etwas, ausplaudern, ausquatschen
2 (geräuschvoll) hinwerfen, hinschmeißen, hinschmettern
*1.сказать что-либо неосторожно, необдуманно.*
Почему дешево так? Да он портачит втихаря, налога не платит. Ну, потому и дешевле берет... За

строгую конспирацию... Только ты никому не брякни... А.К., 319

*2. бросить, уронить что-либо, вызывая шум.*

... Он брякнул воротами, бросил в народ гуттаперчивый, битый-перебитый, но все еще крепкий, тугой мячик. В.А., Л.Г., 14.12.77

**БРЯ́КНУТЬСЯ**

(schwer) hinfallen, hinschlagen, hinstürzen, zusammenklappen

*упасть с шумом, со стуком.*

Иван сгреб ружье... Жена брякнулась в обморок, а Иван полыхнул себе в грудь. Двое детей осталось. В.Ш., 322

И вдруг — шарах... не капли, а большая глыба, величиной в три кулака брякнулась на мостовую. А.К., 80

**БУБНЕ́НИЕ** *ср. неодобр.*

unaufhaltsames Wiederholen, ständige Wiederholung, Einhämmern

*монотонное повторение чего-либо.*

Это постоянное бубнение, чередование незапрошенной тобой информации и невыбранной тобою музыки, было воровство времени и энтропия, рассеяние духа — очень удобное для вялых лю́дей, непереносимое для инициативных. А.С., 283

**БУБНИ́ТЬ** *несов., неодобр.*

vor sich hinbrummen, (sich) in den Bart brummen

*глухо, невнятно говорить, бормотать, ворчать.*

А когда осенний дождичек частый / Бубнит, как столетний дед, / Кому ты выносишь в пригоршнях счастье, / Которому имени нет? Б.О., 264

**БУБУ́ЛЯ** *ж.*

Schwellung, Geschwulst, Beule

*то же, что опухоль.*

Врач ушла, а опухоль торчала под челюстью и давила, а больные несли свое, и вот предлагали человеку резать совсем здоровую шею. У Русанова же какая бубуля — и не режут, и не предлагают. Неужели так плохо? А.С., 133

**БУГА́Й** *м.*

bärenstarker, grobschlächtiger Mensch; Koloß, Bulle

*об очень здоровом, сильном и грубом человеке.*

Женился я на этой чудачке. Сперва решил: раз баба меня, такого бугая, не побоялась к себе взять, значит, известно, чего ей надо. Н. Баранская, Женщина с зонтиком, М., 1981, 90

**БУ́ДКА** *ж. груб.*

Fresse, Schnauze, Visage

*то же, что лицо.*

Был бы на моем месте Бес, толстозадый придурок, тут же схлопотал бы по будке. Л.Л., № 31, 200

**БУЗИ́ТЬ** *несов., неодобр.*

Skandal/ Radau/ Krawall machen, lärmen, krakeelen

*скандалить, шуметь, озорничать, устраивать беспорядок.*

Другой бы подвыпивший человек начал бузить и расстраиваться, а Николай Иванович чинно и благородно прошелся по проспекту. М.З., 51

**БУЗОТЁР** *м. неодобр.*

Radaubruder, Krakeeler

*человек, устраивающий шум, скандал, нарушающий порядок.*

Удовлетворили просьбу, так сказать, бузотера, которых Никанор Иванович хотя и не любил, но смертельно боялся. Л.Ленч, 30

**БУКВА́РЬ** *ж. шутл.*

Birne, Rübe

*то же, что голова.*

— Разок по букварю угодить чем-нибудь — враз разлюбит, — высказался Славка Братусь, маленький мужичок, с маленьким курносым лицом. В. Шукшин, Охота жить, Казань, 1977, 176

**БУЛТЫХА́ТЬ** *несов.*

plumpsen, plantschen

*ударять по воде с шумом; производить всплески.*

В багровом свете фотолаборатории, бултыхая пальцем по ванночке с реактивами, обеспечивают налет на ваш кошелек большие мастера рекламного фото. А.М., 18

**БУЛЬВА́РЩИНА** *ж.*

Schund

*о пошлых литературных произведениях.*

— Все это ерунда, — помрачнел Игорь Александрович. — Бульварщины, дорогой вы мой, начитались. Какой там немец? Самый разнесчастный русский человек. В.Кор., 292

**БУМАЖЕ́НЦИЯ** *ж. пренебр.*
Urkunde, Schriftstück, Schrieb, Papier; Schein
*бумажный денежный знак // какой-либо документ // какая-либо бумага //.*
Сдавая работу, он приколол к выполненным чертежам три рубля, „Это еще что за бумаженция?" — вытаращил шеф глаза. С.Комиссаренко, Л.Г., 23.5.79

**БУМ-БУ́М: НИ БУМ-БУ́М**
keine (blasse) Ahnung, keinen blassen Schimmer
*ничего не знать, не уметь.*
Хочешь, натаскаю тебя в английском, если ты, как говорил, в немецком ни бум-бум. В.Кор., 562

**БУРДА́** *ж. пренебр.*
Plörre, Wassersuppe, Rennfahrersuppe
*плохое, невкусное питье или жидкое кушанье.*
— Ну и бурда! — сказала она через часа полтора, когда Курчев внес из кухни большую кастрюлю и вылил остатки супа с костями ей в тарелку. В.Кор., 512

**БУ́РКАТЬ** *несов.*
(in den Bart) brummen, knurren
*говорить отрывисто, тихо, невнятно.*
Все три дня Алексей Васильевич упорно дозванивался Инге. — Нет. Нету. Не знаю, — буркала старуха. В.Кор., 455

**БУРЛА́ЧИТЬ** *несов.*
ackern, schuften, sich abrackern
*работать тяжело, с напряжением (обычно на кого-либо).*
— Чего приезжал? — Сало продал... Деньги нужны — женюсь. — Да? — Женюсь. Хватит бурлачить. В.Ш., 146

**БУФЕ́ТЧИЦА** *ж.*
Büfettfräulein/, -frau
*работница, обслуживающая буфет.*
„Она и сотый стаканчик подаст, не моргнув", — подумал Димка и посмотрел на буфетчицу. Дурацкая наколка на голове, выщипанные брови. Он вспомнил буфетчицу, с которой беседовал вчера. В.Ак., 32

**БУ́ХАНЬЕ** *ср.*
dumpfes Schlagen, Bumsen
*глухой, сильный звук.*
Было рано и хорошо. Со двора доносилось буханье. Ю.С., 125

**БУХГА́ЛТЕРША** *ж.*
Buchhalter(in)
*женщина-бухгалтер.*
Филя так сказал на правлении колхоза: „Саня — это человек. Отвяжитесь от него. Не трожьте." „Пьяница," — поправила бухгалтерша, пожилая уже, но еще миловидная активистка. В. Шукшин, Охота жить, Казань, 1977, 137

**БУ́ХНУТЬ**
1 herausplatzen mit etwas
2 hauen, draufhauen, eins überziehen
*1. сказать что-либо необдуманно, неуместно.*
Шагренев, не подумав, бухнул: „Я могу. Хоть торт „Птичье молоко". И.Двинский, Л.Г., 1.1.79
*2. ударить с силой, с шумом; произвести тяжелый, громкий звук.*
Кто-нибудь из парней, как бы не удержав ходу, боднет тебя башкой в живот, ответно бухнешь соратника кулаком по спине и отойдешь в сторону. В.А., Л.Г., 14.12.77

**БУ́ХНУТЬСЯ**
hinplumpsen, umfallen
*то же, что упасть.*
Одна, говорят, бухнулась в обморок уже на второй минуте. Вл.В., 102

**БУХО́Й**
besoffen, blau
*пьяный, выпивший много спиртного.*
Кэп, конечно, бухой, а когда он бухой, не поймешь, то ли улыбается, то ли выходит из себя. В.П., 42

**БУ́ХТЫ-БАРА́ХТЫ**
unüberlegt, unbesonnen, unbedacht, blindlings; auf die Schnelle
*сразу, зря, необдуманно.*
После истории со злополучным плакатом я поклялся никогда в жизни не брать в руки кисть, но и с бухты-барахты назваться парикмахером у меня не хватило смелости. Л.Л., № 30, 159
Неужели не можем себе позволить плюнуть на все и вот так, с бухты-барахты — до „Каховской"! М.Задорнов, Л.Г., 7.11.79

**БУЯ́Н** *м. неодобр.*
(alter) Radaubruder, (ewiger) Krakeeler

*человек, постоянно устраивающий скандалы.*
... Саша... самбист, боксер... по утрам, до работы занимался с ним, показывал основные приемы обезвреживания драчунов и буянов. Л.Ленч, 86

**БУЯ́НИТЬ** *несов., неодобр.*
Radau/ Krakeel machen, krakeelen
*шуметь, скандалить, бесчинствовать.*
— ... Должен же я стремиться землю иметь или там буянить на праздники. В.Ш., 300

**БЫВА́ЛОСТЬ** *ж.*
Bewandertheit, Weltkenntnis, (Lebens)erfahrung
*опытность, искушенность, знание жизни.*
Армейская выправка, еще не утраченная, придавала ему бывалость и некоторую картинность, которой любовались окружающие, и в первую очередь он сам. С.Е., 47

**БЫВА́ЛЫЙ**
erfahren, bewandert, gewieft
*опытный в чем-либо, много видавший, сведущий.*
Соседки по общежитию, разбитные, бывалые девчата, научили Люду, как причесываться, как одеваться, чтобы быть современной. И.Г.1, 30

**БЫ́ДЛО** *ср. презр.*
Kuli, Arbeitsvieh
*о людях, выполняющих тяжелую физическую работу и занимающих низкое социальное положение.*
И никто не понимает, что же происходит. Ни один из них. Для чего это кратковременное окунание в дерьмо? Это мгновенное превращение строителя коммунизма в пятнадцатисуточное быдло. Ф.Кан., 78

**БЫТОВЩИ́НА** *ж.*
Alltäglichkeit, Alltagstrott
*повседневность, будничность, обыденность.*
Ребята были веселы от моего приезда, разогнавшего бытовщину вечера. В.Р., 162

**БЫЧО́К** *м.*
Kippe, Stummel
*окурок, недокуренная папироса, сигарета.*
Придавят бычок подошвою, / И в лени от ветра вольного / Пропавшее наше прошлое / Спит под присмотром конвойного. А.Г., 26
Когда с первой сигаретой было покончено и бычок пошел на удобрение в цветочный горшок, снизу вдруг раздался крик: „Помогите!" А.Я., 26

**БЮЛЛЕТЕ́НИТЬ** *несов.*
krank geschrieben sein, krankmachen
*отсутствовать на работе по болезни // будучи больным, иметь бюллетень (больничный листок) //.*
А потом задумалась: годами не бюллетенила, а тут подряд. Н.Б., 2, 10

**БЯ́КА** *м. ж. детск.*
Dreck, Käse
*о чем-либо нехорошем, дурном, гадком.*
... Тот, в фуражке, посмотрел на нас, скорее так: через меня на рыжего... И я понял, что он не узнал, что именно нам он сделал такую бяку. В.Ш., 405

# В

**ВАГО́Н** *м.*
jede Menge, eine Unzahl
*очень много.*
— Не вранье, а общие места. Их трудно излагать так, чтобы звучало не стерто. Нужно все время использовать цитаты, а это унизительно. — Да, унижения вагон. От вранья и унижение. В.Кор., 103

**ВАЖНЕ́Ц**
wichtig, bedeutungsvoll
*то же, что важно; необходимо, ценно в каком-либо отношении.*
Тогда я вышел на поле сам, спасать положение. — Довольно, Кешка! — сказал я. — Что ты в самом деле! Тут же все свои. Вон Лешка сидит, вон Рая. Чего же ты чудак, сдаешь? Это не важнец. Не мирово, так сказать. А.Р., 40

**ВА́ЖНИЧАНЬЕ** *ср. пренебр.*
Wichtigtuerei, Großtuerei
*высокомерие, надменность, зазнайство.*
Вообще и в нем, и в его жене Вере — в ней осо-

бенно — мелькало иногда некое важничанье. Ю.Т.1, 124

**ВА́ЖНИЧАТЬ**
wichtigtun, großtun, sich wichtig machen
*принимать внушительный вид, держаться высокомерно, гордиться чем-либо.*
Когда еще он был в магазине, ему и в голову не приходило важничать, потому что там никто с ним не возился, никто его не надувал... Ф.К., 45

**ВАЛА́НДАТЬСЯ** *несов.*
(herum)trödeln, die Zeit vergeuden/ verplempern
*терять напрасно время; заниматься каким-либо канительным делом.*
—...„Да вот, Африканович, — это Митька мне на ответ, — вот, Африканович, у нас, говорит, финансы кончились, давай мешок с луком, обменю ежели". — „Бери, — говорю, — шут с ним и с луком, все легче с одним мешком по вагонам валандаться..." В.Б., 116

**ВАЛЕРЬЯ́НКА** *ж.*
Baldrian(tropfen)
*Валериановые капли, успокоительное лекарство.*
Валерьянки на вату накапала, прикусила, давай ходить взад-вперед. Н.Б. 2, 10

**ВАЛИ́ТЬ**[1] *несов.*
zusammenströmen, herbeiströmen
*идти, двигаться в большом количестве, сплошной массой, непрерывно.*
— Земля!.. — кричали остряки одесские с надеждой. / — Земля! — и к пристани валя, хватали снег руками... Б.О., 189
Уже толпа валила из зала в фойе, а Инга все ждала, не повернет ли лейтенант голову. В.Кор., 569

**ВАЛИ́ТЬ**[2] *несов.*
schieben, abwälzen auf jemanden
*перекладывать на кого-либо ответственность, вину, подозрение.*
Злиться поздно, да я и не злюсь, в случае чего буду валить все на него: ведь еще ребенок, что с него возьмешь? Болтает всякое... А.К., 93

**ВАЛИ́ТЬСЯ** *несов.*
tiefe Bücklinge/ Verbeugungen machen, sich in den Staub werfen vor jemandem
*кланяться в ноги, униженно прося о чем-нибудь.*
Мне нужно на кого-нибудь молиться, / Подумайте, простому муравью / Вдруг захотелось в ноженьки валиться, / Поверить в очарованность свою! Б.О., 161

**ВАЛТУ́ЗИТЬ** *несов.*
prügeln, hauen, (grün und blau) schlagen
*бить, избивать кого-либо.*
Вдруг кто-нибудь орал: „Ярку бьют!" — и мы мчались сломя голову на второй этаж или на третий, под крышу, в гимнастический зал или во двор, где подлецы распоряжались нашим Яриком, как своей собственностью: валтузили его в уголке или же заставляли в лошадином качестве возить какого-нибудь ухаря на закорках. Ю.Т. 1, 102

**ВАЛЮ́ТЧИК** *м.*
Devisenschieber
*скупщик иностранной валюты.*
Я пришел на встречу с Рашидом с одним-единственным намерением: помочь органам госбезопасности пресечь преступную деятельность этой банды валютчиков. А.П., 21

**ВАЛЯ́Й/-ТЕ/**
los!
*побуждение к действию.*
Он помолчал, сосредоточиваясь. — Валяйте! — Мотор! — крикнул второй режиссер. Б.С., 4

**ВАЛЯ́ТЬСЯ** *несов.*
1 sich im Staub herumwälzen/ auf den Knien liegen vor jemandem
2 (unordentlich, ungeordnet) herumliegen
*1. валяться в ногах: униженно просить о чем-либо.*
— ... Как я только ни просил: в ногах у него валялся, ревмя ревел — отпустите в школу! В.Ш., 199
*2. лежать не на месте, будучи небрежно брошенным.*
Только оно /письмо/ где-то дома валяется. А.Гл., 27

**ВАРГА́НИТЬ** *несов. пренебр.*
zusammenhauen, (schnell und liederlich) zusammenbasteln, hinhauen
*делать что-либо наскоро, кое-как, небрежно.*
Он спит. А его полпреды варганят войну и мир. А.Г., 65

**ВА́РЕЖКА** *ж. груб.*
Maul, Schnauze
*то же, что рот.*
А ты свою варежку закрой, да, и не раскрывай, пока я тебе не дам разрешения. Вл.В., 9

**ВАТА́ГА** *ж.*
Schar, Bande, Rasselbande, Rotte
*шумная толпа, сборище, команда, группа.*
Ватажка твоя теперь сплоченной семьей стала, твоей семьей и долго будет держать верх. В.А., Л.Г., 14.12.77

**ВАХЛА́К** *м. пренебр. бран.*
grober Klotz, Tölpel, Tolpatsch; Trottel
*неуклюжий, грубый, неотесанный мужчина // несообразительный, неповоротливый человек //.*
Один такой вахлак может устроить демаскировку и погубить целую дивизию. Вл.В., 268
Он знал, что после такого телефонного оборота этот вахлак будет землю носом рыть, но положение выправит. В.М.1, 225

**ВАХТЁРША** *ж.*
Wächterin
*женщина-вахтер; дежурный сторож.*
За застекленным окном вестибюля видны были цветы, стоящие в кадках, небольшой газончик на очень широком подоконнике и стеклянная будка с вахтершей. С.Е., 54

**ВВАЛИ́ТЬСЯ**
hereinfallen, hereinstürzen, hineinbrechen
*войти куда-либо с шумом.*
И вот открывается дверь, и вваливается толпа. М.Виленский, Л.Г., 8.9.76

**ВВИНТИ́ТЬСЯ**
sich hineindrängeln
*втиснуться куда-нибудь, проникнуть внутрь чего-нибудь.*
— Я отойду на минутку, — оповестил Фалалеев старика, похожего на памятник, и ввинтился в толпу. Д. Иванов, В.Трифонов, Л.Г., 28.7.76

**ВВОЛА́КИВАТЬСЯ**
sich hineinschleppen
*входить куда-либо с трудом, с усилием.*
Я уныло плетусь в отделение обратно, вволакиваюсь в палату и сажусь на кровать. Время и мы, № 43, 59

**ВВЯЗА́ТЬСЯ, ВВЯ́ЗЫВАТЬСЯ** *несов. неодобр.*
hineingeraten in eine Sache; sich einmischen in eine Sache, sich einlassen in/ auf eine Sache, sich eine Geschichte auf den Hals laden
*вмешаться, впутаться во что-либо намеренно или помимо своего желания.*
Может быть, кто-нибудь из знакомых и соседей Бунаковского знает про какие-то его нехорошие дела, но помалкивает, не хочет ввязываться и связываться. В.К., 39

**ВГРЫ́ЗТЬСЯ**
sich hineinknien, eindringen in eine Sache
*изучить что-либо, глубоко проникнуть в суть чего-либо.*
Когда же я буду вгрызаться в свое служебное дело? В.К., 36

**ВДА́РИТЬ**
1 dreinschlagen, losschlagen
2 einen heben, einen zur Brust nehmen
*1. сделать что-нибудь, выполнить какое-либо задание.*
Наши пограничники храбрые ребята / Трое вызвались идти, а с ними капитан. / Да разве ж знать они могли про то, что азиаты / Порешили в ту же ночь вдарить по цветам? В.В. 3, 20
*2. выпить алкоголь.*
— Ты-то как сюда попал, черт кудрявый? Ну, удружил, ну, удружил. Вдарим по паре-другой. Ой, вдарим! В.М., 164

**ВДАТЬ**
einen heben, einen zur Brust nehmen
*выпить какое-либо количество алкоголя.*
Два танкиста и мы подсели к мужикам, и вдали со всей силы за почивших, за неопознанных, пропавших без вести и отклика исчезших... Ю.С., 146

**ВДОЛБИ́ТЬ**
jemandem etwas begreiflich machen, eintrichtern, einhämmern, einschärfen
*втолковать, стараться довести что-либо до сознания кого-либо.*
Видите ли, захотелось ей моря повидать, в воде побарахтаться, насилу вдолбил, что ей это ни к чему. И.С., 41

**ВДО́СТАЛЬ**
zur Genüge, genug, vollauf, in Hülle und Fülle
*вдоволь, достаточно, довольно.*
По нему нелегкому / Посчитали версты, / Прошагали оба, / Радовались, / Горевали вдосталь... — / Это ли не проба? Б.О., 204

**ВДО́СЫТЬ**
über, im Übermaß, zur Genüge (haben)
*вволю, вдоволь, достаточно.*
А уж где пришлось набраться вдосыть — это в переполненных послевоенных бутырских камерах. А.С., 136

**ВДРЕБАДА́Н**
ganz, restlos
*совсем, полностью.*
Отпуск кончается, билет в кармане, а наличности — тю-тю, промотался вдребадан, сами понимаете — юг. А.Астраханцев, Наш современник, №1, 1979, 58

**ВДРЕ́БЕЗГИ**
1 vollkommen, völlig
2 in Trümmer/ Scherben/ kleine Stücke (schlagen/ hauen), kurz und klein (schlagen)
*1. совершенно, полностью.*
Я гляжу на краски моря и думаю о многообразнейших красках жизни, где нет места примитивным и однозначным оценкам жизни, о которую вдребезги разбиваются легенды и мифы. В.П., 32
*2. на части, на мелкие куски /обычно разбиться, разлететься и т.п./.*
И все устремились к казарме минометчиков. И не глядя на меня, разнесли все вдребезги. В.Рыбаков, Р.М., 2.11.78

**ВДРУГОРЯ́ДЬ**
ein anderes Mal, noch mal
*в другой раз, вторично.*
Мишка опять зашелся в смехе и кашле, а бабы не отступались: — Дак вдругорядь-то не стукнулись? — Что ты! Нам и того сражения — за глаза... В.Б., 16

**ВДРЫЗГ**
völlig, total (betrunken, sternhagelvoll, stockbesoffen); restlos (verspielen)
*совсем, окончательно (напиться, проиграться и т.п.)*
Тут подкатила спецмашина и санитары увезли пьяного вдрызг воспитателя... Н.Яковлев, Крокодил, № 9, 78

**ВЕ́ДАТЬ** *несов.*
wissen, kennen, voraussehen
*знать, обладать даром предвидения, прозорливости.*
Да-а, бабушка ведала, что ждет меня впереди, но я-то ничего-ничего не знал! В.А., Л.Г., 14.12.77

**ВЕДУ́Н** *м.*
Kenner, Fachmann
*знаток, специалист.*
— Не люблю рассказывать о себе. Больше люблю слушать. — Да вы же будущая писательница, ведун человеческих душ. Время и мы, № 43, 65

**ВЕЗТИ́** *несов.*
Glück/ Schwein haben
*счастливиться, удаваться / об успехе, удаче в чем-либо/.*
... ему так захотелось, чтобы руда появилась сегодня. Может быть потому, что ему так мало везло. Г. В. 2, 74

**ВЕЗУ́НЕЦ** *м.*
Glückspilz, Glückskind, Sonntagskind
*человек, которому во всех делах сопутствуют удача, успех.*
— Ну, что ж. Везунец ты, лейтенант. На гражданке только не влопайся. В.Кор., 500

**ВЕЗУ́НЧИК** *м.*
Glückspilz, Glückskind, Sonntagskind
*человек, которому сопутствуют во всех делах удача, успех.*
— Да, везунчик, — сказал Гришка, снимая пиджак и развязывая галстук. — И чего они к тебе липнут? Рыло у тебя не больно, да и вообще ты вроде ухажер так себе. В.Кор., 459

**ВЕ́ЛИК** *м.*
Fahrrad
*то же, что велосипед.*
— От чего колесо-то? — От велика. Инженер приостановился. — Ну, правильно: там хороший подшипник — оно и крутится. В. Шукшин, Охота жить, Казань, 1977, 44

**ВЕЛЬВЕ́ТКА** *ж.*
Kleidungsstück aus Cordsamt

*о чем-либо, сшитом или сделанном из вельвета.*
Толстяк в украинской вышитой рубашке с красненькими кисточками поставил ей на дешевенькую туфлю-вельветку еле впихнутое в трамвай овальное, в человеческий рост зеркало в оправе с завитками из фальшивой бронзы, сделанное под мебель Зимнего дворца или под что-то подобное. Е. Евтушенко, Юность № 3, 1981, 11

**ВЕРЗИ́ЛА** *м. ж.*
langer Lulatsch, lang aufgeschossener Mensch
*человек высокого роста.*
Чарли открыл глаза и увидел, что рядом с ним по бокам сидят на скамейке двое верзил в надвинутых на глаза поношенных шляпах. Л.Ленч, 43

**ВЕ́РНО**
wahrscheinlich, wohl
*должно быть, вероятно.*
... Какая-то женщина плелась по середине дороги, прикрывая лицо от косого мокрого ветра брезентовым дождевиком. „Учетчица, верно, сбегает..." — решил Пронякин. Г.В.2, 62

**ВЕРНЯ́К** *м.*
sicher, solide, (ganz) sichere Sache
*о чем-то верном, не вызывающем сомнений, надежном.*
Да чем вы рискуете? Дело-то ведь — верняк. А.К., 254

**ВЕРТЕ́П** *м.*
Spelunke, Räuberhöhle, Nuttenkneipe, Bums
*притон, убежище продажных женщин, преступников.*
Гульба была такая, что барак ходуном ходил, мат стоял — хоть топор вешай, и мои агитаторши, девочки из приличных семей, даже близко к этому вертепу не решались приблизиться. Л.Л., № 31, 192
— Я предвидел, предполагал... — повторял Антон Николаевич, хотя в 47-м году филфак университета казался ему не вертепом разврата, а только кузницей революции. В.Кор., 164

**ВЕРТИХВО́СТКА** *ж. неодобр.*
Flittchen
*ветреная, легкомысленная, кокетливая женщина.*
— ... Ах ты, думаю, образованная! Вертихвостки вы, а не образованные. В.Ш., 392

**ВЁРТКИЙ**
fix, flink, wendig
*проворный, ловкий, изворотливый.*
И правда, в семейной жизни женщине надо быть управной, верткой, ухватистой. Н. Баранская, Женщина с зонтиком, М., 1981, 82

**ВЕРТУХА́Й** *м.*
Schließer, Aufseher
*часовой, конвоир в тюрьме; тюремный надзиратель.*
Справа койка у стены, слева койка, / Ходим вместе через день облучаться, / Вертухай и бывший „номер такой-то", / Вот где снова довелось повстречаться! А.Г., 89

**ВЕРТУ́ШКА** *ж.*
rotes Telefon, direkte Telefonverbindung
*аппарат автоматического телефона, прямая телефонная связь с кем-, чем-либо.*
А тут еще ваш козел бородатый, маршал обозный, по вертушке мне наяривает: „Я тебя, Сеничкин, в дым пущу. Я тебя, я перетебя..." В.Кор., 276

**ВЕРХОВО́ДИТЬ** *несов.*
leiten, anführen, das Sagen haben
*управлять, распоряжаться, руководить кем-, чем-либо.*
Я обнаружил, что в стаде верховодят китайцы и вожаком, которому все беспрекословно подчиняются, является одноухий ишак по кличке „Хунхуз". Л.Л., № 31, 181

**ВЕРХОТУ́РА** *ж.*
Spitze, Gipfel, Wipfel; Obergeschoß, Dachgeschoß
*верхняя часть чего-либо // верхний этаж //.*
Квартира его находилась на самой верхотуре! Л.Л., № 32, 78

**ВЕРХУ́ШКА** *ж.*
Spitze
*руководящая, влиятельная или привелегированная часть общества, организации, класса.*
Он в деталях рассказал о поведении руководящей верхушки в то время. А.З., 38

**ВЕСЕЛЬЧА́К** *м.*
Spaßvogel

*жизнерадостный, веселый человек.*
Вот тебе на!.. С полов переключились на стены, так сказать, с горизонтали на вертикали... Допились торопливые весельчаки. В.К., 30

**ВЕТРОДУ́ЙКА** и **ВЕТРОДУ́ИХА** *ж.*
flatterhaftes Geschöpf; Schnatterliese, geschwätzige Frau
*легкомысленная, непостоянная, болтливая женщина.*
А тебя, ветродуиху, все где-то носит. Ты когда дома-то живешь? В.Расп.1, 38

**ВЕЧЕРИ́НКА** *ж.*
Party, Fete
*веселое времяпрепровождение в компании, обычно вечером.*
— Например, знакомлюсь я на вечеринке или юбилейной дате с пикантной женщиной, ну и появляется закономерное желание пофлиртовать в пределах дозволенного. Ц.С., 2

**ВЕЧЁРКА** *ж.*
Abendzeitung
*вечерняя газета.*
— Газеты надо читать,— посерьезничал вдруг полковник. — „Звездочку" штудируешь, лейтенант? Или ты штатские больше читаешь? „Вечерку", например? В. Кор., 150

**ВЕЧЕ́РНИК** *м.*
Abendschulhörer
*ученик, студент, занимающийся на вечерних курсах, в вечерней школе.*
Все мы студенты-вечерники, но мы с Валей — самостоятельные, а Валюша — папина дочка, и папа у нее доктор наук. Н.Б.1, 47

**ВЕЧЕРЯ́ТЬ** *несов.*
zu Abend essen, Abendbrot essen
*то же, что ужинать.*
Старики Проскудины вечеряли. — Садись, Спиридон, похлебай. — Спирька иногда помогал старикам, они любили его и жалели. В.Ш., 189

**ВЕЩИ́ЦА** *ж. уменьш.*
kleines Stück, kleine Sache, Sächelchen
*то же, что вещь.*
Только по радио я этот балет слышал. Можете мне поверить, вещица довольно занятная. Ц.С., 3

**ВЕЩИ́ЧКА** *ж. уменьш. ласк.*
kleines Stück, kleine Sache, Sächelchen
*то же, что вещь.*
Разве же можно быть глухим и целиком отдаться смакованию суточных щей, когда в эти минуты передают классическую вещичку Гоголя — балет „Тарас Бульба"? Ц.С., 4

**ВЗА́ПУСКИ**
um die Wette
*наперегонки, стараясь обогнать кого-либо в чем-либо.*
Только по краям неглубоких оврагов взапуски носились озябшие березки, а потом опять шли ели да ели, вперемежку с красноватыми чопорными соснами. В.Кор., 265

**ВЗАСО́С**
leidenschaftlich, langanhaltend; ausgiebig
*очень сильно, длительно.*
Гадючья лень! Не попишу недельку, / А там пошел бездельничать взасос... / Чтоб я не стал похожим на сардельку, / Спасай меня, любовь! Ты слышишь? А.Р., 25

**ВЗАХЛЁБ**
eilig, hastig
*торопливо, как бы захлебываясь // с большим интересом, увлечением //.*
Напиши — читать будут взахлеб, и не только русские. В.Н., № 18, 56

**ВЗБАЛАМУ́ТИТЬ**
aufreizen, in Unruhe versetzen
*встревожить, взволновать кого-либо.*
Может, только после смерти ее понял я, что замуж она пошла не для себя, а для меня. Пожалел я тогда очень, зачем жизнь ее взбаламутил. Н.Баранская, Женщина с зонтиком, М., 1981, 92

**ВЗБЕЛЕНИ́ТЬСЯ**
in Wut geraten
*прийти в крайнее раздражение; чрезвычайно рассердиться.*
— Подите вы все к едрене фене! — взбеленился я. Е.Терновский, Р.М., 15.8.79

**ВЗБЕСИ́ТЬ**
toll/ wütend/ rasend machen, zur Weißglut bringen
*привести кого-нибудь в сильное раздражение, гнев, исступление.*

Но странно тоже, что не слова взбесили Кольку, а этот ровный, коровий тон, каким они говорились... В.Ш., 224

**ВЗБЕСИ́ТЬСЯ**
in Wut/ Rage geraten
*прийти в сильный гнев, крайне раздраженное состояние; сильно рассердиться.*
Природа никогда себя не поймет... Она взбесилась и мстит за себя в лице человека. В.Ш., 184

**ВЗБОДРИ́ТЬСЯ**
munter werden, aufleben
*прийти в бодрое состояние, настроение.*
— Да-да, помнишь, когда мы с тобой заорали: „Витя, давай!" — он как-то действительно взбодрился, этот Витя. М.Виленский, Л.Г., 8.9.76

**ВЗБРЕСТИ́**
einfallen, in den Sinn kommen
*случайно, внезапно прийти в голову, на ум, на язык.*
Поверьте мне, я хорошо знаю эту систему. У них никому ничего не взбредет в голову без указания свыше. Вл.В., 222

**ВЗБРЫ́КИВАТЬ** *несов.*
die Hacken hochwerfen
*вскидывать высоко ноги при беге, танце и т.п.*
— А Степка-то не изработался — взбрыкивает. В.Ш., 46

**ВЗБУ́ЧКА** *ж.*
Rüffel, Anschnauzer, Zigarre
*строгий выговор, нагоняй.*
Потом это знакомое всем курильщикам чувство облегчения я испытывал... после взбучки, полученной от вышестоящего начальства. М.С.1, 6
Оставалось и Русанову заснуть. Скоротать ночь, не думать — а уж утром дать взбучку врачам. А.С., 27

**ВЗБЫ́ЧИТЬСЯ**
widerspenstig werden, sich stemmen gegen etwas
*стать суровым, угрюмым; нахмуриться, заупрямиться.*
Ледяная крупа хлестала в лицо, и Андрей, взбычиваясь навстречу колкому ветру, то и дело поглядывал в сторону... ветеринара. В.М., 139

**ВЗВИНТИ́ТЬ**
1 erhöhen, anspitzen, anregen
2 hochschrauben, in die Höhe treiben
*1. возбудить, напрячь что-либо в сильной степени.*
Завтра с утра не забыть погонять Ленку по математике, взвинтить ее ответственность перед концом четверти. В.С., 58
*2. искусственно поднять цены на изделия, товары, увеличить пошлины и т.д.*
— Я состою с вами в одном экономическом сообществе, если вы взвинчиваете цену на свинину, то этим вы подкладываете свинью мне. Т.Ш., 34

**ВЗВИ́ТЬСЯ**
aufbrausen
*сильно рассердиться; прийти в состояние сильного раздражения, гнева.*
Режиссер еще тоже подарок. Дипломник Губин. Если, как вчера, начнет лекциями кормить о Станиславском и Гордоне Крэге — взовьюсь, плюну и нахамлю. В.С., 41

**ВЗГРЕТЬ**
jemandem den Kopf waschen, die Leviten lesen
*сделать кому-нибудь выговор, строго наказать // побить //.*
Мы тебя — не то, что взгреем, / Мы тебя сотрем в утиль! / Нет, не зря ты стал евреем! / А затем ты стал евреем, / Чтобы смыться в Израиль! А.Г., 224

**ВЗГРОМОЗДИ́ТЬСЯ**
sich hinaufarbeiten; erklettern, erklimmen
*подняться вверх //устроиться где-либо//.*
Но она неожиданно вскарабкалась к нему в кабину и взгромоздилась на высокое сиденье, как усаживаются дети. Г.В. 2, 63

**ВЗДРЮ́ЧИТЬ**
fertigmachen, zur Schnecke machen, zusammenstauchen
*выругать, наказать; расправиться с кем-либо.*
Надо ли подвергать его повседневному облучению огнем самокритики, следует ли его клеймить позором или согласно новым веяниям, вызвать на общее собрание, заслушать его самоотчет, вздрючить как следует, довести до полного раскаяния, после чего просить местком взять неудачника на поруки? М.Л., 6

**ВЗДРЮ́ЧКА** *ж.*
Rüffel, Anschnauzer, Zigarre
*нагоняй, побои*
Я начал слегка повизгивать /как сучка на вздрючке/. Время и мы, № 43, 9

**ВЗДУТЬ**
in die Höhe treiben, hochschrauben
*поднять, повысить цену, тариф и т.д.*
— Нет, вы только послушайте, это я вздул цены! — взорвался Бонке. Т.Ш., 84

**ВЗЪЕ́СТЬСЯ**
über jemanden herfallen, jemanden zur Schnekke/ Sau machen
*рассердившись, накинуться на кого-либо с бранью, укорами.*
Наум нахлестывал коня... Началась другая гонка: человек догонял человека. — Стой, тебе говорят! — кричал Иван. — Заполошный! — кричал в ответ Наум. — Чего ты взъелся-то? С ума, что ли спятил! Я-то при чем здесь? В.Ш., 70

**ВЗЯТЬ**
verhaften, mitnehmen
*арестовать.*
Ох, и разошелся я, со всего размаха, полной рукой — без остановки, я стал рубить этот гарнитур слева направо и справа налево! Взяли меня минут через пятнадцать, когда я все закончил. Время и мы, № 43, 55

**ВИДА́ТЬ**
anscheinend, wohl
*должно быть, по-видимому, очевидно, вероятно.*
Среди этих парней, видать, из одного дома... вертелся потасканный паренек в клетчатой кепке. В.А., 563

**ВИ́ДИК** *м. ирон.*
das Äußere, Aussehen
*то же, что вид.*
Когда я добрался до дивинженерского блиндажа, оборудованного саперами со всем возможным комфортом, то внешний видик у меня был тот еще... Л.Л., № 31, 200

**ВИЛЯ́ТЬ** *несов. неодобр.*
Ausflüchte machen, herumdrucksen; sich verstellen
*уклоняться от прямого ответа; лукавить.*
И ты будешь волков на земле плодить! / И учить их вилять хвостом! А.Г., 97

**ВИНОВА́ТИТЬ** *несов.*
beschuldigen, verurteilen
*ставить что-либо в вину кому-либо; обвинять, осуждать.*
... было обидно, что ее одну виноватят, а упаковщицы как будто ни при чем. Ю.Т., 150

**ВИ́СЕЛЬНИК** *м. бран.*
Galgenvogel, unverbesserlicher Lump
*отчаянный, неисправимый негодяй; преступник, достойный виселицы.*
И вернется блудный физрук Урусов в родные пенаты — юмор висельника! В.П., 44

**ВИСЮ́ЛЬКА** *ж.*
kleiner (Schmuck-)Anhänger
*небольшое висячее украшение, подвеска.*
... за неделю до Рождества мы всей семьей садились вокруг стола, под огромным, с бисерными висюльками абажуром... И.В., № 32, 70

**ВИХЛЯ́ТЬСЯ** *несов.*
ausweichen, Ausflüchte machen
*поступать уклончиво, хитрить; уклоняться.*
Все же никак не мог целиком осознать, что везут мертвую Марью... Мысли вихлялись в голове, не собирались воедино, в скорбный круг. В.Ш., 358

**ВИХО́Р** *м.*
Schopf, Tolle
*торчащая вверх прядь волос*
Костоглотов, немного пригладивший вихры, ответил громко, уверенно, голосом здорового человека: — Великолепно, Людмила Афанасьевна! А.С., 62

**ВКА́ЛЫВАТЬ** *несов.*
ackern, schuften
*работать много, с большим напряжением.*
— Ты вот полгода работаешь, а я пять лет вкалываю. Ю.Рихтер, Юность, № 2, 1975, 111
Да ты хуже самого заядлого крепостника! Тому хоть нужно было, чтобы крестьяне лучше жрали, чтоб на него больше вкалывали. В.Кор., 506

**ВКАТИ́ТЬ**
verpassen (eine Ohrfeige, einen Rüffel, eine Spritze usw.)
*сделать, устроить что-либо неприятное.*

И вдруг приехала из полка врачиха и всей отдельной батарее вкатила страшные противочумные прививки, от которых температура сразу вскакивала на 39°, даже на 40°. В.Кор., 570

**ВКЛЕПА́ТЬСЯ**
in eine Sache hineingeraten/ hineintapsen
*попасть в беду, в неприятное, неловкое положение.*
А Тимофей, красный, удовлетворенный, повторял: „Ах как я вклепался!..“ В. Шукшин, Охота жить, Казань, 1977, 217

**ВКЛИ́НИТЬСЯ**
sich einklemmen, (sich) einkeilen, keilförmig eindringen
*войти, вдаться клином, вторгнуться, втиснуться в середину чего-либо.*
Левка, равнодушно пренебрегая руганью в очереди, по-хозяйски вклинился в самое ее начало... В.М., 480

**ВКОНЕ́Ц**
ganz und gar, vollends, völlig
*окончательно, совсем, полностью.*
Рос дерзким, не слушался старших, хулиганил, дрался... Мать вконец измучилась с ним и махнула рукой. В.Ш., 187

**ВКРИВЬ**
krumm, schief
*криво, искаженно.*
Земля изрыта вкривь и вкось. Б.О. 222

**ВКРУТИ́ТЬ**
weismachen, vormachen
*стараться обмануть, уверить кого-либо в том, чего нет в действительности.*
Я стоял в полном замешательстве. Тут сосед опять появился со своими историями, взял меня под руку и повел подальше от эшелона к продпункту. И только сейчас я сообразил, что он специально мне вкручивал шарики, как человеку Лихина. Л.Л., № 30, 176

**ВКУСНЯ́ТИНА** *ж.*
Leckerbissen
*о чем-либо очень вкусном, доставляющем удовольствие.*
— Ну, и вот... будешь им в ступке толочь да лепешки в золе печь — вкуснятина, сил нет... В.Ш., 193

**ВЛЕЗТЬ**
sich hineinzwängen, hineinkriechen
*с трудом пройти, протиснуться.*
Ноги-то наверняка пройдут,— рассуждал он,— брюхо бы влезло. Д.Иванов, В.Трифонов, Л.Г., 28.7.76

**ВЛЕПИ́ТЬ**
eins überziehen, eine runterhauen/ kleben
*ударить, нанести удар // наказать //.*
Он в лоб мне влепит девять грамм свинца, / Рук не поднять — гитара вяжет руки. В.В. 1, 2
Но уж больше, когда вернемся, не просите милости, по первое число влепим. В.М., 121

**ВЛЕТЕ́ТЬ**
(eine) Strafe/sein Fett abbekommen/abkriegen
*получить суровое наказание, выговор за что-либо.*
Аня составила акт на порчу ценнейших экспонатов оранжереи. И за котов ей влетит от начальства. С.С., 47

**ВЛИ́ПНУТЬ**
hineingeraten in eine (unangenehme) Sache, in die Klemme geraten; hereinfallen auf jemanden/ etwas
*попасть в неприятное положение.*
Влипнешь в данной ситуации, / И пыли потом, как конница, / Мне — к семи, тебе — к двенадцати, / Очень рад был познакомиться! А.Г., 181

**ВЛОМИ́ТЬ**
eine Tracht Prügel verpassen
*ударить, избить кого-либо.*
Они бы мне вломили. Досталось бы и им тоже, но меня бы крепко отделали. У них, понятно, есть и на себе чего-нибудь. Если не нож — свинчатка, гирька, отвертка там или шило — против бутылки моей. Ю.С., 121

**ВЛОМИ́ТЬСЯ**
einbrechen, mit Gewalt eindringen
*ворваться, вторгнуться куда-либо; войти насильно, без разрешения.*
Почему рано утром к тебе в дом вламывается незнакомый человек, употребляет сильные выражения? Я.А., 25

**ВЛО́ПАТЬСЯ**
hineingeraten in eine (unangenehme) Sache, in

die Klemme geraten; hereinfallen auf jemanden/ etwas
*попасть в беду, впросак, вследствие неудачи, неосторожности.*
Задание-то он выполнил, но сам влопался. А должен был здесь перейти линию фронта и вручить очень важные документы самому Гитлеру. В.Ш., 119

**ВЛУПИ́ТЬ**
schlagen, hauen, (los)ballern
*ударить, выстрелить.*
... прямо к берлоге был подвезен важный столичный гость, даден ему был в руки карабин с оптическим прицелом и с безопасных метров влупил он по зверю. С.Б., 33

**ВЛЯ́ПАТЬ**
jemandem in die Suppe spucken, etwas verpassen
*сделать что-либо неприятное, со злым умыслом.*
— Я пришел за трудовой книжкой, мне нечего продолжать. Заявление подписано? Подписано. Давай трудовую книжку. — А хочешь, я тебе туда статью вляпаю? В.Ш., 225

**ВЛЯ́ПАТЬСЯ**
in eine Sache hineingeraten/ hineintapsen
*попасть в беду, впросак; ввязаться в неудачное дело, рискованное предприятие.*
Вот уж, правда, язык без костей. Да с таким языком, ой, как вляпаться можно. Вл.В.1, 182

**ВМА́ЗАТЬ**
1 schlagen, hauen; (los)ballern
2 befestigen, anmachen, aufhängen; vollhängen
3 verpassen, aufbrummen
*1. ударить, выстрелить.*
Стрелок подкрадывается вплотную и вмазывает по сохатому из двух стволов. С.Б., 28
*2. вставить, разместить что-либо.*
Однако после зрелого размышления вмазал по салону фотографии из жизни женщин за рубежом. Э.Медведкин, Л.Г., 9.6.76
*3. наказать, оштрафовать кого-либо.*
А он мне за разговоры вмазал пять суток строгой гауптвахты Вл.В.1, 44

**ВНАКЛА́ДКУ**
gesüßt, mit Zucker (Tee, Kaffee)
*пить что-либо, положив сахар в напиток.*
— Ты уж извини, хозяйка, внакладку не пью. Вкус не тот. Е.Шатько, Л.Г., 21.12.77

**ВНАПА́ШКУ**
übergehängt, um die Schultern gehängt
*внакидку, накинув на плечи, не вдевая рук в рукава.*
Так и сегодня, в халате незастегнутом, внапашку, он брел, со спиной осевшей, то и дело останавливался и задирал голову смотреть на деревья. А.С., 477

**ВНАХЛЁСТ**
eng anliegend
*туго, прочно шито.*
Сергей Митрофанович сегодня спросил у врача, холодными пальцами тискавшего тупую, внахлест зашитую култышку: „Не отросла еще?" В.А., 558

**ВНУШИ́ТЕЛЬНЫЙ**
imposant
*большой, очень крупный, значительный по величине, по силе.*
У прилавка приемщицы стояла внушительная, чугунномолчаливая очередь. Л.Ленч, Л.Г., 30.6.76

**ВОДВОРИ́ТЬ**
(jemanden gegen seinen Willen) verpflanzen, einquartieren, hineinsetzen
*поместить, поселить, устроить кого-либо.*
Но едва Лякин подопытным кроликом затих в каюте, куда его водворила тетя Тася, как в дверку стукнули и без промедления вошли. Д.Иванов, В.Трифонов, Л.Г., 11.10.78

**ВОДИ́ТЬСЯ** *несов.*
1 vorkommen, geben
2 verkehren, Umgang haben
*1. иметься.*
Ни в какой другой стране Милягa в жизни своей не бывал, но... был убежден, что достойная внимания растительность там вовсе не водится. Вл.В., 211
*2. встречаться, дружить с кем-либо.*
Девчонка водилась с обитательницами других комнат и по вечерам пропадала на танцах. В.Кор., 264

**ВОДОЛА́ЗКА** *ж.*
Rolli, Rollkragenpullover

*тонкая трикотажная рубашка с высоким воротником.*

Бурлей испугался предстоящего свидания, да и одет он был по-рабочему — в джинсы и в голубую финскую водолазку с красной каемочкой по вороту. С.Е., 56

**ВОДЯ́РА** *ж.*
(alkoholisches) Gesöff, Gebräu
*алкогольный напиток.*
— Да чего бы тебе, Спиренька, ангел ты наш... Чего бы тебе за это? — суетятся старики. Спирьке хорошо. — Стакан водяры. — И смотрит с любопытством. В.Ш., 188

**ВОЖЖА́ТЬСЯ, ВОЗЖА́ТЬСЯ** *несов.*
sich abgeben, sich herumtreiben (mit jemandem), herumfummeln
*общаться, быть в дружбе с кем-либо, в близких отношениях.*
Нечего возжаться с женатыми мужчинами. В.Кор., 180

**ВОЗДЫРЯ́ТЬ** *несов.*
trinken, saufen
*пить алкогольные напитки, пьянствовать.*
И бабы, и бабы-то за мужиками тоже тянутся, воздыряют почем зря. В.Расп.1, 41

**ВОЗИ́ТЬ** *несов.*
versohlen, verhauen, verprügeln
*бить, избивать кого-либо.*
Вспомнил чего-то, как один раз, в войну, он, демобилизованный инвалид, без ноги, пьяный возил костылем тогдашнего предсельсовета Митьку Трифонова. В.Ш., 133

**ВОЗИ́ТЬСЯ** *несов.*
sich abgeben, sich abmühen (mit jemandem/ etwas)
*заниматься чем-нибудь; утруждать себя излишними заботами, хлопотами.*
Вместо того, чтобы помогать папе, я в Уфе тяжело заболел, и ему пришлось возиться со мной. Л.Л., № 30, 143

**ВОЗНИКА́ТЬ** *несов.*
sich einmischen, die Nase hineinstecken
*вторгаться, вмешиваться в чужие дела, жизнь.*
— Не возникайте, папаша, — говорит ему девушка. — Без вас разберемся. С.Б., 24

**ВОЗРА́ДОВАТЬСЯ** *шутл.*
sich freuen
*ощутить, почувствовать радость; обрадоваться.*
— Ну, ну... И радуйся, пока молодой. Старость придет — не возрадуесся. В.Ш., 335

**ВО́ЛГЛЫЙ**
feucht
*влажный, сырой.*
Пляшут веселые огоньки, потрескивает волглый хворост. В.Ш., 39

**ВОЛНИ́ТЕЛЬНЫЙ**
aufregend, spannend
*волнующий, возбуждающий.*
А я вот почти наизусть знаю, хотя бы потому, что четвертый раз смотрю этот волнительный спектакль. Ю. Золотарев, Л.Г., 26.1.77

**ВОЛОКИ́ТЧИК** *м. неодобр.*
saumseliger Bearbeiter; Aktenkrämer, Bürokrat
*тот, кто устраивает волокиту, медленно и халатно, с излишней задержкой исполняет порученное дело.*
„Очередное полугодие кончилось, терпению пришел конец. Пора взяться за волокитчиков!" Х.Л., 25

**ВОЛОСА́Н** *м.*
dichtbehaarter Mensch, Langhaariger, Zottiger
*о ком-либо, покрытом волосами // человек с густыми волосами//.*
— О чем ты говоришь, волосан! — Аскольд ему рот ладошкой прикрыл. Г.В.1, 10

**ВОЛОСА́ТИК** *м.*
dichtbehaarter Mensch, Langhaariger, Zottiger
*о ком-либо, покрытом волосами // человек с густыми волосами//.*
— Понимаешь, — сказал ему я, — обычный парик — это мура! Вот за границей, говорят, их делают так, что любой волосатик лопнет от зависти! И.Ф., 26

**ВОЛОЧИ́ТЬСЯ** *несов.*
den Hof machen, nachsteigen
*ухаживать за женщиной.*
Сам же Пахов не прочь волочиться за юной Семухиной, но Семухиной надо замуж, и она бегает консультироваться к холостым инженерам. В. Гастелло, Л.Г., 16.12.78

**ВОЛО́ЧЬ**
schleppen, schleifen
*тащить, тянуть по земле.*
Вот тут давеча волокли его за шкирку. В.Ш., 198

**ВОЛЫ́НИТЬ** *несов.*
herumtrödeln, etwas hinziehen, verschleppen
*тянуть, медлить.*
Союзнички финтят и прочат француза, а наверху, в Совмине, волынят и никак не могут решить, посылать ли на выборы Василия Митрофановича... В.Кор., 420

**ВОЛЫ́НКА** *ж.*
1 Trödelei
2 Schlendrian,Schneckengang
*1. подмена дела ненужными разговорами, препирательствами // ненужные разговоры, дела //.*
Я считаю, по телефону следует говорить не больше двух минут. Жив, здоров, женат, разведен — и точка. А то затянут волынку. А.Я., 21
*2. медлительность в работе, бесполезная трата рабочего времени.*
Вот завел волынку! Сам ничего не умеет и другим работать не дает. В.Кор., 186

**ВОЛЬГО́ТНО**
frei, ungebunden
*свободно, привольно.*
За спиной Вова-наркоман раскидывался широко, клал руку на мою голову. Я сбрасывал ее, а он опять клал. И так всю ночь... Вова-наркоман привык спать вольготно. Ф.Кан., 47

**ВО́ЛЬНИЧАТЬ** *несов.*
sich etwas herausnehmen, sich Freiheiten erlauben
*позволять себе вольности, вести себя непринужденно; выходить из повиновения, делать по-своему что-либо.*
Ты кончай, автомат, школьничать,/Ты кончай, автомат, умничать! /Мы отучим тебя вольничать,/ Мы научим тебя жульничать. А.Г., 190

**ВОНИ́ЩА** *ж.*
Riesengestank
*очень сильный, неприятный запах.*
— Димочка, перестань, пожалуйста, стрелять, — упрашивала его мама. — От этих пистонов вонища ужасная. В.Свиридов, Л.Г., 12.1.77

**ВОНЮ́ЧИЙ**
stinkend, stinkig
*дурно пахнущий, зловонный.*
Комната была драная, гадкая. Синенькие какие-то обои, захватанные и тоже драные, совсем уж некстати напоминали цветом своим весеннее небо, и от этого вовсе нехорошо было в этом вонючем, сокрытом мирке, тяжко. В.Ш., 426

**ВОНЮ́ЧКА** *ж.*
Stinktier
*о ком-, чем-либо, издающем дурной запах.*
— Примите меры, товарищи дружинники, примите меры, — сочно визжали розовые вонючки. — Подумать только, девчонке только восемнадцать исполнилось, а к ней дни и ночи мальчишня шляется. А.К., 195

**ВОНЯ́ТЬ** *несов.*
stinken
*издавать, иметь неприятный запах; дурно пахнуть.*
И шашлык отрыгается свечкою,/И сулгуни воняет треской... А.Г., 85

**ВООБРАЖА́ЛА** *м. ж.*
eingebildete(r) Affe/Gans
*о человеке, имеющем о себе слишком высокое мнение.*
А потом вместе влюбились в одного и того же мальчика из соседней мужской школы, плакали от великодушия, уступая его друг другу, а он взял да и влюбился в Наташку Брянцеву, известную воображалу. И.Г.1, 24

**ВОПЁЖ** *м.*
Geschrei, Gebrüll, Geschimpfe
*крик, ругань, брань.*
Конечно, можно было бы и раньше смотаться, да еще, чего доброго, больного привезут. Татарин не наябедничает, но старшая сестра может заметить, тогда поднимет вопеж. Е.Т., 20

**ВОПИ́ТЬ** *несов.*
(wie am Spieß) schreien, brüllen, (laut) heulen
*громко кричать, издавать вопли.*
Есть в ролике большая недостоверность. Разве может старушка вопить: „Драйден"? В.Барсов, В.Дальский, Л.Г., 6.11.78

**ВОРКОВА́ТЬ** *несов.*
gurren, girren, turteln

*издавать приятные, мягкие, нежные звуки.*
Всю ночь за стеной ворковала гитара,/Сосед-прощелыга крутил юбилей. А.Г., 129

**ВОРКОТНЯ́** *ж.*
Brummen, Knurren
*о звуках, напоминающих брюзжание, ворчание.*
То ли пеший, то ли конный, / То ли „Волги" воркотня, / И сидит мужик законный, / Смотрит в сумрак заоконный, / Пьет вино и ждет меня А.Г., 99

**ВОРОВА́ТО**
verstohlen, still und leise, heimlich
*украдкой, потихоньку.*
Осторожно ступая, Василиса воровато глянула в комнату — на кровати, зарывшись головой в подушки, лежала Александра и всхлипывала. В.Расп. 2, 64
Он воровато передает мне повестку, я так же воровато ее принимаю. А.К., 321

**ВОРОВА́ТЫЙ**
ängstlich, verstohlen; argwöhnisch
*плутовской; выражающий страх, опасение.*
Не считайте себя виноватыми, / Не ищите себе наказания, / Не смотрите на нас вороватыми, / Перепуганными глазами. А.Г., 58

**ВОРОВСТВО́** *ср.*
Diebstahl, Dieberei, Klauerei
*похищение чужой собственности, кража.*
А где же наши женщины, дружок, / Когда вступаем мы на свой порог? / Они встречают нас и вводят в дом, / А в нашем доме пахнет воровством. Б.О., 133

**ВОРОНО́К** *м.*
Polizeiwagen, Grüne Minna
*милицейская закрытая машина для перевозки заключенных.*
— ... Только батьку, и дня не прошло, загребли в воронок, и с концом... И.В., 63

**ВО́РОХ** *м.*
Haufen
*о большом количестве, множестве чего-либо, сваленного в беспорядке, одно на другое.*
Фалалеев поманил ее /жену/ пальцем в прихожую, где оставил купленную коляску и ворох лупоглазых кукол. Д.Иванов, В.Трифонов, Л.Г., 10.1.79

**ВОРОХНУ́ТЬСЯ**
etwas fühlen, merken; erleben
*почувствовать что-либо, пережить что-либо.*
— Я прошу,— настаивал Серега. — Я же тогда тебя в халатике увидел, первый раз-то. Надень, погляжу: у меня вот здесь опять ворохнется. В.Ш., 312

**ВОРЬЁ** *ср.*
Diebesgesindel
*люди, совершающие кражи, занимающиеся воровством.*
С тех пор, когда я был еще молоденький, / Я не любил всегда фольклор ворья, / И революционная мелодия — / Мелодия ведущая моя. Е.Е., 45

**ВОРЮ́ГА** *м. ж. презр.*
Dieb, Langfinger
*то же, что вор.*
Да у нас кругом одни бездельники. Кто не бездельник, тот ворюга. Ф.Кан., 71
— Ну, видишь, тебе же цены нет, а ты — горе. Бича хорошего нет на это горе. Пошли. — Типичная крестьянская психология. Ломовая. Я рецидивист, дурочка. Я ворюга несусветный. В.Ш., 438

**ВОСВОЯ́СИ** *ирон.*
heim, nach Hause
*к себе домой, на место жительства, пребывания.*
Мишка Толстых, плотник СМУ-7, маленький, скуластый человек с длинными руками, забайкальский москвич, возвращался из гостей восвояси. От братца-ленинградца. В.Ш., 264

**ВОСЬМИЛЕ́ТКА** *ж.*
achtklassige Mittelschule (in der UdSSR)
*неполная средняя восьмилетняя школа.*
...многим в сентябре уже пора в школу. Школы — три средние и восьмилетка. В. Выжутович, Л.Г., 4.2.81

**ВО́ХРОВЕЦ** *м.*
Wachsoldat, Bewacher
*стрелок военизированной охраны МВД.*
И блаженней блаженного во Христе, / Раскурив сигаретку „Маяк", / Он глядит, как ребятуши-вохровцы / Загоняют стихию в барак. А.Г.,

**ВОШЕБО́ЙКА** *ж.*
Entlausungsraum-, kammer-, anstalt
*дезинфекционная камера.*
Сгнило в вошебойке платье узника, / Всем печалям подвели итог, / А над Бабьим Яром — смех и музыка... / Так что, все в порядке, спи сынок. А.Г., 52

**ВОЯ́КА** *м. шутл. ирон.*
Haudegen; Rowdy, Streithammel
*испытанный боец, храбрый воин; драчун, забияка.*
Дверь щелкнула замком, но почти тут же открылась и зычный голос позвал: „Где ты там, вояка?" В.Кор., 67

**ВПАЯ́ТЬ**
herunterputzen, fertigmachen
*наказать, дать выговор.*
— Как бы тебе не усекли за этих маркизов на комсомольском бюро,— посулил я,— а заодно впаяют и за то, что девчонок стал нервировать. Е.Ц., 43

**ВПЕ́РИТЬСЯ, ВПЕРЯ́ТЬСЯ** *несов.*
anstarren
*пристально всматриваться в кого-, что-либо.*
А вчера вдруг вперился в проплывшую мимо каюты подругу Кутакова, буфетчицу Зотовну. В.П., 37

**ВПЕРЕ́ТЬСЯ, ВПИРА́ТЬСЯ** *несов.*
ohne Erlaubnis hereinkommen/ eintreten, eindringen
*входить куда-либо без разрешения.*
А кухонька, знаете, узкая... А тут двенадцать человек вперлось. М.З., 30

**ВПИСА́ТЬСЯ**
sich anpassen, sich einfügen
*соответствовать чему-либо, подойти по виду, характеру к окружающему.*
Наш вратарь тоже вписался в стиль команды. Ц.С., 27

**ВПИХНУ́ТЬ**
jemanden (mit Mühe und Not) unterbringen
*с большим трудом, с усилием устроить когоgлибо учиться, работать и т.д.*
Сколько Петр Павлович побегал и здоровья порастряс, пока тебя впихнул в медицинский... Е.Терновский, Р.М., 15.3.79

**ВПИХНУ́ТЬСЯ**
sich hineinzwängen (lassen)
*с силой втолкнуть кого-, что-либо.*
И пытается всунуть инвалида в протез. Протез не налазит. Не впихивается он и при помощи специалистов-мужчин. С.Б., 24

**ВПОВА́ЛКУ**
(dicht) nebeneinander
*рядом, вместе, один возле другого /лежать, спать и т.д./.*
Пленники, намаявшись за день, спали вповалку на полу. Вл.В., 242
„На Радека похож",— подумал Курчев, сбрасывая шинель на темный невысокий комод, где вповалку лежали телогрейки, два мужских пальто и женская шуба из буроватого меха. В.Кор., 280

**ВПОЛПЬЯ́НА и ВПОЛПЬЯНА́**
angetrunken
*в полупьяном состоянии.*
... Серега Агуреев, уже вполпьяна, выбрасывая в окно содранные со стен иконы, озорно скалился в сторону зевак. В.М., 144

**ВПОЛУ́ХА**
mit halbem Ohr
*(слушать) невнимательно, не вникая в смысл сказанного.*
Он пошарил тоскующими глазами вокруг, ища сочувствия, но, занятые своими разговорами, все слушали его вполуха. В.М., 284

**ВПОПЫХА́Х**
in der Eile, in aller Eile
*суетливо, спешно, второпях.*
... Он был изрядно поколочен своей нареченной Заремой Бороздыка / в брачном свидетельстве — Бороздыко, потому что работница загса была не слишком грамотной, а молодожены впопыхах ошибки не обнаружили/. В.Кор., 566
Все же нас определили в одну теплушку с забытыми впопыхах в Москве генеральскими тещами и бывшими женами какого-то начальства. Л.Л., № 30, 143

**ВПОРО́ТЬ**
reinhauen, verpassen
*дать, сделать что-либо, обычно неприятное.*
Окунули с головой в эту неприятную воду, потом сняли трусы и впороли такой дикий укол, что не-

счастный пациент взвыл и убежал в горы. И.Ш., 43

**ВПРА́ВДУ**
wirklich, tatsächlich, in der Tat
*действительно, на самом деле.*
— Я тебя, старуня, ногами запинаю. У меня ноги востры. — А ты и вправду запинаешь, с тебя че взять. В.Расп.1, 37

**ВПРИКУ́СКУ**
dabei/ dazu (beim Tee- oder Kaffeetrinken, zum Tee/ Kaffee) kleine Stückchen Zucker abbeißend
*пить что-либо, откусывая сахар по кусочкам и запивая.*
— Ты уж извини, хозяйка, внакладку не пью. Вкус не тот. Вприкуску хочется. Е.Шатько, Л.Г., 21.12.77

**ВПРИТИ́РКУ**
ganz dicht (beieinander)
*в самом близком положении; соприкасаясь, рядом, вплотную.*
Семь на одной наре — это боком, вплотную, носом к носу, затылком к затылку, впритирку потными голыми спинами. Ф.Кан., 21

**ВПРИТЫ́К**
dicht (aneinander); nahtlos
*близко, плотно примыкая; вплотную, без промежутка.*
Восемь часов тридцать восемь минут. — Фу, опять впритык. Ну, жизнь! Может, вместе выйдем? Лень? Хоть до метро? В.С., 39

**ВПРОСА́К: ПОПА́СТЬ ВПРОСА́К**
in Verlegenheit/ in die Patsche geraten, sich in die Tinte setzen
*попасть в неприятное положение по своей оплошности или неосведомленности.*
А вот попробуйте упрекните, посетуйте. Впросак попадете. И поделом. Б-ка крок., № 18 /815/, М., 1978, 35

**ВПРО́ХОЛОСТЬ**
ledig, alleinstehend
*(жить) одному, холостяком.*
И уехать в Уш-Терек. И больше впрохолость не жить! Жениться! А.С., 309

**ВПРЯМЬ**
in der Tat, tatsächlich, wirklich
*в самом деле, действительно.*
„Пирожок" стоял неподалеку, обиженно нахохлившись, точно и впрямь потерял веру в добро. Д.Иванов, В.Трифонов, Л.Г., 28.7.76

**ВПУСТУ́Ю**
unnütz, umsonst, vergebens
*бесполезно, безрезультатно, зря.*
На арабов потратили впустую, а тут несомненная польза есть. А.З., 9

**ВПУ́ТАТЬ** *неодобр.*
verwickeln, hineinziehen
*вовлечь в неприятное дело, положение.*
...вообще не стоит его впутывать в такую сомнительную историю. С.С., 47

**ВРАЖИ́НА** *м. ж. бран.*
Feind; Teufel
*то же, что враг // черт //.*
Куров все еще не может успокоиться, говорит: — Ну и солдатик. Холодным концом? — Ну... — Вот вражина! В.Б., 61

**ВРАЗ**
auf einmal, sofort, gleich
*сразу, в один прием.*
С тех пор я нет-нет ловлю себя на том, что присматриваюсь к рыжим... Очень они мне нравятся. Не все, конечно, но вот такие вот — молчаливые, спокойные, настырные... Такого не враз сшибешь. В.Ш., 406

**ВРАЗВА́ЛОЧКУ**
watschelnd, im Watschelgang
*слегка переваливаясь, покачиваясь.*
Она по-утиному, вразвалочку вплотную подошла к нему. В.М., 24

**ВРАЗНОБО́Й**
einzeln, durcheinander, nicht gemeinsam, jeder für sich
*несогласованно, недружно, порознь.*
И по всему залу вразнобой подхватили: „Только черному коту и не везет!.." В.А., 563

**ВРА́КИ** *мн.*
Lügen-/ Hirngespinst
*выдумки, ложь, неправда, вздор.*

Неправда, неправда, все враки, / Что будто бы старят старанья и годы! Б.О., 184

**ВРАЛЬ** *м.*
Lügner, Schwätzer
*лжец, болтун.*
Если враль записной тебе скажет о том, / Что, мол, знаете, друг-то ваш был, мол, и вышедши! / Возвратись в этот дом, / Возвратись в этот дом! / Я там жду тебя, слышишь! / Я жду тебя, слышишь ты? А.Г., 157
„А вдруг она возьмет и разведется с мужем, и я не окажусь вралем", — пронеслось в мозгу. В.Кор., 109

**ВРАНЬЁ** *ср.*
Lügen, Schwindelei
*ложь, вздор, выдумка, вымысел, неправда.*
Старшина дослушал вранье и скрылся, скептически козырнув. Д.Иванов, В.Трифонов, Л.Г., 28.7.76

**ВРАСКОРЯ́ЧКУ**
breitbeinig
*широко расставляя ноги /ходить, двигаться и т.д./.*
Ходит он враскорячку. В.Ш., 158

**ВРАСТЯ́ЖКУ**
1 langgezogen, gedehnt
2 der Länge nach
*1. (говорить, произносить слова) протяжно, неторопливо, медленно.*
... Отто, мешая русские слова с немецкими, дотошно, врастяжку выспрашивал его о месте /каков транспорт?/, об условиях жизни /как с выходными?/... В.М., 183
*2. во всю длину, во весь рост.*
Так же сидели изнуренные, без лица, ожидая свободных мест, и кто-то лежал врастяжку на скамье. А.С., 510

**ВРАТЬ** *несов.*
lügen, flunkern, aufschneiden
*говорить неправду, лгать, выдумывать.*
Я врал и к тому же с благородным намерением говорить красиво. В.П., 37

**ВРАЧИ́ХА** *ж.*
Ärztin
*женщина-врач.*
Приятно было смотреть на маленькую, похожую на старую обезьянку врачиху и слушать ее легковесную болтовню. И.В., № 32, 64

**ВРЕ́ЗАТЬ**
1 ausschimpfen, eine Zigarre verpassen
2 laut spielen
3 eins überziehen
4 einen heben
*1. выругать, отчитать кого-либо.*
Начальства кругом — аж в глазах черно, а работаем, как при царе Горохе, бабьим „пердячим паром!" — „Томка, Томка!" — залопотала Вера Георгиевна. „Вот это врезала, молодец!" — хлопнув себя по ляжкам, одобрила Паня. И.В., № 32, 37
*2. громко играть на чем-либо.*
Окромя его, некому так здорово врезать на тромбоне. М.Булгаков, Юность, № 7, 74
*3. ударить кого-либо, стукнуть.*
Бронька наводит на жену строгий злой взгляд. Говорит негромко, с силой: „Миль пардон, мадам... Счас ведь врежу!.." В.Ш., 122
*4. выпить какое-то количество алкоголя.*
— Еще, что ли, врежем? — спросил Мишель. И взял бутылку с виски, взял другую рюмку, побольше, набухал полную. В.Ш., 414

**ВРЕ́ЗАТЬСЯ**
sich verknallen
*сильно влюбиться в кого-либо.*
— Нет, Кларка. Не втрескался он в аспирантку. Они и виделись всего раз. Это мой дурак в нее врезался, да так, что и не спал с ней. В.Кор., 321

**ВРЕМЯ́НКА** *ж.*
1 Bude, Baubude, (kleines) Häuschen
2 eisernes Kanonenöfchen
*1. небольшая постройка //временное жилье//.*
Только жить с ним вместе все одно не стала, сняла себе времянку у вдовы одной в городе, сама себе хозяйка. В.М., 398
*2. временная, обычно железная, печка в жилых помещениях.*
Но немного пообыкнув после серого света дня, он стал различать обстановку и вещи, если можно было назвать вещами скудный набор временного быта: нары, покрытые случайным тряпьем, железная печка-времянка, нечто вроде полки, где в ряд разместились — котелок, чайник, миска и кружка. В.М.1, 255

**ВРУБИ́ТЬ**
in Gang setzen, einschalten
*включить что-либо, привести в движение.*
Нет, развилка как беда: / Стрелки врозь — и вот не здесь ты. / Неужели никогда не съезжаются разъезды? / Это сходится один... и, врубив седьмую скорость, / Светло-серый лимузин / Позабыл нажать на тормоз. В.В. 3, 4

**ВРУН** *м.*
Lügner, Aufschneider
*человек, который говорит неправду; лжец, лгун.*
Оттого так глупо выглядит замысловатый врун, объясняющий свой невыход на работу тем, что молния попала в сцепку вагонов метро... А.М., 44

**ВСАДИ́ТЬ**
hineinhauen, -donnern
*с силой ударив, попасть во что-нибудь.*
А молодец Витя чертом ворвался в штрафную и пушечным ударом всадил мяч в сетку ворот. М.Виленский, Л.Г., 8.9.76

**ВСЕЗНА́ЙКА** *м. ж. ирон.*
Besserwisser
*человек, старающийся показать себя хорошо осведомленным, знатоком во всех делах.*
Он до сих пор прогуливался с улыбкой снисходительного всезнайки, а тут захотелось завопить, зареветь на весь зоопарк — как будто это ему в глаза насыпали. А.С., 560

**ВСКИПЕ́ТЬ**
aufbrausen, vor Wut schäumen
*прийти в состояние сильного гнева, раздражения.*
„Ишь, какой скорый!" — вскипел внутренне Фалалеев. Д.Иванов, В.Трифонов, Л.Г., 28.7.76

**ВСКО́РОСТИ**
bald, in Kürze
*то же, что вскоре; спустя немного времени, скоро.*
И вот чего я вам скажу: / Может, станут автоматы не глупее людей, / Только очень это будет не вскорости! А.Г., 190
Ведь вскорости им отойдет вся эта земля с лугами, лесами и пашней. Г.Б., 52

**ВСЛАСТЬ**
in Saus und Braus, wie im Himmel
*до полного удовлетворения, с наслаждением, с удовольствием.*
И на собраниях не чах, / И склок не заводил, / И на литфондовских харчах / Бесплатно всласть не жил. С.В., 25

**ВСОБА́ЧИТЬ**
mit Mühe befestigen
*вставить, сделать что-либо с трудом, с усилием.*
— ... Они всобачат танковый клин и по трупам да по коробкам танков пройдут!.. В.Р., 63

**ВСПЛАКНУ́ТЬ**
ein paar Tränen vergießen, still zu weinen beginnen
*немного поплакать; тихо, незаметно заплакать.*
... Из ничего на нее нашла неслышная и легкая печаль, от которой она всплакнула и сразу же, не теряя слез, утишилась. В.Расп.1, 40

**ВСПОЛОШИ́ТЬ**
jemanden in (helle) Aufregung versetzen
*испугать, встревожить; привести внезапно в беспокойство кого-либо.*
Поднялся крик. Всполошил весь вагон. М.З., 44

**ВСПОЛОШИ́ТЬСЯ**
in Aufregung geraten
*встревожиться, прийти в беспокойство.*
Старики Байкаловы как раз стряпали пельмени, когда хозяйка, Михайловна, увидела в окно Любу и Егора. — Гли-ка, ведет ведь! — всполошилась она. — Любка-то!.. Рестанта-то!... В.Ш., 439

**ВСПРЫ́СНУТЬ**
begießen, auf etwas trinken
*отпраздновать, отметить какое-либо событие угощением и выпивкой.*
— Пойдем, я желаю тебя угостить. — Вспрыснуть, значит? М.З., 10
Все вспрыснуто и обговорено, и теперь Гришка был как на крыльях и ерзал в кресле. В.Кор., 239

**ВСТРЯТЬ**
sich einmischen
*вмешаться в чужое дело, в разговор.*
И тут я, конечно, встреваю в разговор. М.З., 40
Капитан ел помидоры с хлебом, расстелив газету на коленях, и ни во что не встревал. В.А., 564

**ВСТРЯХНУ́ТЬСЯ**
munter/quicklebendig werden
*стать бодрым, оживиться.*
Его опекун тоже наддал, и вообще все на поле ожили, встряхнулись и повеселели. М.Виленский, Л.Г., 8.9.76

**ВСУХОМЯ́ТКУ**
trocken (essen); unbeteiligt
*есть без жидкой, горячей пищи//делать что-либо сухо, без эмоций//.*
— Петя, кончай дуться. Ты хороший малый... Зачем артистов пугать? Ты талант, я талант, чего дуться? — Лень, я не дуюсь. Ты пойми — я человек. Мне трудно всухомятку. Я должен понять, что вы работаете и разбередить себя и вас. В.С., 44

**ВСУХУ́Ю**
trocken (feiern)
*отмечать какое-либо событие угощением, но без питья алкоголя.*
Ну, не тризною, так хоть чем-то, / Хоть всухую, да помяните! А.Г., 155

**ВСУ́ЧИВАНИЕ** *ср.*
Andrehen, Aufschwatzen
*продажа чего-либо плохого, негодного при помощи хитрости, обмана.*
... На этом участке лавинно прирастают успехи по всучиванию нам разнообразных фото. А.М., 18

**ВСУЧИ́ТЬ**
unter die Weste jubeln, andrehen
*хитростью, обманом продать, дать что-либо плохое, негодное или нежелательное.*
— Я? Отдыхаю,— уклонился от прямого ответа Сухов. А у самого сердце екнуло: отчет всучит. А.Я., 32

**ВСХРАПНУ́ТЬ**
ein Nickerchen machen
*поспать некоторое время.*
Ехало нас трое — мы с Витей спереди, перетянувшись предохранительными ремнями, Мила, его жена, сзади, где иной раз можно и всхрапнуть, устроившись вдоль сиденья. В.Н., № 19, 126

**ВСЫ́ПАТЬ**
jemanden ausschimpfen, jemandem eins überbraten
*наказать, побить; обругать, выбранить.*
Статью написал критик Волченков — я его знаю, способный парень, он нам всыпал по первое число. Л.Ленч, 15

**ВТЕМЯ́ШИТЬ**
jemandem etwas einpauken, einschärfen, einhämmern
*с усилием, с трудом заставить понять, запомнить что-либо.*
... и невольно сам себя же, улыбаясь, вопрошаешь: / Что еще силком с экрана / Голливуд в тебя втемяшит? С.В., 46
И что мне с ним делать, ума не приложу? Втемяшил себе в голову: уйду да уйду. В.М., 238

**ВТЕРЕ́ТЬСЯ**
sich einschleichen, sich hineindränge(l)n
*проникнуть куда-нибудь при помощи неблаговидных приемов, происков.*
Как попозавчерашний архаизм,/Проникнут нежелательные типы./Примажутся. Вотрутся. Проползут. С.В., 5

**ВТИ́СНУТЬ**
hineinpressen, hineinquetschen
*поместить, вставить что-либо с трудом, с усилием.*
Но он как-то умудрился это втиснуть в свои бумажки, чего-то где-то доправить, то ли прибавить, и все стало по-хорошему. Время и мы, № 43, 6

**ВТИ́СНУТЬСЯ**
sich hineindrängen, sich hineinpressen, sich hineinquetschen
*с трудом поместиться где-либо.*
Изворачиваясь шеей, Славик вынул из окна голову, втиснулся в угол и натянул на ухо куртку. В.А., 572

**ВТИХАРЯ́**
heimlich, still und leise, in aller Stille
*потихоньку, тайком.*
— Но есть же... нормальные семьи! — Да где?! Притворяются. Сор из избы не выносют. А сами втихаря... бушуют. В.Ш., 292

**ВТИХОМО́ЛКУ**
stillschweigend, still und leise, heimlich
*потихоньку, тайком, незаметно.*
От ранешних протяжных песен она будто взлетала на крылах над землей и, не улетая, делала

большие плавные круги, тревожась и втихомолку плача о себе и о всех людях. В.Расп.1, 38

**ВТИХОМО́ЛОЧКУ** *уменьш. ласк.*
stillschweigend, still und leise, heimlich
*то же, что втихомолку.*
Кто мог, втихомолочку от офицеров разворачивал связь, ловил сведенья. В.Р., 183

**ВТИХУ́Ю**
still und heimlich
*то же, что втихомолку.*
И втихую и вслепую / Мажу, гажу, протестую, / Обхожусь без сладких слов! С.В., 17

**ВТОЛКОВА́ТЬ**
beibringen, klarmachen
*повторяя несколько раз одно и то же, заставить понять, усвоить что-нибудь.*
Юрка махнул рукой. – Тебе не втолковать. Мне надо уроки учить. Все. В.Ш., 57

**ВТОРИ́ТЕЛЬНАЯ** *ж.*
die zweite (Flasche/Runde)
*повторная, вторая (бутылка).*
– ... Ну, мы значит, и выпили по мерзавчику. Да. А Мишка мне говорит: „Чего уж, Иван Африканович, от одной только в ноздре разъело. Давай, – говорит, – вторительную". В.Б., 3

**ВТРАВИ́ТЬ**
hineinziehen, verwickeln
*втянуть, вовлечь во что-либо нежелательное, неприятное, дурное.*
– Какие еще гобелены? Белены что ли объелся, Вениамин? Втравишь ты меня в историю, – забеспокоилась Мария. В.А., 49

**ВТРЕ́СКАТЬСЯ**
sich verknallen
*сильно влюбиться в кого-либо.*
Мы теперь с ним друзья по несчастью. Он, бродяга, в Лешкину пассию втрескался. В.Кор., 320

**ВТРИ́ДОРОГА**
dreimal so teuer, zum dreifachen Preis, zu stark überhöhtem Preis
*втрое или намного дороже обычного // очень дорого //.*
Свежнева же больше всего бесило, что дерево идет в Японию в то время, как в универмагах продается втридорога ГДР-овская или чехословацкая мебель, да и то чаще всего по блату или по системе очередей; ругал плановое хозяйство и угробленный социализм вообще. В.Р., 108

**ВТЫК** *м.*
Anschnauzer, Rüffel, Rüge
*нагоняй, строгий выговор.*
Их, алкашей, учить надо. Пососет хрен с месяц, от жены втык получит и в следующий раз не будет нажираться, как свинья. В. Карпов, Наш современник, № 1, 1979, 8

**ВТЮ́РИТЬСЯ**
sich verknallen
*влюбиться.*
Еще вот так раз удастся и втюришься, влюбишься – и конец тебе... В.Кор., 311
Понимаешь, втюрилась девчонка, и ничего не поделаешь. В.Кор., 521

**ВТЯНУ́ТЬСЯ**
sich einleben, sich eingewöhnen, sich einarbeiten
*привыкнуть, находить в чем-либо удовлетворение, удовольствие.*
Но поначалу попробуем работать по совести с первого по двадцать шестое. А потом, может, и втянемся. Ю. Рихтер, Юность, № 2, 75, 111

**ВЦЕПИ́ТЬСЯ**
sich festkrallen/ festklammern, sich verbeißen
*схватить цепко кого-, что-либо.*
Он вцепился в меня медвежьей хваткой. Л.Л., № 32, 152

**ВЧИСТУ́Ю**
ganz (und gar), endgültig
*совсем, окончательно.*
Я лишь скажу, что до папиного института мы добирались почти год, а когда, наконец, добрались в Ташкент, там меня на допризывной комиссии сразу забраковали вчистую. Л.Л., № 30, 157

**ВШИ́ВОСТЬ** *ж.*
Läusebefall, Verlaustheit
*зараженность кожных покровов вшами.*
Я даже не помню, что я говорил, но смысл моего выступления сводился к следующему: вместо того, чтобы целыми днями бороться со вшивостью и ловить придурков, надо бросить все силы на украшение новой, прямой, как стрела, дороги, по

которой маршевые роты будут уходить на фронт. Л.Л., № 31, 167

**ВШИВОТА́** *ж. бран.*
dummes/ blödes/ primitives Volk, Idioten
*о глупых, тупых, необразованных людях.*
— Я, Володя, пойду,— говорил он... Эти вот... — он обводил рукой всех присутствующих. — Дураки. Серость. — Он задумывался, подыскивая новое определение. — Вшивота. Они не поймут. Вл.В.1, 195

**ВШИ́ВЫЙ** *бран.*
miserabel, beschissen
*очень плохой, низкого качества.*
Ординарец принесет какого-нибудь вшивого портвейна, я его как шугану!.. В.Ш., 120

**ВЪЕ́ДЛИВОСТЬ** *ж.*
Zudringlichkeit, Aufdringlichkeit, Lästigkeit
*придирчивость, надоедливость, дотошность; желание проникнуть во все мелочи.*
То заимствуют анкетную въедливость у наших отделов кадров — и усиливают ее стократ. Е.Клепикова, Время и мы, № 32, 78

**ВЪЕ́ДЛИВЫЙ**
zudringlich, aufdringlich, lästig; ätzend
*язвительный, придирчивый, надоедливый, вникающий во все мелочи.*
Запомнился среди них въедливый хохол, от которого стонал весь барак. Ф.Кан., 67
— Это ревизор — жох-мужик, дотошный, въедливый. А.Ч., 41

**ВЫ́БИТЬ**
herausschlagen
*добиться чего-либо с большим трудом.*
Приехали мы в одно управление выбивать строительную площадку. А.Курляндский, Л.Г., 13.10.76

**ВЫ́БИТЬСЯ**
sich emporarbeiten, Karriere machen, es zu etwas bringen
*с трудом достигнуть, добиться заметного общественного положения; сделаться известным.*
Щенок был одинок — он в детстве потерялся / И вот теперь с трудом в собаки выбивался. С.М., 26

**ВЫ́БОЛТАТЬ**
ausplaudern, ausschwatzen, ausplappern
*проговориться, рассказать тайну, секрет.*
И Чонкин отвечал ему охотно и обстоятельно, пока не спохватился, что выбалтывает первому встречному совершенно секретную военную тайну. Вл.В., 94

**ВЫ́БРОСИТЬ**
auf den Markt werfen, herausrücken
*выпустить в продажу (обычно о дефицитных товарах, продуктах и т.п.).*
... покупатели постоянно рыскают по магазинам в надежде оказаться в нужном месте и в нужный час, когда „выбрасывают что-то хорошее". М.Ш., 124

**ВЫ́ВАЛИТЬ**
1 hinaus-/ herauswerfen, hinaus-/ herausschmeißen
2 sich hinaus-/ herauswälzen
*1 выкинуть, выбросить что-либо.*
Кто-то мне говорил, что у рыбаков принято вываливать на палубу все огромнейшее и разношерстное содержимое трюмов и твиндеков. В.П., 20
*2 выйти толпой откуда-либо.*
С пригородной электрички вывалила толпа парней и девчонок. В.А., 561

**ВЫ́ВЕДАТЬ**
auskundschaften, ausschnüffeln, ausforschen, auf den Zahn fühlen
*разузнать что-либо; стараться узнать что-либо тайное, скрываемое от других.*
Но, как бы то ни было, на работу он все же не вышел, сказавшись больным, и послал в контору жену выведать, что происходит. Вл.В., 233

**ВЫ́ВЕРНУТЬ**
sich übergeben, erbrechen, kotzen
*извергнуть ртом принятую пищу; вырвать.*
Я травил за борт, и меня всего трясло. Меня выворачивало, черт знает как. В.Ак., 51

**ВЫ́ВЕРНУТЬСЯ**
herausgleiten, aus den Händen gleiten, sich herauswinden
*сделать резкий поворот в сторону от кого-, чего- либо, ускользнуть, освободиться от расправы, наказания.*
Ближе, ближе Санька, никак ему не удается прикупить меня, вывернуться — давно мы друг друга знаем. В.А., Л.Г., 14.12.77

**ВЫВОДИ́ЛОВКА** *ж.*
Ableitung(en), Folgerun(en); frisierte Berichterstattung über Planerfüllung
*о том, что выведено из каких-либо данных; итог, заключение //приписка//.*
Всеми этими приписками, выводиловкой настолько развратили и разбаловали многих строителей, что никакой новый метод не поможет, так как и при новом методе надо работать или, как говорят строители, „вкалывать". Б.Николаев, Л.Г., 16.1.80

**ВЫ́ВОЛОЧКА** *ж.*
Prügel, Abreibung
*наказание за какой-либо проступок.*
А вечером Юрке была знатная выволочка. Виола шипела, как разъяренная гюрза: — Притащил мне какое-то ископаемое. Е.Ц., 23

**ВЫ́ВОЛОЧЬ**
hinaus-/ herausschleppen, hinaus-/ herausschleifen, hinaus-/ herausziehen
*вытащить с трудом что-либо тяжелое, большое.*
— Подкатывает мотор, смотрим — вылезает Сивый. В пылище!.. Выволакивает из багажника ящик шампанского... „Закуска — ваша!" — орет. В.Ш., 414

**ВЫ́ГВАЗДИТЬ**
beschmutzen
*испачкать, загрязнить.*
...Сеструха, она мою новую телогрейку в коровнике выгваздала — я телогрейку на выход берег, а сестра, дура, перед коровами красоваться вздумала, поскользнулась там да в желоб и брякнулась, полный рукав добра домой принесла. Испортила телогрейку. В. Мурзаков, Наш современник № 6, 1979, 39

**ВЫ́ГОВОРИТЬСЯ**
sich aussprechen
*высказать все, полностью.*
Понимая, как тяжело он попал и что ему надо выговориться, Капа не прерывала его жалоб, а наводила на новые, и так постепенно он их все высказал до самой безответной и безвыходной — „За что врачам деньги платят?" А.С., 202

**ВЫГОНЯ́ТЬ** *несов.*
(Geld/ Kohle) machen
*зарабатывать, получать деньги за какую-либо работу.*
— Не переживай, Егор, — сказал дед... — Трактористом не хуже. Даже ишо лучше. Они вон сколь счас выгоняют! В.Ш., 472

**ВЫ́ГОРОДИТЬ**
jemanden in Schutz nehmen, einstehen für jemanden
*стараться оправдать, избавить кого-либо от ответственности, обвинения.*
Зная, что жена его выгораживает, ваш зять все больше распоясывается. Н.М., 30

**ВЫ́ДАТЬ₁**
aufführen, bieten
*показать, продемонстрировать что-либо необыкновенное, особенное.*
Показывали москвичи одну пьесу... Ох, одна артистка выдавала! В.Ш., 264

**ВЫ́ДАТЬ₂**
herausplatzen (mit etwas)
*сказать, сообщить что-либо примечательное, неожиданное /обычно резко, грубо/.*
И тут я ему выдала: „Дудки, — говорю, — хватит. Все вы, — говорю, — одинаковые". Л.Измайлов, Л.Г., 12.11.75

**ВЫ́ДВОРИТЬ**
vertreiben, aussiedeln; entlassen, hinauswerfen
*выселить, заставить уйти откуда-нибудь // уволить с работы //.*
А каких усилий мне стоило выдворить его, какого напряжения. Ю.М., 44

**ВЫ́ДРАТЬ**
herausreißen
*насильно вырвать, отобрать что-либо.*
— Я тебе дам „нету", — зарычал Чонкин, кидаясь на него с кулаками. — Я у тебя из глотки выдеру. Вл.В., 94

**ВЫДРЮ́ЧИВАТЬСЯ** *несов.*
sich etwas/ viel einbilden, eingebildet sein
*воображать о себе очень много, быть о себе слишком высокого мнения.*
Антип был трогательно смешон в своем веселье. Он стал подпрыгивать... Марфа засмеялась, потом всплакнула, но тут же вытерла слезы и опять засмеялась. — Хоть бы уж не выдрючи-

вался, господи!.. Ведь смотреть не на что, а туда же. В.Ш., 28

**ВЫ́ДУМЩИК** *м.*
Flunkerer, Aufschneider; findiger Kopf
*ловкий на выдумки, изобретательный человек.*
Придумай что-нибудь, если ты такой выдумщик, причем сегодня все вопросы решай. Ю.М., 40

**ВЫ́ДУТЬ**
einen heben, einen zur Brust nehmen, tanken, schlucken
*выпить большое количество чего-либо.*
Принесли бутылку коньяка. И мы ее тут же выдули. А.З., 171

**ВЫ́ДЮЖИТЬ**
aushalten, ausharren
*выдержать, выстоять, вытерпеть.*
Я молю тебя: — Выдюжи! Будь и в тленьи живой... А.Г. 1, 37

**ВЫЁЖИВАТЬСЯ** *несов.*
auffallen wollen, sich herausheben wollen, Aufmerksamkeit erregen wollen
*стараться выделиться чем-либо.*
— Командир! — орали с нар. — Свет в глаза! Не заснешь! — Снимите газету,— повторял. — Да ладно тебе выеживаться! Он не обижался даже. Он был выше этого. Ф.Кан., 64

**ВЫЖИМА́ТЬ** *несов.*
herauspressen, herausschinden, herausholen
*извлекать из кого-, чего-либо все, что можно получить.*
— Что, у твоей жены шестидесяти рублей не найдется? — Найдется? Ну и что? — Чего же она будет с твоей родни тридцать рублей выжимать на оркестр? В.Ш., 218

**ВЫ́ЖИТЬ**
vergraulen, vergrätzen, hinausekeln
*заставить уйти, удалить, причиняя неприятности, преследуя.*
— Злишься, да? — вдруг переходя в наступление закричала Александра. — Хочещь выжить меня? Не выйдет. В.Расп.2, 63

**ВЫ́ЗНАТЬ**
erkunden, auskundschaften, ausforschen
*стараться узнать что-либо, выведать.*
— Ну, и вызнал я через отца своего... Настя моя — это гений, прямо сказать, народного терпения. В.С., 48

**ВЫ́ЗУБРИТЬ**
pauken, auswendig lernen
*механически выучить что-либо наизусть.*
Ему хотелось чего-то такого, чего нельзя вычитать в книге и вызубрить к экзамену, чего-то вне правил, не в смысле крамольного политически, но такого, как писал Есенин, чтоб „мечтать по мальчишески — в дым". В.Кор., 224

**ВЫКАБЛУ́ЧИВАНИЕ** *ср.*
auffälliges/ aufschneiderisches Gebaren, Schau(stellung), Imponiergehabe
*стремление привлечь к себе чье-либо внимание; желание выставить себя напоказ.*
Не очень они рады, надо думать, что их жены и просто дамы вынуждены слушать изощренный мат. Но подобное выкаблучивание, думают, очевидно, нечто вроде неуправляемого природного бедствия. Э.Эдель, Б-ка крок., № 17 /814/, М., 78

**ВЫКАБЛУ́ЧИВАТЬСЯ** *несов.*
aufschneiden, auffallen wollen, imponieren wollen, sich produzieren
*стремиться привлечь к себе чье-либо внимание, расположение /обычно поведением, работой и т.п./.*
— Стану я еще из-за рубля перед этой сукой выкаблучиваться, — раздраженно потирая поясницу, озлился тот. Е.Т., 18

**ВЫКАМА́РИВАТЬ** *несов.*
auffallen, sich zur Schau stellen, aufschneiden, angeben
*стремиться привлечь к себе чье-либо внимание, стараться сделать что-либо особенное.*
— Ночью, часу в двенадцатом, соловьи поют. Ах, дьяволята!.. выкамаривают. Друг перед другом, что ли. В.Ш., 182

**ВЫ́КАРАБКАТЬСЯ**
sich befreien, sich aus der Klemme ziehen
*выйти, выбраться из трудных обстоятельств, болезни и т.д.*
И вы непременно выкарабкаетесь, я вам обещаю! И.В., № 32, 25

**ВЫ́КИНУТЬ**
auf den Markt werfen, herausrücken

*выпустить в продажу (обычно о дефицитных товарах, продуктах и т.п.).*
— За чем стоим? — осведомился Фалалеев как обычно. — Джинсы выкинули!.. Д.Иванов, В.Трифонов, Л.Г., 28.7.76

**ВЫ́КЛЯНЧИТЬ**
erbetteln
*настойчиво, бесцеремонно выпросить что-либо.*
Основательно разгорячив себя этой мыслью, Фалалеев выклянчил в кассе взаимопомощи всю имеющуюся наличность и прямиком двинул в „Детский мир". Д.Иванов, В.Трифонов, Л.Г., 10.1.79

**ВЫКОБЕ́НИВАТЬСЯ** *несов.*
auffallen, aufschneiden, angeben; sich zieren
*стараться привлечь к себе внимание, показывать себя чем-то особенным; ломаться.*
Я тогда еще совсем молоденькая была, а ты уж выкобенивался. В.Ш., 27
— Эдак вы все, — говорит, — начнете выкобениваться, так я не токмо что план, а по миру пойду. В.М., 284

**ВЫ́КОЛОТИТЬ**
herausschlagen, herauspressen, herauslocken; ergattern, organisieren
*получить что-либо хитростью, ловкостью, принуждением.*
Лесков рвал налево и направо: выколачивал пайки, топливо, не брезговал плохо лежащим. В.М., 23

**ВЫ́КОРМЫШ** *м. презр.*
Dreckskerl, Schuft, Schurke
*низкий, подлый человек.*
Каждый случайный выстрел / Несметной грозит бедой, / Так что же тебе неймется, / Красавчик, фашистский выкормыш, / Увенчанный нашим орденом / И Золотой Звездой! А.Г., 226

**ВЫ́КРОИТЬ**
abknapsen, abzweigen
*выделить, уделить, урвать с трудом что-либо.*
У нее было много работы в биологическом институте, где она была научным сотрудником, но для меня она всегда выкраивала время. Время и мы, № 43, 35

**ВЫКРУТА́СЫ** *мн.*
Tricks, Finten, Winkelzüge
*увертки, хитрости, уловки //вычурные обороты мысли и речи//.*
— Ладно, не крути долго, говори прямо, что пришли свататься. Я женщина простая и выкрутасы эти не люблю... Х.Л., 8

**ВЫ́КРУТИТЬСЯ, ВЫКРУ́ЧИВАТЬСЯ** *несов.*
sich herauswinden
*изворачиваться, стараться освободиться от чего-либо неприятного.*
Важно не оплошать в трудную пору, как-нибудь выкрутиться. В.Ш., 334
Я возразил ему: — Это закон. На этом стоит и должна стоять всякая армия. Солдат должен уметь выкручиваться, но раз попался, то устав есть устав. В.Р., 39

**ВЫ́КУРИТЬ**
hinausekeln, vergraulen, vergrätzen
*делая неприятности, удалить, принудить уйти, выжить кого-либо.*
Едва распаковав чемодан и выкурив из комнаты Марьянину сестру, второкурсницу, восемнадцатилетнюю избалованную девчонку,.. они заперли дверь и сели играть в карты. В.Кор., 373

**ВЫЛА́МЫВАТЬСЯ** *несов.*
angeberisch tun, auffallen, aufschneiden, imponieren
*стараться привлечь к себе общее внимание поведением, особыми манерами и т.п.*
Филипп с интересом смотрел на свадьбу. Людей этих он не знал — нездешние, в гости куда-то едут. Очень выламывался один дядя в шляпе. В.Ш., 355

**ВЫЛЕЗА́ТЬ** *несов.*
herauskriechen, herauskommen
*выходить, появляться, показываться.*
— Жена заставляет диссертацию писать. Целыми днями из конторы не вылезаю. Л.Корсунский, Л.Г., 12.12.73

**ВЫ́ЛОЖИТЬ**
auspacken mit etwas, offen aussprechen, geradeheraus sagen
*подробно, откровенно сказать, рассказать что-либо.*
Кто не выдержал? Опять я! Подключил Хотькову

как предместкома, направился с ней к шефу и выложил все! Ю.М., 44
Лашков добродушно окликнул его: — Ну, что там у вас в Череповце, выкладывай. В.М., 259

**ВЫЛОЖИТЬСЯ**
1 auspacken, ein offenes Wort sagen
2 alle Kräfte anspannen, richtig ranklotzen
*1. сказать что-либо откровенно, прямо; высказать все.*
... И Егор быстро пошел вон со сцены. И пока шел через зал, терзался, что наговорил директору много слов. Тараторил, как... Извинялся, что ли? — А что извиняться-то? Не могу — и все. Нет, пошел объяснять, пошел выкладываться, несознательность свою пялить... В.Ш., 471
*2. сделать что-либо с усилием, трудом.*
Я бы с удовольствием лучше водопровод пошел рыть, траншеи: выложился раз, зато потом без горя — вода и отопление. В.Ш., 66

**ВЫЛУПИТЬСЯ**
1 (her)ausschlüpfen, auftauchen
2 glotzen, anstarren
*1. выйти, появиться где-либо.*
Иногда его заносит не туда... То в теткином парике на улицу вылупится. Е.Ц., 42
*2. уставиться, устремить глаза (взгляд) куда-либо, на кого-либо.*
— О чем это ты? — Будто святой. Димочка еще маленький. Он ничего не знает. Ай, ловкий парень! — Я действительно ничего не знаю. Чего ты вылупился. В.Ак., 29

**ВЫМАЗАТЬСЯ**
sich beschmutzen, sich bekleckern, sich besudeln
*запачкаться, загрязниться.*
Если хочешь сделать что-нибудь толковое, то надо вымазаться. Если хочешь помешать другим сделать что-то подлое, то тоже надо вымазаться. В.Кор., 564

**ВЫМАРАТЬ**
ausstreichen, durchstreichen
*зачеркнуть, вычеркнуть что-либо написанное или какую-либо часть написанного.*
Инга уже откладывала шестую страницу /она писала на отдельных листах для пишмашинки/ — и на каждой странице было не больше трех-четырех фраз, да и те были перечеркнуты и солидно вымараны. В.Кор., 170

**ВЫМАТЕРИТЬСЯ**
wüste Flüche ausstoßen, unflätig fluchen
*выругаться; сказать что-либо очень грубое, употребляя нецензурные слова.*
— А если тиф? Вы понимаете или... — полковник не нашел подходящего определения и коротко выматерился. В.Кор., 217

**ВЫМАХАТЬ**
hoch aufschießen
*вырасти, стать очень высоким.*
Зато парень вымахал рослый, красивый, может, бог даст, и умишком возьмет. В.Ш., 330

**ВЫМЕТАТЬСЯ** *несов.*
verduften, sich dünne machen, eine Fliege machen
*быстро уходить, покидать помещение.*
Василий спросонья ничего не понимал. Она повторила еще решительнее: „Выметайся, тебе говорят!" В.Расп. 2, 59

**ВЫМОЛИТЬ**
erbetteln, erflehen, herausschinden
*выпросить, добиться чего-либо усиленными просьбами, мольбами.*
... Форейтор затужил по-вдовьи и назавтра, вымолив недельку за свой счет, убыл на юг. Д.Иванов, В.Трифонов, Л.Г., 20.9.78

**ВЫМОТАТЬ**
abzehren, völlig erschöpfen, zermürben
*измучить, истощить, изнурить.*
Парни были вымотаны, как лошади. В.П., 44

**ВЫМОТАТЬСЯ**
sich abrackern, sich abschinden, sich völlig verausgaben
*потерять силы, дойти до изнурения, истощения.*
Под утро преферансисты так выматывались, что не могли шевелить пальцами. С.Н., 20

**ВЫНЮХИВАНИЕ** *ср.*
Herausschnüffeln, Ausschnüffelei
*выслеживание, выведывание чего-либо.*
Однако в электронно-вычислительный век подслушивание ушами и вынюхивание ноздрями отошло на задний план, уступив место технике. Т.Ш., 23

**ВЫПА́ЛИВАНИЕ** *ср.*
Herunterrattern
*произнесение чего-либо наизусть, быстро, без запинки.*
Не только на уроках алгебры требовали запоминания правил, определений и теорем с последующим дословным выпаливанием их у доски, но и для уроков пения нужно было знать наизусть стихи Пушкина. М.Ш., 310

**ВЫ́ПАЛИТЬ** *шутл.*
herausplatzen mit etwas
*сказать что-либо необдуманно, неожиданно.*
... внезапно для себя и даже как бы помимо своей воли, Бурлей выпалил: „Я сделаю для Маргоши телефон". С.Е., 52

**ВЫПЕНДРЁЖ** *м.*
Angeberei, Aufschneiderei
*привлечение внимания, желание казаться чем-то особенным, выдающимся.*
— А что, мужики, так или иначе, но мы первое поколение протеста за полвека. — Не смеши — что ты называешь протестом — кафе „Инфернал", математический выпендреж мелом на стенке? В.Аксенов, Золотая наша железка, Мичиган, 1980, 165

**ВЫПЕ́НДРИВАТЬ** *несов.*
angeben, sich etwas einbilden, eingebildet sein
*ломаться, быть о себе слишком высокого мнения.*
— Я не уборщица, я кульер,— гордо огрызнулась тетя Груша. — Что кульер, что уборщица — все одно,— бритвенно отсекала Маруся, — выпендривает из себя. А.К., 388

**ВЫПЕ́НДРИВАТЬСЯ** *несов.*
auffallen, aufschneiden, angeben
*стараться привлечь к себе внимание, показать себя чем-то особенным; ломаться.*
„Одно из двух,— думала Зина, накладывая тон и растирая его подушечками тонких и сильных пальцев,— или он будет брыкаться и выпендриваться, или сразу подымет лапки кверху". А.Кучаев, Л.Г., 9.3.77

**ВЫ́ПЕРЕТЬ**
1 hinaus-/ herausstoßen, hinaus-/ herausdrängen, ausstoßen, hinausschmeißen
2 (her)vorspringen, zutage treten, in Erscheinung treten
*1. прогнать, выгнать, исключить откуда-либо.*
И быстренько выпрут вас за ворота с покупкой. А.М., 19
*2. стать явным, проявиться.*
Стоило только переодеться под лестницей, проститься с родными и подняться в эту палату — как захлопнулась вся прежняя жизнь, а здесь выперла такая мерзкая, что от нее жутче стало, чем от самой опухоли. А.С., 16

**ВЫПИВА́КА** *м. ж.*
Trinker, Säufer, Zechbruder
*любитель спиртных напитков.*
Князев несколько помолчал... — Ничего я не хотел... Но внушить кое-что надо бы! — вдруг осмелел он. И посмотрел прямо в глаза выпиваке. Тот, кстати, не так уж и пьян-то был, только глаза блестели и разило. В.Ш., 381

**ВЫ́ПИВКА** *ж.*
Spirituosen, Stoff
*алкогольные напитки.*
Сапелкин проклинал себя за то, что в доме не оказалось запаса сигарет и выпивки, ругал магнитофон и пленку, которая порвалась. С.Альтов, Л.Г., 3.9.75

**ВЫПИВО́Н** *м. шутл.*
1 Spirituosen, Stoff
2 Trinkgelage, Saufgelage, Sauferei
*1.спиртные напитки.*
Часто после работы заедем, бывало, за город. Выпивон, конечно, с собой, закусь. В.М., 381
*2. вечеринка, встреча, на которой распивают спиртные напитки.*
К тому же нынче, семнадцатого февраля 1945 года, в одном из финских домиков ожидался нешуточный выпивон ввиду увольнения из рядов Вооруженных Сил старшего техника — лейтенанта Новосельнова Григория Степановича. В.Кор., 10

**ВЫПИВО́ХА** *м. ж.*
Trinker(in), Säufer(in), Zechbruder
*любитель спиртных напитков.*
Где-нибудь часа так в два пополудни к Макару выходил дед Кузьма, выпивоха и правдолюб. В.Ш., 142

**ВЫ́ПЛАКАТЬСЯ**
sich ausweinen, sich ausheulen
*утешить, успокоить, облегчить себя плачем, разговорами и т.д.*

Мне хотелось припасть к директорской груди и сердечно выплакаться. И.С., 29

**ВЫПЛЯ́СЫВАТЬСЯ** *несов.*
gelingen, klappen, hinhauen
*удаваться, получаться.*
Несмотря на отпуск и собственное убежище, фразы точно так же не выплясывались, как неделю назад. Промучившись около часа, он перевернул несколько страниц и стал набрасывать задуманную статью о лейтенанте Мореве. В.Кор., 360

**ВЫ́ПОРОТЬ**
versohlen, verhauen, Senge verpassen
*высечь, побить, наказать ремнем, веревкой и т.п.*
Бабушка наладилась преследовать меня и выпороть. В.А., Л.Г., 14.12.77

**ВЫ́ПРАВИТЬ**
sich (etwas) ausstellen lassen
*достать, получить что-либо в официальном учреждении.*
А ему ж в Москву не за песнями, / Ему выправить надо пенсию, / У него в Москве есть законная, / И еще одна есть — знакомая. А.Г., 219

**ВЫ́ПРОВОДИТЬ**
hinauskomplimentieren, hinausbitten, hinauswerfen
*заставить, принудить уйти, удалиться.*
Зря вы спешите меня выпроводить. Я.А., 7

**ВЫ́ПРОСТАТЬ**
herausziehen, befreien
*освободить, извлечь кого-, что-либо.*
— Безобразие! Где пожарные?! — взревел было Бим, однако осекся и стал выпрастывать из толпы тетю. Т.Ш., 15

**ВЫ́ПРОСТАТЬСЯ**
hinaus-/ herausdrängen, hinaus-/ herausspringen, hervorspringen
*выделиться, высвободиться откуда-либо, из-под чего-либо.*
Желваки в ржавой щетине вздувались, словно бы тщась выпростаться из-под прозрачной кожицы, обтянувшей его лицо. В.М., 54

**ВЫПРЯГА́ТЬСЯ** *несов.*
außer Rand und Band geraten, die Zügel schießen lassen
*перестать делать что-либо; терять контроль над своим поведением, поступками.*
Впрочем, безответственность его /Алеши/ не простиралась беспредельно: пять дней в неделе он был безотказный работник, ... но наступала суббота, и тут все: Алеша выпрягался. В.Ш., 318

**ВЫ́ПУТАТЬСЯ**
herauskommen, sich herauswinden, sich aus der Klemme ziehen
*выйти из затруднительного положения.*
И он твердо решил, что теперь никогда в жизни не будет задавать никаких вопросов, а то еще влипнешь в такую историю, что и не выпутаешься. Вл.В., 30

**ВЫ́ПУЧИТЬ: ВЫ́ПУЧИТЬ ГЛАЗА́**
große Augen machen, die Augen aufreißen
*уставиться на кого-либо; смотреть широко раскрытыми от удивления, страха и т.п. глазами.*
Антошка выпучил глаза и с новой силой рявкнул: „О, маркиза, откройте инкогнито ваше". Е.Ц., 43

**ВЫ́ПУЧИТЬСЯ**
anglotzen, anstarren
*уставиться на кого-либо; смотреть широко раскрытыми глазами /обычно от удивления, страха/.*
Я икнуть не успел, как он на меня выпучился, руками замахал и шепчет: „Мне противно брать деньги, мне противно брать деньги..." Е.Смолин, Л.Г., 16.1.80

**ВЫ́ПЯТИТЬ**
unterstreichen, hervorheben, herausstellen
*выделить, выдвинуть на первое место, на первый план.*
Вот эту линию и решил подчеркнуть, выпятить, развить в спектакле режиссер-постановщик. Ю.Золотарев, Л.Г., 26.1.77

**ВЫ́ПЯТИТЬСЯ**
hinausstellen/-schaffen lassen
*выставиться, выдвинуться вперед, наружу и т.п.*
И они перешли в столовую и стали пить чай на уголке квадратного дубового стола, на котором вполне мог бы станцевать слон, и который бы ни в какую дверь отсюда, наверно, не выпятился. А.С., 466

**ВЫ́РОДОК** *м. презр.*
Außenseiter, Angehöriger einer Randgruppe
*тот, кто выделяется в какой-нибудь среде своими качествами; особенный, своеобразный.*
— ... вас... укокошит какая-нибудь банда выродков вроде ваших „хиппи". Л.Ленч, 40

**ВЫРУЧА́ЛОЧКА** *ж.*
Notnagel, Rettungsanker
*о чем-либо, помогающем в трудном положении, тяжелых обстоятельствах.*
— Четыре шага по мягкому ковру в одну сторону, четыре в другую, остановка перед корреспондентами, улыбка, которая помогала ему всю жизнь. Недоброжелатели говорили про его улыбку: „Улыбочка-выручалочка". В.Ш., 81
Когда в облисполкоме накопилось слишком много жалоб на Машева, прислали в Зеленоводск областного госохотинспектора Уманова. Думали, прибыла палочка, а оказалось — выручалочка. Много сил и энергии затратил Уманов, чтобы выгородить Ивана Трофимовича. Д.Я., 7

**ВЫ́РЯДИТЬСЯ**
sich herausputzen/ in Schale werfen, sich herausstaffieren
*нарядно одеться.*
Вспомнил я, как мы с тобой институты окончили. Помнишь? Приехали с дипломами... Последний разок побывать на родине. Нарядились, как эти.. Черт те знает кто! ... Для чего мы так вырядились-то тогда? В.Ш., 79

**ВЫ́СИДЕТЬ**
ersitzen
*добиться, дождаться чего-либо, сидя, живя, работая на одном месте.*
Я бы тоже мог высидеть себе приличную должность, если бы не мотался с места на место. Вл.В.1, 15

**ВЫ́СКОЧИТЬ: ВЫ́СКОЧИТЬ ЗА́МУЖ** *ирон.*
sich (schnell) einen Mann (zum Heiraten) angeln
*поспешно, неожиданно выйти замуж.*
Думала, за Лешку выскочу, отдохну. Наоборот вышло. В.Кор., 241

**ВЫ́СКОЧКА** *м. ж. неодобр.*
Emporkömmling, Arrivierte(r)
*человек, не по заслугам выдвинувшийся на службе, в жизни // занявший высокое положение в обществе //.*
Среди комсостава этим емким словом стали называть всяких выскочек и выдвиженцев на высокие командные должности. Л.Л., № 30, 144

**ВЫ́СЛУЖИТЬСЯ**
sich lieb Kind machen bei jemandem
*добиться чего-либо, угождая, заискивая перед кем-либо.*
Была это, видно, его инициатива: узнать, сообщить, выслужиться. Ф.Кан., 65

**ВЫ́СТАВИТЬ**
hinaussetzen, an die Luft setzen, vor die Tür setzen
*прогнать, заставить удалиться.*
Валяйте. Когда намашетесь театральными мечами, когда вас отовсюду с треском выставят, когда вас схватит отчаяние, приходите к нам, благоразумным, чай пить. В.Ш., 205

**ВЫСТАВЛЯ́ТЬСЯ** *несов.*
die Aufmerksamkeit auf sich ziehen, sich vordrängen/ in den Mittelpunkt stellen
*стараться обратить на себя внимание, держаться на виду.*
Наум остановил коня, негромко, нараспев заматерился: — Твою в душеньку ма-ать... Голубчики сизые. Выставились. В.Ш., 67

**ВЫ́СУНУТЬСЯ**
Aufmerksamkeit erregen, auffallen (wollen), sich vordrängen/ in den Mittelpunkt stellen
*быть на виду, привлечь к себе внимание.*
... Незаметный был /Баев/ человечек, никогда не высовывался вперед, ни одной громкой глупости не выкинул, но и никакого умного колена тоже не загнул за целую жизнь. В.Ш., 294

**ВЫТАНЦО́ВЫВАТЬСЯ** *несов.*
klappen, gelingen, gut gehen, laufen
*иметь удачу, успех в исполнении какого-либо трудного дела.*
Это был уже конфликт! Приплясывая, я поспешил к дому. Рассказ вытанцовывался. А.И., 14
Ваньке не спалось. С делом отца ничего не вытанцовывалось и академия тоже не клевала. В.Кор., 327

**ВЫ́ТАРАЩИТЬ**
die Augen (vor Verwunderung) aufreißen, glotzen
*широко раскрыть глаза, уставиться на кого-, что-либо.*
—А Яков — это имя сугубо интернациональное, у всех наций встречается,— деловито закончила она, вытаращив глаза. А.К., 413

**ВЫ́ТАРАЩИТЬСЯ**
anglotzen, anstarren
*уставиться на кого-, что-либо, широко раскрыв глаза.*
— Расходись народ, расходись! — повизгивал он тонким своим голоском. — чего вытаращился? Вл.В., 123

**ВЫ́ТВОРИТЬ**
anstellen, anrichten, Unfug treiben
*сделать что-либо странное, из ряда вон выходящее.*
— ... Уму непостижимо, что он вытворял, чтобы я только в школу не ходил. В.Ш., 298
— Что же он вытворял? — живо заинтересовался городской старик. — Расскажи-ка... Пожалуйста, пока отдыхаешь. В.Ш., 129

**ВЫТРЕЗВИ́ЛОВКА** *ж.*
Ausnüchterungsanstalt, Ausnüchterungszelle
*то же, что вытрезвитель; специальное санитарно-медицинское учреждение, служащее для вытрезвления пьяных.*
— Да вот беда... нэма грошей. Рупь я еще в вытрезвиловке заначил на опохмелку, а теперь хоть как копилку поставь ты меня вниз головой, потряси хорошенько, все равно ни одной копейки не вытрясешь! Е.Т., 146

**ВЫ́ТУРИТЬ** *груб.*
hinausjagen, -werfen, -schmeißen; vor die Tür setzen
*выгнать, вытолкнуть, выпроводить.*
... и дело кончалось тем, что меня вытуривали в шею домой, на печку, к бабушке Катерине Петровне. В.А., Л.Г., 14.12.77
Так вот, опоздал он раз на работу минуты на две. Другой его вытурил бы на пенсию, а я нет: „Ты что это, Петр Семенович, или ноги уже не носят?" В.Ротин, Л.Г., 31.8.77

**ВЫ́УДИТЬ**
herausangeln, herausfingern
*извлечь, вытащить что-либо откуда-нибудь.*
Тот послушно метнулся к ранцу Еськи, выудил из него белый стаканчик с румяной женщиной на крышке. В.А., 564

**ВЫХВАЛЯ́ТЬСЯ** *несов.*
sich selbst loben, prahlen, protzen
*расхваливать самого себя, хвастаться чем-либо.*
... А на кой он мне черт нужен, оркестр? Я же его все равно не слышу. — Друг перед другом выхваляются. Одни схоронили с оркестром, другие, глядя на них, тоже. Лучше бы эти деньги на поминки пустить. В.Ш., 218

**ВЫ́ХВОРАТЬСЯ**
(durch lange Krankheit) abmagern, vom Fleische fallen
*очень долго и тяжело болея, стать худым, легким.*
Егор встал на припечек, подсунул руки под старика. — Держись мне за шею-то... Вот так! Легкий-то какой стал!.. — Выхворался... — Прям как ребенок. У меня Колька тяжельше... В. Шукшин, Охота жить, Казань, 1977, 125

**ВЫ́ХЛЕБАТЬ**
hinunterschlucken
*выпить, проглотить что-нибудь жидкое.*
— ... „На что, Мишка меня спрашивает, на что, спрашивает, на спор идешь?" Я и говорю, что ежели выхлебаешь /вино/ не торопясь, так ставлю еще одну белоглазую, а ежели проиграешь, дак с тебя. В.Б., 4

**ВЫ́ХЛЕСТ** *м.*
Wallung, Aufwallen
*бурное проявление какого-либо чувства.*
... И все страхи, все рухнувшие надежды на быструю дружбу суровых мужчин в мире какого-то долга, внезапное чувство смертельной злобы к почти ровеснику с двумя лычками на погонах, берущему равнодушно лучшие куски пищи в столовой; к новому миру, поясняющему старый так, что и не понять, не найти концов... И все, нашедшее выхлест — временный, но выхлест на мне. В.Р., 18

**ВЫ́ХЛЕСТАТЬ**
ausschimpfen; versohlen
*дать выговор, наказать за что-либо // избить кого-либо //.*

— Вы не видели, как девушки вышивают? — Кроме, может быть, самого раннего детства. В двадцатые годы. И то уже считалось буржуазным. За это б вас на комсомольском собрании выхлестали. А.С., 46

**ВЫ́ХОДИТЬ**
aufziehen, gesundpflegen, aufpäppeln
*вынянчить, выкормить, вырастить кого-либо.*
Мало их, че ли, в тот раз померло! А ты своих выходила. В.Расп.1, 42
Эта самая врачиха и выходила Курчева. В.Кор., 219

**ВЫХОДНО́Й**
Feiertags-, Festtags-, Ausgeh-
*праздничный, нарядный.*
И джинсы подвернулись кстати, поскольку праздник близился, а освежить свой выходной туалет Фалалееву было нечем. Д.Иванов, В.Трифонов, Л.Г., 28.7.76

**ВЫ́ЦЫГАНИТЬ**
erbetteln
*выпросить что-либо.*
В средней школе около пятидесяти учителей, и за три получки я выцыганила почти четыре сотни. А.К., 102

**ВЫША́ГИВАТЬ** *несов.*
(aus)schreiten, abschreiten
*идти, мерно шагая; пройти пешком какое-либо расстояние; маршировать.*
... Валентина Николаевна размашисто вышагивала по лабиринтам многочисленных коридоров. В.М., 53

**ВЫ́ШВЫРНУТЬ**
hinausschmeißen
*выгнать, заставить уйти.*
Вытрезвитель был пуст: очевидно, оттуда перед нашим приездом вышвырнули всех пьяниц. Ф.Кан., 51

**ВЫШИБА́ТЬ** *несов.*
ergattern, herausschlagen
*добиваться чего-либо, получать что-либо с трудом, с усилием.*
— Лев, позвони мне завтра пожалуйста. — Нет, завтра не стану. Только сегодня. Ты что, министр?.. Как у тебя язык повернулся? Я три часа твой телефон вышибал, вот мы вдвоем с мужиком... Через мидовскую справочную... Ю.Т.1, 87

**ВЫ́ШИБИТЬ**
1 (hin)ausstoßen
2 hinauswerfen, rausschmeißen, feuern
*1. выбить что-нибудь резким толчком, ударом.*
Он брал Берлин! / Он, правда, брал Берлин, / И врал про это / Скучно и нелепо, / И вышибал со злости клином клин, / И шифер с базы угонял „налево". А.Г., 200
*2. исключить, выгнать /обычно с работы, со службы, из организации и т.п./.*
Когда Левинарцева вышибли из аспирантуры текстильного института за хроническое безделье и аморальные поступки, он тужил недолго. И.Ш., 24

**ВЫ́ШКА** *ж.*
Höchststrafe
*высшая мера наказания, расстрел.*
Уж теперь-то Чонкин на все сто процентов заработал себе самую настоящую вышку. Вл.В., 235

**ВЫ́ШКОЛЕННОСТЬ** *ж.*
Diszipliniertheit, Geschliffenheit, Zucht, Ordnung
*строгий порядок, точное исполнение требований, обязанностей.*
Ах, как хорошо иметь под рукой верных и расторопных людей! Конечно, такая вышколенность достигается не сразу, а путем долгого и тщательного естественного отбора. Д.Я., 29

**ВЫ́ШКОЛИТЬ**
schulen, Disziplin beibringen, disziplinieren, schleifen
*приучить к строгому порядку, точному исполнению требований, аккуратному выполнению обязанностей.*
Кое-чему уже жизнь научила, вышколила. А.М., 47

**ВЫ́ЩЕЛКНУТЬСЯ**
auffallen, Aufmerksamkeit erregen
*стараться привлечь к себе внимание, показать себя чем-то особенным.*
— У тебя сроду денег нет. Как же у других-то есть? Потому что берегут ее, копейку-то. А у тебя чуть завелась лишка, ты их скорей торописся загнать куда-нибудь. Баян сыну купил!.. Хэх! — А что тут плохого? Пускай играет. — Видишь, ты хочешь перед людями выщелкнуться, а я, жадный, должен для тебя баню топить. В.Ш., 222

**ВЯ́КАТЬ** *несов.* и **ВЯ́КНУТЬ**
1 etwas von sich geben
2 quasseln, quatschen, plappern
*1. сказать что-либо.*
За каким чертом, спрашивается, я тут торчал, если мне даже не дали пары слов вякнуть! А.З., 12
*2. говорить попусту, болтать вздор, пустяки.*
Не вякай, раз не понимаешь. Сразу вся деревня узнает, начнут потом языки чесать, черти. В.Ш., 201

# Г

**ГА́ВКАНЬЕ** *ср. груб.*
Geschimpfe, Gekeife, Gezeter
*брань, ругань.*
—... Догонишь потерявшегося от страха самовольщика, погладишь на его измученно-изогнутый хребет, да и свистнешь ему на ухо: „Беги, козел, беги же, сволочь!" — и вновь с радостью на душе ударишь его носком в копчик, да и впрямь возрадуешься заодно и гавканью капитана. В.Р., 144

**ГА́ВРИК** *м. пренебр.*
Grünschnabel
*о молодом человеке, мужчине.*
... куда-то запропастились эти гаврики во главе с лейтенантом Филипповым... Вл.В., 210

**ГАД** *м. бран.*
Scheusal, Ekel
*человек, вызывающий отвращение, гадливость.*
— Убери, гад! — заорал Степан не своим голосом. — Уведи ее, а то я тебе расколю голову табуреткой. В.Ш., 49

**ГА́ДИТЬ** *несов.*
jemandem Knüppel zwischen die Beine werfen, jemandem in die Suppe spucken, jemandem übel mitspielen
*делать пакости, доставлять неприятности кому-либо, вредить.*
И втихую и вслепую / Мажу, гажу, протестую, / Обхожусь без сладких слов! С.В., 17

**ГА́ДОСТНО**
elend, ekelhaft
*отвратительно, противно.*
На душе моей гадостно. / И живу я безрадостно. В.В. 3, 33

**ГА́ДОСТЬ** *ж.*
Unrat, Unflat, Dreckzeug
*что-либо, вызывающее отвращение, гадливое, неприятное чувство /о предмете, вещи и т.д./.*
— Оружия нет? — спросил участковый, отвлекаясь от протокола. — Сроду никакой гадости не таскал с собой. В.Ш., 48

**ГА́ДСТВО** *ср.*
Unrat, Unflat, Dreckzeug; Gemeinheit, Niedertracht
*то же, что гадость; выражение крайнего неодобрения, осуждения кого-, чего-либо.*
— Подлость и гадство, и я сама не лучше,— шептала, приближаясь к Переяславке, но одновременно чувствовала, что при незадаче с пишущей „малявкой" ей проще прибежать к лейтенанту. В.Кор., 567

**ГАДЮ́ШНИК** *м. презр.*
Gezücht, Gesindel
*(крайне неодобрительно) о каком-либо обществе, группе, компании.*
Меня потрясло это исключение до глубины души, не потому, что я держалась за этот институт, гадюшник сплетен и злословия, просто сам акт несправедливости. Время и мы, № 43, 67

**ГАЗЕ́ТЧИК** *м.*
Zeitungsmann, Zeitungsmitarbeiter
*издатель или сотрудник газеты.*
Я ходил газетчиком по всяким дорогам,/Я встречал всяких людей. Б.О., 148

**ГА́ЗИК** *м.*
Kleinwagen (aus dem Automobilwerk der Stadt Gorki)
*небольшой автомобиль производства Горьковского автомобильного завода.*
„Газик" ехал впереди по уже проложенной колее. В.Кор., 203

**ГАЗИРО́ВКА** *ж.*
Sprudel, Sodawasser, Brause
*газированная вода.*

Лякин не успел достояться за газировкой, а уже зазвонили к началу второго отделения. Д.Иванов, В.Трифонов, Л.Г., 21.6.78

**ГАЗОВА́ТЬ** *несов.*
Gas geben, auf das Gaspedal treten
*увеличивать скорость движения автомашины, самолета и т.п., нажимая на педаль акселератора (газа).*
Шофер газовал и крутил баранку. Вл.В., 198

**ГАЛДЕ́ТЬ** *несов.*
(herum)schreien, (herum)krakeelen
*шумно, наперебой, беспорядочно говорить, кричать.*
— Ладно тебе галдеть про газы, — прервал я его. Е.Ц., 45

**ГАЛДЁЖ** *м.*
Geschrei, Durcheinandergegröle
*шумный, крикливый, беспорядочный говор; крик большого количества людей.*
В беспорядочном галдеже застолья по-обыкновению преобладал пропитый басок Пономарева: „Ты меня слушай, Красюк, ты еще под стол пешком ходил, когда я уже в органах работал..." В.М.1, 218

**ГАЛЁРКА** *ж.*
billiger Rangplatz (im Kino, Theater)
*верхний ярус театра с дешевыми местами для публики.*
Я один! И пустые подмостки./Мне судьбу этой драмы решать.../И уже на галерке подростки/ Забывают на время дышать. А.Г., 62

**ГАЛИМАТЬЯ́** *ж.*
dummes Zeug, Unsinn, Kohl
*бессмыслица, нелепость, чепуха.*
— Бред, галиматья, — сурово и весело сказал Князев. — Рассуждение на уровне каменного века... В.Ш., 373

**ГА́ЛОЧКА** *ж.*
Haken, Häkchen
*пометка в тексте в виде черточек, образующих книзу острый угол.*
Но и его уломал юбиляр: показал список будущих гостей, а против каждой фамилии — жирная галочка. В.К., 42

**ГАЛЬЮ́Н** *м.*
Klosett, Abort
*туалет, уборная.*
На четвертый день утром у дальнего гальюна, который Костя предпочитал другим по причине относительной чистоты — арестовали Свежнева. В.Р., 191

**ГА́РКАТЬ** *несов.*, **ГА́РКНУТЬ**
krächzen
*громко, отрывисто кричать, вскрикивать.*
Баю-баю-баю-бай! / Ходи в петлю, ходи в рай! / Гаркнет ворон на плетне — / Хорошо ль тебе в петле? А.Г., 27
Тут уж я не выдержал и как гаркну: „Ты что делаешь, Семеныч?!" Ю.Рихтер, Юность, № 2, 75, 111

**ГАРМО́ШКА** *ж.*
Ziehharmonika
*духовой музыкальный инструмент.*
Потом Людмила плясала с Борисом, а на гармошке играл парень в косынке. Вл.В.1, 135

**ГАСТРОЛЁР** *м.*
Künstler auf Tournee
*артист, приглашенный, прибывший на гастроли.*
... его новые знакомые дарили ему билет на премьеру в театр, на концерт гастролера или на вечер в Дом кино. С.Е., 49

**ГАШИ́ШНИК** *м.*
Haschischraucher, Hascher
*человек, употребляющий наркотическое, возбуждающее средство гашиш.*
„Трус! — закричала она, — поганый трус, сейчас он потребует у тебя имя и адрес, и если ты дашь ему, они сегодня же прирежут и сына, и меня, и тебя! Это же гашишники, урки! Черт с тобой, тебя пусть режут!" А.Л., 112

**ГВАЛТ** *м.*
Lärm, Heidenlärm, Höllenlärm, Heidenspektakel
*крик, шум, суматоха.*
Тут начался страшный гвалт. Г.Кемоклидзе, Л.Г., 15.1.75
Наконец в классах затих первый гвалт, и учительская приятно замерла. А.К., 68

**ГВО́ЗДИК** *м.*
1 Nägelchen
2 Stöckelabsatz
*1. о чем-либо тонком, имеющем форму, вид гвоздя.*
Основное же вот: Алька курила. В 18 лет она курила папиросы „гвоздики". А.К., 198
*2. тонкий каблук.*
На каблучках-гвоздиках подходит Галина Бодрова, прелестная девица современной конструкции. В.Ак., 3

**ГВОЗДИ́ТЬ** *несов.*
hartnäckig (ein und dasselbe) wiederholen, auf etwas herumreiten
*настойчиво твердить, повторять одно и то же.*
И гвоздит мне мозг многократное — / То ли гений он, / А то ли нет еще?! А.Г., 249

**ГВОЗДЬ** *м.*
Zugnummer, Glanzpunkt, Höhepunkt
*о чем-либо самом главном, значительном, заметном.*
Этот Ражнов стал самым настоящим „гвоздем" вечера. Ю.М., 19

**ГЕОЛОГИ́НЯ** *ж.*
Geologin
*женщина-геолог.*
„Критикесса", „геологиня", „шефиня" — уже сами эти новообразования говорят о некоторой парадоксальности явления. В.Иванова, Л.Г., 5.12.79

**ГЕПЕТЕУ́ШНИК** *м.*
Lernender einer städtischen berufsbildenden technischen Lehranstalt
*учащийся ГПТУ /городского профессионально-технического училища/.*
Кто это выдержит, какой школьник, гепетеушник, студент? Это надо уже иметь не черепную коробку, а черепную шкатулку. А.М., 4

**ГИГИ́КАТЬ** *несов.*, **ГИ́КАТЬ** *несов.*
schreien, kreischen
*издавать пронзительный крик, громкое, резкое восклицание.*
Десяток юнцов пришли порезвиться. В темном зале громко ржали, гигикали и даже мяукали. Э.Эрдель, Б-ка Крок., № 17/814/, М., 1978

**ГИРЛА́** *ж.*
Mädchen, Girl (engl.)
*девушка.*
— Не знаю, как с юбками, а в языке нужна позиция разумного консерватизма, — сказал Терновский. — Если студентов не поправлять, они бог знает до чего докатятся. Этот чудовищный жаргон, помесь английского с нижегородским... Квартира у них „флетуха", девушка — „гирла"... И.Г.1, 17
Мраморная колонна была холодна и кругла. Прижав Асю к этой колонне, Олег Раков ее поцеловал. У Аси даже в глазах потемнело. Первый раз в жизни ее поцеловал парень. „А ты ничего гирла", — сказал он небрежно. И.Г.1, 74

**ГИТА́РИТЬ** *несов.*
Gitarre spielen
*играть на гитаре.*
Дома шел очередной галдеж — молодые принимали гостей, кричали, гитарили, пели. И.Г.1, 68

**ГЛА́ЖКА** *ж.*
Bügeln
*то же, что глаженье, утюжка.*
Рубашка, новые носки, брюки, подсохшие после глажки на спинке стула, галстук, пиджак. Бурлей надевал все это аккуратными, заученными движениями. С.Е., 58

**ГЛАЗА́СТЫЙ**
großäugig
*имеющий большие глаза или глаза навыкате.*
У самого холла, на каталке, придвинутой к стене, молчаливо, по-взрослому, ожидал отправки в свое отделение глазастый мальчонка: он как раз попал в пересменок санитаров из хирургического... Е.Т., 15

**ГЛАЗЕ́ТЬ** *несов.*
glotzen, gaffen
*бесцельно, с праздным любопытством смотреть на кого-, что-либо.*
Князева подтолкнули вперед... Вывели на улицу и пошли с ним в отделение милиции. Сзади несли его тетради. Прохожие останавливались и глазели. В.Ш., 386

**ГЛА́ЗИТЬСЯ** *несов.*
glotzen, gaffen
*смотреть с любопытством куда-либо.*
Перестань в конце-концов / Мне за лифчик-глазиться. / Все надстройки, как одна / Вырастают с базиса. А.З., 20

**ГЛОТ** *м. бран.*
Saufbold; Vielfraß
***человек, который много глотает, ест; пьяница, обжора.***
— Глоты. И сосут, и сосут эту водку... Как не надоест-то? Очуметь же можно. Глоты несчастные. В.Ш., 224

**ГЛО́ТКА** *ж.*
Gurgel, Kehle
***передняя часть шеи, горла.***
Сыт я по горло, сыт я по глотку. / Ох, надоело петь и играть. В.В. 1, 6

**ГЛУШИ́ЛКА** *ж.*
Schalldämpfer; Störsender
***приспособление для ослабления силы звука.***
— Это вы слышали, как доцент распекал? — Нет, — мотнула головой. — Что распекал слышала, а слов — нет. Было, как „Голос Америки", сплошная глушилка, — сказала без всякой улыбки... В.Кор., 408

**ГЛУШИ́ТЬ**1 *несов.*
abstellen, abwürgen
***выключать /о моторе автомобиля, мотоцикла и т.п./.***
Заводил мотор. Слушал. Включал фары. Трогал с места. Глушил. Э.Медведкин, Л.Г., 9.6.76

**ГЛУШИ́ТЬ**2 *несов.*
saufen
***пить много, в большом количестве /обычно об алкоголе/.***
Женщины пьют меньше мужчин, но гораздо больше, чем женщины на Западе. Я видел, как глушат водку и четырнадцатилетние. М.Ш., 232

**ГЛЯДЕ́ЛКИ** *мн.*
Augen
***то же, что глаза.***
Крабы, приподнявшись на голенастых ногах, похожие на детские модели козловых кранов, лупатили свои гляделки и на всякий случай угрожающе поматывали клешнями. Л.Куклин, Л.Г., 25.3.81

**ГЛЯДЬ**
sieh da!, sieh mal einer an!
***употребляется при неожиданности, внезапности какого-либо действия, явления.***
— Вы пока вселяйтесь, осваивайте жилплощадь. А там, глядь, строители подойдут, недоделки устранят. С.Левшин, Л.Г., 12.9.74

**ГЛЯ́НУТЬСЯ**
passen, gefallen
***подойти, понравиться.***
— Да они так: переехать-то сюда переехали, а там дом тоже не продали. Жене его тут не глянется, а Михайле глянется... В.Ш., 285

**ГНАТЬ** *несов.*
1 (her)geben, (he)rausrücken
2 etwas in Eile/ schnell/ auf die Schnelle machen
***1. давать, предоставлять что-либо /употребляется обычно в повелительном наклонении/.***
Вышли мы из ОТК, а Лешка тут же заявляет: „Гони пиво!" Ю.Рихтер, Юность, № 2, 75, 111
***2. делать что-либо спешно, срочно.***
... Наверно ее /машину/ в конце месяца выпускали — гнали сверх плана. Л.Лиходеев, Л.Г., 23.4.75

**ГНО́ИЩЕ** *ср.*
Müllhaufen, Misthaufen
***свалка, куча мусора.***
— ... Быть добреньким и гордиться собой посреди гноища — это ли не фарисейство? И.В., 74

**ГНУСА́ВИТЬ** *несов.*
durch die Nase sprechen, näseln; unverständlich oder in einer unverständlichen Sprache singen
***говорить, петь с носовыми призвуками // петь невнятно или на непонятном языке //.***
Нас дико болтало, и дождь хлестал по стеклу, а где-то в чистой и теплой студии какой-то кот слащаво гнусавил „Майне либе ауген". В.Ак., 52

**ГНУТЬ** *несов.*
auf etwas hinauswollen
***упорно добиваться чего-либо; направлять свои действия, вести свою речь к определенной цели.***
Но тот, вроде бы и не слыша его вовсе, гнул свое: „Не убили, а теперь уж и никогда не убьете". В.М., 80

**ГОВНО́** *ср. бран.*
Dreck, Mist, Scheiße
***о чем-либо плохом, низкого качества.***
А там икра, а там вино, / И сыр, и печки-лавочки! / А мне — больничное говно, / Хоть это и до лам-

почки, / Хоть все равно, мне все давно / До лампочки! А.Г., 217

**ГОВОРИ́ЛЬНИК** *м. груб.*
Radio, Quasselkasten, Quasselkiste
*радиоприемник, радиопередатчик.*
... Ражнов нажал кнопку своего говорильника и рявкнул: „Продолжаю прием. Следующего просите!" Ю.М., 22

**ГОВОРУ́Н** *м.*
Schwätzer, Quasselkopf
*человек, который любит много говорить.*
У меня достаточно способов заткнуть глотку говорунам. В.М., 441

**ГО́ГОТ** *м.*
Gelächter, Gewieher, Gegacker
*громкий, резкий хохот.*
... сквозь звуки рыдающих журавлей /опять крутили ту же пластинку!/ слышался их молодой, почти звериный гогот. В.Кор., 206

**ГОГОТА́ТЬ** *несов.*
(laut) lachen, wiehern
*громко, грубо смеяться, хохотать.*
И гогочет, как кочет, / Хоть святых выноси, / И беседовать хочет / О спасеньи Руси. А.Г., 103
Валентина опять что-то гоготнула, посмотрела на меня полузверем, ... пробормотала: — Претензия на остроумие... А.К., 93

**ГОЛОВА́СТЫЙ**
1 großköpfig
2 mit Köpfchen, helle, schlau
*1. имеющий несоразмерно большую голову.*
Третий — небольшого роста, головастый, смирный. В.А., 562
*2. умный, толковый, сообразительный.*
Между прочим, я этого мудилу-мученика знаю, как облупленного, в школе вместе учились, головастый пацан был, всегда в круглых отличниках числился. В.М.1, 83

**ГОЛОВЁШКА** *ж.*
schwelendes/ angekohltes/ verkohltes
*недогорелый, не обратившийся в уголь остаток дерева, полена.*
Пол уже маленько нагрелся, парит: лицо и коленки достает жаром, надо прикрываться. Да и сидеть тут сейчас нежелательно: можно словить незаметно угару. Алеша умело пошевелил головешки и вылез из бани. В.Ш., 323

**ГОЛОВОРЕ́З** *м.*
Mordskerl, Wagehals
*отчаянный человек.*
Целуя знамя — пропыленный шелк и выплюнув в отчаяньи протезы, / Фельдмаршал звал: — Вперед, мой славный полк! / Презрейте смерть, мои головорезы! В.В. 3, 7

**ГОЛОВОТЯ́ПСТВО** *ср.*
Tölpelei, Eselei
*нелепое, бестолковое ведение каких-либо дел.*
Эти, кстати, весьма вкусные, но не очень звучные, извините за выражение, сардины из сельди иваси, по мнению администрации, удачно дополнили бы праздничный набор будничного головотяпства и безвкусицы. В.Веселовский, Л.Г., 4.2.81

**ГОЛО́ВУШКА** *ж. ласк.*
Köpfchen
*то же, что голова.*
— ... А ведь я тебя, Парменко, еще вот каким помню. Ведь ты тогда у матки титьку сосал, вот я тебя каким помню. И матку твою помню, звали Пуговкой, до того мала была, да кругла, сгноили покойную головушку на колбасу, матку-то... В.Б., 6

**ГОЛОДО́ВКА** *ж.*
Hungersnot, Hunger; Hungerstreik
*то же, что голод; отсутствие или крайний недостаток продуктов питания как массовое бедствие в результате неурожая, войны и т.п. // голодная забастовка //.*
А в жратве ничего не понимает. Город на голодовку посадил. В.Кор., 63

**ГОЛОДО́ВЩИК** *м.*
im Hungerstreik befindlicher Mensch
*человек, отказывающийся от пищи в знак протеста против чего-либо.*
Во Владимирскую тюрьму нас собрали по всем лагерям — самых непокорных, самых упрямых: голодовщиков, забастовщиков и жалобщиков. Вл.Б., 193

**ГОЛОДУ́ХА** *ж.*
Hunger
*то же, что голод.*
Да и кто ее знает, может, померещилось Федосье. С голодухи-то оно и не такое померещится. В.М., 245

**ГОЛОСИ́ТЬ** *несов.*
laut schreien, weinen, heulen; langgezogen wehklagen
*громко кричать, плакать, выть; причитать нараспев.*
Василиса сама открывала ворота, прижимала фартук к губам и, крестясь, смотрела, как из дворов одна за другой выезжают подводы и медленно двигаются по улице за деревню, как поют пьяные мужики, как, хватаясь за них, голосят бабы. В.Расп. 2, 60

**ГОЛОСОВА́ТЬ** *несов.*
ein Auto durch Winken anhalten
*поднимать руку в знак просьбы об остановке проезжающего мимо автотранспорта.*
И ты наскоро переобмундировываешься в засаленный китель и шаровары, летишь к автобусу или на шоссе голосовать. В.Кор., 27

**ГОЛОШТА́ННЫЙ** *пренебр.*
abgerissen, zerlumpt, bettelarm, halbnackt
*бедный, не имеющий на себе штанов, полураздетый.*
Он с детства был раноставом. Бывало, еще покойник дед говаривал голоштанному внуку: „Встанешь раньше, шагнешь дальше." В.Б., 39

**ГОЛУ́БКА** *ж. ласк.*
Liebchen, Süße, Schatz
*о женщине.*
Сходитесь, люди!/ Сползайтесь, бульдозеры!/ Спасайте девочку — голубку мою! Б.О., 216

**ГОЛУ́БУШКА** *ж. ласк.*
Liebchen, Süße, Schätzchen
*о женщине.*
Не клонись-ка ты, головушка,/От невзгод и от обид./ Мама, белая голубушка,/Утро новое горит. Б.О., 208

**ГОЛУ́БЧИК** *м. ласк.*
Süßer, mein Lieber
*о мужчине.*
— В этом же и оригинальность спектакля, голубчик! — воскликнула пожилая дама. Ю.Золотарев, Л.Г., 26.1.77

**ГОЛЫТЬБА́** *ж.*
arme Schlucker, armes Volk, arme Leute, Habenichtse
*бедняки, нищие, оборванцы.*
И началися подвиги напрасные —/С баб-ягами никчемушная борьба,/Тоже ведь она по-своему несчастная,/Эта самая лесная голытьба. В.В.1, 5

**ГОЛЬ** *ж.*
arme Schlucker, armes Volk, arme Leute, Habenichtse
*бедняки, нищие, оборванцы.*
...вспомнил я разом, как боговала тогда городская голь по станицам, моровой стон стоял только, да голосили бабы над ребячьими люльками. В.М.1, 117

**ГОЛЯ́ШКА** *ж.*
halbangezogene oder nackte Frau
*о полуодетой или голой женщине.*
— Конечно, — опять очень неопределенно сказал усталый. — Я ничего не имею... Фильмы демонстрируют? — Ну!.. Но мы, знаете, что делаем? Мы эти обычные манкируем, а собираемся одни мужчины, заказываем какой-нибудь такой... с голяшками... Не уважаете? В.Ш., 267

**ГОМОНИ́ТЬ** *несов.*
laut reden, lärmen, schreien
*громко говорить, шуметь, кричать.*
... ребятишки в еще не потрепанной форме шли с сумками из школы, распинывая листья и гомоня. В.А., 561

**ГОНОШИ́ТЬ** *несов.*
geschäftig etwas machen, sich (eifrig) zu schaffen machen, herumfuhrwerken, herumfummeln
*делать что-либо, заниматься чем-либо.*
Даже за снегом идти на улицу не надо, ставь чайник, гоноши чифирок. В. Мурзаков, Наш современник № 6, 1979, 47

**ГОНОШИ́ТЬСЯ** *несов.*
geschäftig etwas machen, sich (eifrig) zu schaffen machen, herumfuhrwerken, herumfummeln
*хлопотливо заниматься каким-нибудь делом.*
Восемь ребятишек, на подходе девятый. Потрешь сопель на кулак, пока вырастут. Теща, конечно, выручает, качает люльку, около печи гоношится, без тещи бы тоже хана. В.Б., 20

**ГОНЬБА́** *ж.*
Jagd; Vertreibung
*погоня за кем-, чем-либо // изгнание кого-, чего-либо //.*
То запропастится шарф, то вклинится срочное латание крыши, гоньба клопов. А.М., 33

**ГОНЯ́ТЬ** *несов.*
1 hetzen, rasen
2 (vor sich her)treiben, jagen, aufschrecken
*1. быстро, спешно ездить, двигаться.*
В райгородок Н. приехали эти, которые по вертикальной стене на мотоциклах ездят... По стене гоняли супруги Кайгородовы — так гласила афиша. В.Ш., 362
*2. гонять голубей: заставлять взлетать, летать наверху.*
А это идет Петька Галкин — / Мы раньше гоняли с ним голубей. Б.О., 202

**ГОП-КОМПА́НИЯ** *ж.*
Rotte (von herumstehenden Jugendlichen)
*о группе молодежи, праздно, бесцельно проводящей свое время.*
Орел или решка? Так делает всегда эта гоп-компания. Подбросят монетку один или три раза — и порядок. Головы себе особенно не ломают. В.Ак., 15

**ГО́ПНИК** *м.*
Nichtstuer, Nichtsnutz
*пустой, никчемный человек; бездельник.*
Но сказал ему Локтев обидное: „Ты, дед, под святого гопника рядишься." В. Мурзаков, Наш современник № 6, 1979, 44

**ГОРА́ЗД**
geschickt, clever, geeignet
*искусен, ловок; способен на что-либо.*
— ... Я утром пробудился, гляжу, нет Африкановича. Один на полке лежу. Видать, будил он меня, будил, да так и убежал по холодку, отступился. Я спать-то горазд с похмелья. В.Б., 17

**ГОРБА́ТИТЬ** *несов.*
ackern, schuften, sich abrackern
*много, тяжело работать.*
... мне, старухе, все радость белый свет поглядеть, как родилась, нигде не бывала, весь век на деревне своей промыкалась, на земле горбатила, из навоза не вылезала. В.М.1, 173

**ГОРБА́ТИТЬСЯ** *несов.*
ackern, schuften, sich abrackern
*много, тяжело работать.*
А шесть рублей — деньги не маленькие. За них Вера три дня горбатится. Ю.Т., 150

**ГО́РБИТЬ** *несов.*
ackern, schuften, sich abrackern
*тяжело физически работать.*
Заглянула бы лучше в нашу контору, чем языком молоть, — ведь что ни мужик, то нами командовает, что ни баба, то горбит, а шпалы, они, между прочим, чижолые! И.В., 36

**ГОРБУ́Н** *м.*
Buckliger
*горбатый человек.*
Горбун вцепился в него, продолжая и по дороге сердито пыхтеть рядом с ним. В.М.1, 248

**ГОРГОТА́ТЬ** *несов.*
(undeutlich) sprechen, gurgeln
*то же, что говорить.*
... в одном месте поют, в другом плачут, в третьем горгочут не по-нашему, в четвертом не по-ихнему — язык сломать можно, а они все горгочут и горгочут. В.Расп.1, 38

**ГОРЕМЫ́КА** *м. ж.* **ГОРЕМЫ́КАЛКА** *ж.*
armer Teufel, Pechvogel
*человек, испытывающий продолжительное горе, нужду, несчастье; неудачник, несчастливец.*
... Лашков решил спасти череповецкого горемыку от неминуемой каталажки. В.М., 259
Чтоб они околели, как теперь из-за этих проклятых праздников я нигде не могу достать Мишеньке пару яичек. Горемыкалка я несчастная. А.К., 190

**ГОРЛА́НИТЬ** *несов.*
grölen, schreien
*говорить, кричать или петь слишком громко, во все горло.*
Ну зачем кричать, горланить, / Намекните в телефон. / На худой конец, парламент / Примет вам любой закон. Ю.К., 59

**ГОРЛА́СТЫЙ**
1 mit weiter Kehle, mit weiter Öffnung
2 mit lauter Stimme, gellend
*1. имеющий широкое горло, отверстие.*
Едва вы окажетесь тут, как в колокола / Купола золотые ударят, / Колонны горластые трубы свои задерут. Б.О., 184
*2. обладающий громким, крикливым голосом.*
А сегодня там еще мыла пол санитарка Нэлля — крутозадая горластая девка с большими бровями и большими губами. А.С., 34

**ГОРЛОПА́Н** *м. неодобр.*
Schreihals
*то же, чти крикун.*
— В войну! — перебил Баев. — С наганами-то бегать да горло драть — это ишо не самая великая мудрость. Мало у нас их было, горлопанов. В.Ш., 301

**ГОРЛОХВА́Т** *м.*
Schreihals, Krakeeler
*то же, что крикун; человек, стремящийся при помощи крика, скандалов добиться чего-либо.*
Правда, были посягательства и на него, особенно от временного люда, не знающего ни порядков, ни традиций. — Напишите пекарю, — кричали такие горлохваты, — что у него второй день хлеб с закалом. В. Мурзаков, Наш современник, № 6, 1979, 49

**ГОРОДИ́ТЬ** *несов.*
schwatzen, faseln
*говорить, болтать /обычно что-либо несерьезное, глупое/.*
Должен я выполнять в срок пятилетку или не должен? Стыдно, стыдно такую пошлятину городить! Ни грамма мастерства. М.Л., 35

**ГО́РЬКО**
1 bitter, schwer
2 küßt euch!
*1. тяжко, печально.*
— Шибко горько, Парасковья: пошто напоследок-то ничо не сказала? Обиду, што ль затаила какую? Сказала бы — и то легше. А то думай теперь... Охо-хо... В.Ш., 74
*2. восклицание за свадебным столом, приглашающее новобрачных поцеловаться.*
Алтынник сидел во главе стола рядом с Людмилой, и гости кричали „горько". Вл.В.1, 135

**ГОРЯ́ЧКА** *ж.*
Hast, Hetze, Panik
*сильное возбуждение, азарт, спешка в каком-либо деле.*
... Руководству и общественным организациям... хладнокровие, к счастью, не изменило, горячку они пороть не стали, скоропалительных мер решили не принимать. А.Борин, Л.Г., 14.3.79

**ГОСТИ́НЕЦ** *м.*
Geschenk, Gastgeschenk, Mitbringsel
*подарок, дар, приносимый кому-либо.*
Видно, старость — жестокий гостинец, / Не повесишь на гвоздь, как пальто. / Я тону, пораженный эсминец, / Но об этом не знает никто! А.Г., 61

**ГРАЖДА́НКА** *ж.*
Zivilleben
*гражданская жизнь в отличие от военной жизни.*
Перед атакой водку? — Вот мура. / Свое отпили мы еще в гражданку. В.В.3, 19
„Ты в гражданке кем был?" „Артист". „Смотри!" — Кожанка уважительно заскрипела. В.М., 274

**ГРАМОТЕ́Й** *м. ирон.*
Lese- und Schreibkundiger
*грамотный человек.*
Бабка забрала телеграмму и спрятала в карман. — Сама на почту пойду. Ты тут насчитаешь, грамотей. В.Ш., 17

**ГРЕБЁНКА** *ж.*
Rolltreppe
*эскалатор в метрополитене.*
В метро даже лестницы бегут. Поначалу Люда никак не могла переступить гребенку, а сзади торопят: „Проходите, девушка, чего встали". И.Г.1, 28

**ГРЕХОВО́ДНИК** *м.* **ГРЕХОВО́ДНИЦА** *ж. шутл.*
Sünder(in)
*о ком-либо, склонном к нарушению правил морали, общежития, подающем пример дурного поведения.*
— Ну где ты тут, греховодница? Жива ли? — крикнул он в сторону проймы. Г.Б., 14

**ГРИ́ВНА** *ж.*
zehn oder drei Kopeken(stück)
*денежная единица, раньше монета в три или десять копеек.*
... Я не особо понимал, что значит для нас пять гривен. В.А., Л.Г., 14.12.77

**ГРОБ** *м.*
Ende, Ruin, Untergang
*безвыходное, тяжелое положение //гибель, конец // очень плохо //.*
Надо покрепче нажать на Валю, иначе совсем завязнем. А завязнуть в декабре — это гроб...

Конец года, выполнение плана, отчеты и прочее такое. Н.Б. 3, 17

**ГРО́БИТЬ** *несов.*
umbringen, ins Grab bringen
*губить, терять здоровье, силы из-за тяжелой работы, неправильного образа жизни и т.п.*
Они ить себя только гробят, боле ниче. В.Расп.1, 41

**ГРО́БИТЬСЯ** *несов.*
sich abrackern, sich abmühen
*тяжело работая, терять здоровье, силы.*
Только шеф прикован к своей лямке, к своему „долгу" по двенадцать часов в сутки, приезжает на работу в субботу, стареет в пыльных коврах представительского кабинета, а он, Игорь, гробится только через день. С.Е.1, 26

**ГРОЗИ́ТЬСЯ** *несов.*
drohend warnen, drohen
*предупреждать с угрозой о чем-либо, угрожать кому-либо.*
И вот теперь, зажав в руках двустволку,/Грозился загодя: — Уж я-то всыплю волку! С.М., 32

**ГРОМА́ДИНА** *ж.*
Riesending, Riese, Koloß
*предмет больших размеров.*
— У них дача вон какая громадина, ей, конечно, ничего не сделается. Н.Елин, В.Кашаев, Л.Г., 20.12.78

**ГРОМИ́ЛА** *м.*
Hüne
*о ком-, чем-либо большом по размеру, массе, объему.*
И в переменку какой-то громила-старшеклассник кричал: „Эй ты, разноглазый, химичку не видел?" А.К., 67

**ГРОМОБО́ЙНЫЙ**
feierlich, schwülstig
*напыщенный, торжественный.*
Из материалов дела я знал, что то громобойное заявление... подал не сам Анатолий. А.Борин, Л.Г., 14.3.79

**ГРОМЫХА́ТЬ** *несов.*
donnern, poltern, rattern
*греметь, производить громкие звуки.*
... славная возможность открывается сельскому труженику — сесть в роскошное кресло, упиваясь тишиной и пустынностью клубного помещения, и громыхнуть во все барабаны... С.Б., 19

**ГРО́ХАНЬЕ** *ср.*
Krachen, Getöse
*грохот, сильный оглушительный звук, шум.*
— ... А отсюда и пьянство до беспамятства и непременно с надрывом, с воплями и гроханьем сапожищами об пол, и драки стенка на стенку, и темные страсти. И.В., 50

**ГРО́ХНУТЬ, ГРОХОТА́ТЬ** *несов.*
1 rollen, donnern, poltern, dröhnen
2 (über den Kopf) ziehen, hauen
*1. играть с шумом, со стуком.*
Вы слышите, грохочет барабан? Б.О., 133
*2. ударить кого-либо.*
Вчера она меня кастрюлей по голове грохнула. И.Ф., 24

**ГРО́ХНУТЬСЯ**
(lang) hinschlagen, hinstürzen
*упасть с шумом, со стуком.*
Кто-то на экране грохнулся. В.П., 27
... кто-то из подростковой банды подставил ей ногу, и она под смех парней гулко грохнулась на лед. В.Кор., 207

**ГРО́ШИ** *мн.*
Pfennige, Moneten
*то же, что деньги.*
— Гроши-то возьми, — напомнил Вовчик. — Раскидался. Г.В.1, 8

**ГРУДНИЧО́К** *м.*
Säugling
*грудной ребенок.*
Тем не менее грудннички и ползунки все равно без кроваток не остаются, на полу не спят. Л.Г., 25.3.81

**ГРУСТИ́НКА** *ж.*
(ein bißchen) Wehmut, Traurigkeit, Schwermut
*легкая грусть, печаль.*
— Эх, детство, детство! — с грустинкой воскликнул кандидат. В.Ш., 174

**ГРЫ́ЗТЬСЯ** *неодобр. несов.*
sich zanken, sich ankeifen
*ссориться, браниться; злобно спорить с кем-либо.*

Вон соседка моя, любительница по судам шастать, послушаешь ее, как женатики на суде грызутся, — волосы дыбом встают. Х.Л., 5

**ГРЯЗЮ́КА** *ж.*
Dreck, Schmutz
*то же, что грязь.*
И какая б ни была погода, а только на пригорок взойду, а он навстречь мне несется, хоть по снегу, хоть по грязюке. Вл.В., 84

**ГУБА́** *ж.*
Gefängnis, Knast, Arrestanstalt, Bau
*то же, что гауптвахта.*
Комендантская губа смахивала на овощной склад: длинное низкое здание. В.Р., 145

**ГУБА́РЬ** *м.*
Arrestant, Häftling
*человек, находящийся в заключении на гауптвахте.*
Камера пустовала, губари были на работах. В.Р., 145

**ГУБА́СТЫЙ**
dicklippig, mit wulstigen Lippen
*имеющий большие, толстые губы.*
Он ухмылялся, растягивая губастый рот и сопел над ухом Пронякина. Г.В. 2, 66

**ГУБОШЛЁП** *м.*
Mensch mit wulstigen Lippen; Schlafmütze, Transuse
*человек с большими отвислыми губами, нечетко, некрасиво говорящий //разиня, растяпа //.*
Но тут Аркашка увидел, что Ванька Селезнев показывает вовсе не детское удивление на лице, а берется за бутылку. Аркашка вскочил с места, потому что хорошо знал этого губошлепа — ломанет. В.Ш., 275

**ГУГУ́: НИ ГУГУ́**
keinen Mucks, keinen Ton, keinen Laut
*не произносить ни слова, ни звука; молчать.*
А вот про деньги — ни гугу,/Хотя, казалось, всем же ясно,/Что сделать следует начет. Ц.С., 19

**ГУДЕ́ТЬ** *несов.*
brummen, summen
*говорить, петь низким голосом.*
— Значит, политику скребете? Что это гостя не слышно? Все ты, старичок, гудишь, слышу с кухни. В.С., 48

**ГУЖЕВА́ТЬСЯ** *несов.*
1 sich lieben
2 sich abgeben mit jemandem/ etwas, sich zu schaffen machen an etwas
*1. быть с кем-либо в интимных отношениях.*
Дальше мы едем с ней в ее трехкомнатную квартиру и гужуемся. Три дня! В.Ш., 347
*2. возиться, заниматься кем-, чем-либо.*
Приносят и передачи, получившие — гужуются с ними. А.С., 327

**ГУЛЕВА́Н** *м.*
Bummler, Herumtreiber
*то же, что гуляка; любитель гулять.*
Она /матушка/, бывало, как с гулянки поздно придешь, начнет разоряться: „Гулеваны, погибели на вас нет, дармоеды." В. Мурзаков, Наш современник, № 6, 1979, 39

**ГУЛЬБА́** *ж.*
Bummel, Zecherei, Gelage
*продолжительное шумное, разгульное веселье с кутежом, попойкой.*
Парень тяжело вздохнул и стал закуривать. — Гуляешь? — спросил старик. — Это не гульба, дед, — не сразу сказал Иван. — Собачьи слезы. В.Ш., 89

**ГУ́ЛЬБИЩЕ** *ср.*
Gelage, Fest, Festmahl
*веселое времяпрепровождение.*
Покормить людей надо, это верно. Но зачем же гульбище устраивать. В.К., 23

**ГУЛЯ́КА** *м.ж. неодобр.*
Bummler, Herumtreiber
*человек, живущий праздно, разгульно.*
Обрадованные успехом ученые перешли ко второму циклу экспериментов и стали прививать волшебнику привычки человека-гуляки. С.Н., 40

**ГУЛЯ́НКА** *ж.*
Fete, Party
*веселое времяпрепровождение в компании; небольшая пирушка, вечеринка.*
За пьянками, гулянками,/За банками, полбанками,/За спорами, за ссорами, раздорами,/Ты стой на том, что этот дом,/Пусть ночью, днем — всегда твой дом,/И здесь не смотрят на тебя с укорами. В.В. 3, 8

**ГУЛЯ́ТЬ** *несов.*
1 gehen mit jemandem, verkehren mit jemandem, etwas haben mit jemandem
2 bummeln, ausgehen, zechen
*1. ухаживать за кем-либо, быть в близких, любовных отношениях.*
Да я с Нинулькою гулял, с тетипашиной, / И в „Пекин" ее водил, и в Сокольники. А.Г., 167
*2. веселиться, развлекаться.*
Плясать оба не умели, но работали ладно — старались. Людям это нравилось; смотрели на них с удовольствием. Так гуляли. В.Ш., 47

**ГУ́РТОМ и ГУРТО́М** *пренебр.*
jede Menge, in großer Menge/Zahl
*за один раз, в совокупности.*
И ты можешь лгать, и можешь блудить,/И друзей предавать гуртом! А.Г., 97

# Д

**ДА́БЫ**
damit, auf daß
*то же, что чтобы.*
Соколиные очи / Кололи им шилом железным, / Дабы белого света / увидеть они не могли. Д.Кедрин, Избранные произведения, Л., 1974, 96

**ДАВА́Й/-ТЕ/**
laß(t) uns..!, los!
*употребляется для побуждения к действию.*
Неведомая сила подбросила нас со скамьи, мы вскочили на ноги, а руки сами взметнулись к небу: „Витя, давай!" М.Виленский, Л.Г., 8.9.76

**ДАВА́ЛКА** *ж.* **ДАВА́ЛОЧКА** *ж.*
leichtes Mädchen, Flittchen
*девушка, женщина, легко вступающая в интимные отношения.*
Была она в очках, с пепельной стрижкой, легенькая такая девочка. Давалочка. Такой она мне, по крайней мере, казалась. Время и мы, № 43, 46

**ДА́ВЕЧА**
neulich, kürzlich, vor kurzem
*недавно, незадолго до момента разговора; некоторое время тому назад.*
...Пахнуло стариковским жильем, отсыревшим полушубком, теплой печкой, тестом... Вот тут его давеча волокли за шкирку. В.Ш., 198

**ДА́ВЕШНИЙ**
vor kurzer Zeit geschehen/ erschienen, von unlängst; vorig
*тот же самый, прежний.*
— Магазин закрыт, — козырнул ему давешний старшина. Д. Иванов, В. Трифонов. Л.Г., 28.7.76

**ДАВИ́ЛОВКА** *ж.*
Gedränge
*теснота от большого скопления людей где-либо.*
— Вот колбаски у нас тоже нет. Такой, сухой, вообще не бывает, что вы. Бывает, выкинут по рупь тридцать — чайная, — так такая давиловка. Е.Т., 80

**ДАВИ́ТЬСЯ** *несов.*
1 (sich) drängen, drängeln
2 ersticken, sich (vor Lachen) verschlucken, sich (vor Lachen) den Bauch halten
*1. толкаться, толпиться, стоять долгое время в очереди, стараясь достать, получить что-либо.*
Прибегает моя Валюха домой и, задыхаясь от радости, говорит: „Я на такой, Степ, спектакль билеты достала!.. Все давятся, как в баню". М.Задорнов, Л.Г., 14.3.79
*2. задыхаться от сильного смеха, плача и т.п.*
Руковяткин и Орлова Галя танцевали, выделывая такие диковинные па, что остальные давились от хохота. С.Альтов, Л.Г., 3.9.75

**ДА́ВКА** *ж.*
Gedränge
*теснота, толкотня, толчея.*
Однако в магазине встретила меня страшная давка. Й.Садаунискас, Л.Г., 26.7.78

**ДАК**
also, so, alsdann, sodann
*то же, что так.*
Наконец какой-то старикан с клюкой откашлялся и сказал: „... Дак вот, помнится, надо идти прямо, потом направо..." М.Виленский, Л.Г., 8.9.76

**ДА́МОЧКА** *ж. ласк.*
Madame, Dame
*о женщине, принадлежащей по внешнему виду к интеллигентному или состоятельному кругу.*
Тот /шофер/ был недоволен, меня осудил: „Такая приличная дамочка и такую пьянь провожают", но увидев пятерку, смягчился и пообещал доставить в целости. И.Г.1, 23

**ДАРМОВО́Й**
unentgeltlich, kostenlos, Frei-
*то же, что даровой; полученный бесплатно, даром.*
— Выпили! — сказал Егор. Выпили. — С ходу — еще раз! Давай! Опять задвигались и зашумели. Диковинный случился праздник — дармовой. В.Ш., 460

**ДАРМОВЩИ́НА** *ж.*: **НА ДАРМОВЩИ́НУ**
umsonst, kostenlos, auf Kosten anderer
*на чужой счет, бесплатно, даром.*
Ты мне матерно не тычь, а то как тыкну — на весь век оттыкаешься. Скажи лучше, на дармовщину жрать любишь! В.Карпов, Наш современник, № 1,1979,11

**ДАРМОВЩИ́НКА** *ж.*: **НА ДАРМОВЩИ́НКУ**
umsonst, kostenlos, auf Kosten anderer
*на чужой счет, бесплатно, даром.*
— На попутной я не хочу. Туда на попутной, а оттуда такси возьму. — Фон-барон нашелся!.. „На такси-и!" — Да, на такси. Что — дико? — Не дико, а... на дармовщинку-то выдрючиваться неужели не совестно? В.Ш., 226

**ДАРМОЕ́Д** *м. неодобр.*
Schmarotzer, Parasit, Nassauer
*тот, кто живет за чужой счет; лентяй, бездельник, тунеядец.*
— Вон из моего кабинета! Только посмейте пожаловаться, дармоеды! С.Б., 7
Вот шел он пьяненький и подобрал замерзающего Михайлу. Жена ругалась — куда, мол, еще дармоеда. А.С., 122

**ДАРОВО́Й**
unentgeltlich, kostenlos, Frei-
*полученный бесплатно, даром.*
„Пошто, думаю, с тобой связался, с мазуриком, доведешь ты меня до казенного дома с даровыми харчами". В.Б., 116

**ДАРОВЩИ́НКА** *ж.*: **НА ДАРОВЩИ́НКУ**
auf fremde Kosten, kostenlos, umsonst
*бесплатно, даром.*
И милым делом будут заниматься эти ловцы птиц днем. Сядут... у себя во дворе и начнут сворачивать птахам головы, довольно приговаривая: „Ничего, что мясо костлявое, зато на даровщинку!" С.Б., 33

**ДА́РОМ**
für einen Pappenstiel, halbgeschenkt; gratis
*по очень низкой цене; дешево; бесплатно.*
А потом сколько с вас за две машины возьмут, меня это не касается. Может, совсем даром, меня это не касается. В.Ш., 135

**ДА́ТЬСЯ**: **ДИ́ВУ ДА́ТЬСЯ**
Mund und Nase aufsperren, mit den Ohren schlackern, staunen; verblüfft sein
*удивиться, поразиться.*
Но точно так и палка любая: догорая, так вдруг вспыхнет, так озарится вся, что диву даешься: откуда такая последняя сила. В.Ш., 321

**ДВИЖО́К** *м.*
Lichtmaschine
*двигатель внутреннего сгорания, приводящий в действие динамо-машину для вырабатывания электроэнергии; генератор.*
А какой там шум можно услыхать, когда машина на месте стоит и только движок крутится? Л.Лиходеев, Л.Г., 23.4.75

**ДВИ́НУТЬ**
sich begeben, sich auf den Weg machen
*пойти, отправиться куда-либо.*
Скучать некогда. В общем, не унываю. Куда думаешь двинуть летом? Напиши, может скооперируемся! В.Ш., 82

**ДВО́ЕЧНИК** *м.*
schwacher Schüler/ Student, der ständig die zweitschlechteste Note erhält
*о неуспевающем ученике, студенте, постоянно получающем двойки /неудовлетворительные отметки/.*
На последней сессии Долманский получил тройки по теплотехнике и политэкономии, а по станкам и

инструментам — двойку. Однако двоечник решил, что виноват в этом вовсе не он. И.Ш., 19

**ДВО́ЙКА** *ж.*
Schulzensur „mangelhaft" (in der UdSSR)
*отметка об успехах учащегося, означающая „плохо".*
Видимо, разговор о двойках, об их причинах и следствиях попросту изжил себя. И.Г.1, 21

**ДВО́РНИК** *м.*
Scheibenwischer
*стеклоочиститель в автомобиле.*
По стеклу машины перед глазами шофера/ Бегают дворники направо — налево, / Направо — налево, направо — налево... А.Г., 148

**ДВО́РНИЧИХА** *ж.*
Hauswartsfrau, Hausmeisterin
*женщина-дворник.*
Старуха-дворничиха, которая многие годы там работала, получив пенсию, уехала к сыну в деревню. С.Е.1, 37

**ДВОРНЯ́ГА и ДВОРНЯ́ЖКА** *ж.*
Promenadenmischung, Köter
*непородистая дворовая собака.*
И сейчас, глядя на стройную аспирантку, которая ничем не была схожа с маленьким, похожим на злобную облезлую дворнягу Зайцевым, Курчев все-таки вновь испытывал этот унижающий, тоскливый, тягостный страх обреченности. В.Кор., 572

**ДВУ́ШКА** *ж.*
Zweikopekenstück
*двухкопеечная монета.*
Он... машинально пересчитывает их. Действительно сорок копеек. Все двушками. А.Хорт, Л.Г., 6.4.77

**ДЕБО́Ш** *м.*
Skandal, Spektakel, Radau, Krach, Rauferei
*буйство, скандал, драка.*
О пьяных дебошах командующий говорил абстрактно и вскользь, иначе пришлось бы поставить по стойке „смирно" треть зала и задержать сбор по крайней мере на неделю. В.Кор., 13

**ДЕБОШИ́Р** *м.* **ДЕБОШИ́РКА** *ж.*
Radaubruder, Krakeeler, Schläger, Skandalnudel
*человек, который устраивает скандалы, драки, дебоши.*
Наши выпивохи и дебоширы Клавдии как огня боятся. В.К., 22
„НЕ" стерли квартирные дебоширки, маникюрша Таська Трошкина и тунеядка Шурка Джебрашбекова. А.К., 222

**ДЕВА́ТЬСЯ** *несов.*
unterkommen
*находить убежище, приют; пристраиваться.*
Анфиса на него наседает: „Куда мне с деткой деваться?" В.П., 25

**ДЕВА́ХА** *ж.*
Mädchen, Maid
*то же, что девушка.*
Но не видать девахе этот свадебный кутеж. В.В. 3, 11

**ДЕ́ВКА** *ж.*
Mädchen, Mädel
*то же, что девочка, девушка или обращение деревенских женщин друг к другу.*
Девки машут цветами. А.Г.1, 78
— Паня, не надо, вам вредно... В другой раз мне расскажете! — Э, девка, другого-то разу, может, не будет, ты слушай... И.В., 63

**ДЕВУ́ЛЬКА** *ж. ласк.*
Mädchen
*то же, что девочка, девушка.*
— Добрых людей не осталось, а то бы удочерил кто Ирку. Ведь ладная какая девулька. А.М., 33

**ДЕВЧА́ТА** *мн.*
Mädchen pl., Mädels
*девочки, девушки.*
Во главе с пожилым капитаном толпою ввалились стриженые парни в сопровождении девчат и заняли свободные скамейки. В.А., 562

**ДЕВЧО́НКА** *ж. презр.*
Mädchen, Mädel
*девочка, девушка.*
За одним столом с Сергеем Митрофановичем сидела патлатая девчонка. В.А., 560

**ДЕЖУ́РКА** *ж.*
Wachstube, Dienstraum, Wächterhäuschen
*комната, помещение или отдельная постройка для дежурных.*

Он сидел у окна дежурки, туго перетянутый поперек и наискось ремнем, и быстро чирикал на чудной, вовсе куцей, такой, что в полевую сумку спрячешь, пишущей машинке. В.Кор., 7

**ДЕЛА́Ш** *м. пренебр.*
Geschäftemacher, Schieber
*человек, ведущий ловко свои дела, обычно с корыстными целями.*
— Есть еще у нас делаши! Есть! — гнусаво кричал Нарзанов, и в крике этом была не злость, не презрение, а восторг и самая что ни на есть настоящая зависть. М.Л., 8

**ДЕЛЁЖ** *м.* **ДЕЛЁЖКА** *ж.*
Teilung, Verteilung
*раздел, распределение, деление на части.*
... зажмурившись, смотрят „матки" при дележке на то, как „хозяин" норовит попасть в команду покрепче. В.А., Л.Г., 14.12.77

**ДЕЛИ́ШКИ** *мн. пренебр.*
Sachen, Angelegenheiten; Machenschaften, krumme Sachen
*то же, что дела.*
— Да я понятия не имел о ваших делишках! — Раз ходил с нами — значит все. Достаточно для общественного суда и для фельетона. В.Ак., 30

**ДЕ́ЛЬНО**
gründlich, vernünftig, tüchtig, richtig, sachkundig
*основательно, разумно, правильно.*
Ему очень хотелось кому-нибудь рассказать, как проходил суд, какой хороший попался судья, как он дельно все рассудил. В.Ш., 135

**ДЕ́ЛЬНЫЙ**
fähig, tüchtig
*способный, энергичный.*
Инженер на производстве, как правило, обходится без высокой науки. Ему нужны совсем другие знания и навыки /организатора, снабженца/. Из наших студентов нередко выходят дельные инженеры И.Г.1, 92

**ДЕ́ЛЬЦЕ** *ср.*
Sache, Ding
*происшествие, событие, какой-либо поступок // уголовное преступление: воровство, убийство, ограбление и т.п. //.*
Но тот же алкаш мне сказал после дельца, / Что пьют они кровь христианских младенцев. В.В.3, 10

**ДЕЛЯ́ГА** *м. неодобр.*
Geschäftemacher, Schieber
*предприимчивый человек, преследующий личные, корыстные цели.*
... прибыл Ращупкин, который вытолкнул исполняющего его должность пьяницу и делягу начштаба и сам стал наводить порядок. В.Кор., 14
Но и он деляга с размахом. Когда Левинарцова вышибли из аспирантуры текстильного института за хроническое безделье и аморальные поступки, он тужил недолго. И.Ш., 24

**ДЕМБЕ́ЛЬ** *м.*
Demobilisierung, Entlassung
*то же, что демобилизация, увольнение военнослужащих с действительной военной службы в запас.*
Последняя зима позади, через несколько дней последняя весна, там — лето, а там и дембель щелкнет по носу... а там ... а там, гляди, может и отпустят во Францию, может, добьюсь, чтоб отпустили. Мать ведь шурует во всю. В.Р., 160

**ДЕМБЕЛЬНУ́ТЬСЯ**
demobilisiert werden, entlassen werden
*то же, что демобилизоваться.*
Я аж похолодел, неужели на бендеровцев бросят? Хорошенькую свинью подложил мне лейтенант Кваша... Ему что! Он дембельнуться успел, а мне расхлебывать. Л. Ларский, Время и мы, № 59, 207

**ДЕ́НЕЖКИ** *мн.*
Moneten, Kies, Kohlen
*то же, что деньги.*
Все денежки пропиты. Б.О., 206

**ДЕ́НЕЖНЫЙ**
betucht, reich, mit Geld
*имеющий деньги, богатый.*
Ты носом своим лиловым всегда кого надо обнаружишь. А раньше всего — денежного человека. Г.В.1, 3

**ДЕНЬГА́** *ж.*
Moneten, Kies, Kohlen
*то же, что деньги.*
Лякинскую деньгу они приняли не оскорбившись. Д.Иванов, В.Трифонов, Л.Г., 14.6.78

**ДЕНЬЖА́ТА** *мн.*
Moneten, Kies, Kohlen
*то же, что деньги.*
Все морочишь нас, солдат, стариной. / Бьешь на жалость, гражданин строевой. / Ни деньжат, мол, ни квартиры отдельной, / Ничего, мол, нет такого в заводе. А.Г., 21
Прибарахлился, деньжата завелись, шляпа, пальто с поясом. В.М., 381

**ДЕНЬЖИ́ЩИ** *мн.*
(eine Menge) Moneten, Kies, Kohlen
*то же, что деньги.*
И сдается мне, что люди врут. / Он нарочно ничего не ищет. / А для чего, ведь денежки идут, / Ох, какие крупные деньжищи. В.В.1, 21

**ДЕРЕ́ВНЯ** *м. ж. презр.*
Bauer, ungehobelter/ grober Mensch
*о грубом, невоспитанном человеке.*
В „центре" ребята ругаются: „Эй ты, деревня!", „серяк", „красный лапоть" и так далее. В.Ак., 46

**ДЕРЕВЯ́ШКА** *ж.*
1 Holzklötzchen, Holzstückchen
2 Stelzfuß, hölzerne Beinprothese
*1. небольшой кусок дерева.*
Спят на голых досках, голова тоже на деревяшке. Ф.Кан., 21
*2. искусственная деревянная нога, протез.*
Сергей Митрофанович шел по тротуару и слышал, как громко стучала его деревяшка в шумном, но в то же время будто и притихшем городе. В.А.2, 361

**ДЕРЕЗА́** *ж.*
Quatschliese, Quatschkopf
*о болтливом человеке.*
— ... Я ведь, милый мой, Михаила Чехова помню в данной роли. — Ну, помнишь — и помни. Отстань, дереза. В.С., 54

**ДЕРЖА́ТЬСЯ** *несов.*
sich zurückhalten, an sich halten, sich zusammennehmen
*сдерживать себя, воздерживаться, крепиться.*
Женатый помнит: на шее жена, дети — он и держится. Я.Зискинд, Л.Г., 27.8.75

**ДЁРНУТЬ**
1 hinterkippen
2 ziehen, reißen
*1.выпить алкоголь.*
— Как стихи? — спросил Егор. — Хорошие стихи. — Хорошие. Как стакан спирту дернул. В.Ш., 425
*2. сделать резкое движение.*
И прямо по ненамыленной щеке бритвой дернула. У меня от страха аж пятки вспотели. Зарежет, думаю. Б-ка крок., № 24/773/, М., 1976, 27

**ДЕРЬМО́** *ср. бран.*
Dreck, Mist, Käse, Scheiße
*дрянь, гадость.*
— А то... иропланов понаделали — дерьма-то. В.Ш., 52

**ДЕРЬМО́ВЫЙ** *бран.*
schäbig, wertlos, beschissen
*плохой, низкого качества.*
Хоть дерьмовая, а все же валюта! / Все же тратить исключительно жалко! А.Г., 270

**ДЕ́СКАТЬ**
angeblich, es heißt, man sagt
*употребляется как указание, что передается чужая речь.*
По профессии я — укротитель, наверное, поэтому, когда задумали кооператив творческих работников строить, меня в председатели выбрали. Дескать, если я с тиграми да львами управляюсь, так уж люди меня не съедят. А.Курляндский, Л.Г., 13.10.76

**ДЕСЯТИЛЕ́ТКА** *ж.*
Zehnklassenschule
*полная средняя школа с десятью годами обучения.*
Десятилетка Колькина лопнула. Колька вечером сажал дочку на скамеечку во дворе и играл ей на гармошке, и пел кривляясь... В.Ш., 235

**ДЕСЯ́ТКА** *ж.*
1 Zehnrubelschein
2 den Nagel auf den Kopf treffen
*1.денежный знак в десять рублей.*
... в кассу-то я по-честному уплатил, а эта десятка на лапу была приготовлена. В.Панков, Л.Г., 6.9.78
*2. попасть в десятку: сказать что-либо очень точно, метко.*
Не зря односельчане говорили: „Петровна высказывается скупо, но всегда в десятку попадает". В.К., 21

**ДЕТИ́НА** *м.*
kräftiger Bursche
*рослый, сильный молодой мужчина.*
Пора уже открывать, а швейцар дядя Володя — крупный такой детина из бывших банщиков — прижался в уголок. Г.Кемоклидзе, Л.Г., 15.1.75

**ДЕ́ТКА** *ж. уменьш. пренебр.*
liebes Kind, Kindchen
*фамильярно о ком-либо.*
Нарисованный мир красивее, чем настоящий. И в нем человек себя лучше чувствует. Спокойней. Как только освоишься в нарисованном мире, так тебе становится хорошо-хорошо. И совершенно зря „детка" Нелля говорит, что Димке хватит. Она ведь не понимает, как человеку бывает хорошо под нарисованными звездами. В.Ак., 23

**ДЕШЁВКА** *ж.*
1 schäbiger Vogel
2 Billigpreis, Schleuderpreis
*1. пренебрежительная оценка человека.*
Эй, ты — в брючках, пшено, дешевка, / Ты отваливай, не форси. А.Г., 117
*2. очень низкая, дешевая цена.*
Какая мрачная рожа! И носит таких земля! Все хотят по дешевке обтяпать. И.С., 21

**ДЕ́ЯТЕЛЬ** *м. пренебр.*
Betriebsnudel; Funktionär, Bonze
*о человеке, отличающемся слишком активной работой на каком-либо поприще // партийный, профсоюзный и т.п. функционер //.*
Снова было собрание. За столом сидел какой-то деятель. Председатель предложил соревноваться за звание бригад коммунистического труда, то есть экипажей коммунистического труда. Мы все проголосовали „за". В.Ак., 52

**ДЖЕ́РСИ** *ср. м.*
Jersey
*шелковая или шерстяная трикотажная материя, а также белье или одежда из этой материи.*
Ну, была она жуткою шельмою, / Одевалась в джерси и мохер, / И звалась эта дамочка Шейлою, / На гнилой иностранный манер. А.Г., 184

**ДИВИ́ТЬСЯ** *несов.*
staunen, sich wundern
*приходить в удивление, удивляться.*
Фалалеев радостно дивился всему: надменности ладных продавщиц, ярости, с которой покупатель брал японские зонтики. Д.Иванов, В.Трифонов, Л.Г., 28.7.76

**ДИКА́РЬ** *м.*
illegaler Urlauber (ohne amtliche Reisedokumente)
*о человеке, отдыхающем или путешествующем без путевки, в частном порядке.*
А потом, не скоро, я уж подросла — шесть лет, бабушка приехала сюда. Поселилась дикарем, на квартире у тети Маши, прачки. Н. Баранская, Женщина с зонтиком, М., 1981, 215

**ДИ́КО**
ungewöhnlich, mächtig
*необычно, очень сильно.*
Можно сказать, вам дико повезло. С.Б., 7

**ДИКО́ВИНА и ДИКО́ВИНКА** *ж.*
Seltenheit, Wunderding
*странная, редкая, необыкновенная, удивительная вещь; нечто небывалое, невиданное, неслыханное.*
— Экая диковина! — скажет. — Из-за моря небось привезли?! В.А., 562

**ДИКО́ВИННЫЙ**
seltsam, wunderlich, merkwürdig, erstaunlich
*необыкновенный, странный, удивительный.*
Руковяткин и Орлова Галя танцевали, выделывая такие диковинные па, что остальные давились от хохота. С.Альтов, Л.Г., 8.9.75

**ДИ́КТОРША** *ж.*
Sprecherin, Ansagerin
*женщина-диктор.*
Нервные, деловитые , / Накрывши стол кое-как, / Две дикторши телевидения / Сидели и пили коньяк. Е.Евтушенко, Избранные произведения, т.1, М., 1975, 136

**ДИПЛОМА́Т** *м.*
Diplomatenkoffer
*небольшой плоский чемодан /обычно для деловых бумаг, документов и т.п./.*
Стоило мне немного замедлить шаг, как меня остановил мужчина с „дипломатом" в левой руке. А.Рас, Л.Г., 7.11.79

**ДИПЛО́МНИК** *м.*
jemand, der seine Diplomarbeit schreibt; Diplomand

*то же, что дипломант; лицо, выполняющее дипломную работу.*
На большой перемене гвалт, как на птичьем базаре. Идут разговоры на метафизические темы: лекторы дают указания ассистентам. Тут же толкутся дипломники с бумажными лентами — результатами машинных расчетов, этими лентами они обмотаны с ног до головы И.Г.1, 95

**ДИРЕ́КТОРСТВОВАТЬ** *несов.*
Direktor sein
*занимать должность, место директора.*
Не помню теперь учреждения, где тогда директорствовал мой знакомый. М.С. 2, 54

**ДИРЕ́КТОРША** *ж.*
Direktorin
*женщина-директор.*
Я от ужаса поехала вниз, чтобы директорша не увидела выражения моего лица. А.К., 92

**ДИРЕКТРИ́СА** *ж.*
Direktorin
*женщина-директор.*
Жена Василия Митрофановича, Ольга Викентьевна, директриса образцовой школы, была женщина крутая и распорядительная и любила все делать на совесть. В.Кор., 25

**ДИТЯ́** *ср.*
Kind, Kleinkind
*маленький ребенок.*
„Я беременная, как же мне быть прикажешь? Куда деться с незаконным дитятей?" В.П., 25

**ДОБА́ВКА** *ж.*
Zugabe, Zusatz; Nachschlag
*добавление, прибавка.*
И трофейную трубку свою запалю, / Посмеюсь над мычащею бабкою, / И еще раз налью, и еще раз налью, / И к соседке схожу за добавкою... А.Г., 232

**ДОБРО́**₁
1 gut, in Ordnung, ein Glück
2 einverstanden, okay
*1. хорошо, ладно.*
Живи, как хочешь. Добро, что любовнички поддерживают. В.П., 23
*2. выражение согласия с чем-либо, одобрения.*
Для начала слезно вымолили у министерства „добро" на освоение мощного скального экскаватора... А.Радов, Л.Г., 18.10.78

**ДОБРО́**₂ *ср.*
Hab und Gut, Eigentum, Habseligkeiten
*о значительном количестве чего-либо.*
Между прочим, когда Семка жил у писателя в городе, он не пил, читал разные книги про старину, рассматривал старые иконы, прялки... Этого добра у писателя было навалом. В.Ш., 245

**ДОВОДИ́ТЬСЯ** *несов.*, **ДОВЕСТИ́СЬ**
Gelegenheit haben
*представляется случай, возможность что-либо сделать.*
Но Мишка постарше, редко ему доводится играть, он помогает по хозяйству, заготавливает дрова, рыбачит. В.А.,Л.Г.,14.12.77

**ДОГЛЯДЕ́ТЬ**
bis zu Ende anschauen; aufpassen
*внимательно наблюдать, смотреть на что-либо до конца.*
— Нет, — отвечаю, — это еще не показатель. Конец смены, Семеныч устал, недоглядел... Ю.Рихтер, Юность, № 2, 1975, 111

**ДОДОЛБИ́ТЬ**
jemandem etwas (bis zu Ende) einhämmern, eintrichtern
*беспрестанно твердить, повторять одно и то же.*
— Вот и хорошо, — додалбливает он меня, — волноваться не надо. Освоишься, с ребятами познакомишься. Время и мы, № 43, 21

**ДОЖДЕВИ́К** *м.*
Regenmantel
*пальто из непромокаемой ткани.*
...Какая-то женщина плелась по середине дороги, прикрывая лицо от косого мокрого ветра брезентовым дождевиком. Г.В. 2,62

**ДОЗАРЕ́ЗУ**
äußerst, dringend, ums Verrecken
*очень, исключительно, крайне.*
Придраться к тебе пока не к чему. Канарейкину ты нужен дозарезу, а он пока в силе. А.З., 112

**ДОЗВО́ЛИТЬ**
erlauben, gestatten
*то же, что позволить, разрешить.*
— Дозвольте мне, — говорю, — в школу грамоты. М. Булгаков, Юность, № 7, 74, 111

**ДОЗНАВА́ТЕЛЬ** *м.*
Ermittlungsbeamter
*человек, проводящий судебное расследование, следствие.*
Если конь отдавал концы, назначалась комиссия, приезжал дознаватель: не была ли допущена преступная небрежность. Л.Л., № 31, 181

**ДОЗНА́ТЬСЯ**
ermitteln, ausforschen, aufklären, herausbekommen, -kriegen, -schnüffeln
*выведать, выяснить, допытаться, разузнать.*
„Вредные же эти бабы — до всего-то дознаются, а дознавшись, непременно разнесут". Н.Б. 2,11

**ДОИГРА́ТЬСЯ**
verspielen; etwas zu weit treiben, zu weit gehen
*игрой или легкомысленным, неосторожным поведением довести себя до неприятностей.*
...Встретив на другой день Кольку губастого, Матвей усмехнулся: — Что, брат, доигрался? В.Ш., 102

**ДОЙТИ́**
von Kräften kommen; (an Entkräftung) zugrunde gehen
*обессилеть, предельно ослабеть; быть на грани смерти от голода, болезней и т.п.*
Между прочим, одну из тех девочек я потом на Печоре отблагодарил: она в тридцать пятом в Кировском потоке попала, доходила на общих, я ее в портняжную устроил. А.Солженицын, Собр.соч., 1971, т.1, 69

**ДО́КА** *м. ж.*
Kenner, As
*человек, особенно сведущий, искусный в какой-либо специальности; мастер, знаток своего дела.*
...Дело в том, что когда они рядились в цене, то упустили из виду прилавок: надо его делать плотникам или это уже столярная работа. Упустили-то сельповские, заказчики, а плотники тогда промолчали /бригадир у них в этом деле дока/. В.Ш., 272

**ДОКАРЯ́БАТЬ**
zu Ende kritzeln
*поспешно, плохо, небрежно дописать что-либо до конца.*
...можно захватить с собой толстых тетрадок в клетку и писать на них следующую главу /а эту — потом докорябаем!/. В.Кор., 263

**ДОКАТИ́ТЬСЯ** *неодобр.*
(moralisch, sozial) herunterkommen, herabsinken, auf den Hund kommen
*своими действиями, поступками дойти, довести себя до плохого, унизительного состояния.*
Мао-Дзе-Дун — большой шалун, / Он до сих пор не прочь кого-нибудь потискать./ Заметив слабину, меняет враз жену, / И вот недавно докатился до артистки. В.В. 1, 19
Комсомольская организация химического института узнала, что он спекулирует книгами и подписными изданиями в подъездах букинистических магазинов. — Объясните, как вы докатились до такой жизни? — потребовали комсомольцы. И.Ш., 20

**ДОКОВЫЛЯ́ТЬ**
(bis zu einer Stelle) hinhumpeln, sich hinschleppen
*хромая, с трудом дойти, дотащиться до места.*
Зоя кое-как доковыляла до ближайшего ателье срочной починки обуви. Л.Ленч, Л.Г., 30.6.76

**ДОКОНА́ТЬ**
den Rest geben, zugrunde richten
*довести кого-либо до крайности, погубить, уничтожить.*
— Теперь ты,— Ложкин метнул взгляд на Сенькина.— Ну, поделись своими соображениями. Ну, доконай меня! Ну, быстрей, покажи, что хоть одного человека не зря держу. А.Яхонтов, Л.Г., 16.5.79
„Видно, не доконал Кырыгла",— подумал я, бросая в его, сцепившуюся с моей жизнь слова, заставившие его грудь заполнить все пустые промежутки гимнастерки... В.Р., 18

**ДОКОПА́ТЬСЯ**
dahinterkommen,ausfindig machen, einer Sache auf den Grund kommen
*найти что-либо тайное, скрытое, дознаться, доискаться.*
Передери как следует. Цитаты замени. Или место для них оставь — вдвоем заменим. Перепишем так, что сами Юдин, Митин и Константинов не докопаются. В.Кор., 90

**ДОКОРМИ́ТЬ**
(bis zu Ende) ernähren, für jemandes Unterhalt aufkommen
*содержать кого-либо на иждивении до конца жизни.*

— Перво-наперво: подай на Мишку на алименты. Скажи: „Отец помирал, велел тебе докормить мать до конца". В.Ш., 114

**ДОКТОРИ́ЦА** *ж.*
Ärztin
*женщина-врач.*
И не понравилась Куделину в этом фельетоне некая докторица, которой до лампочки состояние больного. А.М., 26

**ДО́КТОРША** *ж.*
Ärztin; Frau des Arztes
*женщина-врач // жена врача //.*
— Так сегодня же пятница... — Шура посмотрела на докторшу, глаза ее наливались слезами. Н.Б. 2, 10

**ДОКУМЕ́КАТЬ**
mitkriegen, kapieren
*понять что-либо, сообразить.*
Я ее не трогал. Другу досталась. Он, понимаешь, раньше моего докумекал. В.Кор., 59

**ДОКУРИ́ТЬСЯ**
sich durch übermäßiges Rauchen eine Krankheit/ ein Leiden/ etwas zuziehen
*чрезмерным курением довести себя до какого-либо состояния, до неприятных последствий.*
— А где Костоглотов? — Курить пошел,— отозвался Демка от двери. Он все читал. — Он у меня докурится! — проворчала Зоя. А.С., 25

**ДОКУ́ЧЛИВЫЙ**
lästig, zudringlich, aufdringlich
*навязчивый, надоедливый.*
Вопрос, которым она не задавалась до сих пор, считая его пустым и докучливым, сложился сам по себе. В.М., 406

**ДОЛБА́К** *м.*
Holzkopf, Trottel
*тупой, глупый человек.*
Нет, жить, конечно, имеет смысл. Другое дело, что мы не всегда умеем. И особенно это касается деревенских долбаков — вот уж упрямый народишко. В.Ш., 326

**ДОЛБИ́ТЬ** *несов.*
1 büffeln, pauken, sich eintrichtern
2 (aus)schimpfen, auf jemandem herumhacken
3 ständig (ein und dasselbe) wiederholen, auf einer Sache herumhacken
*1. учить наизусть что-либо; механически повторять, зубрить.*
Ты бы посмотрел, что с первоклашками вытворяют. Представляешь, материалы съезда долбят. А.З., 185
*2.ругать, бранить кого-либо.*
— Да это что!.. Это не главное.— Минька был счастлив.— Главное: донести твой характер, душу... А это, что я сейчас делал,— это обезьянничанье. За это нас долбают. В.Ш., 34
*3. беспрестанно твердить, повторять одно и то же.*
Дело явно липовое — все, как на ладони, / Но пятую неделю долбят допрос. А.Г., 286

**ДОЛГОВЯ́ЗЫЙ**
hochaufgeschossen
*высокий, худой, неуклюжий.*
Военный распорядитель — долговязый рябой майор... рассеянно выслушал жалобы Андрея. В.М., 126
У прилавка дорогу ему заступил долговязый детина в видавшем виды прорезиненном плаще поверх телогрейки... В.М., 479

**ДОЛДО́Н** *м.*
Holzkopf, Trottel
*о глупом, тупом человеке.*
И до чего ж там долдоны, в Караганде — ты не представляешь! Набирают охранников, лбов, и вместо того, чтоб их за яблоками послать, вагонов сорок подкинуть,— расставляют по всем степным дорогам — перехватывать, если кто повезет яблоки в Караганду. А.С., 356
Ах, как ныли ноги у Мадонны, / Как хотелось всхлипнуть по-ребячьи, / А вослед ей ражие долдоны / Отпускали шутки жеребячьи... А.Г., 286

**ДОЛДО́НИТЬ** *несов.*
leeres Stroh/ leere Phrasen dreschen, dummes Zeug reden
*много раз говорить, повторять одно и тоже // пустословить, говорить глупости, чепуху, ерунду//.*
Эх ты, товарищ прокурор! Десять лет науку долдонишь, а ни черта не понял. В.Кор., 379
Мол, не так он учит деток, / Подозрительный еврей, / Мол, не славит пятилеток, / А долдонит про царей. А.Г. 1, 120

**ДОЛЖНИ́К** *м.*
Schuldner
*человек, который кому-то что-либо должен, чем-либо обязан.*
Одним словом, должник я твой, Виталь! Но поскольку Чинарев в долгу оставаться не любит, то на вот тебе, получай! Н.Елин, В.Кашаев, Л.Г., 26.9.1979

**ДОЛЖО́К** *м.*
Schuld, Schulden
*то же, что долг.*
Расплата последовала... автор в 1976 году извещался, что Центросвязь вспомнила за ним должок по 1971 году на сумму 5 руб. 94 коп. А.М., 22

**ДОМИНО́ШНИК** *м.*
Dominospieler
*игрок в домино, любитель играть в домино.*
Доминошники стучали в запале, / Привалившись к покарябанной пальме. А.Г., 258

**ДОМРАБЫ́НЯ** *ж.*
Aushilfe, Hausangestellte
*то же, что домработница, наемная работница для различных работ по домашнему хозяйству.*
Московских домработниц шутя называют „домрабынями". Это в большинстве случаев деревенские девушки, бегущие в город. А.К., 15

**ДОМУ́ШНИК** *м.*
Einbrecher
*вор, занимающийся кражами в домах, квартирах.*
Что ни фрукт — по кражам дока / до седьмого дна подонок, / и средь них домушник Кока. С.В., 11

**ДОМУ́ШНИЧАТЬ** *несов.*
einbrechen
*заниматься воровством, кражами в домах, квартирах.*
Сколько домушничаете, Стыдоба, а никак не запомните: в воскресенье сберкассы выходные. С.Лившин,Л.Г., 18.2.81

**ДОНЕ́ЛЬЗЯ**
aufs äußerste, über alle Maßen, bis zum Gehtnichtmehr
*очень, в высшей степени.*
... никто уже не обращает внимания на то вопиющее обстоятельство, что сытый донельзя кот Аспирант выхватывает из аквариума рыбку и на всякий пожарный случай прячет ее под шкафом. А.Хорт, Л.Г., 6.4.77

**ДОНЯ́ТЬ**
jemandem keine Ruhe lassen, jemandem die Hölle heiß machen
*не давать покоя, вывести из терпения; измучить, извести.*
И так его доняло, что нога уже перестала казаться драгоценной для жизни, а стала проклятой обузой, от которой избавиться бы полегче да поскорей. А.С., 335

**ДООРИГИНА́ЛЬНИЧАТЬСЯ**
es mit der Originalität (zu) weit treiben
*делая что-нибудь оригинально , непохоже на других, довести до отрицательного результата.*
... а тот заладил себе: „Не может быть,проект оригинальный..." Вот и дооригинальничались! И.Двинский, Л.Г., 26.7.78

**ДОПЕРЕ́ТЬ**
kapieren, dahinterkommen, mitkriegen, endlich begreifen
*с трудом понять что-либо.*
— Ларский, ты что, сам допер? — не раз потом у меня допытывался Дубина, который и в Москве-то ни разу не был и даже не слышал о Дворце Советов и о гигантском Ленине, с пальца которого должны были слетать сталинские соколы. Л.Л., № 30, 168

**ДОПЕ́ЧЬ**
fertigmachen, zur Schnecke machen
*то же, что донять; сильно надоесть кому-либо.*
... Малафейкин стал искать глазами милиционера... Мишка обогнал его и, оглядываясь, пришел раньше к автобусной остановке. „Я тебя дома, во дворе, допеку", — решил. В.Ш., 272

**ДОПИ́ТЬСЯ**
sich kaputtsaufen; so lange saufen, bis...
*неумеренным употреблением спиртных напитков довести себя до болезненного состояния, разорения и т.п.*
... сосед-учитель... до того допился, что и жена от него ушла, и дети родные отказались. Вл.В. 1,113
Вот тебе на!.. С полов переключились на стены, так сказать с горизонтали на вертикали... Допились торопливые весельчаки. В.К., 30

**ДОПЛЕСТИ́СЬ**
sich schleppen
*дойти до кого-, чего-либо (медленно, с трудом).*
Петр Васильевич... еле доплелся до ближайшей скамейки в сквере. В.М., 430

**ДОПЛЮ́ХАТЬСЯ**
sich schleppen, kriechen
*дойти до кого-, чего-либо (с трудом, с усилием).*
— ... Еле мы до кустиков доволоклись, отпышкались да к своим поползли, пока еще совсем-то не рассвело. До леску доплюхались, с брюха на ноги поднялись и немцу-то те ноги развязали, чтобы сам шел. В.Б., 62

**ДОПОЛЗТИ́**
sich schleppen, kriechen
*с трудом, с усилием добраться до чего-либо.*
Парни были вымотаны, как лошади, и поэтому никто не стал отвечать... скорей бы доползти до койки. В.П., 44

**ДОПОТО́ПНЫЙ** *ирон.*
vorsintflutlich, altmodisch, uralt
*очень старый, вышедший из моды, употребления.*
Мы берем их пальто, приглашаем к столу / И признательные расточаем улыбки, / Но они очень скромно садятся в углу, / Извлекают свои допотопные скрипки... Б.О., 294

**ДОПРА́ЗДНОВАТЬСЯ**
solange feiern, bis etwas Unangenehmes passiert, bis zum Exzeß/ bitteren Ende feiern
*празднуя (обычно с обильной едой и питьем алкоголя), довести себя до каких-либо неприятных последствий.*
Как теперь везти домой пьяного ребенка? Допраздновались. Е.Ц., 11

**ДОПРЫ́ГАТЬСЯ**
sich durch leichtsinniges Benehmen in eine unangenehme Lage bringen, etwas so weit treiben/bringen, daß...
*необдуманными, легкомысленными поступками навлечь на себя беду, неприятность.*
— Допрыгался! — сокрушенно тряс бороденкой старый, почтенный дядя. Т.Ш., 45
И, по словам Тамары Петровны, выходило, что допрыгался Смирнов до того, что на него из милиции телега пришла. Л.Измайлов, Л.Г., 31.10.79

**ДОПЫТА́ТЬСЯ**
ausforschen, auskundschaften, ausfragen
*разузнать, выведать что-либо, выспросить.*
К нему приходят мужики, допытываются: „Как считаешь, Василий, будет нонче орех или нет?". В.Расп. 2, 58

**ДО́ПЬЯНА и ДОПЬЯНА́**
bis zur völligen Trunkenheit
*напиться до полного опьянения.*
Тогда опейся допьяна / Похлебкою вранья. А.Г., 85

**ДОРВА́ТЬСЯ**
(endlich) etwas erreichen, zu etwas gelangen, vorstoßen/ vordringen zu etwas
*добиться чего-либо недоступного раньше.*
Я уже писал о постигшем меня разочаровании после того как, наконец, дорвался до фронта, движимый патриотическим порывом и стремлением к подвигу. Л.Л., № 31, 168

**ДОРОГУ́ША** *м. ж.*
Teure(r), Liebe(r)
*фамильярное обращение к кому-либо.*
„Дорогуши, вы хвастаетесь вашей кубышкой — плевал я на нее со своего балкона!" В.П., 39

**ДО́СЛЕПУ**
bis zur Erblindung
*до полной слепоты.*
Говорят, что где-то есть острова, / Где четыре не всегда дважды два, / Считай хоть дослепу — одна испарина, / Лишь то, что по сердцу, лишь то и правильно. А.Г., 55

**ДОСООБРАЖА́ТЬ**
völlig verstehen
*понять что-либо до конца.*
— ...Ну, ты, может быть, меня и не до конца понял, но добра я тебе желаю искренне. Со временем разберешься, и что сейчас не ухватил — досображаешь. С.Е.1, 25

**ДОСТОЯ́ТЬСЯ**
stehen, bis man an der Reihe ist
*стоять, простаивать до окончания чего-либо, до какого-либо определенного срока.*
Он думал, наверное, о химчистке, в которой после двух часов будет такая очередь, что не достоишься. Вл.В. 1, 62

**ДОСТУ́КАТЬСЯ**
sich selbst in eine unangenehme Lage bringen, so weit bringen (, daß...)
*довести себя до каких-либо неприятных последствий.*
— ... Ну, — думаю, — каюк, сроду в тюрьме не бывал, а под старость лет достукался... В.Б., 117

**ДОСУ́ЖИЙ**
müßig, überflüssig, unnötig
*пустой, бесполезный.*
Пушкарев с негодованием отвергал досужую сплетню, директор мастерской Юрий Иванович Минин говорил, что никакого извещения из вытрезвителя он не получал, и очень печалился, что в дружном коллективе завелся злоязычник. Н.М., 16

**ДОТЕРПЕ́ТЬ**
es aushalten (bis)
*сохранить терпение до конца, до какого-либо предела.*
Ему очень хотелось кому-нибудь рассказать, как проходил суд... и какой, между прочим сам Ефим — пальца в рот не клади. Едва дотерпел до дома. В.Ш., 135

**ДОТО́ЛЕ**
bis zu jenem Zeitpunkt, bis dahin
*до тех пор, до того времени.*
Витя вздрогнул, его скучные дотоле глаза зажглись бешеным азартным огнем. М.Виленский, Л.Г., 8.9.76

**ДОТО́ШНО**
peinlich genau, gründlich, ausführlich
*точно, основательно, подробно.*
... Отто, мешая русские слова с немецкими, дотошно, врастяжку выспрашивал его о месте /каков транспорт?/, об условиях /как с выходными?/... В.М., 183

**ДОТО́ШНЫЙ**
peinlich genau, pedantisch; neugierig
*любознательный, любопытный, во все вникающий.*
— Только у нас теперь общественность дотошная стала, — извинилась сестра-хозяйка. Д. Иванов, В. Трифонов, Л.Г., 5.7.78

**ДОУЧИ́ТЬСЯ**
sich durch übermäßiges Lernen in eine unangenehme Lage bringen, so lange/ viel lernen, bis...
*долгим учением довести себя до неприятных последствий.*
Евстигнеичу хоть тошно, но он недовольно усмехается: — Доучились. В.Ш., 51

**ДО́ХЛЫЙ**
schwächlich, kränklich, mickerig
*тщедушный, слабосильный, хилый.*
Мысли были какие-то дохлые, недодуманные. В.Кор., 519
Шла французская фильма в дрянном „синема", / Барахло торговали австрийское, / Понукали извозчики дохлых коняг, / И в кафе, заколоченном наглухо, / Мы с тобою сидели и пили коньяк / И жевали засохшее яблоко. А.Г., 290

**ДО́ХНУТЬ** *несов.*
krepieren, eingehen, verrecken
*умирать, погибать.*
А вот нынче задарма дохнут. В.М., 152
— Значит, от интеллигенции вся беда. Из народа ее выгнали, в элиту не пускают, и она дохнет от зависти. В.Кор., 504

**ДОХОДНО́Й**
seltsam; komisch
*странный, необычный; смешной.*
Он халтурит налево для того, чтобы подработать: позирует в новых американских прическах для больших портретов в витринах парикмахерских. Доходной товарищ мой Темик. А.К., 298

**ДОХОДЯ́ГА** *м. ж.*
Elendsgestalt, klappriger Mensch
*о предельно ослабевшем, изможденном, обессилевшем человеке.*
... надо было по-быстрому сплавить из отделения очередного доходягу. В.М., 344

**ДО́ШЛЫЙ**
gerieben, durchtrieben, raffiniert
*бывалый, опытный, ловкий.*
Когда-нибудь дошлый историк / Возьмет и напишет про нас, / И будет насмешливо горек / Его непоспешный рассказ. А.Г., 64

**ДОШМЫ́ГАТЬСЯ**
hin- und herwetzen, bis etwas Unangenehmes passiert
*довести что-либо до неприятного результата,*

*до неприятных последствий, ходя, шмыгая взад-вперед.*
Шмыгала по коридору Макарьевна и дошмыгалась-таки! Л.Ленч, 31

**ДРАЗНИ́ЛКА** *ж.*
Spottvers, -lied
*детская песенка или поговорка, при помощи которой умышленно, намеренно сердят, раздражают, дразнят кого-либо.*
И на всякий случай, отбежав подальше, прокричала дразнилку. Е.Ц., 33

**ДРА́ИТЬ** *несов.*
blankscheuern, reinigen
*чистить, мыть, натирать до блеска.*
Алеша снял фуфайку, засучил рукава рубахи и пошел пластать, пошел драить. Все перемыл, все продрал порошком, окатил чистой водой и протер тряпкой. В.Ш., 321

**ДРАНДУЛЕ́Т** *м. шутл.*
klapprige Kutsche, Klapperchaise
*старый, разбитый экипаж; повозка, машина.*
А с этим драндулетом разве поговоришь? Он же неодушевленный. Вл.В., 37

**ДРА́НЫЙ**
abgerissen, zerlumpt, verschlissen, schäbig
*изорванный, оборванный, обшарпанный, изношенный.*
Комната была драная, гадкая. В.Ш., 425
Не люди — призраки: в драных одеждах, дурно пахнущие, невнятно матерящиеся, толпой спешащие к единой цели. Ф.Кан., 23

**ДРА́ПАТЬ** *несов.*
fliehen, flüchten, abhauen
*убегать, отступать.*
Честно говоря, я и войны-то не видел, хотя побывал во многих переделках, драпая от Смоленска до Москвы. Л.Л., № 30, 150

**ДРА́ТЬ** *несов.*
1 laut schreien, sich die Kehle wund schreien
2 (her)ausreißen
*1. драть горло: кричать, говорить, петь очень громко.*
— В войну! — перебил Баев. — С наганами-то бегать да горло драть — это не самая великая мудрость. В.Ш., 301
*2. удалять, вырывать.*
— Зуб хочу вырвать, — сказал Сабуров. — Вася, это к тебе! — Почему всегда именно ко мне, — взвыл Вася. — Пускай Егорыч дерет. И.Двинский, Л.Г., 26.8.78

**ДРАЧЛИ́ВЫЙ**
rauflustig, raufsüchtig
*склонный к драке, любящий подраться.*
Макар посмеялся коротко, снисходительно, ласково. Он знал драчливый характер Ивана. В.Ш., 141

**ДРАЧУ́Н** *м.* **ДРАЧУ́НЬЯ** *ж.*
Raufbold, Schläger
*человек, который часто дерется, любит драться.*
... Саша... самбист, боксер,... по утрам, до работы занимался с нами, показывал основные приемы обезвреживания драчунов и буянов. Л.Ленч, 36
Там Пугачев рассказывает сказку и, между прочим, говорит, что вороны живут по триста лет... А эта драчунья сколько прожила? Может быть уже отмахала свои триста и помирать пора? А.К., 138

**ДРЕБЕДЕ́НЬ** *ж.*
Unsinn, Quatsch, Gewäsch
*вздор, бессмыслица, чепуха.*
Были также с Иваном на базаре — ничего особенного: картошка, капуста и всякая прочая дребедень. В.Ш., 264
А хотелось ему сказать, что у Алешки и без тетрадей голова набита дребеденью. В.Кор., 104

**ДРЕБЕЗЖА́ТЬ** *несов.*
klirren (Stimme, Glas), mit schriller Stimme sprechen/ singen
*говорить или петь дрожащим, прерывистым резким голосом.*
Айка визжит от удивления и восторга, когда он ехидненько дребезжит ей о том, что он, как непосредственный свидетель, утверждает следующее... А.К., 220

**ДРЕ́ЙФИТЬ** *несов., неодобр.*
feige sein, Angst haben, zurückschrecken
*трусить, бояться; отступать перед трудностями, опасностями.*
— Где тут гальюн? — стараясь придать бодрости голосу, спросил один. — Курить охота. — Потерпишь, — отозвался второй. — Эх, ребята, не дрейфьте, — улыбнулся Герой Советского Союза. Лицо у него было хитроватое, но приятное. В.Кор., 303

**ДРЕМУ́ЧИЙ**
bäurisch, rückständig, unwissend, hinterwäldlerisch
*некультурный, необразованный, неразвитый.*
„Ну народ! — думал он /Филипп/, весь объятый заботами большого дела. — Обормоты дремучие." В.Ш., 354

**ДРЕ́НЬКАНЬЕ** *ср.*
Klirren, Klappen, Scheppern
*стук, шум, звон, бренчанье.*
Нина спала на сундуке у дверей, и беготня соседки, дренькание посуды ее будили. Ю.Т. 1, 95

**ДРЕ́НЬКАТЬ** *несов.*
klirren, klappern, scheppern
*стучать, шуметь, бренчать, звенеть.*
— А я хочу, чтоб судками не дренькали, — сказала баба Нила, страдавшая оттого, что соседка, которая жила в комнате напротив и приходила с работы поздно, начинала в двенадцатом часу шастать из комнаты в кухню и обратно, и все почему-то с судками, которые дренькали. Ю.Т.1, 95

**ДРОБОЛЫ́ЗНУТЬ**
auseinanderfliegen/ hochgehen (lassen)
*произвести, устроить взрыв; взорвать.*
Умеешь радоваться — радуйся, умеешь радовать — радуй... Не умеешь — воюй, командуй или что-нибудь такое делай — можно разрушить эту сказку: подложить пару килограммов динамита — дроболызнет, и все дела. В.Ш., 246

**ДРОВИ́ШКИ** *мн. уменьш.*
Brennholz
*то же, что дрова.*
Поедем съездим за дровишками. В.Ш., 66

**ДРО́ЛЯ и ДРО́ЛЕЧКА** *м ж.*
Verehrer, Kavalier, Liebste(r)
*ухажер, возлюбленный, возлюбленная.*
Ой ты, дролечка моя, / Приложи старание. / Первым было бытие, / А вторым сознание. А.З., 19

**ДРОЧИ́ТЬ** *несов.*
onanieren, wichsen, sich einen runterholen
*заниматься онанизмом.*
И один лишь „попка" на вышке торчит, / Но ему не до спящих масс, / Он занят любовью — по младости лет / Свистит и дрочит на Марс. А.Г., 250

**ДРУЖИ́ЩЕ** *м.*
Kumpel, altes Haus
*ласковое или фамильярное обращение.*
Ну, смелее, дружище! И.С., 22

**ДРУЖО́К** *м.*
Freund, Kumpel
*товарищ, приятель.*
Пришел Спирька из тюрьмы... Дружков — никого, разъехались, „марухи" замуж повыходили. В.Ш., 188

**ДРЫ́ГАТЬ** *несов.*
strampeln, zappeln
*делать, производить быстрые, резкие, судорожные, отрывистые движения.*
— Взял бы кол хороший, пошел бы в клуб ихный — да колом бы, колом бы всех подряд. Ржать научились? Ногами дрыгать научились?.. Теперь подставляй башку, я тебя жизни обучать буду! Козлы. В.Ш., 298

**ДРЫ́ХНУТЬ** *несов., презр.*
pennen
*спать.*
В спальном помещении батареи дрых /именно дрых, потому что в армии солдат не спит, а проваливается в сон, т.е. дрыхнет, как говорится, без задних ног/ паренек из-под Рязани Свечин. В.Рыбаков, Р.М., 2.11.78
— Да проснись! И в кого это ты так любишь дрыхнуть! А.К., 337

**ДРЯНЬ** *ж.*
Dreck, Mist, Käse, Plunder; Gesindel, Pack
*о ком-, чем-либо плохом, скверном.*
Все обличье чиновной дряни / Новомодного образца / Извергало потоки брани / Без начала и без конца. А.Г., 150
Что, папаша, дрянь мое дело? В.М., 273

**ДУБ** *м. груб.*
Klotz, Holzkopf, Trampel
*о нечутком, тупом человеке.*
Потом Алик снова сказал, что по его мнению, Феллини — экзистенциалист, но тут заговорили один редактор и знаменитый оператор Пушечный. В третий раз до всех дошло. Все посмотрели на Алика и засмеялись, дубы, а Иванов-Петров, проходя к выходу, хлопнул его по плечу. В.Ак.,21

**ДУБА́СИТЬ** *несов.*
1 (los)schlagen, einschlagen (auf jemanden/ etwas), hauen
2 trommeln, schlagen
*1. с силой стучать, ударять, бить.*
— Сколько я эту Граньку бил, нет числа! — задумчиво сказал Дмитрий. — И ногами топтал, и волосы вырывал, и прикладом в грудь дубасил. В.Липатов, Деревенский детектив, 18
Так вы уж не стесняйтесь, берите палку и дубасьте меня, родимого, а зла не держите. Л.Измайлов, Л.Г., 31.10.79
*2. играть на каком-либо инструменте.*
Володя самозабвенно дубасил по гитаре, девки и парни запperебирали ногами, запритопывали. В.А., 564

**ДУБИ́НА** *м.ж. бран.*
Dummkopf, Holzkopf, Hornochse
*о тупом, глупом, упрямом человеке.*
— Чего тебе от меня надо?! — закричал он. — Чего?! Ты можешь прямо сказать? Или я тебя попру отсюда поленом!.. Дурак ты!.. Дубина!.. В.Ш., 376

**ДУБЛЁНКА** *ж.*
Lammfellmantel
*шуба, куртка из дубленых овчин.*
Через минуту-другую Славик появился при пыжиковой шапке в дубленке. Ю.М., 17

**ДУБОЛО́М** *м. бран.*
Schwachkopf, Trottel, Arschloch
*глупый, бестолковый человек.*
Разводит там демагогию насчет всеобщей справедливости, разагитировал своих дуболомов, коммуной живут... В.М. 1, 82

**ДУДЕ́ТЬ** *несов.*
flöten, trompeten, dudeln
*играть на дудке, трубе, духовом инструменте и т.п.*
А шарманка дудела про сопки манчжурские, / И спала на плече обезьянка прокатная... А.Г., 120

**ДУ́ДКИ** *шутл.*
denkste!, ach wo!, i wo!, ach woher denn!, Pustekuchen!
*восклицание, обозначающее отказ от чего-либо; полное отрицание.*
И тут я ему выдала: „Дудки, — говорю, — хватит. Все вы, — говорю, — одинаковые". Л.Измайлов, Л.Г., 12.11.75

**ДУЛЬЦИНЕ́Я** *ж. шутл.*
Dulzinea, Geliebte (des Don Quichotte)
*возлюбленная, любимая женщина.*
У Москвы у реки, в переулке Глубоком, / Дульцинеи взирают из окон... Б.О., 198

**ДУ́ЛЯ** *ж.*
Feige (Zeichen des Spottes, der Verachtung)
*кукиш, фига, шиш.*
— Вот погоди, вечером придет твой папа. Он тебе даст духу! — Дуля с маслом, дуличка с маслом, — радостно вопит Мишенька. А.К., 186

**ДУ́МАТЬСЯ** *несов.*
dünken, scheinen
*представляться, казаться, мыслиться.*
А до следующего года всегда казалось далеко, и думалось о переменах в жизни. В.А., 560

**ДУНДЕ́ТЬ** *несов.*
ununterbrochen reden, quatschen
*однообразно, надоедливо говорить о чем-либо; повторять, твердить одно и то же.*
По правую руку от председателя сидит длинный мужик. Рот полуоткрыт... Все пытается, что-то сказать, но председатель дундит и дундит, не дает бригадиру слова вымолвить. Г.Б., 38

**ДУ́РА** *ж.*
dummes Weib, dumme Kuh
*глупая, тупая женщина.*
— Риткин, что ни вечер, то с приятелем,/Заимела, дура, в доме ворога... А.Г., 144

**ДУРА́К** *м.*
Dummkopf, Schwachkopf, Schafskopf
*глупый, тупой человек.*
... Простите меня, но я таких дураков еще не встречал, хотя много повидал всяких. В.Ш., 47

**ДУРАКОВА́ТЫЙ**
dümmlich, einfältig
*несколько глупый, глуповатый.*
Внешность у бригадира была никудышная, дураковатая. Г.Б., 15

**ДУРАЛЕ́Й** *м.*
Dummkopf, Schwachkopf, Schafskopf
*то же, что дурак.*
Ах, друзья ж вы мои, дуралеи, — / Снова в грязь непроезжих дорог! Заколюченные параллели / Преподали нам славный урок. А.Г., 22

**ДУРА́ЦКИЙ**
dumm, idiotisch, blöd
*глупый, бессмысленный.*
С бабой лучше не говорить про всякие догадки души — не поймет. Ей, дуре, пока она молодая, неси, не стыдись самые дурацкие слова — верит... В.Ш., 131
И топочет дурацкая кукла, / И кружит деревянная кукла, / Притворяясь живой. А.Г., 142

**ДУРАЧИ́НА** *м.*
Dummkopf, Schwachkopf, Schafskopf
*то же, что дурак.*
Враг не ведал, дурачина, / Тот, кому, все поручил он, / Был чекист, майор разведки / И прекрасный семьянин. В.В.1, 12

**ДУРА́ЧИТЬ** *несов.*
zum Narren halten, verkohlen, foppen, etwas vormachen
*ставить кого-либо в глупое положение; насмехаться над кем-либо, обманывать.*
— Не нарочно же она подожгла. — А кто говорит, что нарочно! Только зачем же людей-то дурачить? В.Ш., 132

**ДУРА́ЧИТЬСЯ** *несов.*
Faxen machen, herumalbern, herumkaspern, herumblödeln
*забавляться шутками, развлекаться, вести себя несерьезно.*
Леонид яростно намылился, затем начал дурачиться, отфыркиваясь и плескаясь горячей водой. В.С., 50

**ДУРАЧО́К** *м. уменьш. ласк.*
Dummerchen
*то же, что дурак.*
„Брось дурачка из себя строить! Тебя русским языком спрашивают: будешь в субботу работать?" В.Ш., 319

**ДУРАЧЬЁ** *ср.*
dummes/ blödes Volk, Narrenpack
*дураки, дуры.*
Она мне шепчет горячо: / „Я вас жалею, дурачье..." Б.О., 223

**ДУРА́ШКА** *м. ж. ласк.*
Dummerchen
*глупенький, простачок.*
А твой Пашичев — он как? Обгоняет мальчишку и сам, дурашка, мчится за мячом. Ц.С., 26

**ДУРА́ШЛИВО**
dämlich, dümmlich
*смешливо, шаловливо, глуповато.*
А напротив в унисон дурашливо кивал головой полосатый тигр. Э.Медведкин, Л.Г., 9.6.76

**ДУРА́ШЛИВОСТЬ** *ж.*
Dämlichkeit, Dümmlichkeit, Beklopptheit
*глупость, придурковатость.*
Федора располагала в нем неиссякаемая дурашливость. В.М. 1, 183

**ДУРА́ШЛИВЫЙ**
dämlich, dümmlich; leichtsinnig, übermütig
*шаловливый, смешной, глуповатый.*
Муж вышел к старикам. Через пять минут вернулся... И с дурашливой торжественностью объявил: — Пять лет! В лагерях строгого режима. За грабеж. В.Ш., 192

**ДУРДО́М** *м.*
Klapsmühle
*психиатрическая больница.*
— Спился, небось? — запророчествовал я. — Ага. Третий год в дурдоме. Е.Терновский, Р.М., 15.3.79

**ДУ́РЕНЬ** *м.*
Dummkopf, Trottel, Pfeife, Tölpel
*глупец, дурак.*
— Чего ты пьешь, как дурень, в одиночку? С.М., 36
„Ну, и везет дурням!" — подумал Гришка, понимая, что сегодняшнюю ночь ему придется кемарить в зале ожидания одного из трех ближайших вокзалов. В.Кор., 441

**ДУРЁХА** *ж. пренебр.*
dummes Weib, dumme Gans, dumme Kuh
*дура, глупая женщина.*
Жена остается женой. Не поверила, дуреха, что ко мне твой Николай Митясов не имеет никакого отношения. В.Н., № 18, 77

**ДУ́РИКОМ**
1 umsonst, für die Katz
2 listig, pfiffig, geschickt
*1. напрасно, зря.*
Я научность марксистскую пестовал, / Даже точками в строчках не брезговал. / Запятым по пятам, а не дуриком, / Изучал „Капитал" с „Анти-Дюрингом". А.Г., 243

*2. хитро, ловко, умело.*
Отец Нюры пожил еще год в Красном, а потом, дуриком получив паспорт, подался в город на заработки. Вл.В., 43

**ДУРИ́ЛА** *м. ж.*
Blödmann, dummes Schwein, Trottel, Idiot; blöde Kuh
*глупый, тупой человек.*
— Вот дурила! — заволновался Гладышев. Вл.В., 121

**ДУРИ́ТЬ** *несов.*
1 dumme/ tolle Streiche/ Dummheiten machen, Unsinn verzapfen
2 irreführen, verkohlen, foppen
*1. делать глупости, совершать сумасбродные поступки.*
Лил жуткий дождь, / Шел страшный снег, / Вовсю дурил двадцатый век. А.Г., 124
*2. сбивать кого-либо с толку, вводить в заблуждение; дурачить.*
А все-таки что-то в Крапивникове было, если полгода он дурил ей голову, и она была в каком-то сумбуре и плелась за ним, как любая из девчонок в сказке про Крысолова. В.Кор., 405

**ДУ́РИЩА** *ж. презр.*
dumme/ blöde Gans/ Kuh
*глупая, тупая женщина.*
— Дура! — закричал Димка и отвернулся. „Фу ты, дурища. Не врет, конечно". В.Ак., 34

**ДУ́РНО**
schlecht, übel, unwohl
*плохо, скверно, нехорошо.*
Ну, купил я ей какую-то японскую болванку. Вышел с ней погулять, так мне дурно стало... После двенадцати ночи не город — собачья выставка... Г.Минников, Л.Г., 2.3.77

**ДУРНО́Й**
1 dumm, dümmlich, bekloppt; verrückt
2 kreischend, winselnd, hysterisch
*1. придурковатый, глупый.*
—... Хотел просто объяснить ему... а он заорал, как дурной. Я не знаю... Он нормальный, этот Сильченко? В.Ш., 377
*2. громкий, визгливый, истеричный.*
Нюра закричала дурным голосом, упала на лавку, обхватила ее руками и стала давиться в рыданиях, вздрагивая всем телом. Вл.В., 81

**ДУ́РОСТЬ** *ж.*
Leichtsinn, Dummheit
*глупость, легкомыслие.*
Колокольчики-бубенчики, / Пьяной дурости хамеж! / Где истцы, а где ответчики — / Нынче сразу не поймешь. А.Г., 90

**ДУ́РОЧКА** *ж. уменьш. ласк.*
Dummerchen, dummes Gänschen
*глупая, тупая женщина.*
— Да, — ответил Кондрашин. И подумал, что, пожалуй, с этой дурочкой можно бы потихоньку флиртануть — так, недельку потратить на нее, потом сделать вид, что ничего не было. В.Ш., 309

**ДУРОШЛЁП** *м.*
Dummkopf, Schwachkopf, Schafskopf
*то же, что дурак.*
С того дня и началась у них настоящая любовь. Витька был в этом деле совсем дурошлеп, но она этого не выказывала, а он в лихорадке и не заметил. Н. Баранская, Женщина с зонтиком, М., 1981, 81

**ДУРЬ** *ж. пренебр.*
Narkotikum, Betäubungsmittel, Droge
*наркотик, наркотическое средство.*
— Вот надрался, — покачал головой Горичев. — Да он не надрался — дури обкурился. — Какой дури? — Ну, наркотиков, вот и заторчал. Е.Т., 122

**ДУТЬ** *несов.*
1 flitzen, wetzen
2 saufen
*1. быстро бежать, мчаться куда-либо.*
„... Она вырвалась и не куда-нибудь побежала, не к родным — к Мишке опять же дунула..." В.Ш., 285
Миколай Рогодин хитрый был мужик, охотник до чужого — говорит вечером: „Гринька, — говорит, — подседлай какого-нибудь коня, хошь моева, дуй в деревню, насшибай кур у кого-нибудь. Курятинки охота". В.Ш., 130
*2. пить что-либо в большом количестве.*
...Ну, что же: так и будем мы веками дуть эту сивуху? В.Ш., 382

**ДУ́ТЬСЯ** *несов.*
1 schmollen, eingeschnappt sein
2 leidenschaftlich spielen
*1. сердиться на кого-либо, обижаться.*
Но азиатским парням с солнцем в крови успех

Свечина показался обидным оскорблением. Дулись они несколько недель. В.Рыбаков, Р.М., 2.11.78

*2. играть с увлечением, с азартом в карты, лото и т.п.*

Кэт и Серж продолжали беседовать. — Что делали? — спросила Кэт. — Ну сама знаешь... В пасмурную погоду дулись в преферанс... В.Ш., 414

**ДУХ** *м.*

Geruch

*запах.*

И дух по залу спертый, / Как в общей душевой, / И он скорее мертвый, / Чем все-таки живой. А.Г., 256

**ДУШЁВНО**

von (ganzem) Herzen, herzlich, aufrichtig

*от всей души, очень искренне.*

— Это было низко. Не спорьте, низко. Душевно прошу извинить. Д.Иванов, В.Трифонов, Л.Г., 28.7.76

**ДУШЕГУ́Б** *м. бран.*

Mörder, Totschläger, Räuber, Bösewicht

*убийца, разбойник, злодей.*

Но проснувшись однажды среди ночи, он вдруг подумал сам про себя: батюшки, да как же так могло получиться, что был Свинцов простым, незлобливым деревенским мужиком, а стал душегубом. Вл.В., 227

**ДУШЕГУ́БЕЦ** *м. бран.*

Mörder, Totschläger, Räuber, Bösewicht

*то же, что душегуб.*

Был у меня нынче помянутый тобою Илья, приход предлагал, об Иване выпытывал, прости, брат, не взял я к себе на душу твоего совета, выложил душегубцу всю подноготную, пускай казнится, Ивану пуще было. В.М. 1, 268

**ДУШЕГУ́БКА** *ж.*

Vergasungswagen; Stinkbude

*специально оборудованная автомашина для отравления людей газами // помещение с тяжелым, спертым воздухом //.*

В какой-то момент кажется, что из этой душегубки никогда не выйдешь. Ф.Кан., 22

**ДУШЕЩИПА́ТЕЛЬНЫЙ** *ирон.*

sentimental, rührend, herzergreifend, schmalzig

*трогательный, чувствительный, сентиментальный.*

Недаром мне всю ночь перед этим снился душещипательный романс „Черный ворон, что ты вьешься?" А.К., 466

**ДУШО́К** *м.*

leichter Verwesungsgeruch, Stich

*запах от чего-то загнивающего.*

Он, медведь-то, кровушку из ее выпил и оставил тухнуть, он с душком любит. В.Расп. 1, 38

**ДЫ́БАРЕМ**

gesträubt; steil

*то же, что дыбом, торчком, поднявшись кверху.*

Володя помахал руками для зарядки, к которой привык в армии, и, чтобы окончательно разогнать сон и вчерашний хмель, поприседал, зычно дыша, сбегал по длинному скрипучему коридору в душ, хорошо растерся полотенцем, надел заранее выстиранные чешские голубенькие джинсы, нейлоновую легкую курточку, к носу, дыбарем натянул кепчонку, распустил сбоку под козырьком чубчик и скорее, скорее побежал к Белорусской. С.Е.1, 32

**ДЫ́ЛДА** *м. ж.*

hochaufgeschossener, hagerer Mensch, langer Lulatsch, Lange(r)

*человек высокого роста.*

— Ты хоть не врал бы! Кто эта рыжая вертлявая дылда? С.Довлатов, Континент № 19

**ДЫРОКО́Л** *м.*

Locher

*канцелярский прибор для пробивания небольших отверстий в бумагах.*

Другой мужчина — ниже чином, / Взяв у начальства протокол, / Прочтет его в молчаньи чинном... / И пододвинет дырокол! А.Г., 213

**ДЫХА́ЛКА** *ж.*

Atmungsorgane, -wege

*дыхательный аппарат человека.*

Подвела меня — ведь я предупреждал — дыхалка. / Пробежал всего два круга и упал, а жалко. В.В. 3, 43

**ДЬЯВОЛЁНОК** *м.*

Teufelchen, kleiner Teufel; Schalk, Schelm, Schlingel

*маленький дьявол, бесенок, чертенок.*

Она плакала, а он смеялся, думая, что тянется к

ней левой рукой. Она отталкивала его. „Госпсди! Мне бы только поцеловать. Дьяволенок, сатана, Господи Боже, еще секунда, и я умру..."Л.М., № 30, 48

**ДЬЯ́ВОЛЬСКИЙ**
höllisch, teuflisch, furchtbar, entsetzlich
*необычный, поразительный.*
... В тяжелом, мертвящем воздухе Иерусалима было невозможно дышать, лишь дьявольские видения курносеньких лиц носились с пылью и удушающим запахом цветущего миндаля. Л.М., № 30, 47

**ДЮ́ЖИЙ**
stämmig, kräftig, robust
*крупного телосложения, сильный.*
Один из дюжих молодцов, как пушинку опустил панцерную сетку на пол и загромыхал на первый этаж. Ю.М., 39

**ДЯ́ДЕЧКА** *м. шутл.*, **ДЯ́ДЬКА** *м. пренебр.*
Onkel(chen)
*о взрослом мужчине.*
Тут пробивается через толпу здоровенный дядька килограммов на сто пятьдесят. Г.Кемоклидзе, Л.Г., 15.1.75
Когда мы еще стояли там, в коридоре, проходил какой-то дядечка, взглянул на Марину — портфель уронил. Н.Б. 1, 44

**ДЯ́ДЯ** *м.*
Onkel
*о взрослом мужчине.*
И если ухватится за кол какой-нибудь дядя из „Заготскота", то и останется он у него в руках. В.Ш., 39

# Е

**ЕДО́К** *м.*
Esser; Schlemmer
*любитель поесть, обладающий хорошим аппетитом.*
Перед каждым едоком поставили по стакану молока. Г.Б., 33

**Е́ЖЕЛИ**
wenn, falls
*то же, что если.*
Ежели желаете, можете одеться и выкупаться. Г.Горин, Л.Г., 6.8.75

**ЁЖИК** *м.*
Bürste(nhaarschnitt)
*о коротко остриженных волосах, стоящих торчком.*
Один — крупный губастый старик с редким седым ежиком — время от времени ожесточенно растирал в прокуренных пальцах остывшие угольки из поддувала. В.М., 55

**ЁЖИТЬСЯ** *несов.*
1 sich genieren, Hemmungen haben, verlegen sein
2 sich zusammenkauern, frösteln
*1. стесняться, быть в нерешительности, мяться.*
Пока я ежился от стыда за карьеристскую речь, которую придумал прошлой бессонной ночью и собирался произнести на этом совещании, Васькин нагло попросил слова первым и выпалил именно то, что я хотел сказать. А.З., 26
*2. нервно пожимать плечами, сутулиться /от холода, боли, смущения и т.п./.*
Несмотря на морозец, две женщины в застиранных бумазейных халатах стояли на открытом каменном крыльце — ежились, а стояли. А.С., 8

**ЕЖО́ВЩИНА** *ж.*
Zeit des Jeschowterrors
*период репрессий 1937—1939, когда народным комиссаром внутренних дел был Н.И. Ежов, известный своей жестокостью.*
Шепотком поговаривалось, что тот, загремев в ежовщину, успел вдоволь нахлебаться лагерной баланды, но перед самой войной неисповедимым

чудом выплыл, восстановился в партии... В.М.1, 243

**ЕЗДКА** *ж.*
Fahrt, Tour
*поездка для транспортировки груза.*
Он снова высадил ее у фанерного навеса и, вывалив грунт, подъехал: „Слушай, а ты как ездки не приписываешь?" Г.В.2, 65

**ЁКНУТЬ**
stocken, stehenbleiben (vor Angst/ Schreck/ Freude; nur in Verbindungen „Herz"), stillstehen
*вздрогнуть, сжаться от сильного страха, неожиданности, радости и т.п.*
Но стоило Штабелю исчезнуть за дверями тяжелого, как глыба при дороге, здания, сердце у него остренько екнуло. В.М., 263

**ЕЛО́ЗИТЬ** *несов.*
(sich) hin- und herbewegen, sich (unruhig)hin- und herwerfen, sich herumwälzen
*вертеться, ползать, двигаться из стороны в сторону.*
Летом попадают сюда без пальто, без пиджака и свитера: вертятся всю ночь на жестких нарах... головой елозят по дереву. Ф.Кан., 21

**ЕРАЛА́Ш** *м.*
Wirrwarr, Durcheinander
*беспорядок, путаница.*
Он судьбы смешает, как фанты, / Ему ералаш по душе. А.Г., 136

**ЕРЕПЕ́НИТЬСЯ** *несов.*
sich (hartnäckig) sträuben, widerspenstig sein, sich dagegenstemmen
*сердиться, протестовать; горячиться, упрямиться, упорствовать.*
— Да когда с водки хуже бывает, ты чо! — Старика досада взяла. — Всю жисть трясетесь над ей, а не понимаете: водка — это первое лекарство. Сундуки какие-то... — Хоть счас-то не ерепенься! — тоже с досадой сказала старуха. В.Ш., 113

**ЕРЕТИ́К** *м.* **ЕРЕТИ́ЧКА** *ж.*
Ketzer, Renegat, Häretiker
*лицо, отрицательно относящееся к религии, не соблюдающее церковных обычаев; безбожник // лицо, отступающее от каких-либо общепринятых взглядов, положений //.*
Кричат за лесом электрички, / От лампы — тени по стене, / И бабочки, как еретички, / Горят на медленном огне. Б.О., 262

**ЁРЗАТЬ** *несов.*
auf dem Hosenboden (hin- und her)rutschen/ -wetzen
*беспокойно двигаться, вертеться на одном месте.*
— Обрюхатела! Точно! — ерзнул за столиком блатняжка. В.А., 570

**ЁРНИЧАТЬ** *несов.*
übermütig sein, ausschweifend/ unzüchtig/ obszön sein, Zoten reißen
*озорничать, развратничать, сквернословить.*
Настроение Пани менялось, точно погода в ветреный день: минуту назад хохотала, как полоумная, ерничала... и вот уже огрызается. И.В., 40

**ЁРНИЧЕСКИЙ**
übermütig, ausgelassen, ausschweifend, obszön
*озорной, беспутный, развратный.*
При всей ернической веселости и решительной невозможности такого допущения, как воскресение товарища Сталина, уж очень точно и ясно прочитывается,... что жизнь изменилась и появление его выглядит абсурдным. Континент, № 18, 318

**ЁРНИЧЕСТВО** *ср.*
Ausschweifung; Obszönität
*разврат, беспутство; сквернословие.*
Так вот, твоя полуобразованность толкает тебя в ерничество, в подзуживание, в недовольство действительным и разумным. В.Кор., 504

**ЕРО́ШИТЬ** *несов.*
zausen, zerzausen
*теребить, приводить что-либо в беспорядок.*
Варшава, мальчики твои прически модные ерошат, / Но тянется одна сплошная раздумья складка на челе. Б.О., 285

**ЕРУНДА́** *ж.*
Unsinn, Quatsch; kleine Fische, Klacks
*вздор, пустяки, чепуха, бессмыслица.*
Вот, понимаете, какая у этих букв в жизни вышла ерунда! А.Г., 77
— А трудно разводиться? — поинтересовался Алтынник. — Ерунда, — сказал Орфей Степанович и уронил голову в тарелку с салатом. Вл.В. 1, 136

**ЕРУНДИ́ТЬ** *несов.*
Unsinn/ Dummheiten machen, Unsinn reden
*делать или говорить ерунду, глупости.*
— Вы, гражданин, ерундите с этим обрастанием справками. А.М., 22

**ЁРШ** *м.*
Bier mit Schnaps/ Wodka versetzt
*смесь спиртных напитков, оказывающая быстрое и очень сильное опьяняющее действие.*
Он допил свой ерш и поднялся. Вл.В., 58

**ЕРШИ́ТЬСЯ** *несов.*
sich ereifern, sich erhitzen, sich aufplustern
*горячиться, спорить; проявлять неуживчивость.*
Брось, товарищ, не ершись. Моя фамилия Сергеев. / Ну, а кто рецидивист,— ведь я ж понятия не имею. В.В. 3, 24

**ЕХИ́ДНИЧАТЬ** *несов.*
boshaft/ schadenfroh/ gehässig sein, lästern, giften
*говорить зло; язвить.*
Жене его /Князева/, Алевтине, очень хотелось летом в деревню, она не ругалась и не ехидничала. В.Ш., 371

**ЕХИ́ДНО**
gehässig, böse, boshaft
*язвительно, зло, с насмешкой.*
Гость смахнул фигуры с доски и решительно принялся переодеваться, ехидно приговаривая: — Ну и игрочишка! Тебе только в домино играть. Н.Елин, В.Кашаев, Л.Г., 29.8.73

**ЕХИ́ДНЫЙ**
boshaft, bösartig, giftig, gehässig
*злой, хитрый, язвительный.*
Кондрат смотрел на жеребца, как на недоброго человека, ехидные повадки которого хорошо изучил. В.Ш., 35

**ЕХИ́ДСТВО** *ср.*
Boshaftigkeit, Gehässigkeit, Tücke, Giftigkeit
*недоброжелательство, злоба; язвительность, коварство, ядовитость.*
Инженер, не вставая с корточек, попристальнее вгляделся в Моню... Откровенно улыбнулся и возвратил Моне палку — тоже отчетливо, не без ехидства сказал: — Поздравляю. В.Ш., 336

**ЕХИ́ДЦА** *ж.*
(ein wenig) Schadenfreude, Gehässigkeit
*недоброжелательство, злобность; язвительность, ядовитость.*
— Ну как, картошку окучила? — спросила Нинка явно с ехидцей. Вл.В., 45

# Ж

**ЖА́ДИНА** *м.ж. неодобр.*
Geizhals, Raffer
*скупой, жадный человек.*
Вот жадина! Яблочко у него взяли. Разорался... А.К., 119

**ЖАДО́БА** *м.ж. груб.*
Geizhals, Raffer
*скупой, жадный человек.*
— Дай поесть-то, жадоба! — возмущается Исав. С.С., 41

**ЖАДЮ́ГА** *м.ж. неодобр. груб.*
Geizhals, Raffer
*скупой, жадный человек.*
Жадюга он, а не пролетарий! Он только и трясется — пенсию персональную получить, слышал я! А.С., 451

**ЖАЛЕ́ЛЬЩИК** *м.* **ЖАЛЕ́ЛЬЩИЦА** *ж.*
eine(r), die (der) mit jemandem Mitleid/ ein weiches Herz hat; mitfühlende Seele
*о человеке, проявляющем сострадание, выражающем сожаление обиженному.*
Покуда Вася развлекает себя, устремив блестящие околдованные глаза в стену, хрупкая, добрая Таня — вот уж действительно жалельщица — с оглядкой на Марину Аркадьевну, которая занята приготовлениями к обеду, потихоньку подвигается к Васе... А. Малышев, Наш современник № 3, 1981, 70

**ЖА́ЛОБЩИК** *м.*
Beschwerdeführer, Kläger; Prozeßhansel, Querulant

*о человеке, который любит жаловаться // податель жалобы //.*

Во Владимирскую тюрьму нас собрали по всем лагерям — самых непокорных, самых упрямых: голодовщиков, забастовщиков и жалобщиков. Вл.Б., 193

**ЖАТЬ** *несов.*

auf die Tube drücken, loslegen

*делать что-либо усиленно, с азартом.*

Егор быстро вернулся к машине. Все теперь было понятно. Нужен выход какой-нибудь. И скорее. Немедленно. — Жми, малыш, на весь костыль. А то у меня сердце сейчас из груди выпрыгнет: надо что-то сделать... В.Ш., 425

**ЖА́ТЬСЯ** *несов.*

1 unschlüssig sein, herumdrucksen; Hemmungen haben

2 knausern, geizen, knickern

*1. держать себя нерешительно; стесняться.*

Родителей пришло на вокзал мало, и они потерянно жались в углах, втихомолку смахивали слезы. В.А., 563

*2. ограничивать себя в расходах; скупиться.*

Бостоном не мог обшиться, макен позаграничнее нацепить. Жмешься вот, а себе же и прогадываешь. Г.В. 1, 6

**ЖВА́ЧКА** *ж.*

Kaugummi; etwas zum Kauen

*табак, резина и т.п., употребляемые для жевания.*

Добрые дяди-туристы соблазняли нас жвачкой, по-фински пуругумми, а взрослые солидные фарцы нас презрительно называли пуругумщиками. А.П., 36

**ЖЕВАНИ́НА** *ж.*

Lebensmittel, Fressalien

*продукты, продовольственные товары.*

— За жеваниной, что ль, приехал?.. Говорят, у вас в деревне ни черта нет, а? Тебе б на Даниловский надо, брат, съездить. — Куда это? — Да здесь, в двух шагах. Даниловский рынок, у меня там сестра работает в буфете. И сардельки, и сосиски, и яички, чего хошь. Е.Т., 151

**ЖЕЛЁЗКА**$_1$ *ж.*: **НА ... ЖЕЛЁЗКУ**

aus Leibeskräften; feste

*(делать что-либо) в полную силу, по-настоящему.*

У нас на работе слесарь один деталь запорол. Ну и мастер ему, конечно, за это выдал на полную железку. Л.Измайлов, Л.Г., 3.11.76

**ЖЕЛЁЗКА**$_2$ *ж.*

Eisenbahn, Bahn

*железная дорога.*

Узловск... возник вокруг крупной железнодорожной станции... Город рос в основном за счет естественно тянувшихся к нему голодными ртами окрестных деревень... Они поставляли железке черную рабочую силу и хлеб. В.М., 9

**ЖЕЛЁЗНО**

1 fest

2 für immer, auf ewig

3 genau, richtig

*1. сильно, крепко.*

Анечка вообще-то спит железно с половины одиннадцатого до половины седьмого. Ю.М., 12

*2. навсегда, на все время, на всю жизнь.*

... Ваш образ железно запал в мою душу. Б.С., 32

*3. бесспорно, точно, правильно.*

— Я в Ермолая целил. — Прям, в Ермолая... Ври... — Железно... А.К., 105

**ЖЕЛЁЗНЫЙ**

unerschütterlich, unverrückbar

*непоколебимый, непреклонный, твердый.*

Самым железным аргументом было у него: „Дружба — дружбой, а служба — службой". Л.Л., № 31, 172

**ЖЕЛЕЗЯ́КА** *ж.*

Eisending

*о чем-либо, сделанном из железа.*

— Неужели так трудно поднять эту железяку и душевно, тепло улыбнуться миллионам читателей? — сказал фотограф. Я.А., 39

**ЖЕЛТОРО́ТИК** *м.*

Grünschnabel

*о молодом, неопытном, наивном человеке.*

— Ну задержались мы на перерыве, ну, бог ты мой, подумаешь! — сказал он с досадой. — А тут у нашей двери вечно „Комсомольский прожектор" торчит. Неохота перед всякими желторотиками оправдываться. В.Кавторин, Л.Г. 25.3.81

**ЖЕЛТОРО́ТЫЙ** *пренебр.*

grün, unreif, naiv

*молодой, неопытный, наивный.*

„Предоставим грабить банки желторотым дочкам папочки Херста",— примирительно сказал он. Т.Ш., 27

**ЖЕМА́НИТЬСЯ** *несов.*
sich zieren, sich bitten lassen, zimperlich sein/tun; sich affektiert benehmen
*вести себя неестественно, ломаться, кривляться.*
— Тебе же известно, я не переношу водку, — жеманилась она. В.А., 566

**ЖЕНА́ТИК** *м.*
1 Eheleute, Verheiratete
2 Ehemann, verheirateter Mann
*1. о женатых людях.*
Вон соседка моя, любительница по судам шастать, послушаешь ее, как женатики на суде грызутся,— волосы дыбом встают. Х.Л., 5
*2. женатый мужчина.*
Началась вся история тогда, когда девочка в кого-то влюбилась, а этот „кто-то" оказался „трепачом", да еще и „женатиком". А.К., 350

**ЖЕНИХО́ВСТВО** *ср.*
Verlobungszeit; Brautwerbung
*состояние женихом или женихом и невестой; сватовство.*
... по правде говоря, сам Юкс полагал, что для жениховства за глаза хватило бы и галстука. Х.Л., 7

**ЖИГАНУ́ТЬ**
eine Fliege machen; abhauen
*уйти, убежать (резко, стремительно).*
И еще одна омерзительнейшая была у этого резвого шалуна привычка: настрочит сестру на сестру, втянет их в междоусобную войну, а сам жиганет в сторону. А.К., 242

**ЖИГУЛЁНОК** *м.*
Bezeichnung für den PKW „Schiguli"
*легковой автомобиль марки „Жигули".*
Девушка посмотрела в окно и увидела, что взгляд исходит от кого-то за рулем оранжевого пикапа-„Жигуленка", почти уткнувшегося в трамвайный буфер. Е. Евтушенко, Юность № 3, 1981, 12

**ЖИ́ДЕНЬКИЙ**
(hauch)dünn; fadenscheinig
*непрочный, некрепкий, тонкий.*
Оттуда, по обочине, к Андрею, сильно припадая на одну ногу, направлялся человек в жиденькой шинели. В.М., 140

**ЖИЛЕ́Ц** *м.*: **НЕ ЖИЛЕ́Ц**
einer, der nicht mehr lange zu leben hat, Todeskandidat
*о человеке, который долго не проживет из-за слабого здоровья, болезни и т.п.*
„... и Томке тоже что-то не светит, не жилец она, не жилец, у ней, вполне возможно, саркома, тогда помрет еще до Октябрьских..." И.В., 38

**ЖИ́ЛИТЬ** *несов.*
mogeln, (er)gaunern; geizen, knickern, knausern
*стремиться присвоить чужое, обмануть // скупиться, жадничать //.*
— Хорошо кладешь, Антон!— закричал Пронякин.— Просто дивно. Всегда бы так сыпал. Только жилишь ты, Антон, неполный кладешь. Г.В. 2, 76

**ЖИЛИ́ЧКА** *ж.*
Mieterin, Untermieterin
*лицо, нанимающее помещение для проживания в нем; квартирантка.*
А приходит, например, одна жиличка, Марья Васильевна Щипцова, в девять часов вечера на кухню и разжигает примус. М.З., 30

**ЖИЛНЕУРЯ́ДИЦА** *ж.*
Wohnungsproblem(e), Wohnproblem(e)
*жилищная неурядица, проблема.*
Теперь столько капиталу, такая бездна воспоминаний — ты куда от них уйдешь? Плюс дети, ранние, трудно вошедшие в жизнь, через болезни, через жилнеурядицы. В.С., 46

**ЖИЛЬЁ** *ср.*
Wohnung, Behausung
*то же, что жилище; помещение, служащее местом для жилья.*
— А с жильем как? — В общежитии живу. С.Е.1, 22

**ЖИ́НКА** *ж.*
Ehefrau
*то же, что жена.*
Жинки, новорожденные которые, ха-ха... глядят — на крышке красотка баская — и нама-азалися-а-а!.. В.А., 565

**ЖИТУ́ХА** *ж.*
gutes/ angenehmes Leben
*хорошая, приятная жизнь.*
... Ну и начинается житуха, братцы мои!.. Поместили меня в отдельной комнате тут же, при госпитале, приставили двух ординарцев... В.Ш., 120

**ЖЛОБ** *м. бран.*
Raffer, Raffzahn
*жадный, грубый человек.*
Помощи никто у тебя не просит. А просят, чтобы ты жлобом не был... который за четвертную перед начальством выпендривается. Г.В. 2, 67

**ЖЛО́БСТВО** *ср. бран.*
Raffgier
*жадность, грубость.*
И стало сразу видно, что жлобство его скорее от короткого ума и душевной лености, чем по свойству натуры... В.М., 275

**ЖМОТ** *м. пренебр.*
Geizhals, Knauser
*скряга, скупой человек.*
Он барыга, и калымщик, и жмот, / Он на торговской дает, будь здоров. А.Г., 104
Еще она ездила на рынок за картофелем и овощами, торговалась там как жмот и привезла в двух руках две тяжелые сумки. А.С., 176

**ЖМО́ТИТЬСЯ** *несов.*
geizen, knickern, knausern
*скупиться, жадничать.*
„Жмотишься двадцатника?" „Нету у меня". В. Карпов, Наш современник № 1, 1979, 9

**ЖМО́ТНИЧАТЬ** *несов.*
geizen, knickern, knausern
*скупиться, жадничать.*
Неужели садиться только на причитающиеся ей пятнадцать рублей? Что значит на пятнадцать?.. Что ж наша Пупеле, жадничает? Скалдырничает? Жмотничает? А.К., 386

**ЖО́ГНУТЬ**
eine runterhauen/ knallen, eins aufs Maul geben
*ударить, стукнуть.*
„Пришел я, бритый, она лежит, как удав на перине. Ну, говорю, рассказывай, как ты тут без меня опять скурвилась? Она видит, дело плохо, давай базланить. Я ей жогнул разок: ты можешь потише, мол?" В.Ш., 285

**ЖОНГЛЯ́Ж** *м.*
Manipulation
*произвольное обращение с фактами, словами, временем и т.п.*
И едет человек домой в пустом, стылом гортранспорте, день весь пошел псу под хвост, и другая одолевает мысль: доколе будем терпеть мы жонгляж нашим невосполнимым временем? А.М., 43

**ЖО́ПА** *ж. груб. бран.*
Arsch, Hinterer, Hintern
*часть тела ниже спины у человека и животных; ягодицы.*
— Да ты, Ваня, не стесняйся, — поощрил председатель, — садись нормально, на всю жопу, Ваня, садись. Вл.В., 230

**ЖОХ** *м.*
Luder, Gauner, geriebener Kerl
*хитрый, ловкий, изворотливый человек.*
Придет время, схватит Еську-Евсея на лету какая-нибудь баба-жох и всю жизнь потом будет шпынять, считая, что спасла его от беспутства и гибели. В.А., 566

**ЖРАТВА́** *ж. груб.*
Fresserei; Fraß, Fressalien
*пища, еда.*
А в жратве ничего не понимает. Город на голодовку посадил. В.Кор., 63

**ЖРАТЬ** *несов., презр. груб.*
fressen, saufen, fressen und saufen; mampfen, gierig verschlingen
*есть, пить, насыщаться с жадностью.*
И кто-то жрал, и кто-то ржал / Над анекдотом... А.Г., 115
Такой день, а, такой день, а вы здесь водку жрете! В.М., 254

**ЖУК, ЖУЧО́К** *м.*
Fuchs, Luder
*хитрый, ловкий человек; плут, не брезгующий ничем ради наживы.*
Этот жук... ну, которому мы твою квартиру отдали, он знаешь такой горлопан! Л.Ленч, 29

**ЖУ́ЛИК** *м.*
Gauner, Spitzbube, Dieb
*вор, мошенник.*
— Вот жуликов-то, наверно, где! — воскликнул

один простодушный парень. — Друг у дружки воруют, наверно?.. В.Ш., 44

**ЖУЛЬЁ** *ср.*
Spitzbubengesindel, Diebsgesindel, Gauner pl.
*жулики, воры, мошенники.*
Я тот партнер, какой вам нужен. Не то, что эти. Жулье отпетое. Д.Иванов, В.Трифонов, Л.Г., 18.10.78

**ЖУ́ЛЬНИЧАТЬ** *несов.*
betrügen, mogeln, gaunern
*плутовать, мошенничать.*
Ты кончай, автомат, школьничать, / Ты кончай, автомат, умничать! / Мы отучим тебя вольничать, / Мы научим тебя жульничать. А.Г., 190

**ЖУ́ЛЬНИЧЕСКИЙ**
betrügerisch, gaunerhaft, schwindlerisch, verlogen
*мошеннический, плутовской, недобросовестный.*
Вот и начинаете вы жульническую свистопляску с обвинениями всех умных людей в ошибках, злых кознях, недомыслии. А.З., 68

**ЖУ́ЛЬНИЧЕСТВО** *ср.*
Betrügerei, Schwindelei, Mogelei, Gaunerei
*обман, плутовство, мошенничество.*
Напористый гражданин, не терял времени, написал химическим карандашом каждому желающему на ладони порядковый номер, чтобы не допустить никакого жульничества. Х.Л., 28

**ЖУРИ́ТЬ** *несов.*
eine leichte Rüge erteilen, (leicht) zurechtweisen
*делать кому-нибудь легкий выговор, укорять за что-либо; бранить.*
Не делайте удивленное лицо, не журите начальника за то, что он мог так плохо о вас подумать. А.Я., 6

**ЖУ́ТКИЙ**
stark, mächtig; unheimlich, unangenehm
*сильный, большой // крайне неприятный //.*
Все освоить целиком и полностью — жуткая потеря дорогостоящего времени. Ц.С., 4

**ЖУ́ТКО**
sehr, ungeheuer, außerordentlich, ungemein, irre
*очень сильно, чрезвычайно.*
Ленка жутко занята. А.З., 160
То, что он рассказывал, было интересно, жутко интересно, но в то же время было что-то другое, не то, чего ожидаешь, о чем мечтаешь. В.Кор., 196

**ЖУТЬ** *ж.*
Grau(s)en, Schrecken
*страх, ужас.*
Два санитара сидели у дверей и бдели недремлющим оком, которое часто оказывалось дремлющим, а мне ведь еще предстояло здесь спать: кто же меня будет охранять, психи ведь, жуть, кругом ненормальные! Время и мы, № 43, 17

# З

**ЗААРКА́НИТЬ**
überlisten, ködern; fassen, einfangen
*хитростью, ловкостью заманить кого-либо; поймать.*
... и тут же, услышав недовольный шепот Инги, понял, что он, Алексей Сеничкин или Сретенский, как мысленно он уже себя величал, пропал. „Конечно, попался, погорел, заарканили", — думал он. В.Кор., 485

**ЗААРТА́ЧИТЬСЯ**
sich sträuben, sich widersetzen, sich versteifen, starrköpfig bestehen auf etwas
*проявить несговорчивость, неуступчивость; заупрямиться.*
Дежурная по коридору говорит, что это не запрещается, но только чтоб за собой ничего не оставляли. А сперва было заартачилась: надо, дескать, в буфет сходить. В.Ш., 262

**ЗАБАЛОВА́ТЬ**
verwöhnen, verzärteln, verweichlichen, verhätscheln
*излишне баловать, портить баловством.*
— Целую, подруга. Завтра поговорим. Совсем забалуете девку. В.С., 40

**ЗАБАРАБА́НИТЬ**
anfangen zu trommeln, lostrommeln
*начать резко, громко стучать.*
Старшина Юрий Филиппович, обомлев от страха, забарабанил в дверь З., ввалился в квартиру и задрожал в объятьях замминистра. В.А., 44

**ЗАБАСИ́ТЬ**
anfangen, im Baßton zu sprechen/ zu singen
*заговорить или запеть басом.*
— Клавдия Никаноровна! — забасил дядя Егор, расталкивая своим голосом другие голоса. В.Ш., 315

**ЗАБЕГА́ЛОВКА** *ж.*
Imbißstube, Stehkneipe
*закусочная, пивная, маленький ресторан.*
Однажды, когда он /ишак/ чесался боком о камень, я спросил: „Шиза ю?" /Блохи есть? По-китайски это было одно из матерных ругательств, которых я набрался в портовых забегаловках, куда меня таскала моя китайская няня/. Л.Л., № 31, 183

**ЗАБИВА́ЛА** *м. ж.*
Torjäger, Bomber
*об игроке, сильно, ловко забивающем мяч, шайбу и т.д.*
Когда лучший металлоштамповский забивала Костя Дубовой потрясным ударом через себя вкатил нам второй гол, мы, планшайбовцы, подняли его на руки и... три раза подбросили в воздух. Ц.С., 28

**ЗАБИ́ТЬ**
vollstopfen, vollpacken, überfüllen
*заполнить до предела.*
— Нас тут целая бригада приехала в командировку, а гостиницы забиты. Г.Кемоклидзе, Л.Г., 15.1.75

**ЗАБЛАЖИ́ТЬ**
anfangen, Dummheiten zu machen, eigensinnig/ launisch/ wunderlich/ komisch werden
*начать чудить, сумасбродствовать, громко кричать.*
— Зовите милицию! — заблажила буфетчица. — Они же побьют здесь все!.. В.Ш., 278

**ЗАБЛЕВА́ТЬ**
anfangen zu kotzen; vollkotzen
*начать извергать что-либо съеденное, выпитое // покрыть блевотиной что-либо //.*
Выходя из овощного цеха, я сказал нетерпеливым салагам: — Заимейте хоть сначала харю, а то пол заблюете. Да не все разом. В.Р., 181

**ЗАБЛУДИ́ТЬ**
anfangen, den Blick (umher)schweifen zu lassen
*начать переходить с предмета на предмет бесцельно, без определенного направления /о глазах, взгляде и т.п./.*
Прерванный на полуфразе появлением Золотарева, он тут же стушевался, заблудил заискивающими глазами в сторону начальства. В.М. 1, 260

**ЗАБО́РИСТЫЙ**
scharf, beißend, gepfeffert, deftig, grob
*крепкий, острый, вульгарный, грубый.*
Филя Дуда молодецки пощелкивал бичом, приправляя каждый удар забористой руганью или скороговоркой. В.М., 136

**ЗАБРА́ТЬ**
packen, ergreifen, erwischen
*овладеть, увлечь, захватить*
Ругать судьбу до страсти хотелось, и поэтому было еще „двенадцать апостолов", „осиный кол в бугорок", „мама крестителя" — много. Даже Ермолай изумлялся: „Забрало тебя!" В. Шукшин, Охота жить, Казань 1977, 211

**ЗАБРЕНЧА́ТЬ**
anfangen zu klirren/ klimpern/ klingen
*начать бренчать; зазвенеть.*
— Была у мамы привычка: тряхнет головой, шпильки дождиком на пол так и запрыгают, забренчат, прическа — тяжелый-тяжелый ком червонного золота — лениво раскрутится и, будто нехотя, шлеп с затылка на шею... И.В., 55

**ЗАБРЕСТИ́**
(hin)geraten, sich verlaufen
*зайти куда-либо /обычно случайно или далеко/.*
Если говорить по существу, по-солдатски прямо, мы заказ сделали с тобой ничего, на хорошую сумму, значит, он свое с нас возьмет, заработает, и, главное, он понял, что мы такие же как он, справные мужики, не фланеры, не фуфло, которые забрели случайно,.. а мы сюда явились, потому что знаем, что здесь лучше всего в Москве поят и кормят. С.Е.1, 24

**ЗАБРЮХА́ТЕТЬ**
schwanger werden, einen dicken Bauch kriegen
*то же, что забеременеть.*
— Мать меня в подоле принесла. Был в этих местах один ухарь. Кожи по краю ездил собирал, заготовитель. Ну, заодно и меня заготовил. — Вы знаете его? — Ни разу не видал. Как мать забрюхатела, он к ней больше глаз не казал. В.Ш., 191

**ЗАБУЛДЫ́ГА** *м. неодобр.*
Säufer, Trunkenbold
*спившийся, беспутный человек.*
Жил-был в селе Чебровка некто Семка Рысь, забулдыга, непревзойденный столяр. В.Ш., 244

**ЗАБУРЕ́ТЬ**
verdummen, verblöden
*перестать интересоваться литературой, искусством и т.д., заниматься только домашним хозяйством и т.п.*
— ... я ее спрашиваю, читала ли она „Мальвиль" Мерля, а она об этой книге даже не слыхала. — Ну и что? Я тоже не знаю. — Забурел, как и Нинка. Л.Наумов, Л.Г., 29.11.78

**ЗАБУТЫ́ЛИТЬ**
sich betrinken, zu tief ins Glas gucken
*напиться пьяным.*
— Чего мать-то тебе пишет? — спрашиваю я. — Просит, чтобы мы с тобой сегодня сильно не забутыливали — шутливо шепчет Василий. И.Пономарев, Наш современник № 3,1981,103

**ЗАВА́ЖНИЧАТЬ**
anfangen wichtig zu tun/ groß zu tun/ anzugeben
*начать важничать; загордиться.*
Резинового зайца как следует надули, он стал большим и толстым и, разумеется, заважничал. Ф.К., 45

**ЗАВА́Л** *м.*
Überfluß, Überangebot, Überfülle, Schwemme
*об очень большом количестве чего-либо.*
— Вот, видите, значит для вас тоже не все равно, в какой костюм вы одеты! У нас есть хорошая пословица — богатый бедного не разумеет. Вам хорошо осуждать, если у вас там завал товара! А.П., 26
... кого удивлю я кратким своим изложением, смогу ли добавить хоть малую кроху к завалам фактов из российской лагерной жизни? Ф.Кан., 76

**ЗАВАЛИ́ТЬ**
verderben, verhauen, verpfuschen, vermurksen, versauen
*полностью провалить, разладить что-либо.*
... давнишний приятель завалил строительство школы, но зато в срок возвел себе особняк. В.К., 44

**ЗАВАЛИ́ТЬСЯ**
1 sich aufs Ohr/ in die Falle legen, sich zum Schlafen/ Pennen hinlegen/ hinhauen
2 hineingehen
3 hineinfallen, hereinfallen; baden gehen
*1. лечь где-либо, расположиться.*
Завалимся-ка мы лучше спать. Г.Кемоклидзе, Л.Г., 15.1.75
*2. прийти куда-либо.*
... и тут же, познакомясь на Невском с шикарной девицей, завалился с ней в ресторан. В.Кор., 301
*3. потерпеть неудачу в чем-либо; провалиться.*
Губошлеп вытащил из кармана и дал сколько-то Егору. Пачку. — Где будешь? — Не знаю. Найду кого-нибудь. Как же вы так — завалились-то?.. В.Ш., 431

**ЗАВАРИ́ТЬСЯ**
eingerührt/ eingefädelt/ angezettelt/ ausgeheckt werden
*начаться, затеяться /о чем-либо хлопотливом, неприятном/.*
... сами видели, какие дела в области завариваются, какие люди в рост пошли. В.М. 1, 137

**ЗАВАРУ́ХА и ЗАВАРУ́ШКА** *ж.*
Durcheinander, Wirrwarr
*сложное запутанное дело; путаница, сумятица, замешательство.*
На другой день на работе началась настоящая заваруха. Х.Л., 31
Время есть, пока еще начальство заварушку эту расхлебает, два раза выспишься! В.М. 1, 275

**ЗАВГА́Р** *м.*
Chef eines Fuhrparks
*заведующий гаражом.*
И наконец Игорь в своих смотринах остановился, выбор его, правда, многих удивил, но завгар Максимыч сказал: „В конце концов тебе, Игорь, с ним работать..." С.Е.1, 21

**ЗАВЕРЕЩА́ТЬ**
anfangen zu kreischen/ mit kreischender Stimme zu sprechen
*заговорить визгливо, пронзительно.*
И захохочет, заверещит тоненько, жирненько, мерзким упитанным смешком. Ф.Кан., 39

**ЗАВЕРНУ́ТЬ**
auf einen Sprung hinein-/ hereingehen/ -kommen, einkehren, einen Abstecher machen
*заехать, зайти куда-либо мимоходом, по пути.*
Заходили все новые и новые покупательницы. Завернул бригадир, ничего не купил, потолкался и ушел, зашли трактористы за куревом. В.Б., 15

**ЗАВЕСТИ́**
aufbringen, aufwühlen, erregen, in Fahrt bringen, aufhetzen, anstacheln
*намеренно возбудить в ком-либо какие-нибудь чувства /обычно отрицательные, неприятные/; взбудоражить кого-либо, подбить на какие-либо поступки.*
Не потому, что мне было жалко, а просто хотелось вывести его из себя, завести и посмотреть, что будет. Время и мы, № 43, 32

**ЗАВЕСТИ́СЬ**
sich erregen, sich erhitzen, in Fahrt kommen/ geraten
*возбудиться; прийти в возбужденное состояние; стать рассерженным, злым.*
— Приходите расписываться через месяц и десять дней. Зигфрид позеленел. — Но у меня виза и путевка на месяц!!! — Продлите на два! — Я же не миллионер! — Если не миллионер, не женитесь на советской девушке! — Я сам знаю, на ком мне жениться!!! — завелся Зигфрид. А.П., 136
— Ах так!— заводится Лешка. Берет он ножовку и у ножек готового стула отпиливает этак сантиметров по двадцать! Ю.Рихтер, Юность, № 2, 75, 111
— Сашка, милый, пойдем домой, пойдем домой, ради бога,— взмолилась Вера, видно чутьем угадавшая, что творится в душе мужа.— Пойдем домой, там малышки ждут... Я их одних бросила. Плюнь, не заводись, не надо. В.Ш., 212

**ЗАВЕ́ЯТЬСЯ**
(hin/her)kommen, ankommen, auftauchen
*отправиться, поехать куда-либо.*
Он вообще привык на одном месте долго не жить и шутя мог сейчас завеяться хоть на Колыму, хоть в Хакассию. А.С., 113

**ЗАВЗЯ́ТЫЙ**
echt, leidenschaftlich, eingefleischt, notorisch
*настоящий, истинный; с увлечением предающийся какому-нибудь занятию.*
— Наконец-то вы сообразили, что к чему!— обрадовалась завзятая театралка. Ю.Золотарев, Л.Г., 26.1.77

**ЗАВИ́ДКИ** *мн.*
Neid, Mißgunst
*то же, что зависть.*
Сдам тебя по документу и ступай себе в палату, заваливайся на боковую. Ешь да спи, вот и вся теперь твоя работа. Ах, завидки берут! В.М., 279

**ЗАВИЗЖА́ТЬ**
anfangen zu winseln
*закричать, заговорить визгливым голосом.*
— Да поедешь ты, окаянный, или нет?!— завизжала бабка с арбузом.— Гляди, какой ты хвост собрал. Е.Ц., 19

**ЗАВИРА́ТЬ** *несов.*
lügen, betrügen, flunkern
*лгать, обманывать.*
—Слушай, Надежда,— я съезжу погляжу, не слишком ли завирает,— сказал Гришка жене после ухода москвича. В.Кор., 438

**ЗАВИРА́ТЬСЯ** *несов.*
sich aufs Lügen verlegen, zuviel lügen, das Blaue vom Himmel herunterlügen; sich in Lügen verstricken
*лгать, обманывать; далеко заходить во вранье, увлекаться враньем.*
... Борисов забеспокоился и позвонил Голубеву сказать, чтоб врал, да не завирался. Вл.В., 236

**ЗАВИРУ́ХА** *ж. неодобр.*
Durcheinander, Wirrwarr
*то же, что заваруха; о чем-либо сложном, запутанном, неприятном.*
Вот, пожалуйста, любуйся:... / Раж картежной завирухи. С.В., 45
— Вот я и говорю,— шумно вздохнул комендант,— стоило вашим дедам начинать эту завируху, чтобы только сменить надзирателей! В.М.,406

**ЗАВЛА́Б** *м.*
Laborleiter
*заведующий лабораторией.*
В институте происходит проверка, завлабы и завсекторами пишут объяснительные. Г.Целмс,Л.Г., 24.1.81

**ЗАВЛЕ́ЧЬ**
umgarnen, verführen, verzaubern
*заинтересовать, пленить.*
Тебя ж не Тонька завлекла губами мокрыми, / А что у папы у ее топтун под окнами. А.Г., 174

**ЗАВМА́ГША** *ж.*
Verkaufsstellenleiterin
*женщина, заведующая магазином.*
Ни в какой филармонии он не работает, а пробавляется „левыми" концертами. И ко всему тому любовница была у него, завмагша продуктовая... Л.М., 15

**ЗАВОДИ́ЛА** *м. ж.*
Anstifter(in), Anführer(in)
*начинатель, вдохновитель каких-либо шалостей, развлечений; зачинщик.*
... я не без некоторой гордости /и даже зависти/ любовался им, когда он — пьяница и первый заводила,согнувшись по ночам над столом, делал свой дипломный проект, заканчивал горный техникум. В.Н., № 18, 76

**ЗАВОПИ́ТЬ**
anfangen zu schreien, losheulen, aufheulen, aufschluchzen
*громко закричать, заплакать, зарыдать.*
Бешенство и отчаяние запрыгали по лицу Красильникова, он запнулся раз, и второй, и с глазами, в которых стояли слезы, завопил: — Не могу! Как вы не понимаете?! Не могу нарушить устав! В.Р., 37

**ЗАВОРОТИ́ТЬ**
umdrehen/ wenden lassen, kehrtmachen lassen
*заставить изменять направление, повернуть кого-, что-либо.*
„Ребяты!— ору.— Айда за мной! Тут рядом — пивная!" Всю колонну за собой заворотил... Ф.Кан., 45

**ЗАВСЕГДА́**
immer
*то же, что всегда.*
Перед выездом в загранку заполняешь кучу бланков, / Это еще не беда, / Но в составе делегаций с вами едет личность в штатском / Завсегда. В.В. 1, 19
Товар дают получше, план поменьше, выпивка завсегда бесплатная. В.М., 397

**ЗАВСЕГДА́ТАЙ** *м.*
ständiger Besucher/ Gast, Stammgast
*частый, постоянный посетитель.*
... терминология эта делала Бурлея своим в среде завсегдатаев, которые часто действительно до самозабвения любили искусство и с уважением относились к знанию предмета. С.Е., 49

**ЗАВЫ́ТЬ**
losheulen, aufheulen
*громко заплакать, завопить.*
Бронька некоторое время молчит, готов заплакать, завыть, рвануть на груди рубаху. В.Ш., 121

**ЗАВЯЗА́ТЬ**
Schluß machen, aufhören mit etwas
*прекратить делать что-либо.*
— Давай еще по одной. — Неохота. Я завязал. — Зато я развязала. — Зина разлила еще по одной. А.Кучаев, Л.Г., 9.3.77

**ЗАГА́ДИТЬ**
besudeln, versauen, beschmutzen
*осквернить, запачкать, загрязнить.*
Идея их так загажена, что ее отмаливать века не хватит. В.М., 391

**ЗАГАЛДЕ́ТЬ**
anfangen durcheinanderzusprechen/ durcheinanderzuschreien
*шумно, наперебой, беспорядочно заговорить, закричать.*
Тут все загалдели разом. Марина бросилась ко мне с расспросами.Н.Б. 1, 44

**ЗАГА́ШНИК** *м.*
Versteck, Geheimfach
*тайное место, куда прячут что-либо скрытое от других, оставленное в запасе; тайник.*
Все больше денег утекало в загашник, а тратить было некогда. А.Хорт, Л.Г., 6.4.77

**ЗАГВОЗДИ́ТЬ** *груб.*
einen Schlag/ Stoß versetzen
*сильно ударить, стукнуть кого-либо.*

Молодой человек вскочил тоже и откровенно загвоздил Князеву в челюсть. В.Ш., 383

**ЗАГВО́ЗДКА** *ж.*
Haken, Schwierigkeit, Hindernis
*препятствие, помеха, затруднение.*
Приходит, значит, суббота, и тут у меня с этой сауной случается первая загвоздка: не знаю, как в баню одеться. Г.Горин, Л.Г., 6.8.75

**ЗАГИБО́Н** *м.*
unwahrscheinliche Geschichte, Lügengeschichte, Märchen, Schwindel
*выдумка, неправда; вранье.*
Честный загибон... Юлька, твоя теперь черedь... Эй, Цезарь с палитрой, слушай, как тебе Юлька перо вставит. В. Тендряков, Собр. соч., М., 1980, т. 4, 640

**ЗАГЛЯДЕ́НЬЕ** *ср.*
Augenweide
*о том, на что можно заглядеться, залюбоваться.*
По верху колясочки Чудик пустил журавликов — стайку уголком, по низу — цветочки разные, травку-муравку, пару петушков, цыпляток... Осмотрел коляску со всех сторон — загляденье. Не колясочка, а игрушка. В.Ш., 110

**ЗАГЛЯДЕ́ТЬСЯ**
anglotzen, angaffen, anstarren, sich nicht satt sehen können
*пристально, долго смотреть на кого-, что-либо; засмотреться.*
Бичи, конечно, уже по сторонам загляделись. Г.В.1, 8

**ЗА́ГНАННО**
abgejagt, abgehetzt, abgequält
*тяжело, с трудом, с усилием.*
Сидят всю ночь, скорчившись, кашляют, сморкаются, дышат загнанно, со всхлипами, курят тайком, в кулак, потому что курить запрещено по правилам. Ф.Кан., 22

**ЗАГНА́ТЬ**
verkaufen, absetzen, losschlagen, loswerden, verscheuern
*продать что-либо, сбыть.*
Кооператив требует деньги! Загнала все: сапоги... купальник ... халат. В.П., 45

**ЗАГНУ́ТЬ**
(etwas Besonderes) von sich geben
*сказать что-либо необычное, особенное // соврать, выдумать //.*
...Незаметный был /Баев/ человечек, никогда не высовывался вперед, ни одной громкой глупости не выкинул, но и никакого умного колена тоже не загнул за целую жизнь. В.Ш., 294
Когда я слушаю Антона и других моих собеседников такого рода, я все понимаю. И мне кажется тогда, что я и сам мог бы загнуть такое. А.З., 35

**ЗАГНУ́ТЬСЯ**
hopsgehen, ins Gras beißen, abkratzen, krepieren
*погибнуть, умереть.*
Еле слышно отвечает солдат / — Ну не вышло помереть, виноват, / Виноват, что не загнулся от пули, / Пуля-дура не в того угодила. А.Г., 21
Чтоб не загнуться — не надо расстраиваться. Кто меньше толкует — тот меньше тоскует. А.С., 343
Эти несчастные... с каким-то мучительным наслаждением пускались в дебаты по поводу эмбихина, от которого Роза-татарка прямо-таки загибается. И.В., 38

**ЗАГОВОРИ́ТЬСЯ**
zuviel sagen, übertreiben, Geschichten erzählen
*сказать лишнее; обмануть, солгать.*
Ране она моего помрет. Ты бы хошь говорила, да не заговаривалась. В.Расп. 1, 40

**ЗАГОГОТА́ТЬ**
anfangen, laut zu lachen/ zu wiehern, laut loslachen/ loswiehern
*громко, резко засмеяться, захохотать.*
Лейтенант загоготал — это был гогот борова, гогот наци, в форме офицера КГБ. А.Л., 120

**ЗАГОГУ́ЛИНА** *ж.*
Schnörkel, Verschnörkelung, Verzierung; Krümmung
*кривизна, изгиб.*
И вдруг в один прекрасный день какие-то дядьки по лестничкам взобрались до этих загогулин и повесили фонари. В.Н., № 19, 141

**ЗА́ГОДЯ**
beizeiten, rechtzeitig
*заранее, раньше, заблаговременно.*
— На, поешь с салом, а то загнешься загодя со

своими академиками... пока их изучишь всех. В.Ш., 58

**ЗАГОЛОСИ́ТЬ**
anfangen zu singen, losheulen, losschreien
*громко запеть, заплакать, закричать.*
Песню подхватили. Заголосили вразнобой, а потом стали помаленьку выравниваться. В.Ш., 44

**ЗАГО́ЛЬНЫЙ** *м.*
Balljunge
*кто-либо, находящийся вне поля игры и бегающий за мячом.*
„На! На! На!" — словно собачонку, раздразнивал меня загольный. В.А., Л.Г., 14.12.77

**ЗАГОМОНИ́ТЬ**
durcheinanderschreien, -grölen, -reden
*начать беспорядочно кричать, шуметь.*
Старухи дружно загомонили и тут же повалили в калитку, словно прорвали запруду. Вл.В. 1, 137

**ЗАГОРА́ТЬ** *несов.*
steckenbleiben, festsitzen
*делать вынужденный перерыв во время работы, езды и т.п.*
Мы ж с ним вместе под этой кожаночкой / Ночевали не раз и не два, / И тянули спиртягу из чайника, / Под обстрел загорали в пути... А.Г., 218

**ЗАГРАБА́СТАТЬ** *неодобр.*
greifen, schnappen, kaschen
*захватить силой; присвоить.*
По пути младший брат, посмеиваясь, говорил Алексею: — Все-таки чудак мой старшой. Вы себе не представляете! Вы знаете, что он ляпнул на суде, когда ему дали последнее слово? Он спросил, что будет с его пиджаком, который он сдал в чистку незадолго до того, как его заграбастали. В.Р., 153

**ЗАГРА́НКА** *ж.*
Auslandsreise
*заграничная поездка.*
Перед выездом в загранку / Заполняешь кучу бланков, / Это еще не беда, / Но в составе делегаций / С вами едет личность в штатском / Завсегда. В.В. 1, 19

**ЗАГРА́НЩИК** *м.*
Seemann, dessen Schiff ins Ausland fährt
*о моряках торгового флота, участвующих в рейсах за границу.*
После ресторана мы идем с Виктором в гостиницу. На улицах гогочут матросы-„загранщики" и наш брат — рыбак. В.Ак., 56

**ЗАГРЕМЕ́ТЬ**
(gegen seinen Willen) hineingeraten in etwas, irgendwohin geraten
*попасть против желания куда-либо.*
А как только выйду на пенсию — сразу загремлю на тот свет. В.П., 35
Если бы я не сказал этому идиоту, что подарю ему свой фотоаппарат взамен вашего плаката, мы бы вместе загремели под трибунал. Л.Л., № 30, 156

**ЗАГРЕСТИ́** *неодобр.*
zusammenraffen, zusammenkratzen; mitnehmen
*забрать, захватить кого-, что-либо /обычно с силой, против желания/.*
В первую же неделю войны чуть не всех загребли подчистую. Вл.В., 166

**ЗАГРИ́ВОК** *м.*
Nacken
*задняя часть шеи.*
— Да я и хочу! Но ведь я им одно, а они меня по матушке. А то и — по загривку. Ванька вон Соломин... так и пустил с крыльца. В.Ш., 144

**ЗАГРОМЫХА́ТЬ**
(los)trampeln, (los)poltern
*начать делать что-либо с шумом, грохотом.*
Один из дюжих молодцов, как пушинку опустил панцирную сетку на пол, загромыхал на первый этаж. Ю.М., 39

**ЗАГРОХОТА́ТЬ**
(los)poltern, (los)krachen
*начать грохотать, оглушительно стучать.*
Где-то за стеной домов что-то загрохотало. Там было что-то массивное и подвижное. В.Ак., 32

**ЗАГРЫ́ЗТЬ** *неодобр.*
peinigen, quälen
*измучить, надоесть упреками, преследованиями.*
Почему, как оса, вонзаясь, / Жалит всех он исподтишка? / Потому что загрызла зависть / Анонима-клеветника. С.В., 15

**ЗАГУБИ́ТЬ**
zugrunderichten, fertigmachen
*привести к гибели, смерти; погубить.*
Загубили душу мне, отобрали волю, / А теперь порвали серебрянные струны. В.В. 3, 51

**ЗАГУДЕ́ТЬ**
(gegen seinen Willen) hineingeraten in etwas
*попасть куда-либо против воли, желания.*
— По какому же такому недоразумению загуделто? — прямо спросила старуха. — Начальство воровало, а он списывал, — пояснила Люба. В.Ш., 440

**ЗАГУЖЕВА́ТЬ**
anfangen zu feiern/ sich zu amüsieren/ zu prassen
*начать гулять, развлекаться, кутить.*
Скорей бы в порт. Загужую, свет туши! В.П., 44

**ЗАГУ́Л** *м.*
Sauferei, Saufgelage, Orgie
*продолжительный кутеж, длительное пьянство.*
В матершинном субботнем загуле шалманчика / Обезьянка спала на плече у шарманщика. А.Г., 120
Мне нужно успокоиться и встряхнуться. Без загула, а по-мужски: легкий обед и партия в бильярд. В.Кор., 496

**ЗАГУ́ЛЬНЫЙ**
versoffen, sauflustig; ausschweifend
*много пьянствующий.*
Васька плотник был. Загульный плотник. В.Кор., 369

**ЗАГУЛЯ́ТЬ**
saufen, trinken
*кутить, пьянствовать.*
Богомазы так загуляли на чьей-то свадьбе, что позабыли явиться в часть на работу. Л.Л., № 29 166

**ЗАДАВА́ЛА** *м. ж. неодобр.*
Angeber(in), Aufschneider(in), Wichtigtuer(in)
*о высокомерном, зазнавшемся, чванливом человеке.*
„Задавала, конечно, ... — зато, как говорят, мастер на все руки..." В.М., 97

**ЗАДАВА́ЛИСТЫЙ**
angeberisch, aufschneiderisch
*высокомерный, важничающий, зазнавшийся.*
... Дети есть дети, пусть в переломном, задавалистом возрасте. В.А., Л.Г., 14.12.77

**ЗАДАВА́ТЬСЯ** *несов.*
überheblich sein; angeben, großtun, wichtig tun, protzen
*зазнаваться, важничать; быть высокомерным.*
Она нисколько не задавалась, вела себя мило и скромно, тут же на скамейке у КПП стала говорить зачуханному курсанту „ты"... В.Кор., 130

**ЗАДАВИ́ТЬСЯ**
sich erdrosseln, sich erhängen
*то же, что удавиться, покончить с собой.*
Ивана Африкановича видели рано утром, как бежал откуда-то, как зашел в дом и будто бы закидался по избе, потому что еще вчера, пока ездил в сельпо, жену его, Катерину, увезли в больницу родить, жены не оказалось, и будто бы он сказал теще, старухе Евстолье, что, мол, все равно он, Иван Африканович, задавится, что он без Катерины хуже всякой сироты. В.Б., 15

**ЗАДА́РИВАТЬ** *несов.*
mit Geschenken überhäufen
*делать много подарков кому-либо.*
Чем чаще случались у него романы, тем больше задаривал он свою супругу сувенирами, и ничего не подозревающая Клавдия не переставала радоваться заботливости своего мужа. В.Баханов, Л.Г., 26.11.75

**ЗАДАРМА́**
umsonst, gratis, unentgeltlich
*то же, что задаром.*
А есть еще, которые / Все хочут задарма! А.Г., 24

**ЗАДА́РОМ**
1 umsonst, gratis, unentgeltlich
2 umsonst, vergeblich
*1. дешево, бесплатно, даром, безвозмездно.*
Лида широко улыбнулась: „Он что, тебе задаром штаны преподнес?" В.Панков, Л.Г., 6.9.78
*2. зря, напрасно, без основания.*
Глядя на быстрые руки невестки, бесшумно скользящие над столом, Василий, по их натруженной огрубелости, безошибочно определил, во сколько обходится ей благополучие и гостеприимство мужниного дома: „Не задаром ты, Мария Ильинична, здесь свой хлеб ешь, ой не задаром!" В.М., 265

**ЗАДВО́РКИ** *мн.*
Hinterhöfe; weit vom Schuß, jwd
*о невыгодном, незавидном месте.*
Конечно, и Васькин за это время преуспел. Но — с большим отставанием и в меньших масштабах, на задворках, так сказать. А.З., 50
Городишко хоть был областной, но не крупный, да и школа стояла на самых задворках. В.Кор., 220

**ЗАДЕ́ЛАТЬ**
machen
*сделать что-либо.*
Комбат грит мне: надо, мол, Федя, надо. А я ему: надо, мол, значит надо, заделаем в лучшем виде, на меня, мол, как на каменную стенку. В.М. 1, 13

**ЗАДЕ́ЛАТЬСЯ**
werden zu etwas
*стать, становиться кем-либо.*
Разве пойдет мужик на двор? Вся деревня захохочет, скажут Иван Африканович скотником заделался. В.Б., 46

**ЗАДИ́РА** *м. ж.*
Streithammel; Schläger, Raufbold
*зачинщик ссор, драк, скандалов; забияка.*
Покупает квартирами, / Мебелишкой, тряпьем, / И уже не задиры мы, / А шумим — если пьем. Е.Е., 25

**ЗАДИРА́ТЬСЯ** *несов.*
herausfordernd sein, Streit suchen; prahlen, angeben
*вести себя задорно; кичиться, хвастаться.*
— Люблю по носу щелкнуть — не задирайся выше ватерлинии! Скромней, скромней надо, дорогие товарищи. В.Ш., 178

**ЗА́ДНИЦА** *ж. груб.*
Hintern
*часть тела ниже спины у человека и животных; ягодицы.*
...Анисимки как век не было на коне — упал. И прямо задницей на нее, на змею. В.Ш., 125

**ЗАДОЖДИ́ТЬ**
anfangen zu regnen
*начнется дождь, дождливая погода.*
Неожиданно похолодало, задождило. Н. Баранская, Женщина с зонтиком, М., 1981, 131

**ЗАДРА́ТЬ**
1 herausfordern, Streit suchen
2 hochheben, -legen, -stellen
3 (zer)reißen, zerfetzen
*1. вызвать на ссору, на драку.*
Курчев почувствовал, что гостья, как и жена, слегка задирает доцента. В.Кор., 96
*2. поднять кверху что-либо.*
К великой зависти салаг, знающих, что стоит им только коснуться задом заправленной постели, как угроза наряда вне очереди,... — я, старик третьего года службы, лег на койку и задрал ноги. В.Р., 25
*3. растерзать, убить кого-либо.*
Слыхала, подика-ка, что медведь у Голубева телку задрал. В.Расп. 1, 38

**ЗАДРЫ́ГА** *м. ж. груб.*
Idiot, Blödmann, blöde Kuh
*ничтожный, глупый человек.*
— Эй ты, задрыга из восьмого „А", не отсвечивай. — Маршева! Ты что, прозрачная? Убери голову... А.К., 92

**ЗАДУ́МКА** *ж.*
Einfall, Idee
*мысль, идея.*
Алексей Иванович задумку близнецов одобрил. Л.Ленч, 18

**ЗАДУРИ́ТЬ**
1 anfangen, Dummheiten zu machen; ausflippen
2 (den Kopf) verdrehen, zum Narren halten, foppen
*1. начать дурить; вести себя нелепо, баловаться.*
Тогда Василий вдруг задурил: через день да каждый день приходил домой пьяный, а как-то раз попытался избить Василису. В.Расп. 2, 59
*2. задурить голову: обмануть, перехитрить, провести, одурачить.*
Вам тут голову задурят, обведут вокруг пальца. Д.Иванов, В.Трифонов, Л.Г., 11.10.78

**ЗАДУШИ́ТЬСЯ**
sich aufhängen, sich erdrosseln; sich abstrampeln
*повеситься, удавиться // истратить очень много сил для достижения чего-либо //.*
Стеклянные баночки. Они все у них там с крышечками и завинчиваются. У нас, чтобы достать такую баночку, даже за большие деньги — нужно задушиться... А.К., 176

**ЗАЕГОЗИ́ТЬ**
anfangen, sich einzuschmeicheln/ sich anzubiedern
*начать суетливо угодничать, заискивать.*
„Э-х, — с досадой подумал про себя Ваганов, — повело тебя, милый: заегозил. Что случилось-то? Прошла перед глазами еще одна бестолковая история неумелой жизни..." В.Ш., 287

**ЗАЁДКИ** *мн.*
Nachtisch
*сладкие блюда, подаваемые в конце еды; десерт.*
И сразу же после шампиньонов можно нести новое блюдо. Конечно, блюдо это должно быть основательное. Здесь мы на всякие остроумные западные жюльены и заедки не пойдем. Нам две бараньи отбивные котлеты. С.Е.1, 23

**ЗАЁЗДИТЬ**
erschöpfen, zu Tode schinden
*измучить кого-либо (обычно чем-либо трудным, неприятным).*
— ... Только вижу я, милая, не век ты собралась с мужем жить, вот что. Если б жить думала, ты бы его берегла. А ты, как... не знаю, как ксплотаторша какая: заездила мужика. В.Ш., 312

**ЗАЁРЗАТЬ**
anfangen hin und her zu rutschen
*начать ерзать, беспокойно зашевелиться, задвигаться.*
Иван Петрович заерзал в кресле. А.Я., 2

**ЗАЁСТЬ**
1 (ab)zehren, kaputtmachen
2 klemmen, steckenbleiben
3 verletzen
*1. измучить, неприятно действовать на кого-либо.*
Я ведь и не бываю дома последнее время, хлопоты всякие заели. В.М., 491
*2. помешать свободному движению.*
Скаты в порядке, поршня не стучат, нигде не заедает. Г.В.2, 66
*3. обеспокоить, задеть, затронуть, взволновать.*
— Почему увольняешься? — Синельников устало смотрел на Кольку. — Мало платят. — Сколько? — Чего „сколько"? — Сколько, ты считаешь, мало? — Шестьдесят-семьдесят... А то и меньше. — Ну, а тебе сколько надо? — Кольку слегка заело. — Мне-то? Три раза по стольку. В.Ш., 223

**ЗАЁСТЬСЯ**
1 wählerisch/ mäkelig werden; übersättigt werden/ sein
2 Streit anfangen, stänkern
*1.стать слишком разборчивым, привередливым.*
— А я не знаю для чего я работаю. Ты понял? Вроде нанялся, работаю. Но спроси: „Для чего?" — не знаю. Неужели только нажраться? Ну нажрался... А дальше что? — Иван серьезно спрашивал, ждал, что старик скажет. — Что дальше-то? Душа все одно вялая какая-то... — Заелись, — пояснил старик. В.Ш., 92
*2.начать спор, пристать к кому-либо*
Появилась шпана из шайки Слепца... заедаться не решались, один по одному отстали. В. Астафьев, Собр. соч., М., 1980, т. 2, 26

**ЗАЁХАТЬ**
schlagen, einen Hieb/ Schlag versetzen
*ударить кого-либо.*
— Недавно здесь один тип заехал пивной кружкой парню по голове. И. Пономарев, Наш современник № 3, 1981, 83

**ЗАЖА́ТЬ**
1 unterdrücken, behindern, niederhalten
2 verheimlichen, verschweigen, für sich behalten
*1. помешать свободному развитию; подавить.*
Решили эти факультеты предельно зажать, а социологию вообще упразднить. М.С.1, 31
*2. скрыть что-либо.*
— Чего они тебя так окрестили? — спросил Курчев покрасневшего Павлова. — Скажи, не зажимай. В.Кор., 554

**ЗАЖДА́ТЬСЯ**
durch langes Warten ungeduldig werden, es kaum noch erwarten können
*ждать очень долго // устать от ожидания //.*
— Что же я здесь сижу, — вдруг подумал он, — домашние, чай, заждались. М.С.1, 19

**ЗАЖИГА́ЛКА** *ж.*
Brandbombe
*зажигательная бомба.*
Стояли, помню, раз на крыше. Ждали, Ну, появляется, гудит. Обратно, думаем, „зажигалками" сыпанет. Ю.С., 140

**ЗАЖИ́ЛИТЬ**
stibitzen, sich einstecken, sich unter den Nagel reißen

*присвоить себе что-либо.*
А Чудик хотел выяснить вот что: он слышал, что в самолетах дают поесть. А что-то не несли. Ему очень хотелось поесть в самолете ради любопытства. „Зажилили", — решил он. В.Ш., 106

**ЗАЖИ́ТЬСЯ**
ungewöhnlich lange leben, zu alt werden; zu lange/ länger als vorgesehen bleiben/ verweilen
*жить дольше обычного возраста; жить слишком долго.*
Не глядя на Мирониху, она сказала о ней и о себе: „Зажились мы с тобой, девка". В.Расп. 1, 42

**ЗАЖРА́ТЬ** *груб.*
Alkohol trinken, saufen
*выпить большое количество алкоголя // съесть очень много //.*
И ни о чем он долго не мог говорить, чтоб не вспомнить, сколько давеча зажрал и где б еще малость... Л.Бородин, Грани № 119, 144

**ЗАЖРА́ТЬСЯ** *груб. бран.*
sich überfressen; wählerisch/ mäkelig werden/ sein; übersättigt werden/ sein
*стать слишком разборчивым, привередливым.*
Взял вилку, ткнул в стенку и немытый огурец съел... „Скорая помощь" приехала, посмотрела на него и сказала: „Зажрался!" Г.Минников, Л.Г., 2.3.77

**ЗАЗВА́ТЬ**
einladen, zu sich bitten
*настойчиво приглашая, побудить прийти.*
С Марьянки станется отчебучить такое. Зазвать домой и показать сопернице, чем тут дело пахнет. В.Кор., 96
Зачем же я себя утюжил, гладил? / Меня поймали тут же в зоосаде — / Ведь массовик наш Колька дал мне маску алкоголика — / И на троих зазвали меня дяди. В.В. 3, 26
Бурлей уже не зазывал покупателей, а только отбивался, и вдруг ему пришлось прекратить всю торговлю. С.Е., 50

**ЗАЗЕВА́ТЬСЯ**
nicht aufpassen, verpassen, zerstreut nach allen Seiten schauen/ gaffen
*проявить невнимательность, рассеянность // заглядеться по сторонам //.*
— Кукареку!— закричали в вагоне, потому что вышла десятка. Эндель опять зазевался. Брижит Бардо встала и, очень грациозно спотыкаясь, выбралась из купе. В.Ак., 17

**ЗАЗНА́ЙКА** *м. ж.*
Angeber, Großtuer, Wichtigtuer, Gernegroß
*кичливый, спесивый человек; гордец.*
Ему стало спокойно на душе, он подумал, что Маня не зазнайка, не избалованный ребенок, а добрый и верный товарищ. С.Е., 48

**ЗАЗНА́ЙСТВО** *ср.*
Überheblichkeit, Einbildung, Großtuerei
*пренебрежительное отношение к другим; высокомерие, надменность, заносчивость.*
— Ой, Анулкин, ой! В тебе проявляются опасные элементики зазнайства! Ты кто — прима-балерина или заслуженный деятель? Ц.С., 26

**ЗАЗНА́ТЬСЯ**
sich viel einbilden, überheblich werden/ sein, die Nase hoch tragen
*вести себя заносчиво; важничать, пренебрежительно относясь к другим.*
10000, и всего один забег остался. / В это время наш Бескудников Олег зазнался. В.В. 3, 43

**ЗАЗНО́БА** *ж.*
Schatz, Geliebte
*возлюбленная, возлюбленный; любимая девушка.*
Мужичонка пьет мертвую, а напившись, поет в два голоса с зазнобой. В.М., 48

**ЗАЗО́РИНА** *ж.*
Fehler, Fehltritt
*предосудительная или постыдная, позорная черта характера // достойный осуждения поступок //.*
Есть, конечно, в мальчишках свои зазорины, / А у кого их нет? С.В., 32

**ЗАЗРЯ́**
umsonst, für nichts (und wieder nichts)
*напрасно, зря.*
И она, Берта, даже слышать не хочет, что у нас зазря не сажают. И.В., 35
Ой, не шейте вы, евреи, ливреи, / Не ходить вам в камергерах, евреи! Не горюйте вы, зазря не стенайте, / Не сидеть вам ни в Синоде, ни в Сенате. А.Г., 54

**ЗАЗЫВА́ЛА** *м. ж.*
Ausrufer(in), Marktschreier(in), Anreißer(in)
*о человеке, настойчиво приглашающем куда-либо.*
Чтобы остановить заграничного зазывалу, Софье Михайловне пришлось позвать на помощь милицию. Б-ка крок., № 18 /815/ 1978, М., 46

**ЗАЗЫ́ВНО**
einladend, verführerisch
*приглашающе, зовуще.*
А смеялась она /Кэт/ обворожительно, медленно, тихо, обещающе, зазывно... ну, черт знает как двусмысленно. В.Ш., 411

**ЗАЙГРЫВАТЬ** *несов.*
anbändeln, kokettieren, schöne Augen machen
*стараться расположить кого-либо в свою пользу; кокетничать, любезничать, ухаживать.*
Затем в другой подвыпившей компании к ней пристал ее непосредственный начальник, который раньше с ней заигрывал весьма тактично и скромно. В.Кор., 233

**ЗАИКНУ́ТЬСЯ**
erwähnen, andeuten, eine Bemerkung fallenlassen
*упомянуть о чем-либо вскользь, осторожно, намеками.*
... Куда летом ездишь? В Гагры вшивые? Я эти Гагры уже не могу видеть. Но попробуй заикнись, что хочу, мол, в деревню к себе поехать. Что ты! Истерика. В.Ш., 80

**ЗАЙТИ́СЬ** *несов.*
erstarren, (fast) vergehen (vor), stillstehen
*потерять сознание, способность владеть собой.*
„...Она вырвалась и — не куда-нибудь побежала, не к родным — к Мишке опять же дунула. Тут у меня вовсе сердце зашлось, я не сдюжил..." В.Ш., 285

**ЗА́ЙЧИК** *м.*
Lichtfleck (von Sonnenstrahlen)
*светлое пятно от солнечного луча на чем-либо.*
Перевернутая борона весело волоклась по земле, отпотевший лемех пускал вялых зайчиков, отражая рассветное солнце. В.Крупин, Новый мир № 8, 1980,39

**ЗАКАВЫ́КА и ЗАКАВЫ́ЧКА** *ж.*
Haken, Hindernis, Schwierigkeit
*неожиданное препятствие, затруднение, помеха.*
— Да пойми, чую бухгалтерским нутром: какая-то хитрая закавыка в этом наваждении имеется. В.К., 17

**ЗАКАВЫ́ЧЕННЫЙ и ЗАКОВЫ́ЧЕННЫЙ**
in petto; reserviert, zurückgestellt
*спрятанный, скрытый от других; оставленный в запасе.*
— Когда я Машеньку в Калужскую больницу пристраивал, врач, главврач, отказал, местов, дескать, нет. А я узнал стороной, что есть места, такие заковыченные, значит, для непредвиденного случая. Е.Т., 99

**ЗАКАВЫ́ЧИТЬ**
in Anführungsstriche/ Gänsefüßchen setzen
*поставить какое-либо слово или предложение в кавычки.*
Я закавычиваю английское слово „модел", потому что в простой перевод „манекенщица", „фотомодель" втискивается лишь кусочек понятия. В.Симонов, Л.Г., 25.3.81

**ЗАКАДРИ́ТЬ**
aufgabeln, aufreißen, anmachen
*познакомиться с кем-либо, начать ухаживать за кем-либо.*
—...Представляешь, такая, новый тип. Одета — не то, что мы с тобой — расфуфыр! А так, скромно, ничего лишнего. В общем, не простой орешек. Скромняга. Алешка ее закадрил на Новый год у Крапивникова. В.Кор., 237

**ЗАКАДЫ́ЧНЫЙ**
Busen- (z.B. Busenfreund)
*близкий, искренний, задушевный.*
Выпивая как-то со своим закадычным другом, командиром роты Семыкиным, он услышал из уст последнего слова, прозвучавшие для него, как вызов: „Мои люди, — сказал Семыкин, — меня никогда не продадут!" Л.Л., № 31, 171

**ЗАКАЗА́ТЬ**
verwehren, versperren
*сделать недоступным для проникновения; закрыть.*
... к нему сквозь ускользающее сознание пробился чей-то хриплый от азартного жара голос:

„Не добивайте, братцы, пусть покашляет, пес... И другим дорогу в Сычевку закажет..." В.М., 68

**ЗАКАНЮ́ЧИТЬ**
anfangen zu quengeln/ betteln, anfangen, (mit Quengelei) den Nerv zu töten
*начать надоедливо, неотвязно просить о чем-либо, выпрашивать что-либо, клянчить.*
— Ну, куда ты, ей — Богу? — хмельно заканючил тот, — только-только разговорились. В.М., 166

**ЗАКА́ПАТЬ : ЗАКА́ПАТЬ МО́ЗГИ**
überlisten, übertölpeln
*стараться обмануть, перехитрить, одурачить кого-либо.*
Рассказал про свой доклад и как Дубль-ве подкапывается под меня. И еще рассказал ей о своем настроении — драться! И о своем опасении: вдруг они и шефу закапали мозги? В.Ак., 44

**ЗАКАРА́БКАТЬСЯ**
hinauf-/ heraufklettern, hochklettern, sich hinaufquälen, -rappeln
*с большим трудом подняться, взобраться куда-нибудь.*
— ... Только успел я закарабкаться, поезд взял да и пошел, проводница подножкой хлоп, а Митька орет мать-перемать, бежит за вагоном без всякого результату... В.Б., 116

**ЗАКАТИ́ТЬ**
machen, veranstalten, in Szene setzen, inszenieren
*сделать, устроить что-либо.*
Он, понятно, не коснулся всех семейных перипетий, не обмолвился о скандале, который закатил ему отчим, почуявший нешуточную угрозу своей карьере. В.Кор., 204

**ЗАКАТИ́ТЬСЯ**
1 in Lachen/ Weinen ausbrechen, lange und laut lachen/weinen
2 losgehen, losziehen, (jäh) aufbrechen
*1. сильно, долго смеяться, плакать и т.п.*
Никто его не слышал, и он сам смеялся своей шутке — просто закатывался. В.Ш., 46
*2. отправиться куда-либо (обычно внезапно, неожиданно, стремительно).*
Даже разгульная, привольная, как ветер, мысль посетила: не на рождение ехать, а в пивбар закатиться. А.Я., 13

— О-о-ой, уморилась,— громко зевнула она. — Закачусь я минуток на триста. А.С., 35

**ЗАКАЧА́ТЬСЯ**
sich wundern, staunen
*вызвать какие-либо чувства /удивление, опасение, страх, восторг и т.п./.*
— ... Этот чудовищный жаргон, помесь английского с нижегородским... Квартира у них „флетуха", девушка — „гирла"... — А иногда и по-русски такое отмочат — закачаешься, — заметил Маркин. — На днях один новатор обогатил меня на экзамене термином... в смешанном обществе не решаюсь повторить. И.Г.1,17

**ЗАКА́ЯТЬСЯ**
schwören/ sich fest vornehmen/ geloben (etwas nie wieder zu tun)
*принять решение не делать чего-либо в будущем.*
Да дело было, конечно, не в виде его, как и не в аккуратном дипломе мединститута, а в том, что ни одной операции он не мог вести, не загубя. Раза два допустил его Лев Леонидович — и навсегда закаялся. А.С., 394

**ЗАКЕМА́РИТЬ и ЗАКИМА́РИТЬ**
einschlummern, einnicken, vom Schlaf übermannt werden
*начать засыпать, задремать; погрузиться в сон.*
А я, может, сам из семинарии, / Может, шоферюга я по случаю, / Вижу, даже гости закемарили, / Даже Ксенька, вижу, туча тучею. А.Г., 191
— Закимарил, — легонько улыбнулся Николай Иванович, — ночку-то прогудел в вытрезвителе. Хороший мужик, только уж слаб на это дело... Е.Т., 155

**ЗАКИДО́Н** *м.*
Andeutung, Anspielung; Koketterie
*намек, кокетливость, игривость.*
— Слушай, детка,— Димка нахмурился.— Хочу тебя предупредить. Кончай, знаешь, свои закидоны глазками и прочие шуры-муры. Мы не собираемся тут за тебя кашу расхлебывать. В.Ак., 20

**ЗАКОБЕ́НИТЬСЯ**
anfangen, widerspenstig/ bockig/ widerborstig/ renitent zu sein
*начать упрямиться, не соглашаться на что-либо, заставляя упрашивать себя.*

— Была у меня, ребята, женщина. Встречались с ней днем на одной квартире, выпивали и позволяли себе. А тут вдруг закобенилась и от ворот на сто восемьдесят. В.Кор., 255

**ЗАКОВЫ́РИСТО**
verwickelt, verzwickt, heikel, kompliziert
*мудрено, замысловато, сложно.*
Моня несколько подумал... И сказал заковыристо: — Мне приснилось, что я нашел десять тысяч рублей в портфеле. В.Ш., 335

**ЗАКОВЫ́РИСТЫЙ**
verwickelt, verzwickt, heikel, kompliziert
*мудреный, замысловатый, сложный.*
— В том-то и дело, — пожаловался я, — уж больно сюжет заковыристый, просто невозможный сюжет. С.С., 47

**ЗАКОЛА́ЧИВАТЬ** *несов.*
Geschäfte machen, Geld machen
*зарабатывать, получать какую-либо прибыль.*
Знаешь, сколько она заколачивает на этом тряпье?! А.З., 111

**ЗАКО́ННО**
1 zu Recht, mit (vollem) Recht
2 sehr gut, echt gut, hervorragend
*1. действительно, правильно, справедливо.*
— Ну,— хохочет Лешка,— законно проиграл! Ю.Рихтер, Юность, № 2, 75, 111
*2. очень хорошо.*
У нас, между прочим, в колонии один кореш тоже законно пел, про разлуку и про любовь. В.А., 576

**ЗАКО́ННЫЙ**
richtig, echt, echt gut
*действительный, правильный, хороший.*
— На нашей планете, и кроме Химок, есть законные местечки, — говорит Юрка. В.Ак., 9

**ЗАКОНОПА́ТИТЬ**
verstopfen, zustopfen
*плотно затыкать, закрывать.*
Согнали лучшую часть крестьянства с земли, отправили за Урал, а сами в частушки ударились, чтобы уши от мирового шума законопатить. В.М., 322

**ЗАКОНТА́ЧИТЬ**
in Kontakt bringen, zusammenbringen
*о соединении электрических проводов // о связи, взаимодействии, взаимоотношениях с кем-либо //.*
... Я батарейку прихватил: два проводка подведем и законтачим. Посмотрим, как тогда будут... В.Ш., 170

**ЗАКО́РКИ** *мн.*
(auf die) Schultern/huckepack (nehmen)
*верхняя часть спины; заплечье.*
Едва Валентина приедалась Фоме, он брал ее на закорки и относил в „телятник", к машинистам со сплотки. В.М., 26

**ЗАКОРЮ́ЧКА** *ж.*
1 Haken, Hindernis, Trick, Finte
2 Haken, Schnörkel
*1.неожиданная помеха, уловка, хитрость.*
— Никому твои заумные закорючки не нужны! — рычала на мужа „Белая пантера". Л.Ленч, 41
*2. крючок, изгиб.*
Учительская была сделана в виде буквы „Г", ножка и закорючка, и голос послышался справа, из закорючки, пока я проходила по ножке. А.К., 68

**ЗАКОСЕ́ТЬ**
betrunken sein/werden
*опьянеть, стать пьяным.*
Дурачок он, что ли, или закосел? Прикидывается? Вряд ли опьянел — от одного стакана-то, да с закусью? Е.Т., 148

**ЗАКОСИ́ТЬ**
1 abstauben, heimlich mitnehmen/ mitgehen lassen; einstecken, sich einverleiben
2 sich stellen, so tun als ob, Theater spielen, etwas vortäuschen
*1. взять незаметно чего-либо больше, чем полагается.*
На дню у него выдалось сегодня много удач: в карцер не посадили, на Соцгородок бригаду не выгнали, в обед он закосил кашу, бригадир хорошо закрыл процентовку... А.Солженицын, Собр. соч., 1971, т. 1, 132
*2. прикинуться, притвориться, обмануть.*
— Что же ты подводишь? — Аскольд кричит. — Мы к тебе со всем доверием, а ты и закосил. Г.В. 1, 7

**ЗАКРУГЛИ́ТЬ**
zu Ende bringen, zum Abschluß bringen
*закончить делать что-либо.*
И форейтор прогресса, устрашенный намеками

парикмахерши, стал поспешно закруглять ужин, грозивший финансовым шоком. Д.Иванов, В.Трифонов, Л.Г., 14.6.78

**ЗАКРУГЛИ́ТЬСЯ**
Schluß machen, zum Ende/ Schluß kommen
*закончить делать что-либо.*
Позвоним Кучемясову, объясним обстановку, пускай там закругляется. Е.Ц., 4
Время приближалось к пяти. Надо закругляться, выигрывать и ехать в Иностранку. В.Кор., 499

**ЗАКРУ́ЧЕННЫЙ**
abgerackert, erschöpft
*усталый, измученный постоянными заботами, проблемами и т.п.*
— Ты не думай, что я злая. Я просто закрученная. Дома — черт-те что, на работе — и говорить не стоит. В.Кор., 243

**ЗАКРУЧИ́НИТЬСЯ**
anfangen, sich zu grämen, in Gram/Trauer verfallen
*начать грустить, опечалиться.*
А ты скрепись и думай про чего-нибудь — про Верку хошь... Верка-то шибко закручинилась тоже. В.Ш., 156

**ЗА́КУСЬ** *ж.*
Vorspeise
*то же, что закуска; еда, кушанья, употребляемые перед обедом для возбуждения аппетита или для заедания выпитого вина, водки и т.п.*
— Постойте! — остановил его очнувшийся Володя. — У нас ведь кружки, ложки, закусь — все есть. В.А., 572

**ЗАКУ́ТОК** *м.*
Ecke, Winkel
*угол, часть комнаты; тесное, темное помещение.*
Ну, вы знаете эти приемные, закуточек, лавки или скамьи. А.М., 41

**ЗАЛАБА́ТЬ**
anfangen zu spielen/ zu klimpern
*начать играть на каком-либо музыкальном инструменте.*
... на затемненной прежде эстраде зажегся свет, и пианист со взбитым коком отчаянно залабал мелодию „Я иду не по нашей земле..." В.Кор., 239

**ЗАЛА́ДИТЬ**
ein und dasselbe wiederholen
*начать упорно повторять одно и то же.*
Высокий курносый парень с окающим говором встрял в разговор: — Что вы заладили: русские да русские. В.Р., 149

**ЗАЛА́ДИТЬСЯ**
sich einspielen, vorangehen, laufen
*пойти как следует, как нужно.*
А индивидуальная работа со студентами? Разве можно предвидеть, сколько времени придется провозиться с неуспевающим или /того хуже!/ с успевающим, у которого вдруг не заладится научная тема? И.Г.1, 60

**ЗАЛАТА́ТЬ**
(zu)stopfen, flicken
*наложить заплату.*
Выпей на пол-ордена, / Мундир залатай... / Где же твоя родина, / Юнкер золотой? Б.О., 192

**ЗАЛЕПЕТА́ТЬ**
anfangen zu lallen/ zu stammeln; verworrenes Zeug zu reden
*заговорить сбивчиво, несвязно, с трудом подыскивая слова.*
— Ой, Славик!... ой, ты же знаешь... — залепетала девушка. — Я не умею без стакана. В.А., 564

**ЗАЛЕПИ́ТЬ**
etwas in scharfem/ grobem Ton sagen
*резко, грубо сказать, сделать что-либо.*
— Ну, хорошо, — говорю, — я же пьяный удержу не знаю. Я ведь и трехэтажным в троллейбусе залепить могу. Л.Измайлов, Л.Г., 21.1.76
Ну, поздравили меня с воскресеньем, / Залепили строгача с занесением! А.Г., 169

**ЗАЛЁТКА** *м. ж.*
(zufällig) Hereingeschneiter
*о человеке, случайно или ненадолго попавшем куда-либо.*
Город принял его — совсем еще молоденького Свиридовского залетку — едва оперившимся, посадил проводником в третий класс. В.М., 10
Ты, залетка, не зевай, / Не допускай оплошностей. / Движет миром лишь борьба / Проти — во — полож — ностей. А.З., 20

**ЗАЛЁТНЫЙ**
(zufällig) hereingeschneite

*случайно или ненадолго приехавший куда-либо.*
— Не торопись, все будет. Дай хоть наглядеться на тебя, такого залетного. Г.В. 1, 9

**ЗАЛИВА́ТЬ** *несов.*
1 spinnen, flunkern, Märchen erzählen, etwas vormachen
2 saufen (wie ein Loch), sich (ständig) vollaufen lassen
*1. обманывать, врать, лгать.*
Мы гуляем по больничному садику, / Я курю, а он стоит на атасе, / Заливаем врачу-волосатику, / Что здоровье — хоть с горки катайся! А.Г., 89
Ораторствовала во время обеда Вера Георгиевна, распространялась на свою любимую тему о положении женщин в Советском Союзе (она какая-то профсоюзная деятельница), и Паня, конечно, сказала: „Да будет вам заливать!" И.В., 36
— Я потерялся. — Ну, не заливай! — весело сказала контролерша. Е.Шатько, Л.Г., 12.7.78
*2. пить алкоголь часто, много, регулярно; пьянствовать.*
Ну, взяли, конечно, по пути, нет, много-то не взяли, одну чернил, и думали: зальем. Ю.С., 113
Нина, злобясь, распахнула дверь, стала плеваться руганью: — Что, дерьмом пропах, а я отмывать должна, заливаешь морду в ресторанах, а Нинка рассольчик да пивко на похмелье подносить должна?! Да?! Сволочь! В.Р., 151

**ЗАЛИТЬСЯ**
1 hell auflachen, in (lautes) Gelächter ausbrechen
2 sich besaufen
*1. смеяться звонко, переливчато, громко.*
Рассказывает и заливается, ну прямо как ребенок. А.Тараскин, Л.Г., 26.9.73
А сама хохочу, как сумасшедшая... Хохочет и Зинаида Константиновна, она просто заливается. А.К., 98
*2. напиться пьяным.*
А этот черт косой — Филя-кузнец, гуляет. Теперь еще на свадьбу зальется, считай, неделя улетела. В.Ш., 102

**ЗАЛИХВА́ТСКИ**
übermütig, keck, verwegen
*удало, задорно, лихо.*
... хоть и озорует слегка Левушкин, хоть и похохатывает залихватски, не чувствуется в этом веселом мельтешении хозяйской полноты. В.М., 172

**ЗАЛИХВА́ТСКИЙ**
übermütig, keck, verwegen
*удалой, лихой, задорный.*
Песни были пьяными, но сдержанными, без залихватской удали. В.Расп. 2, 60

**ЗАЛОЖИ́ТЬ**
1 denunzieren, verraten, verpfeifen, anzeigen, hochgehen lassen
2 tanken, sich vollaufen lassen, einen heben
*1. предать, донести на кого-либо.*
Князев остановился и оглянулся: стоит перед ним опять этот, в шляпе... Смотрит. — Что такое?! — резко сказал Князев. Он испугался. — Хотел спросить... — мирно заговорил молодой человек. — Я давеча не понял: ты правда, что ли?.. — Что „правда"? — Заложить-то хотел. В.Ш., 381
Впрочем, многие фарцовщики тоже закладывают друг друга, поэтому дела свои стараются обрабатывать втайне. А.П., 73
*2. выпить, напиться пьяным.*
Конечно, нельзя сказать, что мы собирались только для того, чтобы выпить, или „заложить". А.К., 356

**ЗАЛОМИ́ТЬ**
einen unverschämten Preis/Wucherpreis verlangen
*назначить высокую цену, запросить очень дорого.*
Люди готовы переплатить, только чтобы вещь была хорошая. Но я не спекулянт и не заламываю цен. А.П., 87

**ЗАЛОПА́ТИТЬ**
verhaften, einsperren, abführen
*забрать, арестовать.*
Ее маму за связь с англичанином / Залопатили в сорок восьмом. А.Г., 184

**ЗАЛОПОТА́ТЬ**
anfangen, undeutlich zu reden, nuscheln, brabbeln; zusammenhangloses Zeug reden/ brabbeln
*заговорить невнятно, на непонятном для окружающих языке // заговорить бессвязно, бестолково, сбивчиво //.*
Девчонки захихикали и что-то залопотали, а одна из тех двух-трех потупилась. Я ее спросил: — Вас как зовут? В.Ак., 47

**ЗАЛУЧИ́ТЬ**
anlocken, hereinlocken

*заманить, завлечь, зазвать.*
Чтобы залучить к себе в гости внуков-близнецов, ее мамаша к каждому празднику присылала подобные этому, пропитанные слезами приглашения на собственные похороны. Е.Ц., 29

**ЗАЛЯ́ЗГАТЬ**
anfangen zu klirren, rasseln, klappern
*начать лязгать; зазвенеть.*
В автомат пятак засунул молча я, / Будто бы в копилку на часовенку, / Ну, а он залязгал, сука волчая, / И порвал штаны мне снизу доверху. А.Г., 192

**ЗАЛЯ́ПАТЬ**
bekleckern, vollkleckern
*оставить пятна на чем-либо; запачкать, испачкать чем-либо жидким, вязким, липким.*
— ...В смысле курточки — вспомнишь не раз. Ей сносу не будет. Заляпаешь — потри ацетончиком, и опять она новая. Г.В.1, 11

**ЗАМА́МКАТЬ**
Mama sagen
*часто употреблять, повторять слово „мама".*
— Опять замамкал, — ругался Секачев, но и он жалел больного. В.Кор., 243

**ЗАМАРА́ТЬ**
schmutzig machen
*запачкать, загрязнить.*
— Тебе, паразит, жалко сапоги замарать, а я должон каждую весну плетень починять?! В.Ш., 39

**ЗАМАРА́ТЬСЯ**
sich blamieren, sich lächerlich machen
*бесчестным поступком опозорить себя.*
Он (Иван Африканович) чуть не плакал от стыда, виновато мигал и чуял, как розовели горячие уши: — Чего уж... виноват, значит, дело привычное. Баба смутила, думаю, корова... Виноват, в общем, замарался, не будет больше такого. В.Б., 72

**ЗАМАРА́ШКА** *м. ж.*
Schmutzfink, Schmierfink
*грязно одетый человек; неряха // плохо или слишком скромно одетый человек //.*
Одета я была, по-моему, неплохо, но под их взглядами чувствовала себя замарашкой: то, да не то... И.Г.1, 22

**ЗАМАТЕРИ́ТЬСЯ**
anfangen, unflätig zu schimpfen/ zu fluchen
*начать грубо браниться, ругаться.*
На это Павел заматерился. Сказал: „Пошли вы!.." И не стал больше разговаривать. В.Ш., 356

**ЗАМАХНУ́ТЬСЯ**
in Angriff nehmen, sich heranwagen
*решить предпринять что-либо.*
И вот мету я улицу и думаю: „Рано нам на месячники хорошего тона замахиваться". Л.Измайлов, Л.Г., 3.11,76

**ЗАМА́ШКА** *ж.*
Gebaren, Marotte, Tick; Gebrauch, Brauch
*манера действовать, обычай, повадка.*
А последний шарманщик — обломок империи, / Все пылил перед Томкой павлиньими перьями, / Он выламывал, шкура, замашки буржуйские — / То, мол, теплое пиво, то мясо прохладное, /А шарманка дудела про сопки манчжурские, / И спала на плече обезьянка прокатная... А.Г., 120

**ЗАМАЯ́ЧИТЬ**
anfangen zu schimmern, auftauchen; sich abzeichnen; aufblitzen
*показаться, обозначиться в отдалении.*
Мысли спокойно углубились в память детства. Париж... вышагивали люди — потолок вновь замаячил перед глазами, я отогнал его, — и глаза этих людей... В.Р., 26

**ЗАМЕЛЬТЕШИ́ТЬ**
aufflimmern, -blinken, herumhuschen, hin- und her huschen, -flackern
*начать суетливо, беспорядочно двигаться; замелькать.*
Лишь после того, как спуск остался за спиной и впереди замельтешили огоньки выкрашенных синькой фонарей осмотрщиков, Андрей отрезвел, опустошающе осознавая, что идти дальше не имеет смысла. В.М., 160

**ЗА́МЕРЗЬ** *ж.*
Eisbelag, -schicht
*о замерзшей, покрывшейся льдом поверхности чего-либо.*
Марья и Баев смотрели в окно, как шел Петька. Под ногами парня звонко хрустело льдистое стекло ночной замерзи, и некоторое время шаги его еще сухо шуршали, когда уж он свернул за угол, за сельмаг. В.Ш., 303

**ЗАМЕ́С** *м.*
Herkunft, Rasse, Schlag
*происхождение, порода, род.*

— ...Вот чую сердцем: не крестьянского я замеса. Сроду меня не тянуло пахать или там сеять... — ни к какой крестьянской работе. В.Ш., 300

**ЗАМЕСТИ́**
abholen, mitnehmen; abführen, verhaften, einsperren
*схватить, забрать кого-либо; арестовать.*
Может,— памятливого командира и без высказывания замели бы своим чередом... Вл.В., 253

**ЗАМЕ́СТО**
anstatt
*то же, что вместо.*
Когда-то он четыре класса кончил, когда-то и строительные курсы, но собственной тяги читать у него не было: заместо газет шло радио, а книги представлялись ему совсем лишними в обиходе... А.С., 116

**ЗАМЕ́ШКАТЬСЯ**
sich aufhalten, aufgehalten werden, sich verspäten
*пробыть где-либо дольше, чем следует; задержаться, опоздать.*
Моня сел на стул. Учительница замешкалась... — Мне одеться нужно... В.Ш., 341

**ЗАМИ́НКА** *ж.*
Stockung
*остановка, задержка.*
Происходит, естественно, заминка, конфуз. А.М., 12

**ЗАМОРДОВА́ТЬ**
fertigmachen, bis aufs Blut quälen
*замучить суровым, жестоким обращением.*
— Господи, батюшка!.. — опешила мать. — И слова не скажи. Замордовала мужика, а ей и слова не скажи. В.Ш., 312

**ЗАМОРЁННЫЙ**
ausgemergelt, ausgezehrt
*изнуренный, истощенный, утомленный.*
Парнишка рядом с ней выглядел хлипковато и чуть заморенно. С.Е., 47
В палате люди менялись, но никогда не приходили веселые, а все пришибленные, заморенные. А.С., 340

**ЗАМОРИ́ТЬСЯ**
sich abhetzen, sich abquälen, sich abschinden
*выбиться из сил; утомиться.*
— Брось, Саня, что это тебе взбрело? Заморилась ты в колготне этой, вот и все. В.М., 159

**ЗАМО́РО́ЗКА** *ж.*
Einfrosten, Einfrieren, Vereisen, Vereisung
*то же, что замораживание; обезболивание.*
— Больной, вы что-нибудь чувствуете? Ощущаете заморозку, я говорю? Ничего, сейчас почувствуете. А.Я., 5

**ЗАМО́РЫШ** *м.*
schwächlicher/ kränklicher Mensch
*слабый, хилый человек.*
А я была чумазая, этакий заморыш, руки в цыпках. И.Г.1, 24

**ЗАМО́ТАННЫЙ**
abgehetzt, abgequält, abgeschunden
*усталый, измученный от хлопот, работы.*
— Значит так, мальчики, — начинает она, — утром я пришла на дежурство и до обеда была замотана, не могла ничего узнать. Время и мы, № 43, 50

**ЗАМОТА́ТЬ**
1 anfangen zu schütteln
2 ablehnen, verreißen, zur Sau machen
3 quälen, schaffen, den letzten Nerv rauben
*1. начать мотать, качать, поворачивать из стороны в сторону.*
— Это не ты ли свистел? — Нет,— Федька замотал головой. Г.В. 2, 66
*2. отклонить, отвергнуть.*
Все наши книги и статьи, находящиеся в издательствах, завернут обратно. Намеченные защиты отложат, замотают совсем. А.З., 223
*3. утомить, измучить, заставляя много ходить, работать и т.п.*
В январе, когда Олег добивался больницы, визжащие, подскакивающие и перенабитые трамваи замотали его. А.С., 537

**ЗАМОТА́ТЬСЯ**
sich abrackern, sich abhetzen
*быть очень занятым, устать от хлопот, работы и т.п.*
— Ах, Георгий! Куда же ты запропастился, чертенок? — Да вот, мать, замотался... Все дела, дела... А.Рас, Л.Г., 31.1.79

**ЗАМУ́РЗАННЫЙ**
dreckig, schmutzig, schmuddelig
*грязный, запачканный.*

Прыгала девочка, очень маленькая, размером с пуговицу, но бойкая, кудрявая и речистая. Одета была в школьную форму, замурзанную и мятую. И. Г. 1, 34

**ЗАМУ́СЛЕННЫЙ**
abgegriffen, fettig, speckig
*выпачканный, загрязненный, засаленный и т.п.*
А Ильвар спокойно потягивает замусленную сигаретку. Вынимает из кармана флягу, протягивает ее мне. Спирт сразу согревает. В. Ак., 63

**ЗАМУ́СЛИТЬ, ЗАМУСО́ЛИТЬ**
beschmutzen, fettig machen
*испортить, испачкать что-либо, часто и много употребляя.*
— Ты хорошая, — вырвалось у Егора. И он засуетился, хуже того, занервничал. — Повело!.. Сколько ж я раз говорил это слово! Я же его замусолил. Ничего же слова не стоят! Что за люди!.. В. Ш., 452

**ЗАМУХРЫ́ШКА** *м. ж.*
unansehnlicher und unsauberer Mensch, Schmierfink
*невзрачный, незаметный, неряшливо одетый человек.*
„Я хочу купить, наконец, плавленный сырок и баночку шпрот!" — закричал им замухрышка. А. Эйрамджан, Л.Г., 22.9.76

**ЗАМЫ́ЗГАННЫЙ**
abgenutzt, fettig, speckig
*изношенный, испачканный, засаленный.*
... Алексей Иванович с утра до вечера торчит у себя в сарае в замызганном комбинезоне. Л.Ленч, 18

**ЗАМЫТА́РИТЬ**
quälen, plagen, abhetzen, fertigmachen
*замучить, извести.*
Иногда ему казалось, что вождя совсем замытарили его соратники и министры, а также 220 миллионов советских людей плюс все прогрессивное человечество. В.А., 34

**ЗАМЯ́МЛИТЬ**
undeutlich/ mit schwerer Zunge/ nachlässig sprechen, lallen
*начать медленно, невнятно и вяло говорить; бормотать.*
— Послушайте, земляк...— замямлил Фалалеев.— Я подумал и передумал. Вот, возьмите деньги. Д.Иванов, В.Трифонов, Л.Г., 28.7.76

**ЗАМЯ́ТЬСЯ**
den Faden verlieren, ins Stocken geraten, stokken
*прервать речь, сделать паузу.*
— Ну, что вы, Петр Васильевич, — замялся, засмущался тот. В.М., 36

**ЗАНА́ЧИТЬ**
abstauben, sich unter den Nagel reißen, mitgehen lassen
*присвоить себе что-либо; украсть // ловко спрятать что-либо //.*
Помогало было, если оторвать у книги корешок, титульный лист, а то и предисловие. И тогда можно было спорить, что это не книга вовсе, а бумага для туалетных надобностей. Так можно было одну-две книги заначить. Вл.Б., 189

**ЗАНА́ЧКА** *ж.*
(heimliche) Rücklage, (stille) Reserve
*о чем-либо спрятанном, скрытом от других; оставленном в запасе.*
А супруге он опять ничего не сказал, поэтому заначка стала побольше. А.Хорт, Л.Г., 6.4.77

**ЗАНЕДУ́ЖИТЬ**
krank werden, erkranken, unwohl werden
*заболеть, захворать.*
Наверное, Макар Дементьевич занедужил. В.К., 11
... Ясно представил себе, как сейчас войдет в больницу, подойдет к кабинету принимающего врача... Там, конечно, старушки сидят. С утра пораньше. Увидят его, закивают головками: — Тоже, Степаныч? Чем занедужил, родной? В.Ш., 202

**ЗАНЕМО́ЧЬ**
krank werden, erkranken, unwohl werden
*то же, что заболеть, захворать.*
Жена моя — заботливая пташка, / И коль случится занемочь, / Она меня со всем стараньем лечит. С.М., 34

**ЗАНО́ЗА** *ж.*
Nörgler, Streithammel
*о надоедливом, задиристом, придирчивом человеке.*

— Нет, я имею в виду, откуда вы, вообще, знаете об Алексее, „Игроке" и прочем? Его, вроде, в школе не проходят? /Ну и заноза же я!/ Время и мы, № 43, 64

**ЗАНО́ЗИСТЫЙ**
nörgelnd, nörglerisch, meckersüchtig, streitsüchtig; lästig, aufdringlich
*надоедливый // задиристый //.*
Ничего такой фриц, вроде не больно занозистый, а все равно страшно, И.В., 56

**ЗАНУ́ДА** *м. ж.*
fader/ langweiliger Mensch, Pedant
*нудный, дотошный человек.*
Но этому занятию страшно мешает зануда Кутаков со своей вечной улыбкой... В.П., 38

**ЗАНУ́ДЛИВЫЙ и ЗАНУ́ДНЫЙ**
langweilig, fade, anödend, geisttötend
*нудный, дотошный, скучный.*
—Чего, говорю, шибко радоваться-то? — Шофер был парень трезвый и занудливый. В.Ш., 423
Вечером к нам заявились Курицыны. Это очень хорошие люди. Правда ужасно серые, скучные и занудные. А.З., 22

**ЗАНУ́ДНО**
langweilig, fade, anödend, geisttötend
*нудно, скучно, тоскливо.*
...Как только на экране появился дядя с усиками и стал занудно играть на скрипке, контролерша так и оцепенела, подавшись грудью вперед. Е.Шатько, Л.Г., 12.7.78

**ЗАНУ́ДСТВО** *ср.*
Langeweile, Überdruß
*скука, тоска.*
— Да вы знаете, с кем вы разговариваете? — гремит она, как генерал-майор от инфантерии. — Опять? Вот занудство! А.К., 426

**ЗАНЫ́ТЬ**
anfangen zu klagen/ zu jammern/ zu winseln/ zu lamentieren
*начать со слезами, стонами надоедливо жаловаться на что-нибудь, упрекать кого-нибудь в чем-либо.*
— Слушай, друг, ты чего, дай закурить, а? —Ах, тебе закурить, — с облегчением вздохнул я, — так бы сразу и говорил. — Да я что, — заныл вдруг буйный, — ты даже слова не дал сказать. Время и мы № 43, 18

**ЗАНЮ́ХАННЫЙ** *бран.*
dumm, dusselig, doof, stupide
*глупый, тупой, неполноценный.*
На что-то еще надеясь, я глянул в небо и не увидел там мяча ни „свечой", ни „дугой" — все это штучки для занюханных телят. В.А., Л.Г., 14.12.77

**ЗАНЯ́НЧИТЬ**
mit seiner Fürsorge erdrücken
*замучить, измучить кого-либо чрезмерным вниманием, опекой и т.п.*
Ходите, тишайшие, в неистовых, / Феями цензурными занянчены! А.Г., 161

**ЗАНЯ́ТНО**
amüsant, unterhaltsam, drollig, lustig
*увлекательно, интересно, занимательно, любопытно.*
— Да, — говорю, — уж больно занятно... Ученого слона выводить будут и опять же рыжие, французская борьба... М.Булгаков, Юность, № 7, 74

**ЗАО́ЙКАТЬ**
anfangen, au/ o weh/ ach zu rufen
*начать произносить, кричать „ой".*
Женщина вытащила ведро наверх и нечаянно облилась водой-холодянкой. Заругалась, заойкала. В.Б., 47

**ЗАОРА́ТЬ**
losbrüllen
*начать громко кричать, орать, плакать и т.п.*
— Да-да, помнишь, когда мы с тобой заорали: „Витя, давай!", — он как-то действительно взбодрился, этот Витя. М.Виленский, Л.Г., 8.9.76.

**ЗАО́ЧНИК** *м.* **ЗАО́ЧНИЦА** *ж.*
Brieffreund(in)
*о человеке, знакомство с которым произошло без личной встречи.*
Егор вынул из нагрудного кармана фотографию и подал начальнику. Тот взял, посмотрел. — Это твоя жена? — спросил он, не скрывая удивления... — Будущая, — сказал Егор. Ему не понравилось, что начальник удивился. — Ждет меня. Но живую я ее ни разу не видел. — Как это? — Заочница. В.Ш., 421

**ЗАПАЛИ́ТЬ**
anzünden, anstecken
*то же, что зажечь.*
И трофейную трубку свою запалю, / Посмеюсь

над мычащею бабкою, / И еще раз налью, / и еще раз налью, / И к соседке схожу за добавкою... А.Г., 232

**ЗАПАЛИ́ТЬСЯ**
sich erhitzen, in Hitze geraten; sich verausgaben
*разгорячиться, устать от быстрого движения.*
— Ведь и правда, пристал ты как конь в гору... только еще боками не проваливаешь. Да пена изо рта не идет. Упадешь ведь. Запалишься и упадешь. У тебя правда, что ли никого нету? Родных-то? В.Ш., 437

**ЗАПА́РИТЬСЯ**
sich abhetzen, sich verausgaben
*сильно устать, утомиться.*
Я потому и запарилась, что у меня сегодня много работы. А.С., 182

**ЗАПА́РКА** *ж.*
Abgehetztsein, Ausgepumptsein
*усталость, утомление от большой или непосильной работы.*
Им музыку надо, они по запарке / Замучили, гады слона в зоопарке, / Украли, я знаю, они у народа / Весь хлеб урожая минувшего года. В.В. 3, 10

**ЗАПА́СКА** *ж.*
Vorrat, Reserve
*то же, что запас.*
Я сбил пепел за батарею под окном и опять вставил сигарету ему в рот. — Слушай, друг, дай мне еще одну и положи ее под подушку, чтоб не стащили. На запаску. Время и мы № 43, 19

**ЗАПА́ШИСТЫЙ**
aromatisch, blumig, duftig, würzig
*обладающий каким-либо запахом, ароматом.*
— Деревня, видите ли!.. Да там один воздух чего стоит! Утром окно откроешь — как, скажи, обмоет тебя всего. Хоть пей его — до того свежий да запашистый, травами разными пахнет, цветами разными. В.Ш., 109

**ЗАПЕРЕ́ТЬСЯ**
leugnen, sich aufs Leugnen verlegen/ versteifen
*отказаться признать свою вину; упорно не сознаваться в чем-либо.*
— Ты у меня брось запираться, а то я тебе нос набок сверну. Вл.В., 203

**ЗАПЕ́ТЫЙ**
abgedroschen, abgeleiert
*частым исполнением ставший надоевшим /о песне, романсе и т.п./.*
Когда я вернусь, / Засвистят в феврале соловьи — / Тот старый мотив — тот давнишний, забытый, запетый. А.Г. 1, 9

**ЗАПИ́ТЬ**
anfangen zu trinken; sich maßlos betrinken
*начать пить запоем; пьянствовать.*
Кузнец Филипп Наседкин — спокойный, уважаемый в деревне человек, беспрекословный труженик — вдруг запил. В.Ш., 179

**ЗАПИХА́ТЬ**
hineinstopfen, hineinpressen, verstauen
*надавливая, нажимая, втиснуть куда-либо; засунуть, затолкать.*
Только успели сдать оружие — нас запихали в грузовик. В.Р., 30

**ЗАПОЛО́ШНИЧАТЬ** *несов.*
Dummheiten machen
*совершать глупые, безрассудные поступки.*
Странно, но старик в бога тоже не верит. — Делать нечего — и начинают заполошничать, кликуши, — говорит он про верующих. — Робить надо, вот и благодать настанет. В.Ш., 53

**ЗАПОЛО́ШНЫЙ**
leichtsinnig, unüberlegt, unberechenbar
*ветреный, безрассудный, взбалмошный.*
Наум нахлестывал коня... Началась другая гонка: человек догонял человека. — Стой, тебе говорят! — кричал Иван. — Заполошный! — кричал в ответ Наум. — Чего ты взъелся-то? С ума, что ли, спятил! Я-то при чем здесь? В.Ш., 70

**ЗАПОРО́ТЬ**
1 verpfuschen, verhunzen, vermurksen
2 versohlen; zu Tode peitschen
*1. испортить что-либо неумелой, небрежной работой.*
У нас на работе слесарь один деталь запорол. Л.Измайлов, Л.Г., 3.11.76
*2. жестоко высечь, избить.*
— Убирайся сейчас же с глаз моих! Запорю до смерти. В.А., Л.Г., 14.12.77

**ЗАПРА́ВИТЬСЯ**
sich stärken, etwas zu sich nehmen, gut essen
*подкрепить силы едой; хорошо поесть.*
Понимая, что от драки не отвертеться, он ста-

рался потянуть время и медленно дожевывал бутерброд. ... — Трухает, заправляется, — поддакнул второй, пожиже. В.Кор., 325

**ЗАПРИЧИТА́ТЬ**
anfangen, laut zu klagen/ zu jammern
*начать причитать, заплакать, завыть.*
Мать заплакала, запричитала: „Господи-батюшка, отец небесный, услыхал ты мои молитвы." В.Ш., 42

**ЗАПРОПАСТИ́ТЬСЯ**
abhanden kommen, verschwinden
*пропасть, исчезнуть куда-либо.*
Где же у Миронихи корова, куда она запропастилась. В.Расп.1, 40
Бумагу аккуратненько разрезать надо! На форматки! Все сто двадцать рулонов... Как правило мобилизуем женщин, но куда-то они запропастились, а без женщин, сами знаете, жить нельзя на свете, нет! С.Комиссаренко, Л.Г., 19.9.79

**ЗА́ПРОСТО**
1 einfach, leicht
2 ohne Umschweife, ohne weiteres, ungeniert, ungezwungen
*1. без труда, легко.*
Сейчас, говорит, с этим запросто. Таблетку проглотишь, потом гипноз, потом психотерапию проведут и больше не хочется. Л.Измайлов, Л.Г., 21.1.76
*2. без стеснения, без соблюдения общепринятых формальностей.*
Петр Васильевич...приглашал Левку заходить всегда запросто, без церемоний и стеснений. В.М., 481

**ЗАПСИХОВА́ТЬ**
anfangen durchzudrehen
*начать психовать, вести себя неуравновешенно.*
„Урусов, что с тобой? Черт с ней, с премией. Чего ты запсиховал?" В.П., 45

**ЗАПУ́ДРИТЬ: ЗАПУ́ДРИТЬ МОЗГИ́**
verwirren, aus dem Konzept bringen, durcheinanderbringen
*сбить с толку; запутать.*
Чего молчишь? Совсем мозги тебе запудрил? Ю.С., 136

**ЗАПУЗЫ́РИТЬ**
etwas grob sagen; etwas mit voller Kraft werfen/ hinschmeißen
*сказать что-либо, употребляя грубые, бранные слова// резко кинуть, бросить//.*
Мне даже выгодно, что ты веришь. А я не верю. Могу и матом запузырить. В.Крупин, Новый мир № 8,1980,31

**ЗАПУСТИ́ТЬ1**
1 hineinlassen
2 werfen, schmeißen
*1. впустить куда-нибудь.*
Запустил я эту бригаду через черный ход, на парадных дверях табличку повесил „Мест нет и не будет". Г.Кемоклидзе, Л.Г., 15.1.75
*2.бросить чем-либо в кого-нибудь.*
Я, наверное, запущу в него графином. Г.В.2, 73

**ЗАПУСТИ́ТЬ2**
vernachlässigen, verschlampen/ vergammeln/ verkommen lassen
*оставить без ухода, наблюдения, надзора; довести до состояния упадка, разрушения.*
— Зоенька. Ну вы же не за невежество, вы же за просвещение. Как можно мешать людям развиваться?... — Да вы уж потому недостойны читать, что — как вы себя запустили? Почему не приехали раньше? Почему надо было приезжать мертвецом? А.С., 43

**ЗАПЯ́ТИТЬ**
hineinstopfen, hineinstecken
*затолкнуть, засунуть куда-либо.*
— Не гневи бога, Кузьмовна, не гневи. Кому како дело? У меня их вон сколь висят, кому како дело?!.. А ты ее в шифонер запятила! Бесстыдница. В.Ш., 228

**ЗАРАБО́ТАТЬ**
(seinen Teil) (ab)bekommen, (ab)kriegen, übergebraten bekommen
*добиться чего-либо, получить что-либо (обычно неприятное).*
Милиционер взял Ивана под руку и повел из губы. На улице остановились, закурили. — Ну не паразит ли? — все изумлялся Иван... — И на меня же попер. — Да брось ты его! — Нет, отметелить я его должен. — Ну и заработаешь! Из-за дерьма. В.Ш., 73

**ЗАРА́З**
auf einmal, gleichzeitig
*сразу, за один раз, одновременно.*
Когда летним утром 1950 года москвичи обнаружили, что памятник Александру Сергеевичу Пушкину, извечно, казалось, стоявший в начале Тверского бульвара, повернулся на другую сторону улицы Горького, пошли разговоры, что тут не обошлось без участия Новака. Перенес, дескать, сначала памятник, а затем пьедестал, а может быть, и зараз — одним махом. Ю. Зерчанинов, Юность, № 3, 1981, 99

**ЗАРА́ЗА** *ж.*
1 Sucht, Krankheit
2 Miststück
*1. приобретенная склонность к чему-либо, увлечение чем-либо осуждаемым другими.*
... Все проиграл. Пытался было силой отбить, но их там много оказалось. Так и явился домой с пустыми руками. Вот как, Филипп, зараза-то всякая начинается незаметно. В.Ш., 181
*2. бран.: о ком-, чем-либо подлом, отвратительном.*
... я иду по заявке и имею по работе простой, потому что клапан какая-то зараза исправила. А.Я., 26

**ЗАРВА́ТЬСЯ** *неодобр.*
über die Stränge schlagen, außer Rand und Band geraten
*зайти в чем-либо слишком далеко, переоценивая свои силы возможности; повести себя нахально, нагло.*
Просим унять зарвавшегося дезертира и привлечь к ответственности по всей строгости советских законов. Вл.В., 193

**ЗАРДЕ́ТЬСЯ**
erröten, rot werden
*покрыться румянцем, покраснеть.*
— Я тебе денег привез. Вот, посчитай. Три, как обещал. — Да не надо... — зарделся Курчев, не столько обрадовавшись деньгам, сколько застыдившись своего недоверия. В.Кор., 548

**ЗАРЕВЕ́ТЬ**
losheulen, losbrüllen
*начать громко плакать, реветь.*
„Кажется, он собирается зареветь!" — с тревогой подумал Сережа. Л.Ленч, 25

**ЗАРЕ́ЗАТЬ**
das Messer an die Kehle setzen; fertig machen, zur Sau machen
*поставить в безвыходное положение, причинить неприятность, несчастье; погубить.*
Сегодня в обеденный перерыв побывал в редакции. Можешь поздравить: меня опять зарезали. Л.Ленч, 3

**ЗАРЕ́ЧЬСЯ**
versprechen/ geloben/ sich (fest) vornehmen, etwas nicht mehr zu tun
*дать зарок, обещание не делать чего-либо.*
— Не зарекайся, — махнул рукой Голубев. — Тебе божиться, что дурному с горы катиться. Вл.В., 73

**ЗАРЖА́ТЬ**
loslachen, loswiehern
*громко захохотать, засмеяться.*
Ну, естественно, все заржали. Нашим ребятам палец покажи — оборжутся. В.А., 60

**ЗА́РИТЬСЯ** *несов.*
erpicht/scharf sein (auf)
*смотреть на кого-, что-либо с завистью, с желанием иметь, обладать кем-, чем-либо.*
С товарищами он не ссорился, но и близкой дружбы не заводил. Девушки на него не зарились, воспринимая его скорей иронически из-за малого роста. И.Г. 2, 131

**ЗАРОБЕ́ТЬ**
schüchtern werden, den Mut verlieren/ sinken lassen
*почувствовать робость; оробеть.*
И сейчас он заробел, предполагая увидеть перед собою проницательного, быстрого на оценки и решения человека. С.Е., 57

**ЗАРУБИ́ТЬ**
1 sich etwas hinter die Ohren schreiben, sich einprägen
2 verreißen, zu Fall bringen, ablehnen
*1. зарубить на носу: крепко запомнить, заметить себе на будущее.*
Когда я уходил в армию, тетя мне твердила: „Лева, заруби себе на носу, что никаких репрессированных родственников у тебя не было, нет и не будет! Ты понял? Иначе будешь иметь неприятности". Л.Л., № 31, 178
*2. отвергнуть, отклонить что-либо.*

Каюсь, я и сам как член редколлегии философского журнала зарубил одну такую рецензию на Лебедева... А.З., 111

**ЗАРУГА́ТЬСЯ**
anfangen zu schimpfen, zu fluchen
*начать ругаться, браниться.*
Князев — слышно было — тихо заругался. В.Ш., 367

**ЗАСАНДА́ЛИТЬ**
sich vollaufen lassen; jemandem eins überziehen; werfen
*выпить большое количество алкоголя // ударить кого-либо // кинуть, бросить что-либо //.*
— Я непьющий,— поспешил Егор. — Ой ли?— искренне удивилась Люба. И очень как-то просто у нее это получилось, естественно. Егора простота эта сбила с толку. — Нет, я, конечно, поддержать компанию, но... это... не так, чтобы засандалить там... Я очень умеренный. В.Ш., 422

**ЗАСЕМЕНИ́ТЬ**
anfangen zu trippeln, lostrippeln, weitertrippeln
*идти, быстро перебирая ногами, делая мелкие шаги.*
Старушка только теперь сообразила, с кем говорит. Опасливо отстранилась и засеменила дальше. В.Ш., 422

**ЗАСЕ́ЧЬ**
aufmerksam werden (auf), erblicken, etwas ausmachen
*увидеть, заметить, рассмотреть кого-, что-либо.*
Или бабку ту сам засек народ, / Или стакнулась со знакомыми, — / Но с утра ко мне в три хвоста черед. / Все с пластинками, все с альбомами! А.Г., 249
Мы пьем, гуляем в Познани / Три ночи и три дня... / Ушел он неопознанный, / Засек патруль меня! А.Г., 241

**ЗАСЕ́ЧЬСЯ**
kaputtgehen, in die Binsen gehen; ausfallen, eine Panne haben
*испортиться, прийти в негодность, выйти из строя.*
Это люди — те приспособятся, / А машина — та засекается. А.Г., 190

**ЗАСИДЕ́ТЬСЯ**
zu lange (sitzen)bleiben, (heute noch/nicht mehr sehr) altwerden
*долго просиживать где-либо или за каким-либо делом.*
— А я здесь тоже не засижусь особенно. Г.В. 2, 63

**ЗАСКА́ЛИТЬСЯ** *груб.*
anfangen zu grinsen/ die Zähne zu fletschen
*начать скалиться; смеяться.*
И — заскалились, только что открыто не взликовали, шершавые, остроскулые, грубые, темные арестантские рожи. А.С., 352

**ЗАСКОБЛИ́ТЬ**
an die Nieren gehen, schmerzlich berühren, treffen
*расстроиться, огорчиться.*
— Слышь, браток, у тебя рак — чего?— спросил он нечистым голосом. Павла Николаевича, уже дошедшего до своей койки, как заскоблило от этого вопроса. А.С., 15

**ЗАСКО́К** *м. неодобр.*
Vogel, Knall, Stich, Macke
*отклонение от нормы поведения; ненормальность, странность.*
Мне кажется, он с заскоком, не психическим — личностным. Так что не обижайтесь, интернациональные бригады. Время и мы, № 43, 61

**ЗАСКОРУ́ЗЛЫЙ**
verknöchert, knochig, schwielig
*жесткий, шершавый, загрубелый.*
Егор снял полушубок, пригладил заскорузлыми ладонями седеющие потные волосы, сел к столу. В.Ш., 18

**ЗАСКОЧИ́ТЬ**
schnell mal/ auf einen Sprung hereinkommen/ hineingehen
*зайти, забежать куда-либо ненадолго или мимоходом.*
Он проводил меня до двери и обещал завтра проездом из Нарвы заскочить к нам. Х.Л., 31

**ЗАСКУЛИ́ТЬ**
anfangen zu winseln, heulen
*жалобно заплакать, заныть.*
Такие-то невеселые мысли вызвала к жизни эта свадьба на машинах. С этими мыслями Филипп

еще поплавал туда-сюда, подумал, что надо, пожалуй, выпить в обед стакан водки — ветер пронизывал до костей, и душа чего-то заскулила. В.Ш., 35

**ЗАСМЕЯ́ТЬ**
auslachen
*поднять на смех, подвергнуться насмешкам.*
— Ты, Николай Степанович, ступай прямо в них / брюках/ в парилку. От нагревания предмет расширится, ты из него и выскочишь! — Засмеют же, — говорю. — Ничего,говорит,а ты держись независимо. Г.Горин, Л.Г., 6.8.75

**ЗАСМУРЕ́ТЬ**
traurig/ betrübt/ (tod)unglücklich werden
*стать печальным, грустным.*
Линда наклонила голову. Юрка совсем перепугался. Еще плакать начнет. Так и есть. Ревет. — Эй, — сказал он и тронул ее за плечо, — что это ты, брат? Что ты засмурела, Линда? Хочешь помочь городскому водопроводу? Второе озеро накапать? В.Ак., 38

**ЗАСОВЕСТИ́ТЬСЯ**
sich zu schämen beginnen, Gewissensbisse bekommen
*застыдиться, засмущаться.*
— Сколько, если для конца? — Вот для конца как раз полторы. Для начала две хотел, но — засовестился. Г.В. 1, 8

**ЗАСО́НЯ** *м. ж.*
Schlafmütze, Langschläfer
*человек, который долго спит.*
Умывшись, Сергей решил промяться и пошел по зеленому дворику, поглаживая прыгавшую вокруг него собачонку. — Ау, засоня, — вдруг услышал он голос Заиры откуда-то сверху. Ф. Искандер, Заира, Наш современник, № 8, 1977, 42

**ЗАСО́С** *м.*
Knutschfleck
*след, пятно, оставшееся на губах, теле в результате крепкого, страстного поцелуя.*
Подумать только, девчонке только восемнадцать исполнилось, а к ней дни и ночи мальчишня шляется. Вином каждый вечер пахнет и вся шея в засосах... А.К., 195

**ЗАСРА́НЕЦ** *м. бран.*
Dreckskerl
*об отвратительном, гадком, подлом человеке.*
Вас, засранцев, опекаешь и растишь, / А вы, суки, нам мараете престиж! А.Г., 199

**ЗАСТИ́РАННЫЙ**
verwaschen
*стиранный много раз и потерявший свой первоначальный вид.*
Бурлей уже давно заметил эту пару — мальчика в застиранной голубой рубашке и с ним девочку в зеленых брюках и в розовой обтягивающей кофточке. С.Е., 47

**ЗАСТИ́ТЬ**
verdecken, verhüllen
*заслонить, загородить что-либо.*
Который век все нет его и нет, / Лишь горемыки прут без перебоя, / И горячат умы, и застят свет, / А Ной наврал, как видно, с перепоя! А.Г., 200

**ЗАСТОЛБИ́ТЬ**
festhalten, festmachen; festlegen, festsetzen
*остановить, задержать что-либо // исполнить, решить что-либо //.*
Кстати, меня по секрету информировали, что Topнин пишет нечто потрясающее... не то на основе Чехова, не то исходя из неизданных вариантов Райниса. Постараюсь застолбить для нас! Ц.С., 22

**ЗАСТО́ЛИЦА** *ж.*
Gelage, Völlerei, Orgie, Freß- und Sauforgie
*то же, что застолье.*
Для президиума — скромная застолица. Балычок. Пупырчатые парниковые огурцы. Заливные поросята. М.С. 2, 18

**ЗАСТО́ЛЬЕ** *ср.*
Gelage, Völlerei, Orgie, Freß- und Sauforgie
*большой званый обед или ужин с обильным угощением, обычно сопровождаемый различными увеселениями.*
В беспорядочном галдеже застолья по-обыкновению преобладал пропитый басок Пономарева. В.М. 1, 218

**ЗАСТО́ПОРИТЬ**
stoppen, stehenbleiben, ins Stocken kommen, steckenbleiben
*неожиданно остановиться, задержаться.*
Неожиданно для самого себя Фалалеев застопорил. Д.Иванов, В.Трифонов, Л.Г., 28.7.76

**ЗАСТО́ПОРИТЬСЯ**
ins Stocken kommen, steckenbleiben
*остановиться, задержаться, прекратиться.*
... тут в моем дымоперегонном аппарате что-то застопорилось. М.С. 1, 8

**ЗАСТОЯ́ЛО**
abgestanden, alt, muffig
*устойчиво, несвеже (о дурном запахе, вкусе и т.п.).*
В избушке, где была парикмахерская, едко, застояло пахло одеколоном, было тепло и как-то очень уютно. В.Ш., 294

**ЗАСТРАЩА́ТЬ**
einschüchtern, drohen, angst und bange machen
*навести страх; запугать.*
А на утро я встал — / Мне давай сообщать, / Что хозяйку ругал, / Всех хотел застращать. В.В. 3, 17

**ЗАСТРЯ́ТЬ**
steckenbleiben, nicht vom Fleck kommen, festsitzen
*остаться, задержаться где-либо.*
Если Медведь застревал у афиши, никто не двигался дальше. А.Гл., 24

**ЗАСТУ́КАТЬ**
erwischen, kriegen, einfangen
*захватить, поймать, преследуя, разыскивая.*
— ... Колоски собирали, картошку померзлую ночью копали в колхозном поле — тем пробавлялися. Ну и, конечно, застукали нас, под Указ подвели... И.В., 63

**ЗАСУДИ́ТЬ**
verurteilen, verdonnern, verknacken
*обвинить по суду, приговорить к определенному сроку заключения.*
Ведь тебя, дурака беспалого, засудят когда-нибудь! За искажение истории... В.Ш., 122

**ЗАСУЕТИ́ТЬСЯ**
unruhig/ zappelig/ nervös werden, hin und hereilen
*начать суетиться, хлопотать, много двигаясь, бегая и т.п.*
Он засуетился, заспешил, не успел поблагодарить ребят, подосадовал на себя. В.А., 561

**ЗАСЫ́ПАТЬСЯ**
hereinfallen; durchfallen; einen Reinfall erleben, erwischt werden
*попасть в неприятное положение, в беду и т.п.*
И вот она зубрит, зубрит, дни и ночи напролет, боясь засыпаться и нечаянно схватить на экзаменах четверку. А.К., 311

**ЗАТАЛДЫ́ЧИТЬ**
anfangen, ständig (ein und dasselbe) zu wiederholen
*начать талдычить; повторять, говорить, твердить одно и то же.*
— Нет. У него сперва отнялись ноги... Его в больницу. А он застеснялся, что там надо нянечку каждый раз просить... Заталдычил: „Везите домой, дома помру". В.Ш., 221

**ЗАТАРАТО́РИТЬ**
anfangen, schnell/ wie ein Wasserfall zu sprechen; losplappern
*заговорить быстро, скороговоркой.*
Потом помнит Витька: пришла подружка Риты — похуже, постарше, потасканная и притворная. Затараторила с ходу, стала рассказывать, что она когда-то была в цирке, „работала каучук". В.Ш., 146

**ЗАТА́СКАННЫЙ**
abgetragen, schäbig; angeschmuddelt; abgegriffen
*истрепанный, изношенный неряшливым или длительным употреблением.*
И по тому, с какой надменной неподвижностью утвердила она — сухая жилистая баба — свой поптичьи профиль, отворотившись от него, — бритого наголо толстяка в затасканном офицерском кителе... — можно было безошибочно определить степень их родства и взаимоотношений. В.М., 64

**ЗАТАСКА́ТЬ**
abtragen, abnutzen; anschmuddeln
*длительным или небрежным употреблением загрязнить, заносить /об одежде, книгах и т.п./.*
... все мое — что на мне надето. Так и затаскать недолго, следить же за мной некому. Г.В. 1, 6

**ЗАТАЩИ́ТЬ**
(hin)schleifen, (hin)schleppen
*просьбами, убеждениями привести, завлечь кого-либо куда-нибудь.*
Значит, затащила меня жена к врачу. Сам бы ни за что не пошел. Л.Измайлов, Л.Г., 21.1.76

**ЗА́ТЕМНО**
im Dunkeln
*в сумерки, когда стемнеет.*
... праздник случился нечаянно, хозяева не успели подготовиться. Сели к столу затемно. В.Ш., 44

**ЗАТЕРЕ́ТЬ**
zurückdrängen, zurücksetzen, wegdrängen
*мешать, препятствовать кому-, чему-либо проявить себя, заявить о себе; не давать ходу.*
— Ладно, с тобой бесполезно, ты упрешься — и ничего! Мама берет обеих на Украину, а твой лагерь противопоказан Ленке: она медлительна, ранима, ее в два счета обидят и затрут такие вот Тони Валяевы! В.С., 40

**ЗАТИ́СНУТЬ**
hineinzwängen, -stopfen
*поместить что-либо в узком, тесном месте.*
Я взял у него пачку, уже завернутую и булавкой заколотую, и так это небрежно затиснул в курточку в потайной карман. Г.В. 1, 8

**ЗАТКНУ́ТЬ**
den Mund stopfen, zum Schweigen bringen
*заставить замолчать.*
Я выбираю свободу Норильска и Воркуты, / Где вновь огородной тяпкой / Над спинами пляшет кнут, / Где пулею или тряпкой / Однажды мне рот заткнут. А.Г., 34

**ЗАТКНУ́ТЬСЯ** *груб.*
die Klappe/ die Schnauze halten
*перестать говорить; замолчать.*
— У нас в деревне и то бабы не такие жадные...
— Заткнись со своей деревней, — посоветовала Валя. — Ехай туда, кому ты здесь нужен. В.Ш., 234

**ЗАТО́ПАТЬ**
anfangen, mit den Füßen zu stampfen, trampeln; aufstampfen
*начать стучать ногами в гневе, ярости и т.п.*
— Положи! — я повысил голос. — Не положу! — заупрямилась Клава. Тогда я заорал и затопал ногами. Вл.В. 1, 54

**ЗАТОРМОШИ́ТЬ**
anfangen zu zupfen, zerren; jemandem keine Ruhe lassen, jemandem zusetzen, jemandem auf den Wecker fallen
*начать тормошить; затеребить, задергать.*
— Ты вот чего... девка... Любка, слышь? — опять затормошила Любу мать. — Ты скажи так: вот чего, добрый человек, иди седни ночуй где-нибудь. В.Ш., 446

**ЗАТРАПЁЗА** *ж.* **ЗАТРАПЁЗКА** *ж.*
Alltagskleid, Alltagsanzug, Alltagskleidung
*будничное, ненарядное, домашнее платье, одежда.*
Кроме того, шахматы были демократичны. В зал можно было прийти в затрапезе, потому что матч был не только зрелищем, но и неким соавторством, и тут встречали не по одежде, которой Варвара Терентьевна похвастаться не могла. В.Кор., 433

**ЗАТРЁПАННЫЙ**
abgetragen, schäbig, abgewetzt
*изношенный, потертый, старый.*
После трех-четырех таких сеансов друзья упивались до полного одурения, и Левушкин хватался за свою затрепанную трехрядку. В.М., 253

**ЗАТРЕ́ЩИНА** *ж.*
Ohrfeige, Backpfeife, (Maul)Schelle
*сильный удар рукой; пощечина, оплеуха.*
Получил я две короткие затрещины / Но не обиделся, а приговаривал: / Ох, какая же ты близкая и ласковая, / Альпинистка моя, скалолазка моя. В.В. 3, 45

**ЗАТРУСИ́ТЬ**
anfangen zu trippeln, lostrippeln
*пойти, побежать мелкими, частыми шажками.*
Вижу вдруг, на обед сослуживцы побежали, прервал я свои воспоминания и затрусил за ними. Л.Корсунский, Л.Г., 12.12.73

**ЗАТРУ́ХАННЫЙ**
eingeschüchtert, kläglich, kümmerlich
*убогий, забитый, запуганный.*
Тут же и муж Евдошки, затруханный, невдалеке стоял, кому-то что-то доказывал. А.С., 119

**ЗАТУЖИ́ТЬ**
betrübt werden
*начать тужить; загоревать, загрустить.*
„Кто ж ей, кроме меня, пятаки на глаза положит?" — затужил форейтор. Д.Иванов, В.Трифонов, Л.Г., 20.9.78

**ЗАТУ́РКАННЫЙ**
abgerackert, erschöpft
*задерганный, замученный, измученный.*
И лишь вечно затурканный админхозвопросами Чуликов замешкался над сметой оборудования и оказался беззащитным перед Аннушкиным — лицом к лицу. А.Инин, Л.Осадчук, Л.Г., 19.4.78

**ЗАТЮЛЬТЮ́ЛЬКАТЬ**
anfangen zu zwitschern/ tschilpen/ tirilieren
*начать издавать звуки, похожие на „тю-лю-лю" /обычно о птицах/.*
Если бы кто чуфыкнул или же затюльтюлькал, я бы сразу сказал: это тетерев. А.Р., 44

**ЗАУЛЮЛЮ́КАТЬ**
anfangen zu verhöhnen/ zu verspotten/ sein Mißfallen durch Buh-Rufe auszudrücken
*начать улюлюкать, кричать „у-лю-лю!", показывая свое неодобрение, возмущение и т.п.*
И Санька, и команда его, и публика засвистят, заулюлюкают, добивая неудачника. В.А., Л.Г., 14.12.77

**ЗАФУГА́ЧИТЬ**
scharf/ mit Kraft werfen/ schmeißen
*резко, с силой бросить, кинуть что-либо.*
— Меня с детства лупят. Отчим лапти плел, так колодкой по башке зафугачит, — каждый раз помирал. В.Крупин, Новый мир, № 8,1980,46

**ЗАФУГОВА́ТЬ**
wegwerfen, wegschmeißen, fortwerfen, fortschmeißen
*забросить далеко, закинуть что-либо.*
„Решать надо в корне, — думал Сеня. — Зафуговать бы ее куда-нибудь подальше!" Ю.М., 17

**ЗАХА́ЖИВАТЬ** *несов.*
auf einen Sprung hineingehen/ hineinkommen/ hereinkommen
*бывать где-либо мимоходом, по пути, случайно; заходить ненадолго куда-либо.*
Он всякий раз захаживал туда, хотя и без определенной цели. Д.Иванов, В.Трифонов, Л.Г., 28.7.76

**ЗАХА́ПАТЬ**
aufgabeln, aufschnappen, mitgehen lassen
*взять, присвоить что-либо чужое.*
Серега молил бога, чтоб ему как-нибудь не выронить из рук этот драгоценный подарок судьбы. Порой он даже страшился:... — вдруг что-нибудь такое выяснится, и ему скажут: „Э-э, друг ситный, да ты что?! Ишь захапал!" В.Ш., 310

**ЗАХА́РКАННЫЙ**
vollgespuckt, bespuckt, bespien
*грязный, заплеванный.*
—... Ты же знаешь не хуже меня, чем мы дышим, ради чего живем и топчем эту захарканную, испохабленную, несчастную землю! И.В., 74

**ЗАХА́РКАТЬ**
verpfuschen, verderben, versauen
*запачкать, заплевать.*
Одну букву захаркали до такой степени, что получилась орфографическая ошибка. А.З., 39

**ЗАХВАЛИ́ТЬ**
zuviel/ zu sehr/ übermäßig loben, bis über den grünen Klee loben
*избаловать, испортить чрезмерными похвалами; переоценить чьи-либо заслуги, достоинства.*
Захвалили мы его — вот он и зазнался! Л.Ленч, 30

**ЗАХВОРА́ТЬ**
erkranken, krank werden, anfangen zu kränkeln
*начать хворать; заболеть.*
— Подойди, Василиса. — Захворал, ли чо ли? — спрашивает Василиса от порога. В.Расп. 2, 58

**ЗАХИРЕ́ТЬ**
verkommen, verfallen, dahinsiechen
*прийти в упадок, обеднеть, разориться.*
Город захирел и стал потихоньку вымирать. В.М., 389

**ЗАХИХИ́КАТЬ**
anfangen zu kichern
*начать хихикать; негромко, сдержанно засмеяться.*
— По ней крематорий плачет, а она в Ригу? — из тети Грушиной груди вырвался стон удивления, — да неужели правда, радость? — и „кульерша" Юридической консультации захихикала хитрым кудахтающим смешком. А.К., 397

**ЗАХЛАМЛЁННЫЙ**
mit Gerümpel vollgestopft/ vollgepackt/ vollgepfropft
*заставленный, заваленный хламом, ненужными вещами // загрязненный, засоренный //.*

Потом ходит по захламленному сосняку не по годам бодрый страж здешних мест... С.Б., 35

**ЗАХЛЕБНУ́ТЬСЯ**
sich verschlucken, Wasser in die Luftröhre bekommen, etwas in die falsche Kehle kriegen; ersticken/ kaum noch Luft holen können (vor)
*задохнуться, поперхнуться чем-либо // отдаться какому-либо занятию в сильной степени //.*
И тогда мы начали смеяться. Хохотать. Захлебываться от смеха. Ф.Кан., 51

**ЗАХЛОПОТА́ТЬ**
anfangen, sich um etwas zu kümmern; geschäftig/ eifrig werden
*начать хлопотать; трудиться над чем-либо с усердием, суетливо.*
Константин Иванович встретил гостей радушно, захлопотал насчет стола... В.Ш., 174

**ЗАХЛЮ́ПАТЬ**
anfangen zu heulen/ zu flennen; aufschluchzen
*начать плакать, всхлипывать.*
— Чо захлюпала-то? Ну, пришел, теперь радоваться надо. В.Ш., 42

**ЗАХМЕЛЕ́ТЬ**
berauscht/ betrunken/ besoffen werden
*стать пьяным; опьянеть.*
Егор ткнул папироску в цветочный горшок, привстал, налил сам из четверти. — Ну и пиво у тебя, Маланья! — Ты шибко-то не налегай — захмелеешь. В.Ш., 20

**ЗАХМЕЛИ́ТЬ**
jemanden betrunken/ besoffen machen
*напоить кого-либо пьяным.*
Откуда ему, пучеглазому, знать, добрый я или злой? Первый раз человека видит. Добрый — значит, всю капеллу теперь захмели! Г.В.1, 8

**ЗАХМЕЛИ́ТЬСЯ**
sich betrinken, sich besaufen, sich vollaufen lassen
*напиться пьяным, опьянеть.*
Говорят, в Атлантике водички поубавилось, пароходы килем по дну чешут, захмелиться бы надо по этому поводу. Г.В. 1, 4

**ЗАХНЫ́КАТЬ**
anfangen zu flennen/ zu heulen
*начать хныкать, заплакать.*
— Но ты ведь пострадавшая сторона,— захныкала жалостливая Надя. А.Я., 44

**ЗАХОДИ́ТЬСЯ** *несов.*
sich krümmen (vor Lachen, vor Schmerzen usw.), nicht mehr aufhören können
*долго, безудержно смеяться, плакать, кашлять и т.п.*
Когда Алеша особенно заходился на полке, когда на голове волосы трещали от жары, он курял голову прямо в эту ванну. В.Ш., 320

**ЗАХОЛОНУ́ТЬ**
kalt werden, erstarren (vor Kälte, vor Schreck usw.)
*застыть, оцепенеть, похолодеть /о состоянии испуга, потрясения/.*
—Может, вы ночевать останетесь?— понимая, что намек может быть понят неправильно, и все же рискуя, крикнула из комнаты жена. „А ну как согласится",— захолонуло у хозяина сердце. Б-ка крок., № 24/773/, М., 44

**ЗАХОМУТА́ТЬ**
unterordnen, unterstellen, unterwerfen, jemanden an die Leine nehmen/ legen
*подчинить себе кого-либо, заставить исполнять свои распоряжения, указания и т.п.*
Ну и охальное же племя! На ходу подметки рвут. Оглянуться не успеешь, а уж ты на поводке у них — захомутали. В. Шукшин, До третьих петухов, М., 1980, 40

**ЗАХОРОШЕ́ТЬ**
angenehm/ wohl/ wohlig zumute werden
*испытать чувство удовлетворения, наслаждения, радости.*
... До зуда в руках захотелось потрогать это горлышко, погладить. Взгляд Спирьки посветлел, поумнел... На душе захорошело. В.Ш., 191

**ЗАХОХОТА́ТЬ**
(laut) auflachen, in Lachen/ Gelächter ausbrechen
*начать хохотать; громко засмеяться.*
Редактор захохотал. Иван стиснул зубы. — Ах, славно! — воскликнул редактор. И опять захохотал, так что заколыхался его упругий животик. В.Ш., 87

**ЗАХРЕБЕ́ТНИК** *м. неодобр.*
Schmarotzer, Parasit
*о человеке, живущем за чужой счет.*

Но пусть читатель не сделает поспешный вывод: мол, вся эта братия холуев и захребетников заботилась лишь о спасении своих шкур, в то время как на передовой гибли в боях солдаты, отдававшие свои жизни за родину и лично за товарища Сталина. Л.Л., № 31, 181

**ЗАХРОМА́ТЬ**
anfangen zu hinken, loshinken
*пойти, побежать куда-либо, прихрамывая.*
Лошади, известно, тоже человеки, / Сивка долго думал и решал / И однажды Бурка с кем-то вдруг исчез навеки, / Ну а Сивка в каторгу захромал. В.В. 3, 26

**ЗАХУДА́ЛЫЙ**
schäbig, vermickert, mickerig
*плохой, незначительный, скверный.*
Задыхаясь от старческой астмы, / Я стою в перекрестье огня. / Захудалые, вялые астры / Ждут в актерской уборной меня. А.Г., 62

**ЗАЦА́ПАТЬ**
greifen, krallen, fassen, kaschen, erwischen
*захватить, поймать кого-либо.*
Я доказал ему, что Запад, где закат. / Но было поздно — нас зацапало ЧК — / ЗК Петрова, Васильева ЗК. В.В. 3, 15

**ЗАЦЕЛОВА́ТЬ**
abküssen, abknutschen
*покрыть, осыпать поцелуями кого-либо.*
— А помнишь?..— радостно спрашивал брат Дмитрий.— Хотя кого ты там помнишь! Грудной был. Меня оставят с тобой, а я тебя зацеловывал. В.Ш., 108

**ЗАЦЕ́ПКА** *ж.*
Vorwand, Aufhänger; Schikane, Krittelei, Mäkelei
*предлог, повод, придирка.*
Этот пустяк, как всегда, послужил зацепкой для любопытного разговора. А.З., 127

**ЗАЦО́КАТЬ**
anfangen zu schnalzen
*начать цокать, издавать звуки, похожие на „цок-цок".*
Обезьянка проснулась, тихонько зацокала, / Загляделась на гостя, присевшего около. А.Г., 121

**ЗАЧА́ВКАТЬ**
anfangen zu schmatzen
*начать чавкать, производить громкие причмокивающие звуки при еде, ходьбе и т.п.*
Зачавкала грязь прямо возле капитанского уха. Вл.В, 248

**ЗАЧАСТИ́ТЬ**
anfangen, etwas häufig zu tun/ wiederholt zu machen/ wiederholt zu gehen/ kommen
*начать часто ходить куда-либо, посещать кого-либо.*
Уж любила она дочку, растила, / Оглянуться не успела — той двадцать! / Ой, зачем она в продмаг зачастила, / Ой, зачем ей улыбается Званцев?! А.Г., 173
— Может, хоть старуху вызвать? — Как она? — В церковь зачастила. В.М., 231

**ЗАЧЕСА́ТЬСЯ**
ankommen, überkommen (Lust/ Bedürfnis), in den Fingern jucken
*о появлении потребности сделать что-либо.*
Сейчас они /плотники/ говорили: — А если бы, значит, так: им бы зачесалось теперь сделать какой-нибудь фигурный прилавок? — Да любой прилавок! Это же особая работа... В.Ш., 273

**ЗАЧЁТКА** *ж.*
Studienbuch, Belegbuch
*зачетная книжка учащегося.*
Эти даже теперь переименовали гуманитарные науки в хунтонитарные, а зачетки между собой называют пиночетками. М.С.1, 31

**ЗАЧМО́КАТЬ**
anfangen zu schmatzen/ zu schnalzen
*начать чмокать, производить губами или языком чмокающий звук.*
И действительно, старуха на печи коротко вскрикнула, но, должно быть, во сне, потому что тут же опять захрапела и зачмокала губами. Вл.В.1, 117

**ЗАЧУ́ХАННЫЙ**
verlottert, verschlampt, vergammelt; eingeschüchtert, geknickt, armselig
*грязный, опустившийся // убогий, забитый, запуганный //.*
— Послушай, пошли-ка ты этого... как его... боец у тебя есть такой зачуханный, на лошади ездит. Вл.В., 20

Так что посрамление Зубихина даже примирило великолепного подполковника с зачуханным техником-лейтенантом, к тому же подхватившим свирепую ангину. В.Кор., 216

**ЗАЧУ́ХАТЬСЯ**
steckenbleiben
*остановиться, задержаться, застрять где-либо.*
Однако после боя солдаты из его же роты рассказали, что беднягу Тувакина просто случайно задавило из-за его неловкости — все чесанули, а он, мудак, как всегда зачухался. Л.Л., № 31, 205

**ЗАША́РКАТЬ**
anfangen zu schlurfen, losschlurfen, weiterschlurfen
*двигаться, идти, едва передвигая ноги.*
Наконец, Чичико скомандовал, и мы устало зашаркали к другому концу тупика. В.Р., 20

**ЗАШВЫРНУ́ТЬ**
(weit) wegwerfen, wegschmeißen, fortschleudern
*швырнуть, бросить что-либо куда-нибудь резким движением, с силой; забросить, закинуть.*
Мы, честь по чести говоря,/ Чтоб берега нас не тянули,/ Пообрывали якоря,/ Подальше в море зашвырнули. Б.О., 62

**ЗАШЕВЕЛИ́ТЬСЯ**
anfangen, sich zu bewegen/ zu rühren/ zu regen
*оживиться, прийти в движение.*
Маленькая фигурка все еще горбилась под навесом и слабо зашевелилась при виде его. Г.В. 2, 74

**ЗАШИБИ́ТЬ**
1 scheffeln, einnehmen, Geld machen
2 trinken, saufen, einen heben
*1. добыть, приобрести, заработать.*
...Иди на шофера выучись да работай. Они вон по сколько зашибают! В.Ш., 52
*2. пьянствовать.*
Вот батя зашибал крепко, а разве я сладил бы с ним? И.Ф., 9

**ЗАШИ́БЛЕННЫЙ**
bedrückt, niedergeschlagen, kaputt
*нравственно разбитый, угнетенный, подавленный.*
До войны первым парнем по округе числился,... а с фронта пришел, будто зашибленный... В.М.1, 136

**ЗАШИ́КАТЬ**
pst! sagen; anfangen zu zischen
*начать шикать, произносить „шш", „тс", призывая к молчанию.*
Глазурин стал обьяснять, что бы он сделал на месте хоккеиста в этой ситуации, на него зашикали все присутствующие, даже малые дети. А.Я., 35

**ЗАШИ́ТЬСЯ**
nicht schaffen/ zurechtkommen
*не успеть сделать что-либо вовремя, к сроку.*
Извини, ради бога, зашились мы тут совсем с этой бюрократией. Г.В. 2, 74

**ЗАШТА́ТНЫЙ**
provinziell, kleinstädtisch, hinterwäldlerisch
*провинциальный, периферийный.*
Пришел врач: молодой, с бородкой... — Что тут у вас?Да с этакой снисходительной усмешечкой в глазах — прямо Миклухо-Маклай, а не лекарь заштатный. В.Ш., 397

**ЗАШУМЕ́ТЬ**
laut werden, sich empören, aufbrausen, Krach schlagen
*громко заговорить, начать возмущаться, выражать недовольство, жаловаться на что-нибудь.*
— Ну зачем вы его злите, товарищ?! — зашумела очередь на замухрышку. А.Эйрамджан, Л.Г., 22.9.76

**ЗАЯВИ́ТЬ**
erklären, verkünden, eine Erklärung abgeben
*сказать, сообщить что-либо.*
Вышли мы из ОТК, а Лешка тут же заявляет: — Гони пиво! Ю.Рихтер, Юность № 2, 75, 111

**ЗАЯВИ́ТЬСЯ**
(unerwartet) erscheinen/ auftauchen/ ankommen
*прийти, появиться неожиданно, без зова.*
А недавно вдруг заявляется и приносит бутылку. Л.Лиходеев, Л.Г., 23.4.75
В этой компании как-то не принято было без подарков заявляться. Л.Измайлов, Л.Г., 23.5.79

**ЗАЯ́ВОЧКА** *ж.*
Erklärung, Meldung; Aussage
*то же, что заявка; сообщение о чем-либо; высказывание.*
Это Пашка-то у меня придуманный — ничего

себе заявочка!.. Да таких чудиков, как Пашка, на свете целые легионы — зачем мне их придумывать. И. Пономарев, Наш современник, № 3, 1981, 80

**ЗАЯ́ДЛЫЙ**
leidenschaftlich, passioniert, verbissen
*сильно пристрастившийся к чему-либо; с увлечением отдающийся какому-нибудь занятию.*
Все папины друзья — военные, арестованные в 37-38 годах, были заядлыми шахматистами. Л.Л., № 30, 147

**ЗА́ЯЦ** *м.*
Schwarzfahrer, blinder Passagier; Zuschauer ohne Eintrittskarte
*безбилетный пассажир, зритель и т.п.*
— ... что вы меня на троллейбусе зайцем катаете? Могли бы, кажется, заплатить. Д.Иванов, В.Трифонов, Л.Г., 11.10.78
... вход в кинотеатр атаковали еще и зайцы различных возрастов и мастей, мечтавшие проникнуть на таинственный сеанс. А.Гл., 36

**ЗВЕЗДАНУ́ТЬ**
zuschlagen
*ударить, стукнуть кого-либо резко, сильно.*
И почему-то именно это — что Аркашка подмигнул — доконало Ваньку. Он опять сгреб за грудки левой рукой, а правой хотел звездануть, размахнулся, но руку остановили. В.Ш., 277

**ЗВЕЗДА́Ч** *м.*
Offizier
*о военнослужащем в офицерском чине.*
И чтоб его /закон/ блюсти, звездача с револьвером на брюхе не требуется. Л.Бородин, Грани № 19, 1981, 47

**ЗВЕРЕ́ТЬ** *несов.*
zum Tier werden, zur rasenden Wildsau werden
*придти в ярость, бешенство; ожесточиться.*
Стоило ей, жене, увидеть Терентьева с незнакомой женщиной, как она зверела на глазах. Л.Измайлов, Л.Г., 1.1.79

**ЗВЕРЮ́ГА** *м.ж. бран.*
Tier, Bestie, Unhold
*о жестоком, грубом, свирепом человеке.*
— Как же вам удалось повалить такого зверюгу? — изумился я. С.Б., 33

**ЗВОНА́РЬ** *м.*
Klatschmaul
*болтун, сплетник.*
— Звонарь, — сказал он /Мишка/ негромко, сам себе. — Дача у него, видите ли. С камином, видите ли... Во звонарь-то! Они, видите ли, жить умеют... Звонари. В.Ш., 272

**ЗВУКООПЕРА́ТОРША** *ж.*
Toningenieurin, Tonregisseurin, Tonmeisterin
*женщина-звукооператор.*
Поздороваться на пульте с режиссером. Сквозь стекло поклониться Игорю. Пожать локоток симпатичной Верочке, звукооператорше. В.С., 48

**ЗВЯ́КНУТЬ**
anrufen
*позвонить по телефону.*
Я вам звякну, Вера Алексеевна, после защиты. А.Кучаев, Л.Г., 9.3.77

**ЗДО́РОВО**
1 sehr, ungeheuer, mächtig, verdammt (gut)
2 gut, nicht schlecht, nicht übel
*1. очень, весьма, сильно.*
Вообще-то она была здорово красивая. Е.Шатько, Л.Г., 12.7.78
*2. хорошо, удачно.*
Младший тоже заквашен здорово: не застанешь его врасплох. С.В., 34

**ЗДОРО́ВО**
(guten) Tag!
*то же, что здравствуй/те/.*
Степан улыбнулся ей. — Здорово, Нюра. В.Ш., 42

**ЗДОРО́ВЬИШКО** *ср. пренебр.*
Gesundheit
*то же, что здоровье.*
Филипп тоже рассказал, что тоже все хорошо пока, пенсию тоже получает, здоровьишком пока не жалуется, хотя к погоде голова побаливает. В.Ш., 357

**ЗДОРОВЯ́К** *м.*
kerngesunder Mensch, vor Gesundheit strotzender Mensch
*человек, отличающийся крепким телосложением, хорошим здоровьем.*
— Что вам, ребятки? — По вчерашней программе! — нехотя бросает светлочубый здоровяк. И.С., 15

Если нужно получить справку для заграничной поездки, мы прикидываемся здоровяками, и тебе пишут „практически здоров", хотя у тебя обострение язвы. А.З., 157

**ЗЕВА́КА** *м. ж.*
Gaffer(in), Schaulustige(r)
*человек, праздно смотрящий на что-либо; бездельник.*
... Серега Огуреев, уже вполпьяна, выбрасывая в окно содранные со стен иконы, азартно скалился в сторону зевак. В.М., 144

**ЗЕЛЁНЫЙ**
grün, blutjung
*очень юный, молодой, неопытный.*
/О машине/ он начал мечтать еще зеленым Гавриком. А увидел „Жигули" уже солидным Гаврилой Семеновичем. Э.Медведкин, Л.Г., 9.6.76

**ЗЕ́НКИ** *мн.*
Glotzaugen
*то же, что глаза.*
Или даже и так: „Мой-то как зенки зальет, так сразу за ухват, либо за кочергу и давай крушить, что ни попадя". Вл. В., 77

**ЗЕФИ́РНЫЙ**
durchsichtig, luftig, leicht, dünn
*прозрачный, воздушный, легкий.*
Фалалеев радостно дивился всему: надменности ладных продавщиц, ярости, с которой покупатель брал японские зонтики, изобилию зефирных дамских причиндалов. Д.Иванов, В.Трифонов,Л.Г., 28.7.76

**ЗЛО́БИТЬСЯ** *несов.*
böse/ wütend sein; gehässig sein, Gift spritzen, Gift und Galle speien
*сердиться, гневаться // испытывать вражду, злобу //.*
И стоит, на всех шавкой злобиться, / То он плачет, то матюгается. А.Г., 190

**ЗЛОПЫХА́ТЬ** *несов.*
gehässig/ böswillig sein
*делать что-либо враждебно, зло.*
Свист в зале. Судя по тембру, злопыхает Пашка из лаборатории деформации полимеров. Л.Г., 28.1.81

**ЗЛЮ́ЧКА** *м.ж. шутл.*
böser/ boshafter Mensch
*то же, что злюка; о ком-либо сердитом, злом.*
Он настолько забывается на радостях, что вспоминает о третьей собаке лишь тогда, когда эта маленькая остроносая злючка устремляется ему навстречу. А.Малышев, Наш современник, № 3,1981,65

**ЗМЕЮ́ШНИЧАТЬ** *несов.*
verhöhnen, bespötteln, sich lustig machen
*зло насмехаться над кем-, чем-либо, издеваться, стараться уязвить кого-либо.*
Опять Тополев за спиной начнет змеюшничать: „Леонид-Ксеич — знаменитый, сразу за Качаловым и перед Москвиным. Играть, правда, не умеет, слова подвирает и зажат, как шкаф, но вы „Госпожу-Бовариху" видали?.." В.С., 41

**ЗНАКО́МЕЦ** *м.*
Bekannter
*знакомый человек.*
— Куда же вы? — крикнул Еська-Евсей, и знакомцы его приостановились. В.А., 567

**ЗНА́ТЬСЯ** *несов.*
bekannt sein (mit jemandem)
*поддерживать знакомство; иметь общение с кем-либо.*
Видишь, как все красиво, по-мирному получилось, а ты уже и знаться с нами не хотел. Г.В.1, 10

**ЗНА́ЧИТ**
also
*следовательно, стало быть.*
Приходит, значит, суббота, и тут у меня с этой сауной случается первая загвоздка: не знаю, как в баню одеться. Г.Горин, Л.Г., 6.8.75

**ЗРЯ**
unnötig, unnütz, überflüssig; unüberlegt, unbedacht
*бесцельно, напрасно, без надобности, попусту.*
— Спасибо, Клаша! — сказал он, обнимая свою замечательную супругу. — Только зря ты меня балуешь... В.Баханов, Л.Г., 26.11.75

**ЗРЯ́ШНО**
unnötig, überflüssig, umsonst
*напрасно, попусту, без надобности.*
Черт с ним, что угрюмый, он не виноват, такая жизнь была: работал мужик, не пил зряшно, не дрался — хороший. В.Ш., 232

**ЗРЯ́ШНОСТЬ** *ж.*
Zwecklosigkeit, Überflüssigkeit
*бесполезность, тщетность, ненужность, безрезультатность.*
И хотя Лашков нисколько не жалел о поданном в учека рапорте, зряшность своего поступка представлялась ему теперь бесспорной. В.М., 442

**ЗРЯ́ШНЫЙ**
überflüssig, sinnlos, unnötig
*не стоящий внимания; пустой, ненужный.*
Не признавая праздного действа, считал он хождение по зрелищам для уважающего себя человека занятием зряшным и предосудительным. В.М., 47

**ЗУБА́СТЫЙ**
bissig, scharfzüngig, giftig
*дерзкий на язык; задорный, задиристый.*
Сейчас все школьники такие зубастые. А как поступят в институт за ум берутся. А.З., 117

**ЗУБОДЁР** *м. ирон.*
Zahnarzt
*зубной врач.*
Опухоль может и до носоглотки дойти, и до глазных впадин, и до мозга. Так вот, зубодеры в таких случаях удаляют больной корень. А.Астраханцев, Новый мир, № 1,1979,68

**ЗУБОСКА́Л** *м.*
Witzbold, Spaßvogel
*насмешник, шутник, весельчак.*
— ... Какая же она у тебя такая, что ее и показать нельзя? — Никакая. Не вякай, раз не понимаешь. Сразу вся деревня узнает, начнут потом языки чесать, черти. Знаю я их! Им после — одно, а у их на уме — другое. Зубоскалы, черти. В.Ш., 201

**ЗУБОСКА́ЛИТЬ** *несов.*
spotten, Witze reißen, lachen (über jemanden)
*смеяться над кем-либо; насмехаться, шутить.*
Тот же сосед рассказывал: — Когда вас вел милиционер, вы плакали. Вы оборачивались к ним и говорили: „Эх вы! За чечевичную похлебку!.. А я любил вас! Ну сидите зубоскальте! Мещанки... А годы проходят! Жизнь проходит!" В.Ш., 261

**ЗУБОСКА́ЛЬСТВО** *ср.*
Witzelei, Spöttelei
*насмешка над кем-либо, высмеивание кого-либо.*
Вообще-то Зоя знала цену таким „помощникам" — молодым людям и холостым мужчинам /да и женатым тоже/: всякая такая помощь превращалась в зубоскальство, шуточки, ухаживание и ошибки в ведомости. А.С., 183

**ЗУБОТЫ́ЧИНА** *ж.*
Kinnhaken, Faustschlag ins Gesicht
*сильный удар кулаком по зубам.*
Я не о демагогии, а о мордобое, товарищ подполковник. У нас не николаевская армия. Марксизм-ленинизм отрицает зуботычины. В.Кор., 159

**ЗУБРЁЖКА** *ж.*
Pauken, Paukerei, Büffelei
*заучивание наизусть путем многократного повторения.*
Проблема зубрежки волнует не только некоторых учителей, противников рутины, и свободомыслящих родителей, с которыми мне доводилось беседовать; она волнует и известных советских педагогов. М.Ш., 315

**ЗУБРИ́ЛА и ЗУБРИ́ЛКА** *м.ж.*
Auswendiglerner, Büffler(in), Streber
*об ученике, добивающемся результатов путем зубрения, бессмысленного заучивания наизусть.*
Но кто мог предположить, что этот чистюля, зубрила — одним словом, Пятерка — тихо и скромно, с рюкзаком за плечами пройдет и тайгу, и тундру, и Горный Алтай, и Каракумы... А.Гл., 9

**ЗУБРИ́ТЬ** *несов.*
(ein)pauken, büffeln, einhämmern
*заучивать наизусть путем многократного повторения без понимания текста.*
Я не чикался на курсах, не зубрил сопромат, / Я вполне в научном мире личность лишняя. А.Г., 189
И вот она зубрит, зубрит, дни и ночи напролет, боясь засыпаться и нечаянно схватить на экзаменах четверку. А.К., 311

**ЗУДИ́ТЬСЯ** *несов.*
jucken, kribbeln, prickeln, verlangen (nach Tätigkeit)
*испытывать нестерпимо сильное желание к чему-либо.*
... Майя... Далекое имя, весеннее имя, прекрасное имя... Можно и начать наконец писать слова красивые, сердечные — одно за одним, одно за одним — много! Все утро сегодня сладостно зудилось: вот сядет он писать... В.Ш., 287

**ЗЫ́РКАТЬ** *несов.*
kokettieren, flirten, schäkern, schöne Augen machen
*кокетничать, заигрывать; строить глазки.*
— Лялька, фиксатая притвора, успевает зыркнуть глазами туда-сюда. В.Ш., 158

**ЗЭК, ЗК** *м.*
Gefangener, Strafgefangener, Arrestant, Häftling
*то же, что заключенный; человек, находящийся в заключении; арестант.*
И улыбка у Гришки была точь-в-точь, как у зэка. В.Кор., 14

# И

**И́ГРОЧИШКА** *м. ж. пренебр.*
schwacher/ schlechter Spieler, Flasche, Pfeife, Niete
*слабый, плохой игрок.*
Гость смахнул фигуры с доски и решительно принялся переодеваться, ехидно приговаривая: — Ну и игрочишка! Тебе только в домино играть. Н.Елин, В.Кашаев, Л.Г., 29.8.73

**ИДИО́Т** *м. бран.*
Idiot
*о глупом, тупом человеке.*
— Идиот, тут же вокруг стоят его дружки, они же убьют тебя! А.Л., 112

**ИДИО́ТКА** *ж. бран.*
Idiotin, dumme/ blöde Kuh
*о глупой, тупой женщине.*
— Идиотка! — крикнул он первое, что пришло в голову. В.Ак., 20

**ИДИО́ТСКИЙ**
blöd, idiotisch
*бессмысленный, глупый, дурацкий.*
Мне жутко стыдно, что она, уставшая после работы, имея кучу своих забот и с докторской диссертацией, и по дому, и с дочерью, должна стоять в этих проклятых магазинах, где ничего нет, в этих идиотских очередях, где одни скандалы, ездить ко мне несколькими видами транспорта, а завтра, чуть свет, опять на работу и опять, как белка в колесе. Время и мы № 43, 38

**ИЗБОЧИ́ТЬСЯ**
(sich/ Kopf/ Körper usw.) senken/ zur Seite biegen
*то же, что избочениться, искривиться.*
Олег избочился кудлатой головой, чтоб лучше видеть книгу. А.С., 526

**И́ЗВЕРГ** *м.*
Unmensch, Unhold, Ungeheuer
*очень жестокий, злой человек.*
— ... Только все равно сначала женщин пропустим с детьми. — А мы разве изверги? Женщин с детьми всегда надо пропускать вперед. И стариков и инвалидов. Мы же культурные люди. С.Е.1, 33

**ИЗВЕРТЕ́ТЬСЯ**
von Kräften kommen, erschöpft sein, sich völlig verausgaben
*устать, утомиться от каких-либо движений.*
— Ох, доктор, вот проснулась час назад, никак не могу уснуть, извертелась вся. Е.Т., 131

**ИЗВЕ́РЧЕННЫЙ**
absonderlich, ausgefallen, ungewöhnlich
*необычный, непривычный.*
Но ребятам и девчонкам хорошо от этой изверченной, какой-то первобытной по бессмысленности песни. В.А., 554

**ИЗВЕСТИ́**
1 wegräumen, aus dem Wege räumen, beseitigen; zugrunde richten
2 verbrauchen, ausgehen, aufbrauchen, vergeuden, verschwenden
*1. истребить, уничтожить, погубить.*
— В допрежнешние времена, девка, когда еще моя мамонька была девушкой, такие наговоры наговаривали, чтоб соперницу извести. Н.Б. 2, 12
*2. повредить, испортить.*
Кнутовище ему, надобно. Корней двадцать за ради этого самого кнутовища извел... В.М., 61

**ИЗВЕСТИ́СЬ**
sich verzehren, sich aufreiben, sich übernehmen, sich verausgaben
*зачахнуть, захиреть, потерять силы.*

— Конешно, жалко... кто говорит. Но вить ничем теперь не поможешь. Изведешься, и все. И сам ноги протянешь. Терпи. В.Ш., 76

**ИЗВОЗИ́ТЬ**
verschmutzen, verdrecken, vollschmieren
*испачкать, загрязнить.*
Где уж она этакий /мячик/ сыскала, неизвестно — черный не черный, вроде бы как в пепле извоженный, липкий. В.А., Л.Г., 14.12.77

**ИЗВОРА́ЧИВАТЬСЯ** *несов.*
sich herauswinden, den Kopf/ Hals aus der Schlinge ziehen
*находить выход из затруднительного положения; выпутываться.*
Надо бегать, сидеть, изворачиваться, потеть. А.З., 81

**ИЗВЯЗА́ТЬСЯ**
sich verbeißen in jemanden/ etwas; herumhakken auf etwas
*пристать, придраться к кому-, чему-либо.*
— Да чо ты извязалась с пьянкой-то! — рассердилась мать. — Он и до тебя не шибко пил, чо ты с пьянкой-то? Заладила: „пьянка, пьянка". В.Ш., 312

**ИЗГАЛЯ́ТЬСЯ, ИЗГИЛЯ́ТЬСЯ** *несов.*
spotten, verspotten, durch den Kakao ziehen
*издеваться, насмехаться, глумиться, трунить над кем-либо, высмеивать кого-либо.*
— Что за ведьма? — глухо спросил Левушкин и встал, перекрестился и сделал шаг в сторону, — ишь, изгаляется... В.М., 174
В школе я по рисованию не очень успевал и эти уроки не любил. Зато на других уроках всячески изгилялся, рисуя карикатуры на учителей. Л.Л., № 30, 155

**ИЗГВАЗДА́ТЬСЯ**
sich vollschmieren, sich schmutzig machen
*извозиться, испачкаться, измазаться.*
Женский голос говорил: „Вечно изгваздаешься, чумичка. Покажи-ка руки... Ну, так я и знала". И.Двинский, В.Коваль, Л.Г., 20.12.78

**ИЗДЁВКА** *ж.*
Verhöhnung, Verspottung, Hohn, Spott
*злая насмешка, издевательство.*
Взяв Кырыгла за воротник шубы, в которой он утопал, встряхнул и сказал с издевкой: — Что, застрелить хочешь? В.Р., 13

**ИЗДЁРГАТЬСЯ**
nervös/ kribbelig/ fahrig/ unruhig werden/ sein; überreizt sein
*прийти в болезненное, раздраженное, нервное состояние.*
— Мне ладно!.. За Наташу переживал. Вся издергалась. А.Борин, Л.Г., 14.3.79

**ИЗЛУПЦЕВА́ТЬ**
verprügeln, niederknüppeln, grün und blau schlagen
*избить, отколотить.*
Вспомни-ка, вспомни-ка, Дмитрий Арсеньевич, как излупцевал ты Марью Ксенофонтовну, когда однажды случайно наткнулся на фотографию того охламона? Е.Т., 190

**ИЗМАТЕРИ́ТЬ**
wüst/ unflätig beschimpfen
*отругать, грубо обругать кого-либо.*
... от болезненного укола изматерил врача и попал на пятнадцать суток... Ф.Кан., 39

**ИЗМОРДОВА́ТЬ**
halbtot prügeln, zusammenschlagen; zerfetzen, zerfleischen
*замучить побоями, дурным обращением; истерзать, избить.*
„Прочитаю за лето двадцать книг по искусству, — думал он, — измордую классиков, напишу для себя пьесу из колхозной жизни — вот тогда поглядим." В.Ш., 31
А не измордуют друг друга? Киями глаза не выколют? В.Кор., 511

**ИЗМОТА́ТЬСЯ**
sich abhetzen, sich abrackern, sich verausgaben
*утомиться, устать, выбиться из сил.*
Валерьянки на вату накапала, прикусила, давай ходить взад-вперед. Не помогает. Устала, измоталась, а к утру вдруг щеку вздуло. Н.Б. 2, 10

**ИЗМУСО́ЛЕННЫЙ**
vollgesabbert; abgegriffen, fettig, speckig
*испачканный слюной, загрязненный.*
— Ты остроумный мальчик, — промямлил очкастый. В руке у него дрожала измусоленная сигарета. В.Ак., 31

**ИЗМЫВА́ТЬСЯ** *несов.*
sich lustig machen, verspotten, verhöhnen, aufziehen

*издеваться, глумиться.*

— Х-хе! Летчик на ероплане! — измывался Санька над ребятами. В.А., Л.Г., 12.14.77

**ИЗНАХА́ЛИТЬСЯ**

unverschämt/ frech/ schamlos werden/ sein, sich frech aufführen

*стать нахальным, усвоить нахальное поведение; вести себя нахально, вызывающе.*

— Это я в лагере изнахалился, Зоенька. Я таким не был. Вообще у меня много черт не моих, а приобретенных в лагере. А.С., 267

**ИЗНЕ́РВНИЧАТЬСЯ**

die Nerven verlieren, mit den Nerven (ganz) herunter sein

*утомиться, изнемочь, волнуясь, беспокоясь, нервничая.*

... если у противника все пойдет как по маслу, команда его будет играть все дружней, бить все хлестче, бегать резвее — изнервничаешься вконец, измотаешься. В.А., Л.Г., 14.12.77

**ИЗОДРА́ТЬ**

zerreißen, zerfetzen, zerrupfen

*изорвать, порвать, разорвать.*

— А Борзя-то живой ишо. — Но? — удивился Степан. — А где он? — А шалается где-нибудь. Этта в субботу вывесили бабы бельишко сушить — все изодрал. В.Ш., 40

**ИЗРАБО́ТАТЬСЯ**

sich abrackern

*дойти до состояния слабости, долго или много работая.*

— А Степка-то не изработался — взбрыкивает. В.Ш., 46

**ИЗРЯ́ДНО**

tüchtig, ziemlich viel, ordentlich, eine ganze Menge

*много, сильно, значительно.*

До обеда, как трава совсем обсохла, старик косил. Солнце поджигало; на голову точно горячий блин положили. „Слава богу!" — сказал старик, глядя на выкошенную плешину: отхватил изрядно. На душе было радостно. В.Ш., 125

**ИЗУВЕ́ЧИТЬ**

zum Krüppel/ krankenhausreif schlagen, die Fresse polieren

*жестоко избить, искалечить.*

/Бронька/... вставал, засучивал рукава и объявлял громко: „Ну, прошу!.. Кто? Если малость изувечу, прошу не обижаться." В.Ш., 122

**ИМЕНИ́ННИК** *м.* **ИМЕНИ́ННИЦА** *ж.*

Geburtstagskind

*человек, отмечающий свой день рождения.*

Я ведь сегодня именинник, гости дома ждут. М.С. 2., 26

Вот почему день рождения отмечался нами со значением, Богоевский усердно пел и танцевал. Он лично преподнес адрес на березовой коре, и возраст именинницы был обозначен в этом адресе тот, который накануне мы окончательно установили путем общего, равного и тайного голосования: тридцать шесть годочков! С.Залыгин, Наш современник, № 2,1979,64

**ИМЕНИ́НЫ** *мн.*

Geburtstag

*о дне рождения.*

— Ты, — говорю, — лучше расскажи, как в прошлом году на юге с одной коллекционеркой марками занимался. Помнишь, у меня на именинах рассказывал? А.Тараскин, Л.Г., 26.9.73

**И́МЕЧКО** *ср. уменьш. ласк.*

(ein schöner) Name

*то же, что имя.*

Скоро-скоро переименуют/ улицу/ моей любви./ Имечко ей звонкое подыщут,/ ласково, должно быть, нарекут,/ на табличку светлую подышат,/ тряпочкой суконною потрут. Б.О., 292

**ИНДИВИ́Д** *м. ирон.*

Individuum, Persönlichkeit

*об отдельном человеке, личности.*

Ребята сидят в моей комнате. Когда я вхожу, они даже не меняют поз. В общем-то, как это ни смешно, я дорожу тем, что они меня не боятся. — Личности, титаны, индивиды, — говорю я им. В.Ак., 11

**ИНЖЕНЕ́РША** *ж.*

Ingenieurin

*женщина-инженер.*

„Боря, — писала путейская инженерша, — все наладилось очень хорошо. Мы уже почти перевезлись". В.Кор., 267

**ИНКАССА́ТОРША** *ж.*

Kassiererin

*женщина-инкассатор.*

... Он и правда к женщине одной, инкассаторше, на Три Ручья ездил. Г.В.1, 4

**ИНСПЕ́КТОРША** *ж.*
Inspektorin
*женщина-инспектор.*
Стоял он у стола инспекторши по кадрам. В.П., 31

**ИНСТРУМЕНТА́ЛКА** *ж.*
Werkzeuglager, Werkzeugabteilung
*помещение, в котором находятся инструменты.*
Оттуда мы, понимаете, по другой лестнице спускаемся прямо к инструменталке. В.Кавторин, Л.Г., 25.3.81

**ИНТИ́М** *м.*
Vertraulichkeit, Intimität
*о чем-либо, касающемся только двух или нескольких человек; интимность.*
Они бы и дальше так душевно говорили, но тут Сабуров-младший нарушил их интим. И.Двинский, Л.Г., 25.3.81

**И́РОД** *м. презр.*
Unmensch, Ungeheuer
*о крайне злом, жестоком человеке.*
А когда пришел в себя, то вместе с утренним светом и болью воспринял ошеломляюще знакомый, тронутый отчаянием говорок: „И что же они с вами сделали, ироды!" В.М., 68

**ИСКАЗНИ́ТЬСЯ**
sich mit Selbstvorwürfen fertigmachen
*измучиться, истерзаться, сознавая свою вину.*
Колька исказнился глядя на мать. Когда они остались одни, он упрекнул ее: — Мам, ты че это? — Че? — Да какая-то... внучку на руки даже не взяла. В.Ш., 235

**ИСКОБЕЛИ́ТЬСЯ** *груб.*
zum Hurenbock werden
*ухаживать за многими женщинами, находиться с многими женщинами в интимных отношениях.*
... любит она с Пашкой поговорить о девках. О том, что каждую теперь в снохи не возьмешь. Та — нечестная, эта — ленивая, а эта — в родителев, непутевая, а Гришке уже жениться пора, совсем искобелился, по бабам шлендрает. Ю. Перов, Нева, № 4, 1981, 28

**ИСКОЛЕСИ́ТЬ**
(die ganze Gegend) abfahren/ durchfahren/ durchstreifen
*изъездить, исходить.*
Он призвал к себе на помощь все мужество и злость, все свое отчаянное умение и лихость шофера, исколесившего много дорог, бравшего много подъемов. Г.В. 2, 78

**ИСПА́КОСТИТЬ**
besudeln, beschmutzen, versauen; kaputt machen
*загрязнить, испачкать // привести в негодность, испортить //.*
Как только граждане, обитающие в районе площади Космонавтов, насладились прекрасным зрелищем лозунга „Да здравствует коммунизм", у них появилась новая потребность — как бы его испакостить. А.З., 39

**ИСПИЖО́НИТЬСЯ** *пренебр.*
(ganz) zum Stutzer/ Gecken werden
*стать пижоном; стараться привлечь к себе всеобщее внимание необычностью поведения, одежды и т.д.*
Никто и ахнуть не успел, как его сразу выворотило, и он мгновенно из Савла превратился в Павла. Забыв свои прежние ипостаси, он совсем испижонился. А.К., 267

**ИСПОГА́НИТЬ**
versauen, kaputt machen
*испортить, осквернить.*
Дак это прожить с мужиком три года, дочь прижить и так вот просто уступить мужа девке какой-то! Я на твоем бы месте ... не отступилась. Всю бы жизнь им испоганила, покой бы не дала! А. Малышев, Наш современник, № 3, 1977, 19

**И́СПОДВОЛЬ**
allmählich, nach und nach
*постепенно, немного, не сразу.*
Старуха опять осталась одна, и исподволь, из ничего на нее нашла неслышная и легкая печаль. В.Расп.1, 40

**ИСПО́ДНЕЕ** *ср.*
Unterwäsche, Leibwäsche
*нижнее белье.*
Сбоку от Петра Васильевича, сидя друг против друга на койках, двое в халатах поверх исподнего сокровенно переговаривались. В.М., 54

**ИСПО́ДНИЙ**
Unter-
*нижний, находящийся под чем-либо другим.*
Мне начхать, мне ихнее исподнее белье не стирать. В.Расп. 2, 63

**ИСПОДТИШКА́**
heimlich, insgeheim, verstohlen, unterderhand, still und leise
*скрытно, втихомолку, украдкой.*
— Ты что, насмешки демонстративные строишь или исподтишка место получше подыскал? В.К., 29

**ИСПОХА́БИТЬ**
verhunzen, verderben, verunstalten, verstümmeln
*испортить, испакостить, изгадить, опошлить что-либо.*
Его открытия разворуют по мелочам, испохабят. А.З., 121
Потом пили чай и смотрели на часы: скоро ли кончится эта муть. — До чего испохабили прекрасную идею, — сказал я. А.З., 185

**ИСТАСКА́ТЬСЯ**
verbraucht/ verlebt/ abgetakelt sein
*стать изнуренным, истощенным от невоздержанной жизни.*
— Они такие, лысые — истаскаются, потом начинают: тут болит, там болит... А деньги на книжечку. В.Ш., 257

**ИСТРЕПА́ТЬСЯ**
heruntergekommen/ kaputt sein/ -gehen; auf den Hund kommen
*изнуриться, утомиться, устать от невоздержанной жизни; нравственно опуститься.*
А ты истрепался, Боренька. На офицера не похож. Китель мятый-перемятый и сапоги какие-то дурацкие. В.Кор., 80

**ИСТУКА́Н** *м.*
stupider/ herzloser Mensch; (wie ein) Ölgötze
*тупое, бесчувственное существо.*
... надо же будет что-то отвечать ей, а не сидеть истуканом. В.Расп.1, 40

**ИСТЯНУ́ТЬ**
zu Ende rauchen, aufrauchen
*выкурить до конца /папиросу, сигарету и т.д./.*
На улице он закурил. Жадно истянул папироску „Прибой", зажег другую. В.А., 560

**ИСХИТРИ́ТЬСЯ**
fertigbringen, zustande/ zuwege bringen, schaffen
*изловчиться, ухитриться; поступить ловко, применить сноровку.*
Под попреки жены, исхитрись-ка, изволь, / Сочинить переход из це-дура в ха-моль. А.Г., 230
Гордеев плохо спал ночь, ворочался на соломенном матрасе, все прикидывая, как бы исхитриться и не поехать в город за почтой. В.Кор., 6

**ИСХЛЕСТА́ТЬСЯ**
sich auspeitschen
*исхлестать себя веником, плетью и т.п.*
Алеша искусно это делал: он мелко тряс веник возле тела, и листочки его, точно маленькие горячие ладошки, касались кожи, раззадоривали, вызывали неистовое желание сразу исхлестаться. В.Ш., 329

**ИША́ЧИТЬ** *несов.*
(wie ein Muli) schuften, rackern
*выполнять тяжелую, неблагодарную работу.*
А у меня три специальности в кармане да почти девять классов образования. Ишачь сам, если такой сознательный. В.Ш., 89

# К

**КАБА́К** *м.*
Kneipe, Schenke
*место, заведение, где продают и распивают спиртные напитки /ресторан, пивная, рюмочная и т.п./.*
И по этим дням, как и я, / Полстраны сидит в кабаках! А.Г., 70

**КА́БЫ**
wenn, falls
*то же, что если.*
Сторож фермы Ефим видел, как вокруг Дашки увивалась стая серых разбойников. „Конечно, — сказал Ефим, — кабы знать, чем это кончится, я бы их прогнал". Л.Г., 7.1.81

**КАВАРДА́К** *м.*
Durcheinander, Unordnung, Tohuwabohu
*беспорядок, неразбериха, суматоха.*
И хотя как солдат я презирал это стадо, кавардак кругом радовал. В.Р., 91

**КАГА́Л** *м.*
Menschenmenge, Haufen
*толпа, сборище.*
... Нас втроем втиснули в комнатенку на четвертом этаже, кухня — одна газовая плита на весь кагал, сотню человек. А.Л., 103

**КАДР** *м. пренебр.*
Typ, Tussi
*о мужчине, женщине.*
— Плюнь ты на нее, Антон,— сказала Анна Игнатьевна, — ты еще человек крепкий и для семейной жизни не совсем окончательно потерянный. Есть кадры и помоложе, чем твоя Агриппина... М.Л., 54

**КАДРЁЖКА** *ж.*
Bekanntschaft, Flirt
*знакомство, ухаживание.*
Сверху ему было видно два марша широкой парадной лестницы, по которой все время поднимался народ, книжный киоск с толпою возле него, наконец, многочисленные „кадрежки" и внезапные встречи и условленные свидания. С.Е., 47

**КАДРИ́ТЬ** *несов.*
jemanden auf seine Seite ziehen/ einwickeln/ anmachen
*стараться привлечь кого-либо; склонить на свою сторону /обычно хитростью, уловками/.*
— Нечем тут восхищаться! Лажа это! Кадрит ваш Мосолов руководство! Не иначе, прет в надворные советники!.. Л.Наумов, Л.Г., 10.10.79

**КАДРИ́ТЬСЯ** *несов.*
jemanden anmachen, jemandem auf die Pelle rücken
*стараться привлечь чье-либо внимание, приставать к кому-либо.*
Она одна была? Она кадрилась к тебе? В.Шукшин, До третьих петухов, М., 1980, 52

**КАДРИ́ШКА** *ж. шутл.*
steiler Zahn, (starke) Braut
*то же, что девушка.*
Борис пил лениво, а Гришка сразу окосел, и мир опять стал для него весел и многообещающ, и, появись в зале какая-нибудь подходящая кадришка, он бы непременно разлетелся к ней и завязал деликатную, просительную беседу. В.Кор., 494

**КАДРОВИ́К** *м.*
Personalsachbearbeiter
*работник отдела кадров.*
Две недели он тщетно пытался увидеть ее /характеристику/ — кадровик отсылал ее к замдиректора, замдиректора — к кадровику. Г.Целмс, Л.Г., 24.1.81

**КА́ДРЫ** *мн.*
Personalabteilung
*на предприятии, в учреждении отдел кадров, ведающий личным составом работников.*
А все-то ихние переплеты — сползать раз в день отметиться в кадрах. Г.В.1, 3

**КАЗА́ТЬ** *несов.*: **НЕ КАЗА́ТЬ ГЛАЗ /НО́СУ/**
sich nicht blicken lassen
*не приходить долгое время куда-либо к кому-нибудь; не показываться.*
— Мать меня в подоле принесла. Был в этих местах один ухарь. Кожи по краю ездил собирал, заготовитель. Ну, заодно и меня заготовил. — Вы знаете его? — Ни разу не видел. Как мать забрюхатела, он к ней больше глаз не казал. В.Ш., 191

**КАЗЁНЩИНА** *ж. пренебр.*
Bürokratismus, Formalismus, Amtsschimmel
*казенный характер чего-либо; бездушная рутина, формалистика.*
Отметив пропуск на четвертом этаже, про себя ругнув еще раз казенщину с печатями и пропусками, артист зашел в отдел классики. В.С., 48

**КАЗНИ́ТЬСЯ** *несов.*
sich etwas vorwerfen, bereuen; sich Vorwürfe machen
*мучить себя; терзаться, сознавая свою вину.*
Бросил институт и поступил в нашу контору, пожалел себя в кои-то веки. А сколько раз потом казнился! Ю.М., 45

**КАЙФ, КЕЙФ** *м.*
Hochgefühl, Rausch; Euphorie; Hochgenuß
*болезненное состояние мозга, вызванное принятием каких-либо возбуждающих или наркотических средств // приятное безделье, отдых; удовольствие от чего-либо //.*

У сестер можно кофеинчик с циклодолом брать, сколько хочешь. Бабы свои, разрешают. Однажды принял пять таблеток, да с бутылочкой портвейна, и еще чувиха под боком. Кайф словил обалденный. Время и мы, № 43, 19

Игорь... десять лет к сигарете не притрагивался, в машине, кроме жены шефа — она не спрашивала, — не разрешал дымить никому: берег здоровье, ведь хорошая минута, кейф от сигареты временно, а здоровье, солдатская крепость организма — на всю жизнь. С.Е.1, 21

**КАЛГА́Н** *м. груб.*
Birne, Rübe, Schädel
*голова.*
— Во!— покрутил он у виска пальцем.— Я, может, и глупый, но у тебя калган и вовсе не варит. Вл.В., 132

**КАЛЫ́М** *м.*
Schmiergeld
*плата за какие-либо нелегальные услуги.*
— Пристрой ее за ради бога куда-нибудь. Калым пополам. Ю.М., 17

**КАЛЫ́МЩИК** *м. неодобр.*
bestechlicher/ käuflicher/ korrupter Mensch
*о человеке, получающем калым, доход, плату за какое-либо нелегальное занятие.*
Он барыга, и калымщик, и жмот, / Он на торговской дает, будь здоров. А.Г., 104

**КАЛЯ́КАТЬ** *несов.*
quatschen, quasseln, schwatzen
*разговаривать, болтать.*
Но с киношниками было интересно калякать. Н.М., 24

**КАМО́РКА** *ж.*
Kammer, Kämmerlein, Kämmerchen
*маленькая комната, чулан.*
Но, конечно, старшей сестры на месте не было, и каморка ее под лестницей была на замочке. А.С., 9

**КАМУФЛИ́РОВАТЬСЯ** *несов.*
sich tarnen
*маскироваться, стараться придать чему- либо другую форму, очертания.*
Здесь тоже сооружение новой парилки и комнаты отдыха камуфлируется под „лягушатник" для обучения плаванию детей. Д.Я., 32

**КАМЧА́ТКА** *ж.*
Hinterbank, letzte Bank
*задние парты в классе или последние ряды в каком-то зале, где обычно сидят люди, не интересующиеся происходящим.*
Гид старается, рассказывает, а мы устроились на самой камчатке и знай себе потихоньку сдаем карты и пишем висты. С.Н., 20

**КАНА́ДКА** *ж.*
Lammfelljacke
*дубленый полушубок.*
Он мне понравился, в порядке был морячок — такой ладненький, резвый, шуба-канадка на нем с шалевым воротником, мичманка на месте, козырек на два пальца от бровей. Г.В.1, 7

**КАНДИДА́ТКА** *ж.*
Doktorin (der Wissenschaften)
*женщина-кандидат наук, имеющая младшую ученую степень.*
Глеб Капустин привстал и сдержанно поклонился кандидатке. В.Шукшин, Охота жить, Казань 1977, 132

**КАНДИДА́ТСТВО** *ср.*
Doktorgrad
*первая младшая ученая степень.*
... Но даже костюм и то надо иногда чистить. А кандидатство, если уж мы договорились, что это не костюм, тем более надо... поддерживать. В.Ш., 177

**КАНДИДА́ТША** *ж.*
Doktorin (der Wissenschaften)
*женщина-кандидат наук, имеющая младшую ученую степень.*
Молодая кандидатша-историк... приподнесла ему заграничный итальянский галстук с платочком. С.Е., 49

**КАНИТЕ́ЛИТЬСЯ** *несов.*
trödeln, sich Zeit lassen
*делать что-либо медленно и бестолково, попусту терять время; возиться, заниматься канительным делом.*
Была сизая от росы трава, дома еще спали, но хлопотливые галки уже канителились в колокольне, да ранний молоток Ивана Африкановича отбивал косу. В.Б., 47

**КАНИТЕ́ЛЬ** *ж.*
langwierige Angelegenheit; ärgerliche Zeitvergeudung
*нудное, затяжное дело; досадная потеря времени //возня, хлопоты //.*
Утверждают в жестком стиле,/ напрямик, без канители:/ сами вы ее растили,/ эту драму. С колыбели. С.В., 12

**КАНТОВА́ТЬСЯ** *несов.*
herumkutschieren, -gondeln; herumliegen
*находиться где-либо, ехать куда-либо без определенных занятий, цели.*
Пошли, старики, на автобус. Надо кантоваться в Сухуми. Е.Ц., 25
Один меня по зубам, другой — отверткой в бок. Крови вытекло — лохань подставляй. Три месяца на койке кантовался... Ф.Кан., 36

**КАНЦЕЛЯ́РЩИНА** *ж. неодобр.*
Bürokratismus, Formalismus, Amtsschimmel
*бюрократизм, излишний формализм в ведении дел.*
Задушевные напутственные слова новобрачным, чей слух уже не покоробит уродливое, как клякса, словцо „брачащиеся", модное в ушедшие времена суконной загсовой канцелярщины. Н.М., 5

**КАНЮ́ЧИТЬ** *несов., неодобр.*
aufdringlich betteln, jemanden mit Bitten/ Bettelei belästigen, quengeln
*надоедливо, неотвязно просить о чем-либо, выпрашивать что-либо; клянчить.*
И вообще морально поддержи всех, кто подаст голос. А то найдутся разные беспринципники и начнут канючить: „Неэтично! Нетактично! Неприлично!" Ц.С., 9

**КА́ПАТЬ** *несов.*
1 denunzieren, verleumden, verpetzen
2 eintrichtern, einflößen, einimpfen
*1. доносить, наушничать, ябедничать.*
„А этот аккуратный на тебя директору капал аж два раза", — ухмыляясь, сказала Феня. А.Ч., 36
Ребята были из разведроты. Кто-то капал, кто-то им мозги крутил. Незачем спрашивать — зачем, и незачем спрашивать — кто. Они не знают, я знаю. Но не взять меня Рубинчику. В.Р., 161
*2. постоянно говорить, втолковывать одно и то же; заставлять понять и усвоить что-либо.*
В сущности, хорошо ему: с рождения капали в его душу знание, что все взаимосвязано, он просто знает, что его будущее вытекает из настоящего и что всегда его права будут лишь статьей в его обязанностях. В.Р., 36

**КАПЕЛЬДИ́НЕРША** *ж.*
Platzanweiserin
*женщина-капельдинер; служащая в театре, проверяющая входные билеты, указывающая места и т.п.*
Предупредительная капельдинерша усадила старика в четвертый служебный ряд. В.М., 47

**КАПИТА́ЛКА** *ж.*
Generalüberholung
*капитальный ремонт чего-либо.*
Техника стоит дорого. Себя не окупает. Сезон проходила — ставь в капиталку. Одних запчастей достать — дешевле новый трактор купить... Г.Б., 37

**КАПРИЗУ́ЛЯ** *м.ж. шутл.*
launischer/ launenhafter Mensch; Nörgler, Mekkerer
*о капризном, прихотливом, привередливом человеке.*
Надо только... хорошенько попросить и наговорить комплиментов. Все вы такие, звезды! Капризули... Я.А., 40

**КАПТЁРКА** *ж.*
Kammer, Depot (Waffenkammer, Lebensmitteldepot, Gerätekammer)
*помещение для хранения товаров, припасов, материалов; кладовая /обычно в армии, тюрьме и т.п./.*
— ... Ну, к вечеру уж пошел я к старшине в каптерку, махорка кончилась. В.Б., 63

**КАПУ́СТА** *ж. шутл.*
Kohlen, Piepen, Zaster
*то же, что деньги.*
... ей трудно понять, почему француз, никогда не считавший капусты в СССР, как только пересек границу, мгновенно превратился в скупердяя, зависящего от налогов, накопления на черный день и товаров потребления. А.П., 68

**КАПУ́СТНИК** *м.*
bunter Abend
*вечеринка с самодеятельными номерами шутливо-пародийного характера.*
— Вы, Сергей Михалыч, вы должны призвать на-

род. Призвать к ответственности. Вечер завалить нельзя... — Но вы с Куличовым беретесь капустник делать? В.С., 46
В шестьдесят восьмом или девятом году /точно не помню/ устроили в Институте вечер отдыха. Ребята подготовили отличный капустник. А.З., 154

**КАПУ́Т** *м.*
Ende, Garaus
*конец, гибель.*
„... а у нее, конечно, уже метастазы, профессор ей на большом обходе ощупывал селезенку, и если так, то Розе капут, уж это как пить дать..." И.В., 38

**КАРАПУ́З** *м. шутл.*
Dickerchen
*о толстом, маленького роста ребенке.*
Рыболовы обернулись и увидели крепкого карапуза, который бежал к ним, размахивая сачком. И.Двинский, В.Коваль, Л.Г., 20.12.78

**КАРАУ́ЛКА** *ж.*
Wachstube, Wachhäuschen
*помещение для сторожа или караула.*
А в караулке пьют с рафинадом чай. А.Г., 79
Он вздохнул: — Ну и накурили, — и пошел назад в караулку. В.Кор., 48

**КАРА́ЧКИ** *мн.:* **НА КАРА́ЧКИ** и **НА КАРА́ЧКАХ**
auf alle Viere, auf allen Vieren
*на четвереньки, на четвереньках.*
— Как не лежи, дура? Один помирает, а она — не лежи так. Как мне лежать-то? На карачках? В.Ш., 114

**КАРГА́** *ж. бран. пренебр.*
böse Alte, Hexe, Vettel
*о сварливой, злой или безобразной старухе, ведьме.*
— Ох, и карга она у тебя, Ингушка! — Есть слегка... Но зато добрая. В.Кор., 260

**КА́РКАТЬ** *несов.*
unken, Unheil prophezeien, schwarzsehen
*предсказывать неблагоприятный исход чего-либо, неудачу, несчастье и т.п.*
— Ну вот еще каркаешь тут под руку, — рассердился он на Нюру. Вл.В., 208

**КА́РТОЧКА** *ж.*
Photo, Lichtbild
*фотографический снимок небольшого размера.*
Разве будет Сережа, кудрявый парень, веселый балагур, девкам жених, карточку ее уносить. Н.Б. 2, 9

**КАССИ́РША** *ж.*
Kassiererin
*женщина-кассир, заведующая кассой, производящая прием и выдачу денег, билетов и т.п.*
Но нашлись на свете добрые люди: / Обучили на кассиршу в продмаге. А.Г., 171

**КАТАВА́СИЯ** *ж. шутл.*
Tumult, Wirrwarr, Tohuwabohu
*суматоха, беспорядок, возня.*
Тут поднялась катавасия. Потому народ видит — идеология нарушена. М.З., 46

**КАТАЛА́ЖКА** *ж. шутл.*
Kittchen, Knast
*тюрьма, помещение для арестантов.*
Его обвинили во вредительстве, и он сидел месяца полтора в районной каталажке. В.Ш., 124

**КАТА́ТЬ** *несов.*
etwas schnell und flüchtig schreiben, hinhauen
*быстро, небрежно писать что-либо.*
— Теперь дело в шляпе,— сказал он. — Катай предисловие. А потом сдавай любую макулатуру на обсуждение в сектор в качестве диссертации. А.З.1, 116

**КАТУ́ШКА** *ж.:* **НА ... КАТУ́ШКУ**
volle Lautstärke, volle Pulle; mit Volldampf
*о каком-либо действии в полную силу, в полную меру.*
— Поучились бы себя вести в быту! — закричал он на бородатого.— Людям спать надо! А вы после одиннадцати на полную катушку включаете! М.Мишин, Л.Г., 24.11.76

**КАФЕ́ШКА** *ж. шутл.*
Kaffeestübchen
*то же, что кафе.*
На следующий день Коля позвонил ей и предложил... побродить по городу, посидеть „в одной тут уютной кафешке", поболтать „о том, о сем". Л.Ленч, Л.Г., 30.6.76

**КАЦА́П** *м. презр.*
Russe
*у украинцев: презрительное название русских.*
— А горб мой не заберешь зараз? Мне его кацап вроде тебя в двадцатом еще годе на сохранность оставил, бери! В.М., 115

**КАЮ́К** *м.*
Ende, Garaus
*гибель, конец.*
Уходят, уходят, уходят друзья, / Каюк одному, а другому — стезя. А.Г., 50

**КВАРТИРОВА́ТЬ** *несов.*
wohnen, Mieter sein, zur Miete wohnen
*проживать где-либо, снимать квартиру.*
Изобильный сад... отшибал саму мысль о том, что здесь могла квартировать скромная форейторская бабуля. Д.Иванов, В.Трифонов, Л.Г., 20.9.78
В нашем конкретном литературном эпизоде рассеянным человеком оказалась пенсионерка, которая квартировала не на Бассейной улице в Ленинграде, а на Звездном бульваре в Москве. И.Ш., 11

**КВЁЛЫЙ**
schlaff, welk, saft- und kraftlos, kränklich
*слабый, вялый, хилый.*
Обычно квелое лицо Дуды замкнуто окаменело. В.М., 153
Домой Чарльз вернулся квелым, потухшим, даже стал слегка заикаться. Л.Ленч, 44

**КЕЙФОВА́ТЬ** *несов.*
faulenzen, sich dem Nichtstun hingeben
*бездельничать, приятно проводить время.*
Двоечник — это жизнелюб, сибарит. Если его вовремя не огреть двойкой, он так и будет кейфовать. По себе знаю. Если бы не профессора нашего университета, щедро ставившие мне двойки, я так бы и кейфовал до сих пор. И.Г.1, 14

**КЕМА́РИТЬ и КИМА́РИТЬ** *несов.*
schlummern, pennen, duseln
*дремать, спать.*
— Хорошо бы у шлагбаума часовой кемарил,— вернулся он к армейским неприятностям. В.Кор., 129
От теплоты он почувствовал усталость, приятно хрустнули суставы. — Уже кимарит,— сказал появившийся взрывник. Ф.Горенштейн, Континент № 18, 149

**КЕ́ПКА** *ж.*
Schirmmütze, Käppi
*то же, что кепи; мягкий мужской головной убор с козырьком.*
Среди этих парней, видать, из одного дома, ... вертелся потасканный паренек в клетчатой кепке. В.А., 563

**КЕПЧО́НКА** *ж. пренебр.*
Schirmmütze, Käppi
*тоже, что кепи, кепка.*
Наш король, как король, он кепчонку, как корону, набекрень и пошел на войну. Б.О., 131

**КИНОЕ́Д** *м.* **КИНОЕ́ДКА** *ж. ирон.*
Filmkritiker(in), Kinofan, Cineast(in)
*о человеке, интересующемся и занимающемся вопросами киноискусства // любитель кино //.*
— Меня в газете одна киноедка новым комедиографом обозвала, — несется его недовольно-насмешливый голос из ванной. И.Пономарев, Наш современник, № 3, 1981,79

**КИНОМА́НКА** *ж.*
Kinogängerin, Kinofan, Cineastin
*страстная любительница кино.*
Кто еще тут — в лицо заглядывают. Ясно. Девицы-киноманки. В.С., 43

**КИНО́ШКА** *ж.*
Kino
*то же, что кинотеатр.*
Две киношки в селе есть, а вот больницы — ни одной. Травмопункт есть, хватит для нас и на этом. Е.Т., 97

**КИНО́ШНИК** *м.*
Filmfritze
*работник кинематографии.*
Киношники и репортеры просто насквозь пропотели,/ снимая владыку Печоры — тебя, председатель артели... Е.Е., 35
Не ляпни перед киношниками какую-нибудь чушь вроде той, которую ты сморозил на дне рождения у Костогрызовых. Н.М., 23

**КИНО́ШНЫЙ**
Film-
*относящийся к кино.*
Бери кусок этой жизни, выбрось длинноты да разные излишки, оставь только одну правду — и

вот тебе готовая кинокомедия, без всякой там литературщины и киношных выкрутасов. И. Пономарев, Наш современник № 3, 1981,80

**КИОСКЁРША** *ж.*
Kiosk-Verkäuferin
*женщина-киоскер, продавец в киоске.*
Ждать пришлось минут сорок, хотя киоскерша обещала управиться в четверть часа. В.Кор., 487
Крупным своим, решительным шагом подошел композитор, через головы всех протянул киоскерше мелочь. Ю.Золотарев, Л.Г., 3 10.79

**КИПЯТИ́ТЬСЯ** *несов.*
aufbrausen, auffahren, sich ereifern
*горячиться, волноваться, сердиться; приходить в возбужденное состояние.*
— Я знаю, чего вы мужики, хотите! — кипятилась бабка М.С.1, 14

**КИРЗАЧИ́** *мн.*
Segeltuchstiefel
*кирзовые сапоги; сапоги, сделанные из кирзы, заменителя кожи, представляющего собой брезент, пропитанный специальным химическим составом для предохранения от влаги.*
Затем она посмотрела внимательно на Остякова и ... увидела мокрую одежду, сбитые набок, ставшие белесами от воды кирзачи, в которые тот был обут, спросила печально и неверяще: „Ты за мной приехал, Остяков?" В.Поволяев, Юность № 3, 1981, 48

**КИРПИ́Ч** *м.*
Einfahrt verboten
*дорожный знак, запрещающий въезд транспорта.*
Именно здесь, в сторонке от тридцать первого километра по шоссе, висит „кирпич", запрещающий въезд посторонним на объект 11. Д.Я., 32

**КИРЯ́ЛЬЩИК** *м.*
Trinker, Säufer
*пьяница, алкоголик.*
— Если говорить по существу,.. мы заказ сделали ничего, на хорошую сумму, значит, он свое с нас возьмет, заработает, и, главное, он понял, что мы такие же, как и он, справные мужики, не фланеры, не фуфло... не киряльщики, у которых душа так и пылает скорее выпить, что им все равно, куда ворваться, а мы сюда явились, потому что знаем, что здесь лучше всего в Москве поят и кормят. С.Е.1, 24

**КИ́СЛО**
mißgestimmt, sauer
*уныло, тоскливо.*
И плевать, что на сердце кисло, / Что прощанье, как в горле ком. А.Г., 83
В проходной я сталкиваюсь с Борисом. — Боб, я женился,— выпалил ему в лицо. — Поздравляю, — кисло мямлит он. В.Ак., 41

**КИСЛЯ́ТИНА** *ж.*
saures Zeug
*о чем-либо очень кислом, неприятном.*
Не пробовали яблочек? Кислятина одна. Компот из них варить, а так!.. Ю.С., 140

**КИ́СНУТЬ** *несов.*
mißmutig/ mißgestimmt sein; den Kopf hängen lassen
*тосковать, унывать, быть в подавленном, угнетенном настроении.*
Может быть, и правда, вот так, как Чалый, надо относиться к болезни — она и сползет с тебя? Для чего киснуть? Для чего все время носиться с мрачными мыслями? А.С., 344

**КИЧ** *м.*
Geschmacklosigkeit, Kitsch
*безвкусица.*
Кич не только предметы ширпотреба. Некоторые телепрограммы и кинофильмы — типичные образцы кича. В.Веселовский, Л.Г., 4.2.81

**КИЧЕВО́Й**
geschmacklos
*безвкусный.*
Кичевым может быть стиль жизни и стиль работы. В.Веселовский, Л.Г., 4.2.81

**КИЧИ́ТЬСЯ** *несов.*
sich brüsten, großtun, dick(e)tun
*хвастаться; чрезмерно гордиться чем-либо.*
И вот распустеха еще и кичится. Я.Полищук, Б-ка крок., № 17/814/, М., 1978

**КИЧМЕ́Н** *м.*
geschmackloser Mensch
*безвкусный человек.*
И все-таки: ау, люди, стоящие рядом с кичменами, где вы? Где худсоветы, редсоветы и др. полезные советы? В.Веселовский, Л.Г., 4.2.81

**КИШЕ́ТЬ** *несов.*
wimmeln
*быть переполненным кем-, чем-либо.*
— Нам никто не посмеет помешать. — А туристы? Тут все окрестности кишат ими. — Даже они. В.Ак., 26

**КЛАСС** *м.*
Klasse, Niveau
*высокий уровень владения чем-либо; квалификация, выучка.*
Вот — поддал ударник жару, / Показал, бродяга, класс! / А уж после под гитару / Произнес нахальный бас... А.Г., 118

**КЛА́ССНО**
erstklassig, exzellent, phantastisch, klasse
*очень хорошо, превосходно, великолепно.*
На выпускном спектакле она в „Собаке на сене" классно сыграла Диану. Ц.С., 21

**КЛА́ССНЫЙ**
erstklassig, exzellent, phantastisch, klasse
*превосходный, замечательный, великолепный.*
— Сценка, наверное, была классная? — улыбнулся Торопов. В.П., 25

**КЛА́ЦАТЬ** *несов.*
klappern, die Zähne aufeinanderschlagen, mit den Zähnen klappern
*стучать зубами.*
Крокодил постоял, словно мысленно прочел предобеденную молитву, вздохнул, широко раскрыл пасть и, клацнув, проглотил Матюшкина. А.Я., 39

**КЛЕВА́ТЬ** *несов.:* **КЛЕВА́ТЬ НО́СОМ**
einnicken
*то опускать, то поднимать голову (о дремлющих сидя или стоя).*
Старик несколько раз как будто клюнул. Уж чего Локтев не любил больше всего, так это дремлющего рядом пассажира. В.Мурзаков, Наш современник № 6, 1979, 42

**КОЛЕСИ́ТЬ**
sehr gut, einträglich, lukrativ, lohnend
*очень хороший, выгодный.*
Я лучше в сторожа наймусь, клевая работа: сутки кимаришь, трое свободных, шестьдесят рублей плюс берданка. Е.Терновский, Р.М., 15.3.79

**КЛЕ́ИТЬСЯ** *несов.*
in Gang/ Fluß kommen, klappen, hinhauen
*успешно развиваться, удаваться /обычно о каком-либо деле/.*
Неделю назад, когда она жаловалась ему, что у нее не клеится с диссертацией, что ее работа никому не нужна, что и без того статей и монографий хватает, он, успокаивая ее, возбужденно доказывал, что Теккерей велик... В.Кор., 177
У дочери не клеилась личная жизнь /третий раз вышла замуж/... В.Ш., 15

**КЛЕПА́ТЬ** *несов.*
verleumden, anschwärzen, schlechtmachen; Übles nachreden, fälschlich beschuldigen
*клеветать, наговаривать на кого-либо // ложно обвинять кого-либо в чем-либо //.*
Но все эти и десятки других соображений Инга вместила в короткое — „все разлетится", и лейтенант вздрогнул и благодарно посмотрел на нее, словно услышал долгожданное признание в ответной любви. „А ты еще клепал на нее, дурило", — сказал себе. В.Кор., 448

**КЛЁШИ** *мн.*
Hose mit Schlag
*брюки с расширенной нижней частью.*
А он — в серо-голубых клешах и в расписной безрукавке — просто атлет. А.Голуб, Б-ка крок., № 17/814/, М., 1978

**КЛИ́КАТЬ** *несов.*
nennen
*называть кого-либо каким-либо именем.*
— А с жильем как? — В общежитии живу. — Ну, а зовут? — Мама Володькой кликала. С.Е.1, 22

**КЛОПО́ВНИК** *м.*
Loch, Bude
*о тесном жилом помещении.*
Мчаться вперед: на поездах, на попутных машинах, пешком, вплавь, заглатывать километры. Стоп! Поработали где-нибудь, надоело — дальше! Алька, вспомни про Горького и Джека Лондона. А для тебя, Юрка, это отличный тренинг. Или вы хотите всю жизнь проторчать в этом клоповнике? В.Ак., 9

**КЛОУНЕ́ССА** *ж.*
(weiblicher) Clown
*женщина-клоун.*
Смотрите, как бы говорит нам артистка, я играю

мальчика. Да, да играю! Я хочу остаться женщиной, я не боюсь вашего смеха. Я — клоунесса! В.Марьяновский, Юность № 3, 1981, 96

**КЛОЧКА́СТЫЙ**
verdrießlich, mißmutig, brummig; ärgerlich, aggressiv
*угрюмый, недовольный, сердитый; взбудораженный, взволнованный какими-либо неприятностями.*
— Иди, ври больше! Знаем, не протреплемся. С утра такой клочкастый был. Из театра тоже звоночек праздничный: „Где была, с кем ходила?" Да и сам до часу ночи неизвестно где... В.С., 58

**КЛУ́ША** *ж.*
Glucke, Klucke, Henne
*о неуклюжей, неповоротливой или плохо одетой женщине.*
Были и деревенские, сидевшие, как клуши, на своих громадных „сидорах", да еще державшиеся за них обеими руками. Л.Л., № 30, 149

**КЛЮ́КВА** *ж.*
unwahrscheinliche/ unglaubwürdige/ dubiose Geschichte/ Angelegenheit
*о чем-либо неправдоподобном, показывающем полное незнание предмета.*
К моему удивлению, особист эту клюкву проглотил с одобрением. Л.Л., № 32, 176

**КЛЮ́КНУТЬ**
sich betrinken, sich vollaufen lassen
*выпить алкоголь.*
— Клюкнуть хочешь? — спросила переводчица... Она достала из немецкого шкафа-буфета заткнутую пробкой начатую бутылку коньяка, рюмки, блюдца, сахарницу с печеньем и маленькое блюдце с нарезанными ломтиками лимона. В.Кор., 318

**КЛЮ́НУТЬ**
anbeißen, hereinfallen, sich ködern lassen
*поверить во что-нибудь.*
Он был наслышан о раззявах, клевавших на подобные посулы. Д.Иванов, В.Трифонов, Л.Г., 28.7.76

**КЛЮ́НУТЬСЯ**
sich daranmachen, sich daransetzen, in Angriff nehmen
*начать делать что-либо.*
Только клюнулся ручкой в бумагу — дать отповедь,как письмо пришло из Барнаула. А.М., 26

**КЛЯ́НЧИТЬ** *несов.*
aufdringlich bitten, betteln, quengeln
*надоедливо выпрашивать что-либо; попрошайничать.*
А то еще будет клянчить не в службу, а в дружбу дать ей до завтра взаймы луковицу или хоть бы две картошки... А.К., 226

**КЛЯ́УЗНИК** *м. неодобр.*
Ränkeschmied, Intrigant, Denunziant
*о человеке, занимающемся кляузами.*
Жалоба оказалась ложной, и народный суд постановил оштрафовать кляузников. И.Ш., 17

**КЛЯ́УЗНИЧАТЬ** *несов., неодобр.*
Ränke schmieden, Intrigen spinnen, denunzieren
*заниматься кляузами; наговаривать на кого-либо; сообщать кляузы, сплетни.*
Каждый из коллег старался урвать, утащить, укроить и слямзить у родного отечества, при этом кляузничая и доносяодин на другого. С.Б., 45
Затем Долманский завалил курсовой проект и снова сел писать жалобу. — Брось кляузничать, — советовали ему студенты. И.Ш., 19

**КНИЖЁНЦИЯ** *ж. пренебр.*
Buch
*то же, что книга.*
— Я достал интересную книженцию, — говорит Витя. — Могу дать почитать. Только чур, хранить конспирацию. А.Зиновьев, В преддверии рая, Лозанна, 1979, 162

**КНИ́ЖКА** *ж.*
Sparbuch
*то же, что сберегательная книжка.*
В общем, я за усопшую тетеньку / Пропил с книжки последнюю сотенку. А.Г., 245

**КОБЕ́НИТЬСЯ** *несов.*
bocken, bock(bein)ig/ widerspenstig sein, sich sträuben; sich zieren, sich spreizen
*упрямиться, не соглашаться на что-либо, заставляя упрашивать себя // кривляться, ломаться //.*
Очень выламывался один дядя в шляпе... Уж он кобенился-кобенился, этот дядя в шляпе, никого

не заразил своим деланным весельем, устал... В.Ш., 355

**КОВЫЛЯ́ТЬ** *несов.*
humpeln, hinken
*идти прихрамывая или с трудом, вперевалочку, медленно.*
Он скорее ковылял с разбросанными полами халата, неловко наклонялся, напоминая большую птицу — с крыльями, обрезанными неровно, чтоб она не могла взлететь. А.С., 359

**КОВЫРЯ́НИЕ** *ср.*
Herumbohren, Herumstochern, Herumwühlen
*анализ, разбор каких-либо переживаний, событий.*
Конечно, ковыряние в проблеме — деликатная вещь, не рубка лозы в конном строю. А.М., 18

**КОВЫРЯ́ТЬ** *несов.*
(herum)stochern, (herum)scharren, (herum)-popeln
*неумело или медленно делать что-нибудь.*
Я подковой вмерз в санный след, / В лед, что я кайлом ковырял! А.Г., 69

**КОВЫРЯ́ТЬСЯ** *несов.*
1 herumwühlen, herumklauben
2 herummurksen, herumpopeln
*1. рыться, копаться в чем-либо, извлекая что-нибудь.*
Каин с утра до вечера ковырялся на своем участке. С.С., 28
*2. медленно или неумело делать что-либо.*
Начальник ковыряется отверткой в замке стола. Вл.В.1, 32

**КО́ДЛА** *ж.*
Sippschaft, Clique
*компания, группа людей, проводящих вместе время.*
Пока ты мечтала о шекспировских спектаклях в этих стенах, я договорился со всей кодлой. В.Ак., 26

**КО́ЖАНКА и КОЖА́НКА** *ж.*
Lederjacke, Ledermantel
*кожаная куртка или пальто.*
Эвакуатор — изжеванный жизнью и частым куревом мужичок в изрядно поношенной кожанке — лениво сплюнул себе под ноги... В.М., 273
Сняли брюки с меня и кожаночку, / Все мое покидали в мешок, / И прислали Марусю-хожалочку, / Чтоб дала мне живой порошок. А.Г., 216

**КОЗЁЛ** *м.*
Dominospiel
*игра в домино.*
... сам во двор пошел, в козла постучать. С.Лившин, Л.Г., 12.9.73
И право же, просто смешно, / Как „опер" в саду забивает „козла"... А.Г.1, 44

**КОЗЛЕТО́Н** *м. ирон. шутл.*
mißtönende Stimme
*неприятный, фальшивый голос певца.*
Он часто поет нежным козлетончиком. „Я сижу и любуюсь тобой..." А.К., 287

**КОЗЛОЗАБИВА́ТЕЛЬ** *м. ирон.*
Dominospieler
*об игроке в домино.*
Стук костяшек домино на деревянном столике перед домом прекратился. От козлозабивателей отделились три личности без особых примет и приблизились, не без интереса глядя особенно на один из ящиков. Е.Евтушенко, Юность № 3, 1981, 23

**КОЗЫРЯ́ТЬ** *несов.*
die Ehrenbezeugung erweisen, salutieren
*приветствовать по-военному, прикладывая руку к козырьку.*
— Магазин закрыт,— козырнул ему давешний старшина. Д.Иванов, В.Трифонов, Л.Г., 28.7.76

**КОК** *м.*
abstehender Haarschopf, Tolle
*взбитая или завитая торчащая прядь надо лбом.*
Так прошло полсрока, и в доме отдыха все уже было не в новинку:... и унылый культурник, пожиратель сердец, высокий и ладный парень с коком, который днем, свободный от умственной работы, чинил замки, пробки и вставлял разбитые стекла. В.Кор., 265

**КО́КНУТЬ**
1 kaltmachen, umlegen, killen, um die Ecke bringen
2 zerschlagen, zerhauen; (leicht)anschlagen
*1. убить кого-либо.*
— Насчет покушения на Гитлера не слышали? — Слышали. — Не про то. Это когда его свои же генералы хотели кокнуть? В.Ш., 117

*2. разбить что-либо // стукнуть //.*
Об эту сахарницу я прибор и кокнул, об ручку. М.З., 17

**КОКО́КАНЬЕ** *ср.*
Gackern
*звуки, подобные „ко-ко-ко" /обычно о петухе, курице/.*
Так же, как в детстве, падали желуди с дуба на землю, так же возились куры в пыли, слушая вежливое кококанье белого петуха. И.Г.1, 30

**КОЛ** *м.*
schlechteste Schulnote, Eins (in der UdSSR)
*то же, что единица, самая низкая отметка в школе.*
А Сашка Громов спрашивает: „А можно я напишу все не так, а как я думаю?" „Я тебе дам, — говорит, — как я думаю! Я тебе такой кол закачу!.." А.С., 150

**КОЛБАСИ́ТЬСЯ** *несов.*
sich produzieren, sich präsentieren, sich herausstellen
*выставлять что-либо напоказ с целью возбудить к себе интерес; рисоваться.*
— Валя! Чего вы колбаситесь? — оголенным голосом начал я. — Да разве мы с вами не можем по-хорошему договориться, а Валь? А.К., 444

**КОЛГО́ТИТЬ** *несов.*
1 lärmen, randalieren, durcheinanderschreien, herumschreien, krakeelen
2 lauthals bitten
*1. шуметь, кричать, браниться.*
Одна из палат, приспособленная под столовую, считалась общедоступной, и здесь, в перерывах между едой, шумно колготило нечто вроде клуба... В.М., 282
*2. просить, требовать с криком, шумом.*
— Вот попал, черт шелудивый, а я с тремя живи, — и все колготят: хлеба! В.М., 206

**КОЛГО́ТИТЬСЯ** *несов.*
sich eifrig mit etwas beschäftigen
*возиться с чем-либо, заниматься чем-либо /обычно напряженно/.*
Глебов любил эту маленькую, калачиком гнутую старушонку с седым впрожелть, аккуратным пучочком на затылке, с дробным желтоватым личиком, всегда она колготилась по дому, возилась, шаркала, сновала туда-сюда. Ю.Т.1, 104

**КОЛГО́ТКИ** *мн.*
Strumpfhosen
*женские или детские трикотажные штаны и чулки, образующие одно целое.*
Я зову Диму — помогать; но он бреется. Оставляю Котьку в покое, натягиваю на обмякшую Гульку рубашонку, колготки, платьице, а она скользит с моих колен на пол. Н.Б. 3, 11

**КОЛГО́ТНО**
laut (auf engem Raum)
*тесно, шумно.*
Пришли товарищи Степана. Стало колготно в небольшой избенке Воеводиных. В.Ш., 42

**КОЛГО́ТНЫЙ**
laut, geräuschvoll, lärmend (auf engem Raum)
*шумный, крикливый.*
Сильным плечом он чуть-чуть, вежливенько попридержал колготную толпу. С.Е.1, 33

**КОЛГОТНЯ́** *ж.*
(lautes) Gezänk, Krach, Stunk
*перебранка, перепалка.*
... как ни силился Андрей криком и руганью сорганизовать среди панической колготни сколько-нибудь самозащиту, проку из его крика не выходило. В.М., 110
Пожалуй, только тут, растворяясь в стонущей колготне, обе женщины в полной мере осознали случившееся с ними. В.М., 206

**КОЛДО́БИНА** *ж.*
Vertiefung, Schlagloch, Rille; Loch
*выбоина, рытвина, ухаб на дороге // яма в реке, озере и т.п. //.*
Тягач разворачивался, чтобы втянуть орудие на положенный ему квадрат земли. И видимо, резко потянул, к тому же одно колесо орудия попало в свежевырытую колдобинку. В.Р., 169

**КОЛЕ́НЦЕ** *ср.*
Jux; Stück(chen)
*неожиданный, необычный поступок.*
... Петр Васильевич, взявший уже себе за правило готовиться здесь к любым фокусам, откровенно говоря, ожидал, что тот в любую минуту может выкинуть какое-нибудь коленце. В.М., 55

**КОЛЕСИ́ТЬ** *несов.*
kreuz und quer fahren, viel reisen, umherreisen, auf Achse sein

*много ездить, ходить в различных направлениях, бывать во многих местах.*

... Вилков сортировал свои кадры по бригадам, которые затем колесили по всему Союзу... В.М., 314

**КО́ЛИ**
wenn, falls
*то же, что если.*
Тут он на меня посмотрел еще раз и говорит: „Ну, коли ты неграмотный, я тебя сегодня вечером отправлю на „Травиату!" М.Булгаков, Юность № 7, 74

**КОЛЛЕКЦИОНЕ́РКА** *ж.*
Sammlerin
*женщина, собирающая какие-либо коллекции.*
— Ты, — говорю, — лучше расскажи, как в прошлом году на юге с одной коллекционеркой марками занимался. А.Тараскин, Л.Г., 26.9.73

**КОЛОТИ́ТЬ** *несов.*
jemanden schlagen
*бить кого-либо, наносить побои кому-либо.*
И советские родители, и их дети признают, что большинство ребят, особенно старше десяти лет, откровенно не любят своих звеньевых, и порой на переменах колотят этих ябед... М.Ш., 305

**КОЛОТЬБА́** *ж.*
Krach, Lärm, Gepolter
*шум, грохот.*
Он встал рывком, вытолкнул створки. Рванулось к ушам тарахтенье тракторного движка на подсолнечном поле, щебет птиц... — Батя? — спросил Митька о колотьбе, доносящейся со двора. Ю.С., 132

**КОЛО́ТЬСЯ** *несов.*
gestehen, ein Geständnis ablegen/ machen
*признаваться в чем-либо.*
Рабочие кололись на допросах сразу, и только один Обнорский молчал, но потом, после суда, не выдержал и подал прошение на имя Лорис-Меликова. В.Кор., 449
Лупили и под вздох, и по челу, / И римский опер, жаждая награды, / Им говорил: „Сперва колитесь, гады! / А после разберемся — что к чему". А.Г., 277

**КОЛОШМА́ТИТЬ** *несов.*
schlagen, prügeln, hauen
*колотить, бить.*
Он проглотил суп и хлопнул себя по груди: — Сейчас их сам организм начнет колошматить. Он-то с имя управляется! В.Ш., 167

**КОЛУПА́ТЬСЯ** *несов.*
(herum)trödeln, (herum)bummeln
*работать медленно, немного.*
В колхозе он давно не работает, хотя старики в его годы еще колупаются помаленьку — кто на пасеке, кто объездным на полях, кто в сторожах. В.Ш., 53

**КОЛЧЕНО́ГИЙ**
wackelig, kippelig, schwankend
*на кривых, не одинаковых по высоте ножках // такой, у которого одна нога короче другой //.*
На колченогом столе, в окружении порожней, разных калибров посуды, простуженно отсчитывал время обшарпанный будильник. В.М., 70

**КОЛЧЕРУ́КИЙ**
mit verschieden langen Armen, ungleicharmig
*такой, у которого одна рука короче другой.*
Тосты выстраивались по чину, от старшего к младшему, чему соответствовало содержание речей, за которым строго следил председательствующий, колчерукий мужик лет сорока. В.М., 249

**КОМАНДИ́РША** *ж.*
Kommandeursfrau; herrische/ herrschsüchtige Frau; Dragoner
*жена командира // о женщине, любящей приказывать, распоряжаться //.*
— Ваше здоровье, — чокалась с командиршей и с красивой женой майора Чашина. В.Кор., 218

**КОМИССИО́НКА** *ж.*
Gebrauchtwarengeschäft; Kommissionsladen
*комиссионный магазин.*
Только на другой день, к обеду, заявился Андрей домой... Жены не было. — Где она? — спросил сынишку. — В город поехала, в эту... как ее... в комиссионку. *В.Ш., 171*

**КОММУНА́ЛКА** *ж.*
Gemeinschaftswohnung
*коммунальная квартира.*

В коммуналке, говорит, меня сразу скрутят, я здесь же душу из тебя вынимать спокойно могу. А.М., 36

**КОМНАТЁНКА** *ж. уменьш. пренебр.*
Zimmer(chen)
*то же, что комната.*
Номер был двухкомнатный, на четыре человека, с ванной. Черт возьми, можно жить, Америка есть Америка — не Австрия, не Италия: у Беттины, в Вене, нас втроем втиснули в комнатенку на четвертом этаже... А.Л., 102

**КОМПАНЕ́ЙСКИЙ**
gesellig, kontaktfreudig
*общительный, подходящий для компании.*
... ему понравился и этот дом, представляющий собой живую смесь порядка и хаоса, и его будущий такой компанейский тесть. С.Е., 57

**КОМПОСТИ́РОВАТЬ** *несов.:* **МОЗГИ́ КОМПОСТИ́РОВАТЬ**
jemandem etwas vormachen, Sand in die Augen streuen, für dumm verkaufen
*обманывать, дурачить, стараться перехитрить кого-либо.*
Думаешь, если я продавщица, то позволю себе мозги компостировать, да?! Ищи себе другую дурочку! А.Джалан, Л.Г., 1.2.78

**КОНДАЧО́К** *м.:* **С КОНДАЧКА́**
leichtfertig, unüberlegt, unbedacht, blind(lings)
*несерьезно, легкомысленно, не раздумывая.*
Вначале это казалось Норе притворством, но потом она убедилась — и тут тоже нельзя судить с кондачка. И.В., 37

**КОНДРА́ШКА** *м. шутл.*
Schlag(anfall)
*об апоплексическом ударе, параличе.*
Дела!.. Приедет Голубев — его кондрашка хватит. И.Ф., 42

**КОНДУ́КТОРША** *ж.*
Schaffnerin
*женщина-кондуктор.*
Шофер молодую кондукторшу любит. / Ах, только б автобус дошел невредим! Б.О., 168
Так, потряхиваемая трамваем, на задней площадке, где кондукторша громко обличала какого-то молодого человека, не купившего билет, Зоя достояла до конца. А.С., 180

**КОНЁК** *м.*
Steckenpferd, Hobby, Lieblingsthema
*о предмете стремлений, излюбленной теме мыслей, разговоров кого-либо.*
Экономические темы были любимым Гришкиным коньком, а в финском доме, где он жил вместе с Курчевым и еще семью холостяками, слушателей хватало. В.Кор., 11
Хочется вспомнить пережитое, помянуть былое. — Ну, сел на своего конька, — махнула рукой Мария Романовна. И.Ш., 38

**КОНОВА́Л** *м. пренебр.*
Kurpfuscher, Quacksalber
*о невежественном враче.*
—... О-ох... Да еще моча не идет, катетер вставляют... Задели, видать, мочеточник, коновалы проклятые... О-ох! И.В., 63

**КОНОПА́ТЫЙ**
sommersprossig; pockennarbig
*веснушчатый; рябой, изрытый оспой.*
Мальчишка смотрел на лесника волчонком, и конопатое вздернутое кверху лицо его тряслось недетской злостью. В.М., 92

**КОНТАКТОВА́ТЬ** *несов.*
mit jemandem in Verbindung stehen
*быть с кем-либо в контакте; поддерживать связь, отношения.*
Мы старались держаться вместе, но контактовать нам было нелегко: Женька рвался верховодить — только у него не получалось, петушистый больно. В.Карпов, Наш современник № 1, 1979, 22

**КОНТА́ЧИТЬ** *несов.*
Kontakt haben/ unterhalten, verkehren
*быть с кем-либо в контакте; поддерживать связь, отношения.*
— Ты б звякнул ему. — Не, я с папашей не контачу. Е.Терновский, Р.М., 15.3.79
Обывательщина заела. Мать за каждой пылинкой гоняется. Отец диссертацию строчит. Да я с ними не контачу. У меня свой принцип — без стандартов. Б-ка крок., № 18/815/, М., 1978, 22

**КОНТО́РА** *ж. ирон.*
Geschäft, Firma; Amt, Institution
*о каком-либо предприятии, учреждении и т.п.*
Бросил институт и поступил в нашу контору, пожалел себя в кои-то веки. Ю.М., 45

**КО́НТРИК** *м.*
Konterrevolutionär
***то же, что контрреволюционер.***
Вот они — кадры мои, рвач на воре, контриком погоняет. В.М.1, 257

**КОНТРОЛЁРША** *ж.*
Kontrolleurin
***женщина-контролер.***
— Не трожь чужой билет!— строго приказала контролерша и дернула его за рукав. Е.Шатько, Л.Г., 12.7.78

**КОНТРО́ЛКА** *ж.*
Test, Klausur, Klassenarbeit
***то же, что контрольная работа.***
— А как моя контролка? Сказали, простая задачка будет, а сами дали с применением тригонометрии... А.К., 70

**КОНФЛИКТОВА́ТЬ** *несов.*
Streit haben/ bekommen (mit jemandem)
***вступать в конфликт с кем-либо.***
На службу, как все люди, не ходим, не табелируемся, пишем неритмично, не конфликтуем с ОТК, в итоге наша выработка и, главное, качество не поддаются учету, тарификации и справедливой оплате в соответствии с количеством и качеством затраченного труда. Л.Г., 14.1.81

**КО́НЧИТЬ**
erledigen, umlegen, den Garaus machen
***то же, что убить, лишить жизни кого-либо.***
Вот который ко мне боком: что-то было у него под курткой. Локтем ощущал. Кончили б, точно. Ю.С., 132

**КОНЮШИ́ХА** *ж.*
Pferdepflegerin; die Frau des Pferdepflegers
***женщина-конюх //жена конюха//.***
Конюшиха, конечно, тотчас летела к начальнику, муженек по адресу призыва — то есть чистить „гальюн". В.Мурзаков, Наш современник № 6, 1979, 48

**КОНЯ́ГА** *м. ж.* **КОНЯ́КА** *м. ж.*
Pferd, Roß, Gaul
***конь, лошадь.***
Тут к ним подошел служитель в синем комбинезоне. — Гражданин, вы зачем зашли туда? — На коняку вашего любуюсь. В.Ш., 35

**КООПЕРАТИ́В** *м.*
Eigentumswohnung
***квартира, построенная на кооперативных началах.***
У меня есть идея. Я беру твой кооператив и селюсь там с подругой. Л.Хахалин, Юность № 2, 1981, 48

**КООПЕРАТИ́ВЩИК** *м.*
Wohnungsbaugenossenschaftler
***член строительного кооператива.***
Вот и дооригинальничались! И куда, спрашивается, кооперативщики смотрели. И.Двинский, Л.Г., 26.7.78

**КОПА́ТЬСЯ** *несов.*
wühlen, (herum)kramen, (herum)fummeln
***делать что-либо медленно, возиться с чем-либо.***
— Мать, ну что ты там копаешься?! Тащи чай к телеку. „Клуб путешествий" начинается. В.Коклюшкин, Л.Г., 13.12.78

**КОПИРО́ВЩИК** *м.*
Kopist, Nachahmer, Epigone
***человек, лишенный самостоятельности; подражающий чему-либо, повторяющий что-либо.***
Без поддержки энтузиастов идея попадает в руки копировщиков и подражателей, которые всю душу вынут из нее, оставив одну наружную шелуху. В.Столетов, Л.Г., 21.1.81

**КОПОШЕ́НЬЕ** *ср.*
(unruhiges) Herumhantieren, Herumkramen, Herumfummeln
***тревога, волнение; мелочная возня с чем-либо.***
Чем по принципу тарана / Оглушит и ошарашит? / Истерией? Копошеньем? С.В., 46

**КОПОШИ́ТЬСЯ** *несов.*
wühlen, (herum)fummeln, (herum)kramen
***возиться с чем-либо, делать что-либо медленно.***
Посмотрел по сторонам — все копошатся чего-то: кто чертит, кто пишет, кто размышляет. Л.Корсунский, Л.Г., 12.12.73

**КОПТИ́ЛКА** *ж.*
Funzel, Petroleumfunzel
***самодельное примитивное осветительное приспособление.***
А затем его уносил сквозь снег поезд голодного

года и в призрачном свете коптилки кто-то тоненько тянул из-под лавки песню. В.М., 18

**КОПЬЁ** *ср.*
Geld, Kleingeld
*то же, что деньги.*
Помирать мне придется с голоду — вы мне копья не подкинете, знаю. Г.В.1, 11

**КОРЁЖИТЬ** *несов.*
sich aufspielen; aufziehen; entstellen, zurechtbiegen
*кривить, гнуть, ломать кого-, что-либо.*
— Ты не ори только, не ори... Я один вопрос поставлю и больше не буду. У меня брательник в Питере такой же... придурок: тоже строит из себя. Чего вы из себя корежите-то? В.Ш., 271
— Эко его родимец-то корежит! Это он, кума, дразнит меня. В.А., Л.Г., 14.12.77
— Нет. Я выше этого. Просить, умолять, к тому же корежить свои мысли — нет! В.Кор., 297

**КО́РЕШ** *м.*
Freund, Kumpel, Spezi
*друг, приятель // сообщник //.*
... Запросили адрес, но брат Валин дал адрес только лучшему своему корешу — Кольке. В.Ш., 234

**КОРЕШИ́ТЬ** *несов.*
befreundet sein
*дружить, быть в дружеских отношениях с кем-либо.*
... с одним-то, с Вовчиком, я корешил недолго, рейса два сплавали вместе под тралом... Г.В.1, 3

**КОРИ́ТЬ** *несов.*
tadeln, Vorwürfe machen
*упрекать, попрекать, укорять.*
А будни нас кормили калачами, / А женщины корили по ночам, / Чтоб мы дороги той не замечали,/ Не тратили себя по мелочам. Б.О.. 160

**КОРМЁЖКА** *ж.*
Verpflegung, Kost
*пища, еда.*
Ну и заплатите мне, как вроде я нанял человека рубить... Рублей шестьдесят берут, ну и кормежка — двадцать: восемьдесят рэ. В.Ш., 135

**КОРМИ́ЛЕЦ** *м.*
Ernährer, Verdiener
*о человеке, который кормит, дает пропитание кому-либо другому, содержит кого-нибудь на иждивении.*
— Как тебе не стыдно! Мужчина. Еще пожалуйся на свою жизнь: великий артист, скверная жена, ты мне все: и деньги в дом, и детей кормишь, кормилец вообще, поилец! Спасибо. В.С., 39

**КОРМУ́ШКА** *ж.*
Futterklappe, Zellentürklappe
*маленькое окошечко в дверях, через которое подают пищу.*
Но хуже нельзя было придумать, если вдруг открывалась кормушка и корпусной говорил: „Соберитесь с вещами". Вл.Б., 189

**КОРО́БИТЬ** *несов.*
unangenehm/ peinlich berühren/ sein, zuwider sein
*производить отталкивающее впечатление, внушать отвращение, вызывать неприятное чувство.*
Была девушка... женщина, которая медленно, ласково называла его Мишель. Очкарика слегка коробило, что он Мишель, он был русский умный человек, поэтому вся эта... весь этот звякающий чужой набор — „Мишель", „Базиль",„Андж" — все это его смущало, стыдно было, но он решил, что он потом, позже, подправит свою подругу, она станет проще. В.Ш., 409

**КОРО́НКА** *ж.*
Glanzstück, Glanznummer, Schlager, Knüller, Hauptattraktion
*лучший номер; самый удачный номер в репертуаре артиста, артистки.*
Я прошу сначала Гершвина, потом одну „коронку" Эллы Фитцжеральд, затем Армстронга и одну вещь Кола Портера. Время и мы, № 43, 1979, 39

**КОРОТА́ТЬ** *несов.*
(die Zeit) vertreiben/ totschlagen
*проводить время, стараясь заполнить его чем-нибудь.*
Обзавелся Сивка Буркой — закадычным другом — / С ним он ночи длинные коротал. В.В.3, 26

**КОРОТЫ́ШКА** *м.ж.*
Knirps, Dreikäsehoch; Murkel, Mini-
*о ком-, чем-либо небольшого роста, размера.*
Можно поставить барак-коротышку. Можно размахнуться широко, раздольно, от границы до границы. Ф.Кан., 17

**КО́РОЧКА** *ж.*
Deckel, Umschlag
*твердая обложка книги, тетради.*
А на уставе с тех пор, как его придумали, только корочки менялись. В.А., 570

**КО́РОЧКИ** *мн.*
Diplom
*диплом, документ, удостоверяющий окончание среднего специального или высшего учебного заведения.*
Есть, конечно, такие, которые по три высших образования схватили, а все это им и не нужно, не знают, куда убить время, и специалистами хорошими не стали, а хвастают перед соседями своими корочками. С.Е.1, 25

**КОРПЕ́ТЬ** *несов.*
angestrengt arbeiten, brüten (über etwas)
*усердно, терпеливо, кропотливо трудиться, заниматься чем-нибудь.*
Метод найден, и не надо теперь, собрат и коллега-писатель, мучиться и корпеть за столом. А.М., 2

**КО́РЧИТЬ** *несов., неодобр.*
markieren, so tun als ob, etwas vorspielen/ vormachen
*прикидываться кем-нибудь, представлять, изображать из себя кого-либо.*
А тот молчит, будто воды в рот набрал. Корчит из себя застенчивого. И.С., 21

**КОРЯ́БАТЬ** *несов.*
kritzeln, krakeln; schreiben, schriftstellern
*писать небрежно // сочинять что-либо //.*
Он не знал, как развлечь женщину, понимая, что ей неинтересен, а ее доброжелательное отношение к его писанине — это так, печки-лавочки. Да и что общего между человеком и тем, что он корябает? В.Кор., 403

**КОРЯ́ВЫЙ**
1 pockennarbig, blatternnarbig
2 uneben, holperig
*1. имеющий следы оспы на лице; рябой.*
— Спирька, дурак ты, дурак, хоть рожу свою пожалей. К кому поперся — к Лизке корявой, к терке!.. Неужели не совестно? В.Ш., 186
*2. неровный, угловатый, некрасивый.*
На одной из свежевыкрашенных стенок висел прикрепленный „Боевой листок", исписанный корявым почерком. В.К., 44

**КОРЯ́ЧИТЬСЯ** *несов.*
sich widersetzen, sich sträuben, sich dagegenstemmen
*упрямиться, не соглашаться на что-либо, быть несговорчивым.*
Вся-то строптивость Мони, все упрямство его — чтоб люди не успели сделать больно, пока будешь корячиться перед ними со своей доверчивостью и согласием. В.Ш., 337

**КО́СЕНЬКИЙ** *уменьш. ласк.*
beschwipst, angeheitert, leicht angeschlagen
*немного пьяный.*
А на Первое мая вот что произошло. Все, конечно, выпили. И он тоже косенький. В.П., 28

**КОСЕ́ТЬ** *несов.*
betrunken/ blau werden
*становиться пьяным.*
Неужели так и пьют? И не косеют? А пить да не косеть — так зачем пить? В.Крупин, Новый мир № 8, 1980, 45

**КОСИ́ТЬСЯ** *несов.*
scheel/ schief ansehen
*относиться к кому-, чему-либо неодобрительно, с подозрением, враждебно.*
Рабочий человек и в ресторан не пойдет — не впущают. На рабочий костюм косятся. Грязный, дескать, очень для обстановки. М.З., 45

**КО́СМЫ** *мн.*
zersauste/ struppige Haare, Zotteln
*о спутанных, всклокоченных, взлохмаченных волосах.*
Старуха восточного вида с растрепавшимися космами раскидалась в муке по подушке. А.С., 223

**КОСОЛА́ПО**
plump, ungeschickt, ungelenk
*неуклюже, неловко.*
Быть может, здесь я простой подмастерье? / Рассчитал косолапо и наскоро. Б.О., 234

**КОСТЕРИ́ТЬ** *несов.*
heruntermachen, herunterputzen, abkanzeln, zur Minna machen
*долго и придирчиво бранить кого-либо; ругать.*
Мы его костерим почем зря, а его в этот момент,

может, у Склифосовского сшивают. Д.Иванов, В.Трифонов, Л.Г., 28.7.76

**КОСТИ́ТЬ** *несов.*
ausschimpfen, herunterputzen
*бранить, ругать, поносить кого-либо.*
Бабка Евстолья все время только и знала, что костила Митьку. В.Б., 105

**КОСТЛЯ́ВАЯ** *ж.*
Knochenmann, Sensenmann
*то же, что смерть.*
„Нет, видно, никого она не щадит, костлявая", — заключил он мысленно. В.М.1, 232

**КОСТОЛО́М** *м.*
Schläger
*тот, кто ломает кости другим; драчун.*
И. Мишустин, костолом — возникает эпизодически. А.М., 33

**КОСТЯ́ШКА** *ж.*
Kugel, Kügelchen
*косточка, кругляшка, шарик на счетах.*
Щелкаю я костяшками счетов, нажимаю кнопку на кассе, жужжит она, как оса. А.Эйрамджан, Л.Г., 22.9.76

**КОТ** *м.*
Zuhälter, Louis, Lude
*сутенер.*
По дороге Наина плакала, жаловалась на Жбанова, ругала его котом и плесенью, грозилась написать в профком и местком, требовала, чтобы Гарусов оказал давление по комсомольской линии. И.Г. 2, 133

**КОТОВА́ТЬ** *несов.*
sich herumtreiben, (herum)streunen
*вести распутный образ жизни.*
Из-за штормяги не заметил Кутакова. Вылез откуда-то сбоку и стал горланить мне на ухо: „Что, котует?!" /Посочувствовал, кретин!/ В.П., 43

**КО́ФИК** *м.*
Kaffeestube, Cafeteria
*то же, что кафе.*
Потом мы сошли с сейнера и решили добавить. Пошли в колхозный кофик и там добавили. В.Ак., 49

**КОЧЕВРЯ́ЖИТЬСЯ** *несов.*
sich sträuben, sich sperren; herabblicken, herabschauen auf jemanden; sich zieren, sich spreizen
*упрямиться, упорствовать, долго отказываться от чего-либо // важничать; показывать пренебрежение к кому-либо // кривляться, ломаться; дурачиться //.*
Так что вылезай из-под стола и выпьем. Довольно тебе кочевряжиться!.. А.Ч., 19

**КОЧЕГА́РИТЬ** *несов.*
ackern, schuften; als Heizer arbeiten
*тяжело работать // обслуживать топки паровых котлов //.*
... летом он /Костя Валиков/ пас колхозных коров, зимой был скотником — кочегарил на ферме, случалось — ночное дело — принимал телят. В.Ш., 318

**КОШЁЛКА** *ж.*
Korb, Körbchen
*сумка, небольшая корзинка.*
— Нюрка,— сказал Иван, торопливо зашнуровывая ботинки.— Дай мне винтовку, а себе возьми из кошелки револьвер какой побольше. Вл.В., 274

**КРА́ЛЯ** *ж. пренебр.*
(hübsche/ flotte) Puppe, Biene
*о красивой, видной женщине.*
Вот, пожалуйста, любуйся: ... / Впрок распластанная краля. С.В., 45
Привел я ее к себе в холостяцкую конуру в Черкизово, соседи за человека не считали, а тут зауважали сразу, какую Алька кралю себе отхватил... В.М., 382

**КРА́НТЫ** *мн.*
Ende, Untergang, Tod
*конец, гибель, смерть.*
— Штормик был славный!— бодро восклицает Алька. Ему все нипочем. — А я думал, ребята, всем нам кранты,— говорит Юрка. В.Ак., 64

**КРАСА́ВЧИК** *м. ирон. ласк.*
Schönling
*о красивом мужчине.*
И через месяца три или четыре показал ей наш красавчик от ворот на запад. В.Кор., 237

**КРА́СНЕНЬКАЯ** *ж.* **КРА́СНЕНЬКИЙ** *м.* **КРА́СНЕНЬКОЕ** *ср.*
1 Zehnrubelschein
2 Rotwein

*1. денежный знак в десять рублей.*
Вовчик уже, смотрю, вынул всю пачку, развернул платок и сам отмусоливает пятнадцать „красненьких". Г.В.1, 8
*2. красное вино.*
— Племянница какая-то Ефимова. Тоже где-то в городе живет. Ну распоряжалась тут похоронами. Подавись ты, думаю, своими двумя рублями, я лучше сам возьму пойду красненькой бутылку да помяну один. Я уважал старика... В.Ш., 220

**КРАСНОБА́Й** *м.*
Schönredner, Schwätzer, Phrasendrescher
*любитель пустого, многословного красноречия; говорун.*
Глеб Капустин, толстогубый, белобрысый мужик лет сорока, деревенский краснобай, начитанный и ехидный. В.Ш., 172

**КРАСНОБА́ЙСТВОВАТЬ** *несов.*
schöne/ große Reden halten/ schwingen, Phrasen dreschen, schwätzen
*много, красиво, напыщенно, но бессодержательно говорить.*
Старый златоуст Михаильчик! Он сам млел, краснобайствуя. Почти всегда после бесед с ним я начинала проявлять признаки раскаяния /один раз даже плакала. Клянусь — не вру/. А.К., 299

**КРАСНОРО́ЖИЙ**
rotbackig
*имеющий красное лицо.*
... краснорожая свинья в крепдешиновом сарафане лезла к нему через стол целоваться. Вл.В., 98

**КРАСОТА́** *ж.*
prima, phantastisch
*прекрасно, замечательно (при выражении восхищения, удовольствия).*
А так красота. Семьи нет, деньги отдавать никому не надо. Л.Измайлов, Л.Г., 21.1.76

**КРАСО́ТКА** *ж.*
Schöne, Schönheit
*о красивой, миловидной девушке, женщине.*
И тут же представил себе: вот он заканчивает университет, защищает кандидатскую... начинает преподавать... потом покупает машину, дачу, будет у него жена-красотка, и начнет он ездить за границу. С.Е., 47

**КРАСУ́ЛЯ** *ж.*
Schöne, Schönheit
*красивая женщина, красавица.*
Вся она была холеная, крепкая. Красуля, можно сказать. Г.В.1, 9

**КРЕ́ПКО**
sehr, ungeheuer, verdammt
*очень сильно; основательно.*
Он, видно, много отшагал за день и крепко устал. В.Ш., 40

**КРЕПЫ́Ш** *м.*
kräftiger/ kraftstrotzender/ kerngesunder Mensch
*о человеке крепкого телосложения.*
И, подмигнув соседу, / Молодожену-крепышу, / Я еду, еду, еду, еду, / Пишу, пишу, пишу... А.Р., 35

**КРЕ́СТИК** *м.*
Kreuzchen
*пометка в тексте в виде двух черточек, перекрещивающихся под прямым углом.*
— Крестики ставишь? — спросил он насмешливо.
— Не-а, галочки. Г.В. 2, 63

**КРЕСТИ́ТЬ** *несов.*
schimpfen, ausschimpfen, herunterputzen
*бранить, ругать кого-либо.*
А старший политрук, начав кричать, никак не мог остановиться, он крестил Чонкина почем зря. Вл.В, 29

**КРЕТИ́Н** *м. бран.*
Kretin, Schwachsinniger; Trottel, Vollidiot
*дурак; тупой человек.*
Когда я пришел в Институт молодым кандидатом философских наук, тут методологией теории научного коммунизма занимались всего три сталинских кретина и холуя в секторе научного коммунизма. А.З., 13

**КРЕТИ́НКА** *ж. бран.*
dumme/ blöde Gans/ Kuh, dumme Trine
*дура; тупая, глупая женщина.*
Ты в кооперативе / Приятственно блудишь / И с мордою кретинки / На Штирлица глядишь. Е.Е., 15

**КРИВЛЯ́КА** *м. ж. неодобр.*
Zierpuppe, Zieraffe
*о человеке, который держит себя неестественно, кривляется.*

Как вам понравилась эта кривляка? А муж у нее — прямо жук на палочке. Новоиспеченный гений. В.Кор., 292

**КРИВЛЯ́ТЬСЯ** *несов.*
sich zieren, sich spreizen, sich anstellen, sich haben
*вести себя жеманно, кокетливо; ломаться.*
И почти на двадцать лет Васькин был оттерт в тень, в неизвестность. А я все это время кривлялся на виду. А.З., 50

**КРИВОТО́ЛКИ** *мн.*
Gerede, Klatsch, Getratsche; Entstellungen, Verdrehungen
*неодобрительные, вздорные, неправильные высказывания; сплетни.*
Слишком хорошо усвоил он на прошлой своей работе, что всякие объяснения при народе лишь затемняют суть дела, порождают новые пересуды и кривотолки. В.М., 485

**КРИВУ́ЛИНА** *ж.*
Krumme(r), Bucklige(r); schiefer (und krummer) Gegenstand
*о ком-, чем-либо кривом, уродливом.*
Тебе бы Маше надо было всю жизнь ноги мыть, да юшку пить, что пошла за тебя, ты и смолоду кривулина был, а под старость совсем кокора! Добро бы хозяин был — а то пропащей тебя во всей деревне мужика не найдешь. Е.Т., 181

**КРИКУ́Н** *м.*
1 Schreier, Schreihals
2 Großmaul, Großsprecher, Großschnauze
*1. крикливый человек.*
Женька был крикун. Очень, очень красивый. А.К., 355
Даже было такое странное чувство, что этот крикун и грубиян, то не дававший свет тушить, то по произволу открывающий форточку... имеет свою судьбу, может не очень счастливую... А.С., 290
*2. о том, кто много и попусту говорит, спорит /обычно пренебрежительно/.*
До сих пор наши крикуны... кричали о коррупции как чисто японском явлении. М.С.1, 46

**КРИТИКА́Н** *м. неодобр.*
Kritikaster, Beckmesser
*о человеке, склонном к придирчивой, поверхностной, необоснованной критике.*
И бегут в панике непереоценщики и критиканы от мещанина, скача вниз через пять ступеней. А.М., 8

**КРИТИКА́НСТВО** *ср. неодобр.*
Krittelei, Nörgelei, Beckmesserei
*придирчивая, неосновательная критика.*
Нет, любезный, я вникаю / Без огула, без упрямства, / И отнюдь не допускаю / Никакого критиканства. С.В., 45

**КРИТИКЕ́ССА** *ж. ирон.*
Kritikerin
*женщина-критик.*
Бедная критикесса / Сидела в цыганской шали. / А бедные стихотворцы / От страха едва дышали. Д.Самойлов, Л.Г., 14.10.79

**КРОВИ́НКА** *ж. ласк.*
Liebste, Herzallerliebste
*об очень близком человеке.*
Ждет маманя свою кровинку, / А она с богом сидит в обнимку. А.Г., 133

**КРОВОСО́С** *м.*
Blutsauger; Bluthund
*то же, что кровопийца; жестокий, свирепый человек; угнетатель.*
... в коллективизацию чуть не по всей Украине кулачье чехвостил, долго будут Пономарева помнить кровососы мужицкие! В.М.1, 219

**КРОВЯ́НКА** *ж.*
Blut
*то же, что кровь.*
Шулепа состоял из слоев, распадался пластами, и каждый пласт был не похож на другой, но вот то — в снегу, в сугробах у кирпичной стены, когда дрались до кровянки, до хрипа „сдаюсь", потом в теплом громадном доме пили, блаженствуя, чай из тоненьких чашек, — тогда, наверно, было настоящее. Ю.Т.1, 84

**КРОМСА́ТЬ** *несов.*
zerstückeln, in Stücke schneiden, zerschnippeln
*грубо, небрежно резать что-либо на куски, на части.*
Позабыв о лени и недовольстве, салаги, весело поговаривая о еще свежей в мыслях гражданке, принялись кромсать направо и налево картофель, попросив меня сказать истопнику, чтобы растапливал печь. В.Р., 177

**КРОПА́ТЬ** *несов., пренебр.*
zusammenschreiben, zusammenschmieren
***писать, сочинять что-либо неумело, с трудом.***
Тут нечего доисследовать, приставать к людям с вопросами и в блокнотик кропать наблюденное. А.М., 40
„Пусть его напишет или не напишет, только б отвязался. Господи, тоска какая. Тут не то что главу кропать, тут жить не захочешь." В.Кор., 179

**КРО́ХА** *м. ж.*
Knirps, Kleine(r), Krümel, Murkel
***маленький ребенок.***
Сашка взял девочку на руки. Чего-то вдруг аж слеза навернулась. ,,Кроха ты моя... Неужели ты все понимаешь?" В.Шукшин, Охота жить, Казань 1977, 88

**КРОХОБО́Р** *м. пренебр.*
Raffke, Geizhals, Knauser; Krümelkacker
***скупой, жадный человек.***
— Плюньте на него, крохобора! — возмутился Палваныч. Л.Наумов, Л.Г., 12.7.78
— Точно, — засмеялся сидевший рядом с Валькой третий младший лейтенант, маленький курчавый владелец автомашины „Москвич — 401", прозванный в полку крохобором. На машину ушли все суточные, подъемные, все жалованье за год и за полгода вперед, и младший лейтенант, вечно стрелявший рубли и трешки, не пил своей водки, не курил своих папирос... В.Кор., 346

**КРОХОБО́РКА** *ж. пренебр.*
geizige Frau, Geizliese
***скупая, жадная женщина.***
Придется заплатить, дьявол с ними, она не крохоборка, но теперь уж будет за ними следить: чуть где промашку дадут, она их сразу прищемит. Ю.Т., 156

**КРОХОТУ́ЛЯ** *м.ж.*
Kleine(r), Krümel, Knirps; kleines Ding, Murkel
***о человеке очень маленького роста// о чем-либо маленьком, незначительном//.***
Сашку вдруг изумило и то, что она, крохотуля, почему-то смолкла, когда он объяснялся с дядями и тетями, а начинала говорить только после того и говорила, что дяди и тети „похие", потому что нехорошо говорят с папой. В.Шукшин, Охота жить, Казань 1977, 83

**КРОХОТУ́СЯ** *м.ж.*
Kleine(r), Krümel, Knirps; kleines Ding, Murkel
***то же, что крохотуля.***
Но это продолжалось недолго, в лабораторию пришла Семина жена, очень на мужа похожая: личико круглое, глазки голубые, и только фигуркой против мужа не вышла — Сема парень могучий, а эта — крохотуся. С. Залыгин, Наш современник № 2, 1979, 45

**КРОШЕНИ́НА** *ж.*
Gemisch, Mischmasch, Brei
***кушанье, пища из смеси чего-либо накрошенного.***
— ... Ну, взял он у сторожихи блюдо. Хлеба накрошил с полблюда. „Лей, — говорит. — Большое блюдо-то малированное". Ну я и ухнул всю бутылку белого в это блюдо... И что бы ты, Парменушка, сказал, ежели этот пес, этот Мишка, всю эту крошенину ложкой выхлебал?.. В.Б., 4

**КРО́ШКА** *м. ж.*
Kleine, Krümel, Knirps
***ласково, фамильярно о ребенке, женщине.***
Ты помнишь, как пожилой пьяный пижон сказал в метро: „Полжизни бы отдал за ночь с такой крошкой." В.Ак., 25

**КРУГЛЯ́К** *м.*
rundes Ding
***предмет, имеющий круглую форму.***
Распластаешь кругляк, на четвертинки разделишь и сперва выешь мякоть из середки. В.А., Л.Г., 14.12.77

**КРУГОСВЕ́ТКА** *ж.*
Weltreise
***кругосветный (полет, плавание, путешествие и т.п.).***
Мальчишкой, оставшись без родителей, он определился в мореходное училище, откуда ушел в первую кругосветку. В.М., 296

**КРУ́ПНО**
groß, mächtig, toll
***очень, очень сильно.***
— Это тебе, считай, крупно повезло, браток! А.Ч., 27

**КРУТАНУ́ТЬСЯ**
sich schnell/ unvermittelt/ abrupt umdrehen/ zur Seite drehen
***резко повернуться.***

Инженер бросил сигарету, наступил на нее, крутанулся, вдавив ее в землю, и пошел заводить мотоцикл. В.Ш., 338

**КРУТИ́ТЬСЯ** *несов.*
hin und her rennen/ wetzen, herumwetzen; auf Trab sein
*суетиться, хлопотать; назойливо вертеться, толкаться где-либо.*
Их ребятишки тоже не теряли времени даром, крутились рядом с ними, выпрашивая и приворовывая к общей добыче и свою долю. В.М., 127
— Ты-то своего хоть дома покормишь, а я здесь с утра до вечера кручусь. С.Б., 23

**КРУТОБЁДРЫЙ**
mit breiten Hüften
*с круглыми, резко изогнутыми, выпуклыми бедрами.*
В очереди меж тем стойко держался народ самого разного ценза: и хвощевидные пацаны, и крутобедрые тетки. Д.Иванов, В.Трифонов, Л.Г., 28.7.76

**КРУТОЗА́ДЫЙ**
mit rundem/ drallem Hintern
*с крутым, резко изогнутым, выпуклым задом.*
А сегодня там еще мыла пол санитарка Нэлля — крутозадая горластая девка с большими бровями и большими губами. А.С., 34

**КРУЧИ́НИТЬСЯ** *несов.*
sich grämen; trauern
*горевать, тосковать.*
Ты не кручинься, мама родная, / Как говорят, судьба слепа, / И может статься, что народная / Не зарастет ко мне тропа... А.Г., 241

**КРЫТЬ** *несов., груб.*
schimpfen, beschimpfen
*критиковать, бранить, ругать.*
— Такие вошки, такие мушки, такие албашки, а смотри-ка что? — кроет он бывшую братскую компартию Албании. А.К., 241
Речи-встречи, то да се, кроем НАТО... А.Г.1, 108

**КРЫ́ШКА** *ж.*
Ende, Schluß; aus (mit)
*гибель, конец.*
Для коровы на зиму надо три стога минимум. С процентами да и с приусадебным участком три стога, не меньше, без этих трех стогов крышка. В.Б., 70
„Все! Крышка! Эх, те две сотни не успел стравить", — с горечью подумал Лякин. Д.Иванов, В.Трифонов, Л.Г., 14.6.78
В испуге от Кота спасалась бегством Мышка, / И вот, еще чуть-чуть — и ей пришла бы крышка! С.М., 37

**КРЯ́ДУ**
hintereinander, in einer Tour, ununterbrochen
*без перерыва, подряд.*
У Андрея Андреевича было презамечательное настроение: сегодня он получил свое место в жизни. Для этого пришлось несколько часов кряду простоять в живой и довольно длинной очереди. А.Кулич, Л.Г., 29.8.79

**КРЯ́КНУТЬ**
ächzen, stöhnen
*издать резкий отрывистый горловой звук, выражающий удовлетворение.*
Стюардесса улыбалась, подносила лимонад, потом бифштекс. Я крякал, запивая его сиропом. В.Р., 137
Егор выпил, смачно крякнул, разгладил усы. В.Ш., 18

**КРЯХТЕ́НЬЕ** *ср.*
Ächzen, Stöhnen
*глухие звуки, стоны, издаваемые при физическом напряжении, усилиях, боли и т.п.*
Но вот из спальни до ушей будущего кандидата технических наук донеслось недовольное кряхтенье и хныканье. Л.Ленч, 25

**КРЯХТЕ́ТЬ** *несов.*
ächzen, stöhnen
*издавать глуховатые отрывистые звуки при физическом напряжении, усилиях, боли и т.п.*
Старик, кряхтя, слез с печки, надел пимы, полушубок, взял нож и вышел в сенцы. В.Ш., 58
Главное, будут сплошные — лес, снег, тишина, никаких Сеничкиных и Бороздык, никакой тетки Вавы, которая даже вчера не удержалась и после ухода соседки стала кряхтеть: — Ну что у тебя общего с этой шантрапой? В.Кор., 263

**КУВЫРКО́М**
drunter und drüber
*беспорядочно, кое-как*
— Все прахом! Все, вся жизнь кувырком! В.Ш., 155

**КУДЛА́ТЫЙ**
zottig, struwwelig, struppig
*лохматый; имеющий длинные всклокоченные волосы.*
И строятся, строятся в ряды / Белые казачьи рубахи, / И скалятся, скалятся в пыли / Чубатые, кудлатые рубаки. Б.А. 3, 77

**КУДРЯ́ШКИ** *мн.*
Löckchen
*завитки, кольца волос.*
Он задыхался, но шел, гнал от себя сатану, отмахивался от ангелочков, продирался сквозь их нежные, щекочущие кудряшки. Л.М., 47

**КУ́КИШ** *м.*
Feige (Faust mit zwischen Zeige- und Mittelfinger gestecktem Daumen als Zeichen der Verachtung, des Spottes)
*кулак с большим пальцем, просунутым между указательным и средним, в знак презрения, издевки.*
Осудив и совесть и бесстрашие / /Вроде не заложишь и не купишь их/, / Ах, как вы присутствуете, ражие, / По карманам рассовавши кукиши! А.Г., 161

**КУКОВА́ТЬ** *несов.*
kein Nachtlager haben, im Freien/ unter freiem Himmel übernachten
*терпеть лишения, бедствовать, оставаться без ночлега.*
Нас тут целая бригада приехала в командировку, а гостиницы забиты. Что же теперь, на садовых скамейках куковать? Г.Кемоклидзе, Л.Г., 15.1.75

**КУ́КСИТЬСЯ** *несов.*
mißgestimmt/ mißlaunig/ verdrossen sein; trübselig sein
*хмуриться, печалиться, быть вялым, унылым; хандрить // быть в состоянии недомогания //.*
Нахальный баритон в бешеном темпе уговаривает девушку. Перестань кукситься, забудь о разных пустяках и целуй меня. В.Ак., 7

**КУКУРУ́ЗНИК** *м.*
Nähmaschine, Tiefflieger
*о легком учебно-тренировочном самолете, приспособленном для ночного бомбометания на бреющем полете, использовался во время Второй мировой войны.*
... в противоположной части поляны, впритык к лесу, стоял затянутый маскировочной сеткой одинокий „кукурузник". В.М.1, 192

**КУЛАЧЬЁ** *ср. презр.*
Kulakengesindel
*кулачество; класс кулаков, богатых крестьян-собственников.*
... в коллективизацию чуть не по всей Украине кулачье чехвостил... В.М.1, 219

**КУЛТЫ́ШКА** *ж.*
Stumpf, Stummel
*остаток искалеченной или ампутированной руки или ноги.*
Сергей Митрофанович сегодня спросил у врача, холодными пальцами тискавшего тупую, внахлест зашитую култышку: „Не отросла еще?" В.А., 558

**КУЛЬТУ́РКА** *ж.*
Kultur, Bildung, Erziehung
*то же, что культура; образованность, воспитанность.*
Подумай лучше, сколько дорогих минут можно выиграть на культурке, точнее говоря, вежливости! Ц.С., 27

**КУЛЬТУ́РНИК** *м.* **КУЛЬТУ́РНИЦА** *ж.*
Freizeitgestalter(in)
*культработник дома отдыха, санатория и т.п.*
Так прошло полсрока, и в доме отдыха все уже было не в новинку: и сидевшие в холле вокруг столов прокуренные преферансисты, и унылый культурник, пожиратель сердец, высокий и ладный парень с коком... В.Кор., 265
На середину зала вышла культурница Зина — прямая, спортивного вида девушка с тонкими до плеч голыми, загорелыми руками, и сказала в микрофон: „Добрый вечер, товарищи!" И.Г. 1, 109

**КУМЕ́КАТЬ** *несов.*
etwas verstehen, Ahnung haben von etwas; sich auskennen
*раздумывать, соображать // разбираться в каком-либо деле, знать его //.*
— ... Если я кое в чем кумекаю, если могу спорить с тобой о Бердяеве, так ты уж и решил, что я на тебя похож? В.Р., 9

**КУ́МПОЛ** *м. груб.*
Birne, Rübe
*то же, что голова.*
Витька говорит: „Его бы гаечным ключом по кум-

полу... Счастье, что я их не поймал". Л.Лиходеев, Л.Г., 23.4.75

**КУ́МУШКА** *ж.*
Klatschbase, Tratsche
*о женщине, склонной к пересудам; о сплетнице.*
Мы и остальные допотопные кумушки сидим у памятника Ивану Федорову и смотрим в атласный черный небосвод, распевая эту холуйскую песенку, этот лакейский романсик „Подмосковные вечера". А.К., 188

**КУПИ́ТЬ**
bestechen, kaufen, schmieren
*привлечь на свою сторону, расположить в свою пользу, вызвать чьи-либо симпатии подкупом, лестью и т.п.*
—... Эти перерожденцы давно уже предали революцию, а Коба понял это, учел и купил их всех с потрохами — за пакеты, дачи, лампасы и ордена... И.В., 75

**КУРА́Ж** *м.*
Courage, Mut; Ausgelassenheit
*смелость, задор; развязность.*
Красивые руки. Топорик в них — игрушечный. Кажется, не знать таким рукам усталости, и Семка так, для куража, орет: — Што мы тебе — машины? Тогда иди заведи меня — я заглох. Но сзади подходи осторожней — лягаюсь. В.Ш., 244
Однако кураж не должен перейти ту границу, за которой наступало бы полное презрение команды к себе. В.А., Л.Г., 12.14.77

**КУРА́ЖИТЬСЯ** *несов.*
frech/ überheblich/ arrogant sein; unverschämt sein
*вести себя заносчиво, нагло; безобразничать, важничать.*
— Я знаю, чего вы, мужики, хотите!— кипятилась бабка.— Послать заявку и получить открытку об исполнении заказа. А потом начать куражиться. М.С.1, 15
И вдруг мне пришла в голову мысль: а что, если моя прекраснодушная сестрица в своей конторе куражится вот так же? А.З., 24

**КУ́РВА** *ж. бран.*
Hure, Nutte; Mist, Käse
*проститутка // о чем-либо очень плохом, скверном, отвратительном //.*
—... Свезли мы с тобой посуду? Свезли! Сдали мы ее курву? Сдали! Сдали и весь товар в наличности получили!.. В.Б., 4

**КУРГУ́ЗЫЙ**
kurz, eng, gestutzt; klein, unformig, plump
*короткий, неуклюжий, нескладный.*
Снаряд... ударился о сосну, расчет накрыло опрокинувшейся от близкого разрыва кургузой гаубицей. В.А., 573

**КУ́РЕВО** *ср.*
Rauchwaren, etwas zu rauchen
*о том, что курят; курительный табак.*
Иван Африканович закурил у парня /свое курево кончилось еще позавчера/... В.Б., 113

**КУРИ́ЛКА** *м. ж.*
1 Rauchzimmer
2 (starker/ starke) Raucher(in)
*1.помещение для курения.*
— Мне сегодня Ярдов в курилке рассказывал: оказывается, наступает год солнечной активности! Н.Елин, В.Кашаев, Л.Г., 20.12.78
*2.о человеке, который много курит.*
Была там у нее одна подружка... Курилка такая, что не приведи господи... С ней и втянулась. Сперва так, баловалась, а когда мать-то заболела и Пашка в деревню вернулась, да с папиросой, когда на нее со всех сторон зашикали, тут-то она и закурила по-настоящему. Г. Калинин, Нева № 4, 1981, 26

**КУРКУ́ЛЬ** *м. бран.*
Großbauer
*то же, что кулак; богатый крестьянин-собственник.*
— Я только хочу тебе сказать, куркуль: вырастут твои дети, они тебе спасибо не скажут. Я проживу в бедности, но своих детей выучу, выведу в люди... Понял? В.Ш., 222

**КУРОЛЕ́СИТЬ** *несов.*
tolle Streiche/ Dummheiten/ Rabatz machen
*озорничать, буянить, безобразничать.*
А мы балагурим, а мы куролесим, / Нам недругов лесть, как вода из колодца! / А где-то по рельсам, по рельсам, по рельсам / Колеса, колеса, колеса, колеса... А.Г., 48

**КУРСА́Ч** *м.*
Offiziersschüler
*то же, что курсант; воспитанник военного училища.*

Она нисколько не задавалась, вела себя мило и скромно... и, когда интерес к ней снующих мимо курсачей и солдат роты охраны несколько поутих, вытащила из закрытой сумки и сунула Курчеву в карман шаровар две запечатанные четвертинки. В.Кор., 130

**КУРЯ́ТНИК** *м.*
Hühnerstall, Käfig, Loch
*о тесном жилом помещении.*
Так, почти на протяжении трицадцати лет перепуская беднягу из холодного в горячее, он довел того до полного человеческого ничтожества... год держал строптивца без работы и хлеба, в коммунальном курятнике на окраине города. В.М.1, 229

**КУРЯ́ТЬ** *несов.*
(hinein)stecken
*опускать, наклонять, помещать куда-либо.*
Когда Алеша особенно заходился на полке, когда на голове волосы трещали от жары, он курял голову прямо в эту ванну. В.Ш., 320

**КУСМА́НЧИК** *м. уменьш.*
Stückchen
*то же, что кусок.*
— Дай поесть-то, жадоба! — возмущается Исав. — Все отдам за миску похлебки и хлеба кусманчик. С.С., 41

**КУТЕРЬМА́** *ж.*
Durcheinander, Wirrwarr, Drunter und Drüber, Kuddelmuddel
*суматоха, беспорядок, хаос.*
Кутерьма расплывчатых видений еще, казалось, кружила в комнате, а день уже проникал его предстоящими заботами. В.М., 18

**КУТИ́ТЬ** *несов.*
zechen, saufen, prassen
*вести беспорядочную жизнь, пьянствовать, проводить время в кутежах.*
И не редко, а частенько / Кутит Кока. С.В., 11
Хотя бы научился входить в ресторан не как тюха-матюха, есть и пить без солдатской жадности, кутить, не жалея червонцев. В.Кор., 30

**КУТУ́ЗКА** *ж.*
Kittchen, Knast
*тюрьма, арестантская.*
Следователь Караулов не спешит посадить их в кутузку. А.Борин, Л.Г., 14.3.79

**КУ́ЦЫЙ**
kurz
*короткий, не подходящий по размеру.*
В потрепанном куцем пальтишке, / Понурясь и вроде каясь, / Преступником политическим / Он, пойманный, шел на казнь. Е.Е., 3

**КУ́ЧА** *ж.*
Haufen, Masse, Menge
*большое количество, множество чего-либо.*
„Хотя бы, — подумал, — год назад встретились. Куча у меня тогда времени была." В.Кор., 138

**КУЧЕРЯ́ВЫЙ**
lockig, gelockt, gekräuselt
*кудрявый, с вьющимися волосами.*
Рыжие, они все больше кучерявые бывают. В.А., 576

**КУ́ЧИТЬСЯ** *несов.*
sich zusammenballen, sich zusammenrotten
*собираться, сбиваться в кучу; толпиться.*
Нападавшие матерились, бестолково кучились, мешали друг другу, советовали — этим пользовался Витька и бил. В.Ш., 148

**КУШ** *м.*
Menge Geld, runde Summe
*большая сумма денег.*
Каждая удачная сделка / а они все были удачными/ приносила ему весьма солидный куш. А.П., 17

# Л

**ЛАБОРАТО́РКА** *ж.*
praktische Versuche im Schullabor, Laborpraktikum
*то же, что лабораторная работа.*
Люда... научилась сваливать контрольные, умело пользуясь шпаргалкой, готовиться к лабораторкам, долбить на память важные формулы, не вникая в их смысл. И.Г. 1, 32

**ЛАБОРАТО́РША** *ж.*
Laborantin
*женщина-лаборант.*

Лабораторша говорит: „Прекрасный вечер, не правда ли?" Л.Измайлов, Л.Г., 23.5.79

**ЛА́БУХ** *м. пренебр.*
Musikant, Musikus
*музыкант.*
Расшумятся к ночи дурни-лабухи, / Ветры и поземки чертовня... / Я усну, и мне приснятся запахи / Мокрой шерсти, снега и огня. А.Г., 52
По твердому песку у самой воды шел поджарый, точно борзая, парень в голубых плавках. У него был огромный, „сократовский" лоб и срезанный подбородок. — Да это же тот лабух из Малаховки! — воскликнул Алик. — Помнишь? В.Ак., 29

**ЛА́ВОЧКА** *ж.*
unlauteres/ zweifelhaftes Unternehmen/ Unterfangen; Bande, Gang, Mafia
*нечестное, незаконное предприятие; затея // группа людей, участвующих в таком предприятии //.*
— Это как так не пойдут? — снова взвился тот и очки его гневно блеснули в солнечном фокусе. — Ты что, лавочку здесь собрал? Рука руку моет, да? В.М., 149

**ЛА́ГЕРНИК** *м.*
Lagerinsasse, Strafgefangener
*о человеке, находящемся в исправительно-трудовом лагере.*
— Эх, начальник, — вздохнул старший лейтенант, распустив живот и горбясь, как лагерник. В.Кор., 14

**ЛА́ДИТЬ** *несов.*
1 anfertigen, bauen, machen
2 sich (gut) vertragen, gut auskommen mit jemandem
*1. изготовлять, делать что-либо; строить.*
Еще вчера Очкин сидел рядом с ним возле чапка и надеялся, что Николай поднесет ему стопочку, а сегодня Николай ладит ему гроб. Вл.В.1, 62
Я кораблик ладила, / Пела словно зяблик, / Зря я время тратила, / Сгинул мой кораблик. А.Г., 292
*2. жить в согласии, мире; дружить.*
Хотя и немец, хотя и ссыльный, этот тихий человек был, можно сказать, вполне приличный человек, с ним можно было лежать рядом, можно было ладить. А.С., 416

**ЛА́ДИТЬСЯ** *несов.*
klappen, vorangehen, flutschen, von der Hand gehen
*удаваться; идти успешно, удачно.*
Не все у него ладилось в работе, но в основном все получалось. Л.Измайлов, Л.Г., 14.3.79
Я слышу через форточку возню Геры и Горы. Что-то у них там сегодня не ладится. Обычно среди полной тишины вдруг раздается веселое лошадиное ржание, а сегодня Гера и Гора почему-то шепотом чертыхаются. В.Ак., 11

**ЛА́ДНО**
1 einträchtig, harmonisch, friedlich, verträglich
2 gut, passend, gut zusammenpassend; haltbar, solide, gediegen, sorgfältig, genau, exakt
*1. дружно, согласно.*
Плясать оба не умели, но работали ладно — старались. В.Ш., 46
*2. хорошо, тщательно, добротно, аккуратно.*
Амбар маленький и чистый, без сусеков, с ладно сделанным, как в избе, полом и хорошо подогнанным потолком. В.Расп. 2, 58

**ЛА́ДНЫЙ**
stattlich, wohlgebaut, gut gebaut, ansehnlich
*хорошо сложенный, статный.*
Фалалеев радостно дивился всему: надменности ладных продавщиц, ярости, с которой покупатель брал японские зонтики. Д.Иванов, В.Трифонов, Л.Г., 28.7.76

**ЛА́ДОМ**
im guten, friedlich
*мирно, дружно, по-хорошему.*
Пойди, милая, пойди, попрощайся ладом... В.А., 570

**ЛАДО́ШКИ** *мн. уменьш. ласк.*
Handflächen, Handteller
*то же, что ладони, ладоши.*
Двое штатских на передних сиденьях фыркали в ладошки. Ф.Кан., 51

**ЛА́ДУШКИ** *мн.*
in Ordnung, fein, prima, schön, sehr schön
*хорошо, прекрасно, замечательно.*
— Нина, чего ты? Познакомься с гражданином! Ее Ниной Ивановной зовут. А вас? — Алексеем. — А Алешкой можно? — Можно. — Ну вот и ладушки. Давайте за стол. В.Р., 154

**ЛА́ЖА** *ж.*
Betrug, Schwindel, krummes Ding
*обман, плутовство, надувательство, мошенничество.*
Гришка поблагодарил, обещал поторопиться, хотя точно знал, что все это — лажа, прописка и без того урезана донельзя, и просто маклеру не терпится содрать с него и с кандидата по два куска. В.Кор., 440
— Нечем тут восхищаться! Лажа это! Кадрит ваш Мосолов руководство! Не иначе, прет в надворные советники! Л.Наумов, Л.Г., 10.10.79

**ЛАЖО́ВЫЙ**
schlecht, miserabel, mies, unter aller Sau, beschissen
*плохой, отвратительный, скверный.*
В антракте в фойе мы вдруг видим Юрку с Линдой. Они прогуливаются под руку и никого не замечают. Я толкаю Юрку. — Лажовый спектакль, — говорит он. Линда наступает ему на ногу, и он поправляется: — Не производит впечатления этот спектакль. В.Ак., 56

**ЛАЗЕ́ЙКА** *ж.*
Hintertür, Ausweg, Schlupfloch
*уловка, средство; хитрый, ловкий прием, дающий возможность выйти из затруднительного, сложного, неприятного положения.*
Надоело дрожать и волноваться, надоело выискивать лазейки и давить на связи, надоело, наконец, надеяться. В.Кор., 543

**ЛАКА́ТЬ** *несов.*
trinken, süffeln, schlucken, saufen
*пить спиртные напитки, пьянствовать.*
В казарме было тихо, некоторые исподтишка лакали одеколон, другие подшивали к ужину свежие подворотнички к гимнастеркам. В.Р., 25

**ЛА́МПОЧКА** *ж.:* **ДО ЛА́МПОЧКИ**
gleichgültig; schnuppe/ Wurst (sein)
*безразлично.*
И не понравилось Куделкину в этом фельетоне некая докторица, которой до лампочки состояние больного. А.М., 26

**ЛА́ПА** *ж.*
1 Pfote, Pranke; Bein
2 Bestechungsgeld/ Schmiergeld
*1. о руке, ноге человека.*
И когда он все же изловчился, обрезала: „А ну, убери немытые лапы!" В.А., 569
*2. на лапу: дать взятку.*
... в кассу-то я по-честному уплатил, а эта десятка на лапу была приготовлена. В.Панков, Л.Г., 6.9.78

**ЛА́ПАТЬ** *несов.*
anfassen, drücken, umarmen, begrapschen
*трогать руками, хватать, щупать.*
Был в балете — мужики девок лапают, / Девки все как на подбор — в белых тапочках. В.В.1, 16
А Зубихину скажу: малявка моя, никому ее лапать не доверю. В.Кор., 93

**ЛА́ПАТЬСЯ** *несов.*
einander abknutschen, sich knutschen, abschmusen
*обниматься, целоваться.*
А второго-то, пучеглазого я вообще в первый раз видел. А он-то громче всего и орал. И сходу лапаться полез. Г.В.1, 3

**ЛА́ПУШКА** *м. ж. ласк.*
Süße(r)
*о мужчине, женщине.*
— Ах ты, лапушка ты моя! Любушка-голубушка. В.Ш., 434

**ЛАТА́НИЕ** *ср.*
Flicken, Ausbesserung, Reparatur
*ремонт, починка.*
Так прокатились годы. Никто никуда не пошел. То запропастится шарф, то вклинится срочное латание крыши, гоньба клопов. А.М., 33

**ЛАТА́ТЬ** *несов.*
flicken, ausbessern, reparieren
*ставить заплаты на что-либо; чинить, исправлять что-либо.*
И вот сейчас в припарковом, еще не очень заплеванном и забитом народом кабаке Сеничкин спешно латал следы Марьяниной бомбардировки. В.Кор., 198
На подметках сапог места живого не было — косячками черной и красной кожи латали их. А.С., 77

**ЛАФА́** *ж.*
Glück, Glückssträhne
*удача, счастливые обстоятельства.*
Теперь Мишке была лафа, он целыми ночами про-

гуливал: ведь девчушки были здешние, знакомые, хоть и молодые. В.Б., 65

Гулял вчерась у нас зимовщик с Хеты, горстями деньги кидал, уманил ее за собой. Так што лафа твоя кончилась. В.Астафьев, Мальчик в белой рубахе, М., 1977, 165

**ЛА́ЯТЬСЯ** *несов.*
keifen, ankeifen, herumkeifen
*браниться, ругаться.*
А лаялась с соседями... хозяйка. Т.Березняк, Крокодил № 9, 1978

**ЛЕБЕЗИ́ТЬ** *несов.*
vor jemandem kriechen/ herumscharwenzeln, liebedienern
*угодничать, заискивать, пресмыкаться перед кем-либо.*
Он и директору нашему иногда „тыкает", а тот перед ним лебезит. А.З., 137

**ЛЕВА́К** *м.*
Schwarzarbeiter, Schwarzhändler, Schwarz-
*о том, кто выполняет какую-либо работу или продает что-либо на сторону, „налево", с целью получения незаконного заработка.*
Дома ладить ничего не умел, приглашал леваков за бутылку. А.М., 39
Такси теперь навалом, а ты голосуешь, леваков ищешь! И.Ш., 11

**ЛЕ́ВЫЙ**
schwarz, ungesetzlich, Neben-
*полученный нелегальным путем с целью незаконного заработка.*
Ну, уж сами, наверное, знаете, ... с неба ничего не падает... с продавцов, конечно, дань надо собирать, потом пересортица, левый товар... И.Ф., 11

**ЛЕГКОВУ́ХА** *ж.*
Personenkraftwagen, PKW, Personenauto
*легковая автомашина.*
А шофер, Миколай Игринев, годок мне, и так уж старается поровней ехать, медлить шибко тоже нельзя: отступаем. Ну, подъезжаем к одному развилку, впереди легковуха. В.Ш., 77

**ЛЕГКОВУ́ШКА** *ж.*
Personenkraftwagen, PKW, Personenauto
*легковая автомашина.*
И опять в душе у Бурлея шевельнулась досада, вот бы ему жить когда-нибудь в таком дворе, где... у каждого подъезда стоит по десятку притихших на ночь легковушек и пахнет свежей и прохладной летней зеленью. С.Е., 48

**ЛЕГО́НЬКО**
ein wenig, etwas, ein bißchen
*слегка, чуть-чуть, несильно.*
Все по-доброму засмеялись. Главный врач Ходжапулатов легонько крякнул. И.Ш., 42

**ЛЕЖА́ЛЫЙ**
angefault, abgelegen
*испорченный от долгого лежания, несвежий.*
На закуску мы не будем заказывать ни заливную осетрину, ни буженину — буженина, конечно, чуть лежалая, и осетрина привяла, потому что все это в холодильнике со вчерашнего банкета. С.Е.1, 23

**ЛЕЖА́НКА** *ж.*
Liege, Ofenbank
*место, приспособление для лежания, сна.*
Старик Федор, как выразился Митька, уже давно скопытился и попал не на тот маршрут: одетый храпел на Мишкиной лежанке. В.Б., 79

**ЛЕЖЕБО́КА** *м.ж.*
Faulenzer; Langschläfer, Nichtstuer
*человек, любящий долго спать, лежать; лентяй, бездельник.*
Мы не поверили своим глазам: вместо двух лежебок, на кладке стены уже трудилась добрая дюжина улыбающихся солнцу /свет юпитера не достигал их/ ударников труда в касках и при галстуках. В.Жилинскайте, Л.Г., 11.2.81

**ЛЕЖЕБО́ЧНИЧАТЬ** *несов.*
faulenzen, auf der faulen Haut liegen
*лентяйничать, бездельничать, лодырничать.*
Эти первые два дня каникул, после прошлого ночного дежурства, Зоя не лежебочничала, она с детства не привыкла. А.С., 176

**ЛЕЗТЬ** *несов.*
sich hineindrängen, sich hineinzwängen
*проникать куда-нибудь с силой, с трудом.*
— Во-первых, — сказал Шляпников, — надо говорить: „Пожалуйста". Темнота! Во-вторых, у магазина культурные люди сперва пропускают выходящих, а уже потом лезут. М.Мишин, Л.Г., 24.11.76

**ЛЕ́НТА** *ж.*
Streifen, Film
*кинофильм.*
— Ну, хорошо. Чья лента? — Кто ее знает. Язык немецкий. Говорят, западногерманский боевик с приглашенными звездами со всего мира. Б.С., 21

**ЛЕНЦА́** *ж.*
Lässigkeit, Nachlässigkeit
*некоторая склонность к лени, леность.*
Обычным, с ленцою тоном, как будто бы они знакомы не один год и Ирину вот так, как сегодня, одевает он уже не единожды, Бурлей говорит: „Какая у вас прекрасная шуба". С.Е., 54

**ЛЕПАНУ́ТЬ**
jemandem etwas ins Gesicht schleudern
*сказать что-либо необдуманно, опрометчиво.*
Ну, он мне и лепанул: „Три недели проживете, больше не ручаюсь!" А.С., 41

**ЛЕПЕТА́ТЬ** *несов.*
lallen, stammeln
*говорить невнятно, неотчетливо.*
— Дима! — восклицает она. И вот она уже бежит рядом со мной, цепляется за рукав. — Мне нужно с тобой поговорить, — лепечет она. В.Ак., 60

**ЛЕПИ́ТЬ** *несов.*
1 lästern
2 geben, verpassen
*1. говорить неодобрительно о ком-, чем-либо.*
А он пересуды еще лепит смачные, / Ядовитой плесени разливает моря... Б.О., 216
*2. ставить, давать /об оценках, сроках и т.п./.*
Зачеты он ставил охотно, да и неудов и троек никому не лепил, как считалось — по доброте, а на самом деле — по безразличию и из боязни неприятностей. В.Кор., 175

**ЛЕ́СТНИЧКА** *ж. уменьш.*
kleine Treppe, Leiter
*то же, что лестница.*
А он свои рыжие трубы поднимает, / А он еще приветствует ворон, / И лестничкой поскрипывает, и не понимает, / Что хватит. / Нечего. / Приговорен. Б.О., 216

**ЛЕТУ́Н** *м. неодобр.*
jemand, der oft seinen Arbeitsplatz wechselt
*человек, часто меняющий место работы.*
Остерегайтесь все! / Поддельные романтики / Опаснее / Вульгарных летунов! Ц.С., 6
Ну, летун... Как птица ведь небесная, не жнет, не сеет, а туда же: „На мне все держится!" Ю.С., 139

**ЛЕТУ́ЧКА** *ж.*
kurze Versammlung, Kurzbesprechung
*короткое собрание для решения каких-либо неотложных дел.*
Приходили два хмыря из Минздрава, / Чуть не сутки проторчали у зава. / Он нам после доложил на летучке, / Что теперь, мол, со здоровием лучше. А.Г., 186

**ЛИБЕРА́ЛЬНИЧАТЬ** *несов.*
sich liberal geben, (all)zu nachsichtig sein
*проявлять излишнюю терпимость, снисходительность, вредное попустительство по отношению к кому-нибудь.*
Почему его обидчика наказали слишком мягко, не по всей строгости? Либеральничаете? А.Борин, Л.Г., 14.3.79

**ЛИЗА́ТЬСЯ** *несов., пренебр.*
sich abküssen, sich abknutschen
*целоваться с кем-либо.*
Бичи мои взвеселились, Аскольд ко мне лизаться полез, чуть глаз мне не выколол щетиной. Г.В.1, 10

**ЛИМИ́ТЧИК** *м.*
jemand, der begünstigt limitierte Dinge bekommen kann
*о человеке, пользующемся особым правом на что-либо, лимитом.*
Недели две Игорь наблюдал за новым слесарем, принятым недавно на базу... весь парнишечка ладненький, подтянутый — и верно, оказалось, из армии, лимитчик, значит, еще не испорченный московской жизнью, не избалованный. С.Е.1, 21

**ЛИ́ПА** *ж.*
Fälschung, gefälschtes Dokument, Blüte
*подделка, фальшивка.*
„Тряпка он, а не ученый! И вся его система — липа!" — заключил Стоян. Я.А., 20
При желании он мог бы закончить университет и без фиктивных документов, без липы. А.П., 15

**ЛИ́ПНУТЬ** *несов.*
an jemandem (wie eine Klette) hängen, jemandem nicht von der Seite weichen

*неотвязно приставать, льнуть к кому-либо.*
Веселье было в Свечине заливное и разливное. И редкие в деревне девушки липли к нему, как репей к коровьему хвосту. В.Рыбаков, Р.М., 2.11.78

**ЛИ́ПОВЫЙ**
gefälscht, fingiert, vorgetäuscht
*поддельный, фальшивый.*
Дело явно липовое — все, как на ладони, / Но пятую неделю долбят допрос. А.Г., 286
... Он тут как раз был на месте, хоть, понятно, академиком был липовым. В.Кор., 74

**ЛИТЕРАТУ́РКА** *ж.*
die „Literaturzeitung"
*„Литературная газета".*
... почитайте свежие газетки: вот „Литературка", „Крокодил", вот „Здоровье" — очень полезный журнал. Вл.Барсов, Викт.Дальский, Л.Г., 17.8.77

**ЛИФТЁРША** *ж.*
Fahrstuhlführerin
*женщина-лифтер.*
После того, как нашу лифтершу, тетю Пашу, пригласил на обед участковый надзиратель, старшина милиции Барышников, она стала хуже заметать свое рабочее место, то есть кабину. С.Н., 39
Братья вскрыли несколько соседских писем, опросили дворников, поговорили с лифтершами и, собрав искомый фактический материал, изложили его в форме жалобы в прокуратуру. И.Ш., 17

**ЛИХА́Ч** *м.*
Wagehals; Raser, leichtsinniger Fahrer
*удалой, храбрый, лихой человек // человек, ради бахвальства, удальства совершающий необдуманные, опрометчивые действия //.*
Их родословное дерево росло не в теплицах. / Не для них лихачи приспосабливали бубенцы под дугу. Б.О., 156

**ЛИХВА́** *ж.*: **С ЛИХВО́Й**
vollauf, im Überfluß
*с избытком, полностью.*
Заботы этой женщины с лихвой восполняли все то показное, что исходило бы от моих родственничков. Время и мы № 43, 35

**ЛИ́ХО** *ср.*
Böse, Unglück, Unheil, Verhängnis
*зло, несчастье.*
Стало почему-то очень тихо, / Наступила страшная минута, / Непонятное, чужое лихо, / Стало общим лихом, почему-то! А.Г., 123

**ЛИХО́Й**
forsch, flott, verwegen, kühn; laut, lebhaft
*оживленный, шумный.*
Он всякий раз захаживал туда, хотя и без определенной цели, а скорее любя атмосферу лихой толчеи и суетной озабоченности покупками. Д.Иванов, В.Трифонов, Л.Г., 28.7.76

**ЛИХОРА́ДКА** *ж.*
Herpes-Bläschen an den Lippen, Griebe
*болячки, образующиеся на губах в результате простуды.*
Наконец лихорадки сошли. Шура явилась на работу причесанная,.. принаряженная. Н.Б. 2, 10

**ЛОБ** *м. пренебр.*
kräftiger/ stämmiger Bursche
*о сильном, здоровом человеке.*
Набирают охранников, лбов, и вместо того, чтоб их за яблоками послать, вагонов сорок подкинуть,— расставляют по всем степным дорогам — перехватывать, если кто повезет яблоки в Караганду. А.С., 356

**ЛОБА́СТИК** *м.*
Mensch mit hoher Stirn/ mit Denkerstirn
*о человеке с большим выпуклым лбом.*
Сократ, конечно, был точно таким же лобастиком в детстве. А.К., 68

**ЛОБА́СТЫЙ**
mit hoher Stirn
*имеющий большой, выпуклый лоб.*
... просто было в этом лобастом, стриженном под нулевку парне... что-то такое, от чего на душе становилось увереннее и тверже. В.М., 295
Он сокрушенно помотал лобастой головой и двинулся мимо. В.М., 405

**ЛОБОТРЯ́С** *м.*
Tagedieb, Nichtstuer, Daumendreher
*бездельник, лентяй, лодырь.*
— Ты, лоботряс, только рассуждать умеешь. В.Ш., 139

**ЛОВКА́Ч** *м.* **ЛОВКА́ЧКА** *ж.*
gewandter/ gelenkiger Mensch; gerissener/ geriebener/ raffinierter Mensch

*ловкий, изворотливый, пронырливый человек, умеющий хорошо устраивать свои дела.*
— Тут,— говорит,— такие ловкачи — сапоги у людей снимают. М.З., 44
Приходилось ли вам наблюдать человека нагло и успешно делающего карьеру? Вы видите, что он — циник, интриган, проходимец, ловкач. А.З., 230

**ЛОВЧИ́ЛА** *м. ж.*
gewandter/ gelenkiger Mensch; gerissener/ geriebener/ raffinierter Mensch
*то же, что ловкач.*
И в каждом углу магазина, за каждой буфетной стойкой ему уже мерещится ловчила. М.С. 2, 40

**ЛОВЧИ́ТЬ** *несов.*
geschickt/ gerieben/ gerissen/ raffiniert handeln/ etwas einfädeln, drehen
*действовать, проявляя изворотливость, хитрость, ловкость.*
И не сидел никогда раньше, и не оголодал еще, а ловчит уже, исхитряется, лишнюю порцию прихватывает — профессионал! Ф.Кан., 68

**ЛО́ДЫРНИЧАТЬ** *несов.*
faulenzen, auf der Bärenhaut liegen, arbeitsscheu sein
*уклоняться от работы, пребывать в праздности; лентяйничать, бездельничать.*
Вы только вдумайтесь: никто не ворует, не пьет, не лодырничает — каждый на своем месте кладет свой кирпичик в это грандиозное здание. В.Ш., 388

**ЛО́ДЫРЬ** *м.*
Faulenzer, Tagedieb, Nichtstuer, arbeitsscheuer Mensch
*бездельник, лентяй.*
— Хоть ты и считаешься моим другом, но скажу тебе прямо в глаза, заявляю открыто перед собранием: такому пьянице и лодырю, как ты, не место в нашем в коллективе... П.Рабянок, Л.Г., 6.12.78

**ЛОМА́КА** *м. ж. неодобр.*
Zieraffe, Zierpuppe
*о человеке, который ломается, кривляется.*
Ах, в конце-то концов, чего мне надо? Обыкновенный рядовой кадр и ломака. Хватит! В.Кор., 181

**ЛОМА́ТЬСЯ** *несов.*
sich anstellen/ zieren/ spreizen/ haben, affektiert tun
*вести себя жеманно, кривляться //упрямиться, отказываться от чего-либо, рисуясь, притворяясь//.*
А вслух сказал: — Мне не на тебя — на себя обижаться. Что ж мне перед тобой ломаться, скребет на сердце, но это не в счет. В.М., 226
Илью понесло: — Настенька, дорогая, вы бы присели. Нюра, угости нас, пожалуйста, чаем... Настя, ну что вы, ей-Богу, ломаетесь, точно вяземский пряник! И.В., 48

**ЛОМИ́ТЬ** *несов.*
rücksichtslos/ mit Gewalt/ ohne Rücksicht auf Verluste vorwärtsdrängen
*идти вперед стремительно, напролом.*
— Да где там! Ты и слов-то таких не знаешь. Ты привык языком-то, как оглоблей, ломить... В.Ш., 139

**ЛО́ПАТЬ** *несов.*
reinhauen, fressen, spachteln, mampfen
*есть, принимать пищу.*
—Пироги с капустой любишь лопать? — беззлобно дразнил брательника Пека. Е.Ц., 30

**ЛО́ПАТЬСЯ** *несов.*
platzen, auffliegen, in den Eimer/ in die Brüche/ in die Binsen/ in die Hosen gehen, danebengehen
*терпеть полную неудачу, крах.*
— Это видно, страшно весело, когда лопается диссертация? — Безудержно смешно. До колик. В.Ак., 54

**ЛО́ПНУТЬ**
platzen, auffliegen, in den Eimer/ in die Brüche/ in die Binsen/ in die Hosen gehen, danebengehen
*потерпеть крах, неудачу.*
— Ты, видно, диссертацию защитил? Что-то очень веселый. Он хохочет. — Лопнула моя диссертация. Бум! И готово! В.Ак., 54

**ЛОПОТА́ТЬ** *несов.*
lallen, stammeln, brabbeln, undeutlich reden
*говорить невнятно, несвязно; лепетать.*
Антон, держа родителей за руку, шагал между ними и без умолку лопотал. И.В., 46

**ЛОПОУ́ХИЙ**
mit langen, abstehenden Ohren
*имеющий большие оттопыренные уши.*
— Эти претензии вашим папе с мамой предъявляйте, а у нас тут парикмахерская. Мы стрижем волосы, а на чем они растут — это нас не касается. — Ну, знаете! — лопоухий в сердцах хлопнул себя по ляжкам и плюхнулся на стул. Б-ка крок., № 24/773/, М., 1976, 26

**ЛОПОУ́ХО**
weit herabhängend, breit abstehend, weit verzweigt
*широко, плоско, раскидисто.*
Промыслить бы подсолнух... но они еще даже не зацвели, еще по-телячьи лопоухо висели над грядами. В.А., Л.Г., 14.12.77

**ЛОПУ́Х** *м.*
Einfaltspinsel, Tölpel
*простофиля, разиня.*
„Вот лопух! — укорял он себя. — Все свое счастье прохлопал...". И.Двинский, Л.Г., 1.1.79

**ЛОПУХНУ́ТЬСЯ** *несов.*
tölpelhaft/ tolpatschig sein; einen (groben) Fehler machen
*оплошать; сделать ошибку, промах.*
— С ней вон какие ребята дружили, инженеры, не тебе чета... — Что же вы сплоховали? Надо было хватать первого поперечного и в загс — инженера-то. Или они хитрей вас оказались? Удовольствие получили — и в кусты? Как же вы так лопухнулись? ВШ., 236

**ЛОША́ДНИК** *м.*
Pferdeliebhaber
*любитель лошадей.*
Лихачев был заядлым лошадником — в конях разбирался, знал в них толк не хуже любого цыгана. Ф.Абрамов, Пряслины, Лениздат, 1978, 19

**ЛУ́ЗГАТЬ и ЛУ́СКАТЬ** *несов.*
aufknacken, aufbeißen
*очищать от шелухи; есть /орехи, семечки и т.д./, разгрызая, освобождая от шелухи.*
Мне также очень понравился один артист, который, говорят, живет в этом городе.Ты его, может, тоже видала в кино: говорит быстро-быстро, легко, как семечки лускает. В.Ш., 264

**ЛУ́ННИК** *м.*
Mondsatellit
*искусственный спутник Луны.*
Мы лунник в небо запустили,/ а оперы — в тележном стиле. Е.Евтушенко, Избр. произведения, т.1, М., 1975, 218

**ЛУПА́СИТЬ** *несов.*
verhauen, versohlen, verdreschen
*сильно бить, колотить кого-, что-либо.*
Принял дед под расписку яйцо и, верный своим принципам, с энтузиазмом принялся за работу. Лупасил яйцом об стол, что есть мочи. Старался изо всех сил. Л.Фульштинский, Л.Г., 11.3.81

**ЛУПА́ТИТЬ** *несов.*
aufreißen (die Augen)
*то же, что таращить.*
Крабы, приподнявшись на голенастых ногах, похожие на детские модели козловых кранов, лупатили свои гляделки и на всякий случай угрожающе поматывали клешнями. Л.Куклин, Л.Г., 25.3.81

**ЛУПИ́ТЬ** *несов.*
1 (Karten) dreschen
2 verhauen, versohlen, verdreschen
3 dahinsausen, rennen
4 blenden
*1. делать что-либо с особой силой, энергией, азартом.*
А этот с утра до ночи лупит со старпомом в козла. В.П., 43
*2. сильно бить, колотить кого-, что-либо.*
В школу он больше не пошел, как мать ни билась и чем только ни лупила. В.Ш., 187
*3. быстро ехать, идти, двигаться.*
А красный автобус вдоль синего леса,/ как заяц, по белому лупит шоссе. Б.О., 168
*4. светить сильно, ярко.*
Бьют лучи от рампы мне под ребра,/ Лупят фонари в лицо недобро. В.В.1, 2

**ЛУ́ПКА** *ж.*
Senge, Wichse, Abreibung, Tracht Prügel
*наказание побоями, поркой, битьем.*
Забыла, как после уроков всем классом выбегаете за школу и там или на портфелях, или на собственных половинках катаетесь с маленькой горки, а потом вам дома задают лупку за то, что валенки и карманы полны снега? А.К., 85

**ЛУПОГЛÁЗЫЙ**
glotzäugig, mit Froschaugen
***с большими круглыми глазами навыкате.***
Воропаев показал вынутый пятак стоящей вплотную прекрасной девушке, которая держала под мышкой лупоглазого той-терьера. С.С., 12

**ЛУПЦЕВÁТЬ** *несов.*
einschlagen auf jemanden, jemandem Schläge/ Hiebe versetzen
***сильно бить, хлестать, стегать кого-, что-либо.***
Что она могла ему рассказать об этой слепой артиллерии, с тем же усердием лупцующей по своим, как и по чужим. А.С., 81

**ЛУПЦÓВКА** *ж.*
Senge, Prügel, Abreibung, Tracht Prügel
***наказание побоями, поркой, битьем.***
Однажды Мума гналась за Кларкой до самого Ермолаевского переулка, надеясь задать ей лупцовку старой веревкой, на которой она иногда развешивала во дворе белье. А.К., 314

**ЛУЧЁВКА** *ж.*
Strahlenkrankheit
***лучевая болезнь.***
... живым не дамся, и то ли я схватил лучевку, то ли меня похитили с поста китайцы... Ю.С., 143

**ЛЫ́БИТЬСЯ** *несов.*
lächeln, grinsen
***то же, что улыбаться.***
Что вы знаете о святом искусстве, рожи! Что вы, лыбитесь, как троглодиты! А.И., 16

**ЛЮБИ́МЧИК** *м. неодобр.*
Günstling, Favorit, Protegé, Liebling
***тот, кто пользуется чьей-либо любовью, покровительством (обычно в ущерб другим).***
У них появился свой любимчик... Что ни принесет — сразу печатают. Л.Ленч, 4

**ЛЮБÓВНИЧЕК** *м. ирон.*
Liebhaber
***то же, что любовник.***
„Ваша среднемесячная зарплата?" „Семьдесят ре. Живи, как хочешь. Добро, что любовнички поддерживают". В.П., 23

**ЛЮТОВÁТЬ** *несов.*
wüten, rasen, toben, schäumen
***зверствовать, злобствовать, проявлять лютость.***
Ох, лютует прокурор-дезертир! — / Припечатает годкам к десяти! А.Г., 22

**ЛЯГÁВИТЬ** *несов.*
denunzieren, anzeigen; verpfeifen, verpetzen
***делать доносы на кого-либо; доносить.***
Впрочем, во дворе я мог считаться „своим" и без воровства. От меня требовалось лишь не „лягавить". Л.Л., № 31, 171

**ЛЯГÁВЫЙ** *м.*
Denunziant, Zuträger, Schnüffler
***доносчик, осведомитель.***
Я прекрасно помнил, как на нашем дворе, в Новых домах, „огольцы" обходились с „лягавыми". Л.Л., № 30, 175

**ЛЯГУШÁТНИК** *м.*
Planschbecken
***мелкое место реки или бассейна для купанья маленьких детей.***
Здесь тоже сооружение новой парилки и комнаты отдыха камуфлируется под „лягушатник" для обучения плаванию детей. Д.Я., 32

**ЛЯ́ЖКА** *ж.*
Lende, Oberschenkel
***то же, что бедро.***
... Нинка, на всякий случай пересев подальше от Тоньки, пропищала, хлопая себя в такт частушке по ляжкам: „Ты не смейся, черт косой, / Над моей русой косой..." А.К., 57

**ЛЯЛЯ́КАТЬ** *несов.*
Unsinn reden; viel reden/ schwatzen
***говорить пустяки, глупости //много говорить // говорить на иностранном языке //.***
Капризы погоды она объясняла нерадивостью метеорологов: „Выучились, им деньги платят, вот и делай, чтобы хорошо. А эти сами чего не знают — лялякают-лялякают, а дела нет". И.Г.1, 41
-- ... Вы вот ученый, по всякому лялякаете, французский, английский, вот и выучились бы на актера. И.Г.1, 44

**ЛЯП** *м.*
Fehler, Defekt
***ошибка, промах.***
— Ну и отрезали вы предыдущий проект! Переделывали, перекраивали, а сдали с ляпами. Сами же признали свою вину. Ц.С., 43

**ЛЯ́ПНУТЬ**
1 herausplatzen mit etwas, etwas Unpassendes sagen
2 (hin)pfuschen, (nach)lässig machen
*1. сказать что-нибудь некстати, бестактно.*
Я обратился к нему будто невзначай: — Коля, покажи глотку. Он хрипел и задыхался: — Отстань. Нам с тобой говорить не о чем, все сказано. — Брось. У меня ведь тоже нервы есть. Прости, ведь сдуру ляпнул. В.Р., 78
*2. делать что-либо наспех, небрежно, как попало.*
Приносим мы этого калеку в ОТК, а Семеныч и не смотрит, вынимает штампик и нежно на него дышит, собираясь ляпнуть на остатках стула. Ю. Рихтер, Юность № 2, 75, 111

# М

**МАЕТА́** *ж.* **МАЯТА́** *ж.*
Mühsal, Plackerei
*мучение, мука; хлопоты, беспокойство.*
И теперь, когда стали мы первыми,/ Нас заела речей маята,/ Но под всеми словесными перлами/ Проступает пятном немота. А.Г., 13.

**МА́ЗАТЬ** *пренебр.*
klecksen, pinseln, schmieren
*рисовать /обычно плохо/.*
Художник сидит себе и мажет, или писатель сидит себе и пишет, и дела им нету до подлости, карьеризма и вообще всего... В.Кор., 546

**МАЗИ́ЛА** *м. ж.*
Pinsler, Kleckser, Pfuscher, Dilettant
*тот, кто неумело, плохо выполняет что-либо, делает промахи.*
Плюйся, проклинай пеночника-мазилу, отвесь ему пинкаря и ступай в поле голить, где ты можешь отыграться быстро. В.А., Л.Г., 14.12.77

**МАЗНЯ́** *ж.*
Gekleckse, Geschmiere, Pfusch, Dilettantismus
*неумелое выполнение чего-либо /о стрельбе, игре, работе, рисовании и т.п./.*
...Если откроет сам Игорь, надо левым коленом сразу шире распахнуть дверь и подставить ногу на упор: иначе он успеет толкнуть дверь оттуда и удара не выйдет. Не удар будет, а мазня. В.Ш., 212
Но пока неудавшийся рисовальный хмырь в очках и бороде глядит на его мазню и неодобрительно хмыкает: — Куда нога заехала? И колер, колер не тот... — или что-то в этом роде. В.Кор., 491

**МАЗУ́РИК** *м. бран.*
Gauner, Halunke, Spitzbube
*плут, мошенник.*
— ...Вышибло его /Мишку/, шельму, из избы-то. Крылечко-то у сельпа высокое, как он рыгнет с крылечка-то! Ну да, ты тут у крылечка и стоял, ты его видел, мазурика... В.Б., 4

**МАКА́РОМ: ТАКИ́М МАКА́РОМ**
ebenso, in gleicher Weise, auf dieselbe Weise
*то же, что таким образом.*
Он /офицер/ вывел меня из землянки и сказал, указывая куда-то в темноту: „Возле землянки командира полка стоит бричка. Ползи туда по-пластунски, чтобы часовой не заметил. Вынешь чеку из задней оси и снимай большое колесо, только по-тихому. И обратно его таким же макаром приволоки, мы его в землянке разобьем, на два раза хватит подтопиться." Л.Л., № 30, 187

**МАКЛА́К** *м. пренебр.*
Trödler, Altwarenhändler; kleiner Schieber
*мелкий перекупщик, спекулянт.*
— ...Если я кое в чем кумекаю, если могу спорить с тобой о Бердяеве, так ты уж и решил, что я на тебя похож? Да ты сам по отношению к своей совести маклак. В.Р., 9

**МАЛЕВА́ТЬ** *несов.*
pinseln, etwas anmalen, ausmalen
*рисовать красками; раскрашивать что-либо / обычно плохо, неумело/.*
...такая жизнь казалась невыносимой. Сидеть в глубоком тылу и малевать лозунги в то время, как на фронтах гремят бои и солдаты ходят в атаку? Л.Л., № 30, 162

**МАЛЕ́НЕЧКО** *ласк.*
ein (ganz) klein wenig
*то же, что маленько.*
Дайте только маленечко сроку, погляжу, что и как и почему человек повышается. М.З., 39

**МА́ЛЕНЬКАЯ** *ж.*
kleine Flasche Wodka
*о бутылке водки объемом в 250 граммов.*
В полдень Роберта подозвал Юра и предложил: „Пойдем раздавим по маленькой, и все сомнения как рукой снимет!" Х.Л., 45

**МАЛЕ́НЬКО** *ласк.*
ein wenig, ein klein wenig, ein bißchen
*немного, чуть-чуть // недолго, непродолжительное время//.*
Потом выпивал в лавочке „банку", маленько сидел на крыльце. В.Ш., 122

**МА́ЛЕЦ, МАЛЁЦ** *м.*
Bursche, Junge
*мальчик-подросток, парень.*
— У меня собственных мальцов четверо, — говорит ей няня Копейкина. С.Б., 8

**МАЛИ́НА** *ж.*
Gang, Bande; (Banden)Treffpunkt
*группа преступников, деклассированных элементов // место сбора преступников, деклассированных элементов //.*
„Малина" была в сборе. Сидела приятная молодая женщина с гитарой. Сидел около телефона некий здоровый лоб, похожий на бульдога, упорно смотрел на телефон. Сидели четыре девицы с голыми ногами... В.Ш., 425

**МАЛОЛЕ́ТКА** *м. ж.* **МАЛОЛЕ́ТОК** *м.*
Minderjährige(r); jugendlicher/ minderjähriger Häftling
*ребенок; несовершеннолетний // несовершеннолетний преступник //.*
— ...Если так рассудить, и не мамку даже поймали — Степку, братишку, да что с него взять, голопузый еще, малолеток... И.В., 63
Какой-то малолетка с неестественно удлиненным профилем, озарившись блаженной улыбкой вдруг кинулся им наперерез. В.М., 53

**МАЛОЛЕ́ТСТВО** *ср.*
Kindesalter, Kindheit, frühe Jugend
*период детства, отрочества.*
— ...Одного Ваню Кысу возьми... С малолетства на ножах ходил. Из тюрьмы не вылазил сердешный. В.Ш., 301

**МА́ЛОСТЬ**
ein (ganz) klein wenig, ein bißchen
*очень немного, чуть-чуть.*
Я ору: „Да мне только остыть малость!" Г.Горин, Л.Г., 6.8.75

**МАЛОХО́ЛЬНЫЙ**
seltsam, merkwürdig, wunderlich, anormal
*странный, необычный или не совсем нормальный.*
— Таких чудаков, вроде этого Сашки, у нас хватает, можно сказать, в каждой местности свой малохольный. В.М.1, 135

**МА́ЛЫЙ** *м.*
Bursche, Kerl
*парень, юноша, подросток.*
Чем другим, а глоткой бог не обидел малого. Г.В.1, 6

**МАЛЫ́ШКА** *ж.м.*
Kleine, Knirps
*о маленьком ребенке.*
— Пойдем домой, там малышки ждут ... Я их одних бросила. В.Шукшин, Охота жить, Казань 1977, 91

**МАЛЬЧИШНЯ́** *ж. пренебр.*
junges Volk, junges Gemüse, junge Leute
*о мальчиках, подростках, молодых людях.*
Подумать только, девчонке только восемнадцать исполнилось, а к ней дни и ночи мальчишня шляется. А.К., 195

**МАЛЬЧУГА́Н** *м. ласк.*
Junge, Bengel
*то же, что мальчик, подросток.*
Все трое удивленно переглянулись и, напрягая память, принялись разглядывать бегущего к ним мальчугана... И.Двинский, В.Коваль, Л.Г., 20.12.78

**МАЛЯ́ВКА** *ж.*
Kleine, Krümel; kleines Ding
*о ребенке или взрослом человеке маленького роста // о каком-либо предмете небольшого размера//.*
„Интересно, покорежила она малявку?" — улыбается, потому что на самом деле ему приятно, что Инга печатает на его машинке фирмы „гермес-бэби", купленной каким-то чудом год назад в комиссионке на Колхозной. В.Кор., 390

**МАЛЯ́РНИЧАТЬ** *несов.*
malern

*выполнять малярные работы, заниматься ремеслом маляра.*

Рассказал нам все это истопник,/ Вижу, мой напарник, ну, прямо сник, — / Раз такое дело — гори огнем!/ Больше мы малярничать не пойдем! А.Г., 188

**МАМА́ША** *ж.*

Mutter, Muttchen; Oma

*мама, мать // фамильярное обращение к пожилой женщине //.*

А то придет вечером подшофе, мамаша в крик, в общем, сам знаешь, как бывает. Л.Маков, Крокодил № 31, 76

**МА́МЕНЬКИН** *ирон.*

Mutter- (Söhnchen)

*избалованный, изнеженный.*

— Маменькины сынки вы, вот вы кто,— сердито сказал Игорь. В.Ак., 18

**МАМУ́СЯ** *ж. ласк.*

Mutti, Mama; Muttchen

*то же, что мама // фамильярное обращение к женщине //.*

У Флоры хромосомы — сплошь из честолюбия — по наследству от мамуси, на семейном языке Муси. В.П., 33

**МАНА́ТКИ** *мн.*

Kram, Habseligkeiten, Klamotten, Siebensachen

*вещи, пожитки.*

— Ты скажи так: если, скажи, у тебя чего худое на уме, то собирай манатки и ... В.Ш., 446

**МАНДРАЖИ́РОВАТЬ** *несов.*

Angst haben, feige sein, (vor Angst) die Hosen voll haben

*бояться чего-либо, трусить, испытывать страх.*

— Технарь, дуй сюда, — раздался голос из-за спины. — Некогда, — не оборачиваясь бросил Борис и пальцем показал буфетчице на стакан. Понимая, что от драки не отвертеться, он старался потянуть время и медленно дожевывал бутерброд. Все могло кончиться крупной гауптвахтой. — Мандражирует, — засмеялся за спиной тот же хамоватый пьяный голос. В.Кор., 325

**МАРАЗМИ́РОВАТЬ** *несов.*

physisch/ phychisch verfallen/ abbauen

*приходить в полный упадок вследствие старости или длительного хронического заболевания /обычно о психических и физических силах/.*

Но если нужно выступить, значит, нужно, старик-то маразмирует, время его давно ушло, а он не чует, хорохорится вместо того, чтобы уступить место, и не хрена тут разводить китайские церемонии, а то хороши: и на елку сесть и задницу не поцарапать. Ю.Т.1, 148

**МАРА́ТЬ** *несов.*

beschmutzen, beschmieren; verleumden, anschwärzen, madig machen, in den Dreck ziehen

*пачкать, грязнить кого-, что-либо // позорить, бесчестить кого-либо //.*

— Подушку-то, подушку-то мараешь! Самой стирать!.. В.Ш., 163

Председателя месткома Василия Васильевича Лукьянова очень огорчало, что слушок марает человека ни за что ни про что. Н.М., 17

**МАРА́ТЬСЯ** *несов.*

sich beschmutzen, sich besudeln, sich die Hände schmutzig machen

*входить в какие-либо неприятные предосудительные отношения; ввязываться во что-либо.*

А вы, Курчев, хоть и гусь, да хлипковатый и ощипанный. С вами мне и мараться не хочется. В.Кор., 160

Искусство не переделывает жизни. Во всяком случае, не обязано. А если и переделывает, то само не марается. В.Кор., 545

**МАРАФЁТ** *м.*

Schminke, Make-up

*косметика, грим.*

В обрамлении темного платка, чистое, без обычного марафета лицо ее поразило Антонину своей отечной бледностью. В.М., 401

**МАРИНОВА́ТЬ** *несов., неодобр.*

(fest)halten; aufschieben, auf die lange Bank schieben

*намеренно, сознательно, задерживать кого-либо в каком-либо состоянии // надолго откладывать решение, исполнение чего-либо //.*

Ребята встретили нормально: — Из учебки? — Да, из Сергеевской. — Сколько мариновали? — Четырнадцать месяцев. Лица ребят покрылись уважением. В.Р., 90

**МАССОВИ́К** *м.*
Freizeitgestalter, Unterhalter, Organisator
*организатор массовых занятий, игр, развлечений и т.п.*
Через несколько дней санаторный массовик объявил запись на экскурсию в Бахчисарай. Ц.С., 3

**МАССО́ВКА** *ж.*
Massenszene; Teilnehmer an einer Massenszene (Schauspieler und Statisten)
*массовая сцена /обычно в спектакле, фильме/ // участники массовой сцены //.*
Массовка кричала „горько". Б.С., 12

**МАСТА́К** *м.*
Meister, Könner, As, Kanone
*человек, искусный, опытный в каком-либо деле.*
Я в зачтениях мастак, слава Богу! А.Г., 98
— Тут я не мастак. Тут у меня далеко не полное собрание неудач. В.Кор., 300

**МАСТЕРИ́ТЬ** *несов.*
(zusammen)basteln, selbständig anfertigen
*делать, изготовлять что-либо самому, ручным способом.*
Однако, чтобы отвязаться от надоедливого инвалида, ему в ударном порядке, прямо в конце рабочего дня мастерят новый протез. С.Б., 24

**МАСТЬ** *ж. ирон.*
Farbe, Hautfarbe, Haarfarbe
*цвет, окраска чего-либо.*
Одна из них, судя по масти, сестра Еськина, остальные — ее подруги. В.А., 562

**МАТ** *м.*
Zoten, Unflätigkeiten, schmutzige/ obszöne Reden; unflätiges Fluchen
*сквернословие; грубая, неприличная брань.*
И все это в криках, суете, морском мате, в непрестанном гудении лебедок и вибраторов. В.П., 20

**МАТЕМАТИ́ЧКА** *ж.*
Mathematiklehrerin
*преподаватель математики // женщина-математик //.*
В школе Люда училась хорошо, хотя отличницей не была. Только по математике у нее были все пятерки. Математичка Зоя Петровна ставила ее в пример другим за „логический склад ума". И.Г.1, 28

**МАТЕРЕ́ТЬ** *несов.*
heranwachsen, (heran)reifen, sich entwickeln
*достигать зрелого возраста, полной силы.*
По мере роста дороги, хлеба у них становилось все меньше, зато матерела черная рабочая сила. В.М., 9

**МАТЕРИ́ТЬ** *несов.*
jemanden unflätig/ ordinär/ unanständig beschimpfen
*грубо бранить, ругать кого-либо.*
... бумажка о сделанной работе была для него важнее самой работы — его тоже материли те, кто стоял над ним. Вл.В., 199

**МАТЕРИ́ТЬСЯ** *несов.*
unflätig/ ordinär/ unanständig schimpfen, fluchen
*браниться; грубо ругаться, употребляя неприлично-бранные слова.*
Свернет на Тверскую, к Страстному,/ Трясясь, матерясь и дрожа,/И это положат в основу/ Рассказа о днях мятежа. А.Г., 24
И до самого рассветного часа/ Матерился я в ту ночь как собака. А.Г.1, 109

**МА́ТЕРНО**
unflätig, ordinär, unanständig
*грубо, бранно, неприлично.*
„Да ты..." — сказал он и матерно выругался. А.Борин, Л.Г., 14.3.79

**МА́ТЕРНЫЙ**
unflätig, ordinär, unanständig
*неприличный, грубый, бранный, оскорбительный.*
Я припомнил еще несколько матерных китайских слов... Л.Л., № 31, 183

**МАТЕРО́К** *м. ласк.*
Zoten, Unflätigkeiten; unflätiges Fluchen
*то же, что мат.*
И опять с хохотком, с матерком, с бесстыдной порчей воздуха... Ф.Кан., 39

**МАТЕРЩИ́НА** *ж.*
unflätiges Fluchen, Mutterfluch
*грубое ругательство, оскорбительная брань.*
Сзади кто-то из компании уже приложился к пер-

вой бутылке. Сквозь вой ветра слышались бульканье и матерщина. В.Кор., 202

**МАТЕРЩИ́ННИК** *м.*
Zotenreißer, Schweinigel, Ferkel
*о человеке, употребляющем грубые, бранные, оскорбительные, неприличные слова, выражения.*
Матерщинник был несусветный. В.Ш., 296
Теперь тут живут мелкие хулиганы. Пьяницы, скандалисты, матерщинники, случайные люди. Ф.Кан., 18

**МАТЕРЩИ́ННИЧАТЬ** *несов.*
Zoten reißen, unanständige/ zotige Reden führen; unflätig schimpfen
*употреблять грубые, бранные, оскорбительные, неприличные слова, выражения.*
Тридцать шесть лет — ни семьи, ни хозяйства настоящего. Знает свое — матерщинничать да к одиноким бабам по ночам шастать. В.Ш., 186

**МАТЁРЫЙ**
1 erfahren, bewandert, beschlagen, versiert, ausgekocht
2 eingefleischt, Erz-, unverbesserlich
*1. опытный, знающий.*
Матерый, поседевший в шахматных дуэлях Воскобойников, позевывая, занял место напротив. С.С., 18
*2. неисправимый, закоренелый.*
Старый, бывалый, матерый дурак с начинающим делится опытом. Ф.К., 56

**МАТО́К** *м. ласк.*
Zoten, Unflätigkeiten, unflätiges Fluchen
*то же, что мат.*
А я говорю, матком говорю, / Пойду, говорю, в обком, говорю! А.Г., 266

**МАТРА́СОВКА** *ж.*
Matratzenüberzug
*чехол на матрас.*
Барахла у меня скопилось жуть, полная матрасовка. Вл.Б., 161

**МАТЮ́Г и МАТЮ́К** *м.*
unflätiger Fluch, unflätiges/ grobes Fluchen, Zoten
*грубая, неприличная брань, ругань; сквернословие.*
„Во какой разговор пошел,— отметил про себя Голубев.— На „вы" и без матюгов". Вл.В., 14

**МАТЮГА́ТЬ и МАТЮКА́ТЬ** *несов.*
unflätig/ ordinär fluchen/ verfluchen/ (be)schimpfen
*ругать, употребляя грубые, бранные, оскорбительные выражения.*
Ругали мы тебя и матюкали, и язвой называли: мол, жалобы зачем в газету пишешь. М.З., 39

**МАТЮГА́ТЬСЯ и МАТЮКА́ТЬСЯ** *несов.*
unflätig/ ordinär fluchen/ schimpfen
*грубо ругаться, браниться, употребляя оскорбительные, неприличные слова и выражения.*
Если крали кашу или суп, не обижались, матюгались и шли за новым бачком, но исчезновение сахара или масла вызывало дикий скандал и оправданную в глазах всех беспощадность. В.Р., 27
В коридоре / Колька / разок про себя матюкнулся. В.Ш., 227

**МАТЮГО́ВЫЙ и МАТЮКО́ВЫЙ**
Schimpf-
*грубый, бранный.*
... Матюговые его проклятия какому-нибудь магнету были громче тракторной пальбы. Л.Бородин, Грани № 119, 143

**МАХИ́НА** *ж.*
Koloß, Ungeheuer, Ungetüm
*о чем-либо большом, громоздком.*
... не для того он годами отстраивал эту махину, рисковал судьбой и переступал все заповеди, чтобы довольствоваться частью... В.М.1, 225

**МАХНУ́ТЬ**
sich aufmachen, losziehen, losfahren, auf und davon fahren
*поехать, пойти, отправиться куда-либо.*
Поеду в деревню. Не могу больше. Поедем? Давай спишемся — и махнем. Черт с ними, пускай едут в Гагры, а нам надо в деревню съездить. В.Ш., 80

**МА́ХОНЬКИЙ**
winzig, klein
*маленький, крохотный.*
Люськe-дурочке все хаханьки, / Все малина ей, калина, / А Никитушка-то махонький / Чуть не на крик от колита! А.Г., 233

**МАХРА́** *ж.*
Machorka, Knaster
***то же, что махорка, табак.***
В завозне пахло сосновой стружкой, махрой и остывающими тесовыми стенами. В.Ш., 40

**МАХРО́ВЫЙ** *презр.*
Erz-, ausgemacht, ausgekocht
***ярко выраженный, достигший высшей степени /о каком-либо отрицательном качестве/.***
Глянул я на него — аж тошно стало: передо мной явно махровый жулик. И.Ф., 13

**МА́ЦАТЬ** *несов.*
hegen, hätscheln, hüten; ausbrüten, brüten (über etwas), vor sich hinbrüten
***оберегать, вынашивать, желать осуществления чего-либо.***
На нарах корпел, мечту мацал: по утрянке из колонии выйду, в Москву наколесую, в кабак „Седьмое небо" пойду! Б-ка крок., № 24/773/, М., 1976, 15

**МА́ЯТЬСЯ** *несов.*
sich quälen, sich plagen, sich abrackern, sich abmühen
***изнурять себя непосильной работой // томиться, мучиться //.***
Смотрит тупой карандаш, как его товарищ трудится и говорит: „И чего ты маешься? Разве тебе больше всех надо?" Ф.К., 42

**МАЯ́ЧИТЬ** *несов.*
1 (in der Ferne) schimmern, blinken, auftauchen
2 mit Gesten/ Zeichen zu verstehen geben
***1. виднеться в отдалении.***
Встань пораньше, встань пораньше, встань пораньше, / Когда дворники маячат у ворот. Б.О., 10
***2. объяснять, показывать знаками.***
— Немая-то наша чуток замуж не вышла... Приходит один раз из клуба и маячит мне: —Жениха, мол, приведу. В.Ш., 41

**МЕДИ́ЧКА** *ж.*
Medizinstudentin
***студентка медицинского учебного заведения.***
Новички же — как новобранцы после бани, впервые увидевшие друг друга в форме, смеются над плановиком Бутылиным, явившемся в кожаной как у директора, шляпе, подшучивают над медичкой Ларисой, которая по просьбе мужчин, прохаживается перед пожилыми женщинами в шуршащих, как сухие веники дерматиновых брюках, показывают друг на друга пальцами, весело хохочут, будто сейчас начнется карнавал. М. Петров, Наш современник № 3, 1981, 115

**МЕДО́ВКА** *ж.*
Flitterwochen
***медовый месяц, первый месяц супружеской жизни.***
Медовка проведена. Теперь и развестись можно. В. Кор., 131

**МЕДЯ́К** *м.*
Kupfermünze
***медная монета.***
И унылый сморчок-бедолага, / Медяками в кармане звеня, / Карусельщик — майор из ГУЛАГА, / Знай гоняет по кругу коня! А.Г., 142

**МЕЛКОТА́** *ж. пренебр.*
kleine Leute
***о людях, занимающих невысокое общественное или служебное положение.***
Стоявшая в очереди прочая научная мелкота и лезшая без очереди техническая вшивота прекратила зубоскальство и застыла в почтительном изумлении. А.З.1, 9

**МЕЛОЧИ́ТЬСЯ** *несов.*
mit jedem Pfennig/ Gramm geizen, knapsen, knausern
***излишне экономить, отказывать себе в чем-либо.***
А тревожит нас в герое повадка „не мелочиться", считать, что все ему по карману. А.Моралевич, Л.Г., 2.8.78
После парной и душа как-то неловко было мелочиться и, выпив кружку пива и вспомнив, что дома лезвия кончились, он зашел в парикмахерскую... В.Кор., 548

**МЕ́ЛОЧЬ** *ж.*
Kleingeld; Krimskrams, Kleinigkeit
***небольшая сумма денег // о чем-либо незначительном, мелком//.***
... Бурлей... противился, если, покупая книги, Прокопенко пытался ему переплатить какую-нибудь мелочь. С.Е., 50

**МЕЛЬТЕШЕ́НИЕ** *ср.*
Herumfuchteln, Herumfuhrwerken, Hasten, Hetzen

*быстрые, суетливые движения.*
... не чувствуется в этом его веселом мельтешении хозяйской полноты, удовлетворения, нету радости, которая от сердца. В.М., 172

**МЕЛЬТЕШИ́ТЬ** *несов.*
(vor den Augen) herumfuchteln, gestikulieren; schimmern, flimmern
*надоедливо мелькать перед глазами.*
— Сядь, не мельтеши, — сказал начальник. А.Я., 2
Все кругом орут друг на дружку, мельтешат без дела... В.М., 228
А хитрость мельтешит на тараканьих ножках. А.К., 233

**МЕЛЬТЕШНЯ́** *ж.*
Herumfuchteln, Herumfuhrwerken, Hasten, Hetzen, Unruhe
*надоедливое мелькание перед глазами; суета.*
На палубе началась мельтешня. Д.Иванов, Б.Трифонов, Л.Г., 18.10.78

**МЕЛЮЗГА́** *ж.*
Kroppzeug; Kleinzeug; kleine Leute
*мелочь, мелкота // о людях, незначительных по общественному или служебному положению //.*
Я бы вам не рекомендовал связываться с мелюзгой, вроде нашего Юлика. Д.Иванов, В.Трифонов, Л.Г., 18.10.78

**МЕНТ** *м. бран.*
Polyp, Bulle
*то же, что милиционер.*
Я того лейтенанта запомнил и место их тоже. Выйду, хоть с одним порешу, все равно терять нечего, это уже не жизнь, — у нас не прощают. А одним ментом меньше будет. Время и мы № 43, 34

**МЕНТО́ВКА** *ж.*
Milizauto, Streifenwagen, grüne Minna
*милицейская машина.*
Родители испугались появления сына и позвонили в милицию тайком. „Ментовка" и карета психпомощи прибыли одновременно. Время и мы № 43, 33

**МЕНЬШО́Й**
jüngerer
*то же, что младший.*
Как-то под вечер заявилась Надюшка и меньшую сестренку с собой приволокла. М.Колосов, Л.Г., 4.2.81

**МЕРЗА́ВЕЦ** *м. бран.*
Schurke, Schuft, Lump
*подлый, безнравственный, мерзкий человек, негодяй.*
И я борюсь, давлю в себе мерзавца. / О, участь беспокойная моя. В.В. 1, 31

**МЕРЗА́ВКА** *ж. бран.*
Aas, Miststück, Luder, Pottsau
*подлая, мерзкая женщина.*
Нет, это не Кларкин поезд, это наверху портниха Анна Михайловна строчит на машинке... Шьет, мерзавка, а сама во все горло поет „Люблю, друзья, я Ленинские горы", модную песенку... А.К., 341

**МЕРЗА́ВЧИК** *м.*
Achtelliter-Schnapsflasche
*маленькая бутылка водки.*
— ... Ну, мы, значит, и выпили по мерзавчику. В.Б., 3

**МЕРЗЛЯ́К** *м. и* **МЕРЗЛЯ́ЧКА** *ж.*
Frostbeule, jemand, der ständig friert
*о человеке, слишком чувствительном к холоду.*
Выставком у меня ничего не берет. Ее /картину/ глядели, тоже не взяли. Мерзлячка какая-то, говорят. В.Кор., 541

**МЕРТВЯ́К** *м.*
Leiche, Tote
*мертвец, покойник.*
Он требовал выписывать, но как еще надеялся, что она скажет: — „Ты с ума сошел, Поддуев? Что значит выписывать? Мы тебя лечить будем! Мы вылечим тебя!.." А она соглашалась. Значит, мертвяк. А.С., 130

**МЕЧТЯ́К** *м.*
Traum
*то же, что мечта.*
... До зуда в руках захотелось потрогать это горлышко, погладить. Взгляд Спирьки посветлел, поумнел... На душе захорошело. — Мечтяк коньячишко, — похвалил он. — Дорогой только. В.Ш., 191

**МЕШАНИ́НА** *ж.*
Mischmasch, Kraut und Rüben, Sammelsurium; Wirrnis, Konfusion
*путаница, смесь чего-либо разнородного // отсутствие ясности и порядка в чем-либо //.*
—... Вообще любопытный мужик. Кляузник только: завалил все редакции предложениями и советами. Мешанины в человеке много. В.Ш., 401

**МЕ́ШКАТЬ** *несов.*
säumen, trödeln, unschlüssig sein
*не торопиться, не спешить что-либо делать; медлить.*
Валька краснела и с печальной нерешительностью улыбалась Борису. Видно, о чем-то хотела поговорить, но все мешкала. В.Кор., 267

**МЕШО́ЧНИК** *м.*
Schieber, Schwarzhändler, Hamsterer
*человек, в большом количестве, мешками скупающий какие-либо продукты, товары и спекулирующий ими.*
В кассах билетов нет, а у них — сколько угодно. И на каждой станции мешочников сажают. Д.Иванов, В.Трифонов, Л.Г., 11.10.78

**МИГА́ЛКА** *ж.*
Blitzlicht
*лампа, дающая свет вспышками и используемая для фотосъемок при недостаточном освещении.*
Зал наполнялся неспешно. Старички, школьники, несколько инвалидов с костылями, несколько горбатых калек. Потом замелькали фотокорреспонденты с мигалками. В.Кор., 432

**МИКРОПО́РКА** *ж.*
Kreppsohle
*микропористая резиновая подошва.*
... медленно облачил себя в свои обычные доспехи: бумажные китайские брюки, шерстяные носки /мерзнут ноги!/, ботинки на микропорке, косоворотку, суконный, еще довоенных времен жилет... В.М., 8

**МИЛЛИОНЕ́РША** *ж.*
Millionärin, Millionärsgattin
*обладательница богатства, оцениваемого в миллион // жена миллионера //.*
Там Чарли узнал, что вчера, оказывается, миллионершу вместе с ребенком похитили неизвестные. Л.Ленч, 43

**МИЛОВА́ТЬСЯ** *несов.*
liebkosen, schmusen
*проявлять взаимную любовь, ласку.*
Мне теперь все чаще снится / Все минувшее давно: / Как ты юбкой своей ситцевой / Занавесила окно. / И весь день до самой ночки / Миловалася со мной. Б.А., 67

**МИЛО́К** *м. ласк.*
(mein) Lieber
*о мужчине, мальчике.*
Я говорю: „Где ж эт ты, милок, работаешь-то? Ты ж целыми днями дома сидишь. Вот так работка!" — говорю. В.Ш., 257

**МИЛЬТ** *м. бран.*
Bulle, Polyp
*то же, что милиционер.*
Я плачу пять рублей и получаю квитанцию. Дальше мы идем вместе с моим младшим братом. — Чудак, — говорит он мне, — деньги мильту отдал. В.Ак., 1

**МИЛЬТО́Н** *м. бран.*
Bulle, Polyp
*то же, что милиционер.*
„Мильтон я, что ли", — подумал Борис и осторожно, чтобы не вымазаться о свежую краску, прижался к подоконнику полумарша. В.Кор., 67

**МИЛЯ́ГА** *м. ж.*
lieber/ guter Junge/ Mensch
*милый, приятный человек.*
И Егор, выбивавший в эту минуту пыль из половиц, казался Петру Васильевичу милягой-парнем, с которым он хоть сейчас готов обняться побратски и выпить еще. В.М., 455

**МИНДА́ЛЬНИЧАТЬ** *несов.*
(unangebrachte) Nachsicht üben, zu nachgiebig sein/ zu weich sein
*проявлять излишнюю мягкость, деликатность, снисходительность к кому-либо.*
— И в хорошем — лишнее! — трепыхался под Дрыниной ладонью форейтор, решивший более не миндальничать. Д.Иванов, В.Трифонов, Л.Г., 18.10.78

**МИНЕРА́ЛКА** *ж.*
Mineralwasser
*минеральная вода.*
Второй доброволец — не без чувства ущемленности на лице — потащил ящик с минеральной и яблоки. Е.Евтушенко, Юность № 3, 1981,23

**МИНИСТЕ́РША** *ж.*
Frau des Ministers; Ministerin
*жена министра //женщина-министр//.*
Раздался звонок, пришла министерша и устроила лейтенанту разнос, что подбил Василия Митрофановича на выпивку. В.Кор., 277

**МИРОВО́** *шутл.*
prima, fein, Klasse, Spitze
*хорошо, отлично, замечательно.*
Тогда я вышел на поле сам, спасать положение. — Довольно, Кешка! — сказал я. — Что ты, в самом деле! Тут же все свои. Вон Лешка сидит, вон Рая. Чего ж ты, чудак, сдаешь? Это не важнец. Не мирово, так сказать. А.Р., 40

**МИРОВО́Й** *шутл.*
prima, fein, Klasse-, Spitzen-
*очень хороший, отличный, замечательный.*
Ты прелесть! Из тебя выйдет мировая чувиха. А.З., 63
— Ну, вот и хорошо, — согласился Клюнул, — а детально мы этот планчик с тобой завтра с утра разработаем и быстренько через Завзятова провернем... — Идея мировая! — восторженно сказал Груздев, смотря на Василия Гавриловича влюбленными глазами. М.Л., 206

**МИТИНГОВА́ТЬ** *несов.*
ein Meeting abhalten, an einem Meeting teilnehmen; große Reden führen/ halten/ schwingen
*устраивать митинги, участвовать в митингах // вести бессодержательные разговоры, дискуссии //.*
... уже в воздухе висели дяди Сережины словечки и громкие крики: „Где жалобная книга?" „Давай пиши", „Чего тут митинговать!" — и так далее и тому подобное. М.Л., 281

**МНОГОТИРА́ЖКА** *ж.*
Werkszeitung, Betriebszeitung
*печатная газета, издаваемая каким-либо предприятием, учреждением.*
Репортажи с портретами наших героев печатались в дивизионной многотиражке. Л.Л. № 32, 78

**МОДЕЛЬЕ́РША** *ж.*
Modelliererin
*женщина-модельер.*
Резонанс тут же сработал — сама модельерша сшила супруге платье, а дочери пальто. В.К., 33

**МОДЕ́РНЫЙ**
(hoch)modern
*современный, модный.*
Здание — модерное. Простор, толпы, дневной свет и раздражающее бездушие серых пористых стен. В.С., 49

**МО́ДНИЦА** *ж.*
Modepuppe
*о женщине, следящей за модой, старающейся во всем следовать ей.*
Приходили ее подруги по институту иностранных языков, блестящие и ярко одетые девочки, щебетуньи, хохотушки, модницы, фифы; некоторые из них сразу и болезненно его задевали. Ю.Т.1, 111

**МОЗГЛЯ́К** *м.*
Schwächling, Schlappschwanz, Blindgänger
*о ком-либо, ни на что не способном, слабом в физическом или умственном отношении.*
И Таранька, маленький такой мозглячок с рыжими ресницами, стоял тут же и усмехался. Ю.Т.1, 99

**МОЗГОВА́ТЬ** *несов.*
überlegen, nachdenken, sich den Kopf zerbrechen
*обдумывать, размышлять.*
Как ни мозгуй, что ни толкуй, / Не установишь разницу. А.З., 159

**МОКРОХВО́СТКА** *ж. бран.*
Aas, Miststück, Dreck
*о ком-, чем-либо плохом, дрянном, отвратительном.*
Куров опять потыкал клюшкой в землю, заговорил: — Вот мы с Федором вчера насчет союзников... Ты ведь вроде до Берлина дошел, шампанское с ними глушил, чего оне теперче-то на нас прут? Я так думаю, что Франция все это, она мокрохвостка, дело меж нас портит. В.Б., 60

**МОЛ**
sagt(e) er/ sie/ man, sagen/ sagten sie
*частица, указывающая на то, что говорящий передает чужие слова.*

Говорим: мол, творческие работники, хотелось бы к театрам поближе. А.Курляндский, Л.Г., 13.10.76

**МОЛОДЕ́ЦКИЙ**
fesch, keck, verwegen; burschikos
*удалой, лихой, отважный.*
В квартире, поразившей Глебова гигантскими размерами — коридоры и залы напоминали музей, — продолжался настрой дурашливости и молодецких проделок. Ю.Т.1, 94

**МОЛОДНЯ́К** *м.*
junge Leute, junges Volk, Jugend
*молодежь, молодые люди.*
А затем, пожав друг другу руки, чистые, помытые, отправились к своим рабочим местам — не только учить, но и воспитывать молодняк. Н.Яковлев, Крокодил № 9,78

**МОЛОДУ́ХА** *ж.*
junge Frau
*молодая замужняя женщина.*
Вид у новобрачного Лешки был тогда невеселый, а невеста, вернее молодуха, Борису очень понравилась. В.Кор., 130
И доктор взял домработницу Таись Толстову, молодуху, с которой он во время войны служил в одном батальоне. А.К., 462

**МОЛОДЧА́ГА** *м.ж.*
Prachtkerl, Pfundskerl, Prachtweib
*то же, что молодец.*
— Ну, и молодчага, — сказал он, хотя вовсе так не считал. В.Кор., 79

**МОЛОДЧИ́НА** *м. ж.*
Prachtkerl, Pfundskerl, Prachtweib
*то же, что молодец.*
На судне мы таких обламывали в два счета. И эти где-нибудь обломаются. И все-таки Игорь — молодчина. В.Ак., 18

**МОЛОКОСО́С** *м. пренебр.*
Milchbart, Grünschnabel, junger Dachs
*об очень молодом, неопытном человеке.*
Неслыханное творилось... Старики ничего сделать не могут, злятся, хватаются за бичи — хоть бичами, да исправить молокососов, но только хуже толкают их к упорству. В.Ш., 355
Вот сейчас в угол поставлю, тогда научишься с бабушкой разговаривать! Совсем распустился, молокосос! .М.Задорнов, Л.Г., 29.8.79

**МОЛОТО́К** *м.*
Prachtkerl, Pfundskerl, Prachtweib
*то же, что молодец.*
— Радиостанция „Маяк", — говорит Алик. — Поймали, наконец, молотки ребята! — довольно равнодушно басит Юрка. В.Ак., 11

**МОЛО́ТЬ** *несов.*
dummes Zeug reden, faseln, spinnen, schwafeln
*говорить чепуху, ерунду; болтать, пустословить.*
— Ты чего это, отец! — испуганно спрашивает Петр. — Чего мелешь-то? В.Расп.1, 58
Старик с интересом слушал эту умную перепалку. С вопросом его застали врасплох. — А? — встрепенулся он. — Ты понимаешь хоть что-нибудь, что этот... товарищ мелит здесь? В.Ш., 375

**МОЛЧА́ЛЬНИК** *м.*
schweigsamer/ wortkarger/ verschlossener Mensch; Schweiger
*молчаливый, неразговорчивый человек.*
А ведь Рыжий никогда не был молчальником. В.Марьяновский, Юность № 3, 1981, 96

**МОЛЧА́НКА** *ж.*
Schweigen, Stille
*то же, что молчание.*
Перед атакой водку — вот мура! / Свое отпили мы еще в гражданку. / Поэтому мы не кричим: Ура! / Со смертью мы играемся в молчанку. В.В. 3, 19
— Ну, ну, выкладывай. Я это не люблю, когда со мной в молчанку играют. М.Л., 25

**МОЛЧО́К** *м.*
Schweigen, Stille
*то же, что молчание.*
— ... Не больно мы пьяные-то? — Надо бы еще разжиться... — Ч-ч! Молчок покаместь!.. Степановна?Иван Африканович осторожно постукал по воротам. — А Степановна? В.Б., 11

**МОЛЧУ́Н** *м.*
1 schweigsamer/ wortkarger/ verschlossener Mensch, Schweiger
2 Angehöriger der Schweiger-Sekte
*1. молчаливый, неразговорчивый человек.*
Их много таких, усталых людей, невидных молчунов — полкамеры. Ф.Кан., 43
*2. член религиозной секты молчунов.*

— Молчун,— пояснил Шилов,— секта такая, говорят, есть, но безвредный. В.М.1, 131

**МОМЕ́НТОМ**
im Nu, im Handumdrehen, augenblicklich
*очень быстро, тотчас.*
Нынче милиция не церемонится, она тебя, голубчика, моментом острижет. В.А., 559

**МОНЕ́ТЫ** *мн.*
Moneten, Piepen
*деньги.*
— Да захмелиться-то недолго... — А что мешает? Монеты кончились?.. — Монеты не кончились, Вова. Дураки,— говорю,— кончились. Г.В.1, 5

**МОНОПО́ЛЬКА** *ж.*
Monopolladen (für Spirituosen)
*маленький магазин, лавка или пивная, где продавалась водка.*
Повстречала девчонка бога, / Бог пил мертвую в монопольке. А.Г., 132

**МОНТИРО́ВКА** *ж.*
Montageinstrument, Montierwerkzeug
*монтировочный инструмент.*
Я отвечаю: „Если не ломиком поддевать или монтировкой — не нарушим". Л.Лиходеев, Л.Г., 23.4.75

**МО́ПСИК** *м. уменьш. ласк.*
Möpschen
*мопс; порода небольших комнатных собак.*
Ежели баба в шляпке, ежели чулочки на ней фильдекосовые, или мопсик у ней на руках... то такая аристократка мне и не баба вовсе, а гладкое место. М.З., 5

**МО́РДА** *ж. груб.*
Schnauze, Maul, Fresse
*о лице человека.*
И не страшно ли, братья серые, / Что по-волчьи мы, на лету, / Рвали горло — за милосердие, /били морду — за доброту. А.Г., 74

**МОРДА́СТИ: СТРА́СТИ-МОРДА́СТИ** *пренебр.*
Schein-, dem Scheine nach, pro forma, dem Namen nach
*о чем-либо показном, ненастоящем.*
Вместо выстраданной страсти / Или попранного права — / Электронные мордасти / Синтетического сплава. С.В., 43

**МОРДА́СТЫЙ**
großschnäuzig, großmäulig
*имеющий широкое, толстое лицо.*
И будет мордастая ВОХРа / Следить, чтоб никто не следил. А.Г., 56

**МОРДА́ТЫЙ**
großschnäuzig, großmäulig
*то же, что мордастый.*
Федька, рыжий, мордатый верзила, косил траву. Вл.В., 7

**МОРДА́ШКА** *ж. ласк. шутл.*
(hübsches) Lärvchen, Frätzchen
*о человеке с приятным лицом // хорошенькое, симпатичное личико //.*
В это время каждый день стайка знакомых мордашек устраивается перед Юркиными окнами, кто на корточках, кто на скользких от грязи или дождя бревнах... А.К., 77

**МОРДОБО́Й** *м.*
Schläge ins Gesicht/ in die Fresse; Schlägerei
*драка; битье по лицу.*
Они переехали недавно в девятую, и первый же их день во дворе ознаменовался громким, чисто вологодским мордобоем со скорой помощью и милицией в заключение. В.М., 181

**МОРДОВА́ТЬ** *несов.*
(ins Gesicht) schlagen, (ver)prügeln, die Fresse polieren
*бить, мучить, истязать.*
Нас каждый день мордуют уголовники / И главный врач зовет к себе в любовники. В.В. 3, 14

**МОРДОВОРО́Т** *м. груб.*
Scheusal, Mißgeburt
*о некрасивом, уродливом, грубом человеке.*
Двое по бокам... Эти мордовороты потрудней будут длинного — кряжистые, коротконогие, устойчивые. Ю.С., 122

**МОРДОПЛЮ́ЙЧИК** *м. ирон.*
Schnauze, Maul, Mäulchen
*то же, что морда.*
Мы уж с отцом хотели скорую помощь нанимать, тебя с вокзала везти, а у тебя мордоплюйчик, какого я никогда не видела... Даже из Крыма в поза-

прошлом году не такая хорошая приехала. А.К., 125

**МОРЕХО́ДКА** *ж.*
Seemannsschule
*мореходное училище.*
— Может быть, тебе в мореходку поступить?— говорит Юрка.— На штурмана учиться, а? В.Ак., 65

**МОРЖ** *м.*
jemand, der im Winter im Freien badet; Walroß
*любитель зимнего купания в реке, пруду и т.п.*
Увлекаюсь зимним купанием. Нас называют моржами. А.Ч., 28

**МОРЗЯ́НКА** *ж.*
Morsealphabet
*условные обозначения букв, цифр, принятые в телеграфии, радиоприемах и т.п. // азбука Морзе //.*
А чудак глядел на обезьянку, / Пальцами выстукивал морзянку. А.Г., 122.

**МОРОЗИ́ЛКА** *ж.*
Gefrierfach, Tiefkühlfach
*отделение в холодильнике для быстрого замораживания пищевых продуктов.*
Морозилка, слава богу, пуста. Туда мы водочку определим. Е.Евтушенко, Юность № 3, 1981, 24

**МОРОЗИ́НА** *ж.*
Frost, Lausekälte, Saukälte
*то же, что мороз.*
Сегодня на улице морозина. Впрочем, они, наверно, поедут в какой-нибудь ресторан, и там Алеша станет изливать душу и клясть свою судьбу и жену из прокуратуры. В.Кор., 180

**МОРОЗЯ́ГА** *м.*
Frost, Lausekälte, Saukälte
*то же, что мороз.*
Приехал сюда — тут вместо зимы дождь-проливняк, а у меня — валенки под мышкой, у нас же там морозяга. А.С., 250

**МОРО́КА** *ж.*
Schererei, Plackerei, Schlamassel, Verdruß
*о чем-либо хлопотном, канительном, путанном; неразбериха.*
И какой бы ни пошли они дорогою, / Все кончалось то бедою, то морокою. А.Г., 137
Мороки с этой коровой — сама того не стоит. Г.Б., 49

**МОРО́ЧИТЬ** *несов.*
täuschen, irreführen, hinters Licht führen, hereinlegen
*дурачить, обманывать, преднамеренно вводить кого-либо в заблуждение.*
Сколько раз вас морочили, мяли, ворочали, / Сколько раз соблазняли соблазнами тщетными... А.Г., 22
Все морочишь нас, солдат, стариной! / Бьешь на жалость, гражданин строевой! А.Г., 21

**МОРЯ́ЧКА** *ж.*
weiblicher Matrose; Seemannsfrau
*женщина-моряк // жена моряка //.*
Человек просто хочет узнать, что такое настоящая морячка. В.П., 24

**МОСТИ́ТЬ** *несов.*
etwas machen, einrichten
*делать, устраивать что-либо.*
Принялся Гурин мостить себе гнездо: обмял солому, выровнял, под голову побольше положил — вместо подушки, — уселся на эту „подушку", привалился к стене. М.Колосов, Новый мир № 2, 1981, 197

**МОСТИ́ТЬСЯ** *несов.*
Platz nehmen, sich hinsetzen, es sich bequem machen, hinpflanzen
*устраиваться где-либо; располагаться, помещаться.*
— Бери стул, волоки сюда, познакомимся. — Я — не пуганый. — Но в голосе подвернулось что-то и помешало ему сказать звонко. — Ну так тащи, мостись. А.С., 145

**МО́СЬКА** *ж. шутл.*
Schnäuzchen
*то же, что лицо.*
— Он старый, седенький,— улыбнулась переводчица, вспоминая маршала Булганина.— Хотя моськой — ничего. В.Кор., 236

**МОТА́ТЬ** *несов.*
1 (hin und her) schütteln, wiegen, schaukeln
2 (schnell mal) fahren, reisen, einen Trip/ Abstecher/ Ausflug machen
3 flüchten, abhauen, stiftengehen
*1. двигать из стороны в сторону, качать.*
Бронька роняет голову на грудь, долго молча пла-

чет, оскалился, скрипит здоровыми зубами, мотает безутешно головой. В.Ш., 121
*2. ездить куда-либо на короткое время.*
На этом наши вояжи кончились. Хотели еще в Люксембург мотнуть, да мне пора было в Париж. В.Н., 70
*3. убегать, спешно удаляться.*
„Бежать! Срочно мотать отсюда!" — молотила в виски затравленная страхом мысль. Д.Иванов, В.Трифонов, Л.Г., 14.6.78

**МОТÁТЬСЯ** *несов.*
1 umherwandern, sich herumtreiben, (herum)stromern, herumvagabundieren
2 umherlaufen, (herum)rennen, herumtigern
*1. скитаться, слоняться, бродить.*
Сбили вас с толку этим ученьем — вот и мотаетесь по белому свету, как ... — Он не подберет подходящего слова — как кто. В.Ш., 52
... он все еще мотался по стране со случайными бригадами в погоне за шальными деньгами, откладывая серьезную работу на потом. В.М., 291
*2. проводить время в хлопотах, беготне.*
Большую часть времени члены делегации и туристической группы мотались по магазинам и, экономя на желудке, скупали тряпье. А.З., 141

**МОТÓР** *м.*
Auto
*то же, что автомашина.*
Сейчас мы с тобой возьмем мотор, покатаемся, пойдем в ресторан, потом побацаем на прощание... В.Ак., 38

**МОТОРИЗОВÁТЬСЯ**
sich motorisieren, sich einen fahrbaren Untersatz zulegen
*приобрести, купить автомобиль.*
— Вот окожился, оджинился, моторизовался, — рассуждал Мышкин.— Даже остродефицитное мачете достал. Достиг как будто бы всего. В.Викторов, Л.Г., 29.8.79

**МОТÓРКА** *ж.*
Motorboot
*моторная лодка.*
Действуют лихо среди бела дня на новеньких быстроходных моторках. Д.Я., 4

**МОХÉР** *м.*
Mohair
*шерсть козы ангорской породы или изделие из этой шерсти.*
Ну, была она жуткою шельмою, / Одевалась в джерси и мохер, / И звалась эта дамочка Шейлою / На гнилой иностранный манер. А.Г., 184

**МОЧЬ** *ж.*
Kräfte, Leibeskräfte, Kraft, Geduld
*сила, мощь, способность что-либо делать.*
Когда проснуться не хватает мочи, / Когда румяный бок, как край зари... / О чем он думает? / О чем бормочет, / Ленивые глотая пузыри. Б.О., 167

**МÓЧЬСЯ** и **МÓЖЕТСЯ** *несов.:*
**НЕ МÓЖЕТСЯ**
sich schlecht/ krank fühlen
*о чувстве недомогания, нездоровья.*
Только мне, почему-то не можется, / Все мне колется что-то и ежится, / И никак я себя не найду. А.Г., 73

**МОШНÁ** *ж.*
(voller) Geldbeutel, Geldsack
*о деньгах, богатстве.*
— Что ж ты раньше не сказал, чудак? Мы бы уж тряхнули мошной, так и быть насобирали бы тебе по рублику. Г.В. 2, 68

**МРАЗЬ** *ж. бран. презр.*
Dreckstück, Drecksack, Miststück
*о ком-, чем-либо ничтожном, негодном.*
Собаки сходят с ума за заборами. Почему они безумствуют, когда видят бегущего человека?.. Волкодав на задних лапах прыгает за штакетником. Тьфу ты, мразь! Плюю ему в зверскую морду. В.Ак., 64

**МУДÁК** *м. бран.*
Sack, Arschloch; Pottsau
*об отвратительном, подлом, низком человеке.*
Не восклицал ли он в изумлении, переступая порог руководящей инстанции: как такого мудака могли поставить на это место? Л.Л., № 32, 78

**МУДИ́ЛА** *м. бран.*
Sack, Arschloch; Pottsau
*об отвратительном, подлом, низком человеке.*
Между прочим, я этого мудилу-мученика знаю, как облупленного. В.М.1, 83

**МУДРЁНО** и **МУДРЕНÓ**
kompliziert, schwierig, verzwickt, vertrackt
*трудно, непонятно, сложно.*
Саня не то, что слишком уж много знал или много

повидал на своем веку /впрочем, он про себя не рассказывал. Мало рассказывал/ — он очень уж как-то мудрено говорил про жизнь, про смерть. В.Ш., 179

**МУДРЁНЫЙ**
kompliziert, schwierig, verzwickt, vertrackt
*трудный для понимания, замысловатый, загадочный.*
... ему интересно наблюдать за людьми из другого народа и запоминать их мудреные слова. В.Расп. 2, 58

**МУДРИ́ТЬ** *несов.*
knobeln, (herum)tüfteln; klügeln, klug tun
*поступать излишне замысловато, мудрено; умничать.*
Долгими вечерами он мудрил с насосами, разбирал двигатель, укреплял мосты. Э.Медведкин, Л.Г., 9.6.76

**МУЖИ́К** *м.*
Mannsperson, Mannsbild; Ehemann, Gatte; Bauer, (grober) Klotz, primitiver Kerl
*то же, что мужчина // муж, супруг // о необразованном, невоспитанном человеке //.*
А когда пошли миром грозы — / Мужики — на фронт, бабы — в слезы! А.Г., 71

**МУЖИ́ЦКИЙ**
bäuerlich, Bauern-, primitiv
*свойственный, присущий мужику.*
В голосе его, без пьяной мужицкой дикости... угадывался весь его характер. В.А., 574

**МУЖИЧО́К** *м. уменьш. ласк.*
Mannsperson, Mannsbild; Ehemann, Gatte; Bauer, (grober) Klotz
*то же, что мужик.*
Мужику Дерябину Афанасию — за шестьдесят, но он еще сам покрыл оцинкованной жестью дом, и дом его теперь блестел под солнцем, как белый самовар на шестке. Ловкий, жилистый мужичок, проворный и себе на уме. В.Ш., 406

**МУЖИЧО́НКА** *м. пренебр.*
Winzling, Kümmerling
*о невзрачном, маленького роста мужчине.*
И вот как-то, в покос тоже, пастух деревенский, слабый мужичонка, совсем ослаб, гоняясь за коровами, упал без сознания. В.Ш., 124

**МУЖИЧЬЁ** *ср. пренебр.*
Bauern, Mannsvolk, Mannsleute
*то же, что мужики.*
Да всем и каждому, как на ладони, ясно станет, что такое, что на этих фотках она уделывает с телами, мужичье, как видно, стеснялось лица-то показывать... Ю.С., 113

**МУЖЛА́Н** *м.*
grobes Mannsbild, grober/ primitiver Kerl/ Klotz
*грубый, некультурный человек.*
Шляпников поморщился и сказал: „Полюбуйтесь! Довели даму до слез! Культурный человек на вашем месте хоть бы воды подал! Мужлан!" М.Мишин, Л.Г., 24.11.76

**МУЛЬТЯ́ШКА** *ж.*
Trickfilm
*то же, что мультипликационный фильм.*
... администрация еще раз в этом убедилась, случайно посмотрев в кинотеатре „Россия" талантливую получасовую мультяшку „Сказка сказок" по сценарию Л. Петрушевской... В.Веселовский, Л.Г., 7.1.81

**МУРА́** *ж.*
Quatsch, Käse
*о чем-либо неважном, пустом, глупом; ерунда, чушь.*
Ах, как трудно улетают люди, / Вот идут по трапу на ветру, / Вспоминая ангельские лютни / И тому подобную муру! А.Г., 43
... написать какую-нибудь муру, чтобы к нам не прицепились... А.З., 27

**МУРЛО́** *ср. бран.*
Schnauze, Maul, Fresse
*о лице человека.*
— ... Приедешь на дачу, затопишь камин, смотришь на огонь — обожаю, между прочим, на огонь смотреть, — а из огня на тебя... какое-нибудь мурло смотрит. В.Ш., 266

**МУРЛЫ́КАТЬ** *несов.*
vor sich hin summen/ brummen/ murmeln/ schnurren
*очень тихо, невнятно напевать или говорить.*
Странный тип какой. В студии лез прямо в кадр, чуть не вывели его. По коридору семенил за Леонидом, глядя себе под ноги, что-то всю дорогу мурлыкал под нос. В.С., 52

**МУРЫ́ЖЕВО** *ср.*
Unannehmlichkeiten, Schikane, Ärger, Verdruß
*длительные неприятности, мучения.*
И пойдет теперь мурыжево — / Федерация, хренация, / Как, мол, ты не сделал рыжего — / Где твоя квалификация?! А.Г., 199

**МУРЫ́ЖИТЬ** *несов.*
schikanieren; etwas hinziehen
*намеренно задерживать, затягивать что-либо.*
К дому на набережной лейтенант добрался только к одиннадцати. С полчаса мурыжили в бюро пропусков. В.Кор., 302

**МУРЫ́ЖИТЬСЯ** *несов.*
sich abmühen, sich plagen, sich herumschlagen; sich schikanieren lassen
*мучиться, терять время, силы.*
Товарищи очередь, гля, это из-за него вы мурыжитесь, он вас тормозит. А.М., 19
Радость великая с таким обормотом мурыжиться. В.Кор., 129

**МУСЛИ́ТЬ, МУСО́ЛИТЬ** *несов.*
1 naß machen, annuckeln; beschmieren, vollschmieren
2 etwas wiederkäuen, herumkauen auf etwas
*1. смачивать или пачкать слюной, а также вообще пачкать мокрыми, жирными, липкими руками.*
Чьи-то пальцы муслят листы рукописи. Б.С., 51
*2. заниматься долгое время чем-либо.*
Леночка все еще мусолила Тургенева, а я со своими охламонами уже сидела на Толстом. М.Склярова, Л.Г., 28.2.75

**МУ́СОР** *м. бран.*
Polyp, Bulle
*то же, что милиционер.*
„Дискуссия" с мусорами начинается с моей автобиографии. А.П., 33
Для кого ж он душу, как рубаху, залатал — / Чтоб его убила в пьяной драке сволота? / Если б все в порядке — мы б на свадьбу нынче шли, / Но с ножом в лопатке мусора его нашли. В.В. 3, 11

**МУ́СОРСКАЯ** *ж. бран.*
Polizeirevier
*отделение милиции.*
Поэтому все фарцы, начиная раскручиваться, постоянно попадают в мусорскую, где их ставят на учет. А.П., 52

**МУТИ́ТЬ** *несов.*
(spei)übel/ schlecht/ zum Erbrechen/ zum Kotzen sein/ werden
*тошнить, вызывать рвоту.*
... и как Чонкина ни мутило от запаха, ... а от голода мутило сильнее. Вл.В., 108

**МУ́ТОРНО**
beklommen, unangenehm, bedrückend, beunruhigend
*тоскливо, неприятно, тяжко, тревожно.*
Иван поднялся рано. Посидел на кровати, посмотрел в пол. Плохо было на душе, муторно. В.Ш., 94

**МУ́ТОРНЫЙ**
beklommen, unangenehm, bedrückend, beunruhigend
*тоскливый, тяжкий, неприятный, тревожный.*
Видал ... не единожды ... только кажинный раз все муторнее ... В.М., 346
Их провожала слякотная весна, все в ней теряло сколько-нибудь четкие очертания, все тонуло в подернутой хрупким ледком промозглости, и оттого расставание было особенно муторным. В.М.1, 11

**МУТЬ** *ж.*
Unsinn, Blödsinn, Schwachsinn, Humbug
*глупость, ерунда, чепуха.*
— Если ты о книге, так эту муть я тебе левой ногой за полгода напишу. А.З., 27

**МУХЛЕВА́НИЕ** *ср.*
Betrügerei, Schwindel, Schiebung, Mogelei, Schummelei
*обман, плутовство, надувательство, мошенничество.*
Санька затягивал дележку и в наглости своей доходил до такого мухлеванья, что в конце концов с ним... никто не хотел становиться в дележную пару. В.А., Л.Г., 14.12.77

**МУХЛЕВА́ТЬ** *несов.*
betrügen, (be)mogeln, (be)schummeln, übers Ohr hauen
*плутовать, мошенничать.*
Он проверяет, тем ли крою, не мухлюю ли. К.Исмагилов, Л.Г., 2.8.78
— Ну, хорошо, хорошо, будем мухлевать. Значит,

Мите сказать — сегодня, выписать — завтра, а в справке написать — послезавтра? Какой вы сложный человек. А.С., 517

**МУХЛЯ́Ж** *м.*
Betrügerei, Schwindel, Schiebung, Mogelei
*обман, неправда, ложь; лживые поступки, слова.*
Боюсь, как бы после моего рассказа у читателя не сложилось впечатление, что в коммунистической партии я очутился случайно, исключительно благодаря „мухляжу" батальонного парторга Кваши. Л. Ларский, Время и мы, № 59, 207

**МЫ́КАТЬСЯ** *несов.*
entbehren, unter Entbehrungen leiden, darben, fehlen, mangeln
*скитаться, подвергаться невзгодам, испытывать нужду.*
Ну, жена тоже плачет, печалится — / Культ — не культ, а чего не случается! / Ну, бельишко в портфель, щетку, мыльницу, / Если сразу возьмут, чтоб не мыкаться. А.Г., 245

**МЫЛОВА́РКА** *ж. пренебр.*
Gedränge, Gewühl
*толчея, толкотня, давка.*
Одной рукой она прижимала к себе сына, а другой размахивала у меня перед носом своим блокнотом, задерживая его на мгновение, чтобы я мог увидеть длинную черную раскорючку, ради которой, очертя голову, она бросилась сама и увлекла за собой ребенка в эту человеческую мыловарку. А.Л., 107

**МЫ́МРА** *ж.*
Pflaume, Pfeife; griesgrämiger/ sauertöpfischer/ miesepetriger Mensch; Waschlappen
*о некрасивом или глупом, вялом, безвольном человеке.*
— Такой мымрой стала, ужас! — Почему? — морщится Скворцов. Л.Наумов, Л.Г., 29.11.78

**МЫТА́РИТЬ** *несов.*
peinigen, malträtieren, schikanieren, bedrängen
*мучить, притеснять.*
А тому — нет, не сиделось, не молчалось совсем, его прямо-таки выламывало сладострастным жлобским желанием мытарить и добивать ближнего: „Раз лекарства не помогли, значит, туда". В.М., 274

**МЫТА́РИТЬСЯ** *несов.*
leiden, Unbill erdulden, Not leiden
*испытывать невзгоды, мучения.*
Как-то вечером патриции собрались у Капитолия, / Новостями поделиться и выпить малость алкоголия. / Не вести ж бесед трезвыми. Марк-патриций не мытарился, / Пил нектар большими дозами и ужасно нанектарился. В.В.1, 22

**МЫТА́РСТВО** *ср.*
Plage, Strapaze, Plackerei, Qual
*мучение, страдание, невзгоды, мука.*
В трагическом их государстве / случалось и празднествам быть, / и все же мытарства с бунтарством / попробуй от них отделить. Б.О., 245
Пахнет в доме горькими лекарствами, / Подгоревшим давешним обедом, / Пахнет в доме скорыми мытарствами / По различным загсам и собесам. А.Г., 215

**МЫТУ́ХА** *ж.*
Plage, Strapaze
*мучение, страдание.*
... Ты на острове финикийцев, карфагенян, римлян, арабов, остготов, норманнов,... но не можешь ни на чем сосредоточиться, тебя разбирает мытуха, ты маешься из-за пустого, и ты несчастней любого в этой толпе, кому ничто не грозит. Ю. Трифонов, Опрокинутый дом, Новый мир, № 7, 1981, 64

**МЯ́МЛИТЬ** *несов.*
undeutlich/ mit schwerer Zunge sprechen, lallen, murmeln
*медленно, невнятно, вяло говорить; бормотать.*
— Но точка встречи в учебнике есть, — мямлит лейтенант, чувствуя, что ему уже никогда не выскочить отсюда и не увидеться с аспиранткой. В.Кор., 389

**МЯ́МЛЯ** *м. ж. пренебр.*
Waschlappen, Schlappschwanz, Pfeife
*о нерешительном, вялом, нерасторопном человеке.*
— Да, мама, — сказал Аркадий Кожа, коснувшись мамы рукою вялой, как капустный лист.— Я мямля. Тюхтя без запросов А.М., 31

**МЯСЦО́** *ср. ласк.*
Fleisch
*то же, что мясо.*
Дескать, понимай так: отволок на рынок мясцо,

загнул втридорога и теперь грабительски едет домой и пол-Москвы к себе тащит... Е.Т., 76

**МЯ́ТЬСЯ** *несов.*
unschlüssig sein, nicht mit der Sprache heraus wollen, herumdrucksen
*быть в нерешительности, смущаться, колебаться.*
Парень долго мялся, блудил уклончивым взглядом по сторонам. В.М., 74

# Н

**НАБЕДОКУ́РИТЬ**
Unfug stiften, Schabernack/ dumme Streiche machen
*наделать бед, напроказничать.*
Ему было приятно, что он, почти отверженный и загнанный, причастен к этой смерти и не боится ее, а блестящий доцент жмется к дверям и чувствует себя, как набедокуривший первоклашка в кабинете директора. В.Кор., 458

**НАБЕЗОБРА́ЗНИЧАТЬ**
Unfug stiften/ anrichten/ anstellen
*натворить бесчинств, безобразий.*
— Так что же сделал Давыдов? — Сделал?! — заревел Росен Косев. — Не сделал, а натворил! Набезобразничал! Напакостил! Т. Димов, Л.Г., 1.5.79

**НАБЕКРЕ́НЬ**
1 schief, schräg (aufgesetzt)
2 krumm und schief, verdreht; behämmert, bekloppt
*1. с наклоном набок; сдвинув к уху /о ношении головного убора/.*
... Наш король, как король, он кепчонку, как корону, / Набекрень и пошел на войну. Б.О., 131
*2. мозги набекрень: о глупом, бестолковом человеке.*
Ночью, когда пришли, я был совершенно пьян, а когда я пьян, мозги у меня сворачиваются набекрень — я становлюсь дико подозрительным. В.П., 40

**НАБИ́ТЬСЯ**
1 sich zusammenscharen
2 sich aufdrängen, sich hängen an jemanden, sich jemandem an den Hals werfen
*1. скопиться в большом количестве.*
... Я, наверное, во всю глотку рявкнул, потому что набилось в кафе много портового народа и все на меня глядели. Г.В.1, 10
*2. напроситься, навязаться.*
Уж бывало, и я, и мать говорим ей: „Куда ж ты к нему набиваешься? Ведь не хочет он с тобой жить". Вл.В.1, 160

**НАБЛУДИ́ТЬ**
sündigen, Unrecht/ einen Fehltritt tun
*сделать что-либо дурное.*
А после Катерининых родов пришел мужик с праздника, глаза косят в сторону, как у вора; похмельный дух за версту, и рубаха разорвана до самого пупа. Наблудил, пришел, ничего не сказала, в пустую рожу не плюнула. В.Б., 43

**НАБОРМОТА́ТЬ**
murmelnd, schnell, leise und undeutlich etwas zusammenreden
*наболтать, наговорить что-либо, бормоча.*
Здесь, над винною стойкой, / Над пожаром зари / Наколдовано столько, / Набормотано столько, / Что пойди — повтори! А.Г., 15

**НАБРА́ТЬСЯ**
sich vollaufen lassen, sich betrinken
*напиться пьяным.*
Пригляделся, а он из компании вовсе до чертиков набрался: кажется, повис на люстре. В.К., 30

**НАБРЕСТИ́**
zufällig auf jemanden stoßen
*бредя, натолкнуться на кого-, что-нибудь; оказаться перед кем-, чем-либо.*
Однажды на меня начальник цеха набрел. — Я тебя, — кричит, — какой день ищу, а ты вон где... В.Панков, Л.Г., 28.1.81

**НАБРЕХА́ТЬ**
belügen, zusammenlügen, vorlügen; eine Menge Unsinn reden
*обмануть, наврать; наговорить много чепухи, чуши, вздору.*
Ты что, ему тоже набрехал, что фамилию меняешь? В.Кор., 500

**НАБРО́СИТЬСЯ**
herfallen über jemanden, jemanden anfauchen
*(резко, вдруг) начать бранить, упрекать.*
Приносим мы этот стул в ОТК, а Семеныч как набросится на нас: „Что это вы по одному стулу носите?!" Ю. Рихтер, Юность № 2, 75, 111

**НАБРЯ́КНУТЬ**
anschwellen
*отечь, набухнуть / от прилива крови, молока и т.п. /.*
... А то я ей /корове/ в вымя белил вотру. Набрякнут титьки, с них аж каплет. В. Ляшенко, Новый мир, № 9, 1981, 213

**НАБУ́ЛЬКАТЬ**
eingießen, einschenken
*налить что-либо.*
Аркашка, прихватив свою недопитую бутылку, пересел к плотникам и только было хотел набулькать себе полстакашка и уже оттопырил мизинчик, как Ванька протянул через стол свою мощную грабастую лапу и поймал Аркашку за грудки. В.Ш., 275

**НАБУ́ХАТЬ**
randvoll auffüllen, auftun
*налить, наложить, набросать что-либо в большом количестве.*
— Еще, что ли, врежем?— спросил Мишель. И взял бутылку с виски, взял другую рюмку, побольше, набухал полную. В.Ш., 414

**НАБЫ́ЧИТЬСЯ**
schmollen, gekränkt/ beleidigt tun, die beleidigte Leberwurst spielen
*надуться, насупиться.*
„Тебе бы хаханьки бы все, а я играть хочу!"— набычился я. В.А., Л.Г., 14.12.77

**НАВА́ДИТЬСЯ**
sich angewöhnen
*то же, что повадиться.*
Поленья в каменке он клал, как и все кладут: два — так, одно — так, поперек, а потом сверху. Но там — в той амбразуре-то, которая образуется-то, — там кладут обычно лучины, бумагу, керосином еще навадились теперь обливать — там Алеша ничего не клал... В.Ш., 321.

**НАВАЛИ́ТЬ**
aufbürden, aufladen
*возложить на кого-нибудь что-либо обременительное.*
Просто, наверно, на него, по его молодости и совестливости, навалили столько дел в совхозе, что он позабыл и улыбаться, и говорить приветливо — не до этого стало. В.Ш., 345

**НАВАЛИ́ТЬСЯ**
1 sich mit dem ganzen Körpergewicht auf etwas legen
2 sich stürzen auf etwas, herfallen über
*1. придвинуться вплотную, налечь, давя своей тяжестью.*
Мать Степана рассказывала какой-то пожилой бабе: „Как она на меня навалится, матушка, у меня аж в грудях сперло". В.Ш., 46
*2. наброситься на что-либо с жадностью.*
Навалился на мороженное молодняк. В.А., 561

**НАВА́ЛОМ**
haufenweise, massenhaft, jede Menge
*очень много.*
Он несет спирт, его в госпитале навалом. В.Ш., 120
Такси теперь навалом, а ты голосуешь, леваков ищешь! И.Ш., 11

**НАВА́Р** *м.*
Gewinn, Profit
*доход, прибыль.*
Нет, в ресторан ходил я на свои, тогда я воровал только у семьи по элементарному принципу: получку семье, а уж премии отдай, не греши, премии — мой собственный навар, моя награда за сверхтруды. А. Астраханцев, Наш современник, № 9, 1981, 125

**НАВЕ́ДАТЬСЯ**
vorbeischauen, einen Besuch machen/ abstatten
*зайти, заехать, навестить с целью осведомиться о чем-нибудь.*
Вообще-то она постоянно проживала в станице, а в Москву наведывалась лишь в гости. Е.Ц., 37

**НАВЕРНЯКА́**
ganz bestimmt, sicherlich
*несомненно, обязательно, безусловно.*
„Ноги-то наверняка пройдут,— рассуждал он,— брюхо бы влезло". Д.Иванов, В.Трифонов, Л.Г., 28.7.76

**НАВЕРСТА́ТЬ**
einholen, aufholen, nachholen; aufarbeiten, nacharbeiten
*возместить, восполнить упущенное.*
Постскриптум: вышли немного денег, рублей сорок — мы с Иваном малость проелись. Иван тоже попросил у своей шестьдесят рублей. Потом наверстаем. Все. В.Ш., 264

**НАВЕ́СИТЬ**
anhängen
*обвинить в чем-либо /обычно ложном, не соответствующем действительности/.*
Недоучет борьбы классов? Переучет подсознательного? Замаскированный меньшевизм? От чугунов, что норовили навесить, он судорожно отбивался, понимая, что, коли уж навесят, зашатаешься. Ю.Т. 1, 143

**НАВОЕВА́ТЬСЯ**
vom Kämpfen/ Krieg genug/ die Nase voll haben, das Kämpfen/ den Krieg überhaben
*вдоволь повоевать.*
Не держи на меня сердца, я сам по себе хочу, чтобы как у людей; кто как, а я навоевался. В.М., 267

**НАВО́ЗНИК** *м.*
Drecknest, Dreckstall
*о грязном, неубранном месте.*
Телятница Даша Путанка на работу не пришла. Рассказывали, что шумела вчера на всю деревню, — мол, к лешему этих и телят, ноги моей не будет в этом навознике, что, мол, у меня не семеро по лавкам, не стану ломить круглый год за двадцать рублей. В.Б., 44

**НАВОРОТИ́ТЬ**
1 aufhäufen, aufschichten, aufstapeln; (in die Hosen) machen
2 anrichten, anstellen; zusammenpfuschen
*1. наложить, налить в большом количестве.*
Ну, дождались мы ночи, подкрались тихонько к Егору на крыльцо, привязали за веревочку к верхнему косяку пузырь тот... Утром Егор открыл дверь-то — на улицу выходит,— а ему прям в лицо харя-то эта глянула... Мужик чуть в штаны не наворотил. В.Ш., 129
*2.сделать, выполнить что-либо небрежно, беспорядочно, недобросовестно.*
Дурак один такое может / Наворотить и там и тут, / Что сотня умных не поможет, / Сто мудрецов не разберут. С.М., 21
— Вы там смотрите, чтобы липы не было, — предупредил Дмитрий Иванович.— Консультируйтесь со мной. А то наворочаете... В.Ш., 308

**НАВОСТРИ́ТЬ**
1 (die Ohren) spitzen, lauschen, aufmerksam zuhören
2 sich aus dem Staube machen; sich auf die Socken machen
*1. навострить уши: стать очень внимательным в наблюдении за кем-, чем-либо.*
Шурка навострил уши. В.Ш., 15
*2. убежать, уйти; пойти куда-либо.*
Прошлым воскресеньем, как всегда, мы с женой Клавдией лыжи на Ленинские горы навострили. Б-ка крок., № 24/773/, М., 1976, 30

**НАВРА́ТЬ**
(zusammen)lügen
*сказать неправду, солгать.*
И морозец по коже, / И дрожит занесенный кулак, / И шипят возмущенные ложи: / Он наврал, у Шекспира не так! А.Г., 62

**НАВЯЗА́ТЬСЯ** *неодобр.*
sich aufdränge(l)n, sich jemandem an den Hals werfen
*напроситься, пристать с чем-либо.*
К вам родичи навяжутся такие, что о них вы и слыхом не слыхали никогда. И.С., 19

**НАВЯ́ЛИТЬСЯ**
sich aufdränge(l)n, sich jemandem an den Hals werfen
*то же, что навязаться.*
— Можно подумать, что тебе то и дело навяливаются в любовницы. В.Шукшин, До третьих петухов, М.,1980, 84

**НАГА́ДИТЬ**
jemandem Unannehmlichkeiten/ Ärger/ Verdruß bereiten, jemandem in die Suppe spucken
*доставить кому-либо неприятность.*
Полк — это дом родной для всех солдат и офицеров, в особенности для офицеров. Вы нагадите, а нам потом дышать этим?! В.Кор., 158

**НАГИШО́М**
nackt, splitter(faser)nackt
*в голом виде, без какой-либо одежды.*

„Этак каждому встречному червонцы совать, так нагишом домой вернешься!" Д.Иванов, В.Трифонов, Л.Г., 28.7.76

**НАГЛЯДÉТЬСЯ**
sich satt sehen, sich zur Genüge ansehen
*насмотреться вдоволь.*
... Сорок раз видел весну, сорок раз!.. И только теперь понимаю: хорошо. Раньше все как-то некогда было — торопился много узнать, все хотел громко заявить о себе... Теперь — стоп-машина. Дай нагляжусь. Дай нарадуюсь. В.Ш., 183

**НАГОВÓР** *м.*
Zauberspruch, Besprechung, Beschwörung; Verleumdung, üble/ böse Nachrede
*у суеверных людей: заклинание, имеющее магическую силу // клевета, поклеп //.*
Надо Кланькину фото достать, наговоры ей возвернуть, все болезни ей же и припечатать. Н.Б. 2, 10

**НАГОВОРИ́ТЬ**
besprechen, verschwören, verhexen
*у суеверных людей: нашептывая заклинания, призывать на кого-, что-нибудь волшебную, магическую силу.*
Шура говорит: — Не пойму я, как это „наслано"? И при чем тут карточка? Объясни. — А вот кто-то на тебя наговорил. Через карточку твою наслали порчу. Н.Б. 2, 10

**НАГОНЯ́Й** *м.*
Rüge, Rüffel, Zigarre, Anpfiff, Anschnauzer
*строгий выговор.*
Мне был дан такой нагоняй, что я стал выходить еще до рассвета, и, не доходя до инженерского блиндажа, чистился и умывался в воронке, наполненной дождевой водой. Л.Л., № 31, 200

**НАГРÉТЬ**
übervorteilen, betrügen, neppen, anschmieren, übers Ohr hauen
*обманом ввести в убыток; одурачить, обмануть в чем-либо.*
Узнал Лякин, что резус-макака /официант/ непременно нагреет его при расчете. Д.Иванов, В.Трифонов, Л.Г., 14.6.78

**НАГРУЖÁТЬСЯ** *несов.*
sich vollaufen lassen, sich betrinken, schwer tanken
*напиваться до опьянения.*
— Скоты,— вслух сказал Князев, выйдя из кафе. — В зоопарк, видите ли, поперся! Сиди уж у бочки где-нибудь... нагружайся. В.Ш., 381

**НАГРУ́ЗКА** *ж.*
1 ehrenamtliche Tätigkeit
2 Zugabe, Beigabe
*1. добровольная обязанность, добровольно взятое на себя поручение, связанное с общественной работой // занятость какой-либо работой //.*
Обычно у нас распределение нагрузки производится так. Трус /это — наш заведующий Зайцев/ сообщает, что согласно государственному плану на десятилетие, нам на предстоящее пятилетие поручается глава такая-то в такой-то коллективный труд. А.З.1, 31
*2. о чем-либо, продающемся в дополнение к основному товару.*
Бурлей быстро сплавил нагрузку, а с книжкой о футболе надо только было поспевать сдавать сдачу. С.Е., 50

**НАГУЛЯ́ТЬ**
durch vieles Spazierengehen bekommen/ sich holen
*приобрести, получить что-нибудь, гуляя.*
Поначалу родители удивляются и полагают, что сын нагулял аппетит во время качания на качелях или от занятий арифметикой. С.Б., 7

**НАДАВИ́ТЬ**
Druck ausüben
*оказать на кого-либо давление, воздействие.*
Отъезжая с базы, Игорь уже решил, что надавит на Максимыча, чтобы тот отдал ему в сменщики этого робкого Володьку. С.Е.1, 22

**НАДДА́ТЬ**
einen Schritt/ Zahn zulegen, auf die Tube drükken, Gas geben, Dampf dahinter machen
*увеличить скорость или силу какого-либо действия.*
Его опекун тоже наддал, и вообще все на поле ожили, встряхнулись и повеселели. М.Виленский, Л.Г., 8.9.76

**НАДЁР** *м.*
Sauferei
*пьянка.*
— Не надо было тебе посылать его к матери...

После такого надера,— сказал я Зине, ожидавшей моего ответа. О. Михайлов, Наш современник, № 9, 1978, 91

**НАДОУ́МИТЬ**
jemanden auf den Gedanken/ Trichter bringen, von etwas überzeugen
*научить, дать совет.*
Жажда увеличить приходную статью надоумила в свое время Морщицына заняться судьбой Карзинова. М.Л., 58

**НАДРА́ИТЬ**
blankputzen, blankscheuern, tip-top herrichten
*начистить до яркого блеска, привести что-либо в полный порядок.*
Кабинет директора надраили так, что Тимофеев не сразу его признал. Ю.М., 3

**НАДРА́ТЬСЯ**
sich vollaufen lassen, sich besaufen, sich andudeln
*напиться пьяным.*
— Да так, у дружка был,— краснея, соврал Петров. — Надрались до поросячьего визга. С.Спасский, Л.Г., 5.9.79
„Все равно не усну. Проваляюсь бестолку. А так надеремся, просплю до двенадцати, а там позвоню",— подумал, разливая на табурете принесенную Гришкой бутылку петровской. В.Кор., 460.

**НАДСАДИ́ТЬСЯ**
sich zu sehr anstrengen, sich überanstrengen
*надорваться, причинить себе вред чрезмерным напряжением.*
Служитель взялся за живот... Он хохотал от души, как, наверное, не хохотал давно. Кондрат внимательно с грустью смотрел на него, ждал. — Так ты, значит... Ха-ха-ха!.. Ой, мама родная! Так ты за этим и ходил туда? Узнать? Ха-ха-ха! — Смотри не надсадись,— сказал Кондрат. В.Ш., 36

**НАДСМЕЯ́ТЬСЯ**
sich krank-/ tot-/ schieflachen; auslachen, verspotten, verhöhnen
*то же, что насмеяться.*
Моня не страдал. Ему даже понравилось, что вот один он здесь, все над ним надсмеялись и дальше будут смеяться: хоть и бывают редкие глупости, но вечный двигатель никто в селе еще не изобретал. В.Ш., 343

**НАДУВА́ТЕЛЬСТВО** *ср.*
Betrug, Schwindel, Betrügerei
*обман, жульничество.*
— Нет,— сказал он,— не подпишу я твою книжку в печать. — Почему же, Володя?— расстроился я. — А потому, что это — надувательство. С.С., 46

**НАДУ́ТЬ**
betrügen, anführen, bemogeln, anschmieren, bescheißen
*обмануть, провести.*
Вы надули меня, обвели вокруг пальца. Т.Ш., 12
В баре пыль столбом и дым коромыслом. Барменша расправляется с иностранцами. Особенно удобно надувать финнов. А.П., 74

**НАДУ́ТЬСЯ**
1 schmollen, gekränkt/ beleidigt tun, die beleidigte Leberwurst spielen
2 sich vollaufen lassen, sich betrinken; sich den Bauch voll Wasser/ Tee usw. pumpen
*1. рассердиться на кого-либо, обидеться.*
Пауза. Петя заморгал и надулся. В.С., 44
*2. выпить слишком много чего-нибудь.*
Так вот, чем по избам самогоном надуваться, пусть на спорт налегают. В.Кор., 5

**НАЖИ́ТЬ**
sich etwas zuziehen
*приобрести, получить кого,- что-либо (часто что-либо нежелательное, неприятное).*
Когда я научился читать, я много читал, хотя наживал через это массу неприятностей себе. В.Ш., 388

**НАЖИ́ТЬСЯ**
lange genug (irgendwo) leben
*много, вдоволь пожить.*
— У тебя болит, што ль, чего? — Душа. Немного. Жалко... не нажился, не устал. В.Ш., 128

**НАЖРА́ТЬСЯ** *груб.*
1 sich vollfressen, sich vollstopfen
2 sich vollaufen lassen, sich (sinnlos) besaufen
*1. вдоволь наесться.*
... выберут папу в член-коры, и получим закрытый распределитель. Ох, и нажремся же мы тогда черной икры! А.З., 52
*2. очень много выпить алкоголя, напиться пьяным.*
При чем здесь пивнуха, Виктор. У меня на работе все лучшие мастера — пьянь... И оно понятно: за-

рабатывают хорошо, дома никаких дел нету, одна забота нажраться. Е.Терновский, Р.М., 15.3.79.

**НАЗВА́НИВАТЬ** *несов.*
(pausenlos) anrufen, sich ans Telefon/ an die Strippe hängen
*много и часто звонить.*
Если уйти, Алеша начнет названивать домой, нервничать, вызывать в подъезд, к метро или куда-нибудь еще. В.Кор., 180

**НАЗУБО́К**
aus dem Effeff, sehr gut, auswendig
*очень хорошо, наизусть, основательно.*
Правила хорошего тона надо назубок изучать. В.К., 3

**НАЗЮ́ЗИТЬСЯ**
sich vollaufen lassen
*напиться пьяным.*
— Ай назюзился? — ахнула Нюра. — Назюзился, — глупо улыбаясь кивнул Чонкин. Вл.В., 242

**НАИВНЯ́К** *м.*
Naivität; naiver Gedanke, naive Tat, naives Wort
*то же, что наивность; непосредственность, простодушие.*
— Не изображай наивняк, — отрезал ему путь к отступлению начальник отдела. А.Наумов, Л.Г., 20.12.78

**НАИЗГОТО́ВКУ**
bereit, in Bereitschaft
*в состоянии готовности.*
Едят быстро, сосредоточенно, носом в миску, локтями наизготовку, будто сейчас отнимут. Ф.Кан., 23

**НАИША́ЧИТЬСЯ**
genug/ viel arbeiten; sich abarbeiten
*то же, что наработаться; работать тяжело, долго и много.*
Он знает ее привычку каждую копейку тащить в сберкассу. Так вот, пусть она эту привычку бросит, он ей не для того посылает, чтобы она чулок набивала. Пусть поживет в свое удовольствие хоть на старости лет. Хватит, за жизнь наишачилась. В.Мурзаков, Наш современник № 6, 1979, 5

**НАКАЗА́ТЬ**
beauftragen, einschärfen
*дать распоряжение, наставление.*
— У кого можно запросить исчерпывающий списочек всей классики, каковую обязан освоить каждый гармоничный человек? Я бы строго наказал дочке неуклонно придерживаться его. Ц.С., 4

**НАКАЛИ́ТЬСЯ**
aufs äußerste geladen/ gespannt sein
*прийти в напряженное, возбужденное состояние.*
До митинга оставалось два часа, а богомазы не являлись. Обстановка накалялась. Л.Л., № 30, 167

**НАКА́ПАТЬ**
verraten, hochgehen lassen, verpfeifen
*нажаловаться, наябедничать, донести на кого-либо; предать кого-либо.*
Я усмехнулся, выкидывая его сладкую сигарету. Доставая папиросу и комочек анаши, прервал его: — Хватит. Не нужно напоминать, почему тебя исключили из университета. Ты ведь все это говоришь не только думая: „поймет меня", но и с уверенностью: „не выдаст, не накапает". В.Р., 9

**НАКА́РКАТЬ**
unken, den Teufel an die Wand malen, ein Unglück herbeireden
*предсказать что-либо дурное, какую-либо неприятность, беду.*
Вот оно так — соврешь, а выходит взаправду. Накаркал ... В.Кор., 80

**НАКАРЯ́БАТЬ**
hinkritzeln, hinkrakeln
*небрежно, быстро написать, нарисовать, начертить что-либо.*
Считая, видно, разговор законченным, он выдернул из бокового кармана записную книжку и, вооружившись все тем же карандашом, что-то в ней размашисто накарябал. В.М., 367

**НАКАТА́ТЬ**
hinschmieren, zusammenschmieren, zusammenschreiben, schnell ein paar Zeilen hinschreiben
*написать что-либо быстро, небрежно.*
Решили мы накатать на этот пивзавод жалобу, но моя шариковая ручка писать не стала. Ю.Рихтер, Юность № 2, 75, 111

**НАКАТИ́ТЬ**
überkommen, befallen, erfassen
*внезапно охватить, овладеть /о каком-либо чувстве, состоянии/.*
Накатывало на него порой: сорвется, прицепится к кому-нибудь и давай издеваться, изощренно, выразительно — на радость камере. Ф.Кан., 39

**НАКАЧА́ТЬСЯ**
sich vollpumpen, sich vollaufen lassen
*напиться до состояния опьянения // выпить много чего-либо //.*
Руководящая троица острова ... возвращались с предпраздничного угощения ... и, судя по всему, закругляться в ближайшие дни не думали, хотя накачались из них только первые двое ... В.М.1, 218

**НАКА́ЧКА** *ж.*
Anheizen, Anfeuern, Aufstacheln
*внушение каких-либо мыслей, идей /обычно с усилием, принуждением/; выговор.*
Светилов снова собрал народ для коллективной накачки и произнес ... речь. М.Л., 340

**НАКИ́НУТЬ**
dazugeben, draufschlagen
*прибавить, добавить.*
— Так ведь три месяца осталось! — почти закричал участковый.— А теперь еще пару лет накинут. В.Ш., 47

**НАКИРЯ́ТЬСЯ**
sich (sinnlos) besaufen, sich vollaufen lassen
*напиться до состояния полного опьянения.*
Были бы деньги, накирялся бы я сейчас. В.Ак., 7

**НАКЛА́ДКА** *ж.*
Fehler, Versprecher, Fehlschuß
*ошибка, промах /обычно в речи актеров, музыкантов и т.п./.*
Вот что ... раз уж такая накладка, не будем огорчать людей ... Пусть принимают меня, как Бу́рко ... или Бурко́. Но поскольку я его книг тоже не знаю, читательскую конференцию проводить не будем. Г.Горин, Л.Г.,5.9.79

**НАКЛЕПА́ТЬ**
verleumden, fälschlich beschuldigen, verunglimpfen; andichten
*наклеветать, оклеветать кого-либо // выдумать, приписать кому-либо что-либо //.*
Хвали-перехваливай и только гляди, чтоб другой больше тебя не перехвалил и на тебя же не наклепал. В.Кор., 60

**НАКЛЮ́КАТЬСЯ**
sich (sinnlos) besaufen, sich vollaufen lassen
*напиться до состояния полного опьянения.*
— С какой же ты радости наклюкался? Постой-ка ...— Клавдия Никифоровна осторожно сняла прицепившееся к пиджаку Сергея Ивановича маленькое белое перышко. Ю.Т., 197

**НАКОВЫРЯ́ТЬ**
herausgraben, herausstochern
*добыть что-либо в каком-нибудь количестве.*
— Вылазь, — сказал Антон. — Погляди-ка, чего они там наковыряли. Г.В. 2, 68

**НАКОГТИ́ТЬСЯ**
alle Kräfte anspannen, sich ins Zeug legen
*напрячься, собрать все силы.*
Макар весь подобрался, накогтился — почуял добычу. В.Ш., 140

**НАКОЛБАСИ́ТЬ**
anstellen, ausfressen
*сделать что-либо необдуманно, опрометчиво, неправильно, поспешно.*
— Удивительный вы народ... Черт те что наколбасят, а потом заводы им подавай, ломай график, рискуй планом. Ю.М., 22

**НАКО́ЛКА** *ж.*
Tätowierung
*наколотые особой краской узоры на теле; татуировка.*
Разомлею я до неприличности, / Ковш холодный — и все позади, / И наколка времен культа личности / Засинеет на левой груди. В.В. 3, 54

**НАКОЛО́ТЬ**
1 tätowieren
2 jemandem das Geld aus der Tasche ziehen/locken
*1.сделать особой краской узоры на теле; вытатуировать.*
Но недавно мой товарищ, друг хороший, / Он беду мою искусством поборол:/ Он скопировал тебя с груди у Леши/ И на грудь мою твой профиль наколол. В.В. 3, 27
*2.хитростью, обманом заставить кого-либо истратить, израсходовать деньги.*

— Знаю я этих московских щучек, она рассчитывала на свою сексапильность, думала, что я буду просить у нее „телефон", довезу бесплатно, стала играть женщину с положением,.. рубля одной бумажкой не было, вот ей и пришлось доигрывать знатную даму. Поэтому и сдачу не взяла. Хотела наколоть нас, а накололась сама. С.Е.1, 35

**НАКОЛО́ТЬСЯ**
sich das/ sein Geld aus der Tasche ziehen/ lokken lassen
*истратить, израсходовать деньги против своего желания, став жертвой хитрости, обмана кого-либо.*
— Знаю я этих московских щучек, она рассчитывала на свою сексапильность, думала, что я буду просить у нее „телефон", довезу бесплатно, стала играть женщину с положением,.. рубля одной бумажкой не было, вот ей и пришлось доигрывать знатную даму. Поэтому и сдачу не взяла. Хотела наколоть нас, а накололась сама. С.Е.1, 35

**НАКОЛОШМА́ТИТЬ**
hinhauen, hinpfeffern, (schnell) zusammenschustern
*быстро, небрежно сделать что-либо /написать, напечатать и т. п./.*
„Брось, не мудри. Пиши, как есть, — уговаривала себя. — Как думаешь, так и пиши... Пиши, как лейтенант. Взял и наколошматил сорок страниц". В.Кор., 170

**НАКОРОТКЕ́**
nahestehend, freundschaftlich, auf Du und Du
*в близких, дружеских отношениях.*
Хотя писал он прозу, был поэтом. / Накоротке со славой был знаком. / „Трех толстяков" придумал, но при этом / Не стал ни богачом, ни толстяком... А.Ч., 44

**НАКОСТЫЛЯ́ТЬ**
versohlen, verdreschen, die Hucke vollhauen
*побить, избить кого-нибудь.*
... Дверь опять раскрылась. — Что, выйти накостылять, что ли?!— уже всерьез злобно сказал мужчина. В.Ш., 352

**НАКРОПА́ТЬ**
1/ verleumden, fälschlich beschuldigen, verunglimpfen
2 hinhauen, hinpfeffern
*1. нажаловаться на кого-либо, оклеветать кого-либо.*
И сами потихоньку на всякий случай накропали доносы на меня и друг на друга. А.З., 190
*2. написать что-либо небрежно, быстро.*
... дело шло к тому, что Инга вообще могла не показать Бороздыке того, что накропает для нее дурак-философ. В.Кор., 178

**НАКРЫ́ТЬ**
ertappen, (in flagranti) erwischen, schnappen
*поймать, захватить, застигнуть кого-либо врасплох, на месте преступления.*
... Сутки гуляли напропалую у Спирькиной „марухи" ... И тут их накрыла милиция. В.Ш., 187

**НАКРЫ́ТЬСЯ**
in die Brüche/ zu Bruch/ in den Eimer gehen, platzen
*не удастся, не получится, не состоятся.*
Премия-то, ясно, накрылась. Г.В.1, 4
И вдруг в эту пьесу вмешалась Марьяна, и весь театр, как говорится, накрылся. В.Кор., 192

**НАКУ́КСИТЬСЯ**
beleidigt sein/ tun, die beleidigte Leberwurst spielen
*нахмуриться, надуться, прийти в плохое настроение.*
Когда тронулись, все вдруг замолчали... Я тоже накуксился, глядя в окно. Полил дождь, представилось, как спешит, волнуется где-то в темном лесу Козлов, на душе было черно. М. Петров, Наш современник, № 3, 1981, 122

**НАКУРИ́ТЬСЯ**
sich satt rauchen, zur Genüge/ genug rauchen
*курить очень много, до полного удовлетворения.*
А этот противный голос опять кричит: „Долго это будет продолжаться?! У нас нет времени ждать, пока вы накуритесь!" А.Эйрамджан, Л.Г., 22.9.76

**НАЛА́ДИТЬ**
auf den Weg bringen; hinausbefördern, fortjagen
*отправить куда-либо; выгнать, прогнать.*
В другой бы раз, щепетильный по части анкетных данных, Петр Васильевич наладил непрошенного жениха. В.М., 73

**НАЛА́ДИТЬСЯ**
1 sich daran gewöhnen/ gewohnt sein, etwas zu tun
2 aufbrechen, sich auf den Weg machen, im Aufbruch sein, gerade losgehen wollen

*1. привыкнуть что-либо делать; настроиться на что-либо.*

Сашку затрясло. Может, оттого он так быстро почувствовал в то утро обиду, что последнее время наладился жить хорошо, мирно, забыл даже когда и выпивал... В.Ш., 206

*2. собираться, направляться куда-либо; задумать сделать что-либо.*

Старик как раз был в ограде, и тот самый человек, Сильченко, тоже был в ограде, налаживали удочки. — А-а! — весело сказал старик. — Поудить нету желания? А то мы вот налаживаемся с Юрьем Викторовичем. В.Ш., 372

**НАЛАКÁТЬСЯ**

sich vollaufen lassen, sich vollsaufen

*напиться до полного опьянения.*

Разница только в том, что одна компания налакалась в ресторане, в квартире, на даче... Ф.Кан., 78

**НАЛЁВО**

schwarz, illegal, widerrechtlich

*незаконно, с корыстными целями.*

... а этот утопленник,.. между прочим, сбыл две черно-белые фотографии налево — журналу „Панорама". Т.Ш., 4

**НАЛÉЛЬКАТЬСЯ**

sich vollaufen lassen, sich vollsaufen

*напиться до состояния полного опьянения.*

— Да, брат Парменко. Вот оно как дело-то у нас с Мишкой обернулось. Ведь налелькались. Налелькались... В.Б., 5

**НАЛÉЧЬ**

sich auf etwas verlegen/ werfen, sich einer Sache zuwenden

*заняться чем-либо /обычно усиленно/.*

Так вот, чем по избам самогоном надуваться, пусть на спорт налегают. В.Кор., 5

**НАЛИЗÁТЬСЯ**

sich vollaufen lassen, sich vollsaufen

*напиться, стать пьяным.*

Но здесь, дедушка, петь нельзя. Улица, люди, еще кто подумает, что нализался старик. И.С., 19

**НАЛИТÓЙ**

gedrungen, dick und rund, wie das blühende Leben

*полный, здоровый.*

И если ухватится за кол какой-нибудь дядя из „Заготскота", то и останется он у него в руках, ибо дяди из „Заготскота" все почему-то как налитые с лицами красного шершавого сукна. В.Ш., 39

**НАЛОМÁТЬСЯ**

sich abmühen, sich abrackern, sich abhetzen; erschöpft/ kaputt/ k.o./ groggy sein/ werden

*устать, утомиться до изнеможения от тяжелой физической работы.*

— Садись, Федек, наломался, видать, — встретил Федора отец. В.М.1, 50

**НАМАЛЕВÁТЬ**

aufpinseln, hinschmieren

*плохо, неумело, небрежно нарисовать что-либо.*

Картотеки перепутаны, на цветных ежедневниках намалеваны рожицы. Я.Полищук, Б-ка крок., 17 /814/, М., 1978

**НАМАХÁТЬСЯ**

genug/ zur Genüge schwingen

*много, вдоволь помахать чем-либо.*

Валяйте. Когда намашетесь театральными мечами, когда вас отовсюду с треском выставят, когда вас охватит отчаяние, приходите к нам, благоразумным, чай пить. В.Ш., 205

**НАМÁЯТЬСЯ**

sich abmühen, sich abrackern; sich genug abquälen, genug leiden

*сильно устать от чего-либо // настрадаться, намучиться //.*

Теща же Евстолья, по словам баб, сказала Ивану Африкановичу, что она, хватит, намаялась, что уедет к сыну Митьке в Северодвинск, мол, нажилась вдоволь, покачала люльку по ночам... В.Б., 15

**НАМÉДНИ**

neulich, vor kurzem, unlängst

*недавно, на днях.*

Видела мамку намедни. В.М., 426

**НАМÉРИТЬ**

anprobieren

*померить, примерить.*

Мне бы спросить, почем твое сокровище, но так же не делается, так только вахлаки на базаре торгуются, надо сперва намерить. Г.В.1, 7

**НÁМЕРТВО**

sehr fest, gründlich; für lange Zeit, für immer

*прочно, очень крепко, основательно // надолго, навсегда //.*

... Но было поздно: через год у них народилась дочка Нина, хорошенькая, круглолицая, беленькая... Колька понял, что он тут сел намертво. В.Ш., 234

**НАМОЛО́ТЬ**

(in großen Mengen) (zu)bereiten; zusammenquatschen, zusammenquasseln

*приготовить, сделать что-либо в большом количестве // наболтать, наговорить чего-либо вздорного, глупого, нелепого //.*

А уж как начал, так поехало! / Как пошла молоть прорва адова — / Где по сотенке, где по камушку, / Намолола мне дачку в Кратове, / Намолола мне „Волгу"-матушку! А.Г., 247

**НАМОТА́ТЬ**

jemandem etwas anhängen, die Schuld auf jemanden schieben, jemandem den schwarzen Peter zuschieben

*обвинить в чем-либо (обычно необоснованно); причинить какие-либо неприятности.*

— Ну, что рассказывать? Я бухгалтер, работал в ОРСе, начальство, конечно, воровало... Тут — бах!— Ревизия. И мне намотали... Мне, естественно, пришлось отдуваться. В.Ш., 436

**НАМУДРИ́ТЬ**

ausklügeln, austüfteln, ausknobeln, sich etwas (Unsinniges, Sinnloses) einfallen lassen

*сделать, сказать что-либо очень сложно, замысловато.*

Потом Сидоркин сказал: — Чего это ты сегодня со сдачей намудрил? — Я не мудрил,— ответил я.— Просто не хочу халтурить. Хочу быть честным. Вл.В.1, 66

**НАМЫ́КАТЬСЯ**

(genug/ viel) unter Entbehrungen leiden, viel mitmachen

*испытать много невзгод, горя, лишений, трудностей.*

— Ты ведь тоже, конечно, была комсомолкой, словно по вдохновению выпалил он /Илья/.— По глазам, по ухваткам вижу! Намыкалась в детстве, наголодалась? И.В., 48

**НАМЫ́ЛИТЬ**

den Kopf waschen, zusammenstauchen, Bescheid stoßen, die Flötentöne beibringen; einseifen, anschmieren

*строго наказать кого-либо // отругать // обмануть //.*

—... Попросил их подождать немного, говорю: „Мои демократы мне за это шею намылят". В.Ш., 308

Гришка хохочет, обнаруживая избыток здоровья: „Опять эта дура тебя намылила!" О. Михайлов, Наш современник, № 9, 1978, 83

**НАМЫ́ЛИТЬСЯ**

aufbrechen, abzischen, loszischen, loszittern

*собраться идти, бежать куда-либо.*

Спросил у них леший,— / Вы камо грядеши?— / Намылились в город, / У нас ведь тоска. — / Ах, глупые бабы, / Да взяли хотя бы / С собою меня, старика. В.В. 1, 20

**НАНЕКТА́РИТЬСЯ** *шутл.*

sich besaufen, sich vollaufen lassen

*напиться до полного опьянения.*

Марк-патриций не мытарился, / Пил нектар большими дозами / И ужасно нанектарился. В.В.1, 22

**НАНЕСТИ́**

(unangemeldet) hereinplatzen, hereinschneien

*прийти, появиться неожиданно /обычно нежелательно или без приглашения/.*

— А я вчера...— заговорила было Рыжая, но тут нанесло неурочного: какой-то парень, явно с похмелья, шел по двору, направляясь, видно, в магазин за пивом. В.Ш., 256

**НАНЮ́ХАТЬСЯ**

genug/ sich satt riechen

*много, вдоволь нюхать что-либо.*

А ты, чтобы пуха не нанюхаться, лучше прогуляйся по селу... И.С., 42

**НАОБУ́М**

aufs Geratewohl, auf gut Glück

*не подумав // наудачу, наугад, как придется //.*

Когда присутствуешь наобум — / Скверное ощущение. / Когда по-аглицки ни бум-бум — / Какое уж тут общение. С.В., 40

**НАОРА́ТЬ**

viel herumschreien

*много, громко говорить, кричать.*

Проснулись, когда солнце садилось. Заграничная моя рубашка была измята, как... Голова болела, и совестно было. Наорали, натрепались. В.Ш., 79

**НАОРА́ТЬСЯ**
sich satt/ heiser brüllen/ schreien/ reden
*много, вдоволь кричать; накричаться.*
... Просадит силенки до тридцати годов, нашумит, наорется, а дальше — пшик. В.Ш. 295

**НАОТВА́Л**
zum Platzen/ Bersten, zum Überlaufen
*до полного пресыщения /есть, пить/.*
В загородке хрюкал поросенок. Само собой — корова. Так что зиму жили с мясом, молока наотвал. Г.Б., 33

**НАПА́КОСТИТЬ**
gemein handeln, eine Schweinerei machen; verhunzen, verpfuschen
*сделать пакости, навредить // испортить что-либо, сделать плохо, неумело //.*
Набезобразничал! Напакостил! Я требую поставить это на обсуждение всего коллектива, и немедленно, не откладывая ни на минуту! Т.Димов, Л.Г., 1.5.79

**НАПА́РНИК** *м.*
Partner, Sozius, Kumpan
*человек, делающий что-либо в паре с другим.*
Чувствуем с напарником — ну и ну, / Ноги прямо ватные, все в дыму, / Чувствуем — нуждаемся в отдыхе, / Чтой-то нехорошее в воздухе. А.Г., 187

**НАПАСТИ́СЬ**
sich versorgen, Vorrat anlegen
*запасти, заготовить что-либо в достаточном количестве.*
... где же я бумаги напасусь, веники заворачивать. С.С., 15
Если на каждый засыл багажа приказ писать, бумаги не напасешься. Н.М., 22

**НАПА́СТЬ** *ж.*
Mißgeschick, Pech, Bescherung
*беда, несчастье, неприятность.*
Валерьянки на вату накапала, прикусила, давай ходить взад-вперед. Не помогает. Устала, измоталась, а к утру вдруг щеку вздуло. Откуда такая напасть? Н.Б. 2, 10

**НАПЕРЕБО́Й**
(wild) durcheinander, um die Wette
*перебивая, прерывая друг друга (говорить, делать что-либо)*
А в это время мать Любина и Зоя, жена Петра, загнали в угол Любу и наперебой допрашивали ее. В.Ш., 445

**НАПЕРЁД**
im voraus, von vornherein
*заранее, предварительно.*
— Этот сыр, ха-ха... — начал рассказывать он и наперед всех смеялся. В.А., 565

**НАПЕРЕКОСЯ́К**
schief, daneben
*искаженно, измененно /обычно в плохую сторону/.*
Вдруг, думаю, семейная жизнь у парня пойдет наперекосяк... М.С.1, 9

**НАПЕЧА́ТАТЬСЯ**
publizieren, herausgeben; publiziert werden
*опубликовать, издать что-либо.*
Оказывается, там тоже не так-то просто напечататься. А.З., 66

**НАПИ́ТЬСЯ**
sich betrinken, sich einen Rausch antrinken
*стать пьяным, опьянеть.*
Вот тут-то и произошла авария: свернул я ему скулу и напился с горя политуры. В.П. 44
Старик Наум Евстигнеич хворал с похмелья. Лежал на печке, стонал... — Кончаюсь, Юрка, в крестителя, в бога душу мать!.. — Не надо было напиваться. В.Ш., 50

**НАПИХА́ТЬСЯ**
sich vollstopfen, sich den Bauch vollschlagen
*наполнить, набить до отказа что-либо чем-либо.*
Я бегу, сумки с продуктами мотаются и бьют меня по коленкам. Я еду в автобусе, а на моих часах уже семь. Вот они уже пришли. Только бы Дима не давал им /детям/ напихиваться хлебом, не забыл поставить на газ картошку. Н.Б. 3, 15

**НАПЛЕВА́ТЕЛЬСКИ** *неодобр.*
nachlässig, gleichgültig, achtlos, wurstig
*пренебрежительно, халатно, недобросовестно.*
— Разве можно так наплевательски относиться к собственному здоровью? Вл.В., 229

**НАПЛЕВА́ТЬ**
pfeifen/ spucken auf etwas
*проявлять полное равнодушие, безразличие, презрение.*
Вы наплюйте на сплетников, девочки, / Мы сведем с ними счеты потом! Б.О., 131
— Олух,— опять застонала она,— ты видел, как ведут себя эти свободолюбы, эти американцы: никого не касается, всем наплевать! А.Л., 113

**НАПЛЕСТИ́**
verleumden, verunglimpfen, heruntermachen; (viel) zusammenfaseln/ -spinnen
*насплетничать, оклеветать кого-либо // лгать, говорить вздор, глупости, чепуху //.*
Наплетут с три короба на нее. / У чужого города сердце свое. Б.О., 193

**НАПЛОДИ́ТЬ**
viel gebären, viele Kinder kriegen
*родить большое количество детей.*
Время ученичества закончилось... настала пора погулять, порезвиться, ну, а дальше, годам к тридцати пяти, он женится, найдет себе молоденькую девушку, наплодит детей и будет спокойненько, зная, что ничего не упущено, доживать жизнь. С.Е.1, 38

**НАПОДДА́ТЬ**
verstärken, vergrößern, steigern, erhöhen
*усилить, увеличить что-либо.*
— Да как же это ты, Егор?— спросила Люба. Егор поддернул трусы и стал оправдываться: — Понимаешь, как вышло: он уже наподдавал — дышать нечем и просит: „Дай ковшик горячей". Ну, думаю, хочет мужик температурный баланс навести... В.Ш., 447

**НАПО́РИСТО**
energisch, nachdrücklich, eindringlich, bestimmt
*настойчиво, решительно.*
— Знахарство? Так вот, запомните раз и навсегда,— напористо, и сердито, и назидательно заговорила Клара,— что всякий, кто берется лечить даже насморк человека, но не имеет на это соответствующего права, есть потенциальный преступник. В.Ш., 314

**НАПО́РИСТЫЙ**
energisch, nachdrücklich, eindringlich, bestimmt
*настойчивый, решительный.*
К счастью, напористый гражданин тут же отшил подвыпившего маляра, пообещав при всех его отколотить. Х.Л., 28

**НАПОРО́ТЬСЯ**
gegen jemanden/ etwas rennen, (unversehens) stoßen auf
*неожиданно наткнуться на что-нибудь нежелательное, неприятное.*
... Станция метро, которая раньше около нас намечалась, переехала чуть ли не на километр. — Мы,— говорят,— на плывуны напоролись. А.Курляндский, Л.Г., 13.10.76

**НАПОСЛЕ́ДОК**
zu guter Letzt, zum Schluß, am Ende
*под конец, в завершение всего.*
Я падаю, грудью хватая свинец, / Подумать успев напоследок: — / На этот раз мне не вернуться, / Я ухожу, придет другой. В.В. 3, 50

**НАПОСТЫ́ЛЕТЬ**
satt haben, einer Sache überdrüssig werden, unerträglich werden, zum Halse heraushängen
*опостылеть, надоесть.*
— От старшей-то, Таньки, ходят письма? — Как не ходят, вон и вчера письмо пришло, пишет, что, мама, мне напостыло, тоже велика ли, а в чужих людях, ведь уж год скоро, как в няньки отправили, а домой-то охота. В.Б., 38

**НАПРА́СЛИНА** *ж.*
falsche Beschuldigung, grundlose Verdächtigung
*ложное обвинение; клевета, наговор.*
— Да это у нас образцово-показательный садик!.. Как не стыдно напраслину возводить. С.Б., 8

**НАПРОЛЁТ**
durchgehend, ununterbrochen; ganz und gar
*без перерыва, все время, постоянно // целиком, полностью //.*
Гололед на земле, гололед, / Целый год напролет гололед. В.В.3, 33

**НАПРОПАЛУ́Ю**
aufs Geratewohl, drauflos; unüberlegt, ohne die Folgen zu bedenken
*ни о чем не задумываясь; очень сильно, вовсю.*
Сутки гуляли напропалую у Спирькиной „марухи" ... И тут их накрыла милиция. В.Ш., 187

**НАПРОРО́ЧИТЬ**
prophezeien, weissagen, orakeln, unken
*предсказать что-либо /обычно неприятное/.*
Ах, ни кукушкам, ни ромашкам я не верю / И к цыганкам, понимаешь, не хожу. / Набормочут: „Не люби ее такую!"/ Напророчат: „До рассвета заживет!" Б.О., 207

**НАПРОСИ́ТЬСЯ**
sich einladen lassen, sich selbst einladen
*просьбами или намеками добиться чего-либо.*
Валентин спросил Анатолия, что тот собирается делать вечером. — В понедельник я чаще всего дома сижу, — ответил Анатолий. — Этот день как-то располагает к размышлениям о кратковременности нашего существования. — Может, вместе подумаем об этом? — неуверенно предложил Валентин, ему не хотелось обнаружить свое желание напроситься в гости. А.Викорук, Юность № 1, 1981, 44

**НА́ПРОЧЬ**
völlig, vollkommen, total, vollständig
*совсем, окончательно, полностью.*
Сначала вытер деревянную грузовую с отодранными напрочь колесами, потом пластмассовый бронетранспортер с лихими солдатиками... Л.Ленч, 26

**НАПРУДИ́ТЬ**
bettnässen
*пустить мочу под себя /о ребенке, больном/.*
— Хочь бы клеенку под дите подстелила,— проворчал на ходу Гладышев, — а то ведь напрудит — весь подол провоняет. Вл.В., 105

**НАПРЯЖЁНКА** *ж.*
schwere/ schwierige/ angespannte Lage/ Situation; Mangel, Not
*напряженное, сложное, тяжелое положение с чем-либо.*
Пока с квартирами напряженка — он цветет. Ордера по знакомству, разумеется за мзду. Д.Иванов, В.Трифонов, Л.Г., 18.1O.78

**НАПРЯМИ́К**
geradeheraus, ohne Umschweife, direkt, offen
*откровенно, не стесняясь, прямо.*
— Можешь не напрягаться, Фалалеев, — сказала она напрямик.— Новый год встречаем дома. Д.Иванов, В.Трифонов, Л.Г., 10.1.79

**НАПРЯМОТУ́**
geradeheraus, ohne Umschweife, direkt, offen
*откровенно, не стесняясь, прямо.*
Я приступом шел на 2-12, / И тренер мне сказал напрямоту, / Что меня он утопит в пруду, / Чтобы впредь неповадно другим, / Если враз сей же час не сойду / Я с неправильной правой ноги. В.В.3, 38

**НАПУСТИ́ТЬСЯ**
herfallen über jemanden; anfahren, anschnauzen
*упрекать; выругать, выбранить кого-либо.*
— Алик!— хорошея от испуга, Нина схватила Алика за рукав. — Чего тебе Алик!— напустился тот на Нину. Е.Терновский, Р.М., 15.3.79
— Ваш брат вполне мил. Зря на него напустились. Человек надеялся на реферат. Это для него больше, чем аспирантура. В.Кор., 187

**НАПЫ́ЖИТЬСЯ**
sich aufblasen, sich aufspielen, sich wichtig machen, wichtig tun, große Töne spucken
*заважничать, стараться показаться чем-то особенным, необыкновенным.*
Теперь напыжилась Лиля, потому что она пекла печенье сама по какому-то немецкому журналу. Е.Ц., 45

**НАПЯ́ЛИТЬ**
mit Mühe anziehen/ überziehen, sich hineinzwängen; etwas hastig/ nachlässig überwerfen
*надеть, обуть что-либо с трудом, с усилием или небрежно, неаккуратно // надеть что-либо //.*
А заведующая сама уже приняла его за корреспондента, силком напялила на него белый халат и волоком потащила по магазину. М.Хазин, Крокодил № 19, 78
Одним словом, напяливаю я джинсы, надеваю сверху рубаху системы „батон" и еду... Г.Горин, Л.Г.,6.8.75

**НАРАБО́ТАТЬСЯ**
genug/ viel arbeiten, sich abarbeiten
*поработать много, вдоволь.*
После недельной беготни с похоронами и оформлением наследства решил Бурлей, что наработаться он еще успеет, пока надо попробовать попасть в институт. С.Е., 46

**НАРАСКОСЯ́К**
schief, verdreht, verzerrt

*искаженно, измененно / обычно в плохую сторону /.*
В тот день, в субботу /он весь какой-то вышел, нараскосяк/, Тимофей опечатал склад, опять выпили со сторожем, и Тимофей пошел домой. В. Шукшин, Охота жить, Казань, 1977, 211

**НАРАСПА́ШКУ**
aufgeknöpft, offen
*в расстегнутом, раскрытом виде.*
Митяй Телегин — щербатый мужик в синей сатиновой рубахе нараспашку, — поигрывая по сторонам свирепыми бровями, с усилием одолевал пьяное разноголосье... В.М., 284

**НАРАСТЯ́Г**
in singendem Tonfall, langgezogen
*нараспев, протяжно.*
— Добрый вечер, Зоенька,— выговорил Костоглотов, как мог мягче, даже нарастяг. А.С., 37

**НАРАСХВА́Т**
reißend schnell
*стараясь перехватить друг у друга /брать, раскупать, распродавать и т.п./.*
Это Юру уже не только наши, свои слушают, а и деревенские. „Валенки" им, видишь, подавай, песню Руслановой. Любят эту певицу в деревне, всегда ее пластинки в ГУМе нарасхват. А.К., 115

**НАРВА́ТЬСЯ**
unversehens stoßen auf/ geraten an etwas
*встретиться, натолкнуться /обычно внезапно или с кем-, чем-либо неприятным, нежелательным/.*
— На будущий год он здесь будет, — твердо сказал Кондрат. — Я своего добьюсь. — Кто? — Буян. Я уж спланировал, как его по железной дороге везти. Не на того нарвались, я их сам забракую. В.Ш., 37

**НАРКО́М** *м.*
Rauschgiftsüchtiger, -abhängiger
*то же, что наркоман; человек, страдающий сильным, болезненным влечением к наркотикам.*
Уже у самого входа в приемное... он видел: выскочили два человека в белых халатах, вытягивая за собой парня лет двадцати в брюках и светлой ковбойке; выламывая руки, они потащили его к двери... — Пьяная травма? — тоненько закричала старуха. — Нет, нарком. Е.Т., 122

**НАРО́ДЕЦ** *м. уменьш. ласк. и пренебр.*
Leute, Menschen, Bagage, Völkchen
*то же, что народ.*
— Куда спешите, молодой человек? До вашего дружка? Не торопись, парень, сцапали твоего контрика... — Вот народец! — огорчился Семен. Е.Т., 60

**НАРОЖА́ТЬ**
gebären; viele Kinder kriegen
*рожать, рождать много детей.*
— Ты не кричи, чего ты рот-то разинула? Чего ты всех созываешь-то?.. Припадошная. Кто тебе виноватый, что не рожала? А теперь зло берет. Надо было рожать. — Да вы вон нарожали их, а толку-то? В.Ш., 228

**НАРУБА́ТЬСЯ** *груб.*
sich den Bauch füllen/ vollschlagen, sich vollfressen
*наесться вдоволь, досыта чего-либо.*
Когда неприятелю хотят зла, говорят: „Чтобы ты без перерыва три стакана супруновского пойла нарубался." В.К., 24

**НАРЫВА́ТЬСЯ** *несов.*
sich durchdrängeln, sich durchschlängeln, sich durchmogeln
*стараться хитростью, обманом прорваться, убежать.*
Чуть сбоку и спереди черта уже покороче — угонная, где стоят сделавшие удар игроки и нарываются, хотят удрать к голевому „салу". В.А., Л.Г., 14.12.77

**НАРЯДИ́ТЬСЯ**
sich festlich kleiden, sich schön machen/ in Schale werfen
*одеться во что-либо нарядное, необычное.*
... дома жена с каким-то незнакомым мужчиной чай распивает. Сама в лучшем своем платье сидит с оборочками, а мужчина попросту, без затей в пижаму Сергея Михайловича нарядился... Н.Елин, В.Кашаев, Л.Г., 29.8.73

**НАСЕДА́ТЬ** *несов.*
bedrängen, zusetzen, dringen in jemanden, jemandem die Hölle heiß machen
*настойчиво добиваться чего-либо; требовать.*
Анфиса на него наседает: „Куда мне с деткой деваться?" В.П., 25

**НАСКАНДА́ЛИТЬ**
randalieren, Krach machen, krakeelen
*учинить, устроить скандал.*
Роза негромко пояснила: — Напился вчера, наскандалил, а сегодня я напомнила — сделал вид, что забыл. Да еще возмущенный вид сделал... В.Ш., 208

**НАСКО́К** *м.*
Ausfall, Angriff, Attacke, Auftritt
*неосновательный грубый выпад против кого-, чего-нибудь.*
Старика раззадорил тоже этот Юркин наскок. В.Ш., 56

**НА́СКОРО**
eilig, hastig, in aller Eile, auf die Schnelle
*поспешно, торопливо.*
И наскоро чмокнувшись, они расстались. В.С., 40

**НАСКРЕСТИ́**
zusammenkratzen, zusammenscharren
*собрать, набрать что-либо с трудом.*
Я привезу, а они скажут: „Подумаешь, один ковшик наскребли!" Г.В. 2, 76

**НАСМА́РКУ**
umsonst, vergeblich, vergebens, für die Katz
*напрасно, без положительного результата, впустую.*
— Они правы, правы, молодой человек, — наставительно молвила старушка. — Это действительно значит все насмарку. Ю.М., 5

**НАСОБА́ЧИТЬ**
anbringen, anmachen, anmontieren, anheften
*одеть, прикрепить, приделать что-либо.*
Как отличнику боевой и политической подготовки, мне насобачили на погоны две „сопли" /лыки/, назначили старшим над Колей и, дав командировочное предписание, отпустили. В.Р., 89.

**НАСОБА́ЧИТЬСЯ**
sich (schnell) etwas beibringen
*научиться ловко, умело делать что-либо.*
Портрет великого вождя этот самородок насобачился рисовать, изготовляя фальшивые купюры. Л.Л., № 30, 161

**НАСОБИРА́ТЬ**
zusammensammeln, -tragen
*собрать, набрать что-либо в каком-нибудь количестве.*
Допили. Попрощались. / Выползли на площадку. / Шарили по карманам. / Насобирали десятку. Д.Самойлов, Л.Г., 14.11.79

**НАСОЛИ́ТЬ**
jemandem die Suppe versalzen, jemandem in die Suppe spucken, jemandem etwas einrühren, einbrocken
*сделать кому-нибудь неприятность; навредить.*
Проходили еще люди. Макар заговаривал со всеми, и все в таком же духе — в воскресном. Подсказывал, как можно теще насолить, как заставить уважать себя дирекцию совхоза. В.Ш., 142

**НАСОЧИНЯ́ТЬ**
erdichten, erfinden, zusammenspinnen, sich aus den Fingern saugen
*наговорить или написать неправду, вздор.*
А вообще точных границ между капитализмом и средними веками /или как там — феодальным строем/, по-моему, не было. Все это в учебниках насочиняли. В.Кор., 246

**НАСТА́ВНИЧАТЬ** *несов.*
belehren, unterweisen, schulmeistern, Moral predigen
*руководить, учить, поучать.*
Возле проходной с откинутым шлагбаумом машину придирчиво оглядел директор. Они оба с ним поздоровались. — Здравствуйте, Иван Максимович!.. — Выводишь птенца на линию? — Так точно, Иван Максимович, наставничаю. С.Е.1, 34

**НА́СТЕЖЬ**
(sperrangelweit) offen/ auf
*(носить что-либо) в расстегнутом, распахнутом, раскрытом виде // совсем, во всю ширь (открыть, отворить и т.п.) //.*
Тут они являются, два деятеля... Оба расхристанные, шапки на затылке, телогрейки настежь, и пар от них, как от загнанных. Г.В.1, 3

**НАСТОЧЕРТЕ́ТЬ**
satt haben, leid/ müde sein, zum Halse heraushängen
*то же, что осточертеть, надоесть.*
Конечно, и Олег мог бы так же полезть, и была б его верная полка, но насточертело это за прошлые годы, хотелось по чести, по порядку, как и кондуктору-старичку. А.С., 587

**НАСТРОЧИ́ТЬ**
1 schnell/ hastig schreiben/ aufsetzen
2 aufwiegeln, aufhetzen; scharfmachen
*1. написать что-либо /обычно быстро, поспешно/.*
От главврача он помчался в горздравотдел и там настрочил жалобу. И.Ш., 14
*2. подговорить, склонить кого-либо к чему-нибудь.*
И еще одна омерзительнейшая была у этого шалуна привычка: настрочит сестру на сестру, втянет их в междоусобную войну, а сам жиганет в сторону. А.К., 242

**НАСТУЧА́ТЬ**
denunzieren, (ver)petzen, melden
*донести на кого-либо.*
Кроме того, если станет известно, что он подал документы на отъезд, кто-нибудь обязательно настучит об этом в партбюро и повыше. А.З., 140

**НАСТЫ́РНО**
unverschämt, frech, hartnäckig, aufdringlich
*навязчиво, настойчиво, упорно, нахально.*
Ленечка не принимает в воспитании сына никакого участия: когда Мишенька настырно донимает его, он начинает петь: „Тетя Хая, уберите ребенка!" А.К., 187

**НАСТЫ́РНОСТЬ** *ж.*
Unverschämtheit, Frechheit, Hartnäckigkeit, Aufdringlichkeit
*навязчивость, настойчивость, нахальство.*
Лейтенант сел рядом с ней, обнял, прижал ее голову к своему кителю и, хотя она чувствовала, как он напряжен, весь на пределе, в его руках не было настырности, и он держал ее так, словно каждую минуту по малейшему ее знаку готов отпустить и даже не напомнить об этом вечере. В.Кор., 427

**НАСТЫ́РНЫЙ**
unverschämt, frech, hartnäckig, aufdringlich
*упорный, настойчивый, навязчивый.*
С тех пор я нет-нет ловлю себя на том, что присматриваюсь к рыжим: ... Очень они мне нравятся. Не все, конечно, но вот такие вот — молчаливые, спокойные, настырные... В.Ш., 406
Но Петя — человек настырный. — Ну, как же, милая девушка,— не отстает,— на танцплощадке еще с вами познакомились, что в парке „Залог здоровья". С.Комиссаренко, Л.Г., 14.11.79

**НАСУ́ПИТЬСЯ**
mürrisch werden, mürrisch dreinschauen, das Gesicht mürrisch verziehen
*нахмуриться, стать угрюмым.*
— Не говори так,— насупился председатель. Д.Я., 23

**НАСЧЁТ**
betreffs, hinsichtlich, was...betrifft/ anbelangt; über, von
*относительно кого-, чего-либо.*
— Насчет покушения на Гитлера не слышали? В.Ш., 117

**НАТАСКА́ТЬ** *неодобр.*
eintrichtern; auf die Schnelle beibringen
*поспешно, поверхностно научить чему-либо.*
—Тебя возьмут на любую кафедру. Хочешь, натаскаю тебя в английском, если ты, как говорил, в немецком ни бум-бум. В.Кор., 562
— Вот это да,— восторженно одобрил Вадим,— тебя, тетушка, как аттракцион показывать! Это же высший класс алкогольного пилотажа. И кто только вас натаскивает? В.М., 43

**НАТАЩИ́ТЬ**
zusammenschleppen, herbeischleppen, heran-/ herbeischaffen
*привлечь кого-либо /обычно обещая что-либо/.*
Тот был ко всему еще лютый болельщик, протежировал какой-то особой команде, в которую благодаря связям натащил лучших футболистов из других клубов. Ю.Т.1, 109

**НАТВОРИ́ТЬ**
anstellen, anrichten
*сделать что-либо предосудительное, плохое.*
... Вот каких ты делов натворил — любуйся теперь. В.Ш., 49

**НАТЕРПЕ́ТЬСЯ**
viel/ genug ertragen/ erleiden/ durchmachen
*испытать, перенести много чего-нибудь неприятного, тяжелого.*
А сколько я от нее, Ваня, горя натерпелся. Вл.В., 105

**НАТЕ́ШИТЬСЯ**
viel Vergnügen haben, sich (köstlich) amüsieren
*потешиться, позабавиться, повеселиться вдоволь, много.*

— Нет, дай я натешусь! Дай мне душеньку отвести, скважина ты кривоносая! Дятел... — Тут она изловчилась и больно достала его по голове. В.Ш., 163

**НАТКНУ́ТЬСЯ**
stoßen auf, in die Arme/ über den Weg laufen
*двигаясь, неожиданно столкнуться, встретиться с кем-, чем-либо.*
Человек прошел мимо нас... и сразу за нашей колонной наткнулся на заслон агентов. Ф.Кан., 49
Кайгородов не знал, что говорить. Да и говорить сейчас было бы крайне неудобно: он продвигался наугад, несколько раз натыкался на Князева. В.Ш., 366

**НАТОЛКА́ТЬ**
hineinstopfen, vollstopfen, anfüllen, vollfüllen
*заполнить, наполнить что-либо до предела, целиком.*
Он почти не знал Вадима. Хотя тот и был членом партии, но еще слишком молодым. И не руководящим работником, а узким специалистом. Что у него могло быть натолкано в голове — это было невозможно представить. А.С., 346

**НАТО́ПАТЬСЯ**
genug/ viel herumtippeln/ -marschieren/ -trotten/ -stapfen
*ходить много, вдоволь, до усталости, изнеможения.*
— Не дури, — сказал я, — натопались — пора до дому. А.Л., 127

**НАТРЕПА́ТЬСЯ**
genug/ viel herumquasseln/ -quatschen, erzählen, schwatzen
*много, вдоволь поговорить, поболтать.*
Проснулись, когда солнце садилось. Заграничная моя рубашка была измята, как... Голова болела и совестно было. Наорались, натрепались. В.Ш., 79

**НАТУРА́ЛЬНО**
natürlich, versteht sich, klar, klarer Fall
*конечно, разумеется.*
Я стою, а он как раз наоборот, / Он, бля, режет, вижу, угол у ворот, / Натурально, я на помощь вратарю — / Рыжий с ног, а я с улыбкой говорю... А.Г., 198

**НАТЮ́КАТЬ**
hacken, zerhacken, (zer)hauen, (zer)spalten, kleinhacken
*нарубить, наколоть.*
Алеша вышел с топором во двор и стал выбирать березовые кругляши на расколку... — Ишь ты... какой — говорил он ласково чурбаку. — Атаман какой... — Ставил этого „атамана" на широкий пень и тюкал по голове. Скоро он так натюкал большой ворох. В.Ш., 319

**НАУГА́Д**
auf gut Glück, aufs Geratewohl, ins Blaue hinein
*как выйдет, как получится, наудачу.*
Катайгородов не знал, что говорить. Да и говорить сейчас было бы крайне неудобно: он продвигался наугад, несколько раз натыкался на Князева. В.Ш., 366

**НАУ́СЬКАТЬ**
(auf)hetzen, aufstacheln, anstacheln
*натравить кого-либо на кого-, что-нибудь; подстрекать к враждебным действиям.*
Старуха смотрела на Мирониху с таким вниманием, будто та сама науськала медведя на голубевскую телку. В.Расп.1, 38

**НАУТЁК**
schnell, Hals über Kopf (ausreißen, türmen, verduften)
*быстро, поспешно /броситься, пуститься бежать и т.п. от кого-, чего-нибудь/.*
Куда вы подевали моего щегла? / А может быть, он сам наутек от меня? Б.О., 284

**НАХА́ЛИНКА** *ж.*
Frechheit, Unverschämtheit, Impertinenz, Flegelei
*то же, что нахальство.*
— Очень милые, умные ребята. Особенно мальчик. Девочка с нахалинкой. Г. Щербаков, Юность № 9, 1981, 18

**НАХА́ЛЬНЫЙ**
frech, unverschämt, unverfroren, rüpelhaft, flegelhaft, schamlos
*беззастенчивый, бесцеремонный, дерзкий, наглый.*
Нахальный, воинственный, ражий, / Пойдет баламутить народ!.. / Повозки с кровавой поклажей / Скрипят у Никитских ворот. А.Г., 25

**НАХА́ЛЬСТВО** *ср.*
Frechheit, Unverschämtheit, Impertinenz, Flegelei

*нахальный поступок, наглость, бесцеремонность.*
Почему я отложила только половину денег? Какая глупость! А нахальство, а наглость... ужас! Н.Б.1, 49

**НАХАЛЮ́ГА** *м. ж.*
Flegel, Rüpel, Rabauke, Lümmel
*то же, что нахал, нахалка; бесцеремонный, наглый, грубый, дерзкий человек.*
— Это он так написал?!— громко возмутилась Попова. — Нахалюга! Надо же!.. — Женщина даже посмеялась. — Ну надо же! В.Ш., 286

**НАХАМИ́ТЬ**
ausfällig/ grob werden, anblöken, angiften
*нагрубить кому-либо; вести себя грубо, дерзко по отношению к кому-либо.*
Комсомольцы еще надеялись образумить Владимира. Но на заседании комитета Долманский нахамил всем присутствующим и демонстративно хлопнул дверью. И.Ш., 19
Дома Сашка хотел было рассказать жене Вере, как его в магазине... Но начал, и тут же расхотелось... — А что, что случилось-то? — Да ладно, ну их. Нахамили и все. Что, редкость диковинная? В.Ш., 210

**НАХА́ПАТЬ**
einheimsen, einstecken
*нахватать, с жадностью набрать много чего-нибудь.*
— Грищенко, когда ты успел полную корзину нахапать? — Бегать не надо, и ты бы набрала. Тут же не стадион, а болото, идить по краю и берить. М. Петров, Наш современник, № 3, 1981, 121

**НАХВА́СТАТЬСЯ**
sich brüsten, sich übermäßig loben, den Mund voll nehmen
*преувеличить свои достоинства, хвастаться чем-либо много, вдоволь.*
Наверно, раз десять „немой" уходил и возвращался туда-сюда, я уже сам был не рад, что нахвастался ему, будто могу заставить ишаков кричать. Л.Л., № 32, 78

**НАХВАТА́ТЬСЯ**
aufschnappen, sich anlesen, sich etwas oberflächlich aneignen
*поверхностно приобрести, получить, усвоить что-либо /обычно о знаниях, сведениях/,*
Нахватался слов разных и несет околесицу на всяком собрании. В.М., 487
— Вы не у своей ли дочери идейности нахватались?— обозлился Карзинов.— Раньше, помнится, по другому рассуждали... Не узнаю я вас, Леонид Сергеевич. М.Л., 148

**НАХЛЕБА́ТЬСЯ**
1 sich vollaufen lassen; sich den Bauch vollschlagen, sich den Bauch voll Wasser/ Tee usw. pumpen
2 viel durchmachen/ erleiden
*1. пить, есть вдоволь, в большом количестве.*
— Опять пиво несет,— подумал Кнопочкин.— Нахлебается и заляжет храпеть так, что сквозь потолок будет слышно. Н.Лабковский, Л.Г., 12.9.79
*2. испытать, перенести много горя, страданий и т.п.*
— Я, ребята, против перемен. Хватит. Нахлебались по горло. Что есть, уже хорошо. Не стало бы хуже. Ф.Кан., 73

**НАХЛЕСТА́ТЬ**
(durch)peitschen, eins mit der Peitsche überziehen
*сильно избить, отстегать, высечь кого-, что-либо.*
Матвей слухом угадал, где пасутся кони, взнуздал Игреньку и, нахлестывая его по бокам волосяной путой, погнал в деревню. В.Ш., 98

**НАХЛЕСТА́ТЬСЯ**
sich vollaufen lassen
*напиться до состояния полного опьянения.*
А сам небось нахлестается пива и завалится храпеть так, что сквозь паркет будет слышно, Н.Лабковский, Л.Г., 12.9.79
Борьба с пьянством — наше общее дело, и мы не можем допустить, чтобы слесаря на рабочих местах нахлестывались. Р.Киреев, Б-ка крок., № 17/814/, М., 1978

**НАХЛОБУ́ЧИТЬ**
tief (ins Gesicht/ auf die Stirn/ bis zu den Augen) (herunter)drücken
*надвинуть, надеть что-либо низко на лоб, на глаза, на уши и т.п.*
На глаза нахлобучив шляпу, / Дерзкой рыбой, пробившей лед, / Он пойдет, не спеша, по трапу / В отлетающий самолет! А.Г., 37

**НАХЛОБУ́ЧКА** *ж.*
Flaschenkapsel, Flaschenkappe; Kronenkork(en), Stöpsel, Pfropfen
*обертка, колпачок на бутылке, на банке и т.п.*
... блатняжка подмигнул ей и, как белка скорлупу с орешка, содрал зубами позолоченную нахлобучку. В.А., 569

**НАХО́ХЛИТЬСЯ**
düster/ finster dreinschauen, sich verfinstern (Gesicht)
*иметь мрачный, унылый вид; нахмуриться.*
„Пирожок" стоял неподалеку, обиженно нахохлившись, точно и впрямь потерял веру в добро. Д.Иванов, В.Трифонов, Л.Г., 28.7.76

**НАХРА́П** *м. неодобр.*
Frechheit, Unverschämtheit
*дерзость, наглость.*
Как же это вдруг, с нахрапа / Получилась с Кокой драма?! С.В., 12

**НАХРА́ПИСТО** *неодобр.*
dreist, frech, rücksichtslos, flegelhaft
*нагло, бесцеремонно.*
И первый принялся за работу: резко, нахраписто, с каким-то непонятным остервенением. В.М.1, 178

**НАХРА́ПОМ** *неодобр.*
dreist, mit unverschämter Dreistigkeit, rücksichtslos, gewaltsam
*нагло, насильно, дерзко.*
Он водку пил и пил одеколон, / Он песни пел и женщин брал нахрапом! / А сколько он повкалывал кайлом! / А сколько он протопал по этапам! А.Г., 201
Только дело с головой делайте, а не нахрапом... По-тихому, по-умному. А.К., 312

**НАХРЯ́СТАТЬ** *груб.*
machen, fertigmachen, zurechtmachen, (her)richten
*сделать что-либо.*
— Дак покосила-то каково, добро? — И покосили дородно. Нюшка, когда день-то давали, на два стога нахрястала, и управили вовремя; ежели прикупим пудов с десяток, дак и прокормим корову-то. В.Б., 131

**НАЦАРА́ПАТЬ**
etwas (schnell) aufkritzeln/ hinkritzeln
*написать что-либо /обычно быстро, наспех/; писать неразборчиво, неясно.*
— Листа два можно будет у нас протащить под каким-нибудь соусом. Да и у соседей приткнем. Давай, давай! Много нацарапал? В.Кор., 184
Стоит ему нацарапать какую-нибудь мразь, как нас тут же в школе заставляют ее учить как образец социалистического реализма. А.З., 25

**НАЦЕЛОВА́ТЬ**
abküssen, abknutschen
*много раз поцеловать.*
И неловко ему было, что его так нацеловывают, и рад был тоже и не мог оттолкнуть сестру. В.Ш., 42

**НАЦЕПИ́ТЬ**
(sich) überziehen, (sich) umhängen
*надеть что-либо.*
Ну, флотский! Ну, северный! Бостоном не мог обшиться, макен позаграничнее нацепить. Г.В.1, 6

**НАЦИОНА́Л** *м. презр.*
Einwohner einer nichtrussischen sowjetischen Unionsrepublik
*названия лиц коренного населения национальных республик и областей.*
Рядом со мной лежал один национал, кто точно, не знаю, но не русский. Время и мы № 43, 32

**НАЦМЕ́Н** *м. пренебр.*
Angehöriger einer nationalen Minderheit
*о лицах, принадлежащих к какому-нибудь национальному меньшинству.*
В этом же ряду, где был Павел Николаевич, налево лежали два нацмена, потом у двери русский пацан, рослый, стриженный под машинку... А.С., 18

**НА́ЧИСТО**
ganz, gänzlich, völlig, rundweg; ratzekahl
*полностью, совсем, совершенно.*
„Жив ли ты парень? — вслух произнес Иван Африканович. — Вроде замерз начисто". В.Б., 39

**НАЧИСТОТУ́**
offen(herzig), freimütig, aufrichtig, ungeschminkt, rundheraus
*откровенно, искренне, ничего не скрывая.*
Если выкладывать все начистоту, то скажу, что еще до того, как капитан Скобцев подцепил меня на крючок со „шпионом", я уже выполнил задание старшего лейтенанта Зяблика. Л.Л., № 32,78

**НАЧИХА́ТЬ и НАЧХА́ТЬ** *груб.*
pfeifen auf etwas
*выразить безразличие, пренебрежение к кому-, чему-либо.*
Промежутки эти устроили так, что любовников и пьяниц можно было видеть только из мчащихся автомобилей, на которые им было начхать. А.З., 50
И там, где полюс был, там тропики, / А где Нью-Йорк — Нахичевань, / А что люди мы, а не бобики, / Им на это начихать! А.Г., 187

**НАЧУДИ́ТЬ**
komische/ merkwürdige/ krumme/ dumme Sachen machen/ anstellen, sich sonderbar benehmen, Unfug treiben
*наделать странностей, чудачеств, глупостей; совершить что-либо недозволенное.*
Начудили, а ему, Сабурову, теперь расхлебывать. И.Двинский, Л.Г., 26.7.78

**НАШКО́ДИТЬ**
anstellen, anrichten, ausfressen, verbocken
*наозорничать, набезобразить; навредить в чем-нибудь.*
— Вот ты — крестьянка, вас, наверно, много в семье росло?.. — Шестнадцать батюшка... — Ну вот шестнадцать. В миниатюре целое общество. Во главе отец. Так? — Так, батюшка, так. Отца слушались... — Вот — Прокурор поймал мать на слове. — Слушались! А почему? Нашкодил один — отец его ремнем. В.Ш., 152

**НАШЛЁПКА** *ж.*
Beule, Dippel, Schwellung
*о чем-либо, выступающем на какой-либо поверхности.*
Хмырь смотрел в окно, приподняв кверху маленький, с нашлепочкой нос, он смешно торчал из-под шляпы... В.Ш., 243

**НАШУГА́ТЬ**
sich ansammeln/ anhäufen, zusammenkommen
*собраться, скопиться в каком-либо количестве.*
И облюбовали же этот монастырь черти. Откуда их только нашугало. В. Шукшин, До третьих петухов, М., 1980, 38

**НАШУМЕ́ТЬ**
Aufsehen erregen, viel Staub aufwirbeln, Furore machen
*вызвать много толков, привлечь к себе всеобщее внимание.*
Ордена, правда, не надел: хватит того, что нашумел с ними тогда после демобилизации. В.Ш., 133

**НАЯ́БЕДНИЧАТЬ**
(ver)petzen, verklatschen, anschwärzen
*наушничать, наговорить, насплетничать на кого-либо.*
Смотрю я на его примерную физиономию, и мне хочется крикнуть: „Боря, Боря, выходи из моря!" Так мы кричали в детстве маменькиным сынкам, рыхлым, сытым, беспомощным, в любую минуту способным наябедничать. А.Гл., 9

**НАЯ́РИВАТЬ**
etwas leidenschaftlich/ feurig/ schwungvoll/ stürmisch machen, sich mit Schwung/ Verve an etwas machen
*делать что-либо с усердием, очень энергично.*
А тут еще ваш козел бородатый, маршал обозный, по вертушке мне наяривает: „Я тебя, Сеничкин, в дым пущу". В.Кор., 276
Митька наяривал на гармошке, помогал губами. В.Б., 81
Мишка говорит: „Тогда общие танцы!" Включает магнитофон, и давай наяривать с каждой женой в отдельности. Л.Измайлов, Л.Г., 23.5.79
Ему еще рано отдыхать и наяривать мемуары: он активист из Красного уголка и, кроме этого, он помогает Айке. А.К., 290

**НЕБОКОПТИ́ЛЬНЯ** *м. ж.*
Müßiggänger, Nichtstuer, Tagedieb
*то же, что небокоптитель; человек, ведущий праздную, нетрудовую жизнь; бездельник.*
Кстати, помогите, а то я, мурло и небокоптильня, что-то запамятовал. А.М., 8

**НЕБО́СЬ**
wohl, wahrscheinlich, nicht wahr?
*вероятно, пожалуй, должно быть.*
— ... Как сиделось-то? — Ничо, хорошо. Работали. — В шахтах небось? В.Ш., 40.
— Небось смеялись над тобой те двое-то? — не вытерпел и еще спросил словоохотливый милиционер. В.Ш., 48

**НЕВАЖНЕ́Ц**
mittelmäßig, schlecht; mies
*плохо, посредственно.*
... Ширейко, не расслабляясь ни секундой, бура-

вил стальным оком, — попросил все же ради хохмы уточнить насчет бюстиков, кто там поименно. Глебов пообещал, думая про себя: вот вздор! Кретинизм высшей марки. Чего они хотят из этих бюстиков выжать? Дела у них, значит, неважнец, если на такое фуфло кидаются. Ю.Т.1, 143

**НЕВАЖНЕ́ЦКИ**
nicht gerade gut, schlecht
*то же, что неважно; плохо.*
Не исповедь это, а просто душа просит. В общем, неважнецки я живу, Иван. Так вроде все нормально, на работе хорошо, а нет-нет засосет что-то, тоска обуяет, как сейчас вот, и все охота послать к черту. В.Ш., 80

**НЕВАЖНЕ́ЦКИЙ**
nicht gerade gut, schlecht
*то же, что неважный; плохой.*
А вот с интеллигентностью как раз наоборот: у тебя два диплома, а у меня один, да и тот неважнецкий. В.Кор., 503

**НЕВДОМЁК**
unvorstellbar (sein); über den Verstand/ Horizont (gehen)
*непонятно, неясно.*
Преподаватель чем плох? Сидит где-то у себя на высоте, и ему невдомек, что студент не понимает. Ася, хоть и отличница, всегда понимала, что именно Люде неясно. И.Г.1, 29

**НЕВЕЗУ́ХА** *ж.*
Pech, dauerndes Mißgeschick, Pechsträhne
*невезение, неудача; несчастливое стечение обстоятельств.*
— Да-да,— сказал он /Егор/ „интеллигентно".— Стечение обстоятельств, громадная невезуха... В.Ш., 435

**НЕВЗАПРА́ВДАШНИЙ**
unecht, gekünstelt
*ненастоящий, поддельный, ненатуральный, искусственный.*
Мы у сказок все во власти. / Долго будут сниться мне / Невсамделишние страсти / В невзаправдашней стране. А.И., 43

**НЕВЗНАЧА́Й**
zufällig, unversehens, unvermutet, unerwarteterweise
*ненамеренно, неумышленно, случайно, вдруг.*
Встал я и, как бы невзначай, протер носовым платком окно. Л.Корсунский, Л.Г., 12.12.73
— Ну-ка, папаша,— парень одним махом оказался у руля,— осади назад, а то задену невзначай. В.М., 257

**НЕ́ВИДАЛЬ** *ж.*
Wunderding
*о чем-либо небывалом, удивительном.*
— Нам все равно, как его зовут. Рассказы он о Толстом и Тургеневе написал? Эка невидаль. Мало ли за рубежом о чем пишут... А. Малышев, Наш современник № 9, 1981, 114

**НЕВМОГОТУ́**
nicht zum Aushalten, nicht zu ertragen, über die Hutschnur (gehen)
*не по силам, нестерпимо; невыносимо.*
Егору вовсе стало невмоготу: он не переносил слез. В.Ш., 452
Иногда Вадиму становилось невмоготу, и он, решаясь, наконец, прощально складывал в чемодан самые необходимые для холостяцкого быта пожитки. В.М., 277

**НЕВМО́ЧЬ**
nicht zum Aushalten, nicht zu ertragen, über die Hutschnur (gehen)
*то же, что невмоготу.*
Суда не помню, было мне невмочь. / Потом барак, холодный, как могила. В.В.3, 12

**НЕВНЯ́ТИЦА** *ж.*
Kokolores, unverständliches Zeug
*о чем-либо непонятном, невразумительном.*
Заседание кафедры было долгое, нудное. Докладывала я неудачно. Энэн спал, а потом нес обычную невнятицу. И.Г.1, 21

**НЕВО́ЛИТЬ** *несов.*
zwingen, nötigen, unter Druck setzen
*заставлять делать что-нибудь вопреки желанию; принуждать.*
Никто ее не неволил, когда она с рыбаками тянула мокрую тетиву, от которой горят и вспухают ладони...И.В., 60

**НЕВПРОВОРО́Т**
massig, ein Haufen, jede Menge, Berge von
*очень много, в большом количестве.*
Я в деревне Лазаревке живу, / Где налево от ворот любых / Километры лесов голубых, / Где на-

право от любых ворот / Волчьих вотчин невпроворот. Б.О., 203

Я же вам объясняю, дел невпроворот, крутимся, как белки... Н.М., 22

**НЕВСАМДЕ́ЛИШНЫЙ**

unecht, gekünstelt

*ненастоящий, искусственный, ненатуральный, поддельный.*

Мы у сказок все во власти. / Долго будут сниться мне / Невсамделишные страсти / В невзаправдашней стране. А.И., 43

**НЕВТЕРПЁЖ**

unerträglich, unausstehlich, nicht zum Aushalten

*не хватает терпения; невыносимо.*

— Если тебе так уж невтерпеж, иди в концертный зал. Там и пой, — сказал сосед вдогонку. Я.А., 45

**НЕГО́ДНИК** *м.*

Taugenichts, Nichtsnutz, Bengel

*недостойный, непорядочный человек.*

Злиться поздно, да я и не злюсь, в случае чего буду валить все на него: ведь еще ребенок, что с него возьмешь? Болтает всякое... Предал, негодник... А.К., 93

**НЕДОВЕ́С** *м.*

Fehlgewicht

*недостаток в весе при неправильном взвешивании.*

Продавцы — другим в пример — /Вежливы, бесспорно, / Недовес и недомер / Устранили в корне. Ц.С., 11

**НЕДОДЕ́ЛКА** *ж.*

nicht zu Ende geführte/ halbfertige Arbeit

*о чем-либо незаконченном, недоделанном; имеющем изъяны, упущения.*

Назначенные к сносу дома не сносились, новые строились медленно, сдавались с недоделками, временные уборные так и оседали во дворах. И.Г.1, 27

**НЕДОКУМЕ́КАТЬ**

nicht ganz verstehen/ kapieren/ mitkriegen/ schnallen/ durchsteigen

*не понять что-либо до конца, не осмыслить, не осознать сразу, полностью.*

— ... Скажу тебе, друг Мальцев, коли ты недокумекиваешь, что все мы здесь по сути дела смертники, обыкновенные камикадзе. В.Р., 64

**НЕДОМЕ́Р** *м.*

Sache mit zu geringem Maß

*о чем-либо, имеющем размер меньше должного или нормального.*

Продавцы — другим в пример — / Вежливы, бесспорно, / Недовес и недомер / Устранили в корне. Ц.С., 11

**НЕДОНО́СОК** *м. презр.*

geistig Unterbelichteter/ Minderbemittelter

*об умственно недоразвитом, отсталом человеке.*

Грабить банки сейчас — это атавизм! Только новорожденный недоносок не знает, что там кругом сигнализация и сплошь понатыканы фотокамеры! Т.Ш., 26

**НЕДОСЫ́П** *м.*

Unausgeschlafensein, Übermüdung

*недосыпание.*

От усталости и недосыпу лейтенант казался себе невероятно легким, только чемодан с двумя томами Теккерея оттягивал руку. В.Кор., 131

**НЕДОТЁПА** *м. ж. неодобр.*

Tolpatsch, Tölpel

*о ком-, чем-либо неловком, неуклюжем, неумелом.*

Дергач замолк, опять стало совсем тихо. Только иногда в каком-нибудь хлеве звучал колокол жующей жвачку коровы да чей-нибудь сонный петух-недотепа трепыхал крыльями и гоготал спросонья, не зная о том, время или не время петь. В.Б., 68

Недотепа, правда, но дело знает. В обиде не будешь. В.М., 498

**НЕДОТРО́ГА** *м. ж. пренебр.*

überempfindlicher/ zimperlicher/ schnell gekränkter Mensch, Mimose

*обидчивый, щепетильный человек, не терпящий шуток по отношению к себе.*

... второкурсник привстал, взмахнул ресницами гимназистки-недотроги. В.К., 28

**НЕДОТЫ́КА** *м. ж.*

Tolpatsch, Tölpel

*то же, что недотепа; неуклюжий, неумелый, неловкий человек.*

Я еще какое-то время играл в визгливой, смешной стайке девчонок и парнишек, но чаще и чаще сорванцы — по годам моя ровня — дразнили меня „недотыкой", „нюнькой". В.А., Л.Г., 14.12.77

**НЕДОУ́МОК** *м.*
geistig minderbemittelter/ unterbelichteter Mensch
*о глупом, отсталом, неразвитом человеке.*
Князев закончил свой труд: мысли о государстве. Он давно понял, что здесь, в райгородке своем, он не найдет никого, кто оценил бы его большую, сложную работу. Опять будут недоумевать, говорить, что „Вы знаете, товарищ Князев..." О недоумки! Что тут сделаешь? В.Ш., 384
Забыли, как из той же Западной Украины бежали, сломя голову, когда там не прогуливаться, а воевать пришлось. Недоумки в погонах! А платить за их подлую глупость опять русскому мужику придется. В.М.,447

**НЕДОУ́ЧКА** *м. ж.*
vorzeitiger Schulabgänger, Studienabbrecher, Halbgebildeter
*недоучившийся, малообразованный человек.*
Если принять на веру сногсшибательный миф о „духовном родстве" Шостаковича с претенциозным недоучкой,... то выходит, что следует поверить также и в то, в чем якобы „исповедовался" великий музыкант присосавшемуся к нему клопу. Л.Г., 14.11.79, 8

**НЕЗАВЕРШЁНКА** *ж.*
unvollendete Arbeit
*незавершенная, незаконченная работа.*
Кто умело ведет строительство и не бьет, как иные, бесконечными простоями и злосчастной незавершенкой по государственному карману? М.С. 2, 11

**НЕЗАДА́ЧЛИВЫЙ**
ungeschickt, vom Pech verfolgt, unbeholfen, unpraktisch
*неудачливый, простоватый, непрактичный.*
Но затем она выпрыгнула из троллейбуса сама и всей своей тяжестью обрушилась на незадачливого Бубликова. А.Р., 47

**НЕЗАНО́СИСТЫЙ**
nicht anmaßend/ überheblich/ arrogant, einfach, bescheiden, unkompliziert
*то же, что незаносчивый, чуждый гордости, заносчивости; простой в обращении.*
— А сколько я ей доказывал: в деревне-то люди лучше, незаносистые. В.Ш., 109

**НЕЗНА́ЙКА** *м. ж.*
Unwissende(r), Ignorant
*о человеке, который ничего не знает.*
А Арсланова помнишь? Вот смесь, говорю, восточного мужского рыцарства... с чисто современной еще, я бы сказал, наглостью и самоуверенностью незнайки, со знанием всего, что знают все, и незнанием всего, чего все соответственно не знают. А. Астраханцев, Наш современник, № 9, 1981, 122

**НЕКАЗИ́СТЫЙ**
unansehnlich, unschön, abstoßend
*некрасивый, непривлекательный, невзрачный.*
Что-то увиделось обер-кондуктору в этой неказистой с виду девахе. В.М., 65

**НЕКОММУНИКА́БЕЛЬНЫЙ**
kontaktarm, menschenscheu, ungesellig
*необщительный.*
— Наш новый экономист, чувствуется, входит в курс. Сообразительный, видать, деловой. — Но ужасающе некоммуникабелен, — вежливо вздохнула секретарша. Ц.С., 10

**НЕЛА́ДНО**
ungünstig, schlecht; unharmonisch
*неблагополучно, плохо // неприятно, нескладно //.*
—... В большой-то деревне, в болотном краю жили невеселые мужики, одно слово — пошехонцы, и все-то у тех мужиков неладно шло. В.Б., 30

**НЕЛАДЫ́** *мн.*
Zwistigkeiten, Unstimmigkeiten, Reibereien
*плохие взаимоотношения, ссоры, недоразумения.*
... Игорь тщательно... занимался кандидатурами... Один пил — значит в работе ненадежный; другой слишком любил деньгу — будет гонять машину в хвост и в гриву, а машина Игорю нужна самому; третий вроде парень ничего, но курил... у четвертого нелады в семье — значит будет нервничать, суетиться. С.Е.1, 21

**НЕЛЁПИЦА** *ж.*
Unsinn, Ungereimtheit, ungereimtes Zeug, Quatsch

*неразумное, глупое, нелепое высказывание, утверждение, поступок, положение и т.п.*
Старший бросит девиз: „Нелепица — / Моде следовать целиком". С.В., 32

**НЕ́ЛЮДИ** *мн.*
Unmenschen
*плохие, дурные люди.*
Людоед! Я ввожу глюкозу в вену людоеда... Я еле удерживаюсь на ногах от физической и душевной тошноты. Спасать, чтоб потом расстреляли? Спасать по-человечески этого нелюдя? Да пусть бы он умер вот сейчас же, исчез, испарился, как болотное чудище, как нетопырь какой-то. Е. Гинзбург, Крутой маршрут, Милан, 1979, 131

**НЕМА́**
kein(e), gibt es nicht
*то же, что нет; не имеется.*
Нашли крайнего, больше некому. Дураков теперь нема. В.М., 375

**НЕМЧУРА́** *м. ж. пренебр.*
Deutsche, deutsches Gesindel
*то же, что немцы.*
Глядишь, за прошлые заслуги схватите у немчуры кусок послаще. В.М., 121

**НЕНАРО́КОМ**
unabsichtlich, zufällig
*случайно, ненамеренно.*
Такая над миром темень! / Глаз ненароком выколешь! А.Г., 225

**НЕОТЛО́ЖКА** *ж.*
dringende ärztliche Hilfe, Rettungsdienst
*врачебно-санитарная выездная группа, оказывающая неотложную /срочную/ медицинскую помощь на дому по вызову.*
К обеду мне стало хуже, а врач все не шел, и я обратился за помощью в неотложку. А.Ч., 16
Грохот привлек соседку по лестничной клетке, она заколотила в дверь, ворвалась, позвонила в неотложку и в милицию. А.К., 443

**НЕОХО́ТА** *ж.*
Unlust
*нежелание; не хочется, нет желания.*
Я встала. Конечно, тетя Степа права — надо вмешаться. Неохота очень. Н.Б.1, 45

**НЕПОВИНОВЕ́НЕЦ** *м.*
Widerspenstige(r), Aufmüpfige(r), Unbotmäßige(r), Ungehorsame(r)
*о человеке, не повинующемся законам, порядкам.*
— Здравствуйте, граждане мелкие хулиганы, спекулянты и неповиновенцы! Ф.Кан., 74

**НЕПОДАЛЁКУ**
unweit, nicht weit entfernt
*недалеко, поблизости.*
А всю работу по уборке квартиры выполняет его жена... Она работает в детском саду наподалеку. Зарплата грошовая. Но и выгоды есть: дочь ее в этом саду и питаются они отчасти за счет сада. А.З.1, 71

**НЕПОЛА́ДКА** *ж.*
Mißstand, Störung, Mangel, Fehler
*неисправность, недочет, ошибка.*
Конечно же, найдут какие-нибудь неполадки, недоделки, запишут, укажут, поставят на вид, а то и снимут — у каждого чиновника ведь пропасть врагов... Вл.Б., 192

**НЕПОТРЕ́БНЫЙ**
gemein, unzüchtig, schamlos, unsittlich, unanständig
*неприличный, непристойный, предосудительный.*
Один дурак-обезьян /мужского пола/ начал ни с того ни с сего делать нечто непотребное. В.Ш., 379

**НЕПОТРЕ́БЩИНА** *ж.*
unanständige/ gemeine/ ordinäre/ unflätige/ schweinische Wörter/ Schimpfwörter/ Handlungen
*неприличные, непристойные слова, поступки.*
Парень угрожающе кидается к С.Николаеву, изрыгая непотребщину, и даже мушкетерски замахивается зонтиком. Э.Эдель, Б-ка крок., № 17 /814/, М., 1978

**НЕПОЧА́ТЫЙ**
nicht angefangen/ angeschnitten/ angebrochen, ganz
*полный, еще не начатый, не тронутый, целый.*
Даже блатняжка притих и не ерзал за столом, хотя перед ним стояла непочатая бутылка. В.А., 571

**НЕПОЧЕТНИК** *м.*
jemand, der vor anderen Menschen keine Achtung hat
*о человеке, относящемся без уважения, почтения к кому-либо.*
Напоминание о дочери было ответным ударом. Дуся записывала нынешнюю молодежь в непочетники именно из-за дочери. В.Крупин, Новый мир № 8, 1980,49

**НЕПРИКА́ЯННЫЙ**
ruhelos, unruhig, quirlig, rastlos
*беспокойный, не находящий себе места.*
Ну, а нам-то, нам-то среди роботов, / Нам что делать, людям неприкаянным?! А.Г., 192

**НЕПРОЛА́ЗНЫЙ**
undurchdringlich, nicht zu durchschreiten/ zu durchwaten
*такой, через который трудно, невозможно пробраться, пройти; труднопроходимый.*
Грязь сегодня еще непролазней, / С неба мразь, словно Бог без штанов. В.В.1, 28

**НЕПРУ́ХА** *ж. неодобр.*
Pech, dauerndes Mißgeschick, Pechsträhne
*невезение; постоянная неудача в чем-либо.*
Шесть раз пытался Коля в училище МВД поступить, да все „непруха" ему: по тридцать — сорок ошибок в сочинении. Г.Р., 152

**НЕПУТЁВЫЙ**
unsolide, leichtsinnig, liederlich; stumpfsinnig, stupide
*легкомысленный, ветреный // бестолковый, безалаберный //.*
—Да и что в нашем доме творится-то! Да и что у меня за непутевые детишки-то! Г.Б., 34
— Да он и в городе, и не в городе: работа у ево какая-то непутевая, вечно ездит: железо ищут. В.Ш., 127

**НЕПУТЯ́ШКА** *м. ж.*
lockerer, nichtsnutziger Mensch, Leichtfuß
*о беспутном, ветреном, легкомысленном человеке.*
— Все в конце концов получилось,— говорила она,— все! Даже непутяшка /это она о дочери/ остепенилась...Г. Щербакова, Юность № 9, 1981, 11

**НЕРАЗБЕРИ́ХА** *ж.*
Durcheinander, Wirrwarr, Unordnung
*запутанное положение, отсутствие порядка, ясности в чем-либо.*
Дело приняло обычный в таких случаях ход: шумиха, неразбериха, выявление виновных и, наконец... наказание невиновных. Л.Л, № 31, 174

**НЕРВОТРЁПКА** *ж.*
nervliche Belastung, Nervenanspannung
*о чем-либо, вызывающем нервное возбуждение, болезненную раздражительность.*
— Если бы у нее квартира была,— размышлял доцент,— тогда все просто. Берешь чемодан и уходишь. Или она к себе возвращается. А так — слишком по-кулацки. Ей ведь приткнуться некуда. У Шустовой — это не жизнь. Та в нервотрепке. И вообще, сколько можно жить у подруги. В.Кор., 374

**НЕРЖАВЕ́ЙКА** *ж.*
nichtrostender Stahl
*нержавеющая сталь.*
— Хорошую ложку из нержавейки мама мне не дала сюда, боялась, украдут, а эту деревянную я купила за трешницу на Бабьегородском рынке. А.К., 120

**НЕ́СЛУХ** *м.*
Ungehorsame(r), Unfolgsame(r)
*о непослушном человеке.*
— Я ему мячик за пять гривен... Этакому неслуху — мячик?! Ремня ему!.. В.А., Л.Г., 14.12.77

**НЕСМЫШЛЁНЫШ** *м.*
Begriffstutzige(r), jemand der schwer von Begriff ist, Behämmerte(r)
*непонятливый, глупый ребенок или взрослый человек.*
А потом у Насти застучала машинка — это Александра шила ее ребятишкам рубашонки, штанишки, и они, несмышленыши, бежали хвастаться обновой к Василисе. В.Расп. 2, 63

**НЕСПОДРУ́ЧНО**
ungelegen, unbequem, beschwerlich
*затруднительно, неудобно.*
Ему скучно, чай, и несподручно, чай, / Нас в обед вести на расстрел! А.Г., 79

**НЕСПРОСТА́**
nicht ohne Hintergedanken, nicht zufällig, nicht von ungefähr
*не без умысла, с какой-либо тайной целью.*

„Нет, — с трагическим надрывом думал он. — Это все неспроста! Меня не проведешь! Так просто такие подарки не делаются..." В.Баханов, Л.Г., 26.11.75

**НЕСТИ́** *несов.*
1 Unsinn reden, spinnen, schwafeln
2 riechen nach etwas
*1. говорить, болтать что-либо неразумное, глупое, вздорное.*
Глеб говорил негромко, назидательно, без передышки — его несло. В.Ш., 177
*2. пахнуть; передаваться по воздуху /о запахе, тепле и т.п./.*
А после — с коптильни понесет, как будто сто траулеров повыворачивали трюма наизнанку, и тут уж не определишь — справа несет или слева, от воды идешь или к воде. Г.В. 1,7

**НЕСУРА́ЗИЦА** *ж.*
Unsinn, ungereimtes Zeug, Kokolores, Unfug, Blödsinn
*нелепость, глупость, бессмыслица.*
Тьфу ты, пропасть, несуразица, чертовщина. Пока я по-старушечьи чертыхался, Нефедов ответил: — На разведку пошли, товарищ лейтенант, неизвестные люди на сопках были. В.Р., 189

**НЕСУСВЕ́ТНЫЙ**
unerhört, unglaublich, entsetzlich, schrecklich, (ganz) schlimm
*очень сильный, крайний в своем проявлении.*
Матерщинник был несусветный. В.Ш., 296

**НЕТЕРПЁЖ** *м. шутл.*
Ungeduld
*то же, что нетерпение; недостаток, отсутствие терпения.*
Горько было Филиппу... Но теперь к горькой горечи этой примешалась еще досада на Марью. „Тоже хороша: нет подождать — заусилась в Краюшкино! Прямо уж нетерпеж какой-то. Тоже толку-то было... И чего вот теперь?.." В.Ш., 362

**НЕ́ТУТИ**
kein(e), gibt es nicht
*то же, что нет.*
— Доставай, Прохорыч, спирт! — говорят. — Срок подошел. — Нетути! — отвечаю и перед носом окошком хлопаю. — Как так нетути?! — волнуется народ. А.Саркисов, Л.Г., 16.5.79

**НЕУВЯ́ЗКА** *ж.*
Unstimmigkeit, schlechte/ fehlende/ keine Koordination; Ungereimtheit
*отсутствие согласованности; недоразумение, оплошность.*
При таком объеме строительных работ неизбежны просчеты и неувязки. Б.Николаев, Л.Г., 16.1.80
† Что, папаня, посмурнел? Неувязка выходит с вашей генеральной линией? В.М., 322

**НЕ́УД** *м.*
ungenügend (Zensur)
*сокращенное название отметки „неудовлетворительно" в учебных заведениях.*
Зачеты он ставил охотно, да и неудов и троек никому не лепил, как считалось — по доброте, а на самом деле — по безразличию и из боязни неприятностей. В.Кор., 175

**НЕУ́ЖТО**
wirklich?
*то же, что неужели.*
— ... Самая что ни на есть богатая курская руда.
— Неужто курская руда? Г.В. 2, 69

**НЕУКЛА́ДИСТЫЙ**
1 unhandlich, wenig geräumig, mit geringem Fassungsvermögen
2 ungewöhnlich, eigenartig, linkisch, ungeschickt
*1.неудобный, маловместительный.*
Парни швырнули на скамейку... спортивную сумку со шнурком, сумочку с лямками. Вроде немецкого военного ранца сумочка, только неукладистей и нарядными картинками обклеенная. В.А., 562
*2.странный, своеобразный, угловатый.*
Она смотрела на свою бумажку, но слышала, как подошел мужчина и стал рядом. Зоя подняла голову. Стоял Костоглотов — неукладистый, с недочесанной угольной головой, большие руки почти не влезали в боковые маленькие карманчики больничной куртки. А.С., 37

**НЕУМЕ́ХА** *м. ж.*
Ungeschickte(r), Ungelenke(r), Unbeholfene(r)
*неумелый, неспособный что-либо делать человек.*
Девка его неумеха: Васька, считайте, целый год у нас был, пока его папаша Ебипет небу обучал... Ю.С., 139
После Алексея Михалыча осталось двое, и жена его Федосья, грамотная неумеха из Узловских

фасонниц, совсем погибла бы, если бы не осталась при ней самсоновская сестра Мария, взятая в лучшие для семьи поры в няньки из деревни. В.М.1, 14

**НЕУПРА́ВКА** *ж.*
Störungen, Defekte, Mißstände
*неисполнение должного; упущение, неполадки.*
Где-то у кого-то неуправка, принесут детали мне — ну, и выходит больше, чем триста. Мастер приходит, говорит, не влезаем в фонд зарплаты, давай я тебе эти детали днем позже закрою, они войдут в следующий месяц. А. Козлович, Л.Г., 21.10.1981

**НЕУРЯ́ДИЦА** *ж.*
1 Mißstand, Unordnung
2 Zwietracht, Streitigkeiten, Zwistigkeiten
*1. беспорядок, неустройство.*
И, не попрощавшись, жертва троллейбусно-автобусных неурядиц вышла из кабинета. В.К., 40
*2. ссора, недружелюбные отношения между кем-либо.*
Один Алешка, занятый своими семейными неурядицами, сочувствовал отцу, но из его сочувствия, как всегда, шубы сшить не удавалось. В.Кор., 543

**НЕ́УЧ** *м. пренебр.*
ungebildeter/ unwissender Mensch, Flegel, Ignorant
*необразованный, невежественный человек.*
— Эх ты, — говорит, — неуч! В этот театр похуже одеваться надо да потеплее. М.Задорнов, Л.Г., 14.3.79
Ну, хорошо... Пусть брат чудак и неуч. Но бескорыстье надо уважать. В.Кор., 186

**НЕХВА́ТКА** *ж.*
Mangel, Fehlen, Manko
*недостаток чего-нибудь.*
Одно дело требовать от детей бережливости во всем, когда в семье нехватка хлеба, как было в прошлом у большинства семей крестьян, рабочих, да и во многих семьях служащих. В. Сытин, Л.Г., 18.2.81

**НЕЧЁСАНЫЙ**
ungekämmt, zerzaust
*растрепанный, непричесанный.*
Жена его Афродита, грязная баба с заспанным лицом и нечесаными волосами сидела на крыльце. Вл.В., 101

**НЕ́ЧИСТЬ** *ж. презр.*
Gesindel, Pack, Rabauken
*о недостойных, жестоких, злых людях.*
Наконец сопровождающий воскликнул: „Стоп, приехали! Отель „Амбассадор"! — нечисть сгинула вмиг, как в вакуум — трубу всосало, закрученный спиралью туман устремился за ней, воздух — вроде никакого тумана и не былс — сделался прозрачным. А.Л., 101

**НИКУДЫ́ШНЫЙ** *пренебр.*
nichtsnutzig, zu nichts zu gebrauchen
*никуда не годный, плохой.*
— Я со своим, — говорила завотделом писем, — двадцать лет живу и до сих пор не знаю, хороший он человек или никудышный. Ю.М., 30

**НИКЧЁМНЫЙ** *пренебр.*
nichtsnutzig, unnütz, zu nichts tauglich
*бесполезный, ненужный, негодный.*
Рассказец оказался и впрямь не ахти: живет у реки никчемный мужичонка-бакенщик, не то перевозчик. В.М., 48

**НИКЧЕМУ́ШНЫЙ** *пренебр.*
nichtsnutzig, unnütz, zu nichts tauglich
*то же, что никчемный.*
И началися его подвиги напрасные — / С баб-ягами никчемушная борьба... В.В.1, 5

**НИ́КШНУТЬ**
verstummen, keinen Mucks (mehr) von sich geben
*замолчать; прекратить издавать какие-либо звуки.*
Телефон, никшни, замолкни! / Говорить охоты нет. А.Г., 158

**НИПОЧЁМ**
um keinen Preis, auf keinen Fall, nie und nimmer
*ни в коем случае, ни за что.*
Ты, бля, думаешь, напал на дикаря, / А я сделаю культурно, втихаря, / Я, бля, врежу, как в парадном кирпичом — / Этот, с дудкой, не заметит нипочем! А.Г., 197

**НИЧЕГОНЕДЕ́ЛАНИЕ** *ср.*
Nichtstun, Faulenzerei
*безделье, праздное времяпрепровождение.*
Вместо мечты о вечной жизни подкинули обещание всемирного обжорства и ничегонеделанья. В.М., 81

**НИЧЕГО́ШЕНЬКИ** *усил.*
nichts, kein bißchen
*то же, что ничего.*
... что день, что ночь — один черт, все равно ничегошеньки не увидишь. М. Алексеев, Наш современник, № 9, 1981, 34

**НО**
1 ja
2 wirklich?
*1. то же, что да.*
— Степка, что ли? — Но... Ты чо, не узнал? — Хот!.. Язви тя... Я уж думал: почудилось. В.Ш., 40
*2. разве, неужели.*
— Мать! — возбужденно закричал Петр, входя. — У нас отец женится. — Но, — бесстрастно откликнулась Василиса. В.Расп. 2, 62

**НОМЕНКЛАТУ́РА** *ж. пренебр.*
Nomenklatur, Privilegierte
*о руководящих работниках.*
... полез в номенклатуру — терпи от старшего и дави на младшего... В.М.1, 210

**НОРОВИ́ТЬ** *несов.*
erpicht/ darauf aus sein, etwas zu tun
*настойчиво стремиться сделать что-либо, добиться чего-либо.*
Один — размечает тонко. Другой — на глазок берет./ И ежели кто без толка, всегда норовит — вперед! А.Г., 64
Старух-то я много знаю, кто бы согласился, а они хотят молодую, а молодые теперь все норовят больше на танцы, немножко хвостом покрутить, а денежки пусть родители зарабатывают. А.К., 88

**НОСА́СТЫЙ и НОСА́ТЫЙ**
mit großer Nase, langnasig
*с большим носом.*
Вошел дядя Володя, большой, носатый, отряхнул о колено фуражку и тогда только сказал: „Здравствуйте!" В. Шукшин, Охота жить, Казань, 1977, 26
И почти тотчас же высовывается крупным телом носастый малый со слегка выпученными глазами. О. Михайлов, Наш современник, № 9, 1978, 83

**НОСИ́ТЬСЯ** *несов.*
(herum)rasen
*быстро передвигаться, ездить.*
... он отлеживался, вставал и опять носился на своем оглушительном мотопеде. В.Ш., 116

**НОСОПЫ́РКА** *ж. пренебр.*
Riechkolben, Zinken
*то же, что нос.*
— Знаешь, братан, когда Хрущу по носопырке дали, у нас анекдот рассказывали. Е.Т., 171

**НУДИ́ТЬ** *несов.*
langweilen, anöden, auf den Wecker fallen
*надоедливо, назойливо, однообразно говорить о чем-либо.*
Его изводили те учителя, которые по десять минут нудили класс нотациями, потом не справлялись с объяснениями, одно размазывали, другое комкали, а задание на дом давали после звонка. А.С., 279

**НУ́ЖНИК** *м.*
Bedürfnisanstalt, Toilette, Lokus, Klo
*туалет, уборная.*
— По вашей указке жить — так и в нужник со справкой ходить придется. В.М., 124

**НУ́КАТЬ** *несов.*
„los, los" sagen, antreiben, vorwärtstreiben
*произнося „ну," побуждать, грубо понукать, подгонять кого-либо.*
— Да ну, — смутившись, пробормотал Мякишев и потупился. — А ты не нукай, — сказала Люшка. Вл.В., 150

**НУЛЁВКА** *ж.*
Kahlschnitt, Glatzenschnitt
*стрижка наголо.*
... просто было в этом лобастом, стриженном под нулевку парне... что-то такое, от чего на душе становилось увереннее и тверже. В.М., 295

**НУТРО́** *ср.*
Inneres, Eingeweide, innere Organe; das Innerste, der Kern
*внутренние органы человека // внутренняя часть чего-либо //.*
А потом, досыпая, мы едем в метро, / В электричке, в трамвае, в автобусе, / И орут, выворачивая нутро, / Рупора о победах и доблести. А.Г., 230

**НУТРЯНО́Й**
innere, aus tiefster Seele kommend, innen/ (ganz) tief drin (befindlich)
*выражающий внутренние, душевные переживания; внутреннюю сущность кого-нибудь.*

На этом месте он полуприкрыл глаза... сидел, чуть ссутулившись,... и совсем уже тихо, на нутряной какой-то струне, ... закончил вступление. В.А., 574

**НЫ́НЕШНИЙ**
jetzig, heutig, zeitgenössisch
*относящийся к настоящему времени; современный, теперешний.*
И уже ничуть не волнуясь, не переживая за свой не совсем ресторанный, а скорее спортивный, но, впрочем, по нынешним меркам вид достаточно солидный и респектабельный,... Игорь чуть аффектированно сказал Володе: „Я думаю, мы сядем около фонтана". С.Е.1, 23

**НЫ́НЧЕ**
heute; heutzutage, jetzt
*сегодня // теперь, в настоящее время //.*
Нынче милиция не церемонится, она тебя, голубчика, моментом острижет. В.А., 559

**НЫРНУ́ТЬ**
untertauchen, verschwinden, entschwinden
*быстро исчезнуть из виду; спрятаться, скрыться куда-либо.*
— Командир полка и без твоих забот проживет, а ты о нас должен позаботиться, на х...ра ты нам тогда нужен?! — сказал в сердцах помощник начальника штаба по разведке и сам нырнул в темноту. Л.Л., № 30,187

**НЫ́ТИК** *м. пренебр.*
Meckerer, Nörgler, Nörgelfritze, Mäkler
*ноющий, всегда чем-нибудь недовольный человек.*
Настроение, однако, портил этот нытик доктор. Т.Ш., 29

**НЫТЬ** *несов., пренебр.*
klagen, jammern
*надоедливо жаловаться на что-нибудь; плакаться.*
„Не ной, Фитц! Мы совершили маленькую метеорологическую ошибку". Т.Ш., 28

**НЮ́НИ** *мн.:* **РАСПУСТИ́ТЬ, РАЗВОДИ́ТЬ НЮ́НИ** *пренебр.*
jammern und klagen, beständig greinen (los/herum) heulen
*заплакать, расплакаться, разрыдаться.*
—... Ну, ладно, задумали обмануть сельповских, но зачем вот так вот сидеть и разводить нюни, что вас хотят обмануть? В.Ш., 274

**НЮ́НЯ** *м. ж.*
Trauerkloß, Heulsuse
*плакса, нытик, бесхарактерный человек.*
Я еще какое-то время играл в визгливой, смешной стайке девчонок и парнишек, но чаще и чаще форванцы — по годам моя ровня — дразнили меня „недотыкой", „нюнькой". В.А., Л.Г., 14.12.77

**НЮ́ХАЛКА** *ж.*
Spürsinn, Riecher
*нюх, чутье.*
Чувствую, что-то еще будет. И не подвела нюхалка. В третьем часу звонок. В.Кор., 276

**НЯ́НЕЧКА** *ж. ласк.*
Raumpflegerin (in der Schule), Krankenpflegerin, Kinderbetreuerin
*уборщица в школе; женщина, ухаживающая за больными в больницах, за детьми в детских учреждениях и т.п.*
А начальничек мой, а начальничек, / Он в отдельной палате лежит. / Ему нянечка шторку повесила, / Создают персональный уют. А.Г., 216

**НЯ́НЧИТЬСЯ** *несов.*
sich abgeben mit jemandem, (ver)hätscheln
*уделять кому-, чему-либо много времени, внимания; возиться с кем-либо.*
„Но ты ж, культяпый, хочешь жить, / Зачем же, черт возьми, / Ты в гетто нянчишься, как жид, / С жидовскими детьми?!.." А.Г., 293

# О

**ОБА́БИТЬСЯ**
weibisch/ willensschwach werden; herunterkommen, verkommen, sich gehen lassen
*стать слабовольным, бесхарактерным, мелочным (о мужчине) // опуститься, стать неряшливой, перестать следить за собой (о женщине) //.*

Смыслов ей тоже не понравился, показался обабившимся, рыхловатым, будто набитым опилками. В.Кор., 434

**ОБАЛДЕ́НИЕ** *ср.*
Benommenheit, Dumpfheit, Betäubung
*состояние отупения, потеря способности соображать.*
Смрад стоял в камере. Удушье. Кашель и хрип. Обалдение общее. Ф.Кан., 82

**ОБАЛДЕ́ННЫЙ**
phantastisch, märchenhaft, prächtig, toll, ganz groß
*очень хороший, необыкновенный, замечательный.*
У сестер можно кофеинчик с циклодолом брать, сколько хочешь. Бабы свои, разрешают. Однажды принял пять таблеток, да с бутылочкой портвейна, и еще чувиха под боком. Кайф словил обалденный. Время и мы, № 43, 19

**ОБАЛДЕ́ТЬ**
benommen, verwirrt, verdattert sein, verlegen werden/ sein, schwindlig werden/ sein
*потерять способность соображать, отупеть.*
Мужчины от нее как-то мгновенно обалдевают. Н.Б.1, 44
Чудовище подскочило к Димке и сунуло ему, обалдевшему от радости, заводной автомобиль. В.Спиридов, Л.Г., 12.1.77

**ОБАЛДУ́Й** *м. бран.*
Dummkopf, Hohlkopf, Dussel
*глупый человек; болван, невежа.*
— Не можете, — говорю, — как хотите, а только с тем обалдуем я целоваться не согласна. Л.Измайлов, Л.Г., 12.11.75

**ОБАРАХЛИ́ТЬСЯ**
sich anschaffen, erwerben, sich mit etwas eindecken
*обзавестись чем-либо; приобрести, купить что-либо.*
Я вышел из порта веселый, и мороз мне был нипочем, вот только пиджак и пальто неудобно было тащить — все, кто ни шел навстречу, ухмылялись: ну и фофан, обарахлился, до дому не утерпел. Г.В.1, 11

**ОБАРБО́СИТЬСЯ**
zornig/ wütend werden, in Zorn/ Wut/ Harnisch geraten
*прийти в гнев, ярость, неистовство, исступление.*
Таська ужасно разволновалась, свирепо обарбосилась и заблажила, что, может, я сама еврей, вот это да, вот это действительно, а Марик — русский, не хуже других... А.К., 464

**ОБВЕ́С** *м.*
Betrug (beim Wiegen), Irrtum (beim Wiegen), falsches Wiegen
*обман или ошибка в весе.*
Как обстояло дело с обмером и обвесом у этого работника в прошлом, я не знаю. С.Н., 15

**ОБВЕ́СИТЬ**
(betrügerisch oder irrtümlich) zu knapp/ falsch wiegen, beim Abwiegen betrügen
*отвесить меньше нужного с целью обмана или по ошибке.*
Я подошел к прилавку и возмущенно заявил: „Вы обманули меня на двадцать копеек!.. И что же вы всех так обвешиваете?" И.Ф., 6

**ОБВЕ́СИТЬСЯ**
sich behängen, vollhängen (mit etwas)
*увесить себя чем-либо в большом количестве.*
На этом дьяконстве разжирели они, сама только и делает, что золото скупает, вся часами, да кольцами, да брошками так и обвешалась, а все мало, а все им мало... А.К., 400

**ОБВИ́СЛЫЙ**
(herab)hängend, schlaff
*оттянувшийся книзу, опустившийся.*
— Вон и карман у вас раздутый. — Он у меня не раздутый, он у меня обвислый. Манера такая — руки в карманах держать. Б-ка крок., № 24 /773/, М., 1976, 17

**ОБВОРОВА́ТЬ**
bestehlen, beklauen; ausrauben
*обокрасть, совершить воровство.*
Уходя в тайгу, Василий запирает амбар на замок, и Василиса, наблюдая за ним из окна, ворчит: „Как же, обворуют, сундуки там у него добром набиты". В. Расп. 2, 58

**ОБГЛЯ́ДЫВАТЬ** *несов.*
betrachten, sich ansehen, mustern
*то же, что оглядывать, осматривать кого-, что-либо.*
Придет и будет всех морячек обглядывать: которая же с моим была? В.П., 24

**ОБГОВОРИ́ТЬ**
besprechen, beraten
*обсудить что-либо, обменяться мнениями о чем-либо.*
— Ты думаешь, дома можно было бы уколы? — А почему нет? Ты к ним привыкнешь, втянешься и сможешь продолжать дома. Мы это обговорим, мы это обдумаем! А.С., 312

**ОБГРОХОТА́ТЬСЯ**
sich schieflachen, sich kaputtlachen, sich vor Lachen ausschütten
*очень сильно и громко смеяться.*
— Могу и веселенького — обгрохочетесь. Только неприлично будет... А.С., 291

**ОБДЕ́ЛАТЬ**
1 verkleiden, (aus)täfeln; herrichten, zurechtmachen
2 verunreinigen, beschmutzen, vollmachen, verdrecken
*1. делать в виде чего-либо; подвергнуть какой-либо обработке, отделке.*
... стиль „модерн", под старину... Все деревом обделано, камин, светильники темные, орган играет по магнитофону. Г.Горин, Л.Г., 6.8.75
*2. испачкать испражнениями.*
Часть букв лозунга куда-то исчезла совсем. Часть развалилась. Остальные были обделаны голубями до такой степени, что прочитать их не смогли бы даже математические лингвисты. А.З., 183

**ОБДУРИ́ТЬ**
betrügen, beschummeln, übers Ohr hauen
*обмануть кого-либо.*
Но нашего заведующего не так просто обдурить. И.С., 26

**ОБЕЗДВИ́ЖИТЬ**
bewegungsunfähig machen, hindern, sich zu bewegen
*лишить возможности двигаться.*
„Полиция!" — пискнула тетя, но ее тут же обездвижили. Т.Ш., 16

**ОБЕЗЛИ́ЧКА** *ж. неодобр.*
mangelndes Verantwortungsgefühl, unpersönliche Arbeitsweise
*система работы, при которой отсутствует самостоятельность, своеобразие, индивидуальность или ответственность за порученную работу.*
Это в кавалерии обезличка — враг коня. А в кордебалете — самый шарм! Д.Иванов, В.Трифонов. Л.Г., 18.10.78

**ОБЕЗЬЯ́ННИЧАНЬЕ** *ср.*
Nachäffen
*слепое, бессмысленное подражание кому-либо, перенимание чьей-либо манеры поведения.*
— Главное: донести твой характер, душу... А это, что я сейчас делал, — это обезьянничанье. За это нас долбают. В. Ш., 34

**ОБЕССУ́ДИТЬ**
übel/ krumm nehmen, verübeln
*осудить, отнестись строго /обычно в отрицании/.*
Поэтому не обессудьте: этот рассказ — быль. В.Цонев, Л.Г., 1.5.79
— Верно, — говорил Зaржевский и виновато опускал голову, — простите, не обессудьте, теперь я запомню, не забуду. С.Н., 45

**ОБЕХЭ́СНИК и ОБЭХАЭ́СНИК** *м.*
Mitarbeiter der Abteilung für die Bekämpfung von Diebstahl an sozialistischem Eigentum und von Spekulation
*сотрудник ОБХС/С/ — отдела борьбы с хищениями социалистической собственности и спекуляцией.*
Все бы ничего, да один обехэсник на меня глаз положил. В.М., 398

**ОБЖО́РА** *м. ж. неодобр.*
Vielfraß, Freßsack
*человек, который много и жадно ест.*
— Не трогайте ее, Вава. Она не обжоришка, — осторожно потрепала Татьяна Федоровна дочь, чтобы не смять прически. В.Кор., 167

**ОБЖО́РСТВО** *ср. неодобр.*
Gefräßigkeit, Freßsucht
*неумеренность и жадность в еде; употребление большого количества пищи.*
Вместо мечты о вечной жизни подкинули обещание всемирного обжорства и ничегонеделанья. В.М., 81

**ОБЖУ́ЛИТЬ**
übers Ohr hauen, hereinlegen
*обмануть, перехитрить кого-либо.*

Она обводила всех вокруг пальца и не больно смущалась, если ее тоже обжуливали. В.Кор., 262

**ОБЗАВЕСТИ́СЬ**
sich anschaffen, sich zulegen
*приобрести что-либо.*
— Ты, сказывают, сестричкой обзавелась, Василиса!— кричала она /Авдотья/, расположившись на скамье. В.Расп. 2, 63
Сперва были одни разговоры: мол, все порядочные организации нынче обзаводятся дизайнерами — мода! С.Комиссаренко, Л.Г., 19.9.79

**ОБЗВОНИ́ТЬ**
(der Reihe nach viele Menschen) anrufen, herumtelephonieren
*последовательно позвонить по телефону многим.*
Когда мы собирались вечером, то обычно всех обзванивал я, реже Ленька. А.Гл., 25

**ОБЗЫВА́ТЬСЯ** *несов.*
Spottnamen/ Schimpfnamen austeilen, mit Spottnamen/ Schimpfnamen um sich werfen
*называть кого-либо обидным именем, давать бранное, оскорбительное название.*
— Так что же вы волнуетесь-то, если не вы натворили? Не вы и не вы — и все. — Она же хамить начала! Она же обзывается!.. — Как обзывается? — Исусик, говорит. В.Ш., 207

**ОБИ́ТЬ: ОБИВА́ТЬ ПОРО́ГИ** *несов.*
sich einsetzen für etwas, jemandem für etwas die Bude einrennen
*ходатайствовать за кого-либо; хлопотать, просить.*
Я бросился в райисполком, обивал пороги, писал заявления, однако, кроме обещания включить мою яму в план ассенизационно-ремонтных работ, ничего не добился. Л.Л., № 31, 192

**ОБКОРНА́ТЬ**
1 kürzen, zusammenstreichen, beschneiden
2 (ab)stutzen, zu kurz schneiden, rupfen
*1. сократить, урезать, уменьшить что-либо.*
— Моя работа!— шепнул Бим на ухо тете Цецилии.— Это я обкорнал бюджет университета на 32 миллиона долларов. Т.Ш., 16
*2. подрезать, остричь слишком коротко, небрежно, неровно.*
— Что будем делать?— спрашивает она /парикмахерша/ и, узнав, что только стричься, поджимает губы. „Ну сейчас обкорнает..." Так и есть. Смотрю в зеркало: окороченные волосы топорщатся возле щек, голова, как равнобедренный треугольник. Н.Б. 3, 16

**ОБКУРИ́ТЬСЯ**
sehr viel/ zu viel rauchen
*курить слишком много, причиняя себе вред.*
— Вот надрался, — покачал головой Горичев. — Да он не надрался — дури обкурился. — Какой дури? — Ну, наркотиков, вот и заторчал. Е.Т., 122

**ОБЛА́ПИТЬ**
abtasten, befühlen, betatschen, begrapschen
*грубо обнять, обхватить руками.*
Первый же встречный патруль, пустив светом в лицо, облапил меня со всех сторон: — Вернулся! Здорово! Вернулся-таки, а мы думали, что уж не вернешься, говорили, что, мол, уехал во Францию эту! В.Р., 160

**ОБЛАПО́ШИТЬ** *неодобр.*
übertölpeln, übers Ohr hauen, hinters Licht führen, schröpfen
*обмануть, перехитрить кого-либо.*
— Девицы по Куличу сохнут. Меня чтут исключительно пожилые дамы и дефективные интеллигентки. — Ляксеич, тю! Старого доку облапошить норовишь? Неужто огорчаешь девчушек? В.С., 54

**ОБЛАЧИ́ТЬСЯ**
sich anziehen, sich ankleiden, sich in die Kleider werfen
*надеть на себя что-либо.*
Сергей Митрофанович облачился, приладил деревяшку и пошел к столу. В.А., 559

**ОБЛА́ЯТЬ** *неодобр.*
anschnauzen, anschreien
*выбранить кого-либо; обозвать грубыми, оскорбительными словами.*
—... Иной раз баба облает, а то здоровье споткнется, ну, думаю, немного и жить осталось, леший с ней, и с жизнью-то... В.Б., 80
— Вот что, лейтенант, хоть по уставу и не положено облаивать офицера перед солдатами... да все вы тут хлопцы. В.Р., 92

**ОБЛЁЗЛЫЙ**
abgeschabt, abgenutzt, abgewetzt; schäbig
*потерявший первоначальный вид /лоск, краску, цвет и т.п./.*

Мрачная злость одного и облезлый гонор другого были отмечены пепельным жаром одной и той же неизлечимой порчи... В.М., 437

**ОБЛОБЫЗА́ТЬ** *шутл.*
(ab)küssen
*то же, что поцеловать.*
Степан Гаврилович застонал от удовольствия, со слезами на глазах облобызал меня и сказал, что ближе меня у него никого нет. Б-ка крок., № 24 / 773/, М., 1976, 19

**ОБЛОВИ́ТЬ**
beim Fischen übertreffen/ schlagen/ ausstechen/ übertrumpfen
*опередить других в ловле чего-либо; выловить что-либо быстрее других.*
И, как это часто случается/ а рыбалка тем и интересна, что на ней постоянно происходят какие-нибудь случаи/, новичок обловил всех признанных мастеров подледного ужения. М.С. 2, 58

**ОБЛОЖИ́ТЬ**
beschimpfen, mit Schimpfwörtern überhäufen
*выругать кого-либо, употребляя грубые, бранные выражения.*
Клялся в том, чего не делал. Распинался, чему не верил. И кричал на начальство. И обкладывал рабочих. А.С., 112
Она засмеялась, и я тоже рассмеялся и мысленно обложил себя матом. В.П., 40

**ОБЛОМА́ТЬ**
umerziehen, umkrempeln, zurechtbiegen, hinbekommen, hinkriegen, herumkriegen
*заставить измениться кого-либо в желательном направлении, уговаривая, убеждая, угрожая и т.д.*
Эти ребята ему почему-то нравились. Игорь зря орал. Не хватает у человека чувства юмора, что поделаешь! Пожиратели! Вот потеха! На судне мы таких обламывали в два счета. В.Ак., 18

**ОБМА́НКА** *ж.*
Betrug, Täuschung, Irreführung
*то же, что обман; неправда, ложь.*
„Какова природа райского настроения хозяина?— назидательно начал он.— Да проста, проста, как идея колумбова яйца. Май месяц, конец мая, весна. Обычное дело, старая обманка. А отсюда снова мечты и надежды снова. Каждую весну так." А. Тучков, Время и мы, № 59, 55

**ОБМАТЮ́ГАТЬ**
(grob und unflätig) beschimpfen
*грубо, дерзко обругать кого-либо, употребляя неприличные, бранные выражения.*
Постовой лейтенант на наших глазах обматюгал майора и замахнулся на него палкой. Ф.Кан., 51

**ОБМЕ́Р** *м.*
Betrug, Irrtum (beim Messen)
*обман или ошибка в измерении чего-либо.*
Как обстояло дело с обмером и обвесом у этого работника в прошлом, я не знаю. С.Н., 15

**ОБМЕРЕ́ТЬ**
erstarren
*оцепенеть от сильного, внезапного потрясения, переживания.*
Он толстый, холеный, только щечки обвислые /по таким девочки с Пяти Углов обмирают!/, а она — рядом, куколка фарфоровая, живая в клетчатой юбочке, на тоненьких шпильках. В.П., 36

**ОБМИШУ́РИТЬСЯ**
einen Fehler machen, hereinfallen, sich aufs Kreuz legen lassen
*ошибиться; совершить промах, ошибку.*
— А где три рубля?! — Наверно, обмишурился,— виновато промямлил я. А.Джалан, Л.Г., 21.2.79

**ОБМОЗГОВА́ТЬ**
bedenken, überlegen, sich durch den Kopf gehen lassen
*обдумать, обсудить что-либо.*
Ладно. Все это потом в комфорте обмозгуем. В.К., 19

**ОБМЫ́ЛОК** *м.*
Seifenrest; Rest, Stummel
*остаток от куска мыла // остаток от чего-либо //.*
Обмылки, огрызки, обноски, / Ошметки чужого огня: / А в сноске — вот именно, в сноске — / Помянет историк меня. А.Г., 65

**ОБМЫ́ТЬ**
(ein Ereignis alkoholisch) begießen, auf etwas trinken
*выпивкой отметить какое-либо событие.*
А потом первый дом обмываем — поем, / Умиляется гость, тяжелеет... / Первый гвоздь в первой свае ржавеет, мы пьем, / Он ржавеет, мы пьем, он ржавеет. Б.О., 180

— Приезжего обмывают, — сказал мужчина. — Угощенья, поди, цельный стол, — тоскливо сказала женщина. Г.Б., 36

**ОБМЯ́КНУТЬ**
weich/ mürbe/ willensschwach werden
*стать вялым, дряблым, расслабленным.*
... он решительно обмяк, смущенно пробормотав только: „Ловко это ты..." В.М., 128
Девку надо брать шуткой. Или небылицу какую-нибудь рассказать. Сама не заметит, как обмякнет. Г.Б., 50

**ОБНО́ВА** *ж.*
Neuanschaffung
*недавно приобретенная, новая вещь.*
И тут какая-то смутная, неприятная мысль промелькнула в сознании Протопусова, но он постарался ее прогнать и стал примерять перед зеркалом обнову. В.Баханов, Л.Г., 26.11.75

**ОБНО́СОК** *м.*
abgetragenes Kleidungsstück/ Schuhwerk
*поношенная, потрепанная, старая одежда, обувь.*
Обмылки, огрызки, обноски, / Ошметки чужого огня: / А в сноске — вот именно, в сноске — / Помянет историк меня. А.Г., 65
И не ветошь века, не обноски, / Он им даст Начало всех Начал!.. А.Г.1, 40

**ОБОБРА́ТЬ**
(aus)rauben (bis aufs Hemd), beklauen
*обокрасть, обворовать; отобрать что-либо нечестным путем, насильно.*
И в тот же вечер мы недалеко от ресторана дружно избили и обобрали какого-то парня. В. Карпов, Наш современник № 1, 1979, 9

**ОБОДРА́ТЬ**
ausrauben, bis aufs Hemd ausziehen
*ограбить, обворовать.*
Что ж вы его там оставили? Ведь обдерут идиота. Небось еще выпили наверху? В.Кор., 511

**ОБОДРА́ТЬСЯ**
abgerissen/ zerfetzt/ ausgeplündert/ bis aufs Hemd ausgezogen werden
*раздеть, снять что-либо // быть обобранным, ограбленным //.*
Со всех концов страны поезда доставляли на его главный распределительный пункт разношерстное человеческое сырье, где оно перемешивалось, обдиралось догола, обстригалось и очищалось от волосяного покрова и пропускалось через вошебойки, бани и каптерки. Л.Л., № 30, 163

**ОБОЗЛИ́ТЬСЯ**
erbost sein, zornig werden, in Zorn/ Harnisch geraten
*прийти в злобное, раздраженное состояние; разозлиться.*
Мишка, опасаясь всяких этих штучек, связанных с объяснением, приотстал. Но Малафейкина из вида не выпускал. Он обозлился на него. В.Ш., 271

**ОБОЙТИ́**
außer Acht lassen, benachteiligen, übergehen
*обидеть, не дать что-либо, лишить чего-либо.*
Распределяли квартиры в новом доме для рабочих завода — Лешу обошли. Л.Ленч, 29

**ОБОЙТИ́СЬ**
ausgehen, zu Ende gehen
*произойти, закончиться, завершиться чем-либо.*
Спокойной ночи, вернее, спокойного дня или, как любит говорить отец: извините, что без скандала обошлось. В.С., 59

**ОБОЛВА́НИТЬ** *неодобр.*
zum Narren halten, foppen, veralbern; übertölpeln, verdummen
*одурачить, обмануть, провести.*
Околдованные стартами / Небывалых скоростей, / Оболваненные Сартрами / Всех размеров и мастей. А.Г., 90

**ОБО́ЛТУС** *м. бран.*
Schafskopf, Blödian; Nichtstuer, Tagedieb
*глупый, тупой человек; бездельник.*
Нужно как-то спасать этакого оболтуса. И.С., 22

**ОБОМЛЕ́ТЬ**
(zur Salzsäule) erstarren, einer Ohnmacht nahe sein
*оцепенеть, остолбенеть, ослабеть /от испуга, неожиданности, изумления и т.п./*
Старшина Юрий Филиппович, обомлев от страха, забарабанил в дверь З., ввалился в квартиру и задрожал в объятьях замминистра. В.А., 44

**ОБОРВА́ТЬ**
unterbrechen, das Wort abschneiden, über den Mund fahren
*резко, грубо прервать кого-либо, заставить замолчать.*
Участковый устало и зло оборвал его: — Хватит, не мельтеши. Пошли. В.М., 190

**ОБОРЖА́ТЬ**
(laut) auslachen, verlachen, verspotten
*высмеять кого-либо, насмехаться над кем-либо.*
Раньше я и сама оборжать кого угодно за это дело могла, а теперь плюю я на все, что нам говорили. А.К., 372

**ОБОРМО́Т** *м. бран.*
Flegel, Grobian, Rabauke
*грубый, невоспитанный, невежественный человек.*
Дядя Ермолай аж за голову взялся и болезненно сморщился. — Ты гляди, что они вытворяют-то! Да не было вас на току, не было-о! Я ж был там! Ну?! Обормоты вы такие, обормоты! Я ж следом за вами пошел туда — думаю, дошли ли они хоть? Не было вас там! В.Ш., 215

**ОБРАЗУ́МИТЬ**
zur Vernunft/ Räson/ Einsicht/ Besinnung bringen
*убедить кого-либо быть благоразумным, рассудительным.*
Комсомольцы еще надеялись образумить Владимира. Но на заседании комитета Долманский нахамил всем присутствующим и демонстративно хлопнул дверью. И.Ш., 19

**ОБРАЗУ́МИТЬСЯ**
zur Vernunft/ Einsicht/ Besinnung kommen, vernünftig werden
*стать благоразумным, рассудительным.*
Женить их, вот. Быстро образумятся. С.С., 26

**ОБРАТА́ТЬ**
umkrempeln, (ver)ändern
*заставить измениться кого-, что-либо в желательном направлении.*
Обратаем добра молодца, и не таких обламывали! Ц.С., 9

**ОБРА́ТНО**
wieder
*то же, что опять.*
Стояли, помню, раз на крыше. Ждали. Ну, появляется, гудит! Обратно, думаем, „зажигалками" сыпанет. Ю.С., 140

**ОБРУГА́ТЬ**
beschimpfen
*обозвать бранными словами, выбранить кого-либо.*
Какая-то стерва толкнула меня в бок и меня же обругала. А.З., 15

**ОБРЫ́ДНУТЬ**
satt haben/ bekommen, zum Halse heraushängen
*надоесть, опротиветь.*
Так, давай, папаша, будь союзником, / До суда поезжу дни последние, / Ах, обрыдла мне вся эта музыка, / Это автоматное столетие! А.Г., 193

**ОБРЮХА́ТЕТЬ**
schwanger/ trächtig werden, einen dicken Bauch kriegen
*забеременеть.*
—Обрюхатела! Точно!— ерзнул за столиком блатняжка. В.А., 570

**ОБСКАКА́ТЬ**
übertreffen, zuvorkommen, ausstechen
*опередить, превзойти в чем-либо.*
Ему всегда были известны их планы, чертежи и идеи, и, очевидно, поэтому ни один из них не сумел его обскакать. Т.Ш., 25

**ОБСЛУ́ГА** *ж.*
Angestellte pl.
*то же, что служащие.*
Городской обслуге куда сложнее. За вениками приходится выезжать чуть ли не всему коллективу Дворца спорта, да еще в рабочее время. Д.Я., 32

**ОБСМЕЯ́ТЬ**
auslachen, verspotten, verhöhnen
*то же, что осмеять, подвергнуть злой насмешке, высмеять.*
—... Солдатик вернулся к своим и рассказывает, как было дело — кого он видал. Там его, знамо дело, обсмеяли. В.Ш., 391

**ОБСМЕЯ́ТЬСЯ**
sich vor Lachen ausschütten, sich schieflachen, sich kaputtlachen

*смеяться много, вдоволь.*
Трехтомный труд „Торжество идей коммунизма". Почитал бы! Обсмеяться можно. А.З., 220

**ОБСТА́ВИТЬ**
übertreffen, überholen, übertrumpfen
*опередить, превзойти в чем-либо.*
Малость очухаешься и пойдешь за милую душу. Еще и нас обставишь. В.М., 152

**ОБСТИ́РЫВАТЬ** *несов.*
(für jemanden) die Wäsche waschen
*стирать для кого-либо.*
— Дело не в том, старый или не старый,— невесело поправил Василий.— Надоело мне самого себя обстирывать, самому себе кашу варить. В.Расп. 2, 62

**ОБТЯ́ПАТЬ**
eine/ die Sache schaukeln/ drehen/ deichseln, ein/ das Ding drehen
*ловко, выгодно устроить, сделать что-либо // ловко обмануть, провести кого-либо //.*
Сильвио Маккарони задумал обтяпать это дело давно. В.Барсов, В.Дальский, Л.Г., 6.11.78

**ОБУ́ВКА** *ж.*
Schuhwerk
*то же, что обувь.*
— ... Обувка и одежа казенная, а если завскладом на продовольственном стать, то и „ИЖ" через годик заведешь. („ИЖ" — марка мотоцикла) В.Р., 60

**ОБУ́ТКА** *ж.*
Schuhwerk
*то же, что обувь.*
„... Антошке тому тоже трешник на неделю вынь да положь,— хоть и кормят там в интернате, а подавай. Да и валенки вон уже все измолол, ведь в худой обутке в школу не пошлешь, надо ему новые валенки..." В.Б., 44

**ОБХА́ЖИВАНИЕ** *ср.*
Einschmeichelung, Scharwenzeln
*ухаживание, угождение кому-либо.*
Остяков на женщин совсем перестал обращать внимание, словно прекрасные мира сего вообще не существовали. А они существовали. Чего, например, стоили обхаживания секретарши Томки: она то с одной стороны подкатывалась к Остякову, то с другой, и платья меняла и французскую косметику приобрела, и одеколоном „Шанель" душилась — ничего не помогало. В. Поволяев, Юность № 3, 1981,42

**ОБХА́ЖИВАТЬ** *несов.*
sich einschmeicheln bei jemandem, herumscharwenzeln um jemanden
*добиваясь чего-нибудь, усиленно и неотступно ухаживать за кем-либо, угождать кому-либо.*
Случалось, неделями безвылазно маялся в командировках,... обхаживал как несерьезный посетитель секретарш. В.К., 10

**ОБХАМИ́ТЬ** *неодобр.*
jemandem grob kommen, jemanden anfahren, beschimpfen, beleidigen
*грубо обозвать, выругать, оскорбить кого-либо.*
На защите он обхамил членов Ученого Совета, назвал их невеждами. А.З., 103

**ОБХИХИ́КАТЬ**
auslachen
*высмеять кого-либо, насмеяться над кем-либо.*
Короче: где взять комнату? Отдельный кусочек жилплощади? Чтобы не подсматривала мать, чтоб не подслушивал отец, чтоб вас не обхихикивали соседи в коридоре? А.К., 383

**ОБХОХОТА́ТЬСЯ**
sich ausschütten (vor Lachen), sich schieflachen, sich kaputtlachen
*смеяться много, вдоволь.*
Тебе на переменке дам почитать — обхохочешься. Л. Маков, Крокодил № 31, 76

**ОБЧИ́СТИТЬ**
bestehlen, beklauen, ausplündern (bis aufs Hemd)
*то же, что обокрасть, обобрать.*
Я, откровенно говоря, другого опасаюсь: как бы меня там, в центре, жулики не обчистили. Л.Ленч, 21

**ОБША́РИТЬ**
durchwühlen, durchsuchen, durchstöbern
*обыскать, осмотреть, ощупать внимательно, усердно, со всех сторон.*
Мысль о деньгах сильно встряхнула. Он с трудом поднялся, обшарил все карманы: да, денег не было. В.Ш., 147

**ОБША́РПАННОСТЬ** *ж.*
Schäbigkeit, Abgewetztheit, Abgetragenheit, Verfallenheit, Schmuddeligkeit
*состояние чего-либо истрепанного длительной ноской, употреблением.*
В силу этого тезиса мы не станем касаться экономики Англии как предмета, поношенного до обшарпанности. Т.Ш., 38

**ОБША́РПАННЫЙ**
schäbig, abgetragen, verfallen, schmuddelig
*оборванный, обтрепанный, грязный.*
Ваганов свернул к почте. Зашел. Взял в окошечке бланк телеграммы, присел к обшарпанному, заляпанному чернилами столику, с краешку, написал адрес Майи... В.Ш., 293

**ОБШИВА́ТЬ** *несов.*
nähen für jemanden
*шить одежду для кого-либо.*
Василий привел в амбар чужую, не деревенскую, которая как-то ненароком забрела в деревню и задержалась, переходя из избы в избу и обшивая баб сарафанами да платьями. В.Расп. 2, 62

**ОБШИ́ТЬСЯ**
für sich nähen, sich einkleiden
*сшить что-либо для себя /белье, одежду и т.п./*
Ну, флотский! Ну, северный! Бостоном не мог обшиться, макен позаграничнее нацепить. Г.В.1, 6

**ОБШТО́ПАТЬ**
betrügen, übertölpeln, hereinlegen, übers Ohr hauen
*обмануть, провести кого-либо.*
— Я тебе покажу! Почему ты моего мужа обштопала?! Ну-ка выложи три рубля! А.Джаган, Л.Г., 21.2.79

**ОБЩА́ГА** *ж.*
Wohnheim
*то же, что общежитие.*
— Общага у нас в административном корпусе, — походя объяснил он им. В.М., 367
— ... А слышь, Борь, Пашка-то вчера выдал, — сказал румяный и лопоухий юноша. — Завалился к нам в общагу, а уже, видать, сильно поддатый. С.Спасский, Л.Г., 5.9.79

**ОБЩНУ́ТЬСЯ**
sich in Verbindung setzen, in Verbindung treten, Kontakt aufnehmen mit jemandem
*вступить в связь, в контакт, во взаимные отношения с кем-, чем-либо.*
— Боженька мой! — сказал он /Кондрашин/ вслух. Взялся за телефон, набрал внутренний трехзначный номер. Телефон сразу откликнулся: — Да. Яковлев. — Здравствуй! Кондрашин. Читал? Телефон чуть помедлил и ответил со значительностью, в которой тоже звучала насмешка, но скрытая: — Читаю. — Заходи, общнемся. В.Ш., 304

**ОБЪЕГО́РИВАНИЕ** *ср.*
Täuschung, Betrug, Beschiß
*то же, что обман.*
Пусть знают, что наряду с грандиозным политическим обманом идет еще и ежеминутное объегоривание. К. Хенкин, Охотник вверх ногами, Франкфурт/Майн, 1979, 277

**ОБЪЕДЕ́НИЕ и ОБЪЯДЕ́НИЕ** *ср.*
(ein wahrer) Genuß, Leckerbissen
*о чем-либо очень вкусном.*
Не знаю, выдумывает она или нет, но уверяет, что ничего туда не добавляет, кроме муки, соли, дрожжей и воды. Ни яйца, ни молока, ни масла. А блины — объядение... А.К., 29

**ОБЪЕКТИ́ВЩИК** *м. пренебр.*
Objektivist, nicht engagierter Mensch
*беспристрастный, лишенный субъективизма, предубеждений человек.*
— Закрывайте лавочку, иначе я с вами по-другому поговорю! Либералы, объективщики, черт бы вас побрал! В.М., 38

**ОБЪЕ́СТЬ**
jemandem die Haare vom Kopf fressen
*съесть много, причинив кому-либо убыток, урон; кормиться, жить за чужой счет.*
— Не объедим, Тоня, — Альберт Гурьяныч еле стоял на ногах, — не объедим... Мы люди простые, мы без закуски. В.М., 378

**ОБЪЯВИ́ТЬСЯ**
(plötzlich) auftauchen, erscheinen
*появиться где-либо неожиданно, без предупреждения.*
В конце войны Мамедиашвили объявился с частью елдашей и ишаков, бежав из плена. Л.Л., № 31, 192

**ОБЪЯКОРИ́ТЬСЯ**
vor Anker gehen, seßhaft/ ansässig werden, Wurzeln schlagen
*поселиться где-либо постоянно.*
— Люди, Вовчик, не только ж по морю ходят. И на сухом месте объякориться можно. Г.В.1, 5

**ОВЕЛЬВЕ́ТИТЬСЯ**
sich mit Kordsamtsachen versehen, Kordsamtsachen erwerben
*приобрести, купить что-либо из вельветовой ткани.*
— Вот окожился, оджинсился, овельветился, моторизовался,— рассуждал Мышкин. — Даже остродефицитное мачете достал. Достиг как будто бы всего. Б.Викторов, Л.Г., 29.8.79

**ОГЛАЗЕ́ТЬ** *груб.*
nicht sehen, blind werden
*не видеть, не различать что-либо; ослепнуть.*
Мать долго смотрела... Одним глазом, другим... — Да никого я тут не вижу. Андрей прямо зашелся весь, стал удивительно смелый. — Оглазела! Любую копейку в кармане найдет, а здесь микробов разглядеть не может. В.Ш., 167

**ОГЛАШЁННЫЙ**
verrückt, nicht bei Verstand
*ведущий себя бестолково, шумно.*
Что с ребятами делать будем?.. Оглашенными растут какими-то. С жиру, что ли бесятся? С.С., 26

**ОГЛОЁД** *м. бран.*
Flegel, Rüpel
*о нахальном, наглом человеке.*
Вспомнил я, как мы с тобой институты окончили. Помнишь? Приехали с дипломами... Последний разок побывать на родине. Нарядились как эти... черт те знает кто!.. Для чего мы так вырядились-то тогда? У людей самая пора горячая, а мы как два оглоеда... В.Ш.,79

**ОГЛУШИ́ТЬ**
(durch heftiges Geräusch vorübergehend) taub machen (die Umgebung) mit ohrenbetäubendem Lärm erfüllen
*наполнить пространство, воздух и т.п. громкими звуками.*
В противоположном углу двора два приятеля Гера и Гора налаживают на подоконнике магнитофон. Сейчас будут оглушать весь двор музыкой. В.Ак., 5

**ОГОЛЕ́Ц** *м. бран.*
Schlingel, Lausejunge, Lausebengel
*озорник, сорванец.*
Воровал мой оголец, как ни попадя. Я тряпье на базар таскала. В.М., 396
Здесь будет детсад на сто пятьдесят огольцов вроде тебя. Л.Медведовский, Л.Г., 17.10.79

**ОГОЛОДА́ТЬ**
abmagern, vom Fleische fallen, ausgehungert sein
*изголодаться, голодать долгое время.*
И не сидел никогда раньше, и не оголодал еще, а ловчит уже, исхитряется, лишнюю порцию прихватывает — профессионал! Ф.Кан., 68

**ОГОЛТЕ́ЛО** *презр.*
vernunftwidrig, hemmungslos; direkt, freiheraus, schlankweg
*безрассудочно, безудержно, разнузданно.*
Баев не то что оголтело утверждал, что он не крестьянского рода, а скорей размышлял и сомневался. В.Ш., 300

**ОГОЛТЕ́ЛОСТЬ** *ж. презр.*
Hemmungslosigkeit, Ungezügeltheit, Verwegenheit, Kühnheit
*несдержанность, разнузданность, безрассудность, потеря чувства меры.*
А вот побороть отчуждение — это как безоружной пройти по ничейной, просматриваемой земле. Спасает одна оголтелость. И.В., 73

**ОГОЛТЕ́ЛЫЙ** *презр.*
ungezügelt, zügellos, ungehemmt, hemmungslos
*крайне несдержанный, безрассудный в своих поступках.*
Только соседка женщины по очереди — испитая пигалица в мужском пиджаке, — бегло стреляя по сторонам оголтелыми глазами, верещала рядом с ней... В.М., 206

**ОГОРО́ШИТЬ**
verblüffen, überraschen, aus der Fassung bringen
*сильно озадачить, поставить в тупик, привести в состояние растерянности.*
Многих огорошил невиданный рост ничьих в играх минувшего первенства. О.Попов, Крокодил № 9, 78

Самое главное, не показать виду, что письмо и исчезновение женщины тебя огорошили. В.Кор., 481

**ОГРЕСТИ́**
zusammenraffen, zusammenscharren; einheimsen, einstreichen, kassieren
*получить, захватить что-либо в большом количестве.*
— Много они картошки-то сдали? — Воза два отвезли... Кулей двадцать. — Огребут деньжат! В.Ш., 326

**ОГРЕ́ТЬ**
eins/ ein paar überziehen/ versetzen/ verpassen
*сильно ударить.*
— ... Любка, не дури: прими опять Кольку, да живите. Все они пьют нынче! Кто не пьет-то? Мой вон позавчера пришел... Ну, паразит!.. — И Верка, коротконогая живая бабочка, по секрету негромко рассказала: — Пришел, кэ-эк я его скалкой огрела!.. В.Ш., 453

**ОГРЕ́Х** *м.*
Mangel, Defekt, Fehler
*недоделка, недостаток, погрешность; изъян в работе.*
Дела же на фабрике не улучшались, огрехи не исчезали, жалобы не иссякали. В.К., 36

**ОГРЫЗА́ТЬСЯ** *несов.*
die Zähne fletschen; bissig/ giftig entgegnen/ antworten/ reagieren
*грубо, резко возражать, отвечать.*
— Пошла ты!.. — вяло огрызается Бронька. В.Ш., 121
Кстати, присмирел и Оглоед, перестал орать и огрызаться, теперь-то видно было, что он не притворяется, укрутила болезнь и его. А.С., 340

**ОГРЫ́ЗОК** *м.*
Ende, Rest, Stummel
*о чем-либо, оставшемся от какого-либо предмета, непригодном для употребления.*
Обмылки, огрызки, обноски, / Ошметки чужого огня: / А в сноске — вот именно, в сноске — / Помянет историк меня. А.Г., 65

**ОДЁЖА** *ж.*
Kleidung, Kleider, Sachen, Klamotten
*то же, что одежда.*
— ... Обувка и одежа казенная, а если завскладом на продовольственном стать, то и „ИЖ" через годик заведешь. („ИЖ" — марка мотоцикла) В.Р., 60

**ОДЕКОЛО́НИТЬСЯ** *несов.*
sich mit Kölnischwasser besprühen, begießen
*пользоваться одеколоном.*
Но если и этот барьер преодолен, брейтесь, одеколоньтесь и спешите к ней на свидание. Л.Фульштинский, Л.Г., 22.8.79

**ОДЁРНУТЬ**
zurechtweisen, in die Schranken weisen, zur Vernunft/ Räson bringen
*резким замечанием призвать к порядку, заставив прекратить какие-либо нежелательные действия.*
— Вот,— говорим,— любезный спец, просим покорнейше одернуть зарвавшегося мастера. М.З., 38

**ОДЖИ́НСИТЬСЯ**
sich mit Jeans versehen/ versorgen, Jeans anschaffen
*приобрести, купить изделия из джинсовой ткани /брюки, куртку и т.п./.*
— Вот окожился, оджинсился, овельветился, моторизовался,— рассуждал Мышкин. — Даже остродефицитное мачете достал. Достиг как будто бы всего. Б.Викторов, Л.Г., 29.8.79

**ОДИНО́ЧКА**₁ *ж.*
Einzelzelle
*тюремная камера для одиночного заключения.*
Так, значит, за эту вот строчку, / За жалкую каплю чернил, / Воздвиг я себе одиночку / И крест свой на плечи взвалил. А.Г., 65

**ОДИНО́ЧКА**₂ *м.ж.*
Alleinstehende(r), Einzelgänger(in)
*о человеке, одиноком в своей деятельности, не пользующемся помощью, поддержкой других; об одиноком человеке.*
Понимаете, не может человек думать о себе в отрыве от других, не может ставить себя в положение одиночки. В. Христенко, Л.Г., 18.2.81

**ОДНОЧА́СЬЕ** *ср.*
(sehr) kurze Zeit
*очень короткий промежуток времени.*
И толкуем мы о разном и ясном, / О больнице и

больничном начальстве, / Отдаем предпочтение язвам, / Помереть хотим в одночасье. А.Г., 91

**ОДУРЕ́НИЕ** *ср.*
Sinnesverwirrung; Benommenheit, Besinnungslosigkeit
*состояние, при котором утрачивается ясность мысли, способность соображать.*
После трех-четырех таких сеансов друзья упивались до полного одурения, и Левушкин хватался за свою затрепанную трехрядку. В.М., 253

**ОДУРЕ́ТЬ**
überschnappen, den Verstand verlieren, verrückt werden
*оглупеть, потерять способность ясно мыслить.*
— Спятила, старая! — вежливо спросил Шляпников. — Совсем одурела! М.Мишин, Л.Г., 24.11.76

**О́ДУРЬ** *ж.*
Betäubung, Benommenheit, Tran, Dusel
*помрачение сознания от каких-либо внешних воздействий; состояние одурения, дурноты.*
Проснулся часов через пять, как в одури. Руку поднять не могу, тяжело; глаза, сомкнувшиеся снова, разомкнуть просто физически невозможно. Время и мы, № 43, 10

**ОЗАДА́ЧИТЬ**
stutzig machen, verblüffen, in Verlegenheit bringen
*привести в состояние недоумения, затруднения, смутить кого-либо.*
Лашков был озадачен, но позиций не сдал: — Наверное, и не знаешь, куда ткнуться? Москва, брат, она хитрых любит. В.М., 260

**ОЗАДА́ЧИТЬСЯ**
stutzig werden, in Verlegenheit geraten, aus der Fassung geraten
*прийти в состояние недоумения, затруднения.*
За много лет Петр Васильевич так привык к убранству своего жилища, где ничего и никогда не стояло для него в отдельности, ...что теперь, когда почему-то... каждый предмет заговорил с ним особым языком, он несколько озадачился. В.М., 19

**ОЗВЕРЕ́ТЬ** *неодобр.*
wütend/ rasend werden, zur Bestie/ rasenden Wildsau werden
*прийти в ярость, в бешенство; стать жестоким, злобным.*
— Нет, что ни говори, это был скрытый дефект! — Ах, скрытый! — озверел Лешка. Ю.Рихтер, Юность, № 2, 75, 111

**ОЗЛИ́ТЬСЯ**
in Zorn/ Wut geraten
*прийти в состояние злобного раздражения; разозлиться.*
Все ржут, а он озлился, завертелся на наре, потом засмеялся, рукой махнул: — Куда мне в Израиль? Я пью много... Ф.Кан., 60

**ОЗЛО́БИТЬСЯ**
sich erbosen, zornig werden
*стать озлобленным: ожесточиться.*
Не естественно ли было бы озлобиться на место своей ссылки, ненавидеть и проклинать его? А.С., 299

**ОЗОЛОТИ́ТЬ**
mit Gold überhäufen, reich beschenken
*обогатить кого-либо, щедро одарить, сделать богатым.*
— Сделайте мне новую мадонну Рафаэля, — требовал заказчик, — и я вас озолочу. Л. Ленч, 43

**ОЗОЛОТИ́ТЬСЯ**
reich werden, sich eine goldene Nase verdienen
*приобрести много золота, стать богатым.*
— Здесь только фронт наладить, а там дело само пойдет. — Прораб поспешно увлекал их вперед. — Такая деньга потечет, озолотиться можно. В.М., 366

**ОЗОРОВА́ТЬ** *несов.*
Unfug treiben
*озорничать, шалить, баловаться; допускать грубые шалости.*
— Все озоруешь, брат? — спросила она со скрытой угрозой. Вл.В., 150

**О́ЙКНУТЬ**
oh/ au/ o weh sagen/ rufen
*произнести, вскрикнуть „ой".*
Схватывая мои взгляды, она как бы ненароком подносила свою пухлую руку с золотыми часами к глазам, ойкала: „Да уже пол-одиннадцатого!" Е.Терновский, Р.М., 15.3.79

**ОКАТИ́ТЬ**
übergießen, überschütten
*облить большим количеством какой-либо жидкости.*

На моих глазах самосвал человека с головы до ног водой из лужи окатил. Л.Измайлов, Л.Г., 3.11.76

**ОКАЯ́ННЫЙ** *бран.*
verflucht, verdammt
*очень плохой, неприятный в каком-либо отношении.*
И, вздохнув, сказала теща Ксения,/ — Ладно уж, прокормим окаянного... А.Г., 144

**ОКЛЕМА́ТЬСЯ**
(wieder) gesund werden, wieder auf die Beine/ auf den Damm kommen; sich fassen, sich fangen
*выздороветь, прийти в себя.*
„... Худо мне без тебя, вздоху нет, Катя. Уж так худо, думал за тобой следом... А вот оклемался..." В.Б., 151

**ОКЛЫ́ЧИТЬСЯ**
gereizt/ ärgerlich werden, sich erbosen
*прийти в состояние раздражения, стать злым, сердитым.*
— Почему вы присваиваете себе право решать за всех? Тут — разные больные, и надо делать различия... — Сделают,— оклычился тот.— Вам некролог напишут, член с такого-то года, а нас — ногами вперед. А.С., 28

**ОКНО́** *ср.*
Springstunde, Freistunde
*перерыв, промежуток в чем-либо.*
Хорошо бы, конечно, не бегать. Но другие бегают, и страшно, что ты можешь прозевать какое-нибудь „окно". Н.Б. 3, 12

**ОКО́ЖИТЬСЯ**
sich mit Lederkleidung versorgen
*приобрести какое-либо изделие из кожи.*
— Вот окожился, оджинсился, овельветился, моторизовался,— рассуждал Мышкин. — Даже остродефицитное мачете достал. Достиг как будто бы всего. Б.Викторов, Л.Г., 29.8.79

**ОКОЛА́ЧИВАТЬ** *несов.*
schwatzen, sich das Maul/ die Mäuler wetzen
*напрасно, зря говорить; терять время на что-либо.*
Я вру и не краснею, что в Америке никто не знает Поля Робсона? Пущай. Я молчу. Молчу! Нечего понапрасну зубы околачивать... А.К., 421

**ОКОЛА́ЧИВАТЬСЯ** *несов.*
herumstreunen, herumlungern, herumsitzen, sich herumtreiben
*находиться где-либо без дела, зря, напрасно.*
Нечего тут околачиваться — пусть прямо на юг и едут. И.Ярославцев, Л.Г., 26.9.79
Петька, конечно, меня сразу узнал: — Где это ты почти четверть века околачивался? Л.Наумов, Л.Г., 23.5.79

**ОКОЛЕ́СИЦА** *ж.*
Unsinn, ungereimtes Zeug
*вздор, бессмыслица; глупые, пустые разговоры.*
У нее, между прочим, ужасная манера — нести на улице околесицу и... стрелять по сторонам. В.П., 33
Нахватался слов разных и несет околесицу на всяком собрании, авторитет зарабатывает. В.М., 487

**ОКОЛЕ́ТЬ** *груб.*
verrecken, krepieren, draufgehen
*умереть.*
А Мишенька сидит под кроватью и нахально пищит: — Груня Алек-се-е-на-а-а! С улицы Ба-се-и-на-а-а! — Чтоб ты околел,— монотонно уже шестой раз гудит Груня,— как ты можешь иметь против бабушки такой рот? А.К., 185

**ОКОСЕ́НИЕ** *ср.*
Betrunkenheit, Rausch, Schlagseite
*состояние сильного опьянения.*
Пью субботу я, пью воскресение, / Чуть посплю — и опять в окосение. А.Г., 245

**ОКОСЕ́ТЬ**
betrunken/ blau/ besoffen werden
*сильно опьянеть, стать пьяным.*
— Закусывай,— кричат,— а то окосеешь! А.Тараскин, Л.Г., 26.9.73

**ОКОЧУ́РИТЬСЯ** *груб.*
abkratzen, ins Gras beißen
*умереть.*
— ... А что Осокин? Чего о мертвых плохо говорить. Пил он много. Лейтенант заулыбался: — Я думаю, иначе бы не окочурился... В.Р., 114
И верно: еще в дороге барин окочурился. И барыня послала к сапожнику пацана: мол, сапог шить не надо, поскорей давайте тапочки на мертвого. А.С., 123

**ОКРИВЕ́ТЬ**
auf einem Auge erblinden
*стать кривым, ослепнуть на один глаз.*
В детстве ей мальчишки выбили глаз рогаткой, и она окривела. А.К., 34

**ОКРЫ́СИТЬСЯ**
bissig/ giftig werden, die Zähne zeigen, jemanden anfauchen, auf jemanden losgehen
*обозлиться, злобно наброситься на кого-либо.*
Я его тогда матом послал, он окрысился... В.Ш., 89
И чего все на меня окрысились? Хоть на площадке не показывайся. В.М., 420

**ОКУЛЬТУ́РИТЬ**
zivilisieren, Kultur/ Bildung beibringen
*приобщить к культуре, сделать культурным.*
Так вот, С. Шевердин в своей статье призывает всегда и везде исправлять, „окультуривать" и условия жизни, и встречающихся еще пока некультурных людей. А.Ш., Л.Г., 21.1.81

**ОКУПНУ́ТЬСЯ**
eintauchen, ein Bad nehmen
*искупаться, выкупаться; ополоснуться*
— „Пальцем попробовал",— передразнил Петро. — Что, совсем уж?.. Ребенок, что ли, малый? — Я уж думал, тебе окупнуться надо... — Да я еще не парился!— заорал всегда спокойный Петро.— Я еще не мылся даже!.. Чего мне ополаскиваться-то? В.Ш., 447

**О́ЛУХ** *м.*
Dummkopf, Tölpel, Trottel, Esel
*глупый, непонятливый человек; дурак.*
Нина, ладная женщина с монгольскими глазами, звонко рассмеялась: — Вот олухи! Будет вам лаяться! После двух годков свиделись и все туда же! Я вам сейчас водки подам. В.Р., 138

**ОМАТЕРЕ́ТЬ**
erwachsen/ groß und stark werden
*стать взрослым, полным сил, крепким.*
За годы он сильно оматерел и раздался вширь. Капитанские погоны ладно вливались в его подобревшие плечи. В.М., 254

**ОНОМЕНКЛАТУ́РИТЬСЯ**
Vorteile bekommen, die nur „verantwortungstragende Personen" genießen
*получить материальные преимущества, личные удобства, предоставляемые „номенклатуре"— ответственным работникам.*
— Хлопцы, а меня переводят в хозуправление ЦК. Дают кабинет с двумя „вертушками" и дома ставят „вертушку". А я требую и на теннисном корте. Ну и полный паек будет. С целым пакетом. И „Чайка", конечно, по вызову, 24 часа в сутки.— Хорошо ономенклатурился, — прокомментировал начальник Главтекстиля. Ю. Кротков, Ностальгия, Новый журнал, № 143, 1981

**ОПАСКУ́ДИТЬСЯ**
zum Ekel/ Scheusal werden, widerwärtig werden
*стать мерзким, отвратительным, паскудным.*
И бывают же чудеса: не случилось с малым того, что случается в таких расставках с другими — не опаскудился он в баловстве, не оседлал семейства, вырос любимцем деревни, парнем безотказным и покладистым. В.М.1, 18

**О́ПЕР** *м.*
Angehöriger einer Miliz-Einsatzgruppe
*оперативный работник — сотрудник органов милиции.*
Он был в Сибири и в Крыму, / А опер каждый день к нему / Стучится, как дурак... А.Г., 128

**ОПЕРАТИ́ВКА** *ж.*
Kurzbesprechung
*короткое собрание для решения неотложных дел.*
И хотя директор... провел оперативку, заклеймил нарушительницу и строго предупредил всех о недопустимости подобного, вторая половина дня прошла ни шатко ни валко. Ю.М., 5

**ОПЕРАТИ́ВНИК** *м.*
Angehöriger einer Miliz-Einsatzgruppe
*то же, что оперативный работник; сотрудник органов милиции, занимающийся предупреждением и раскрытием преступлений.*
Кабинет следователя Знаменского. Строгие, в тон Уголовному кодексу шторы. Телефоны, справочники, оперативники. С.Лившин, Л.Г., 18.2.81

**ОПЕ́ШИТЬ**
verdutzt/ sprachlos/ verblüfft/ baff sein, wie vor den Kopf gestoßen sein
*растеряться, прийти в замешательство от неожиданности, удивления.*
— Господи, батюшка!..— опешила мать. — И сло-

ва не скажи. Замордовала мужика, а ей и слова не скажи. В.Ш., 312
В комнату ворвалось чудовище в белой простыне и со старым противогазом вместо лица. Гости опешили. В.Свиридов, Л.Г., 12.1.77

**ОПИ́ТЬСЯ**
einen über den Durst trinken; sich schaden (durch übermäßigen Alkoholgenuß)
*выпить слишком много алкоголя; причинить себе вред пьянством.*
Тогда опейся допьяна / Похлебкою вранья. А.Г., 85

**ОПЛЁТКА** *ж.*
Wickelung, Hülle
*то, чем оплетают что-либо.*
Оплетку руля Гаврила Семенович менял дважды. Э. Медведкин, Л.Г., 9.6.76

**ОПЛЕУ́ХА** *ж.*
Ohrfeige, Backpfeife
*удар рукой по щеке; пощечина.*
Иногда дело доходило до оплеух. В.Ш., 141
Он читал „Мартина Идена" и знает, что первое условие славы — общественный скандал. И тогда вытаскивается желтая кофта и наносится оплеуха общественному вкусу. В.Кор., 491

**ОПЛОША́ТЬ**
sich verhauen, einen Fehler machen, einen Bock schießen
*совершить оплошность, сделать промах, ошибку в чем-нибудь.*
Но в Новосибирске когда будете, смотрите не оплошайте. В.Ш., 19

**ОПОЛОСНУ́ТЬСЯ**
sich ein wenig/ leicht waschen, Katzenwäsche machen
*наспех, наскоро умыться; обдать себя водой.*
Он /Попов/ и теперь еще красив: чуть скуласт, нос хищно выгнут, лоб высокий, чистый, взгляд прямой, честный... Но, конечно, помят, несвеж, вчера выпил изрядно, с утра кое-как побрился, наспех ополоснулся... В.Ш., 282

**ОПОЛОУ́МЕТЬ**
verrückt werden, außer sich sein, die Fassung verlieren
*обезуметь; потерять способность думать, соображать, прийти в невменяемое состояние.*
Ну, понятно, ополоумел я, моча в голову вдарила, молодой еще совсем был, двадцать пять годочков... В.М., 382

**ОПОСЛЯ́**
danach, später
*то же, что после.*
Опосля зазвал в свою вотчину / И сказал при всем окружении: / „Хорошо, брат, ты им дал, по-рабочему! / Очень верно осветил положение!.." А.Г., 99

**ОПОСТЫ́ЛЕТЬ**
unerträglich werden, zum Halse heraushängen
*стать постылым, очень надоесть.*
Пиво показалось кислее прежнего, жара и базарная вонь еще удушливее, а всего минуту тому вполне сносная рожа собеседника окончательно опостылела. В.М., 165

**ОПОХМЕ́Л** *м.*
Trinken von Alkohol zur Katervertreibung
*питье алкоголя на другой день после опьянения.*
Все цинандали и рислинги, что-то крича от души, / Промаршируют, кисленькие на опохмел хороши. Е.Е., 17

**ОПОХМЕЛЕ́НИЕ** *ср.*
Trinken von Alkohol zur Katervertreibung
*питье алкоголя на другой день после опьянения.*
Василий Васильевич вышел из пивной в том благостном расположении духа, какое охватывает всякого сильно пьющего человека сразу же после опохмеления. В.М., 258

**ОПОХМЕЛИ́ТЬСЯ**
den Kater/ den Katzenjammer vertreiben, einen auf den Kater trinken
*выпить алкоголь на другой день после опьянения.*
Под утро, когда устанут / Влюбленность, и грусть, и зависть, / И гости опохмелятся / И выпьют воды со льдом, / Скажет хозяйка — хотите / Прослушать старую запись? — / И мой глуховатый голос / Войдет в незнакомый дом. А.Г., 212

**ОПОХМЕ́ЛКА** *ж.*
Trinken von Alkohol zur Katervertreibung
*питье алкоголя на следующий день после опьянения.*

Дать ему денег, что ли, на опохмелку? Глебов пошевелил пальцами в кармане брюк, нащупывая деньги. Ю.Т.1, 84

**ОПОХМЁЛЬЩИК** *м.*
jemand, der einen auf den Kater trinkt
*о человеке, пьющем алкоголь на следующий день после опьянения.*
Обозначалось несколько постоянных опохмельщиков, как бы клиентура, но у каждого из них была своя манера и свой подход. В.Солоухин, Наш современник, № 3, 1981,6

**ОПРОКИ́НУТЬ**
kippen, zur Brust nehmen
*выпить полностью, до дна рюмку, стакан и т.п. /обычно об алкоголе/.*
Бронька, опрокинув два алюминиевых стаканчика, закурил. В.Ш., 116

**ОПРОСТА́ТЬ**
leeren, leermachen
*освободить что-либо от содержимого.*
Через полчаса Афоня опрастывал уже четвертую бутылку, удивляясь слабоoти питья, негодуя за это почему-то на грузин, хотя каберне было молдавское. В.Крупин, Новый мир № 8,1980,45

**ОПРОСТА́ТЬСЯ**
sich einer Sache entledigen; abtreiben, eine Abtreibung vornehmen
*освободиться от чего-либо // сделать аборт //.*
То и дело не одна, так другая к бригадиру: „Пусти на базар". А какой тут базар — в больницу опростаться рвуться. Г.Б., 17

**ОПРОСТОВОЛО́СИТЬСЯ**
sich eine Blöße geben, eine Dummheit machen
*совершить ошибку, промах; оплошать.*
На этот раз Федор опростоволосился. Не знал толком как утонула корова. Г.Б., 19
За все время моего пребывания на фронте я только однажды видел, как поймали настоящего шпиона, причем Особый отдел в этом случае очень здорово опростоволосился. Л.Л., № 32, 78

**ОПУ́ЗИТЬСЯ**
einen Bauch ansetzen, dick werden
*стать толстым, приобрести большой живот.*
А теперь он совсем разопсел, отолстогубился, опузился А.К., 430

**ОПУЗЫРЁТЬ**
auseinandergehen, aufgehen wie ein Hefekloß
*раздуться, стать как пузырь.*
— Это чего-же, — встрепенулась Дуся, — второй чайник додуваем, как бы не опузыреть. В. Крупин, Новый мир № 8,1980,48

**ОПУПЁТЬ**
um den Verstand kommen, verrückt werden
*поглупеть, потерять способность ясно мыслить, соображать.*
Ехать не в чем. Ботинки одни. Пока эти, кирзовые дешевые достал, чуть не опупел... За продавщицей ухаживать начал, в кино звал. Она молоденькая, после десятилетки. „Только скажите, когда их привезут". А.К., 117

**ОРА́ВА** *ж.*
Haufen, Bande, Horde, Rotte
*многочисленное, беспорядочное, шумное скопление людей.*
Паясничают гомункулусы, / Геройские рожи корчат, / Рвется к нечистой власти / Орава речистой швали... А.Г., 299

**ОРА́ТЬ** *несов.*
brüllen, (laut) heulen
*громко кричать, плакать.*
Я ору: „Да мне только остыть малость!" Г.Горин, Л.Г., 6.8.75

**ОРГАНИЗОВА́ТЬ**
organisieren, arrangieren, machen
*о каких-либо действиях бытового характера, связанных с приготовлением еды, питья, закупкой продуктов и т.п.*
Они вошли в горницу. — Садись, — пригласил Моня. — Я сейчас организую... — Да ты... ничего не надо организовывать! — сказал инженер шепотом. — Брось! Чего с утра организовывать? В.Ш., 345

**ОРЁЛ** *м.*
Rückseite einer Münze, Wappen
*об обратной стороне монеты /первоначально с гербом, изображающим орла/.*
Жисть как пятак — с одной стороны орел, с другой решка, все хотят на орла попасть, а того не знают, что и с той, и с другой стороны он пять копеек стоит. В.Расп. 2, 64

**ОРИГИНА́ЛЬНИЧАТЬ** *несов.*
originell sein wollen, sich durch Originalität/ originelles Verhalten auszeichnen
*намеренно привлекать к себе внимание странностями, чудачеством; делать что-либо оригинально, не похоже на других.*
Декан несколько раз прошелся по бумаге в разных направлениях, словно сапер по минному полю. — Оригинальничать решили, да? — саркастически заметил он, сверля колючим взглядом своего питомца. Б-ка крок., № 24 /773/, М., 1976, 8

**ОРУ́ДОВАТЬ** *несов.*
(herum)hantieren, handhaben
*действовать посредством чего-либо.*
Она читала не отрываясь и в то же время намазывала горчицей сосиску, орудовала ножом и вилкой. В.А., 560

**ОСАДИ́ТЬ**
in die Schranken weisen, zurechtweisen, Einhalt gebieten
*дать отпор кому-нибудь, потерявшему чувство меры в чем-либо.*
Задумчивый Малафеев быстро выработал план действий. В нем были три пункта... осадить администратора Германа Чикильдеева... Ю.М., 32

**ОСАЛФЕ́ТИТЬ**
mit Servietten ausstaffieren, Servietten auflegen
*разложить где-либо салфетки.*
Посадили королеву за стол. Стол осалфетили, так как скатерти класть теперь не модно. А.К., 260

**ОСАТАНЕ́ЛЫЙ**
fuchsteufelswild, wutschäumend, grimmig
*очень злой; дошедший до бешенства, злобы, ярости.*
Но ей, ее осатанелой злобе не под силу было пробиться в обуглившуюся до дна Иванову душу. В.М., 254

**ОСАТАНЕ́ТЬ**
fuchsteufelswild werden
*прийти в состояние крайней злости, бешенства, ярости.*
Осатанел я от его слов! Думаю: этак пропадешь совсем. М.Булгаков, Юность № 7, 74

**ОСЕРДИ́ТЬСЯ**
zornig/ böse/ aufgebracht sein, sich ärgern
*то же, что рассердиться.*
Вена опять ускользала. И сестричка, и Психопат вспотели. Боль из руки стреляла куда-то под сердце... — Да неужели вы всем так? — спросил он сквозь зубы. — Что же это такое-то?.. Мучительно же! — Но если она у вас ускользает! — тоже осердилась сестричка. В.Ш., 396

**ОСЕ́ЧКА** *ж.*
Versager, Fehlschlag
*промах, неудача при выполнении какого-либо дела.*
Бывало, за день или за час я проделывал с успехом работу, на которую другой потратил бы неделю. Но однажды у меня случилась крупная осечка. И.Ф., 13

**ОСЕ́ЧЬСЯ**
stocken, ins Stocken geraten/ kommen, versagen (Stimme)
*неожиданно оборвать речь, внезапно умолкнуть.*
... Когда она совсем все поняла, глаза ее, синие, испуганные, загорелись таким нечеловеческим страданием, такая в них отразилась боль, что милиционер осекся. В.Ш., 49

**ОСИ́ЛИТЬ**
bewältigen, schaffen, fertig werden mit etwas
*справиться с чем-нибудь, осуществить что-либо.*
„...Рано нам на месячники хорошего тона замахиваться. Нам бы хоть один день в неделю осилить." Л.Измайлов, Л.Г., 3.11.76

**ОСКА́ЛИТЬ**
grinsen, feixen, grienen, die Zähne fletschen
*обнажить, показать зубы, смеясь, хохоча.*
— ... Он зубы свои оскалит и будет лучше ржать лежать, чем задумается. В.Ш., 297

**ОСКА́ЛИТЬСЯ**
grinsen, feixen, grienen, die Zähne fletschen
*раздвигая губы, обнажить, показать зубы // смеяться, хохотать //.*
Бронька роняет голову на грудь, долго молча плачет, оскалился,. скрипит здоровыми зубами, мотает безутешно головой. В.Ш., 121

**ОСКЛА́БИТЬСЯ**
grinsen, feixen, grienen, die Zähne fletschen
*улыбнуться, усмехнуться, показывая при улыбке зубы.*
Я самодовольно осклабился: Эх ты, патриот-молчальник, до сих пор ничему не научился, даже устава толком не знаешь. В.Р., 24

**ОСЛА́ВИТЬ**
verleumnden, in Verruf/ in Mißkredit bringen
*распространить о ком-, чем-либо сплетни, какие-либо сведения /обычно предосудительного характера/; создать дурную славу, репутацию кому-либо.*
— Не знаю, что и делать, Катерина... — сказал он / Иван Африканович/ как-то вечером. — Записали мои стожонки... Стыд. На всю округу ославили. В.Б., 74

**ОСОБИ́СТ** *м.*
Mitarbeiter einer Sonderabteilung des Innenministeriums
*сотрудник особого отдела /в системе органов Министерства внутренних дел/.*
„Нет бы поступить в „наркомзем" и способствовать „повышению урожайности колхозных полей в качестве удобрений", — как говаривал наш особист капитан Скопцов. Л.Л., № 31, 195

**ОСОБНЯ́К** *м.*
Mitarbeiter einer Sonderabteilung des Innenministeriums
*то же, что особист.*
Особняк уже интересовался, что у Курчева за машинка. Марки какой и для чего вообще... В.Кор., 20

**ОСОЛОВЕ́ТЬ**
abstumpfen, schläfrig werden, in einen Dämmerzustand verfallen
*впасть в расслабленное, полусонное состояние (от сильного утомления, опьянения и т.п.)*
Еська-Евсей, совсем осоловевший, обхватил руками сестру и всех ее подруг. В.А., 566

**ОСРАМИ́ТЬ**
blamieren, bloßstellen
*опозорить; поставить кого-либо в неловкое положение, заставить стыдиться каких-либо поступков.*
— Вы что, специально хотите нас осрамить перед московскими гостями? — спросил главный врач, сжимая кулаки. И.Ш., 42

**ОСРАМИ́ТЬСЯ**
sich blamieren, sich bloßstellen
*опозориться; поставить себя в неудобное, неловкое положение.*
Когда Андрюшка проснется, действуй по моей инструкции. И, пожалуйста, не осрамись... папа Сережи! Л.Ленч, 25

**ОСТЕПЕНЁННЫЙ**
einen wissenschaftlichen Grad haben/ besitzen
*получивший ученую степень.*
Из тридцати трех членов ученого совета лишь тринадцать „остепененных", из одиннадцати заведующих лабораториями — только пять. Г.Целмс, Л.Г., 24.1.81

**ОСТЕПЕНИ́ТЬСЯ**
einen wissenschaftlichen Grad erwerben
*получить степень кандидата или доктора наук.*
Он ходит важно, он остепенился, / Сказать точнее, степень приобрел. Ф.К., 12

**ОСТЕРВЕНЕ́ЛО**
wütend, rasend
*яростно, неистово, ожесточенно.*
— Нет, она плачет! — остервенело сказал Егор. — Плачет! Тесно ей там — плачет! — Он рванул рубаху... В.Ш., 429

**ОСТЕРВЕНЕ́НИЕ** *ср.*
Wut, Raserei, Erbitterung
*ярость, неистовство, ожесточение.*
Кольке дают туфли /он в тапочках/, и Колька пляшет... Пляшет он красиво, с остервенением. В.Ш., 233

**ОСТЕРВЕНЕ́ТЬ**
wütend/ rasend werden
*прийти в состояние крайней ярости, ожесточения, неистовства, злобы.*
Я бью в стену, стоя на месте и с разбега, как в своего векового врага. Я остервенел и бью, бью, бью. С грохотом падает и рассыпается огромный кусок стены. В.Ак., 46

**ОСТОЛБЕНЕ́ТЬ**
überdrüssig werden, bis zum Halse stehen
*надоесть; стать неприятным, противным, невыносимым.*
Семка незлой человек. Но ему, как он говорит, „остолбенело все на свете", и он транжирит свои

„лошадиные силы" на что угодно — поорать, позубоскалить, нашкодить где-нибудь — милое дело. В.Ш., 244

**ОСТОЧЕРТЕ́ТЬ**
zum Halse heraushängen, überhaben, die Schnauze voll haben
*сильно надоесть, опротиветь до крайности.*
— Нет, я больше не могу!.. Осточертели мне эти упражнения. Л.Маков, Крокодил № 31, 76

**ОСТРА́СТКА** *ж.*
Einschüchterung, Drohung, Bangemachen
*угроза или наказание в предупреждение возможных будущих проступков.*
— Простил его дядя-то? — Простил. Широкой души он... Острастку, конечно, дал, но простил... И.Ф., 3

**ОСТРОУ́МЕЦ** *м. ирон.*
Witzbold, geistreicher Mensch
*остроумный или претендующий на остроумие человек.*
Назначенные к сносу дома не сносились, новые строились медленно, сдавались с недоделками, временные уборные так и оседали во дворах. „Гнилые Черемушки", говорили про эти дома местные остроумцы. И.Г.1, 27

**ОСТРЯ́К** *м.*
Witzbold, witziger/ geistreicher Mensch, Spaßvogel
*остроумный человек.*
И вскоре все оказались осведомленными о наших делах, и остряки за столом стали переделывать название ОХТД, так и эдак, переплетая слова „хищения" и „деньги". Н.Б.1, 44

**ОСТУДИ́ТЬСЯ**
sich abkühlen, sich verkühlen, sich erkälten
*остыть, охладиться; простудиться при переохлаждении.*
... небо над сопками зеленое, чистое и звезды как надраенные... к ночи еще приморозит и Гольфстрим остудится. Г.В.1, 3

**ОСТУПИ́ТЬСЯ**
straucheln, einen Fehltritt tun/ begehen
*совершить ошибку, проступок.*
Даже зло меня берет. Ну влюбился — скажи. Что так голову морочить? А он — ноль внимания. Один раз только оступился. Л.Измайлов, Л.Г., 12.11.75

**ОТБАРАБА́НИТЬ**
1 her(unter)leiern, herunterrattern, her(unter)beten
2 abarbeiten, abbrummen
*1. быстро, без выражения сказать или прочесть что-либо /обычно наизусть/.*
— ... Я же какой башковитый-то был! Бывало, стишок два раза прочитаю и тут же его отбарабаню без запинки. В.Ш., 299
*2. отработать без перерыва, без отдыха в течение некоторого времени.*
Сам из себя не виден, зато глаз вострый и с характером. Первый срок уже отбарабанил. В.М., 396

**ОТБИ́ТЬ**
wegschnappen, abspenstig machen, ausspannen
*стараться возбудить в ком-либо любовь к себе, заставляя разлюбить другого.*
Похвалишься, что у тебя девушка красивая, — отобьют. Л.Измайлов, Л.Г., 1.1.79

**ОТБИ́ТЬСЯ**
1 sich lösen, sich entziehen, sich erwehren, sich loseisen, loswerden
2 entgleiten, nicht mehr gehorchen
*1. отказаться, уклониться от чего-либо.*
Бурлей уже не зазывал покупателей, а только отбивался, и вдруг ему пришлось прекратить всю торговлю. С.Е., 50
*2. отбиться от рук: выйти из повиновения, стать непослушным, неисполнительным.*
... Мы все — трибуны, смельчаки, / Все для свершений народились, / А для нее — озорники, / Что попросту от рук отбились. Б.О., 223

**ОТБРЕХА́ТЬСЯ**
sich herausreden, Ausflüchte machen, vorschützen
*отговориться, отделаться от чего-либо отговорками, объяснениями.*
Им бы только от прессы отбрехаться, а мы отдувайся. М.С.1, 27

**ОТБРИ́ТЬ**
jemanden abfahren/ abblitzen lassen
*ответить кому-либо колко, оскорбительно; резко отказать в чем-либо.*
Он покраснел, побледнел и руку не знает куда девать, будто обжегся. Так я его отбрил. А.Я., 27

**ОТБРЫКА́ТЬСЯ**
alles daransetzen, um jemanden/ etwas loszuwerden, sich (mit Mühe) jemanden/ etwas vom Halse schaffen
*отказаться от чего-либо ненужного, нежелательного (обычно упорно, настойчиво).*
— ... Она хорошая девка, добрая, только все както не везет ей... Этого пьянчужку нанесло — насилу отбрыкались. В.Ш., 472

**ОТБРЫ́КИВАНИЕ** *ср.*
Abschütteln, (mühsames) Loskommen/ Loswerden
*стремление отказаться, отделаться от чего-либо, избежать чего-либо.*
На все мои отбрыкивания, с их стороны, когда они уже отбили языки,— была только одна реакция — непроницаемо-холодно-колдовское словосочетание „так-так-так!" А.К., 420

**ОТБУШЕВА́ТЬСЯ**
sich austoben; aufhören zu toben
*перестать шуметь, кричать, ругаться, скандалить.*
Ксана выждала некоторое время, убедилась, что ее Фантомас отбушевался, и робко спросила: — У тебя на работе неприятности? Л.Ленч, 3

**ОТВА́ДИТЬ**
jemanden von etwas abbringen, jemandem etwas abgewöhnen/ austreiben
*отучить от привычки ходить куда-либо, делать что-либо.*
— Мало ей амбара!— гремела Василиса, торопливо осматривая двор, словно подыскивая палку. — Мало ей Настькиной половины — сюда захотела! Я тебя отважу! В.Расп. 2, 63

**ОТВАЛИ́ТЬ**
1 ablegen, in See stechen
2 spendieren, zukommen lassen, springen lassen
*1. уйти, уехать куда-либо.*
— А теперь — пошли! В пять „Грум-Гржимайло" отваливает. Д.Иванов, В.Трифонов, Л.Г., 11.10.78
*2. дать что-либо не скупясь, щедро.*
Американцы отвалили нам столько напалма, что можно было сжечь весь Вьетнам. Т.Ш., 46

**ОТВАЛИ́ТЬСЯ**
sich (satt) zurücklehnen
*насытившись, отодвинуться, отстраниться от стола, от еды.*
Ванька умылся. Потом Ванька стал жрать — жадно, много, безобразно... Отвалился от стола, стал икать. В.Ш., 276

**ОТВА́ЛЬНАЯ** *ж.*
Abschiedsfeier, Abschiedsfete, Abschiedsabend
*прощальное угощение, устраиваемое при отъезде, отбытии кого-либо.*
В самый последний день, когда справляли отвальную, Бронька приступал к главному своему рассказу. В.Ш., 116

**ОТВЕРТЕ́ТЬСЯ**
sich drücken, sich herausreden
*отделаться, уклониться от чего-либо неприятного, нежелательного.*
Я уж решил, миновала беда / И удалось отвертеться, / Но с неба свалилась шальная звезда / Прямо под сердце. В.В. 3, 36
Заявление в милицию и две подписи: жена и дочь, жена и теща, жена и соседка... И не отвертишься. Не открутишься. Не отговоришься. Ф.Кан., 33

**ОТВЕ́СИТЬ**
verabreichen, verpassen, (eine) langen
*сильно ударить.*
Плюйся, проклинай пеночника-мазилу, отвесь ему пинкаря и ступай в поле голить, где ты можешь отыграться быстро. В.А., Л.Г., 14.12.77

**ОТВИ́ЛИВАТЬ** *несов., неодобр.*
sich (herum)drücken, sich winden
*уклоняться от совершения чего-либо, стараться избежать чего-либо с помощью хитрости, уловок.*
Работал на производстве хорошо и от общественных поручений не отвиливал, водкой не баловался. Л. Ленч, 28

**ОТВОЕВА́ТЬСЯ**
aufhören zu kämpfen, aussein, zu Ende sein (der Krieg für jemanden)
*кончить, перестать воевать.*
Очнулся он уже в госпитале, без ноги, оглохший, с отнявшимся языком. — Вот так и отвоевался я, ребята. В.А., 573

**ОТВЯЗА́ТЬСЯ**
sich loseisen, sich vom Halse schaffen
*отделаться, освободиться от кого-, чего-либо надоедливого, назойливого.*
Однако чтобы отвязаться от надоедливого инва-

лида, ему в ударном порядке, прямо в конце рабочего дня мастерят новый протез. С.Б., 24

**ОТГИ́КАТЬ**

aufhören (herum)zuschreien/ (herum)zubrüllen

*перестать кричать, вскрикивать.*

Орудия остыли, рты отгикали, /до тех, что живы, полтора квартала... / Неужто лишь одной моей погибели / войне, / чтоб стихнуть? / Не хватало?! Б.О., 310

**ОТГОРОДИ́ТЬСЯ**

sich absondern, sich abkapseln

*прекратить общение, связь с кем-, чем-либо; обособиться.*

Портфель Петров держал на плече, отчего шляпа съехала ему на нос. Впрочем последнему обстоятельству Петров был отчасти рад, так как этим он как бы отгородился от окружающих и мог вспоминать. С.Спасский, Л.Г., 5.9.79

**ОТГРО́ХАТЬ**

1 zusammenhauen/ schmieren, (schnell) auf die Beine stellen

2 anschaffen, kaufen

*1. сделать что-либо быстро, наспех или большое, грандиозное.*

Крапивников сам почти не сочинял, разве, если вылетал какой-нибудь чрезвычайно нужный материал и надо было к утру или через утро отгрохать передовую или спешную рецензию. В.Кор., 362

— Какую программу можно отгрохать! Целый мюзик-холл. И название хорошее есть — „Дружные ребята". Е.Тарасов, Л.Г., 10.10.79

*2. купить, приобрести что-либо.*

Меня лично больше волнует то, что вчера „Рубин", наш хороший телевизор, стоил две тысячи, а сегодня я его за 1.500 отгрохать могу. А.К., 368

**ОТГУДЕ́ТЬ**

aufhören, enden; ausklingen

*прекратить, закончить.*

Четвертый год подряд / Война — твой дом, солдат. / Но хватит, отгудела непогода. / Есть дом другой, / Там ждут и там не спят / Четыре года, четыре года. Б. О., 139

**ОТГУ́Л** *м.*

Abbummeln, Abfeiern

*свободное время (в качестве возмещения за сверхурочную работу).*

Снимись на свои, я тебе потом компенсирую. Деньгами не смогу, отгулом сосчитаемся. Н.Б.2, 9

И вот обладатель такой превосходной биографии в позапрошлую пятницу взял отгул за воскресное дежурство, стал отдыхать. И.Ш., 12

**ОТГУЛЯ́ТЬ**

ausfeiern, zu Ende feiern, aufhören zu feiern

*кончить гулять, перестать проводить время в развлечениях, веселье // провести какое-либо время не работая, отдыхая //.*

И на утренней заре, / Отгуляв до поры и поротно, / Закатились в Анкару / Золотые юнкера / Безвозвратно. Б.О., 192

**ОТГУЛЯ́ТЬСЯ**

ausfeiern, zu Ende feiern, aufhören zu feiern

*кончить гулять; перестать проводить время в развлечениях, веселье.*

Доход в этой столовке плевый, да мне теперь много не надо, отгулялась. В.М., 398

**ОТДЕ́ЛАТЬ**

versohlen, vertrimmen, das Fell gerben

*сильно избить кого-либо.*

Они бы мне вломили. Досталось бы им тоже, но меня бы крепко отделали. У них, понятно, есть и на себе что-нибудь. Если не нож — свинчатка, гирька, отвертка там или шило — против бутылки моей. Ю.С., 121

**ОТДЕ́ЛАТЬСЯ**

1 abspeisen, abfinden

2 loswerden, sich losmachen, loskommen, sich vom Halse schaffen

3 davonkommen

*1. уклоняясь от чего-либо, ограничиться чем-нибудь несущественным.*

А если, чего доброго, сдам экзамены и поступлю в институт, вот тогда вы ни кабаном, ни телкой не отделаетесь. И.С., 17

*2. избавиться от кого-, чего-нибудь неприятного.*

Стараясь не упустить ее из виду, Андрей по дороге кое-как отделался от своего бестолкового просителя. В.М., 129

*3. испытать, претерпеть меньше, чем можно было ожидать.*

Сам редактор был доволен, что отделался выговором. А.З., 22

**ОТДУВА́ТЬСЯ** *несов.*
ausbaden, die Suppe auslöffeln, die Zeche bezahlen; geradestehen (für)
*делать что-либо за других; отвечать за кого-, что-либо; нести ответственность за что-либо.*
— Ну, что рассказывать? Я бухгалтер, работал в орсе, начальство, конечно, воровало ... Тут — бах! — ревизия. И мне намотали ... Мне, естественно, пришлось отдуваться. В.Ш., 436
На другом конце стола — агроном, бухгалтер, секретарь парторганизации. Вся интеллигенция в сборе. Не было только Любы Гусевой, зоотехника. За нее отдувался муж ее, Николай Гусев, агроном. Г.Б., 40

**ОТКА́ЗЧИК** *м.*
Verweigerer, Arbeitsverweigerer
*о человеке, отказывающемся от чего-либо, от какой-либо работы и т. п.*
Всех нас — как злостных отказчиков — по нескольку раз протащили через все возможные виды наказания: только на строгом режиме я за это время просидел полтора года. Вл.Б., 194

**ОТКАНТОВА́ТЬСЯ**
sich ausruhen, verschnaufen
*провести время где-либо, ничего не делая, отдыхая.*
Откантовался я у лекпома с месяц, оклемался малость, зовут меня по-новому на вахту. В.М.1, 115

**ОТКВИТА́ТЬСЯ**
vergelten, heimzahlen, sich rächen
*рассчитаться с кем-либо, отплатить кому-либо тем же самым.*
Стало быть, если даже как-нибудь и вотрете один голец, то какая нужна стратегия и тактика? Не дать противнику времени отквитаться. Ц.С., 26

**ОТКЛЯ́ЧИТЬ**
herausstrecken, heraus-/ ausstellen
*выставить, откинуть что-либо.*
Проигрыш. Колька, смешно отклячив зад, пританцовывает. В.Ш., 232

**ОТКОЛОТИ́ТЬ**
verhauen, verprügeln, eine Tracht Prügel verpassen
*сильно избить, поколотить.*
К счастью, напористый гражданин тут же отшил подвыпившего маляра, пообещав при всех его отколотить. Х.Л., 28

**ОТКОЛО́ТЬ**
etwas Unangebrachtes/ Unerwartetes sagen/ machen
*сделать, сказать что-либо неожиданное.*
И стоял вертухай с овчаркою / И такую им речь откалывал. А.Г., 109

**ОТКОНТА́ЧИТЬСЯ**
sich trennen, den Kontakt verlieren/ aufgeben
*потерять связь, контакт с кем-либо.*
— Лень, а? Кошка совсем разобщилась, отконтачилась от мышки. Тогда эта делает рывок, а эта в одну десятитысячную долю секунды — карамба! В.С., 43

**ОТКОПА́ТЬ**
ausgraben, auffinden, ausfindig machen
*найти кого-, что-либо после тщательных поисков; раздобыть что-либо.*
— Ну и ну! — громко возмутился в прихожей Сергей Иванович, — где ты его только откопал, Игорь? Совершенно антиобщественный тип. Прямо бандитская харя. Черт-те знает что. Е.Т., 100

**ОТКРИЧА́ТЬ**
aufhören zu schreien
*перестать, прекратить кричать.*
Ну, гремела та самая опера, / Где Кармен свово бросила опера, / А когда откричал Эскамилио, / Вдруг свое я услышал фамилие. А.Г., 243

**ОТКРОВЕ́ННИЧАТЬ** *несов.*
jemandem sein Herz ausschütten, mit jemandem ein offenes Wort reden
*сказать что-либо с неожиданной или неуместной откровенностью.*
Эти штатские с ним не откровенничали, даже наоборот, задирались. В.Кор., 225

**ОТКРУТИ́ТЬСЯ**
sich herauswinden, herauskommen
*отделаться, избавиться от чего-либо ловко, хитро.*
Заявление в милицию и две подписи: жена и дочь, жена и теща, жена и соседка ... И не отвертишься. Не открутишься. Не отговоришься. Ф.Кан. 33

**ОТКРЫВА́ЛКА, ОТКРЫВА́ШКА** *ж.*
Dosenöffner, Flaschenöffner
*приспособление для открывания крышек банок, бутылок и т. п.*
„Где у нас открывашка?". Маргарита Кравчук, Л.Г., 18.10.78

**ОТЛАЗАРЕ́ТИТЬСЯ**
aus dem Lazarett entlassen werden
*уйти, покинуть лазарет, больницу, госпиталь.*
— ... Отлазаретился, а тут шестнадцатый, семнадцатый, царя отменили, я по грамотности в совдепы взошел, ну не об том речь. В.С., 47

**ОТЛА́ЯТЬСЯ**
durch Schimpfen/ Geschimpfe vertreiben/ sich vom Leibe halten
*защититься бранью, руганью.*
Попробуйте теперь с ним поругаться! Попробуйте! Ничего не выйдет. Ото всех он может отлаяться. А.К., 266

**ОТЛЕЖА́ТЬСЯ**
durch Bettruhe wieder zu Kräften kommen/ genesen/ gesund werden
*лежа, восстановить силы; выздороветь, оправиться /от болезни, усталости и т. п./*
Бронька много скандалил на своем веку, дрался, его часто и нешуточно бивали, он отлеживался, вставал и опять носился на своем оглушительном мотопеде. В.Ш., 116

**ОТЛЕПИ́ТЬСЯ**
sich (los)lösen, sich losreißen
*отодвинуться, отделиться, оторваться от кого-, чего-либо.*
Он только хотел рассердиться, как она схватила его и стала целовать, и он снова все позабыл, и опять не хватало рук и нечем было дышать.— Подожди,— шепнула она,— сейчас свет погашу, пойдем в горницу.— Он с трудом от нее отлепился. Вл.В. 1, 116

**ОТЛИ́ПНУТЬ**
sich (los)lösen, sich losreißen
*то же, что отлепиться.*
Инженер отлип от своего мотоцикла ... Некоторое время смотрел на Моню — не то что не верил, скорее так: не верил и не понимал. В.Ш., 343

**ОТЛИ́ТЬ**
sich entleeren, austreten, pinkeln
*испустить мочу.*
А я отлить ходил, когда его позвали, и он, ее увидев, себя забыл. Ю.С., 113

**ОТЛОМА́ТЬ**
herausholen, herausschlagen
*преодолеть какие-либо препятствия, трудности.*
Тут он удивился: — В две смены работать и — пешком? Ловко... В две не в две, а по полторы месячишко отломаю — ничего, — серьезно сказал он, потирая ушибленное место. — Я уж с мастером договорился ... В.Ш., 165

**ОТЛУПИ́ТЬ**
verprügeln, das Fell gerben, windelweich schlagen
*сильно побить, избить.*
Зам Родионова держал перед толпой речь, в которой изложил, для чего выставлено чучело, и предложил Сидорову отлупить чучело палкой. Л.Измайлов, Л.Г., 31.10.79
— Предал змей! Я тебя проучу! Не уйдешь ты от меня, остановись лучше. Одного отметелю — не так будет позорно. А то при людях отлуплю. И расскажу все ... Остановись лучше! В.Ш., 70

**ОТЛУЧИ́ТЬСЯ**
weggehen, sich entfernen, fernbleiben
*удалиться, уйти из какого-либо места на некоторое время.*
Зав. производством не мог в ту пору отлучиться из ресторана на сколько-нибудь значительный срок. И.Ш., 2

**ОТЛЫ́НИВАТЬ** *несов.*
sich drücken, schwänzen, kneifen
*уклоняться от чего-либо, прибегнув к хитростям, уловкам.*
А „матке" нельзя отлынивать, никакой он тогда не главарь, и его впредь не выберут старшим. В.А., Л.Г., 14.12.77

**ОТМАТЕРИ́ТЬ**
unflätig schimpfen/ ausschimpfen/ beschimpfen
*обругать кого-либо грубыми, бранными, оскорбительными словами.*
— Да. Ну, я, конечно, закричал. Прибежал летчик ... Ну, в общем, ничего — отматерил меня. В.Ш., 20
Степан ... стоял у выгона, не зная, что делать: то ли гнать стадо, то ли побежать к Сысоичу, отматерить, а может и доскочить до правления, до самого Градобоева. Г.Б., 24

**ОТМАХНУ́ТЬСЯ**
verächtlich abwinken/ zurückweisen/ abwehren
*легкомысленно оставить без внимания что-либо, отнестись к кому-, чему-либо с пренебрежением.*
Как-то так бывало с ним, что на всякие трезвые мысли... от всяких трезвых мыслей он с пренебрежением отмахивался и думал свое: „Да ладно, будут тут мне..." В.Ш., 332

**ОТМА́ЯТЬСЯ**
ausgelitten haben, befreit sein/ werden von Qualen
*перестать маяться, мучиться; избавиться от каких-либо мучений.*
— Потерпи немного, дурной. — Терплю уж. — Отмаешься скоро ...Г.Б., 67

**ОТМЕТЕ́ЛИТЬ**
verprügeln, versohlen, windelweich schlagen
*сильно избить, побить кого-либо.*
— Предал, змей! Я тебя проучу! Не уйдешь ты от меня, остановись лучше. Одного отметелю — не так будет позорно. А то при людях отлуплю. И расскажу все... Остановись лучше! В.Ш., 70

**ОТМЕ́ТИНА** *ж.*
Mal, Merkmal, Zeichen
*пятно, метка, знак чего-либо.*
... глядел он на свои, такие же точно, как у Митьки, отметины счастья, на волосы, извилисто стекающие водой... Ю.С., 118

**ОТМЕТКОМА́НИЯ** *ж.*
Strebertum, Streben, Zensurenjägerei
*повышенное, нездоровое стремление к получению хороших отметок, оценок /обычно в учебных заведениях/.*
Каждая отметка заносится в журнал. Наших детей забавляло, что эта отметкомания распространяется даже на физкультуру. М.Ш., 311

**ОТМОТА́ТЬ**
verprügeln, versohlen, windelweich schlagen
*сильно побить, избить.*
— Спросила я как-то Машу — ночевала она у нас, по всему телу вот такие фиолетовые медали — часто это твой тебя так отделывает? Вот бы ко мне пристал, живо бы Склифософского схлопотал. Пригрозила ей, мол, поеду к твоему, так его отмотаю, что своих не узнает. Е.Т., 182

**ОТМОЧИ́ТЬ**
etwas Sinnloses/ Unverständliches/ Peinliches sagen/ tun
*сказать или сделать что-либо неожиданное, неприятное или смешное, нелепое, неприличное.*
—... Этот добренький, девочки, погодите год-другой — такого отмочит! В.С., 41

**ОТМУСО́ЛИТЬ**
abzählen
*то же, что отсчитать.*
... Вовчик уже, смотрю, вынул всю пачку, развернул платок и сам отмусоливает пятнадцать красненьких. Г.В. 1, 8

**ОТМЫТА́РИТЬ**
aufhören zu leiden; aufhören, etwas Unangenehmes/ Schweres zu tun, von seiner Not/ seinem Leiden erlöst werden/ sein
*перестать мучиться, страдать; прекратить делать что-либо тяжелое, трудное, неприятное.*
Старик помрачнел. Еще ниже склонился над топорищем. — Свое отмытарила. Дай Бог кажному. Г.Б., 66

**ОТНЕ́КИВАТЬСЯ** *несов.*
ablehnen, nicht einverstanden sein; bestreiten, verneinen, sich distanzieren von etwas
*отказываться от чего-либо; не соглашаться на что-либо // не признаваться в чем-либо //.*
Я всеми силами отнекивался, помня наставления Антона: затихни, замри на время, как будто тебя вообще нету, никаких фейерверков, не привлекай к себе внимание. А.З., 188

**ОТОВА́РИТЬ**
Waren liefern, mit Ware(n) beliefern
*выдать, продать какой-либо товар.*
Если этому типу не живется без пленок и батареек, так отоварьте ж его за ради бога, и дело с концом. А.Вихрев, Б-ка крок., № 17 / 814/, М., 1978, 26

**ОТОВА́РИТЬСЯ**
Waren erwerben/ einkaufen; sich versorgen, sich eindecken
*приобрести, получить что-либо.*
— А в наш гадюшник вчера керосину не завезли,— вмешался рыжебакий,— пришлось чернилом отовариться. С.Спасский, Л.Г., 5.9.79
В крайнем случае, иностранцу приходится рас-

ставаться с последней рубашкой, так как официант тоже не прочь отовариться. А.П., 43

**ОТОДРА́ТЬ**
abreißen, herunterreißen
*с трудом, с усилием оторвать, отделить что-либо.*
— Мужик-то этот вцепился, я его еле отодрал. „Машенька, Машенька!" — кричит. Какой-то чокнутый. Е.Т., 25

**ОТОЛСТОГУ́БИТЬСЯ**
Speck/ Fett ansetzen, in die Breite gehen, wie ein Hefekloß aufgehen
*резко поправиться, стать толстым.*
А теперь он совсем разопсел, отолстогубился, опузился. А.К., 430

**ОТОРОПЕ́ТЬ**
verdutzt/ verdattert/ verblüfft/ durcheinander sein
*растеряться от неожиданности, испуга; прийти в замешательство, недоумение.*
От дыма, гвалта, песен и смеха оторопел было, но заметил капитана, и вид его подействовал на бывшего солдата успокоительно. В.А., 568

**ОТПЕРЕ́ТЬСЯ**
bestreiten, abstreiten, (ab)leugnen
*не сознаваться в чем-либо, упорно отрицать что-либо.*
Вы обе думали на нее, я знаю. Не отпирайся. Н. Б.1, 50
Хозяйка одернула капот: — Ну, что ж, отпираться не буду. Действительно, я как-то говорила Марии Николаевне, что хочу поселить в верхней комнате жильца... М.Л., 343

**ОТПЕ́ТЫЙ** *пренебр.*
unverbesserlich, hoffnungslos, hartgesotten
*неисправимый; безнадежный в своих недостатках.*
Но странно тоже, что не слова взбесили Кольку, а этот ровный, унылый, коровий тон, каким они говорились: как будто такой уж Колька безнадежно плохой, отпетый человек, что с ним устали и не хотят даже нервничать, и уж так — выговаривают что положено, но без всякой надежды. В.Ш., 224

**ОТПЛА́ВАТЬ**
den Seemannsberuf an den Nagel hängen, Schluß machen mit der Seefahrt
*кончить, перестать плавать /обычно о людях морских профессий/.*
Я свое отплавал, и дел у меня никаких в Рыбном порту не было. Г.В.1, 3

**ОТПРОСИ́ТЬСЯ**
um die Erlaubnis bitten, weggehen/ wegfahren zu dürfen
*упрашивая, добиться разрешения уйти куда-либо.*
А на работу надо. Это уж потом, отпросившись, можно идти к зубному. Н.Б. 2, 10

**ОТПУСТИ́ТЬ**
bedienen, versorgen, abfertigen
*выдать что-либо покупателям, продать.*
„Ну так проходите, он вас без очереди отпустит!" — стали толкать люди его к кассе. А.Эйрамджан, Л.Г., 22.9.76

**ОТПЫХТЕ́ТЬ**
Schluß machen/ fertig sein mit etwas, erledigen, schaffen
*закончить, завершить что-либо.*
Егор выключил магнитофон, удивленно огляделся. К нему подходили, здоровались... Но старались не шуметь. — Привет, Горе. /Такова была кличка Егора — Горе. / — Здорово. — Отпыхтел? В.Ш., 426

**ОТПЫ́ШКАТЬСЯ**
sich ausruhen, verschnaufen, Atem schöpfen
*отдохнуть, отдышаться; прийти в себя.*
— ... Еле мы до кустиков доволоклись, отпышкались да к своим поползли, пока еще совсем-то не рассвело... В.Б., 62

**ОТРА́ВА** *ж.*
Gift, giftiges Zeug, Gebräu
*о неприятных на вкус или вредных для здоровья напитках, пище.*
Есть у меня бутылка какой-то отравы, разопьем. В.М., 394

**ОТРЕ́БЬЕ** *ср. презр.*
Abfall, Müll, Schrott
*отбросы, негодные остатки чего-либо.*
Да пусть мою сорочку захватят, мне дали такое отребье... Е.Т., 47

**ОТРЕ́ЗАТЬ**
barsch antworten/ sagen
*резко и коротко ответить на что-либо, заявить что-либо.*

... он грубо отрезал: „На одного умного десять хитрых. Я тебе не потатчик, вставай в хвост". В.М., 127

**ОТРО́ДЬЕ** *ср. презр. бран.*
Ausgeburt
*потомок, отпрыск; потомство.*
Вот, в чем причина того, что долго дремавшие бациллы зверств и злодеяний проснулись в этом отродье... Ю.С., 114

**ОТРОДЯ́СЬ**
nie im Leben
*никогда в жизни.*
Я отродясь не воровала, а тут хуже воровства вышло. В.Расп.1, 42

**ОТРУБИ́ТЬ**
barsch/ grob antworten/ sagen
*сказать что-либо грубо, резко, коротко, решительно.*
— Вот еще! — отрубила она, — у нас теперь селедку чистить нечего. В коробках рижскую покупаем, она очищеная. А.Рас, Л.Г., 14.12.77

**ОТРУБИ́ТЬСЯ**
das Bewußtsein/ die Besinnung verlieren; umkippen, zusammensacken
*потерять сознание, упасть в обморок.*
Я вышел с молотком, дал ему по черепу: он и отрубился. Ф.Кан., 36

**ОТРУ́ГИВАТЬСЯ** *несов.*
sich mit Schimpfen/ Geschimpfe/ Gekeife zur Wehr setzen
*руганью, бранью защищаться от нападок.*
Этим она пытается заглушить, одурманить совесть, которая только вяло отругивается расхожими формулами. И.В.,42

**ОТРЫГНУ́ТЬСЯ**
aufstoßen, rülpsen
*извергнуться из желудка отрыжкой.*
И шашлык отрыгается свечкою, / И сулгуни воняет треской... А.Г., 85

**ОТРЯ́ХОВКА** *ж.*
Abfuhr, Korb
*то же, что отпор.*
— ... Вот ты говоришь, баба. Баба, она, конечно, баба и есть. Только у меня баба не такая, она и отряховку даст кому хошь... В.Б., 7

**ОТСВЕ́ЧИВАТЬ** *несов.*
im Licht stehen
*стоять, сидеть, заслоняя собой свет или мешая другим.*
— Эй ты, задрыга из восьмого „А", не отсвечивай.
— Маршева! Ты что, прозрачная? Убери голову... А.К., 92

**ОТСЕБЯ́ТИНА** *ж. неодобр.*
Eigenmächtigkeit; eigenmächtiger Zusatz
*собственные, необоснованные слова, суждения, действия.*
Здесь нет места отсебятине. Все по инструкции, команде, указанию. Ф.Кан., 84

**ОТСИ́ДКА** *ж.*
Absitzen
*отбывание наказания в месте заключения.*
С такими мыслями я считал последние месяцы и дни своей отсидки, а они, скажу тебе, долгими там кажутся — сначала-то вообще старался об этом не думать, не мучить себя, не терзать. А. Астраханцев, Наш современник № 9, 1981, 130

**ОТСМЕЯ́ТЬСЯ**
aufhören zu lachen, sich sattlachen
*кончить, перестать смеяться.*
Кандидаты засмеялись. Глеб терпеливо ждал, когда кандидаты отсмеются. В.Ш., 175

**ОТСО́ХНУТЬ**
absterben, einschlafen
*потерять способность действовать, двигаться; становиться безжизненным /обычно о частях человеческого тела/.*
— Видишь или нет? Отвечай! Что, у тебя язык отсох? В.Ак., 36

**ОТСТАВНИ́К** *м.*
Offizier außer Dienst (a.D.), Ruheständler, Pensionär
*офицер, находящийся в отставке.*
... против него вновь обозначился птичий профиль неколебимой соседки, так-таки и не отвечавшей на жалобный зов своего отставника. В.М., 69

**ОТСТУ́КАТЬ**
(ab)tippen
*отпечатать что-либо на пишущей машинке.*
Ныне ему печатал бы кто-то случайный, а если такое не нравится, сам отстукивай свой фельетон, уважаемый автор. К.Барыкин, Л.Г., 18.10.78

Есть, стоит картина на подрамнике! / Есть, отстукано четыре копии. А.Г., 162

**ОТТАРАБА́НИТЬ**
abarbeiten; aufhören zu arbeiten, Schluß machen mit der/ einer Arbeit
*отработать, отслужить, закончить что-либо.*
— ... Есть ребята, срочники, которые хнычут. А чего хныкать? На всем казенном вплоть до бани и белья, да еще задаром 3.80 дают в месяц, и если оттарабанишь год без помарок, то и отпуск можно заработать. В.Р., 60

**ОТТОПЫ́РИТЬ**
aufhalten, offenhalten, vorstrecken, hinstrecken
*сделать торчащим, выпятить, выдвинуть вперед.*
Пант рассуждал: „Больничная касса буквально плачет по нас! Надо только подойти и оттопырить карман — деньги сами потекут туда, как в подойник."Т.Ш., 27

**ОТТОПЫ́РИТЬСЯ**
abstehen
*стать торчащим, выпятиться, выдвинуться вперед.*
Пришли болельщики, внутренние карманы кое у кого, как положено, оттопыриваются. М.Виленский, Л.Г., 8.9.76

**ОТТЯ́ПАТЬ**
1 ergattern, an Land ziehen
2 abschneiden, herausschneiden
*1.получить, отнять что-либо.*
Теперь я живу в Ленинграде. Как меня сюда замахнуло? Очень просто. Тема по блату оттяпал у Руфки через суд вторую комнату... А.К., 292
*2.отрубить, отсечь.*
В общем, желудочек оттяпают. Вырежут три четверти. А.С., 343

**ОТУПЁЛЫЙ**
dumm, stupide, abgestumpft, stumpfsinnig
*утративший способность думать, соображать // бессмысленный, невыразительный //.*
Отупелые, раздавленные, распластанные — забываются к подъему тяжелым, мучительным сном-обмороком. Ф.Кан., 22

**ОТФУТБО́ЛИТЬ**
abschieben, abwimmeln
*послать кого-, что-либо в другое место, к другому лицу.*
С изумлением и горечью мы узнали, что нашу жалобу Вы отфутболили мужу. Н.М., 29

**ОТФЫ́РКАТЬСЯ**
schnaufen, schnauben, prusten
*с шумом и с силой выдохнуть воздух через рот, нос.*
Некоторые порядочно наглотавшиеся дорожной пыли машины-трудяги возмущенно отфыркиваются от ворчания старика-сторожа. М.С.2, 37

**ОТХА́РКАТЬСЯ**
die Kehle durch Husten von Schleim befreien, heraushusten, ausspeien
*харкая, выплюнуть мокроту, слизь, кровь.*
Две лампы под потолком, вечно слепящие. Ящик с ячейками для мыла и полотенец. Ведро с водой — отхаркаться. Ф.Кан., 20

**ОТХВАТИ́ТЬ**
1 absäbeln, abschneiden
2 erstehen, ergattern, herausschlagen, herausholen
*1. отрезать, отделить часть чего-либо.*
До обеда, как трава совсем обсохла, старик косил. Солнце поджигало; на голову точно горячий блин положили. — Слава богу!— сказал старик, глядя на выкошенную плешину: отхватил изрядно. На душе было радостно. В.Ш., 125
*2. приобрести что-либо, получить.*
Считай, по шести копеек, плюс добавлю копейки три на подноску. Плюс насечка — гривенник. Соображаешь, какую сумму отхватить можно? В.М., 364

**ОТХОДИ́ТЬ** *несов.*
zu sich kommen, sich abregen
*приходить в обычное, нормальное состояние.*
Всем я надоел, все неладно у меня и со мной, и отхожу я лишь в любимой игре — лапте, но и там чуть чего — замахиваюсь палкой. В.А., Л.Г., 14.12.77

**ОТЧА́ЛИТЬ**
in See stechen, auslaufen, abdampfen; abhauen
*уехать, уйти, удалиться куда-либо.*
Взял я тут цветов букет покрасивее, / Стал к подъезду номер семь, для начальников, / А Парамонова, как вышла, стала синяя, / Села в „Волгу" без меня и отчалила! А.Г., 169
Сразу по прибытии в полк он отчалил в отпуск... В.Кор., 28

**ОТЧАЮ́ГА** *м. ж.*
verwegener/ wagehalsiger/ tollkühner Mensch
*то же, что отчаянный человек.*
Отчаюга страшная, уже всех ребят на Патриарших к рукам прибрала, заставляет себя на качелях качать. А.К., 346

**ОТЧЕБУ́ЧИТЬ**
anstellen, ausfressen, anrichten
*сделать что-либо неожиданное, странное, необычное.*
— Гли-ка, ведет ведь! — всполошилась она /хозяйка/. — Любка-то!.. Рестанта-то! .. Старик тоже приник к окошку. — Вот теперь заживем! — в сердцах сказал он. — По внутреннему распорядку, язви тя в душу! Вот это отчебучила дочь! В.Ш., 439
Но зачем вообще ломать комедь, приводить к себе домой девчонку, с которой живешь? Или это не доцент, а Марьяна? С Марьянки станется отчебучить такое. В.Кор., 96

**ОТЧИХВО́СТИТЬ**
herunterputzen, heruntermachen, zur Minna/ Sau machen
*выругать, выбранить кого-либо.*
Ты ведь помнишь, как в техникуме я одного такого остроумца отчихвостила? Он после этого полгода на глаза мне показаться боялся. М.Л., 282

**ОТШАГА́ТЬ**
eine Strecke zu Fuß gehen, abschreiten
*пройти какое-либо расстояние пешком.*
Он, видно, много отшагал за день и крепко устал. В.Ш., 40

**ОТШВЫРНУ́ТЬ**
wegwerfen, wegschmeißen
*отбросить, откинуть.*
— Нет, я больше не могу! — воскликнул папа пятиклассника Волдырева, отшвыривая задачник. Л.Маков, Крокодил № 31, 76

**ОТШИБИ́ТЬ**
abschlagen; unterdrücken
*отбить, уничтожить, подавить что-либо.*
... Совесть-то у тебя есть? Или ее всю уж отшибли? В.Ш., 122
Изобильный сад ... отшибал саму мысль о том, что здесь могла квартировать скромная форейторская бабуля. Д.Иванов, В.Трифонов, Л.Г., 20.9.78

**ОТШИ́ТЬ**
jemandem die kalte Schulter zeigen, jemanden abblitzen lassen
*прогнать от себя, отвадить.*
Всех отшила, одного не отшила,/ Называла его милым Алешей. А.Г., 171
Познакомились в ресторане: она в компании, и я в компании; ха-ха-ха да хи-хи-хи; объединились, поехали после ресторана догуливать ночь у нее... я отшил какого-то слюнтяя и остался; ну и пошло-поехало. А. Астраханцев, Наш современник № 9, 1981, 127

**ОТШУ́ЧИВАТЬСЯ** *несов.*
mit einem Scherz abtun
*отвечать на что-либо серьезное шуткой, шутками.*
... в гараже его звали „хищник". Из-за нелепого прозвища он не переживал. Прозвище его даже веселило, взбадривало. Про себя он думал: „Есть к чему тянуться, молву надо оправдывать". А в гараже отшучивался: „На вас, мужиков, бычков пегих, должен быть один лютый зверь, а то заснете". С.Е.1, 20

**ОТЪЕ́СТЬСЯ**
sich satt essen
*поесть вдоволь, досыта.*
Первые дни Люда отдыхала, отъедалась, лечилась от комариных укусов. И.Г.1, 30

**ОТЫГРА́ТЬСЯ**
sich entschädigen, sich gütlich tun
*вознаградить себя за какие-либо лишения, утраты.*
Догадывались, что Саня потому и выдумал эту историю, чтобы хоть так отыграться за то, что деревенские девки его не любили. В.Ш., 347

**ОФИЦЕРЬЁ** *ср. пренебр.*
Offiziere, Offizierspack
*офицеры, офицерство.*
Видал тоже бабца? В гражданскую офицерье на ленточки на допросах полосовала. В.М.1, 93

**ОФИЦИА́ЛЬЩИНА** *ж.*
Bürokratie, Formalitäten
*то же, что официальность; о чем-либо, выполняемом ради соблюдения требований, правил, формальностей.*
— Ладно тебе официальщину разводить, — поморщился Алабушуев, — давай попросту. Е.Ц., 4

**ОФОНАРЕ́ТЬ**
verblöden; den Verstand verlieren
*лишиться рассудка, разума; отупеть, оглупеть.*
— Вот гадство, — орала она, вцепившись в новый немецкий магнитофон. — Маг уводить? Офонарели, чи шо, или облученные вы? Легче, зануда ... Частную собственность у нас даже конституция гарантирует. А.К., 194

**ОХА́ЖИВАТЬ** *несов.*
versohlen, verprügeln
*бить кого-либо.*
Когда Кларка выбивается от смеха из сил и прислоняется дохохатывать к стенке, Мума ловко задвигает ее в угол столом и начинает охаживать веником. А.К., 314

**ОХА́ЛЬНИК** *м.*
Flegel, Frechdachs, Rüpel, Range
*нахал, озорник; тот, кто непристойно ведет себя.*
... Свет ложился на подоконник, / Затевал на полу возню, / Он — охальник и беззаконник — / Забирался под простыню. А.Г., 149

**О́ХАТЬ** *несов.*
oh rufen
*восклицать „ох", выражая удивление, досаду, сожаление, печаль и т.п.*
Все охали и ахали, рассматривая горные виды ... Л.Измайлов, Л.Г., 31.10.79

**ОХА́ЯТЬ**
herunterputzen, heruntermachen; in den Schmutz/ Dreck ziehen; beschimpfen; verunglimpfen
*высказать о ком-, чем-либо крайне неодобрительное мнение; критиковать, ругать кого-либо.*
— Привыкли, гражданочка, охаивать кадры сферы обслуживания. В.К., 25

**О́ХИ** *мн.*
Ächzen
*восклицания, употребляемые при выражении чувств, вызванных чем-либо / радостью, испугом, удивлением, восхищением и т.п./.*
Все это прекрасно понимают сами юмористы, в большинстве случаев люди хмурые и неулыбчатые, они несут свой крест без стонов, ахов и охов. Е.Дубровин, Л.Г., 18.2.81

**ОХЛАМО́Н** *м. бран.*
Grobian, grober Klotz, Flegel
*грубый, невоспитанный, необразованный человек.*
Я так и думал. Март, говорю, не какой-нибудь охламон, чтобы зря директорствовать... Х.Л., 22
По его бы характеру золотую бабу впору. Цены ему, охламону, нету. В.М., 456

**ОХЛАМО́НСКИЙ** *бран.*
grob, ungebildet, bekloppt, dusselig
*грубый, невежественный.*
Эта идиотская охламонская статья написана не без того, не без шарма. В.Кор., 90

**ОХМЕЛЕ́ТЬ**
angetrunken/ blau/ angesäuselt sein; betrunken werden
*стать пьяным; опьянеть.*
Он слегка охмелел от долгожданной этой встречи, от расспросов, от собственных рассказов. В.Ш., 43

**ОХМУРЁЖ** *м.*
Gaunerei, Betrug
*обман, мошенничество, плутовство.*
... мы ... закричали обобщенно: „Долой фотографический охмуреж, чего бы он ни касался!" А.М., 18

**ОХМУРИ́ТЬ**
abwerben, abspenstig machen, ausspannen; umgarnen, bezirzen
*соблазнить, стараться привлечь на свою сторону.*
Оказывается, несколько месяцев тому назад днепродзержинского вратаря стала охмурять команда „Звезда" из Донецка. И.Ш., 34
Еропкин охмурил завидную девицу, бросил старую жену с детьми /цинично сказав на свадьбе, что наука требует жертв/ и женился на Эльвире. А.З., 117
Хмырь начал с того, что пересел к ней с переднего сиденья. Прошел он по проходу автобуса прямо к ней, не скрывая того, а, напротив, как бы говоря своим веселым видом: „Пошел охмурять. Следите." Сел. В.Ш., 240

**ОХОЛОНУ́ТЬ**
sich abkühlen, sich beruhigen, sich abreagieren
*успокоиться, прийти в себя.*
— Уж ты прости меня, Андрейка, только не смогу

я нынче с тобой, душа не на месте. Дай отойду маленько, охолону. А то ведь и до беды не долго. В.М., 159

**ОХО́ТА** *ж.*
Lust
*желание, стремление.*
Телефон, никшни, замолкни! / Говорить — охоты нет. А.Г., 158

**ОХО́ЧИЙ**
bereit, geneigt, willig
*имеющий желание, стремление, склонность к чему-либо.*
Есть у меня два сына, две дочери. / Честное слово, ей-ей, / ничего ребята, к труду охочие, / один одного шустрей. С.В., 32

**ОХРЕНЕ́ТЬ**
verblöden; den Verstand verlieren, um den Verstand kommen
*лишиться разума, рассудка; отупеть, оглупеть.*
Он и ребенка этого разыскал, живет в Париже, командировку в Париж ему не дали, ученый секретарь сказал только: „Вы что, охренели?" — а ведь учились вместе, сидели за одной партой ... А.И., 25

**ОХУ́ЛЬНИЧАТЬ** *несов.*
Unfug treiben, Radau machen
*хулиганить, безобразничать.*
— Для чего пакости? Или не знал, что за такие дела полагается? — Сам не знаю, чего охульничал, — не очень искренне ответил Селиванов. Л.Бородин, Грани № 9,1981,24

**ОЧЕРЕДНИ́К** *м.*
Nächstfolgender
*тот, кто ожидает получения чего-либо в порядке очереди.*
Конечно, худо, что не хватает заводу жилья. Но проскочить без очереди нельзя, список очередников висит на видном месте. В. Выжутович, Л.Г., 11.3.81

**ОЧИ́СТИТЬ**
ausrauben, ausplündern, ausräumen; ausnehmen, beklauen
*обокрасть, обворовать.*
Они /маршевики/ почти уж было очистили эти вагоны, но Лихину, на этот раз с моей помощью, удалось настигнуть грабителей на месте преступления. Л. Л., № 29, 174

**ОЧКА́РИК** *м.*
Brillenträger, Brillenschlange
*о человеке, носящем очки.*
За этого лысого, который диссертацию пишет, я выпил рюмочку — очень уж славно они его уделали. Голеньким выставили — со всех сторон. Будь здоров, очкарик. В.Ш., 257

**ОЧКА́СТЫЙ**
eine Brille tragend, bebrillt
*носящий очки.*
У подъезда на скамейке крашенная очкастая тетя Дуся беседовала с моложавым дедом Савельевым. И.Ф., 8

**ОЧКОВТИРА́ТЕЛЬ** *м.*
Blender, Betrüger, Augen(aus)wischer, Schaumschläger
*о ком-либо, кто намеренно вводит в заблуждение, обман.*
Преподаватели, нагруженные как ломовые кони, тянули исправно, и понукать их не требовалось. Лодырей и очковтирателей здесь практически не было, если и появлялся случайно кто-нибудь, не слишком расположенный „вкалывать", его просто внутренним давлением выпирало наружу, в какое-нибудь НИИ. И.Г.1, 58

**ОЧКОВТИРА́ТЕЛЬСТВО** *ср.*
Schönfärberei, Augen(aus)wischerei
*намеренное введение в заблуждение, изображение чего-либо в более выгодном свете; обман.*
Тут, брат, все налицо: работаем безвозмездно; квалифицированные работники выполняют обязанности уборщиц; и потому халтурим и занимаемся очковтирательством. А.З., 185

**ОЧУМЕ́ЛЫЙ**
verrückt, von Sinnen, meschugge
*потерявший соображение, одурелый, обезумевший.*
А тут вкалываешь, как очумелый, целый день, всем пассажирам стараешься угодить... Я.А., 12

**ОЧУМЕ́ТЬ**
verrückt werden, den Verstand verlieren, durchdrehen
*потерять соображение, обезуметь, одуреть.*

— Глоты. И сосут, и сосут, и сосу-ут эту водку... Как не надоест-то? Очуметь же можно. Глоты несчастные. В.Ш., 224

**ОЧУ́ХАТЬСЯ**
zu sich kommen, wieder zur Besinnung kommen; Vernunft annehmen
*прийти в чувство, опомниться // одуматься //.*
Малость очухаешься и пойдешь за милую душу. Еще и нас обставишь. В.М., 152.
— Спасибо потом скажешь, когда очухаешься. В.М., 461

**ОШАЛЁЛЫЙ**
(halb)verrückt, von Sinnen, nicht mehr zurechnungsfähig
*потерявший способность думать, соображать; одуревший.*
Вы слышите, грохочут сапоги, / И птицы ошалелые летят, / И женщины глядят из-под руки... / Вы поняли, куда они глядят? Б.О., 133

**ОШАЛЕ́ТЬ**
(halb) verrückt werden, den Verstand verlieren, um den Verstand kommen
*потерять способность думать, соображать.*
Где, уже не пижон, и не барин, / Ошалев от дорог и карет, / Я от тысячи истин, как Байрон, / Вдруг поверю, что истины нет! А.Г., 80
... Борис слегка ошалел и, проворонив момент встречной исповеди, чересчур рьяно начал выдавать на-гора свою биографию. В.Кор., 113

**ОШАРА́ШИТЬ**
verblüffen, aus der Fassung bringen, verwirren
*озадачить, поставить в тупик, привести в недоумение.*
Чем по принципу тарана / Оглушит и ошарашит? / Истерией? Копошеньем? С.В., 46
Должно быть, вид у него был ошарашенный, потому что Рита посмотрела на него участливо и как будто с сожалением. Г.В. 2, 73

**ОШАРА́ШИТЬСЯ**
aus der Fassung geraten, verwirrt werden
*удивиться, прийти в недоумение.*
— Ты что же? От мужа деньги не прячешь? — ошарашилась я. А.К., 429

**ОШИВА́ТЬСЯ** *несов.*
(herum)gammeln; herumsitzen, Däumchen drehen
*быть, находиться где-либо без определенной цели, без дела.*
А если, скажем, у вас после окончания не будет получаться насчет работы, приезжайте ко мне, будете работать в клубе. Минька знает, какой у меня клуб — со столбами. Чем в Москве-то ошиваться... В.Ш., 33
Подбросив щепок в печку, Кандыба прикурил и отчего-то грустно спросил, глядя на разгорающуюся печку: — Где ошиваешься? — На театре. У меня нынче весь почти сезон театральный, бенефис вот подошел! В. Астафьев, Мальчик в белой рубахе, М., 1977, 167

**ОШМЁТКИ** *мн. пренебр.*
Reste, Überreste, trauriger/ schäbiger Rest
*жалкие, ничтожные остатки чего-либо.*
Обмылки, огрызки, обноски, / Ошметки чужого огня: / А в сноске — вот именно, в сноске — / Помянет историк меня. А.Г., 65

**ОШПА́РИТЬ**
verbrühen, verbrennen
*облить, обварить, обжечь кипятком.*
Так, знаешь, натурально получилось, ну, сам не ожидал, только руку вот ошпарил. С.С., 9

**ОЩЕ́РИТЬСЯ**
die Zähne zeigen/ fletschen
*раздвигая губы, обнажить, оскалить зубы // проявить раздражение, злость //.*
— Скажешь лейтенантам: в Москву уехал, — кивнул Черенкову, открывавшему ворота. — Ясно, — ощерился дневальный. В.Кор., 269

**ОЩЕТИ́НИТЬСЯ**
die Krallen zeigen; sich zur Wehr setzen
*прийти в состояние раздражения; стать злым, сердитым.*
Но я уже отведал зла, нажил упрямства, научился ощетиниваться против укоров. В.А., Л.Г., 14.12.77

# П

**ПА́ДАЛЬ** *ж. груб. бран.*
Aas, Miststück, Dreckstück, Schwein
*о презренном, ничтожном человеке.*
— Хлеба хочешь? Мяса хочешь?.. А горб мой не заберешь зараз? Мне его кацап, вроде тебя в двадцатом еще годе на сохранность оставил, бери!.. Падаль! Ты у меня не токмо хлеба, дерьма собачьего не получишь... В.М.,115

**ПА́ДЛО** *ср. бран. груб.*
Aas, Miststück, Dreckstück, Schwein
*то же, что падаль.*
Негромко, но убедительно /Колька/ сказал: — Если не прекратите орать, я вас всех, падлы... Всех уложу здесь! В.Ш., 236

**ПА́ИНЬКА** *ж. м. ласк. или ирон.*
nette(r)/ feine(r)/ liebe(r) Mensch/ Junge/ Frau
*о послушном, благовоспитанном человеке.*
— Да что там очередь... Я вам лучше сюда принесу! — Вот и паинька, а я к вашему приходу все напечатаю. Л.Измайлов, Л.Г., 2.4.76

**ПА́ЙКА** *ж.*
Ration, Zuteilung
*паек; часть какого-либо продукта, выдаваемая по определенной норме на определенный срок.*
Но слаще, чем ваши байки, / Мне гордость моей беды, / Свобода казенной пайки, / Свобода глотка воды. А.Г., 33

**ПА́КОСТИТЬ** *несов.*
verpfuschen, verderben; gemein handeln, sich schofel benehmen
*вредить, портить что-либо; совершать какие-либо мерзкие, отвратительные поступки.*
Один раз поймал нас у себя в огороде сосед наш, Егор Чалышев, ну, выпорол. За дело конечно: не пакости. В.Ш., 129
— Он не вредный!— возражали третьи.— Вредный бы молчал и пакостил. У Мосолова душа нараспашку. Л.Наумов, Л.Г., 10.10.79

**ПА́КОСТНИК** *м. неодобр.*
gemeiner Mensch, Schuft
*тот, кто вредит, делает пакости, совершает мерзкие, отвратительные поступки.*
Распоясавшийся пакостник, обнаглевший хапуга — вот кто опасен зверью и птице. С.Б., 33

**ПА́КОСТНО**
gemein, niederträchtig, infam
*отвратительно, мерзко; скверно, очень плохо.*
Седлая Гнедка, он поймал на себе взгляд Александры, и было в этом ее взгляде что-то такое, от чего небо над головой показалось ему с овчинку, а на душе стало вконец глухо и пакостно. В.М., 159

**ПА́КОСТЬ** *ж.*
Gemeinheit, Niedertracht, Sauerei
*о чем-либо мерзком, отвратительном, приносящем вред.*
Для начальника ПКБ Антона Петровича Алабушева выходной день начался с пакостей. Е.Ц., 3

**ПАЛИ́ТЬ** *несов.*
schießen, feuern, ballern
*стрелять из какого-либо оружия.*
Именинник, наряженный в новые ковбойские штаны с тиграми на задних карманах, не переставая палил из игрушечного пистолета, который получил в подарок от папы. В.Свиридов, Л.Г., 12.1.77
Спустя много лет тетя, как всегда по секрету, рассказала, что пальнула в него очередная любовница, артистка цыганского театра „Ромэн". Л.Л., № 32, 78

**ПАНИБРА́ТСКИЙ**
familiär, kumpelhaft; leger, salopp; ungeniert, unverfroren
*фамильярный, бесцеремонный.*
Гарри Смит... сказал небрежно, панибратским тоном баловня и любимца. Л.Ленч, 44

**ПАНИБРА́ТСТВО** *ср.*
Familiarität, Kumpelhaftigkeit; Ungezwungenheit; Ungeniertheit, Unverfrorenheit
*фамильярность, бесцеремонность; излишняя непринужденность в обращении.*
А то у вас хлев, а в хлеву — свинство и панибратство. В.Кор., 248

**ПАНИКЁР** *м. неодобр.*
Panikmacher
*о человеке, легко поддающемся панике или распространяющем ее.*
Мы должны организовать беспощадную борьбу

со всеми дезорганизаторами тыла, паникерами, распространителями слухов... Вл.В., 178

**ПАНИКОВА́ТЬ** *несов., неодобр.*
in Panik/ Angst und Schrecken geraten, durchdrehen
*впадать в панику, проявлять внезапное смятение, страх при действительной или мнимой опасности.*
— Совсем плохо, Егор. Помираю. — Ну, что ты уж сразу так!.. Не паникуй особо-то. В.Ш., 112

**ПАНТАЛЫ́К** *м.:* **СБИТЬ С ПАНТАЛЫ́КУ**
aus dem Konzept bringen, verwirren, vom rechten Weg abbringen
*привести в растерянность, лишить соображения; сбить кого-либо с правильного пути.*
И где-то в дебрях ресторана гражданина Епифана / Сбил с пути и с панталыку несоветский человек. В. В.1, 12

**ПАПА́Н** *м. пренебр.*
Papa, Alter, alter Herr
*то же, что папа, отец.*
— Папан не замечает, что я ему задачник для третьего класса подсовываю. Л.Маков, Крокодил № 31, 76

**ПАПА́НЯ** *м. ласк.*
Vati, Pappi
*папа, отец.*
— Ты чего это, Иван? С ума, что ли, сошел?— поднялась Нюра.— Ты что? — Хотел папаню твоего поучить... Как надо человеком быть. В.Ш., 72

**ПАПА́ША** *м. пренебр.*
1 Onkel, Opa
2 Papa, Vati
*1. о взрослом человеке.*
— Не возникайте, папаша,— говорит ему девушка.— Без вас разберемся. С.Б., 24
*2. то же, что папа.*
Спрашивает мальчик — почему? / Двести раз и триста — почему? / Тучка набегает на чело, / А папаша режет ветчину, / А папаша режет ветчину,/ Он сопит и режет ветчину / И не отвечает ничего. А.Г., 45

**ПА́ПЕНЬКА** *м.*
Papa, Alter
*то же, что папа.*
Офицер остановился, смутился и, видимо, плюнув в сердцах, ушел, не желая связываться с наглым, сидящим не по форме да еще в недозволенном для него месте солдатом, говорящим по-западному. Черт его знает, кто его папенька при такой наглости! В.Р., 143

**ПА́РА** *ж.*
mangelhaft (Zensur)
*неудовлетворительная оценка, отметка в два балла (в СССР).*
В списках допущенных до следующих экзаменов его имени не значилось — следовательно, „пара" ... С.Е., 48

**ПАРАЗИ́Т** *м. бран.*
Parasit, Schmarotzer; Nassauer
*о человеке, живущем за счет других; о тунеядце.*
— Тебе, паразит, жалко сапоги замарать, а я должон каждую весну плетень починять. В.Ш., 39

**ПАРЕНЁК** *м. уменьш. ласк.*
Bürschlein, junger Bursche
*то же, что парень.*
— Ты прав, паренек, грусти — не грусти, / Упустишь — не вернешь потом. / Купи мне немного молодости, / Устал я быть стариком. Б.А.3, 75

**ПА́РЕНЬ** *м.*
Bursche, Junge, Bengel, junger Spund
*юноша, молодой человек // мужчина /обычно в фамильярной речи //.*
„Ну, тот парень не ты, артачиться зря не станет". В.Ш., 135

**ПАРИКМА́ХЕРША** *ж.*
Friseuse
*женщина-парикмахер.*
И форейтор прогресса, устрашенный намеками парикмахерши, стал поспешно закруглять ужин, грозивший финансовым шоком. Д.Иванов, В.Трифонов, Л.Г., 14.6.78

**ПАРИ́ЛКА** *ж.*
Schwitzraum (in der Sauna)
*отделение в бане, где парятся; парная, парильня.*
Ладно. Иду в парилку, сажусь на полку в штанах и с независимым видом. Г.Горин, Л.Г., 6.8.75

**ПАРНИ́ШКА** *м. уменьш. ласк.*
Bürschlein, Bürschchen
*то же, что парень.*
Старик смотрит сверху страдальчески и с любопытством. Юрка иногда удивляет его своими познаниями, и он хоть и не сдается, но слушать парнишку любит. В.Ш., 50

**ПАРНО́С** *м.*
Einkünfte, Einnahmen
*доход, заработок.*
Зарабатывал тем, что играл в кабаках, и жил на парносах, как и каждый музыкант в таких ансамблях. Время и мы, № 43, 40

**ПАРНЯ́ГА** *м. неодобр.*
Bursche, Kerl, Bengel, Bürschchen
*то же, что парень.*
Бегали игроки чуть ли не полверсты; неотголившегося, схлюздившего, ударившегося в бега парнягу, как и при игре в кол, катали на палках... В.А., Л.Г., 14.12.77

**ПА́РОЧКА** *ж.*
Pärchen, Liebespaar
*о мужчине и женщине, связанных любовными отношениями.*
А вокруг гудели парочки, / Пили водку и шампанское. А.Г., 138

**ПАРШИ́ВЕЦ** *м.* **ПАРШИ́ВКА** *ж. неодобр.*
(hunds)gemeiner Kerl, (hunds)gemeines Aas, Luder
*об отвратительном, мерзком человеке.*
И паршивка-парикмахерша, наглея на глазах, с упоением принялась учить Лякина жизни. Д.Иванов, В.Трифонов, Л.Г., 14.6.78

**ПАРШИ́ВО**
(hunds)gemein, ekelhaft
*плохо; неприятно, скверно, отвратительно.*
Нефедов положил мне руку на плечо: — До чего же паршиво. Кольке не выбраться. В.Р., 193

**ПАРШИ́ВЫЙ**
(hunds)gemein, ekelhaft
*очень плохой; скверный, отвратительный.*
Нет, далась вам эта паршивая „Абхазия". В.Н., № 18, 67
Хотя я помогал Агафонову проталкивать его первые паршивые статейки и редактировал их, у нас сохранились прекрасные личные отношения. А.З., 118

**ПА́РЯ** *м.*
Bursche, Junge
*то же, что парень.*
— Ты что, паря, не при своих. Это ж надо такое ляпнуть! Вл.В., 121

**ПАСКУ́ДА** *м. ж. груб. бран.*
gemeiner Kerl, Miststück
*о мерзком, гадком, отвратительном человеке.*
Но гитару унесли, с нею и свободу. / Упирался я, кричал, — Сволочи! Паскуды! В.В. 3, 51

**ПАСКУ́ДИТЬ** *несов. груб. бран.*
verderben; beschmutzen, versauen; Gemeinheiten begehen
*портить что-либо, делать мерзости, пакости.*
Уж если такая укатится, то ее вовек не найти, а стало быть, не будет клиент паскудить доброе имя завода. А.М., 20

**ПАСКУ́ДНЫЙ** *груб. бран.*
(hunds)gemein, niederträchtig, widerlich
*мерзкий, гадкий, отвратительный.*
И был киномеханик хитер, разумел, что фильм паскудный, и решил рекламировать его особенно броско. А.М., 24

**ПАСОВА́ТЬ** *несов.*
passen, aufgeben, mit seinem Latein am Ende sein
*отказываться от дальнейших усилий что-нибудь сделать, признавая себя бессильным.*
... он закурил... и, уже неторопливо куря, попенял самому себе: „Уж если поднял голос, так не пасуй!" В.А., 560

**ПАСТИ́СЬ** *несов.*
herumspazieren, spazierengehen
*находиться где-либо; гулять, проводить время.*
Дети гуляют. Пасутся в палисаднике, на радость тете Лизе. В.С., 53

**ПАТЛА́ТЫЙ**
ungekämmt, zerzaust, zottig
*косматый, непричесанный.*
За одним столом с Сергеем Митрофановичем сидела патлатая девчонка. В.А., 560

**ПА́ТЛЫ** *мн.*
Zotteln
*длинные, прямые, плохо причесанные волосы.*
Свесив сальные патлы, / Го́сть завел „Ермака". А.Г., 102

**ПАЦА́Н** *м.*
Junge, Bengel, Knabe
*мальчик, мальчишка.*
В очереди меж тем стойко держался народ самого разного ценза: и хвощевидные пацаны, и крутобедрые тетки. Д.Иванов, В.Трифонов, Л.Г., 28.7.76

**ПАЦА́НКА** *ж.*
Mädchen, Kleine
*девочка, девчонка.*
... покуривающая ладно — девчонка, почти пацанка еще... Ю.С., 119
Он гневно рявкнул и недвумысленно замахнулся на меня. Тоня закричала еще громче. — Уйми, говорю, пацанку, а то я ее уйму... Е.Гинзбург, Крутой маршрут, Милан, 1979, 296

**ПАЦАНЬЁ** *ср.*
Kinder, Gören, Bälger
*дети, подростки.*
Надежда и Янечка проводят с этим пацаньем культмассовую работу, ибо мир подростка противоречив... А.К., 435

**ПАЧКУ́Н** *м. пренебр.*
Stümper, Pfuscher, Dilettant
*о неумелом, плохом работнике.*
— Но может быть, все же скажете, что мы должны обсуждать? — Что?!— взвизгнул Росен Косев.— Поведение этого пачкуна Давыдова! Т.Димов, Л.Г., 1.5.79

**ПАЯ́ТЬ** *несов.*
anklagen, beschuldigen
*обвинять кого-либо.*
Прокурор, что мне паял, оказался гадом. В.Кор., 69

**ПЕВУ́Н** *м.*
Sänger, Sangesbruder
*то же, что певец.*
Но, судя по некоторым фактам, человек он скромный, непьющий и с перспективой... Жених настоящий... Не то, что твой сбежавший певун. М.Л., 18

**ПЕ́КЛО** *ср.*
Hölle, Höllenglut
*место, где происходит что-либо бурное, напряженное, опасное.*
Я выжил. Я из пекла вышел. Там не осталось ничего. Б.О., 143

**ПЕ́НТУХ** *м. груб.*
Fünfer, Fünfrubelschein
*то же, что пять рублей.*
Оказывается, гулянка у них с девками, значит, в пятом классе по пентуху с рыла. И.Ф., 9

**ПЕ́НТЮХ** *м.*
Tölpel, Tolpatsch, Trampel
*неуклюжий, нерасторопный человек; увалень.*
...— Пентюхи вы все, пыль на ушах... и...— Митька горько выругался, ехидно потрепал пальцем свое же ухо, словно бы стряхивая с него пыль. В.Б., 99

**ПЕРВА́Ч** *м.*
1 der (Aller)Erste, der Beste, Auslese
2 hochprozentiger Alkohol, Rachenputzer
*1.о человеке, занимающем первое место в чем-либо.*
Промолчи — попадешь в первачи! / Промолчи, промолчи, промолчи! А.Г., 13
*2. о спиртных напитках с очень высоким процентом содержания алкоголя.*
Старик сходил в дом, принес бутылку самогона и немного ботуну. И стакан. — Что ж ты сразу не сказал, — заторопился Иван. — Сидит помалкивает!.. — Он налил стакан и одним духом оглушил. — Я вот такой больше люблю, чем первач. Этот с вонью, как бензин — долго не будешь раздумывать. Кха... Пей. Сразу только. В.Ш., 90
Разливая по стаканам чистый, как слеза, первач, спросила: — А как будет во множественном числе: порты́ или по́рты? Г.Р., 116

**ПЕРВАЧО́К** *м.*
Erstklässler, Abc-Schütze
*ученик первого класса.*
— Ведь я должна классное руководство вам дать, — продолжала плакаться завуч,— ну? Это вам не первачки, пришел, увидел, победил ... девя-ти-класс-ни-ки! А.К., 71

**ПЕРВОГО́ДОК** *м.*
im ersten Jahr Dienender
*о солдате, матросе, находящемся первый год на службе.*
Меня, новичка в армии, первогодка, поразило, что это говорили ребята, отдыхающие от устава в камерах и забывшие его на время заключения. В.Р., 150

**ПЕРВОКЛА́ШКА** *м. ж.*
Erstklässler(in), Abc-Schütze
*ученик, ученица первого класса.*
Ты бы посмотрел, что с первоклашками вытворяют. Представляешь, материалы съезда долбят. А.З., 185
— Садись,— толкнула его тетка, как первоклашку, в кресло, сама села во второе, но тут же поднялась и повернула ключ в замке. В.Кор., 368

**ПЕ́РВО-НА́ПЕРВО**
zuallererst, vor allen Dingen
*сначала, сперва.*
По приезде в село цирковой артист перво-наперво потребовал, чтобы для него подобрали три разной величины бочки. М. Алексеев, Наш современник, № 9, 1981, 39

**ПЕРЕБИ́ТЬСЯ**
sich durchschlagen, sich durchquälen; durchkommen
*жить плохо, бедно // выдержать, преодолеть нужду, лишения, трудное время //.*
Забивать корову жалко, как потом жить? Думаю, как-нить перебьемся, зато на другой раз с молоком будем. В.Расп.1, 41
— Молоко сдавал? — спросил председатель ... — Сдавал,— сказал Плечевой, — жирность, говорят, маловата. — Перебьются,— махнул рукой Голубев. Вл.В., 57

**ПЕРЕБО́РЧИВЫЙ**
wählerisch, anspruchsvoll, mäkelig, kiesetig
*привередливый, разборчивый; строгий в выборе, требовательный.*
— ... А то, что взамуж не вышла, так я переборчива больно была, да и разве ж я перестарок? И.В., 69

**ПЕРЕБОРЩИ́ТЬ**
übertreiben, überspitzen, aufbauschen
*превысить, перейти меру в чем-либо.*
Возможно я в чем-то переборщил, но принципиальность — прежде всего! Б.Викторов, Л.Г., 28.2.79

**ПЕРЕБРА́НИВАТЬСЯ** *несов.*
sich (herum)zanken, sich in die Haare geraten/kriegen
*переругиваться с кем-либо, обмениваться бранными словами.*
И Павел Николаевич принимал порошки от головной боли, смачивал лоб тряпкой и глаза прикрывал от света. Так они лежали рядом, вполне мирно, не перебранивались — по много часов. А.С., 340

**ПЕРЕБРА́НКА** *ж.*
Gezänk, Geplänkel, Zänkerei
*взаимные оскорбления, брань; ссора.*
Поднялся тут шум и перебранка. М.З., 52

**ПЕРЕБРА́ТЬ**
einen über den Durst trinken, zu tief ins Glas gucken
*выпить слишком много алкоголя.*
Побаливала голова. То ли оттого, что он вчера немного перебрал, то ли оттого, что он, кажется, обо что-то вчера ударился. Вл.В.1, 118

**ПЕРЕВАЛИ́ТЬСЯ**
sich (herum)wälzen
*повернуться с одной стороны на другую.*
Марья Селезнева работала в детсадике, но у нее нашли какие-то палочки и сказали, чтоб она переквалифицировалась. — Куда я переквалифицируюсь-то? — горько спросила Марья. Ей до пенсии оставалось полтора года.— Легко сказать — переквалифицируйся... Что я, боров, что ли с боку на бок переваливаться? В.Ш., 294

**ПЕРЕВА́РИВАТЬ** *несов.*
ausstehen, leiden können
*примиряться с кем-, чем-либо, допускать что-либо; выносить, терпеть что-либо (употребляется обычно при отрицании).*
Дед и Петька „не переваривали" телевизор. В. Шукшин, Охота жить, Казань, 1977, 70

**ПЕРЕВРА́ТЬ**
verdrehen, entstellen, verfälschen
*пересказать, передать что-либо неверно, с ошибками.*
Они лады перебирают, / Как будто лезут на ро-

жон, / Они слова перевирают, / То в соль-мажор, то в ре-мажор. А.Г., 194

**ПЕРЕГРЫ́ЗТЬ**
an die Gurgel springen
*в состоянии злобы, ярости расправиться с кем-либо.*
Все спрячет — и хлеб и воду... Перегрызем тогда друг дружку, как звери. В.М., 62

**ПЕРЕДЕ́ЛКА** *ж.*
heikle/ schwierige Lage/ Situation, Schwulität, Klemme, Bredouille
*затруднение; очень неблагоприятные, тяжелые условия.*
— Слушайте, Дима,— тихо сказал он,— у вас вообще как с финансами? В крайнем случае не смущайтесь. Если хотите на месяц в долг... — Пока терпимо. Спасибо.— Я сам был в таких переделках и поэтому вам сочувствую. В.Ак., 30

**ПЕРЕДЕ́РЖКА** *ж. неодобр.*
Verfälschung, Verdrehung, Entstellung
*недобросовестный прием, искажение, подмена одного другим /в изложении, рассуждении, цитировании и т.п./.*
Мы не собираемся останавливаться... на всех передержках и нагромождении лжи... В.Баснер, Л.Г., 14.11.79

**ПЕРЕДРА́ТЬ**
abschreiben, abpinnen; plagiieren
*списать что-либо без ссылки на автора; совершить плагиат.*
Передери как следует. Цитаты замени. Или место для них оставь — вдвоем заменим. В.Кор., 90

**ПЕРЕДРЯ́ГА** *ж.*
Patsche, Klemme, Schwulität, Bredouille; schwierige Situation
*неприятное, хлопотливое, затруднительное дело, положение.*
Честно говоря, я и войны-то не видел, хотя побывал во многих передрягах, драпая от Смоленска до Москвы. Л.Л., № 30, 150

**ПЕРЕДЫ́Х** *м.*
Atempause, Verschnaufpause
*то же, что передышка; временное прекращение какого-либо действия, состояния.*
Славка перестал было играть, чтоб поздороваться, но вспомнил материн наказ — играть без передыху, кивнул дяде Володе и продолжал играть. В.Ш., 61

**ПЕРЕЖИВА́ТЬ** *несов.*
(viel) durchmachen, (viel) mitmachen; sich aufregen, sich Sorgen machen
*волноваться, беспокоиться из-за чего-либо.*
Не переживай — такие происшествия у нас не часты. Н.Б.1, 43

**ПЕРЕЗИМОВА́ТЬ**
überstehen, durchstehen, überleben
*преодолеть какие-либо трудности, справиться с чем-либо.*
Но обычная их — лашковская — уверенность в себе выручила и здесь: „Не боги горшки обжигают, перезимуем!" В.М., 101

**ПЕРЕИНА́ЧИТЬ**
umändern, umgestalten, ummodeln
*видоизменить, переделать кого-, что-либо; сделать иным.*
Да и сам он, стоило ему запеть эту песню, невесть когда услышанную на пластинке и переиначенную им... видел сам себя там, в семье своего расчета. В.А., 575
В походе король свою армию переиначил: / Веселых солдат интендантами сразу назначил, / А грустных оставил в солдатах — „Авось ничего". Б.О., 141

**ПЕРЕКАНТОВА́ТЬСЯ**
sich aufhalten; über die Runden kommen; umziehen
*находиться где-либо; перемещаться, переезжать куда-либо.*
Война скоро кончится, где-нибудь перекантуемся... Л.Л., № 32, 78
—... Я говорю: „Пойдем, Иван Африканович, баню найдем да до утра как-нибудь перекантуемся. Думал, на перине буду ночевать с Нюшкой, а все повернулось на сто градусов". В.Б., 16

**ПЕРЕКАТА́ТЬ**
abschreiben
*переписать, списать что-либо.*
Он эту муру целый день студиозам мурлычет, а вечером еще для журналов перекатывает. В.Кор., 241

**ПЕРЕКОВА́ТЬСЯ**
umerzogen, umgekrempelt werden

*переделаться, преобразоваться; сделаться подобным, похожим на кого-, что-либо.*

— Скажи, капитан,— спросил я однажды Игоря.— Зачем ты нам тогда назвал свой колхоз? Хочешь посмотреть, как мы станем перековываться? Игорь захохотал смущенно. — Хочешь посмотреть, как мы станем честными трудягами? В.Ак., 52

**ПЕРЕКОРЁЖИТЬ**

sich (vor Abscheu/ Ekel) schütteln, sich krümmen

*свести судорогами, передернуть.*

Да ей всякие бодяги про любовь нужно обязательно смотреть. А включу я бокс или там хоккей, ее прямо всю перекореживает. И.Ф., 24

**ПЕРЕКО́С** *м.*

Veränderung, Verdrehung, Entstellung

*искажение, изменение чего-либо /обычно в плохую сторону/.*

— Да все о Михаиле беспокоюсь. — А что? Здоров, кажется... — Так-то так. А вдруг перекос? — Вдруг, думаю, семейная жизнь у парня пойдет наперекосяк... М.С.1,9

**ПЕРЕКОСИ́ТЬ**

verzerren, verdrehen, entstellen

*исказить, искривить под влиянием сильных эмоций, ощущений /лицо, черты лица/.*

— С первого курса берут: айн, цвай, драй да хенде-хох, вот и весь ихний ин-яз. Бросают, как горох на камень: глядишь, прорастет. Да не прорастет ведь! — Его даже перекосило. — Перестреляют, как куропаток. В.М.1, 196

**ПЕРЕКРОМСА́ТЬ**

verpfuschen, vermurksen

*исказить, изменить, переделать, переставить местами и т.п.*

Ведь есть же люди, которым так и выстилает гладенько всю жизнь, а другим все перекромсано. И говорят — от человека самого зависит его судьба. Ничего не от него. А.С., 142

**ПЕРЕКУВЫРНУ́ТЬСЯ**

abkratzen, verrecken

*скончаться, умереть.*

Федька Павлов, как за маленьким, ходил за Борисом, менял ему на лбу мокрое полотенце, поил из большой оловянной солдатской ложки, но тот был настолько плох, что даже не благодарил товарища. — Как бы не перекувырнулся, — задумчиво сказал на второй вечер Морев, сидя с Федькой и Ванькой Секачевым за преферансом. В.Кор., 243

**ПЕРЕКУ́Р** *м.*

Zigarettenpause

*перерыв в работе или в занятиях /для курения/.*

Еще, Урусов, еще, терпение и труд все перетрут, скоро перекур. В.П., 34

**ПЕРЕКУРИ́ТЬ**

eine Zigarettenpause machen

*сделать перерыв в работе, в занятиях и т.п.*

Когда прораб разрешил нам перекурить, мы достали свои завтраки и присели, кто на чем устроился. З.Грибенко, Л.Г., 19.9.79

**ПЕРЕКУСИ́ТЬ**

einen Imbiß/ Happen/ Bissen (zu sich) nehmen

*слегка закусить, поесть немного, наскоро.*

— Надо перекусить с дороги, вы ведь добирались к нам полдня. И.Ш., 41

На рассвете он, наскоро перекусив, отправлялся в лес... В.М.1, 193

**ПЕРЕЛОПА́ТИТЬ**

sich erinnern, das Gedächtnis durchkramen

*последовательно вспоминать о чем-либо.*

А если бы все же признался в этом грехе и попытался вспоминать, то пришлось бы перелопатить в памяти самые свои юношеские годы, когда, промазав на охоте в присутствии отца, он стягивал с себя рубаху и искал несуществующего муравья, который будто бы „цапнул его за волосья подмышкой" во время выстрела. Л.Бородин, Грани № 19,1981,5

**ПЕРЕЛЮБИ́ТЬ**

(nacheinander) lieben; aufhören zu lieben

*испытать любовь последовательно ко всем или многим // перестать любить //*

—... А я теперь в Польше. И перелюбил я мою Настю московскую на польскую дамочку с кудряшками. По имени была Мария... В.С., 47

**ПЕРЕМА́ЗАТЬ**

beschmutzen, besudeln

*испачкать, загрязнить.*

— Простите,— сказала я,— пойду переменю

кофточку. Эти мальчишки дрались из-за торта и всю меня перемазали. И.Г.1, 161

**ПЕРЕМАНИ́ТЬ**
zu sich herüberlocken, abspenstig machen, abwerben, auf seine Seite ziehen
*привлекая чем-нибудь, побуждать примкнуть к кому-либо другому.*
— Да я сейчас у Доминского мячик возьму! Всех к себе переманю. В.А., Л.Г., 14.12.77
Его стали переманивать, перетягивать, предлагать разные жизненные блага, но он гордо отказывался и, закончив карту, уплыл в Антарктиду... А. и Л. Шаргородские, Л.Г., 23.11.77

**ПЕРЕМАХНУ́ТЬ**
hinübersetzen, hinüberhechten, sich hinüberschwingen
*перепрыгнуть, перескочить через что-либо.*
Утром, на плодоовощной базе, первым делом воровал яблоки, апельсины, бананы — что попадется, — перемахивал шустро через забор, бежал к ближнему магазину. Ф.Кан., 31

**ПЕРЕМЕТНУ́ТЬСЯ** *неодобр.*
überlaufen, überwechseln, abwandern
*изменить кому-, чему-либо, перейти на чью-либо сторону.*
... был у меня такой один, токарь, Валька — вроде тебя, то здесь поработает, то туда переметнется. Е.Терновский, Р.М., 15.3.79

**ПЕРЕМОГА́ТЬСЯ** *несов.*
eine Krankheit/ Schwäche zu überwinden suchen; sich überwinden
*с трудом преодолевать, пересиливать недомогание, болезнь, слабость и т.п.*
Работалось и не работалось Любе в тот день... Перемогалась душой. В.Ш., 453

**ПЕРЕМО́ЛВИТЬСЯ**
ein paar Worte wechseln
*обменяться словами, поговорить с кем-либо.*
— Что ж это вы встречались и ни разу, ни одним словом не перемолвились? Вл.В., 202

**ПЕРЕМОЛО́ТЬСЯ**
sich einrenken, wieder gut werden, ins Lot kommen
*наладиться, исправиться, разрешиться благополучно /обычно о каких-либо неприятностях, сложностях и т.п./.*
А потом мне пришили дельце / По статье уголовного кодекса. / Успокоили — все перемелется, / Дали срок, не дали опомниться. В.В. 3, 9

**ПЕРЕМУСО́ЛИТЬ**
beschmutzen, beschmieren, vollschmieren
*запачкать, испачкать что-либо.*
Он положил ему копыто на плечо / И так хозяину перемусолил баки, / Что тотчас на спине почувствовал метлу... С.М., 21

**ПЕРЕНЕ́РВНИЧАТЬ**
eine große Aufregung hinter sich/ durchgemacht haben
*очень сильно понервничать, поволноваться.*
— Вы кричали на него, ногами топали. Вот он и перенервничал,— сказала Масленникова.— Просил в будущем его от такого обращения оградить. А.Яхонтов, Л.Г., 16.5.79

**ПЕРЕОДЕВА́ЛКА** *ж.*
Garderobe, Umkleideraum
*раздевалка, гардероб.*
И единственно, о чем удалось договориться через главного врача, — что можно будет миновать приемный покой, общую баню и переодевалку. А.С., 8

**ПЕРЕПА́ЛКА** *ж.*
Streit, Zank, Stunk, Auseinandersetzung
*перебранка, шумный спор.*
Внезапно погас свет, и кухня девятой квартиры дома номер пять по Первому Венидиктовскому переулку превратилась в место ожесточенной перепалки. И.Ш., 17
Старик с интересом слушал эту умную перепалку. В.Ш., 375

**ПЕРЕПА́СТЬ**
abfallen, abwerfen, etwas einbringen
*прийтись, достаться на чью-либо долю.*
... а он, Иван Африканович, что? Да ничего, с гулькин нос, десять да пятнадцать рублей. Ну, правда, рыбу ловит да за пушнину кой-чего перепадает. Так ведь это все ненадежно... В.Б., 19

**ПЕРЕПИ́ТЬСЯ**
zuviel trinken, einen über den Durst trinken, blau werden
*напиться пьяным, стать пьяным.*
Дайте собакам мяса, может,они подерутся./

Дайте похмельным кваса, авось, они перепьются. В.В. 3, 45

**ПЕРЕПЛА́ТА** *ж.*
Überzahlung, Überbezahlung
*переплаченная сумма.*
— Впрочем, — задерживает продавщица, — один мой хороший знакомый может достать пасту апельсинового цвета. Но ... — Понимаю, — шепчу заговорщицки, — с переплатой. Согласен я. К.Исмагилов, Л.Г., 4.2.81

**ПЕРЕПЛЁТ** *м.*
Klemme, Bedrängnis, Zwangslage, Zwickmühle
*сложное, затруднительное положение.*
Видно же, с кем имеешь дело — с бичами непромысловыми, которые в море не ходят, только лишь девкам травят про всякие там „штормяги" и „переплеты". Г.В.1, 3

**ПЕРЕПЛЮ́НУТЬ**
übertreffen, überflügeln, in den Sack stecken
*превзойти кого-либо; перегнать, опередить.*
Переплюнуты все Дюма и Рокамболи. Тридцать шесть ребят, в основном студентов, и одна девушка, в течение шести месяцев рыли туннель. В.Н., № 18, 65

**ПЕРЕПО́Й** *м.*
Sauferei, Suff; Rausch
*сильное алкогольное опьянение.*
Сегодня слегка поддал и с перепою не могу вспомнить, требуют ли на турбазах паспорта. В.П., 43

**ПЕРЕПОЛОВИ́НИТЬ**
halbieren
*разрезать что-либо на две части; отделить половину чего-либо.*
Три буханки белого привезла им, так в пять минут переполовинили ребята-то. А.К., 46

**ПЕРЕПОЛО́Х** *м.*
Tumult, Alarm, Durcheinander
*внезапная тревога, волнение, смятение.*
Пока я дошел до конторы, Дроботун уже, наверное, успел туда позвонить, там поднялся переполох. Вл.В.1, 65

**ПЕРЕРУГА́ТЬСЯ**
sich verzanken; sich gegenseitig beschimpfen
*поссориться, поругаться, обменяться бранными словами.*
Охоту свою тетя Маргоша начала с Главного магазина — огромного, высоченного, со стеклянной крышей, под которой беспрепятственно летали, переругивались друг с дружкой на лету, ко всему привычные центральные воробьи. Л.Ленч, 23

**ПЕРЕСМЕ́НОК** *м.*
Pause zwischen den Schichten
*перерыв между сменами.*
Сейчас как раз наступил пересменок, и в зале было пусто. В.Кор., 324

**ПЕРЕСОБА́ЧИТЬ**
umbenennen, umtaufen; verballhornen
*назвать иначе, переименовать, переделать что-либо.*
— А я думаю: пошто Николашкин? — Николашка... Его так-то — отец Николай, а народишко, он ить какой — все пересобачит: Николашка и Николашка. Так и переулок пошел Николашкин. В.Ш., 407

**ПЕРЕСО́РТИЦА** *ж.*
Umsortieren, Umsortierung
*перевод товаров из одного сорта в другой.*
Ну, уж сами, наверное, знаете, ...с неба ничего не падает... с продавцов, конечно, дань надо собирать, потом пересортица, левый товар... И.Ф., 11

**ПЕРЕСПА́ТЬ**
mit jemandem schlafen/ ins Bett gehen
*вступить с кем-либо в интимные отношения.*
Мне на секунду показалось чудом крестное движение, нежное и спокойное, искренне направленное на парня, из глубины души которого в последние минуты поднялось желание обнять девушку, переспать с какой-то Валей, красоту которой он в бреду пил захлебываясь, восхищенно говоря, что нежнейшее Валино место — тыльная сторона ляжки. В.Р., 56

**ПЕРЕСПЕ́ЛЫЙ**
überreif
*слишком спелый, перезрелый.*
Голова у меня, чувствую, уже как переспелый арбуз стала: дотронешься — лопнет! А.Эйрамджан, Л.Г., 22.9.76

**ПЕРЕСТА́РОК** *м.*
Überalterte
*о ком-либо, перешедшем границу определенного возраста.*

— ... А то, что взамуж не вышла, так я переборчива больно была, да и разве ж я перестарок? Тридцати еще нет. И.В., 69

**ПЕРЕСТУЧА́ТЬ**
abtippen, abschreiben
*переписать что-либо на пишущей машинке.*
— Вам машинка нужна? Она в порядке. Я всего две страницы перестучала. У меня плохо печатается. И жалко — замечательная машинка. В.Кор., 398

**ПЕРЕСУ́Д** *м. неодобр.*
Klatscherei, böswilliges Gerede/ Geschwätz, Tratsch(erei)
*недоброжелательное суждение о ком-, чем-либо; сплетня.*
По району пошли слухи и пересуды. С.Б., 11

**ПЕРЕСЫ́П** *м.*
Beischlaf
*интимные отношения.*
— Да ничего особенного. Обыкновенный пересып днем. Что ни говори, а все-таки приятно, если по тебе страдают. В.Кор., 242

**ПЕРЕТОЛКНУ́ТЬ**
hinüberstoßen, hinüberschubsen
*переместить, передвинуть кого-, что-либо.*
Я незаметно переталкивал его в другую команду, но там тоже не очень-то рады такому резвачу. В.А., Л.Г., 14.12.77

**ПЕРЕТРА́ХАТЬСЯ**
bumsen, vögeln
*сожительствовать; находиться с кем-либо в интимных отношениях.*
Жилищный кризис. Людям негде по-человечески перетрахаться. Демобилизованный солдат, набравшись, полез, представляешь, к стрелочнице. В.Кор., 235

**ПЕРЕТРУХНУ́ТЬ**
Angst bekommen
*очень сильно испугаться.*
Но потом разыгрались страсти, глупые угрозы. Господи, как он перетрухнул! Ю.Т.1, 111

**ПЕРЕ́ТЬ** *несов.*
1 (stur) drauflosgehen, vorwärtsdrängen, vorwärtsstürmen
2 klauen, mopsen, sich unter den Nagel reißen
3 sagen
*1. идти, двигаться куда-нибудь, не обращая внимания на препятствия или запрещения.*
Прет стеной мимо дома нашего / Хлам, забытый в углу уборщицей, / Вот сапог громыхает маршево, / Вот обломанный ус топорщится! А.Г., 32
... у магазина культурные люди сперва пропускают выходящих, а уже потом лезут. А эта прет, как танк. М.Мишин, Л.Г., 24.11.76
*2. красть что-либо; воровать.*
А он мне: „На паях, значит, говорит, с жульем работаешь... Зубы, значит, заговариваешь, а они бумажники у полноправных граждан прут." В.М., 130
*3.говорить что-либо.*
Хреновину ты пер тот раз, что тайга тебе чужая! Дыхнуть ее тебе надо! Л. Бородин, Грани № 119,138

**ПЕРЕ́ТЬСЯ** *несов.*
hinstreben, hinwollen
*идти, двигаться.*
— Спирька, дурак ты, дурак, хоть рожу свою пожалей! К кому прешься — с Лизке корявой, к терке!.. Неужели не совестно? В.Ш., 186
Тратить деньги на книги или в библиотеку за ними переться — находил он просто смешным. А.С., 116

**ПЕРЕХОДИ́ТЬ**
(die Figur) zurücknehmen; den Zug ändern; einen Neuanfang machen
*сделать что-либо снова, иначе // изменить ход в игре //.*
— А вы поставьте коня сюда. — Зачем я буду его ставить? Я вот как пойду! — Нет, перехаживать нельзя. Н.Елин, В.Кашаев, Л.Г. 29.8.73

**ПЕРЕХЛЁСТ** *м.*
Überspitzung, Übertreibung
*проявление излишнего усердия, несоблюдение чувства меры в чем-либо.*
— Вы правы, — кротко признал Самоцветов. — Не смеем мы ограничивать мнение наших взыскательных зрителей. Это было бы перехлестом. Ц.С., 14

**ПЕРЕ́ЧИТЬ** *несов.*
sich widersetzen, sich sträuben, sich querlegen
*делать, говорить, поступать наперекор кому-либо; возражать.*
Он — листок мне, я и тут не перечу. / „Ознакомься, — говорит, — по дороге / Со своею выдающейся речью!" А.Г., 97

**ПЕРЕШИБИ́ТЬ**
übertrumpfen, überbieten, übertönen
*подавить, заглушить что-либо.*
„Штопор у кого?" — перешибая шум, крикнула Еськина сестра. В.А., 569

**ПЕРЕШКАНДЫБА́ТЬ**
über etwas gehen, etwas überqueren
*перейти что-либо.*
И надо же, чтобы в этот момент старику приспичило на луну посмотреть, и как-то учуял, что кто-то под амбаром возиться. Через улицу перешкандыбал да меня за ногу и выловил. Я не сопротивляюсь, иду куда ведет. В.Мурзаков, Наш современник № 6, 1979, 41

**ПЕРСОНА́ЛКА** *ж.*
Pension für besondere Verdienste; Personalakte
*о чем-либо персональном, личном (пенсия, машина, дело и т.п.).*
— ... Знаете, иногда думаешь: „Да на кой черт мне все эти почести, ордена, персоналки?.. Жил бы вот так вот в деревне, топил бы печку." В.Ш., 266

**ПЕРСОНА́ЛЬЩИК** *м.*
Fahrer eines Dienstwagens
*о шофере персонального легкового автомобиля.*
┼ ... Почему едем не с Беговой? Потому что обычно автобус с Беговой приходит на пять минут позже, чем автобус с Белорусской. И это важно, несмотря на то, что мы, как персональщики, могли бы выехать с базы позже всех. С.Е.1, 33

**ПЁРЫШКО** *ср.*
Messer
*то же, что нож.*
Люда отбивалась, вырвалась из его рук и со всей своей силой акселерантки стукнула его в глаз. Он, матерясь, дал сдачи; подрались, сила оказалась на ее стороне /била сверху/. Он прорычал: „Ну, берегись, подстерегу тебя с перышком!" И.Г.1, 31

**ПЕСО́ЧИТЬ** *несов.*
herumhacken auf jemandem, herummeckern mit jemandem; kritisieren, (be)kritteln
*ругать, бранить кого-либо; критиковать.*
С утра меня песочат в нашей комнате за то, что я не подготовила вопроса, затянула занятия. Н.Б.3, 25

**ПЕ́ТИ-МЕ́ТИ** *мн.*
Zaster, Kies, Kohle, Pinke-Pinke
*деньги.*
И никто на целом свете / не подумал виновато, / где берет он пети-мети / кредиторам для возврата. С.В., 11

**ПЕТЛЯ́ТЬ** *несов.*
herumstreichen um jemanden, in weitem Bogen herumgehen um jemanden
*идти не прямо, делая круговые движения вокруг чего-либо.*
Чуть не дотемна петлял Петр Васильевич вокруг дома Гупака. В.М., 74

**ПЁТРИТЬ** *несов.*
sich auskennen, (eine) Ahnung haben
*соображать, понимать, разбираться в чем-либо.*
Мой новый начальник, замполит 3-го запасного батальона старший лейтенант Дубин в изобразительном искусстве, по его чистосердечному признанию, „ни х... не петрил." Л.Л., № 30, 161

**ПЕТРУШИ́ТЬСЯ** *несов.*
sich aufregen, sich beunruhigen, sich Sorgen machen
*волноваться, беспокоиться о ком-, чем-либо.*
— Опять упустили! — огорчилась Виола. — Валенсия, не петрушись,— ободрил ее Юрка.— Море большое. Найдем что-нибудь. Е.Ц., 25

**ПЕТРУ́ШКА** *ж. шутл.*
Unsinn, Quatsch, Firlefanz, Humbug, Blödsinn
*о чем-либо странном, смешном, нелепом.*
У нас этой петрушки никто не одобрил, ... но все интеллигентно молчали. Ю.М., 44
— Это верно, — согласился дядя Сережа. — Подобной петрушки лично я никогда бы не допустил. М.Л., 284

**ПЕТУШИ́ТЬСЯ** *несов.*
sich aufplustern, aufbrausen
*горячиться; вести себя заносчиво, запальчиво.*
— А, черт с вами, трус в карты не играет! — петушился за столом Федька. В.Кор., 236

**ПЕ́ЧЬСЯ** *несов.*
braten, schmoren
*долго, сильно подвергаться действию солнечного облучения.*

Поддавшись всеобщему сумасшествию, я уже битый час пекусь на солнце. В.П., 20

**ПЕШЕДРА́ЛОМ**
zu Fuß, per Pedes, auf Schusters Rappen
*пешком.*
— ... Сгребли мы свои манатки, мешки с луком, чемоданишко да пешедралом до станции. В.Б., 115

**ПЁШКА** *ж.*
Marionette; kleiner Mann
*о маловлиятельном, не занимающем высокого положения человеке.*
— Скорее рак художественно свистнет, чем такой ферзь, как Оловянников, вспомнит о такой пешке, как ты. Л.Ленч, Л.Г., 12.9.79

**ПИВНУ́ХА** *ж. пренебр.*
Bierstube, Bierlokal, Bierkneipe
*то же, что пивная; торговое заведение, где продают и пьют пиво.*
При чем здесь пивнуха, Виктор. У меня на работе все лучшие мастера — пьянь. Е.Терновский, Р.М., 15.3.79

**ПИВНУ́ШКА** *ж. пренебр.*
Bierstube, Bierlokal, Bierkneipe
*то же, что пивная; торговое заведение, где продают и пьют пиво.*
— Мы с ней как раз условились у этой пивнушки, — женщина махнула перчаткой на серое здание ресторана. В.Кор., 208

**ПИ́ГАЛИЦА** *ж. пренебр.*
(kleiner und) unansehnlicher, unscheinbarer Mensch
*о невзрачном человеке маленького роста.*
Мать по-прежнему хороша и недвижима, а эта — худющая, быстрорукая пигалица, юный обожатель сюрпризов — готова! В.С., 39

**ПИЖО́Н** *м. пренебр.*
Stutzer, Geck, Laffe, Lackaffe
*пустой, легкомысленный молодой человек.*
— Это я не умею?! — задохнулся Сергей Михайлович. — Мальчишка! Пижон! Что ты понимаешь в шахматах!? Вон отсюда. Н.Елин, В.Кашаев, Л.Г., 29.8.73
Где уже не пижон и не барин,/ Ошалев от дорог и карет,/ Я от тысячи истин, как Байрон,/ Вдруг поверю, что истины нет. А.Г., 80

**ПИЖО́НИТЬ и ПИЖО́НСТВОВАТЬ** *несов.*
sich geckenhaft/ stutzerhaft benehmen; sich aufspielen, sich herausstreichen
*вести себя вызывающе, стараться привлекать к себе внимание необычностью поведения, одежды и т.п.*
— Ну, чего ты пижонишь, Женька? Ну, чего ты? Нинки тебе мало? А я с серьезными намерениями... А.К., 358
— В нашем обществе во всякой работе должно быть не какое-то малосознательное „наживешься", а творческое горение! Не так ли? — пижонствую я. А.К., 189

**ПИЖО́НСТВО** *ср.*
geckenhaftes Benehmen
*необычное, вызывающее поведение; желание привлечь к себе всеобщее внимание.*
Пижонство — это, когда истину приносят в жертву словам. В.П., 37

**ПИ́КНУТЬ**
1 piep sagen, muck(s)en
2 muck(s)en; aufmucken, aufbegehren
*1. издать короткий звук, писк.*
Оба потирали ушибленные места и старались не пикнуть, чтобы не выдать своего присутствия. Т.Ш., 26
*2. сделать попытку произнести что-либо с целью возражения.*
— Замолчите, вы! — неистово взвизгнул он.— Слышите, замолчите! Иначе я разобью ваши звериные морды, слышите! Пусть хоть кто-нибудь пикнет. В.М., 224
И на общем собрании Института, когда выбирали новую редколлегию, никто даже не пикнул. А.З., 22

**ПИЛИ́ТЬ** *несов.*
1 (herum)nörgeln, (herum)kritteln, (herum)mekkern an jemandem
2 flitzen, sausen, rasen
3 schuften, rackern, sich abrackern
*1. мучить упреками, придирками, изводить, донимать кого-либо беспрерывными поручениями.*
Дядю Федю каждый день пилила жена, а на работе директор снимал с него стружку. В.Свиридов, Л.Г., 12.1.77
*2. быстро ехать куда-либо.*
Насквозь через всю Москву пилим в Домодедово. М.Виленский, Л.Г., 27.12.78

*3. работать тяжело.*
... — Ты обязанный гнать скотину до самого Дербента, вот и гони. На чужом горбу в рай захотелось? Не пойдет. Другие пилить будут? В.М., 137

**ПИЛОТЯ́ГА** *м. груб.*
Pilot, Flugzeugführer
*то же, что пилот.*
Мы чувствовали себя опытными пилотягами и хохотали до слез: в авиации же, глупая баба, залог безопасности — скорость и высота. А.Зиновьев, В преддверии рая, Лозанна, 1979, 149

**ПИНА́ТЬ** *несов.*
Fußtritte versetzen, mit Füßen treten
*толкать кого-, что-либо /обычно ногой/, давать пинка кому-либо.*
А Полузайцев Дюбеля под столом пинает по коленной чашечке. М.Виленский, Л.Г., 8.9.76

**ПИНКА́РЬ** *м.*
Fußtritt, Tritt, Stoß
*то же, что пинок.*
Плюйся, проклинай пеночника-мазилу, отвесь ему пинкаря и ступай в поле голить, где ты можешь отыграться быстро. В.А., Л.Г., 14.12.77

**ПИНО́К** *м.*
Fußtritt, Tritt, Stoß
*грубый, резкий толчок ногой, коленом.*
— ... От родителя моего я мог только пинка получить заместо совета разумного. В.Ш., 300

**ПИСА́КА** *м. ж. ирон.*
Schreiberling
*о писателе или о пишущем человеке /обычно много, но плохо, бездарно, бесталанно/.*
Пью и эдак и так, натощак, / неумело и скверно... /До ближайших писак — / с полстолетья, наверно/. Б.О., 268

**ПИСАНИ́НА** *ж. пренебр.*
Schrieb, Geschreibsel
*составление, ведение деловых, официальных бумаг, часто ненужных и занимающих много времени // о каких-либо письменных документах, обычно малозначительных //.*
— Он поговорить любит! Пофилософствовать. Я, правда, писанину его не читал, но говорить часто приходится — любопытно. В.Ш., 402
Он отменил ненужную, оглупляющую наробразовскую писанину. Г.Р., 120

**ПИ́САНЫЙ**
bildschön
*очень красивый, будто нарисованный.*
А в той машине писаный / Красавец-эфиоп, / Глядит на Лену пристально / Красавец-эфиоп. А.Г., 177

**ПИСУ́ЛЬКА** *ж.*
Briefchen; Zettel
*небольшое письмо, записка.*
— Ты мне таких писулек больше не пиши. В.М., 440

**ПИХНУ́ТЬ**
1 stoßen, puffen, schubsen
2 unterbringen
*1.грубо толкнуть кого-либо.*
— Ты что стоишь, хлебальник раззявила! — Шикалов, выставив вперед волосатые руки, пихнул бабу с ребенком. Вл.В., 122
*2.стараться устроить кого-либо куда-нибудь / обычно при помощи связей, знакомств и т.п./.*
Одна вот такая же, как ты, страданная мать три года сына в институт пихала. Пихает-пихает, и все без толку. И. Грекова, Вдовий пароход, Новый мир, № 5, 1981, 121

**ПИ́ЧКАНЬЕ** *ср.*
Vollstopfen, Vollpfropfen
*сообщение знаний, сведений и т.п. в количестве, превышающем желаемое, необходимое.*
Периодически в печати, особенно в „Литературной газете" — органе Союза писателей, — публикуются статьи, резко критикующие советских ученых за механическое пичканье школьников фактами и цифрами, в результате чего они оказываются плохо подготовленными к университетским требованиям или к практическому приложению своих знаний на современном уровне. М.Ш., 315

**ПИШМАШИНИ́СТКА** *ж.*
Schreibkraft, Stenotypistin, Tippse
*женщина, печатающая на пишущей машинке, работающая машинисткой.*
Но ежели вы потребуете списочек подполнить, я на всякий случай подзадержал пишмашинистку. Ц.С., 38

**ПИЯ́ВИТЬ** *несов.*
ausschimpfen, ärgern, das Leben sauer machen
*бранить, досаждать в чем-либо, упрекать.*

— ... за каким же чертом в дождь ездишь? Кому глаза колешь? Или хочешь, чтоб нас потом Хомяков пиявил — вот, мол, был почин, а не поддержали?.. Г.В. 2, 67

**ПЛА́КАТЬСЯ** *несов.*
sich beklagen, klagen, jammern
*жаловаться, стараться вызвать сочувствие, сострадание.*
— Ведь я должна классное руководство вам дать, — продолжала плакаться завуч, — ну? Это вам не первачки, пришел, увидел, победил ... А.К., 71

**ПЛА́КСА** *м. ж. неодобр.*
Heulsuse
*о человеке, который часто и много плачет.*
А кто не верит нам,/ тот прихвостень и плакса. В.В. 1, 19

**ПЛАКСИ́ВОСТЬ** *ж.*
Weinerlichkeit, Rührseligkeit
*слезливость, частые жалобы, сетование.*
Когда Агриппина снова ушла в свою комнату и уткнулась в книгу, Морщинин сразу же заговорил нормальным голосом, без всякой плаксивости: — Очень прошу тебя, Антоша, помоги мне мебель и вещи завтра в контейнер погрузить. М.Л., 38

**ПЛАНЁРКА** *ж.*
Planbesprechung
*короткое производственное совещание.*
В совхозе „Золотое дно" — / Текущая планерка./ Решают: вывезти навоз / Готовить удобрения, / Но... / Чтобы охватить вопрос,/ И чтобы уточнить вопрос, / И чтобы прояснить вопрос, / Развертывают прения. Ц.С., 23

**ПЛАСТА́ТЬ** *несов.*
(sorgfältig/ gewissenhaft) arbeiten
*работать, делать что-либо старательно, добросовестно.*
Алеша снял фуфайку, засучил рукава рубахи и пошел пластать, пошел драить. Все перемыл, все продрал голиком, окатил чистой водой и протер тряпкой. В.Ш., 321

**ПЛАСТА́ТЬСЯ** *несов.*
sich abmühen, sich abarbeiten, sich abrackern, schuften
*работать, делать что-либо с трудом, с усилием.*
А сейчас, после этого бурана, дороги все позанесло. Весь день сегодня пластались, насилу к ближним стогам пробились. В.Ш., 20

**ПЛАТФО́РМА** *ж.*
Plateausohle
*высокая сплошная подошва у различных видов обуви.*
Но я уже не слышал музыки: в зал, легко ступая туфлями на платформе, вошла девушка, длинноногая и длинноволосая. Б-ка крок., 24/773/, М., 1976, 5

**ПЛЕВА́ТЬ** *несов.*
pfeifen auf jemanden/ etwas, verachten, geringschätzen
*проявлять презрительное, безразличное отношение к кому-, чему-либо.*
Плюнуть на все тоже невозможно, завод ждет. Л.Измайлов, Л.Г., 2.4.76

**ПЛЁВЫЙ**
nicht der Rede wert, geringfügig, unbedeutend; gleichgültig, geringschätzig
*пустяковый, незначительный // легко исполнимый, не требующий больших усилий, не заслуживающий внимания //.*
При этом круглое мясистое лицо его, круглые глаза выражали в высшей степени плевое отношение к дальним дорогам — они его не пугали. В.Ш., 103

**ПЛЕМЯ́Ш** *м.*
Neffe
*то же, что племянник.*
Времени оставалось много. Чудик решил пока накупить подарков племяшам — конфет, пряников... В.Ш., 103

**ПЛЕСНУ́ТЬ**
hineinplätschern lassen
*резким движением налить жидкость.*
Бронька подставлял свой алюминиевый стаканчик под бутылку: „Прошу плеснуть". В.Ш., 117

**ПЛЕСТИ́** *несов., неодобр.*
faseln, dummes Zeug reden
*говорить что-либо глупое, нелепое, абсурдное.*
Даша, словно почуяв дедковы рассуждения, остановилась: — ... К лешему! Я ему всурьез, а он только бухтины гнуть. Только и знает языком плести! В.Б., 48

**ПЛЕШИ́НА** *ж.*
kahle Stelle
*место, лишенное какой-либо растительности / травы, шерсти, меха, волос и т.п./.*
До обеда, как трава совсем обсохла, старик косил. Солнце поджигало, на голову точно горячий блин положили. — Слава богу! — сказал старик, глядя на выкошенную плешину: отхватил изрядно. На душе было радостно. В.Ш., 125

**ПЛО́ШКА** *ж.*
flaches Schüsselchen, flaches Täßchen
*плоский, круглий сосуд; блюдце, миска, чашка.*
Моя жизнь как направилась, так и шла, отлаженно: хлеба кусок, молочка плошку, пару картох. В.А., Л.Г., 14.12.77

**ПЛУТА́НИЕ** *ср.*
Herumirren, Herumfahren
*хождение, езда по многим местам без определенной цели.*
Плутание багажа влетело государству в копеечку, и, по-моему, виновник должен возместить нанесенный ущерб. Н.М.,21

**ПЛУТОВА́ТЬ** *несов.*
betrügen, mogeln, schummeln
*хитрить, обманывать кого-либо; совершать плутовские поступки.*
— Но откуда ж я вам возьму красивую девушку? — плутовала Зоя. А.С., 194

**ПЛЮГА́ВЫЙ** *пренебр.*
kläglich, mick(e)rig, unansehnlich, murk(e)lig
*невзрачный, незначительный, внушающий презрение или жалость.*
Мне не догнать плюгавого канадца, / Он мне в лицо смеется на лету. В.В.3, 37

**ПЛЮ́ХА** *ж.*
Ohrfeige, Backpfeife
*пощечина.*
— Слушай, Димка, когда ты был маленьким, я заступался за тебя и никому не давал тебя лупить. — Ну и что? — А то, что сейчас мне хочется дать тебе хорошую плюху. В.Ак., 10

**ПЛЮ́ХНУТЬСЯ**
(hin)plumpsen, sich plumpsen/ fallen lassen
*грузно, тяжело или неловко сесть.*
В министерстве шефу, видно, досталось. Он вышел злой и плюхнулся в машину. А.Саркисов, Л.Г., 21.2.79
На мою скамейку вдруг плюхается пробегавшая мимо молодая хорошенькая брюнетка в брючном костюме. Л.Ленч, Л.Г., 13.12.78

**ПЛЯЖЕВА́ТЬ** *несов.*
am Strand liegen
*лежать на пляже, загорать.*
Девочка взглянула на нее и улыбнулась. — Приходите к нам, мы завсегда под этим камнем пляжуем ... Гляньте, как я поплыву! Н. Баранская, Женщина с зонтиком, М., 1981, 221

**ПОАРТА́ЧИТЬСЯ**
sich eine Weile sträuben/ widersetzen, eine Weile widerspenstig/ bockig sein
*артачиться некоторое время; упрямиться, упорствовать, не соглашаться с кем-, чем-либо.*
Губин для порядка поартачился, напомнил еще две цитаты из Михаила Чехова и Виктора Розова и отошел на запасные позиции. В.С., 44

**ПОБАЗЛА́ТЬ**
schwatzen, quatschen, Unsinn/ dummes Zeug reden
*болтать, говорить вздор, глупости.*
Всем уже ясно: такого не упросишь. Но побазлать всякому охота. Все веселее... Ф.Кан., 63

**ПОБА́ИВАТЬСЯ** *несов.*
sich ein wenig fürchten, ein wenig Angst haben vor jemandem
*испытывать легкий страх, немного опасаться.*
Владимир Семеныч побаивался жены, и его очень устраивало, что дело уже передано в суд и, стало быть, чего тут еще говорить. В.Ш., 132

**ПОБАЛАГУ́РИТЬ**
eine Weile Spaß machen, eine Weile Witze/ Possen reißen
*балагурить некоторое время; говорить, делать что-либо весело, с шутками.*
Купи пугач, купи! / Тебе не в труд. / Он безопасен. / С ним не заберут. / Побалагуришь — / и пройдет тоска... / ... Все пугачи мы держим у виска! Б.О., 179

**ПОБАЛА́КАТЬ**
eine Weile schwatzen/ quatschen

*балакать некоторое время, разговаривать, болтать.*
— А как с детями думаете? — Как? — удивилась Клавка. — Обнаковенно. Скажи, Роман. — Я буду им отцом, на себя запишу. — А зачем вы тогда их прогнали к нам? — Во! Прогнали! — обиделась Клавка. — Отослала на время ... У нас же и побалакать негде, одна комнатенка. Колосов, Л.Г., 4.2.81

**ПОБАРА́ХТАТЬСЯ**
eine Weile zappeln/ strampeln/ (herum)hampeln
*барахтаться некоторое время; делать беспорядочные движения.*
Видите ли, захотелось ей моря повидать, в воде побарахтаться, насилу вдолбил, что ей это ни к чему. И.С.,41

**ПОБА́СЕНКА** *ж.*
Anekdote, Histörchen, Geschichte
*небольшой увлекательный рассказ обычно из народной жизни // незначительный, не заслуживающий внимания рассказ, сообщение //.*
Развеем по ветру подмоченный порох, / И мы привыкаем, как деды, точь-в-точь, / Гонять вечера в незатейливых спорах, / Побасенки слушать и воду толочь. А.Г., 237

**ПОБА́ЦАТЬ**
eine Weile trampeln/ stampfen; eine kesse Sohle aufs Parkett legen
*бацать некоторое время; танцевать задорно, с увлечением.*
Сейчас мы с тобой возьмем мотор, покатаемся, пойдем в ресторан, потом в клуб побацаем на прощание... Схвачено? В.Ак., 38

**ПОБИРА́ТЬСЯ** *несов.*
betteln, schnorren
*просить милостыню, подаяние.*
Детишек у меня шестеро, каждому по сумке и — побираться по деревням. Как-нибудь прокормятся. Вл.В., 70

**ПОБИРУ́ШКА** *м. ж.*
Bettler(in)
*нищий; человек, просящий милостыню, подаяние.*
— Радовался тогда? Вот — нарадовался... Побирушка. Ты же побирушка! В.Ш., 361

**ПОБЛА́ЖКА** *ж.*
Nachsicht
*снисходительное отношение к кому-, чему-либо; потворство, послабление.*
„Я не знаю, почему они разрешили мне эту маленькую поблажку, но коли это случилось, внук, я хочу попрощаться с тобой". В.М., 141

**ПОБЛЯДУ́ШКА** *ж. презр.*
leichtes Mädchen, Flittchen
*о женщине, легко вступающей в интимные отношения.*
А Валька включилась, работает. Вписалась все-таки, поблядушка, в наш социалистический интерьер. А.К., 446

**ПО́БОКУ**
passé; hin, im Eimer, gestorben
*долой, прочь // о чем-либо, не получившемся, не состоявшемся //.*
— Да боюсь, что она такая же... вроде твоей жены. Пропаду, боюсь, с ней. Это ж на нее только и надо будет работать: чтоб ей интересно жить было, весело, разнообразно... Ну, в общем, все мои замыслы побоку, а только ублажай ее. В.Ш., 291

**ПОБОЛТА́ТЬ**
eine Weile schwatzen/ plaudern/ dummes Zeug reden
*болтать некоторое время; вести легкий, непринужденный разговор.*
Она и сама не знала, хотелось ли ей откровенного с ним разговора — один на один, с глазу на глаз — или просто отвлечься, рассеяться, поболтать ни о чем. И.В.,45

**ПОБОЛТА́ТЬСЯ**
sich eine Weile herumtreiben
*провести некоторое время без определенной цели где-либо.*
Про Владимировича не помню, но раз, думаю, такое совпадение, надо взглянуть. Поболталась в приемной, дождалась, покуда кто-то дверь настежь не распахнул — точно, Петька. Л.Наумов, Л.Г., 23.5.79

**ПОБРЕХА́ТЬ**
ein wenig lügen/ schwindeln/ faseln/ spinnen
*брехать некоторое время; лгать, болтать вздор, чепуху.*
Убедившись окончательно, что жена не уступит,

Петр Васильевич смирился и мысленно махнул на последствия рукой: „Собака лает, ветер носит. Побрешут, побрешут и отвяжутся." В.М., 490

**ПОБРЕХУ́ШКА** *ж.*
Gefasel, Blödsinn, Gerede, dummes Gequatsche
*то же, что брехня; ложь, вранье, вздор // сплетня //.*
... автор притащил в редакцию нахальную побрехушку, которую высосал из пальца. Е.Ц., 8

**ПОБУЯ́НИТЬ** *неодобр.*
eine Weile Radau/ Krakeel machen, eine Weile (herum)krakeelen
*буянить некоторое время; шуметь, скандалить, бесчинствовать.*
... медсестра... уставилась на Сергея Митрофановича... давая понять, что место здесь тихое и, если он ранбольной, выпивший или просто так побуянить вздумал, она поднимет трубку телефона, наберет 02. В.А., 559

**ПОБЫ́ВКА** *ж.*
kurzer Aufenthalt, Kurzurlaub
*недолгое пребывание где-либо /в отпуску, в семье и т. п./.*
И как-то так повелось, что когда знатные приезжали в деревню на побывку, когда к знатному земляку в избу набивался вечером народ — слушали какие-нибудь дивные истории или сами рассказывали про себя, если земляк интересовался — тогда-то Глеб Капустин приходил и срезал гостя. В.Ш., 172

**ПОБЮЛЛЕТЕ́НИТЬ**
eine Weile krankgeschrieben sein/ krankmachen
*бюллетенить некоторое время; отсутствовать какое-либо время на работе по болезни.*
Ну, а если придется все-таки... побюллетенить? Значит, за себя Верочку? А.С., 465

**ПОВА́ДИТЬСЯ**
sich angewöhnen, jemanden oft und ungebeten zu besuchen
*часто, постоянно или назойливо приходить куда-либо, делать что-либо.*
И стала она /Марья/ сторожить сельмаг. И повадился к ней ночами ходить старик Баев. В.Ш., 294

**ПОВА́ДКА** *ж.*
Angewohnheit, Neigung; Verhalten, Manieren; Auftreten
*привычка, склонность к чему-либо; определенная манера поведения // важность, величественность //.*
Дед — прямой и рослый, беззубый, но величавый, успокаивал уверенной повадкой. В.С., 47

**ПОВАЛИ́ТЬ**
anfangen, (wohin) zu strömen/ zu drängen
*пойти, начать двигаться в большом количестве, сплошной массой.*
И мы забываем обо всем, / едва лишь хлопья звезд повалят с неба. Б.О., 151
— Новая книга известного советского журналиста Николая Прокопенко! — Народ повалил. С.Е., 50

**ПОВАРЁШКА** *ж.*
Schöpfkelle
*разливательная ложка; большая ложка для разливания жидкого кушанья.*
— Пока, перегонщики! — проорал в ответ Димка и отсалютовал выхваченной из рюкзака поварешкой. В.Ак., 18

**ПОВЕЗТИ́**
Glück/ Schwein haben
*посчастливиться, удасться /об успехе, удаче в чем-либо/.*
... Бурлей неторопливым движением вынул из бокового кармана таллинский кожаный бумажник, достал билет в партер. /Хоть и дорого, но повезло/. С.Е., 53

**ПОВЕСТИ́СЬ**
sich einbürgern, gebräuchlich/ üblich sein/ werden
*войти в обычай, стать привычным.*
И как-то так повелось, что когда знатные приезжали в деревню на побывку, когда к знатному земляку в избу набивался вечером народ — ... тогда-то Глеб Капустин приходил и срезал гостя. В.Ш., 172

**ПОВИДА́ТЬ**
sehen, zu sehen bekommen, erleben
*пережить, перенести, испытать.*
Саня не то, что слишком уж много знал или много повидал на своем веку /впрочем, он про себя не рассказывал/ — он очень уж как-то мудрено говорил про жизнь, про смерть. В.Ш., 179

**ПОВЗДО́РИТЬ**
sich verzanken, sich überwerfen, sich verkrachen
*поссориться, побраниться.*
Народ у нас молодой, горячий: один с тещей повздорил, другой с женой разошелся. А.Курляндский, Л.Г., 13.10.76

**ПОВКА́ЛЫВАТЬ**
eine Weile ackern/ schuften; viel und schwer arbeiten
*вкалывать какое-либо время; работать много, тяжело, с большим напряжением.*
Он повкалывал недельку — с ним обратно беда — / Весь затрясся он, как заяц под стужею, / Не поймешь, чего он каплет — не сироп, не вода, / Может, краска, может, смазка, может, хужее. А.Г., 190

**ПОВОЛО́ЧЬ**
mitnehmen, mitschleppen, mitschleifen
*заставить идти с собой; насильно повести куда-либо.*
Загремел, голубчик! Поволокли родимого! Ф.Кан., 78

**ПОВРЕМЕНИ́ТЬ**
etwas abwarten, sich gedulden
*подождать некоторое время.*
— А по-моему, надо немного повременить, — вмешался в разговор дедушка. М.Задорнов. Л.Г., 29.8.79

**ПОГА́НИТЬ** *несов.*
entweihen, entehren, beschmutzen, schänden
*осквернять чем-либо; подвергать бесчестью, позорить.*
И середь всего этого пьяный человек, навроде дерьма, шалается, святое место поганит... В.М., 286

**ПОГА́НКА** *ж.*
Ekel, Scheusal
*о человеке, вызывающем отвращение, омерзение, брезгливость /внешним видом, поведением и т.п./.*
—... У меня зять вон до развода дело довел, гад зубастый: тоже ничего с собой сделать не может. Кобели. Поганки. В.Ш., 298

**ПОГА́НЫЙ**
widerlich, ekelhaft, übel, elend
*очень плохой, отвратительный, мерзкий, гадкий.*
Сенька нервничал, злился... Говорил мужикам про такие поганые подробности, каких со зла не выдумаешь. В.Ш., 348
— Распустил грабли-то... Попроси по-человечески — станцую, обязательно надо руки свои поганые таращить. В.Ш., 275

**ПО́ГАНЬ** *ж.*
übles/ widerliches/ ekelhaftes Zeug, Unrat
*о ком-, чем-либо, вызывающем отвращение, омерзение.*
„Вот окаянные!— покачал головой Сергей Митрофанович.— И без того песня — погань, а они ее..." В.А., 563

**ПОГЛА́ДИТЬСЯ**
bügeln, plätten
*то же, что погладить, отутюжить что-либо.*
Кричу через занавеску: „Алло, тут гражданин ожидает погладиться!" Я.А., 3

**ПОГЛАЗЕ́ТЬ**
(eine Weile) glotzen, gaffen
*глазеть некоторое время; смотреть на кого-, что-либо бесцельно или с праздным любопытством.*
... все жильцы повскакивали от своих телевизоров и бросились на лестничные клетки — поглазеть на драку. Е.Терновский, Р.М., 15.3.79

**ПОГЛЯНУ́ТЬСЯ**
auf den ersten Blick gefallen; Gefallen/ Geschmack finden
*то же, что приглянуться; понравиться, прийтись по вкусу.*
—... Точно, минут через пятнадцать привезли виски. Они мне, кстати, не поглянулись. В.Ш., 348

**ПОГОВА́РИВАТЬ** *несов.*
munkeln
*обсуждать что-либо, передавать какие-нибудь слухи, новости, разговоры.*
Людное сделалось место. Поговаривают, что пора открыть неподалеку ночное кафе. Г.Кемоклидзе, Л.Г., 15.1.75

**ПОГО́ЖИЙ**
heiter, freundlich
*ясный, теплый.*
Гребенщикова Алла Кузьминична, молодая, глад-

кая дура, погожим весенним днем заложила у баньки пимоката ... парниковую грядку. В.Ш., 132

**ПОГОНЯ́ЛА** *м. ж.*
Antreiber(in)
*о человеке, заставляющем кого-либо работать, исполнять что-либо.*
— Я хлеб свой не в погонялах зарабатывал. В.М., 72

**ПОГОНЯ́ЛКА** *м.ж.*
Antreiber(in)
*то же, что погоняла.*
Коровы, равнодушные к шлепкам погонялки, тут же забывали об этих ударах и, добродушные, безразличные к боли, шли дальше. В.Б., 122

**ПОГОНЯ́ТЬ**
auf Herz und Nieren prüfen, auf den Zahn fühlen
*проверить выполнение какой-либо работы, знаний, навыков и т.п.*
Завтра с утра не забыть погонять Ленку по математике, взвинтить ее ответственность перед концом четверти. В.С., 58

**ПОГОРЕ́ТЬ**
entlarvt/ erwischt werden, reinfallen, hochgehen; unter die Räder kommen
*попасться; оказаться случайно уличенным в чем-либо.*
Это тоже... долдонство: непременно валандаться с секретаршами. Убогость это, неуклюжесть. Примитивность. И всегда можно погореть. В.Ш., 307

**ПОГРУЗНЕ́ТЬ**
auseinandergehen, aufgehen wie ein Hefekloß
*стать грузным, полным, толстым.*
Я его не видел месяца три. За это время он еще больше погрузнел, раздался в плечах, и его военный костюм, в котором он несколько лет назад вышел в отставку, уже расползался по швам. Вл.В.1, 59

**ПОГУ́ДКА** *ж.*
das alte Lied, die alte Leier
*присказка, прибаутка //напев, мелодия//.*
— ... Занянчили нас пугачами своими. Шаг вправо, шаг влево — считается побег. Вот и вся ваша погудка. В.М., 72

**ПОДА́ТЬСЯ**
weggehen, sich davonmachen; gehen/ ziehen nach
*отправиться, уйти куда-либо // изменить положение, мнение, состояние и т.п. //.*
Он взял деньги и подался в сторону. Д.Иванов, В. Трифонов, Л.Г., 28.7.76
Начальник ругает без перерыва на обед... Нет, я решил: подамся в трактористы. Я.А., 12
— Видно, в город подался, — попытался успокоить ее Паша, но не выдержал тона. В.М., 418

**ПОДБИ́ТЬ**
anstiften, aufhetzen
*склонить на что-либо, подстрекать к чему-либо.*
Раздался звонок, пришла министерша и устроила лейтенанту разнос, что подбил Василия Митрофановича на выпивку. В.Кор., 277

**ПОДБОЧЕ́НИТЬСЯ**
die Arme in die Seiten/ Hüften stemmen
*выпрямившись, упереться руками в бока.*
Тетя Лютик подбоченилась, надулась, как старый воробей перед дракой. Л.Ленч, 5

**ПОДБРО́СИТЬ**
jemanden mit dem Auto (ein Stückchen) mitnehmen
*подвезти кого-либо на небольшое расстояние.*
В эту смену сразу же после завтрака в чебуречной Игорь и Володя вернулись на работу, потом повезли шефа в Управление, за час, пока шеф их отпускал, подбросили от гостиницы „Москва" на Казанский вокзал семью из Норильска. С.Е.1, 38

**ПОДВАЛИ́ТЬ**
herankommen, heranfahren, -rollen, direkt auf jemanden/ etwas zukommen
*приблизиться вплотную; подойти.*
Наконец, автобус, сердито фыркая на нервных пассажиров, подвалил к остановке. А.П., 51
И тут ко мне подваливают сразу двое. Вот, думаю, сейчас как раз и начинается. Один тощий такой, высокий, другой пухленький и поменьше. Время и мы, № 43, 20

**ПОДВЕРНУ́ТЬСЯ**
jemandem unter die Augen/ zu Gesicht kommen
*внезапно попасться на глаза.*
И джинсы подвернулись кстати, поскольку праздник близился, а освежить свой выходной туалет

Фалалееву было нечем. Д.Иванов, В.Трифонов, Л.Г., 28.7.76

**ПОДВЕСТИ́**
im Stich lassen, sitzenlassen; irreführen
*обмануть чьи-либо ожидания, надежды.*
Память ветерана нас не подвела, и вскоре мы с другом сидели на трибуне огромного стадиона. М.Виленский, Л.Г.,8.9.76

**ПОДВИРА́ТЬ** *несов.*
ein wenig (vor)schwindeln/ flunkern; ungenau/ unkorrekt sein
*немного врать, привирать // быть неточным в чем-либо //.*
Опять Тополев за спиной начнет змеюшничать: „Леонид-Ксеич — знаменитый, сразу за Качаловым и перед Москвиным. Играть, правда, не умеет, слова подвирает и зажат, как шкаф, но вы „Госпожу Бовариху" видали?.." В.С. 41

**ПОДВО́Х** *м. неодобр.*
Falle, List, böser Streich
*поступок, имеющий целью кого-либо подвести, поставить в трудное, неприятное положение.*
... Настасья, с благоговейным испугом воззрившись на гостя, беззвучно шевелила губами, как бы силясь сообразить: не подвох ли тут. В.М., 24
Учитывая подвохи современной моды, прежде чем уступить место женщине, убедитесь, действительно ли это женщина. М.Богуславский, Л.Г., 31.10.79

**ПОДВЫВА́ТЬ** *несов.*
nachsingen, mitsingen, nachsummen, mitsummen
*вторить кому-либо; подпевать.*
Все тогда — ученики, учителя и даже нянечки — ходили и подвывали „Сэ си бон". А.К., 79

**ПОДВЫ́ПИТЬ**
sich einen (Rausch, kleinen Schwips) antrinken
*выпив алкоголь, слегка опьянеть.*
Плотники сперва не поняли, что это к ним относится. Невероятно! Даже с Аркашкиным языком и то — на семерых подвыпивших так говорить... В.Ш., 274

**ПОДГРЕСТИ́**
herantreten, antanzen
*подойти, приблизиться к кому-, чему-либо.*
Когда снялись, подгребла Зотовна, косенькая, бухая: „Это что, говорит, Урусов, твоя подруга?" В.П., 41

**ПОДГУЛЯ́ТЬ**1 *шутл.*
defekt/ lädiert/ angestoßen sein/ werden; mißraten, mißlingen; versagen
*выйти, получиться неудачным.*
Один лацкан ватника был натянут в сборку, зато другой распущен вниз, швы повсюду оказались кривые, как будто их тачали на сильно подгулявшей швейной машинке. М.С.1, 17

**ПОДГУЛЯ́ТЬ**2
sich einen antrinken, angetrunken sein
*выпивая, напиться допьяна.*
И Варвара, круто тряхнув головой, запела: Во пиру была да во беседушке, / Ох, я не мед пила да не патоку, / Я пила, млада, да красну водочку. / Ох, красну водочку да все наливочку. / Я пила, млада, да из полуведра ... „Ну, крепко подгуляла! Значит, из полуведра?" „Да вот так. Еще чего скажешь?" „Ты хоть бы меня угостила". Ф.Абрамов, Пряслины, Л.,1978, 255

**ПОДДАВКИ́** *мн.*
Schlagdamespiel
*вид игры в шашки, при которой выигрывает тот, кто быстрее отдаст свои шашки противнику.*
Может, наконец, воевать начнем, а то не война, а сплошные поддавки, только людей гробим. В.М., 196

**ПОДДА́КИВАТЬ** *несов.*
zustimmen, beipflichten, zu allem ja und amen sagen
*произносить часто „да", выражая одобрение, согласие с чьим-либо мнением, поступком.*
Я твердил им в их мохнатые уши, / В перекурах за сортирною дверью: / „Я такой же, как и вы, только хуже!" / И поддакивали старцы, не веря. А.Г., 259

**ПОДДА́ТЫЙ**
angetrunken, angeheitert, benebelt
*нетрезвый, пьяный.*
— ...А слышь, Борь, Пашка-то вчера выдал, — сказал румяный и лопоухий юноша. — Заявился к нам в общагу, а уже видать, сильно поддатый. С.Спасский, Л.Г., 5.9.79

**ПОДДА́ТЬ**
1 anfeuern; einen Zahn zulegen, Dampf machen
2 einen heben, sich einen genehmigen
*1. усилить, увеличить что-либо.*
Вот — поддал ударник жару, / Показал, бродяга, класс! / А уж после под гитару / Произнес нахальный бас. А.Г., 118
*2. выпить алкоголь.*
Сегодня слегка поддал и с перепою не могу вспомнить, требуют ли на турбазах паспорта. В.П., 43
У жены моей спросите, у Даши, / У сестры ее спросите, у Клавки, / Ну, ни капельки я не был поддавши, / Разве только что маленько, с поправки. А.Г., 263

**ПОДЕВА́ТЬСЯ**
verlorengehen, abhandenkommen; verschwinden
*деться, затеряться, пропасть, исчезнуть.*
У преферансистов куда-то подевался король пик, черт бы его побрал! С.Альтов, Л.Г., 3.9.75

**ПОДЕЛО́М**
(ganz) recht, aus guten Grund
*справедливо, заслуженно, как и должно быть.*
Ну что ж, мне по делам и поделом. / Не мы — лишь первые пятерки получают. В.В. 3, 5

**ПОДЖА́РИТЬ**
sonnen, in die Sonne legen, bräunen
*подвергнуть кого-, что-либо действию солнца, жары, огня, электроприборов и т.п.*
И вверх взмывали пятнадцать пар рук, а голые животики купались тем временем в лучах мертвенного света кварцевой лампы, установленной в центре круга... Потом, по команде, дети разом повернулись, чтобы слегка поджарить спины. М.Ш., 285

**ПОДЖА́РЫЙ**
hager, mager, schmächtig; drahtig, sehnig
*худощавый, мускулистый, подтянутый.*
Понятно это было все, и дальше очень понятно: сам Семен поджарый и подмастерье Михайла худощавый. А.С., 118

**ПОДЗАБО́РНИК** *м.*
Findelkind, Findling
*подкидыш; о человеке неизвестных родителей, подкинутом чужим людям.*
— Моего мужика бывшего... — Люба стояла с бельем в руках. — А чего? — Да я что?! — обиделся Егор. — Совсем, что ли, подзаборник — чужое белье напялю. У меня есть деньги — надо сходить и купить в магазине. В.Ш., 444

**ПОДЗАЛОЖИ́ТЬ**
etwas Alkohol/ ein Gläschen trinken
*выпить немного алкоголя.*
Например, ты уже подзаложил так, что от тебя несет за версту, и сука Тваржинская через дверь чует, что ты пил, в какой последовательности, и чем заедал. А.З.1, 119

**ПОДЗАНЯ́ТЬ**
borgen, leihen
*взять взаймы, занять немного или ненадолго.*
И, само собой разумеется, пропил всю свою высокую зарплату, Бог весть с кем до последней копейки. Пришлось даже подзанять немного до следующей получки. Но теперь занимать деньги на выпивку уже перестало быть проблемой. А.З.1, 9

**ПОДЗАПРА́ВИТЬСЯ**
(ein wenig) tanken, sich einen zu Gemüte führen, sich einen genehmigen; sich versorgen/ eindekken (mit)
*выпить некоторое количество алкоголя // сделать закупки, запастись чем-либо //.*
Я себе возьму и кой-кому раздам, / Надо ж к празднику подзаправиться. А.Г., 106

**ПОДЗАРАБО́ТАТЬ**
ein wenig verdienen; sich etwas einbrocken/ einhandeln
*заработать немного // иметь какие-либо неприятности //.*
Зоенька, я вам что-то много рассказываю, вы с этим материальцем дальше поосторожней, а то можете подзаработать тоже. У меня был основной приговор — по десятому пункту — семь лет. А.С., 189

**ПОДЗАТЫ́ЛЬНИК** *м.*
Kopfnuß
*удар по затылку.*
Я смотрел сзади на него, маленького, убитого горем, и тоже плакал — неслышно, чтоб дед подзатыльника не дал. В.Ш., 76

**ПОДЗЕ́МКА** *ж.*
U-Bahn
*подземная железная дорога, метро.*

И обстановка в „подземке" — лишь часть общей неприглядной картины города. А. Моисеев, Советская Россия, 27.12.81

**ПОДЗУ́ЖИВАНИЕ** *ср.*
Aufstachelung, Aufhetzung
*поддразнивание, подстрекательство к чему-либо, подговаривание на что-либо /обычно нехорошее, неприятное и т.п./.*
Так вот, твоя полуобразованность толкает тебя в ерничество, в подзуживание, в недовольство действительным и разумным. В.Кор., 504

**ПОДЗУ́ЖИВАТЬ**
aufstacheln, aufreizen, aufhetzen; anstacheln
*подстрекать к каким-либо действиям, подговаривать на что-либо; дразнить.*
Плечевой знал о мнительности Голубева и сейчас нарочно его подзуживал и с удовольствием замечал, что слова его производят должный эффект. Вл.В., 57

**ПОДИ́**
wohl, vielleicht; womöglich
*наверное, должно быть, надо полагать.*
— Василиса, — хрипло сказал Василий, — не суди меня боле, — убьют, поди. В.Расп. 2, 60

**ПОДИВИ́ТЬСЯ**
sich wundern, erstaunt sein
*удивиться, изумиться.*
Ефим подивился бабьему уму. В.Ш., 136
Когда увидели этот последний, с его в четырнадцать этажей шпилем над ста двумя этажами камня и стекла, подивились собственному невежеству, простительному, впрочем, для людей, которым еще два-три месяца назад тридцатиэтажный Новоарбатский короб представлялся чуть ли не крышей мира. А.Л., 103

**ПОДКАЛЫ́МИТЬ**
durch Schwarzarbeit verdienen
*заработать что-либо, выполняя нелегальную работу, оказывая кому-либо нелегальные услуги.*
Толик, он водителем был в Главрыбе, воблочки как раз в тот день подкалымил кило шесть, ну, сложились мы, послали пацанов за пивом. В.А., 57

**ПОДКА́ПЫВАТЬ** *несов.*
jemandem eine Grube graben, gegen jemanden eine Intrige spinnen
*вредить кому-либо; подрывать основы чего-либо.*
И, видит Бог, не подкапывал под него Сеничкин. В.Кор., 75

**ПОДКАРАУ́ЛИТЬ**
abpassen, abfangen, auflauern
*выследить, подстеречь кого-либо.*
Никогда бы, ни с какой стати не подумал Витька, что девушка специально наблюдала за ним, когда он продавал сало, и что у ларька она его просто подкараулила. В.Ш., 145

**ПОДКАТИ́ТЬ**
(her)anrollen, angefahren kommen
*быстро, стремительно подъехать на чем-либо к кому-, чему-либо.*
Деревня Новая небольшая, и, когда Константин Иванович подкатил на такси, сразу вся деревня узнала: к Агафье приехал сын с семьей, Костя, ученый. В.Ш., 172

**ПОДКАТИ́ТЬСЯ**
sich an jemanden schmeichlerisch/ kriecherisch wenden
*угодливо обратиться к кому-либо, добиваясь, домогаясь чего-либо.*
Я бы мог воспользоваться, подкатиться к ней, но — боже упаси, меня дома жена ждала. А. Астраханцев, Наш современник, № 9, 1981, 122

**ПОДКИ́НУТЬ₁**
springen lassen, ausgeben, locker machen, spendieren
*дать какое-то количество чего-либо /обычно о деньгах, продуктах и т.п./.*
Такие типы не то что на цветной телевизор, но и на дубленку не подкинут. И.С., 21

**ПОДКИ́НУТЬ₂**
jemanden mit dem Auto (ein Stückchen) mitnehmen
*подвезти кого-либо на небольшое расстояние.*
И в эту смену сразу же после завтрака в Чебуречной Игорь и Володя вернулись на работу, потом повезли шефа в Управление, за час, пока шеф их отпускал, подбросили от гостиницы „Москва" на Казанский вокзал семью из Норильска,.. по дороге на базу подкинули парня с девушкой до Ленинградского шоссе... С.Е.1, 38

**ПОДКИ́СНУТЬ**
etwas/ ein wenig sauer werden
*слегка, немного закиснуть.*
Творог мог подкиснуть, если разговор затянется, но Ольга Васильевна не предложила сунуть его в холодильник. Ю. Трифонов, Избранные произведения, т. 2, М.,1978, 257

**ПОДКЛЕ́ИТЬ**
aufgabeln, aufreißen; anmachen
*познакомиться с кем-либо, быть в каких-либо отношениях с кем-нибудь.*
Я вернулся к своим ребятам и небрежно бросил: „Подклеил одну кадришку". Ребята сидели на ящиках и смотрели на меня, как волки-новички в зоопарке. В.Ак., 47

**ПОДКЛЕ́ИТЬСЯ**
sich kennenlernen, sich heranmachen, sich heranarbeiten; anmachen
*познакомиться с кем-то, установить какие-либо отношения.*
— Уловил? — сказал Димка Юрке зловеще. — К Галке хотят подклеиться. Ясно. В.Ак., 19

**ПОДКО́ВАННЫЙ**
ausgebildet, geschult
*подготовленный к чему-либо, имеющий необходимый запас сведений, знаний.*
— Решено укрепить партийно-комсомольскую прослойку в обозе, — сказал лейтенант. — Комсомольское бюро рекомендует направить тебя во вьючный взвод. Ты парень подкованный политически и по-русски говоришь, а у нас в обозе одни елдаши собрались, всякие там туземцы и татары. Л.Л., № 31, 178

**ПОДКОВЫ́Р** *м.* **ПОДКОВЫ́РКА** *ж.*
Frotzelei, Hänselei, Stichelei
*язвительное замечание с целью насмешки, издевки.*
Началась дележка, веселая, с подковыром, тайными ходами, немыслимыми кознями. В.А., Л.Г., 14.12.77

**ПОДКОВЫ́РЕЦ** *м.*
Frotzelei, Hänselei, Stichelei
*то же, что подковыр, подковырка.*
Гостем тот бывал нечастым... говорил медленно, будто через силу, но с неизменным подковырцем. В.М.1, 155

**ПОДКОВЫРНУ́ТЬ**
frotzeln, hänseln, sticheln
*поддеть, уколоть кого-либо в разговоре насмешливым замечанием, намеком, репликой и т.п.*
Больнее меня, пламенного советского патриота, нельзя было подковырнуть. Л.Л., № 32, 78

**ПОДКОЛО́ДНЫЙ**
heimtückisch, hinterlistig, falsch, gefährlich
*опасный, коварный, злобный.*
— Дубина, — сказал Князев, потирая челюсть. — Тебе не электриком, а золотарем надо... В две смены. Гад подколодный! Руки еще распускает... В.Ш., 383

**ПОДКОПА́ТЬСЯ**
jemandem eine Grube graben, gegen jemanden intrigieren; beanstanden, bemängeln, auszusetzen haben
*происками, интригами повредить кому-либо // придирчивой проверкой выявить какие-либо недостатки, злоупотребления и т.п.//.*
— Что этот ворон надумал? Тута все по закону. Не подкопаешься. В.М., 235

**ПОДКРЕПИ́ТЬСЯ**
sich stärken, sich erfrischen
*придать себе сил, бодрости.*
— Ничего... Я теперь подкрепился. Теперь можно сидеть. В.Ш., 47

**ПОДКУЗЬМИ́ТЬ**
jemanden hereinlegen; jemanden auf den Arm nehmen
*ловко провести кого-либо // подвести в чем-либо //.*
Иван с силой, зло, стукнул кулаком себя по колену. И сказал горько: „Где была моя голова дурная?! Где она была, тыква?! Я виноватый, братцы, я виноватый! Я подкузьмил вам. На мне грех." В.Шукшин, До третьих петухов, М. 1980, 75

**ПОДЛА́ДИТЬСЯ**
sich anpassen, den richtigen Ton finden/ treffen
*в пении, игре попасть в тон, в лад кому-, чему-либо.*
И он запел первый: „Калина красная-а-я, Калина вызрела-а..." Люба поддержала, да так тоже хорошо подладилась, так славно. В.Ш., 485

**ПОДЛИ́ЗА** *м. ж. пренебр.*
Schmeichler(in), Speichellecker(in), Kriecher(in), Liebediener(in)
*о том, кто подлизывается, подделывается к кому-либо, стараясь расположить к себе.*
„Тоже мне умник,— ругал себя Борис. — Вечно влюбляешься в кого-то... Добро бы в бабу, в Вальку, например... А то в начальство. А чего тебе в нем? Службист и подлиза..." В.Кор., 22

**ПОДЛИ́ЗЫВАТЬСЯ** *несов. пренебр.*
sich einschmeicheln, sich anbiedern
*угодливостью, лестью добиваться чьего-либо расположения; подделываться к кому-либо.*
— Простите, как ваше имя-отчество? — вежливо осведомился Илья. — А вы не подлизывайтесь! Настя меня зовут. И все. И.В.,47

**ПОДЛИПА́ЛА** *м.ж. пренебр.*
Speichellecker(in), Arschkriecher(in)
*о человеке, который навязчиво пристает к кому-либо, добиваясь расположения, благосклонности.*
Мальчик-лгальчик, подлипала, / мальчик с пальчик с кем попало, / выпивальчик, жральчик, хват, / мальчик, ты душою с пальчик, / хоть и ростом дылдоват. Е.Е., 18

**ПОДЛОВА́ТЫЙ**
(ein wenig) gemein
*немного подлый.*
К старостам у меня была заочная неприязнь, еще из института. Этот, к тому же, был трусоватый и подловатый. Время и мы, № 43, 42

**ПОДЛОВИ́ТЬ**
überraschen, ertappen, erwischen
*застать врасплох.*
— Между прочим, — говорит он, — советую поднажать. А то опоздаешь. А сегодня генеральная проверка. И параноик Смирнящев уже на площадке торчит. А жаждет он подловить тебя. — Ну и пусть, — говорю я. А.З. 1, 95

**ПОДЛЮ́ГА** *м.ж. бран., груб.*
Schuft, Schurke, Lump, Schwein
*подлый человек, негодяй, подлец.*
— Каков негодяй! — прошептал он. — В сны верить, подлюга, стал, идеалист проклятый! И.Ф., 42

**ПОДМА́ЗАТЬ** *неодобр.*
schmieren, bestechen
*дать взятку кому-либо, подкупить кого-либо.*
Если семья живет за пределами микрорайона, где находится такая школа, родители используют свои связи или подмазывают директора подарками, чтобы их детей приняли в такую школу. М.Ш., 297

**ПОДМО́ГА** *ж.*
Beistand, Unterstützung, Hilfe
*помощь, поддержка.*
Витя, которого на войне убили, на курсах в районе учился, от него тоже не было никакой подмоги. В.Расп. 1, 41

**ПОДМОРГНУ́ТЬ**
anzwinkern, zuzwinkern
*то же, что подмигнуть; мигая, обратить внимание на что-либо, предупредить о чем-либо, намекнуть на что-либо.*
Ну, а ей улыбались прохожие, / Мне хоть просто кричи караул!.. / Одному человеку по роже я / Дал за то, что он ей подморгнул. В.В. 3, 22

**ПОДМОСТИ́ТЬСЯ**
eine höhere Lage einnehmen
*устроиться, забраться повыше /обычно с помощью настила, подмостков и т.п./.*
Ефрем, в своей бинтовой, как броневой, обмотке, с некрутящейся головой, не топал по проходу, не нагонял тоски, а подмостясь двумя подушками повыше, без отрыву читал книгу, навязанную ему вчера Костоглотовым. А.С., 53

**ПОДМОЧИ́ТЬ**
in Verruf/ Mißkredit bringen; (den guten Ruf) ramponieren, (die Autorität) untergraben
*выставить кого-, что-либо в невыгодном свете; опорочить.*
Старший мастер уволился. Сказал, что не может работать, когда подмочен авторитет. Н.М., 17

**ПОДМУХЛЕВА́ТЬ**
ein wenig betrügen/ hereinlegen/ aufs Kreuz legen/ einseifen
*немного мухлевать; плутовать, мошенничать, обманывать.*
Между прочим, он /Лихин/ сообщил, что вместе с товарищем по работе снимает койку в Доме Волошина. Почему именно в Доме Волошина, я так и не понял: то ли это место казалось ему наиболее подходящим для дислокации своей опергруппы, то ли решил слегка подмухлевать на суточных —

ведь оперативник тоже человек, и ничто человеческое ему не чуждо. Л.Л., № 30, 178

**ПОДМЫВА́ТЬ** *несов.*
große Lust haben/ darauf brennen/ darauf erpicht sein, etwas zu tun
*побуждать к какому-либо действию.*
— Ох, товарищ Коноплянкин! Так и подмывает написать про вас горькую правду вашим профессорам! Ц.С., 44

**ПОДНАБРА́ТЬСЯ**
etwas dazulernen, etwas klüger/ schlauer werden, aufholen
*освоить что-либо // измениться в каком-либо отношении//.*
Он, конечно, поднабрался за эти долгие годы. С языками освоился. А.З., 213

**ПОДНАДОЕ́СТЬ**
es (ein wenig) satt haben, einer Sache (ein wenig) müde sein
*немного надоесть; стать неприятным, скучным.*
— Да, нельзя, — сердито кивнула Полина, которой уже тоже поднадоел этот чудной и тощенький мужчинка. В.Кор., 478

**ПОДНАЖА́ТЬ**
einen Zahn zulegen, Druck hinter etwas setzen
*начать делать что-либо с большим старанием, усердием.*
— Между прочим, — говорит он, — советую поднажать. А то опоздаешь. А сегодня генеральная проверка. И параноик Смирнящев уже на площадке торчит. А жаждет он подловить тебя. — Ну и пусть, — говорю я. А.З.1, 95

**ПОДНАЖИ́ТЬСЯ** *презр.*
sich (ein wenig) bereichern, (ein wenig) profitieren, mitverdienen bei etwas
*немного нажиться, обогатиться, заработать что-либо /обычно нелегальным способом/.*
Говорят, что на этом кто-то поднажился, подсунув вместо нержавеющей стали обычную жесть. А.З., 119

**ПОДНАКАЧА́ТЬСЯ**
sich vollpumpen, sich (richtig) vollaufen lassen
*напиться пьяным; сильно опьянеть.*
Уже потом, после дела, он думал, что не надо было ему терять контроль и так напиваться, но русский человек умен задним умом. И вот незаметно для себя Иван Африканович поднакачался, хоть на ногах и крепко стоял, но все же не то что трезвый. В.Б., 80

**ПОДНАТОРЕ́ТЬ**
sich eine Fertigkeit aneignen, sich (schnell) etwas beibringen
*приобрести некоторый опыт, навык в чем-либо.*
Он, как и многие мужчины, вынужденные заниматься домашним хозяйством, относился к нему слишком уж всерьез. Трогателен был на нем кокетливый передник с оборочкой. „Я в хозяйстве поднаторел, — говорил он, крутя ложкой, — не такое уж мудреное дело, во всем важен научный подход". И.Г.1, 128

**ПОДНАТУ́ЖИТЬСЯ**
sich anstrengen, sich zusammenreißen
*очень сильно напрячься; приложить усилия, делая что-либо.*
Тогда Чонкин поднатужился и потянул веревку сильнее. Вл.В., 246

**ПОДНА́ЧИТЬ**
anstiften, aufhetzen; verleiten, aufstacheln
*подстрекнуть к чему-либо; подзадорить.*
— Держите, — говорит, — этого, который в синем картузе. Пущай вместе сядем. Он меня подначил. М.З., 48

**ПОДНА́ЧКА** *ж.*
Anstiftung, Aufhetzerei, Aufstachelung
*подстрекательство к чему-либо /обычно плохому, дурному/.*
Я культурно проводил воскресенье, / Я помылся и попарился в баньке, / А к обеду, как сошлась моя семья, / Начались у нас подначки да байки. А.Г., 263
Каждый вечер Вадим со Светкой, держась за ручки, не обращая внимания на подначки ребят, уходили в лес. И. Грекова, Вдовий пароход, Новый мир, № 5, 1981, 117

**ПОДНИМА́ТЬ** *несов.*
aufziehen, großziehen
*растить кого-либо /обычно в трудных условиях/.*
Отца Люда не помнила, мать поднимала ее одна, днем разносила письма, газеты, вечером копалась в огороде. И.Г.1,27

**ПОДНОГО́ТНАЯ** *ж.*
Geheimnis, (tiefste) Geheimnisse
*тайные, тщательно скрываемые обстоятельства, подробности чего-либо.*
Я прожил жизнь. И всю ее угробил на изучение подноготной советского образа жизни и его законов. А.З., 71

**ПОДНО́ЖКА** *ж.*
Beinstellen, Hindernis, Behinderung, Knüppel
*подставление ноги под ногу идущему, бегущему или удар ногой по чьей-либо ноге снизу, чтобы свалить, опрокинуть его // о появлении различных трудностей, неприятностей, проблем и т.п.//.*
Жизнь ставила мне подножки, угощая тычками и подзатыльниками. М.С. 1, 6

**ПОДОБАЛДЕ́ТЬ**
(ein wenig/ leicht) benommen/ verwirrt/ verdattert sein
*немного обалдеть; перестать понимать что-либо, соображать.*
— Чего к больным людям пристаешь! — прошипел я. Он как-то подобалдел и скромно сказал: — Слушай, друг, ты чего, дай закурить, а? Время и мы, № 43, 18

**ПОДОБРА́ТЬСЯ**
Zuneigung/ Wohlwollen/ Sympathie erschleichen, sich lieb Kind machen/ einschmeicheln
*добиться чьего-либо расположения, доверия /обычно хитростью, ловкостью/.*
Однажды на пляже подобрался к ней парень, на вид симпатичный, в импортных плавках, на руке часы плоские, модные. И.Г.1, 31

**ПОДО́НОК** *м.*
Abschaum, Schwein; Gesindel
*низкий, подлый человек; подлец.*
И его чуткая совесть не упустила случая напомнить ему, какой он подонок и как он не ценит своего семейного счастья. В.Бахнов, Л.Г., 26.11.75
Не делить с подонками хлеба, / Перед лестью не падать ниц, / И не верить в чистое небо, / Ни в улыбку сиятельных лиц. А.Г., 22

**ПОДОРВА́ТЬ**
ausrücken, abhauen, stiftengehen
*сбежать, убежать от чего-либо.*
А шум погони устремился дальше, в сторону. — Ну, надо же, сбежал! — изумился Егор. — Всегда бы так, елки зеленые. А то ведь, когда хочешь подорвать, попадешься как ребенок. В.Ш., 432

**ПОДОСВИДА́НЬКАТЬСЯ**
auf Wiedersehen sagen, sich verabschieden
*сказать „до свидания", попрощаться.*
... У тебя образование-то какое? — Какое есть, все мое. — Ну, до свидания. — До свидания. „Подосвиданькались" довольно жестко. Кайгородов ушел. В.Ш., 370

**ПОДОСПЕ́ТЬ**
(gerade) zur rechten Zeit/ im richtigen Moment kommen
*прийти, успеть появиться вовремя, в нужный момент.*
Нужно было пробежать посты, пока не подоспели офицеры проверки. В.Р., 10

**ПОДО́ХНУТЬ** *груб.*
abkratzen, krepieren, verrecken
*то же, что умереть.*
За неделю можно с тоски подохнуть. Вл.В., 37
Сам подохнет около коровы и других уморит. Г.Б., 49
— Дождалась ты своей участи... Не хотела жить на белом свете? Подыхай. Я тебя этой ночью казнить буду. В.Ш., 238

**ПОДПЕРЕ́ТЬ**
drängen, drängeln
*торопить, ускорить, приблизить срок или наступление чего-либо.*
Глянется ему, конечно, Нинка — здоровая, гладкая. А время подперло жениться, ну и ходит, дурак, по ночам, „тальянит". В.Ш., 100

**ПОДПИ́ТИЕ** *ср.*
Rausch, Schwips
*состояние опьянения.*
Колька в хорошем субботнем подпитии, улыбчив. В.Ш., 233

**ПОДПИ́ТЬ**
sich einen (Rausch) antrinken
*выпив спиртного, опьянеть.*
А лодыри вроде тебя, они и пьяные, и трезвые — все лодыри. Здесь подопьют, там угостятся, зачем работать. Е.Терновский, Р.М., 15.3.79

**ПОДПОЙТЬ**
(etwas) betrunken/ besoffen/ blau machen, leicht unter Alkohol setzen
*напоить кого-либо до некоторой степени опьянения.*
Поговорил он с Бурлеем по душам, подпаивая его сладким югославским вермутом. С.Е., 50

**ПОДРАБО́ТАТЬ**
einen Nebenverdienst haben, (da)zuverdienen
*немного поработать ради дополнительного заработка.*
— Я жду ответа: откуда деньги? — Я подрабатывал. Т.Ш., 36

**ПОДСЕЛЁНЕЦ** *м.* **ПОДСЕЛЁНКА** *ж.*
(von der Behörde eingewiesener) Mitbewohner/ Untermieter
*о ком-либо, поселенном в чью-либо квартиру против воли живущих там людей.*
А Лидка оскалилась: „Врет она все, подселенка проклятая, кошка ее сама выпрыгнула! Нужна мне ее кошка, да пусть она со своей кошкой идет..." Н.Баранская, Женщина с зонтиком, М., 1981, 193

**ПОДСИДЕ́ТЬ**
1 auflauern
2 hinausekeln, vergraulen
*1. подкараулить, подстеречь.*
— Ох, — стонет он — подсидела, окаянная смерть, скараулила, нечистая сила! В.Расп. 2, 66
*2. выжить кого-то с работы, занять чье-либо место.*
... у каждого чиновника ведь пропасть врагов, так и норовят подсидеть, занять место, вырвать кусок из глотки. Вл.Б., 192

**ПОДСКОЧИ́ТЬ**
(auf einen Sprung) vorbeikommen
*быстро, мимоходом зайти куда-либо.*
А я ваш адресок товарищу оставил, он утречком должен подскочить. Не возражаете? Вл.В.1, 106

**ПОДСОБИ́ТЬ**
helfen, behilflich sein, unter die Arme greifen
*помочь кому-либо.*
— Милый! — кричит. — Подсоби. Попроси дружка! Век не забуду! Л.Наумов, Л.Г., 23.5.79
— И руки у тебя золотые. А у меня племяш чертить не умеет. А у него диплом на носу. Подсобить надо. Б.Гуреев, Л.Г., 28.12.77

**ПОДСО́БКА** *ж.*
Nebenraum
*подсобное помещение.*
Первым завтраком его отпотчевали в интимной подсобке привокзального буфета. Д. Иванов, В.Трифонов, Л.Г., 5.7.78

**ПОДСОБРА́ТЬ**
(ein wenig) sammeln
*собрать, набрать, накопить в некотором количестве.*
— Катя, — говорил Мишель, — что, если мы ... у меня скоро отпуск, махнем-ка мы в Сибирь. На Алтай. Возьмем рюкзаки — и пешком. Там очень развита народная медицина, я бы хотел подсобрать материал... В.Ш., 411

**ПОДСТЁЖКА** *ж.*
Wattierung, (gestepptes) Wattefutter, Pelzfutter
*стеганая или меховая подкладка.*
— Понимаешь, механичек тут один, с торгового, такого курта загоняет... с мехом, понял, на подстежке. Г.В. 1, 6

**ПОДСТИ́ЛКА** *ж. презр.*
Dirne, Nutte
*женщина легкого поведения.*
... немцем был его отец, немецким оккупантом безымянным, которого постигла заслуженная кара, с которым путалась его мамаша, а о таких справедливо говорили: подстилки фрицевские... Ю.С., 114

**ПОДСТРАХОВА́ТЬСЯ**
sich absichern; auf Nummer sicher gehen
*то же, что страховаться, обеспечить, оградить себя от чего-либо неприятного.*
И на тот случай, если бы Матюшкин наяву об этом их разговоре вспомнил, подстраховался: „Только большой очень. Страниц двести. А ведь у вас дел столько..." А.Я.,39

**ПОДСТРО́ИТЬ**
anstiften, aushecken, inszenieren; hinkriegen, deichseln
*в тайне, с умыслом устроить что-либо, обычно неприятное для кого-либо.*
Не было и настоящего возмущения. Оно начало расти здесь, сейчас, когда я поняла, что Марина не только воровала, но и подстраивала все так, чтобы подозревали Милу. Н.Б.1, 51

**ПОДСТУПА́ТЬСЯ** *несов.*
1 herantreten an jemanden
2 sich heranmachen an jemanden, jemanden anmachen
*1. приближаться, подходить близко к кому-, чему-либо // обращаться с просьбами, требованиями //.*
Солдаты в вагоне тоже было взволновались, но эта, ласковая-то, так прилипла к Алеше, что и подступаться как-то неловко. В.Ш., 324
*2. пытаться начать ухаживать за кем-либо.*
Не раз он к ней подступался, и не раз она его спроваживала. Н.Б.2, 9

**ПОДСУ́НУТЬ**
unterschieben, unterjubeln
*дать, вручить обманом что-либо.*
Папан не замечает, что я ему задачник для третьего класса подсовываю. Л.Маков, Крокодил, № 31, 76

**ПОДСУСО́ЛИТЬ**
schöntun, Honig ums Maul/ um den Bart schmieren
*написать, сказать что-либо приятное, стараясь польстить кому-либо, расположить к себе.*
— ... Я сяду — мне плевое дело прошение-то составить: где завострил, где подсусолил, где на жалость упор сделаешь, а где намекнешь про другие инстанции... Тут целая наука тоже. В.Ш., 299

**ПОДТОЛКНУ́ТЬ**
leicht stoßen, anstoßen; leicht vor sich herstoßen, dribbeln
*толкнуть, пододвинуть, приблизить к чему-нибудь.*
В это время синебелый игрок обвел белочерного и вяло затрусил к воротам, подталкивая мяч. М.Виленский, Л.Г., 8.9.76

**ПОДТОПИ́ТЬСЯ**
einheizen, Feuer machen
*то же, что топить; разжигать топливо, растапливать.*
Он /офицер/ вывел меня из землянки и сказал, указывая куда-то в темноту: „Возле землянки командира полка стоит бричка. Ползи туда по-пластунски, чтобы часовой не заметил. Вынешь чеку из задней оси и снимай большое колесо, только по-тихому. И обратно его таким же макаром приволоки, мы его в землянке разобьем, а на два раза хватит подтопиться". Л.Л., № 30, 187

**ПОДТРУНИ́ТЬ**
(be)spötteln, hochnehmen, durch den Kakao ziehen
*слегка пошутить, посмеяться над кем-, чем-либо.*
Я побаивался, что над нами будут подтрунивать прохожие. А.З., 95

**ПОДТЯНУ́ТЬ**
einstimmen; mitsingen
*присоединиться к поющему; подпевать.*
... Она про себя подтягивала им, провожая незнакомую освободившуюся душу, которую не иначе как и встречать на том свете будут таким же старинным пением. В.Расп.1, 38

**ПОДФАРТИ́ТЬСЯ**
Schwein/ Glück haben
*посчастливиться, повезти.*
Дома ждут не дождутся меня шесть голодных ртов, так что побегу... може, подфартиться где... М. Алексеев, Наш современник, № 9, 1981, 44

**ПОДХАЛИМА́Ж** *м.*
Speichelleckerei, Liebedienerei, Kriecherei
*поведение подхалима, лесть, угодничество из корыстных целей.*
Догадываюсь, намек на некрасивый подхалимаж. В.К., 3
Долой подхалимаж! Подхалим — злейший враг производства! Все на борьбу с подхалимами! З.Высоковский, Л.Г., 5.12.79

**ПОДХАЛИМА́ЖКА** *м.ж.*
Kriecher(in), Speichellecker(in)
*о низком, подлом человеке; льстеце, угодничающем ради своих корыстных целей.*
— А поцеловать отца?! — Подхалимажка! — Это если бы я была Машка! А я Ленка. Значит, подхалиленка, да? В.С., 39

**ПОДХАЛИ́МНИЧАТЬ** *несов.*
(liebe)dienern, katzbuckeln
*проявлять подхалимство, вести себя низко, подло, угодничать ради своих корыстных целей.*
Кое-кто из наших работников, подхалимствующих перед Сократом, провел свою арию ему в унисон. Л.Ленч, 15

**ПОДХАЛТУ́РИТЬ**
sich durch zusätzliche/ illegale Arbeit etwas dazuverdienen
*немного халтурить ради дополнительного заработка.*
Работает колобок на санитарной машине, подхалтуривает между делом. Ф.Кан., 39

**ПОДХВА́Т** *м.*
Einsatzbereitschaft
*готовность выполнить любые поручения, задания.*
— Видала я вас — идейных! Знаешь, сколько? До Москвы раком не переставишь! Ишь гусь... Или может брезгуешь, тогда скажи, вон мопс твой на подхвате. В.М., 25

**ПОДХЛЕСТНУ́ТЬ**
antreiben, aufstacheln
*побудить сделать что-либо быстрее, лучше; ускорить что-либо.*
Услужливая хитрость старика только подхлестнула в Андрее накипевшую за день злость. В.М., 121

**ПОДЦЕПИ́ТЬ**
aufgabeln, erwischen, sich zuziehen, sich holen; sich jemanden zulegen/ anlachen
*получить, заиметь что-либо // познакомиться с кем-либо без соблюдения общепринятых норм поведения//.*
Вон Залетаев буфетчицу подцепил, а не женится. В.Кор., 254

**ПОДЧИСТУ́Ю**
restlos, ratzekahl, völlig, total
*без остатка, полностью.*
А что зубы подчистую — тю-тю, / Так, верно, спьяну обломал об кутью! А.Г., 101

**ПОДШИБА́ТЬ** *несов.*
(Geld) verdienen, Geld/ Kohle machen
*зарабатывать, получать деньги.*
— Слушай, Демка, я тебе серьезно: сгубишься. Займись приемниками — и покойно жить и подшибать будешь. А.С., 434

**ПОДШЛЁПЫВАТЬ** *несов.*
etwas/ ein wenig latschen, leicht schlurfen
*ходить, шаркая ногами, обувью.*
Повернув вместе с дорожкой, женщина стала приближаться и вскоре прошла возле беседки... — Правая туфля у нее стоптана, подшлепывает, — наблюдательная Дюшенька опустила бинокль... Н. Баранская, Женщина с зонтиком, М., 1981, 180

**ПОДШОФЁ**
angeheitert/ angetrunken sein
*(быть) навеселе, под хмельком, слегка пьяным.*
А то придет вечером подшофе, мамаша в крик, в общем, сам знаешь как бывает. Л.Маков, Крокодил., № 31, 76

**ПОДЪЕЛДЫ́КНУТЬ**
anstacheln, aufstacheln, aufwiegeln, aufhetzen
*подстрекать к чему-либо, подзадорить.*
Дура-жена вместо того, чтобы успокоить его, взяла да еще подъелдыкнула: „Давай, давай ... Сильней! Ну-ка, лоб крепче или стенка?" В.Ш., 322

**ПОЕЛО́ЗИТЬ** *несов.*
sich (unruhig) hin- und herwerfen, sich herumwälzen
*елозить некоторое время; вертеться, ползать, двигаться из стороны в сторону.*
...не сумела Макарьевна в докторский карман с первого захода угодить: поелозила, поелозила — да и уронила десятку на пол. Л.Ленч, 32

**ПОЕ́ХАТЬ**
anfangen, loslegen, losschießen
*начать делать что-либо.*
— Давайте репитировать! — Леня показал на часы. — Да, поехали. Анекдот слыхали? В.С., 43

**ПОЖА́РКА** *ж.*
Feuerwehrhaus
*здание пожарной команды.*
Кладовщик начал объяснять: „Подымитесь на эту гору, обогнете пожарку, свернете на правую руку." И.Меттер, Юность № 3,1981, 69

**ПОЖИРА́ТЕЛЬ** *м.*
Nimmersatt
*о ком-либо, стремящемся из любого дела, начинания, мероприятия и т.п. извлечь, получить максимальную пользу, выгоду.*
Так прошло полсрока, и в доме отдыха все уже было не в новинку: и сидевшие в холле вокруг круглых столов прокуренные преферансисты, и унылый культурник, пожиратель сердец, высокий и ладный парень с коком ... В.Кор., 265

— Мы пожиратели километров, — уточнил Димка. В.Ак., 18

**ПОЖИ́ТКИ** *мн.*
Habseligkeiten, Siebensachen
*мелкое имущество, домашние вещи.*
Иногда Вадиму становилось невмоготу, и он, решаясь, наконец, прощально складывал в чемодан самые необходимые для холостяцкого быта пожитки. В.М., 277

**ПОЖРА́ТЬ** *груб.*
fressen
*съесть, поесть что-либо.*
— Пошла ты!..— вяло огрызается Бронька. — Дай пожрать. — Тебе не пожрать надо, не пожрать надо, а всю голову проломить безменом. В.Ш., 122

**ПОЖУРИ́ТЬ**
(ein wenig) die Leviten lesen, (leicht) zurechtweisen
*журить некоторое время; делать кому-либо легкий выговор; побранить.*
Перво-наперво они слегка пожурили Васю за его некрасивый поступок. И.Ш., 34
— Куда же это вы? — мягко пожурил его Песьев. Д.Иванов, В.Трифонов, Л.Г., 11.10.78

**ПОЗАБА́ВИТЬСЯ**
sich ein wenig amüsieren/ die Zeit vertreiben
*немного развлечься, повеселиться, занимаясь чем-либо.*
Но недавно случилась история — / Я купил радиолу „Эстония", / И в воскресный денек на полчасика / Я прилег позабавиться классикой. А.Г., 243

**ПОЗАНЕСТИ́**
(etwas/ ein wenig) verwehen, versanden, verschütten; einschneien
*занести, засыпать /пылью, снегом и т.п./ немного, в какой-либо степени.*
А сейчас, после этого бурана, дороги все позанесло. В.Ш., 20

**ПОЗАРЁЗ**
sehr/ äußerst dringend, außerordentlich, unbedingt, unter allen Umständen, ums Verrecken
*очень, крайне.*
Не трогайте гроб Господень! / Кровь не дороже нефти, / А нефть нужна позарез! А.Г., 227
— Дизайнер? Вот кто нам позарез нужен! С.Комиссаренко, Л.Г., 19.9.79

**ПОЗА́РИТЬСЯ**
erpicht/ scharf/ versessen sein auf etwas, stehen auf etwas
*страстно захотеть приобрести, иметь что-либо, позавидовать чему́-либо; польститься на что-либо.*
Никто бы не позарился. Деньги — мусор. Власть дает право на все. В.М., 444

**ПОЗЁВЫВАТЬ** *несов.*
ab und zu gähnen
*зевать слегка или время от времени.*
Но скоро, смотрю, начинают члены бригады понемножку позевывать, сперва в кулак, а потом уже совсем в открытую. Г.Кемоклидзе, Л.Г., 15.1.75

**ПОЗУБОСКА́ЛИТЬ**
lachen über jemanden, verspotten
*посмеяться, пошутить.*
... Был бы я какой-нибудь простой человек — одно дело: позубоскалил вместе со всеми да ушел. Взятки гладки. А тут пальцем все начнут показывать. В.Ш., 201

**ПОКАЗА́ТЬ**
es jemandem geben/ heimzahlen, jemandem zeigen, was eine Harke ist
*проучить кого-либо, отомстить за что-либо / обычно употребляется при угрозе/.*
Несем мы этот стул в ОТК, к Семенычу. „Вот сейчас он нам покажет!" — думаю я. Ю.Рихтер, Юность, № 2, 75, 111

**ПОКАЗУ́ХА** *ж.*
Schau, (äußerer) Schein, Täuschung
*показная демонстрация чего-либо, не отражающая истинного положения дела.*
... два года, пока они учились по-настоящему, а не для вида, строили свою жизнь, он занимался показухой и растил ее в своей душе! С.Е., 53
Предметный кабинет — это приборы, книги и прежде всего — интересный учитель, все остальное — показуха. Г.Р., 121

**ПОКАЗУ́ШНОСТЬ** *ж.*
Schau, Schein, Täuschung
*то же, что показуха.*
„Никакой, — думала, — в нем показушности. И

все понимает. Сел на другой стороне стола. Не ноет, как Бороздыка: полюбите..." В.Кор., 425

**ПОКАЗУ́ШНЫЙ**
Schein-, zum Schein, vorgetäuscht
*демонстративный, показной; не соответствующий действительности, рассчитанный на внешний эффект.*
Подъехали три машины... Свадьба выгрузилась на берегу, шумная, чуть хмельная... весьма и весьма показушная, хвастливая. В.Ш., 354

**ПОКАЛЯ́КАТЬ**
(ein wenig) quatschen, quasseln, schwatzen
*каля́кать некоторое время; поговорить, поболтать.*
— Слышь, Лашков, зашел бы, что ли, как-нибудь чайку попить! Покалякаем, в лото сыграем. В.М., 205

**ПОКА́МЕСТ и ПОКА́МЕСТЬ**
vorläufig, einstweilen, erst einmal
*то же, что пока.*
Я покамест побегаю, а ты ко мне не присуседивайся. В.Расп.1, 37

**ПОКАНТОВА́ТЬ**
verschlagen (jemanden irgendwohin)
*передвигаться куда-либо, находиться где-либо.*
Война покантовала его по теплушкам и пульманам, кажется, всех типов и состояний... В.М.1, 20

**ПОКАНТОВА́ТЬСЯ**
(eine Weile) herumkommen, sich -treiben, -kutschieren, -gondeln
*кантоваться некоторое время; ехать куда-либо, проводить где-либо время.*
Глаза, думаю, у меня минус три. Съезжу туда, в Москве покантуюсь... В.Кор., 111

**ПОКАРЯ́БАТЬ**
(an)kratzen, zerkratzen, zerschrammen
*то же, что поцарапать.*
Доминошники стучали в запале, / Привалившись к покарябанной пальме. А.Г., 258

**ПОКАТИ́ТЬСЯ**
in Lachen/ in ein Gelächter ausbrechen, losplatzen, losprusten
*громко рассмеяться; расхохотаться.*
— Луну будем разглядывать! — И захохотал. Сын-пятиклассник тоже засмеялся: луну в микроскоп! — Чего вы? — обиделась мать. Отец с сыном так и покатились. В.Ш., 166

**ПОКВИТА́ТЬСЯ**
abrechnen mit jemandem; quitt sein/ werden
*рассчитаться с кем-либо, произвести взаимный расчет.*
— Еще — в институт не попал. Еще — в офицеры не взяли. Еще — в вечной ссылке сижу. — Олег задумчиво это все отмеривал, без жалобы. — Еще вот — рак. — Ну, раками мы поквитаемся. А.С., 480

**ПОКЕМА́РИТЬ и ПОКИМА́РИТЬ**
eine Weile schlummern, duseln, pennen
*подремать, поспать некоторое время.*
„Как ночуешь-то?" „У огня покемарю... Какой сон" В.Шукшин, Охота жить, Казань, 1977, 173

**ПОКЛЁП** *м.*
Verleumdung, Diffamierung, Verunglimpfung
*ложное обвинение.*
Но в жизни — никогда тот человек не крал. / То был поклеп. Он только взятки брал. С.М., 19

**ПОКЛЯ́НЧИТЬ** *неодобр.*
aufdringlich bitten, betteln
*настойчиво, униженно просить о чем-либо; надоедливо выпрашивать что-либо.*
Ему хотелось, чтоб Шулепа попросил бы, поклянчил, как другие, но тот не проявил интереса. Ю.Т.1, 91

**ПОКОБЕ́НИТЬСЯ**
bocken, bock(bein)ig/ widerspenstig sein, sich sträuben
*кобениться некоторое время; упрямиться, не соглашаясь на что-либо, заставлять упрашивать себя // кривляться, ломаться //.*
Тот, конечно, покобенился. — Чего, — говорит, — я после знаменитых медиков туда и обратно ездить буду? М.З., 49

**ПОКОЛА́ЧИВАТЬ** *несов.*
ab und zu verprügeln
*бить кого-либо слегка или время от времени.*
Я вообще-то мальчишек не бью, а Сайкин, бывает, и поколачивает. На его расправу они никогда не жалуются, а на мою /редкую/ жалуются ему. И.Г.1, 25

**ПОКО́МНАТНО**
der Zimmerzahl entsprechend, nach Zimmern
*соответственно количеству комнат в квартире.*
— Ты лучше за газ плати как положено.— А я и плачу как положено! Все платят поровну, у каждого комната!— Надо не покомнатно, а почеловечно! сколько человек — столько и плати! Я одна, и Ада одна, а тебя двое, ты и плати вдвое. И. Грекова, Вдовий пароход, Новый мир, № 5, 84

**ПОКОРЁЖИТЬ**
verbiegen, kaputtmachen, zerbrechen
*покривить, погнуть, поломать что-либо.*
„Интересно, покорежила она малявку?" — улыбается, потому что на самом деле ему приятно, что Инга печатает на его машинке фирмы „гермес-бэби", купленной каким-то чудом год назад в комиссионке на Колхозной. В.Кор., 390
Солнце уже светило прямо в окно, пыльный луч его упирался в противоположную стену, на которой висели ходики с покореженным циферблатом. Вл.В., 113

**ПОКОРОТА́ТЬ**
sich (ein wenig) die Zeit vertreiben, die Zeit totschlagen/ zubringen
*провести время где-либо, стараясь заполнить его.*
— Но у меня нет второй постели. — Что ж, покоротаю ночку в парке... Ц.С., 17

**ПОКОСИ́ТЬСЯ**
schielen, jemanden von der Seite ansehen
*посмотреть искоса, сбоку на кого-, что-либо.*
Пижоны-рабочие вежливо поклонились Гале. Брижит Бардо сделала салют ручкой и сказала первое эстонское слово, которое выучила: — Тере — здрасте!.. Димка только покосился на нее. В.Ак., 22

**ПОКОСТЫЛЯ́ТЬ**
an Krücken (los)humpeln
*хромая, идти на костылях.*
Завернули сало в чистую тряпочку, и Ефим покостылял опять в сельсовет. В.Ш., 137

**ПОКОЧЕВРЯ́ЖИТЬСЯ**
eigensinnig sein, sich sträuben, sich sperren, hartnäckig bestehen auf etwas; prahlen, sich wichtig machen, sich aufspielen; sich zieren, sich anstellen
*кочевряжиться некоторое время; упрямиться, упорствовать, долго отказываться от чего-либо // важничать; показывать пренебрежение к кому-либо // кривляться, ломаться, дурачиться //.*
Покочевряжится и, как миленький, приползет. Вопрос только, захочу ли? В.Кор., 536

**ПОКРИ́КИВАТЬ** *несов.*
jemanden (von Zeit zu Zeit) anschreien; kommandieren
*распоряжаться, командовать кем-либо.*
Очень выламывался один дядя в шляпе... Заставил баяниста играть на пароме, первый пустился в пляс — покрикивал, дробил ногами, смотрел орлом. В.Ш., 355

**ПОКРЯ́КАТЬ**
sich (ein wenig) räuspern, (ein wenig) hüsteln
*издавать крякающие звуки; крякать некоторое время.*
Тот малость покрякал, клыки свои спрятал, / Красавчиком стал, хоть крести. В.В.1, 21

**ПОКУ́ДА**
bis, solange bis
*пока, до тех пор.*
Жена Матвеева разбила сахарницу... Матвеев ничего об этом не знал, покуда за завтраком не заметил, что сахар лежит на блюдце. Л.Наумов, Л.Г., 7.1.81

**ПОКУДА́ХТАТЬ**
umhegen, umsorgen, (be)hüten
*проявить чрезмерную заботу, оказать излишнее внимание кому-, чему-либо.*
Когда выходит очередное такое произведение, Янечка, естественно, не забывает покудахтать над ним, а именно — срочно обзвонить с этим сообщением своих различных знакомых... А.К., 423

**ПОКУРА́ЖИТЬСЯ**
sich (ein wenig) zieren/ sträuben; frech/ unverschämt/ pampig sein; hochnäsig sein
*куражиться некоторое время; вести себя заносчиво, нагло; безобразничать, важничать.*
... Пойдем, ненаглядный мой, ляжешь в кроватку — и баеньки, и баеньки. А? — Не хочу, — гудит свинцовый Петя. — Пойдем Петенька... — Кое-как увела Петеньку. — Покуражился маленько и пошел, — понимающе говорит старушка. — Славная парочка, дружная. В.Ш., 162

**ПОКУ́РИВАТЬ** *несов.*
(von Zeit zu Zeit) rauchen
*курить не спеша, время от времени, понемногу.*
Они ходили вместе, разговаривали только друг с другом, вместе покуривали на лестнице, листали в сторонке общий учебник, сверяли шпаргалки. С.Е., 47

**ПОКУРОЛЕ́СИТЬ**
eine Weile Streiche/ Dummheiten machen
*куролесить некоторое время, озорничать, буянить.*
— Покуролесил малость да выпрямился! Жись сильнее всего! Л.Бородин, Грани № 119, 135

**ПОЛБА́НКИ** *ж.*
ein halber Liter Wodka
*пол-литра водки.*
А мужики веселятся так, как будто уже по полбанки приняли. А.Тараскин, Л.Г., 26.9.73

**ПОЛБЕДЫ́**
halb so schlimm
*не большая беда, не так страшно, не так опасно.*
Нас привезли в 193-ий запасной стрелковый полк резерва Главного командования, из которого уже посылали на фронт маршевое пополнение. Но это еще полбеды. В запасном долго не держали. Л.Л., № 30, 159

**ПОЛЕГО́НЬКУ**
sachte, behutsam, langsam (aber sicher), nach und nach
*не спеша, не торопясь, постепенно, осторожно.*
Они потихоньку да полегоньку, исподволь изучали природу, как изучают коварного недруга, зверя, который, того и гляди, прыгнет и вспорет брюхо рогами. И.В., 50

**ПОЛЕ́ЗТЬ**
1 (los)gehen, (los)ziehen
2 klettern, kriechen
*1. двинуться, устремиться куда-либо.*
Со своей принципиальностью я дошел до того, что первым полез объясняться с руководством. Л.Л., № 31, 197
А второго-то, пучеглазого я вообще в первый раз видел. А он-то громче всего и орал. И с ходу лапаться полез. Г.В.1, 3
*2. начать подниматься куда-либо, взбираться на что-либо.*
— Совсем забыл про тебя, — сказал Пронякин. — Полезай в кабинку, хватит тебе мокнуть. Г.В.2, 74

**ПОЛЗУНКО́ВЫЙ**
Kinder im Krabbelalter betreffend
*относящийся к ползунку.*
Ольга Ивановна, как и обещалась, устроила их с Вадимом в Дом ребенка, ее нянечкой, его воспитанником... Стали они на работу ходить: Анфиса нянчить, а он орать. Орал исправно, все уши прокричал персоналу. Анфиса нарочно от него в другую группу ушла, в ползунковую, чтоб не слышать, не расстраиваться. И. Грекова, Вдовий пароход, Новый мир, № 5, 1981, 91

**ПОЛЗУНО́К** *м.*
Kind im Krabbelalter
*ребенок, находящийся в том возрасте, когда он еще не научился ходить, а лишь ползает.*
Тем не менее груднички и ползунки все равно без кроваток не остаются, на полу не спят. Л.Г., 25.3.81

**ПОЛИ́ТХУЛИГА́Н** *м.*
Politrocker, Krakeeler
*о человеке, имеющем другие политические взгляды, деятельность которого направлена на подрыв существующего в данном государстве строя.*
— ... У меня сегодня встреча с одним таким политхулиганом в „Минске" — ты, наверное, помнишь, ресторан возле площади Пушкина. С Федором Сагадаевым. В.Р., 139

**ПОЛИ́ТЬ**
beschimpfen, schmähen; verleumden, schlechtmachen, heruntermachen
*обругать, выбранить // опорочить, оскорбить кого-, что-либо //.*
Пупондопуло выгреб из портфеля пачку газет и журналов: „Послушайте, как нас поливают". Т.Ш., 4

**ПОЛКО́ВНИЧИХА** *ж.*
Frau Oberst; Frau des Obersten
*женщина-полковник // жена полковника //.*
„Я на иностранной машине прикатил в обнимку с полковником!" „Эка невидаль! Кабы с полковничихой! С полковником — то и я езживал." В.Астафьев, т. 2, М., 1980, 433

**ПОЛЛИ́ТРА** *ж.*
ein halber Liter, eine Halbliter-Wodkaflasche
*бутылка емкостью в пол-литра, обычно наполненная водкой.*
В каких ни пытай краях: / Поллитра — всегда поллитра, / И стоят везде / Трояк! А.Г.1, 64

**ПОЛЛИТРО́ВКА** *ж.*
ein halber Liter
*бутылка емкостью в пол-литра, обычно наполненная водкой.*
Не подал он голоса и тогда, когда парни вынули поллитровку из рюкзака и принялись пить из горлышка. В.А., 564

**ПОЛОМА́ТЬСЯ**
sich (ein wenig) sträuben/ zieren
*ломаться, упрямиться, не соглашаться с кем-, чем-нибудь некоторое время.*
Ребята для виду поломались, конечно. А.Тараскин, Л.Г., 26.9.75

**ПОЛОСНУ́ТЬ**
einen Stich/ Schlag versetzen
*сильно ударить или задеть чем-либо, оставляя след, рану.*
Эти слова будто мне по сердцу полоснули. М.З., 37

**ПОЛОСОВА́ТЬ** *несов.*
Striemen schlagen; peitschen, das Fell gerben
*ударять, бить чем-либо, оставляя полосы на теле, раны, рубцы.*
— Видал тоже бабца? В гражданскую офицерье на ленточки на допросах полосовала. В.М.1, 93

**ПОЛОУ́МНЫЙ**
schwachsinnig, nicht ganz normal, verrückt; unberechenbar, launisch
*сумасбродный, взбалмошный, поступающий как сумасшедший.*
Настроение Пани менялось, точно погода в ветреный день: минуту назад хохотала, как полоумная, ерничала... и вот уже огрызается. И.В., 40

**ПОЛУДУ́РОК** *м.*
Halbtrottel, Trottel, Dussel
*глупый, придурковатый человек.*
... Директор на меня тоже зуб имеет. Я его дочку пару раз проводил из клуба, он стал опасаться: полудурок. А я трепаться умею... Я б ему сделал подарок. В.Ш., 91

**ПОЛУНО́ЧНИК** *м.*
Spätaufbleiber, Nachtschwärmer, Nachteule
*тот, кто поздно ложится спать, долго работая, занимаясь чем-нибудь или долго гуляя ночью.*
В избе вскоре вздули огонь. Потом кто-то вышел в сени, отпер ворота. — Кто это полуночник? Только на печь легла. — Старуха в фуфайке и в валенках открыла ворота. В.Б.,11

**ПОЛУНО́ЧНИЧАТЬ** *несов.*
bis spät in die Nacht aufbleiben
*не ложиться спать допоздна, до поздней ночи.*
Когда они вошли в комнату, Иван сердито заерзал на кровати. — Чего полуношничаете? — А ты чего свет включил? — Тебя искал. Тебе, брательник, неможется? — Да нет, — ответила за Горичева Дарья, — вышел, продышался. Е.Т., 191

**ПОЛУНО́ЧНЫЙ**
Mitternachts-, mitternächtlich
*гуляющий ночью.*
— Заходи, заходи! — помахала рукой Марья. — Вот гад-то подколодный! Я думала, у меня счас разрыв сердца будет. Вот черт-то полуношный! Он, наверно, с похмелья день с ночью перепутал. В.Ш., 302

**ПОЛУ́ТОРКА** *ж.*
Anderthalbtonner
*грузовой автомобиль грузоподъемностью в полторы тонны.*
Наутро обшарпанная полуторка, переваливаясь с колеса на колесо, тащила его подмосковными перелесками к новому месту назначения. В.М.1, 185

**ПОЛУ́ЧКА** *ж.*
(Arbeits)Lohn, Bezahlung, Gehalt
*заработная плата.*
Получил получку и в тот же день всю ее и ухнул. Л.Измайлов, Л.Г., 21.1.76

**ПОЛШКА́ЛИКА** *ж.*
ein halbes Schnapsgläschen/ Schnapsfläschchen, Schnapsglas
*половина шкалика; небольшая бутылка для водки // стаканчик для водки, стопка//.*
Только я не пил за счастье Ксенино, / И вообще не пил, а так ... присутствовал, / И ни шкалика, и ни полшкалика, ... А.Г., 191

**ПОЛЯ́РКА** *ж.*
Polarzuschlag, Geldzulage (für Gebiete nördlich des Polarkreises)
*деньги, начисленные за работу за полярным кругом.*
... сорок процентов начислили мне полярки. Г.В.1, 5

**ПОМАЛЁНЬКУ**
nach und nach, allmählich
*постепенно, не сразу.*
Песню подхватили. Заголосили вразнобой, а потом стали помаленьку выравниваться. В.Ш., 44

**ПОМА́ЛКИВАТЬ** *несов.*
1 schweigen, ruhig/ still sein/ bleiben
2 still und ruhig sein, den Mund/ Schnabel halten
*1. молчать, уклоняясь от разговора.*
Аскольд стоял и помалкивал, губы развесив, как будто его не касалось. Г.В.1, 5
*2.хранить что-либо в тайне, не рассказывать что-либо // не высказывать публично своего мнения//.*
— ... Ить вот рассудок-то у людей: хворают, называется! Ить подумали бы: идет такая страшенная война, их как механизаторов на броне пока держут: тут надо прижухнуться и помалкивать, вроде тебя и на свете-то нету. В.Ш., 297

**ПОМАНДРАЖИ́РОВАТЬ** *несов.*
(ein wenig/ eine Weile) Angst/ Manschetten haben
*мандражировать некоторое время; бояться чего-либо, трусить, испытывать страх.*
— А может, он здесь? — спросил Курчев. — Нет. Я наблюдал с балкона, — ощерил увалень неполные челюсти и показал театральный бинокль. — Наверно, на генералке был. Но ничего. Он уже знает, что я вернулся. Пусть помандражирует. В.Кор., 396

**ПОМАТРО́СИТЬ**
kurze Zeit mit jemandem flirten/ intime Beziehungen haben
*встречаться, быть в интимных отношениях с кем-либо очень короткое время.*
Сейчас молодежь пошла: поматросит и бросит. А наш с серьезными намерениями. Надо бы с семьями поближе познакомиться. И.Двинский, Л.Г., 25.3.81

**ПОМАЯ́ЧИТЬ**
1 (ein wenig/ eine Weile) in der Ferne schimmern/ leuchten/ scheinen
2 (durch Zeichen) zu verstehen geben, signalisieren
*1. виднеться, быть видимым издали некоторое время.*
Ах, война, что ж ты сделала, подлая! / Стали тихими наши дворы. / Наши мальчики головы подняли, / Повзрослели они до поры. / На дороге едва помаячили / И ушли за солдатом солдат. Б.О., 130
*2. объяснить, показать знаками.*
Сергей Митрофанович помаячил: мол, идите, идите, я сейчас. В.А., 568

**ПОМЕРЕ́ТЬ**
sterben, draufgehen
*то же, что умереть.*
Врач сказал: „Ай-ай-ай, вот-те раз! / А больной-то, братцы, помер у нас". А.Г., 214
Томке тоже что-то не светит, не жилец она, не жилец, у ней вполне возможно, саркома, тогда помрет еще до Октябрьских. И.В., 38

**ПОМЕША́ТЬСЯ**
versessen/ scharf/ wild/ verrückt auf etwas sein, auf etwas stehen
*сильно увлечься кем-, чем-либо, пристраститься к кому-, чему-либо.*
Тут только понял Чудик, что да, невзлюбила его сноха. А за что действительно? — А вот за то, что ты никакой не ответственный, не руководитель. Знаю я ее дуру. Помешалась на своих ответственных. А сама-то кто! В.Ш., 108

**ПОМИ́ЛУЙ/ТЕ/**
aber ich bitte dich/ Sie!, was fällt dir/ Ihnen ein?
*употребляется как выражение несогласия, возражения в значении: да что ты/вы/! как можно!*
Говорим: мол, творческие работники, хотелось бы к театрам поближе. А они в ответ: — Тогда дайте нам в вашем доме квартиру. — Помилуйте! Вы же к искусству никакого отношения не имеете. А.Курляндский, Л.Г., 13.10.76

**ПОМОЗГОВА́ТЬ**
nachdenken, grübeln, sich den Kopf zerbrechen
*подумать, поразмыслить над чем-либо.*
Помозговав несколько минут, он задал председателю цехкома практический вопрос: — Деньги в цехкоме есть? Б-ка крок., № 18/815/, М., 1978, 2

**ПОМОЙКА** *ж.*
Müllgrube
*помойная яма, место для выбрасывания отходов и т.п.*
Горожане не очень-то охотно туда переселялись из своих дедовских хибар. Тут все под рукою: и огород, и картошка, и куры. А там одна слава „удобства" — вода сегодня идет, завтра нет. А во дворе помойки, ничьи собаки, сараи, и на каждом замок. И.Г.1, 27

**ПОМЫКАТЬ**
(er)dulden, erleiden, mitmachen, durchmachen
*узнать горе, нужду, невзгоды.*
— Помыкают бабы горя. — Всем достанется. В.М., 240

**ПОМЫКАТЬСЯ**
mitmachen, durchmachen, über sich ergehen lassen
*подвергнуться невзгодам, испытать горе, нужду, лишения.*
Ходоки за мотором немало помыкались по Москве, но вернулись довольные. И.Ш., 2
— Взял и сменил фамилию. Пришлось, конечно, помыкаться. И.Ф.,17

**ПОМЯГЧЕТЬ**
(etwas) sanfter/ nachgiebiger/ sanftmütiger werden
*сделаться несколько мягче.*
Вспомнив о жене, Сергей Митрофанович, как всегда, помягчел душою. В.А., 562

**ПОМЯНУТЬ**
sich erinnern, sich entsinnen
*вспомнить кого-, что-либо.*
И вот, читая в журналах сочинения наших, так называемых „деревенщиков", со всеми их поэтическими „пахло мятой и чабрецом" /как помянет про этот самый чабрец — так и знай, обскурант, ретроград, а по сути дела — барчонок!/, невольно подумаешь: какую же надо иметь толстокожесть, чтобы писать... И.В., 51

**ПОМЯТЬСЯ**
(eine Weile) unschlüssig sein, (eine Weile) herumdrucksen
*быть в нерешительности, смущаться, колебаться.*
Широков помялся, видит: молчание затягивается и совсем неприличным становится. Н.Елин, В.Кашаев, Л.Г., 29.8.73

**ПОНАВЕЗТИ**
massenweise heranschaffen
*навезти кого-, что-либо в большом количестве, во множестве.*
Со всех сторон людей понавезли, сами управляющие приехали. А. Астраханцев, Наш современник, № 9, 1981, 120

**ПОНАПОРОТЬ**
Stuß zusammenreden
*наговорить глупостей, вздора, ерунды, чепухи и т.п.*
Языком вы много понапороли, только сами-то ничего делать не умеете. В.М., 324

**ПОНАПРАСНУ**
unnütz, umsonst
*напрасно, зря.*
— Да кому ж твое исподнее надо? — пробовали угомонить его жители переулка ... все понапрасну. С.Б., 4

**ПОНАРОШЕЧНОСТЬ** *ж.*
Unnatürlichkeit, Gekünsteltheit, Gewolltheit
*неестественность, ненатуральность, искусственность чего-либо.*
Есть в этом заключении глубокое противоречие. Мелкого срока и невыносимых условий. Понарошенности ареста и реальности унижений. Ф.Кан., 79

**ПОНАРОШКЕ, ПОНАРОШКУ**
nicht wirklich
*не на самом деле, не в действительности.*
... он был человек вовсе не легкомысленный и не такой уж весельчак. Все это было понарошке, домашний театр. А внутри отцовской природы, скрытым стержнем, вокруг которого все навивалось, было могучее качество — осторожность. Ю.Т.1, 96
... а вдруг окажется, ну, хоть понарошку, что отец его не сухонький пьяница и гуляка машинист маневрового паровоза Кузьма Курчев, а непьющий и степенный инженер Василий Митрофанович. В.Кор., 84

**ПОНАТЫКАТЬ**
(eine Menge) aufspießen, aufstecken
*натыкать много каких-либо предметов.*

Только новорожденный недоносок не знает, что там кругом сигнализация и сплошь понатыканы фотокамеры. Т.Ш., 26

**ПОНЕСТИ́**
1 (anfangen zu) faseln/ spinnen/ schwafeln
2 ziehen, herüber-/ hinüberwehen
*1. болтать что-нибудь неразумное, вздорное; говорить без остановки.*
Покраснел Лапшов, руками замахал: „Перестань! Неудобно! Это я тогда выпил, вот меня и понесло!" А.Тараскин, Л.Г., 26.9.73
*2. дуть, веять, пахнуть.*
А после — с коптильни понесет, как будто сто траулеров повыворачивали трюма наизнанку. Г.В.1, 7

**ПОНЕСТИ́СЬ**
(los)rennen, (los)rasen, (los)wetzen
*быстро побежать; двигаться стремительно, с большой скоростью.*
Витя вздрогнул... он наддал, словно включил другую скорость, и понесся к воротам противника. М.Виленский,Л.Г., 8.9.76

**ПОНОСИ́ТЬ** *несов.*
beschimpfen, schmähen, verunglimpfen
*ругать, бранить, оскорблять кого-либо.*
Совсем недавно мы виделись. Он поносил Васькина, Тваржинскую и прочих. А.З., 215

**ПОНТ**1 *м.*
Selbstgefälligkeit, Arroganz, Hochmut
*самохвальство, самодовольство, слишком высокое мнение о себе, о своих достоинствах, заслугах.*
Она сейчас с понтом входит в полутемный бар, однако эротические сумраки только подчеркивают экстравагантность рыжей Лены... А.П., 78

**ПОНТ**2 **: БРАТЬ НА ПОНТ**
hinters Licht führen, übers Ohr hauen
*действовать обманным путем, неожиданно, в надежде добиться желаемого.*
— Ванька! Поставь бутылку на место, поставь, Ванюша. Я же вас на понт беру! Велите ему поставить бутылку. В.Ш., 275

**ПОНУКА́ТЬ** *несов.*
antreiben, anspornen, auf Trab bringen
*торопить, побуждать делать что-либо.*
Возница лениво, словно нехотя, понукая лошадь, поинтересовался между делом: — Куришь? В.М., 451

**ПООБВЫ́КНУТЬ**
sich langsam/ nach und nach an etwas gewöhnen
*постепенно привыкнуть к кому-, чему-либо.*
И поэтому сейчас Лашков страшился не смерти, нет, — с мыслью о ней как бы пообвык, что ли, — а вот этой давящей отчужденности, общего и молчаливого одиночества. В.М., 169

**ПООБЛЕ́ЗТЬ**
verbleichen; abblättern
*сойти с поверхности чего-либо или утратить краску, волосы, шерсть и т.п.*
— Я с этими бля...ми чикаться не буду! Хватит, лопнуло мое терпение, — орал замполит. — Одни только неприятности из-за них: по наглядной агитации на последнем месте в полку. Все краски пооблезли, не разберешь ни х... Политуру только жрать могут. Л.Л., № 30, 167

**ПООБЩА́ТЬСЯ**
(ein wenig) verkehren/ Umgang haben/ pflegen
*встречаться, поддерживать общение, взаимные отношения.*
Он говорит: „Чудак, я тебя не мыться зову, а интеллигентно провести время. Шашлыки поедим, пообщаемся с нужными людьми". Г.Горин, Л.Г., 6.8.75

**ПООКОЛА́ЧИВАТЬСЯ**
eine Weile herumstehen/ -lungern/ -sitzen/ -hängen
*околачиваться некоторое время; находиться где-либо без дела, зря, напрасно.*
После баб, что ушли на силос, прибежали сюда ребятишки. Пооколачивались, поиграли в прятки и подались к реке. В.Б., 50

**ПООРА́ТЬ**
ein bißchen brüllen
*орать некоторое время.*
Семка незлой человек. Но ему, как он говорит, „остолбенело все на свете", и он транжирит свои „лошадиные силы" на что угодно — поорать, позубоскалить, нашкодить где-нибудь — милое дело. В.Ш., 244

**ПОПА́СТЬСЯ**
schwanger werden
*забеременеть.*

Ночью Ася услышала: плачет. Подошла, присела к ней на койку, погладила Людины щеки, уши, даже плечи мокры были от слез. „Ну, что с тобой? Скажи!" — „Аська, я попалась", — сквозь рыдания ответила Люда. Вон оно что... Не понять было нельзя. Все знали, что значит „попалась". И.Г.1, 76

**ПОПА́ХИВАТЬ** *несов.*
ein wenig riechen, einen unangenehmen Geruch von sich geben; nach etwas riechen
*слегка пахнуть, издавать слабый запах / обычно дурной, неприятный/ // быть похожим на что-либо, напоминать что-либо по своему существу, качеству, характеру и т.п.//.*
— Зиночка, это немыслимо, это уже попахивает буржуазным декадансом. В.А., 50

**ПОПЕНЯ́ТЬ**
jemandem etwas vorwerfen/ Vorwürfe/ Vorhaltungen machen
*упрекнуть в чем-либо, выразить недовольство по поводу чего-либо.*
... он закурил... и, уже неторопливо куря, попенял самому себе: „Уж если поднял голос, так не пасуй!" В.А., 560

**ПОПЕ́РВОСТИ**
zuerst, erst einmal
*сначала.*
Не было дня, чтобы он /Филипп/ не вспомнил Марью. Попервости было так тяжко, что хотел руки на себя наложить. В.Ш., 355

**ПОПЕРЕ́ТЬ**
1 feuern, rausschmeißen, schassen
2 sich in Bewegung setzen, (hin)streben
*1. выгнать, уволить кого-либо откуда-либо.*
— Спирька подумал, что хорошо все-таки, что он красивый. Другого давно бы уж поперли и все. Он улыбался, ему было легко. В.Ш., 194
*2. двинуться, устремиться куда-либо.*
Но вот Агафонов спутал все мои представления о советском карьеристе ... Напечатал пару популярнейших книжонок по философии... И однако попер в гору. Ни с того, ни с сего. Вдруг включили в редколлегию одного видного журнала, дали кафедру, сделали редактором, избрали в член-коры. А.З., 117

**ПОПЕРЕ́ТЬСЯ**
sich in Bewegung setzen, (hin)streben
*двинуться, устремиться куда-либо.*
Никогда так стыдно не было. Стыдно было еще своей утренней беспечности, безмятежности, довольства. Надо было все же хорошенько все проверить. Черт и в такой безмятежности поперся к инженеру! Надо было проверить, конечно. В.Ш., 338

**ПОПИВА́ТЬ** *несов.*
(langsam/ gemächlich/ gemütlich) trinken, ab und zu einen Schluck nehmen
*пить понемногу или время от времени.*
На половину вырученных денег купила себе польскую посуду, но в праздники попивает чаек в гостях у Любови Васильевны... А.К., 401

**ПОПИЖО́НИТЬ**
(ein wenig) angeben
*воображать, хвастаться некоторое время или немного.*
Он мне огромную коробку шоколадных конфет принес. А жена его потом прибежала, и тоже от себя лично набор духов, „Подарочные" и отрез венгерского креп-марикена на блузочку... Ну, духи-то... вроде для меня и жирно такими душиться. Спрятала я их в шкаф, поглубже в белье, знаешь, чтобы не выдохлись. Будут Кларке, когда вернется, она любит попижонить. А.К., 329

**ПОПИ́СЫВАТЬ**
(ein wenig/ ein bißchen) schreiben, ab und zu etwas schreiben/ zu Papier bringen
*писать иногда, время от времени.*
И тут же представил себе: вот он заканчивает университет, защищает кандидатскую... начинает преподавать, пописывать в журналах. С.Е., 47

**ПО́ПКА** *м.*
Wächter, Wachsoldat
*часовой, стоящий на вышке.*
И один лишь „попка" на вышке торчит, / Но ему не до спящих масс. А.Г., 250

**ПОПЛЕСТИ́СЬ**
langsam/ mühsam/ schleppend los-/ weggehen; trotten
*идти медленно, устало, вяло, с трудом.*
Мусамбегов, послушно подчиняясь моим подзатыльникам, поплелся в сушилку. В.Р., 8

**ПОПО́ЙКА** *ж.*
Besäufnis, Sauferei, Saufgelage
*пирушка, вечеринка с обильной выпивкой.*

Повстречала девчонка бога, / Бог пил мертвую в монопольке,/ Ну, а много ль от бога прока / В чертовне и в чаду попойки? А.Г., 132
...бессонное застолье походило скорее на поминки, чем на попойку или дружеское возлияние. В.М.1, 54

**ПОПО́ТЧЕВАТЬ**
bewirten
*угостить кого-либо.*
Баварскому продюсеру Зигфриду Трихтеру захотелось попотчевать телезрителей чем-нибудь остреньким. Н.М., 39

**ПОПРЕКА́ТЬ** *несов.*
Vorwürfe machen, unter die Nase reiben
*делать попреки; укорять, упрекать.*
— Ну, язви тебя-то! — громко возмутился один лысый мужик. — Что же ты, пригласил, а теперь попрекаешь? В.Ш., 461
...живет там душевная женщина, у которой, может быть, „все так", которая не станет попрекать насчет получки, культурки и лишнего раза чокнуться с дружками. В.Панков, Л.Г., 30.11.77

**ПОПРОВЕ́ДАТЬ**
besuchen, aufsuchen
*то же, что проведать, навестить.*
— Ну, пошли попроведать кандидатов. В.Ш., 173

**ПОПРОСТЕ́ТЬ**
aufgeschlossener/ zugänglicher werden
*стать проще, доступнее.*
Но за эти пять недель, протащенный опухолью, как крючком, Павел Николаевич подобрел или попростел, что ли. А.С., 415

**ПО́ПРОСТУ**
ohne Umschweife, kurzerhand
*просто, без затей, не церемонясь.*
...Мужчина попросту, без затей в пижаму Сергея Михайловича нарядился... Н.Елин, В.Кашаев, Л.Г., 29.8.73

**ПОПРОША́ЙНИЧАТЬ** *несов.*
betteln, schnorren; anpumpen
*надоедливо выпрашивать что-либо, просить о чем-либо.*
Санитар, слышавший эти слова, подошел и рявкнул: — Не давай ты ему ничего, надоел уже всем. И ему: — Заткнись, скотина, опять попрошайничаешь. Время и мы, № 43, 19
Он оправдывался тем, что увлечен коллекционированием, обещал никогда не попрошайничать, и его отпустили. А.П., 10

**ПОПРОША́ЙНИЧЕСТВО** *ср.*
Bettelei, Schnorrerei
*постоянное, надоедливое выпрашивание; приставание с просьбами к кому-либо.*
В погоне за очередной „уникальной" заграничной безделушкой они доходят до попрошайничества у иностранцев. А.П.,31

**ПОПУГА́ЙНИЧАТЬ** *несов., неодобр.*
nachreden, nachplappern
*подражать кому-, чему-либо, повторять чужие мысли и слова.*
О нем насочиняли западные писатели, а потом стали попугайничать всякие гулящие личности, вроде прокурорши Марьяны. В. Кор., 233

**ПО́ПУСТУ**
unnötig, unnütz, umsonst
*напрасно, бесполезно, зря.*
— Да чего попусту гадать. Лучше давай спросим его, кто он,— принимает решение второй. И. Пономарев, Наш современник, № 3, 1981, 95

**ПОПУ́ТКА** *ж.*
Kraftfahrzeug (in dem man mitgenommen worden ist)
*то же, что попутная машина; транспорт, двигающийся в одном направлении с кем-, чем-либо.*
До Покровки добрался на попутке. В.Р., 160

**ПОПЫ́ХИВАТЬ** *несов.*
flackern, züngeln
*слабо гореть, вспыхивать время от времени.*
Постреливает, попыхивает веселый огонек; сумерки крадутся из леса. В.Ш., 118

**ПОПЯ́ТНЫЙ : ИДТИ́ НА ПОПЯ́ТНЫЙ**
einen Rückzieher machen, sein Wort zurücknehmen, sich eines anderen besinnen
*отказаться от прежнего мнения, решения, данного уже согласия и т.п.*
И бледнел я на кухне разбитым лицом, / Делал вид, что пошел на попятную. В.В. 3, 17

**ПОРЕШИ́ТЬ** *несов.*
beschließen, entscheiden, bestimmen, zu einem Entschluß kommen

*прийти к какому-либо решению, сделать вывод.*
—...Какой-то умный порешил: чтобы не завелось чертей между людьми, всякую новость на столбу освещать. В.С., 47

**ПОРЖА́ТЬ**
eine Weile laut lachen/ wiehern
*ржать некоторое время; громко, грубо смеяться, хохотать.*
— Хохочет! — возмущается Ленка. — Нет того, чтобы за человека заступиться. Вам только чтобы поржать. А.К., 21

**ПОРИСОВА́ТЬСЯ**
sich (eine Weile/ ein wenig) zieren, affektiert tun
*рисоваться некоторое время, вести себя жеманно, стараясь показать себя с выгодной стороны.*
Но зато при знакомстве с человеком никогда не спешил Костоглотов представить себя и порисоваться, а сразу доведывался, кто его знакомец, чей, откуда и каков! А.С.,136

**ПОРОЖНЯКО́М**
unbeladen, leer
*без груза, без пассажиров.*
Варвара Иняхина с молодыми бабенками, едва приткнулся пароход к берегу, вцепилась в старика-капитана, единственного мужчину на пароходе: „Чего мужиков-то не везешь? Разве не было тебе наказа? Смотри, в другой раз порожняком придешь — самого оставим." Ф.Абрамов, Пряслины, Л., 1978, 210

**ПОРО́ТЬ**1 *несов.*
1 dummes Zeug reden
2 hasten, sich überstürzen, hetzen
*1. говорить глупости, вздор, ерунду.*
...можешь не волноваться, выпивши, ты даже говорил больше, чем положено советскому писателю, но того что у нас называется антисоветчиной, не порол. В.Н., № 18, 74
*2. делать что-либо в спешке.*
...руководству и общественным организациям... хладнокровие, к счастью не изменило, горячку они пороть не стали, скоропалительных мер решили не принимать. А.Борин, Л.Г., 14.3.79

**ПОРО́ТЬ**2 *несов.*
züchtigen, (den Hintern) versohlen
*сечь, бить.*
Мы сами сказали отцу, что пишем на него анонимку, и отец порол нас ремнем за это уже два раза. С.Н., 4

**ПОРТАТИ́ВКА** *ж.*
tragbarer/ handlicher Gegenstand
*о чем-либо небольшого размера, удобном для ношения, транспортировки, перевозки.*
Этот скорбный ряд возглавляет машинка „Москва", названная так, право же, по недоразумению. Плоха она, но машинок так мало, что и эта портативка нарасхват. К.Барыкин, Л.Г., 18.10.78

**ПОРТА́ЧИТЬ** *несов., груб.*
pfuschen, schludern, stümpern
*портить, делать что-либо плохо, неумело.*
—... Почему дешево так? Да он портачит втихаря, налога не платит. Ну, поэтому и дешевле берет... За строгую конспирацию... Только ты никому не брякни. А.К., 319

**ПОРТКИ́** *мн.*
Hosen, Buxe(n), Büxe
*то же, что брюки, штаны.*
— А тебе, земляк, так сильно нужны эти портки? — не унимался „пирожок". Д.Иванов, В.Трифонов, Л.Г., 28.7.76

**ПОРУГА́ТЬСЯ**
sich (ver)zanken, sich zerstreiten, sich verkrachen
*поссориться с кем-либо или между собой.*
Чонкин посмотрел на Гладышева ... и сказал: „А я, слышь, с бабой своей поругался, ушел я от ней..." Вл.В., 104

**ПОРУЧКОВА́ТЬСЯ**
die Hand geben/ drücken/ reichen/ schütteln
*поздороваться с кем-либо за руку.*
Василиса снимает фартук... подходит к Авдотье и протягивает ей руку. — Давай поручкуемся, старуха Авдотья. В.Расп. 2, 59

**ПО́РЧА** *ж.*
angehexte Krankheit
*в народных поверьях: болезнь от колдовства.*
Шура говорит: — Не пойму я, как это „наслано"? И при чем тут карточка? Объясни. — А вот кто-то на тебя наговорил. Через карточку твою наслали порчу. Н.Б. 2, 10

**ПОРЯ́ДОЧНЫЙ**
gehörig, bedeutend; ordentlich, tüchtig, anständig
*значительных размеров, большой.*
— ...Я, может, сейчас руду повезу... — Большую? — Ничего, порядочную. Г.В. 2, 75

**ПОСА́ПЫВАНИЕ** *ср.*
(leises) Schnarchen; Schnauben, Schnaufen, Schniefen
*свистящие звуки, издаваемые носом время от времени.*
Не принимая его озорующего тона, санитары угрюмо отворачивались, слегка посапывали, и в этой их угрюмости и посапывании явно чувствовалось беспокойство. В.М., 56

**ПОСА́ПЫВАТЬ** *несов.*
(leise) schnarchen; schnauben, schnaufen, schniefen
*сопеть слегка, негромко, с перерывами.*
Не принимая, его озорующего тона, санитары угрюмо отворачивались, слегка посапывали... В.М., 56

**ПОСБИВА́ТЬ**
(alles nach und nach) ab-/ herunterschlagen
*сбить все или многое /обычно одно за другим/.*
И спросонья бывает такая пора, / Что готов я в припадке отчаянья / Посшибать рупора, посбивать рупора, / И услышать прекрасность молчания. А.Г., 230

**ПО-СВО́ЙСКИ**
ohne Umstände; wie zu Hause
*как обычно, как принято между близкими людьми.*
Нормально спросил, по-свойски. Он мне с таким гонором отвечает: „Ничего не надо, все есть." А. Тараскин, Л.Г., 26.9.73

**ПОСЕРЁДКЕ**
in der Mitte, mittendrin
*то же, что посреди; в середине, в центре.*
Едем... Навстречу нам такой же грузовичок ЗИС-5... Рыжий чуть отклонился на тракте правее, а тот, встречный, дует посередке почти... В.Ш., 404

**ПОСЕРЬЁЗНИЧАТЬ**
übertrieben ernst werden
*напустить на себя серьезность, стать неуместно серьезным.*
— Газеты надо читать, — посерьезничал вдруг полковник. В.Кор., 150

**ПОСЕ́ЯТЬ**
verlieren
*потерять что-либо.*
Утром в метро трешку посеял, в обед в столовку опоздал, все схавали, кроме лапши, а сейчас — точно говорю, — за глухарем /неходячий больной/ в дождик лезть! Е.Т., 6

**ПОСИ́ЖИВАТЬ** *несов.*
(ab und zu mal) sitzen, herumsitzen
*проводить время, сидя где-нибудь.*
— ...Нет! В огороде своем копаться не люблю! Вот в конторе посиживать, это по мне... В.Ш., 300

**ПОСКРЁБЫШ** *м.*
Nesthäkchen, Benjamin
*самый младший, последний ребенок в многодетной семье.*
...никто не сомневался, что впереди у поскребыша институт, и будет в семье Ращупкиных первый образованный — инженер или там ученый... В.Кор. 220

**ПОСКРЕСТИ́**
bequatschen, tratschen
*поговорить о чем-либо, поболтать, обсудить что-либо.*
— ...Иди, Настя, сготовь, что бог дал, а мы чуточку международную политику поскребем. В.С., 47

**ПОСКУЛИ́ТЬ**
(eine Weile/ ein wenig/ ein bißchen) flennen/ jammern/ klagen
*скулить некоторое время; жаловаться на кого-, что-либо, чувствуя себя обиженным.*
„Пассажиры хотят, чтоб им было удобнее, а контролер и начальник потом из меня веревки вьют", — поскулил шофер, но на тормоз нажал. Я.А., 12

**ПОСЛЕ́ДЫШ** *м.*
Nachkömmling, Nachzügler
*последний ребенок в семье.*
— ...А Люба скоро придет? Дед глянул на часы. — Скоро должна придтить. Счас уж сдают молоко. Счас сдадут — и приедет. Ты ее, Егор, не обижай:

она у нас — последыш, а последышка жальчее всех. В.Ш., 472

**ПОСМУРНЕ́ТЬ**
traurig/ betrübt werden/ sein
*стать смурным, печальным, грустным.*
Что, папаня, посмурнел? Неувязка выходит с вашей генеральной линией? В.М., 322

**ПОСНИМА́ТЬ**
(Stück für Stück) ablegen/ ausziehen
*снять что-либо /обычно одно за другим/.*
Солдатские погоны они поснимали и достали из вещмешков старые, соответствующие их фронтовым званиям. Л.Л., № 31, 177

**ПОСОБИ́ТЬ**
helfen, beistehen, behilflich sein, unter die Arme greifen
*помочь; оказать помощь, поддержку.*
— ...За телятами-то все ты ходишь, аль сдала кому? — А кому я их сдам-то? Ладно вон Надежка еще пособляет. Спасибо девке. В.Б., 82

**ПОСОШО́К** *м.*
Abschiedstrunk
*последняя рюмка вина, водки и т.п., выпиваемая перед уходом, на дорогу.*
Пристегните ремни, пристегните ремни! / Ну, давай, посошок на дорожку налей! А.Г., 43
Посошок напоследок, / Все равно, что вода. А.Г., 85

**ПОСПЕ́ТЬ**
(mit knapper Not) zurechtkommen
*успеть, справиться с чем-либо в определенный срок.*
Если Тамара не в институте на занятиях, то через десять минут племянница и тетка обменяются взаимными претензиями. „Почему Алла в новых ботинках гуляет?" — нервно взыщет жена. „А я и не видала, я еле поспеваю дома за ними убирать. Вы их совсем разбаловали", — отпарирует тетя Лиза. В.С., 53

**ПОСРАМИ́ТЬ**
blamieren, bloßstellen, beschämen, Schande machen
*побранить, выругать кого-либо // опозорить, осрамить //.*
Как ты умел сполна / хама умерить прыть, / высмеять болтуна, / лодыря посрамить! С.В., 26

**ПОСТИРУ́ШКА** *ж.*
kleine Wäsche
*небольшая стирка //небольшое количество постиранных вещей//.*
Как-то поздним вечером, разыскивая в общежитии Любшиных, Антонина наткнулась на одиноко слонявшегося по коридору Шелудько: — Близнецов не видел? — Соскучилась. — Постирушки ихние отдать бы. В.М., 404

**ПО́СТНЫЙ**
finster, wie drei Tage Regenwetter
*унылый, скучный, лишенный радости.*
У всех рожи не только постные, а прямо убитые, как будто у них мама родная умерла и наследства не оставила. А.К., 362

**ПОСТРЕЛЁНОК** *м. уменьш. ласк.*
Range, Wildfang, Schlingel, Lausebengel
*пострел; озорник, сорванец.*
Дед стянул противогаз и удивленно развел руками: „Ну, постреленок! Я ведь представление хотел устроить". В.Свиридов, Л.Г., 12.1.77

**ПОСУДА́ЧИТЬ**
eine Weile über jemanden klatschen/ seine Zunge wetzen
*судачить некоторое время, заниматься пересудами, сплетнями; сплетничать.*
Про то, как приезжая студентка-москвичка Марина поначалу крутила с Остяковым любовь, пообещав выйти за него замуж, а потом передумала, бросила своего возлюбленного, в поселке посудачили-посудачили и забыли. В.Поволяев, Юность № 3, 1981, 41

**ПОСУ́ДИНКА** *ж. уменьш. ласк.*
(kleines) Gefäß; kleine Flasche Wodka
*посудина // маленькая бутылка водки //.*
И тогда, как алкаш на посудинку, / Невзирая на свист и гудки, / Он бросается к Шейлину спутнику / И хватает его за грудки. А.Г., 185

**ПОСУ́Л** *м.*
Versprechen
*то же, что обещание.*
Он был наслышан о раззявах, клевавших на подобные посулы. Д.Иванов, В.Трифонов, Л.Г., 28.7.76

**ПОСУ́МЕРНИЧАТЬ**
sein Dämmerstündchen (ab)halten

*сумерничать некоторое время; сидеть в сумерках без огня.*

— Ну, угощайтесь, молодцы, а я посумерничаю, у меня еще штопок пропасть. В.М.1, 113

**ПОСШИБА́ТЬ**

(nach und nach) herunterstoßen/ -schmeißen

*сбить что-либо /обычно одно за другим/.*

И спросонья бывает такая пора, / Что готов я в припадке отчаянья / Посшибать рупора, посбивать рупора, / И услышать прекрасность молчания... А.Г., 230

**ПОТАКА́ТЬ** *несов., неодобр.*

zu nachsichtig sein, zuviel Nachsicht üben, fünfe gerade sein lassen

*не препятствовать чему-либо неразрешенному; потворствовать чему-либо недозволенному, предосудительному.*

Известно, что Иван Сидоров не мог бы докатиться до жизни такой, если бы кое-кто из начальства не потакал ему в этом. П.Рабянок, Л.Г., 6.12.78

**ПОТА́СКАННЫЙ**

verlebt, verbraucht, abgetakelt

*со следами беспорядочной жизни, преждевременно одряхлевший.*

Среди этих парней, видать, из одного дома... вертелся потасканный паренек в клетчатой кепке. В.А., 563

**ПОТАСКУ́Н** *м.*

Herumtreiber; Lüstling, Wüstling, Hurenbock

*человек, ведущий безнравственную жизнь; развратник.*

— Вот еще потаскун на мою голову, — пробурчал майор и начал негромко читать личное дело техника-лейтенанта Курчева Бориса Кузьмича. В.Кор., 314

**ПОТАСКУ́ХА** *ж.*

leichtes Mädchen, Hure, Nutte

*женщина легкого поведения, ведущая безнравственный образ жизни; развратница.*

Ты дура — потаскушка, разбитчица семей. Е.Е., 22

**ПОТА́ТЧИК** *м. неодобр.*

jemand, der jemandem alles durchgehen läßt

*тот, кто потакает кому-либо, не препятствует недозволенному, предосудительному.*

— На позапрошлой неделе я вам дружески советовал... — Конечно, друг не потатчик, друг — советчик! Ц.С., 44

**ПОТА́ЧКА** *ж.*

(falsche) Nachsicht, Laxheit

*поощрение, потворство чему-либо предосудительному, дурному, недозволенному.*

— Ну, ну, — заторопился он дальше, — только все одно завтра потачки не дам. В.М., 103

**ПОТЕРЕ́ТЬСЯ**

(eine Weile) um jemanden (herum) sein/ um jemanden herumscharwenzeln

*прожить, пробыть некоторое время где-либо, общаясь с кем-либо.*

— Ну!.. Похож! — Потрись с малых лет возле человека — будешь похож. Собака вон на хозяина и то становится похожая, а человек-то... В.Ш., 300

**ПОТЕ́ХА** *ж.*

Spaß, Gaudi, Vergnügen, Belustigung

*забава, развлечение, веселье.*

Сбрасывая с себя шинель, а то и брюки, он, если день выдавался не слишком студеным, ложился в канаву на оскорбление офицеров и потеху солдат. В.Кор., 12

**ПОТЕША́ТЬСЯ** *несов.*

sich lustig machen über jemanden, jemanden auslachen; sich amüsieren

*издеваться, насмехаться над кем-либо // развлекаться, веселиться //.*

Егор тяжело шел по мягкой пашне... Смотрел на гостей... Он тоже не улыбался. Улыбался один Губошлеп. — Ну, не узнал бы, ей-богу! — все потешался он. В.Ш., 488

**ПОТЕ́ШИТЬ**

belustigen, ergötzen, erheitern, amüsieren

*развлечь, развеселить, доставить удовольствие.*

— Павликовский пришел? Так. Сорок четвертый номерочек возьмем в ручки, ребятки. И потешим старенького пробой. Первая репетиция. Все ясненько? Начали! В.С., 53

**ПОТЕ́ШНО**

spaßig, komisch, lustig, belustigend, amüsant

*забавно, смешно.*

Как мячик от заплота, отскакивали от меня обиды — солнце поднялось ясное, повстречалась

Катька Бодрова, посмеялся над Гришкой Домнинским, потешно скакавшим за мячиком. В.А., Л.Г., 14.12.77

**ПОТИ́НЬКАТЬ**

eine Weile klimpern, herumklimpern/ -zupfen

*тинькать некоторое время; плохо или небрежно играть на щипковом музыкальном инструменте // издавать отрывистые, дребезжащие звуки //.*

Принесли балалайку. Иван взял ее. Потренькал, потинькал — подстроил... В. Шукшин, До третьих петухов, М., 1980, 66

**ПОТИ́СКАТЬ**

(eine Weile/ ein wenig/ ein bißchen) (ab)drükken/ schmusen/ fest umarmen/ umklammern

*тискать кого-, что-либо некоторое время.*

Мао-Дзе-Дун — большой шалун, / Он до сих пор не прочь кого-нибудь потискать. В.В.1, 19

**ПОТИХО́НЬКУ**

langsam, sacht(e), allmählich; still und leise, klammheimlich; insgeheim

*медленно, не спеша, не торопясь // незаметно для кого-либо // негромко, едва слышно //.*

Они потихоньку да полегоньку, исподволь изучали природу, как изучают коварного недруга, зверя, который, того и гляди, прыгнет и вспорет брюхо рогами... И.В., 50

**ПОТОЛКА́ТЬСЯ**

(eine Weile) herumstehen/ herumlungern/ drängen

*постоять, пробыть некоторое время где-либо.*

Потолкавшись в отделе винном, / Подойду к друзьям-алкашам. А.Г., 285

**ПОТОЛКОВА́ТЬ**

sprechen, sich ein wenig unterhalten, (ein bißchen) reden, etwas besprechen/ bereden

*толковать некоторое время; поговорить, побеседовать.*

— Леонид, зайдите к нам в отдел... — У меня запись, Ниночка. — После записи зайдите. Потолковать надо. Есть такое желание, чтобы вы вели цикл передач „Я вам пишу..." В.С., 48

**ПОТО́ПАТЬ**

(los)tippeln, (los)stapfen, (los)trotten; weggehen, abhauen

*пойти куда-либо; уйти.*

...он придет в четверг к 13.18, будет принят, обласкан и выслушан в 13.19, затем потопает по своим делам. А.М., 41

**ПОТОПТА́ТЬСЯ**

(eine Weile) von einem Fuß auf den anderen treten/ auf der Stelle treten

*топтаться некоторое время; переступать с ноги на ногу, оставаясь на месте.*

От избы, в одной рубахе, в полосатых магазинных штанах, босиком шел Иван Африканович... Когда обулся, то встал, потоптался для верности: не трет, не жмет ли где. В.Б., 48

**ПОТОРЧА́ТЬ**

sich (eine Weile) aufhalten, (eine Weile irgendwo) stecken/ herumstehen

*торчать некоторое время где-либо; находиться без дела, надоедливо присутствовать где-либо.*

Девушкам вслед летят реплики, междометия, иногда посвистывание. Лучшее вечернее развлечение — поторчать вечером у метро. В.Ак., 5

**ПОТРА́ФИТЬ**

jemandem etwas recht machen, jemandem einen Gefallen tun/ einen Dienst erweisen

*угодить кому-либо, сделав что-либо приятное.*

Наплевать, если сгину в какой-то Инте, / Все равно мне бессмертные счастьем потрафили. А.Г., 156

**ПОТРЕ́НЬКАТЬ**

eine Weile klimpern, herumklimpern/ -zupfen

*тренькать некоторое время; плохо или небрежно играть на щипковом музыкальном инструменте // издавать отрывистые, дребезжащие звуки //.*

Принесли балалайку. Иван взял ее. Потренькал, потинькал — подстроил... В. Шукшин, До третьих петухов, М., 1980, 66

**ПОТРЕПА́ТЬСЯ**

(eine Weile/ ein wenig) quasseln, quatschen, schwatzen, schwätzen

*поговорить, поболтать о чем-либо.*

Конечно, есть много актеров, которых хлебом не корми, ролью не тревожь — дай потрепаться на общие темы. В.С., 43

**ПОТРУСИ́ТЬ**

(los)traben, (los)rennen, (los)wetzen, (los)trippeln

*идти, бежать быстро, мелкими шажками.*
И станет преступное дерзким, / И будет обидно, хоть плачь, / Когда потрусит Камергерским / В испарине страха лихач! А.Г., 24

**ПО́ТЧЕВАТЬ** *несов.*
bewirten
*предлагать съесть, выпить что-либо; угощать.*
Все потчуют союзника, / А он сопит, как зверь, / Но тут раздалась музыка / И отворилась дверь. А.Г., 178

**ПОТЫ́КАТЬСЯ**
herumrennen/ -schwirren
*суетливо, бестолково двигаться, метаться.*
Глебов, волнуясь, отошел в сторону, потыкался туда-сюда, ища Ефима, потом вошел через заднюю дверь в помещение магазина, поспрошал там, Ефима след простыл, советовали ждать, но ждать было невозможно и, ругаясь мысленно, проклиная необязательных людей, Глебов вновь вышел во двор, на солнцепек, где его изумил и озадачил Шулепа. Ю.Т.1, 84

**ПОТЯ́ВКАТЬ**
(eine Weile) kläffen/ blaffen/ belfern/ (herum)schnauzen
*тявкать некоторое время // говорить что-либо неприятнэе; возражать //.*
Чего расквакались-то? Погодите... Вот только эти секачи уйдут — вы у меня потявкаете! А.К., 195

**ПОУБИВА́ТЬСЯ**
(eine Weile) sich grämen/ trauern/ etwas zu Herzen nehmen
*сильно горевать некоторое время; страдать.*
Что ж, поубивается девчонка, поревет. / Что ж, посомневается и слезы оботрет. В.В. 3, 11

**ПОУНИЖА́ТЬСЯ**
sich (eine Weile) demütigen/ erniedrigen/ herabwürdigen lassen
*унижаться некоторое время; ставить себя в унизительное положение; принизить себя, свои достоинства, заслуги.*
Придется нынче поунижаться перед... кто там в прошлый раз помог... да, значит, к главрежу обратимся: народный артист, ему народу бы и помогать. В.С., 41

**ПОУТИ́ХНУТЬ**
sich beruhigen, still werden
*несколько утихнуть; затихнуть.*
Когда-то шумели, теперь поутихли, / Под старость любезней — покой и почет. А.Г., 237

**ПОФАРТИ́ТЬ**
Glück/ Schwein haben, das große Los ziehen, mehr Glück als Verstand haben
*посчастливиться, повезти.*
Нам вчера прислали из рук вон плохую весть, / Нам вчера сказали, что Алеха вышел весь. / Как же так, он Наде говорил, что пофартит, / Что сыграет свадьбу, на неделю загудит. В.В. 3, 11

**ПОФАСО́НИТЬ**
sich (ein wenig) wichtig machen, (ein wenig) angeben/ eine Schau abziehen/ sich in Szene setzen
*фасонить некоторое время; держаться с шиком, с форсом.*
У нас ведь кружки, ложки, закусь — все есть. Это мы на вокзале пофасонили. В.А., 572

**ПОФОРСИ́ТЬ**
angeben, protzen, eine Schau abziehen
*форсить некоторое время; хвастаться, выставлять что-либо напоказ.*
— Мама уехала на гастроли в Рим, а папа сказал, что один раз на концерт я могу надеть ее шубу, пофорсить... С.Е., 54

**ПОХА́БНЫЙ**
zotig, unflätig, unanständig, anstößig, ordinär
*неприличный, бесстыдный.*
Колобок-матерщинник, лет под 30: омерзительный с виду, лицо кошачье, похабное, сальное, будто жирком смазанное, усы торчком вокруг пухлой губы... Ф.Кан., 38

**ПОХА́БЩИНА** *ж.*
Zote, Unflätigkeit, Ferkelei, Sauerei
*непристойные слова, разговоры, поступки.*
И я в отчаянье думаю: зачем ковыряюсь в этом дерьме, да и оно-то с явными признаками разложения: в этой умственной и нравственной похабщине. Е.Клепикова, Время и мы, № 32, 78
И, убежав за шкаф, Нинка уморительно пищит какую-то похабщину. А.К., 42

**ПОХА́ЯТЬ**
(eine Weile) tadeln/ heruntermachen/ rügen

*хаять некоторое время; ругать, высказываться неодобрительно о ком-, чем-либо.*
Немного только похаяли чересчур лапидарный язык, на что я изредка: — Учту, приму к сведению, постараюсь исправить. А.К., 280

**ПОХВАЛЬБА́** *ж. неодобр.*
Prahlerei, Wichtigtuerei, Großsprecherei, Angabe
*хвастовство, бахвальство.*
Мне надоела такая похвальба. Г.В. 2, 10

**ПОХВАЛЯ́ТЬСЯ** *несов.*
prahlen, wichtig tun, angeben
*высказываться о себе, о ком-, чем-либо своем с похвалой; хвалиться.*
— Господи,— сказал Мельников огорченно,— и ты этим еще похваляешься! А. Малышев, Наш современник, № 9, 1981, 114

**ПОХЛЕБА́ТЬ**
(eine Weile) löffeln/ schlürfen
*хлебать некоторое время; есть что-либо жидкое, черпая ложкой.*
Старики Прокудины вечеряли. — Садись, Спиридон, похлебай. — Спирька иногда помогал старикам, они любили его и жалели. В.Ш., 189

**ПОХЛЁБКА** *ж.*
Suppe, Brühe
*род супа из картофеля или крупы.*
Во дворах на таганках потеют семейные чугуны с похлебкой. В.Ш., 39

**ПОХМЕЛИ́ТЬСЯ**
den Kater/ Katzenjammer vertreiben, einen auf den Kater trinken
*то же, что опохмелиться, выпить алкоголь на другой день после опьянения.*
Служитель рассердился: — Заложил, наверно, вчера крепко? Иди похмелись. В.Ш., 36

**ПОХМЕ́ЛЬЕ** *ср.*
Kater, Katzenjammer
*состояние плохого самочувствия, недомогание после обильного употребления алкоголя.*
— Откуда у вас такое имя — Бронислав? — Поп с похмелья придумал. В.Ш., 119

**ПОХМЫ́КИВАТЬ** *несов.*
hm sagen
*хмыкать время от времени; произносить „гм", „хм" в знак удивления, иронии, досады и т.п.*
... /он/ все похмыкивал, все покашливал задумчиво и со значением. В.М., 280

**ПОХОРО́НКА** *ж.*
Todesnachricht, Todesanzeige
*официальное извещение о чьей-либо гибели, смерти.*
... когда на Кузьму Илларионовича пришла похоронка, Лизка была уже Елизаветой Никаноровной... В.Кор., 25

**ПОХОРО́НЩИК** *м.*
Totengräber, Leichenbestatter
*о том, кто находится в составе похоронной команды /обычно в армии, лагере и т.п./.*
После окончания рабочего дня похоронщики веселились. Л.Л., № 31, 192

**ПОХОХА́ТЫВАТЬ** *несов.*
laut/ schallend lachen/ kichern
*хохотать некоторое время; громко смеяться.*
Большими глотками втягивая в себя теплое прокисшее пиво, Левка весело похохатывал и блеклое лицо его оплывало при этом текучими тенями: „Нам, слесарям, теперь цены нету". В.М., 165

**ПОЦА́ПАТЬСЯ**
sich (eine Weile) streiten, sich (eine Weile) in den Haaren liegen
*цапаться некоторое время; ссориться, браниться с кем-либо.*
— Да не будет он у тебя ничего брать, не будет! — уже кричал начальник. — Не ставь ты людей в смешное положение, действительно. Это же не кум с кумом поцапались. В.Ш., 151
— С председателем-то, поди, поцапалась? — спросил старик, показывая из-под бровей по половине свирепых зрачков. Г.Б., 61

**ПОЦЕЛУ́ЙЩИЦА** *ж. шутл.*
Schmusekatze
*о женщине, которая любит целоваться.*
— Ты иди, иди, поцелуйщица. У тебя курсовая на носу. В.С., 55

**ПОЧАЁВНИЧАТЬ**
(eine Weile) gemütlich Tee trinken
*попить чаю.*
Теща нашла среди приехавших вещей свой любимый сарафан и пригласила зятя почаевничать. Н.М., 21

**ПОЧА́ПАТЬ**
(einher)trotten, latschen, (los)zockeln
*медленно пойти.*
Я начал спорить с „маткой", увлекся, в раж вошел, за Санькой мне вроде бы и некогда следить, он и купился, почапал. В.А., Л.Г., 14.12.77

**ПОЧА́ТЫЙ**
angefangen, offen
*начатый, открытый.*
Проходим в кухню. На подоконник ставятся два граненных стакана, и Василий молча наливает в них из початой бутылки болгарскую „Варну". И. Пономарев, Наш современник, № 3, 1981, 78

**ПОЧЁМ**
woher, wie
*на основании чего, откуда известно // почему //.*
— А я почем знаю? Присохла, видишь... — Что вы говорите, Катя! — ужасается Галя. — Как можно „присохнуть" к Малаеву? Ю.Т., 46

**ПОЧЕЛОВЕ́ЧНО**
der Personenzahl entsprechend
*соответственно количеству человек, живущих в комнате, квартире, доме.*
— Ты лучше за газ плати как положено.— А я и плачу как положено! Все платят поровну, у каждого комната!— Надо не покомнатно, а почеловечно! Сколько человек — столько и плати! Я одна, и Ада одна, а тебя двое, ты и плати вдвое. И. Грекова, Вдовий пароход, Новый мир, № 5, 1981, 84

**ПОЧЕМУ́ЧКА** *ж.*
Warumfrager(in); die Frage „warum"; Fragebogen
*о детях, которые часто ставят вопрос „почему" // вопросник, анкета, вопрос со словом „почему" //.*
И таких почемучек я бы мог поставить сегодня не мало. Б.Викторов, Л.Г., 28.2.79

**ПОЧЕСУ́ШКА** *ж.*
Juckblattern; etwas Kleines/ Unbedeutendes
*то же, что почесуха; заболевание кожи, сопровождающееся сильным зудом // о чем-либо мелком, незначительном //.*
Конечно, каждому свой желвак — велик, а чужая болячка — почесушка... Е.Т., 81

**ПОЧИ́ТЫВАТЬ** *несов.*
ein wenig lesen; von Zeit zu Zeit lesen
*читать понемногу или время от времени.*
... И газеты тоже читаем, и книги, случается, почитываем... В.Ш., 178

**ПОЧИ́ЩЕ**
besser, stärker; wichtiger
*значительнее, сильнее // важнее //.*
— Что ты, Куров, — вмешивается Федор. — Да у наших бонбы-то почище тамошних, только, наверное не знает нихто. В.Б., 59

**ПОЧТАЛЬО́НКА** *ж.* **ПОЧТАЛЬО́НША** *ж.*
Briefträgerin
*женщина-почтальон.*
Почтальонка Вера брала по утрам свою сумку и, придерживая ее рукой, бегом разносила почту. В.Крупин, Новый мир № 8, 1980,53
Нюрка-то она почтальоншей работает. Вл.В., 66

**ПОШАБА́ШИТЬ**
Feierabend machen
*кончить делать что-либо.*
— Чувствуешь? Как все равно, если б Господь на небе был и в четверть седьмого пошабашил, и айда до утра — вселенная без хозяина. В.Кор., 275

**ПОША́ЛИВАТЬ** *несов.*
(ein wenig/ ab und zu) unartig sein/ über die Stränge schlagen
*шалить слегка, понемногу или время от времени.*
Говорят, товарищ Сталин, обычно чуждый сантиментов, к Михайлову благоволил, может, потому, что легендарный Сосо в молодости и сам пошаливал на большой дороге и тоже, говорят, на этой почве имел не совсем ясные отношения с блюстителями порядка. Л.Л., № 31, 188

**ПОША́РИТЬ**
(mit den Händen) suchen/ tasten/ befühlen; (herum)scharren
*шарить где-либо, искать.*
У Витьки в укромном месте, в загашнике, был червонец — еще на базаре сунул туда на всякий случай... Пошарил — там червонец. В.Ш., 147

**ПОШИКА́РИТЬ**
(ein bißchen) Staat machen/ auf schick machen
*то же, что пошиковать, выставить что-либо напоказ, похвастаться.*

Какого бы ей гостинчика-то, а? Чего-нибудь сладенькаго? Или у Соньки сапожки белые пластиковые попросить прислать? Пошикарит хоть. А.К., 213

**ПОШЛЯ́К** *м.* **ПОШЛЯ́ЧКА** *ж.*
Zotenreißer(in), Ferkel
*о ком-либо, постоянно говорящем или делающем пошлости.*
— Чарунов-то, а? Ухажористый парнишка! — Я ей назло не отвечаю. Пошлячка несчастная. А она, скоренько перебегает глазами с Вики на Юру и обратно, заключает: — Как насчет чего серьезного, я не знаю, ну уж а до воздушных-то поцелуев у них, наверное, дело дошло-о-о... А.К.,110

**ПОШЛЯ́ТИНА** *ж.*
Zote, Unflätigkeit, Ferkelei; Abgeschmacktheit
*о чем-либо пошлом, низкопробном, вульгарном, неприличном.*
Показывали москвичи одну пьесу... Ох, одна артистка выдавала! Голосок у ней все как вроде ломается, вроде она плачет, а — смех. Со мной сидел один какой-то шкелет — морщился: пошлятина, говорит и манерность. В.Ш., 264
— Должен я выполнить в срок пятилетку или не должен? Стыдно, стыдно такую пошлятину городить! Ни грамма мастерства. М.Л., 35

**ПОШМОНА́ТЬ**
durchsuchen, absuchen, filzen
*произвести шмон, обыск; обыскать.*
Потом пошли к кинотеатру. Женька, так, ради смеха, остановил, пошмонал двух-трех пареньков. В.Карпов, Наш современник № 1, 1979, 9

**ПОШУРОВА́ТЬ**
(an)heizen, (an)feuern, Dampf dahinter machen/ setzen
*шуровать некоторое время; действовать энергично, с азартом.*
— Если чего с мотором, так это можно помочь. Степан, — обратился он к Лукову, — ты бы пошуровал, чего там такое. Вл.В., 13

**ПОШУТКОВА́ТЬ**
scherzen, Spaß machen
*то же, что пошутить, сказать шутку; сделать что-либо ради шутки, поставить кого-либо ради шутки в смешное положение.*
Характер у меня такой веселый: люблю пошутковать, посмеяться. Вл.В.1, 127

**ПОШУШУ́КАТЬСЯ**
(eine Weile) tuscheln/ (miteinander) flüstern
*шептаться, говорить друг с другом по секрету.*
А очередь пошушукалась между собой и вдруг, смотрю, положили все на место продукты и вышли из магазина. А.Эйрамджан, Л.Г., 22.9.76

**ПРЕДБА́ННИК** *м.*
Vorzimmer, Wartezimmer, Warteraum, Vorraum
*приемная; комната, в которой посетители ждут приема, встречи и т.п. // небольшая комната перед каким-либо другим помещением //.*
И в предбаннике костюмерной, уже загримированный и наряженный мушкетером Франции, Леонид подсел к телефону и через „восьмерку" набрал номер... В.С., 49
— Что бы это могло быть, — соображаю я, открывая сначала одну, потом другую дверь редакторского предбанника. А.Л.1, 146

**ПРЕ́ДОК** *м.*: **ПРЕ́ДКИ** *мн. пренебр.*
alter Herr, Alter, (die/ meine) Alten
*об отце, о родителях.*
Вслед отцу гремит он: „Предок!" С.В., 9
— Ну как предки? Справляются? — спросил Карагин. Л.Маков, Крокодил, № 31, 76

**ПРЕЗЕНТОВА́ТЬ** *несов.*
ein Geschenk machen
*преподносить, дарить что-либо.*
Кое-кто из отлетающих предлагал скинуться и презентовать директору ресторана и другим заинтересованным лицам 4-5 банок харьковского сувенира в качестве премии за инициативу и предприимчивость. В.Веселовский, Л.Г., 4.2.81

**ПРЕПАРШИ́ВЫЙ**
(hunds)gemein; hundeelend, jämmerlich, miserabel
*паршивый, скверный.*
И незадача с Марьяной не раздражала отчима, а как бы, наоборот, нащупывала слабинку в удачливом пасынке и приближала его к министру, которому сейчас было препаршиво. В.Кор., 473

**ПРЕПИРА́ТЕЛЬСТВО** *ср.*
(nichtiger) Streit, (nichtiger) Wortwechsel, Geplänkel
*пререкание, спор.*

А она потеряла время на вздорное препирательство с упрямым Костоглотовым! — методическое баловство. А.С., 98

**ПРЕПИРА́ТЬСЯ** *несов.*
um Kleinigkeiten streiten, sich in die Haare geraten, sich in den Haaren liegen
*вести спор преимущественно по пустякам, вступать в пререкания.*
Некоторое время попрепирались. Чонкин ссылался на раннее время, на боль в пояснице, ничего ему не помогло — пришлось в конце концов уступить. Вл.В., 166

**ПРИБАРАХЛИ́ТЬ**
etwas organisieren, (her)ausstaffieren
*помочь кому-либо купить, приобрести предметы одежды или обуви.*
— А ты думаешь, Клавдия, мы не добрые? Видишь, как мы его прибарахлили? Г.В.1, 9

**ПРИБАРАХЛИ́ТЬСЯ и ПРИОБАРАХЛИ́ТЬСЯ**
sich herausstaffieren, sich (neue) Klamotten anschaffen
*приобрести, купить себе предметы одежды или обуви.*
— Был такой. Прибарахлился в Румынии, и самолет не выдержал груза. Расшиблись. В.Кор., 300
Приобарахлился, деньжата завелись, шляпа, пальто с поясом. В.М., 381

**ПРИБЕДНЯ́ТЬСЯ** *несов., неодобр.*
auf arm machen, den Armen/ die Arme spielen; tiefstapeln, sich kleiner machen, als man ist
*прикинуться бедным, несчастным, менее обеспеченным, чем в действительности // преуменьшать свои возможности, заслуги//.*
— Между нами, товарищ Дубовяз, вола вы кулаком убили бы? Только не прибедняйтесь. И.С., 27
— У тебя квартира. Не прибедняйся. — Хорошо, квартира. А больше — ни шиша. В.Кор., 503

**ПРИБИ́ТЬ**
eine Tracht Prügel geben/ verabreichen/ verpassen
*побить, избить кого-либо.*
Но с тобой жизнь скоротать — не подковы разгибать, / А прибить тебя морально нету сил. В.В.3, 29

**ПРИБЛАТНЁННЫЙ**
Gauner-, Kriminellen-
*поведением, манерами, внешним видом и т.п. похожий на блатного, уголовного преступника.*
Возле нас вертится развязный, приблатненный парень с нахальными пьяными глазами — разглядывает со всех сторон Шукшина. И Пономарев, Наш современник, № 3, 1981, 84

**ПРИБЛУ́ДНЫЙ**
zugelaufen, verirrt, dazugestoßen, zugereist
*случайно оказавшийся где-нибудь; приставший, присоединившийся к какой-либо группе, семье и т.п.*
Первым, конечно, хватил водки приблудный парень в кепочке. В.А., 564

**ПРИБОЛЕ́ТЬ**
(eine Weile) krank sein; krank werden
*то же, что заболеть; болеть некоторое время.*
Прибаливал немного. Чуть встал, сразу к вам. В.М., 491

**ПРИБРА́ТЬСЯ**
Ordnung machen/ schaffen, aufräumen
*навести порядок, произвести уборку где-либо.*
— Боровишку-то загнать надо да дать ему — я намешала там. Я пойду ребятишек в баню собирать. Отдохни да сходи приберись. В.Ш., 331
А в понедельник — едва умылись, прибрались на тумбочках, кто успел улечься на койку, а кто и нет, как уже натолкалось, набежало в палату „белое духовенство" — важные, окутанные мистической тайной, только не кресты висят на груди, а фонендоскопы. И.В., 53

**ПРИВА́ДИТЬ**
jemanden für sich gewinnen/ einnehmen
*привлечь, расположить к себе, возбудить в ком-либо симпатию, доверие лаской, вниманием, заботой и т.п.*
Надо будет его привадить, а то сижу один, как сыч, родня все-таки. В.М., 482

**ПРИВАЛИ́ТЬСЯ**
sich (an)lehnen an
*наклоняясь, прислониться к кому-, чему-либо.*
В тесном коридоре на полу, привалясь к стене, сидели шоферы. Г.В. 2, 71

**ПРИВЕРЕ́ДА** *м. ж.*
Nörgler(in), Meckerer, Mäkelfritze, Querulant(in)
*привередливый, слишком разборчивый, придирчивый, капризный человек.*
— Ребятушки, если вы такие привереды, оставьте телевизор в покое... Н.М., 33

**ПРИВЕРЕ́ДНИЧАТЬ** *несов.*
(herum)nörgeln, (herum)mäkeln, (herum)mekkern
*быть привередливым, разборчивым; капризничать.*
Ему, видно, доставляло огромное удовольствие выкладывать перед Вадимом свои небогатые дары. — Ты уж, брат, не привередничай; я по этим заведениям не в первый раз хожу. В.М., 298

**ПРИВЕРНУ́ТЬ**
vorbeikommen, vorbeigehen, vorbeifahren, auf einen Sprung (herein)kommen/ -gehen
*зайти, заехать по пути, по дороге.*
— ... А Нюшка вон идет, дак глядеть-то любо-дорого. Все простенки в грамотах да в гербовых листах, и в дому одна с маткой. А вот хошь, сейчас привернем? Хоть сейчас и сосватаю. В.Б., 11

**ПРИВЕ́ТИК** *м.*
Tagchen, grüß dich
*то же, что привет; приветствие, обращенное к кому-либо при встрече.*
Сергей открыл не сразу. Видно он смотрел в глазок, гадая, кто к нему, и удивлялся, и приходил в себя, узнав Зину: — Ты? — Ага. Приветик. А.Кучаев, Л.Г., 9.3.77

**ПРИВЕЧА́ТЬ** *несов.*
1 (herzlich) einladen/ empfangen
2 aufnehmen
*1. ласково, приветливо встречать кого-либо.*
Он не работал, но деньги откуда-то у него были. У него собирались выпить. Он всех привечал. В.Ш., 179
*2. принимать кого-либо каким-либо образом.*
— Ничего себе, привечают, — не скрывая обиды и горечи, встретил Андрей подъехавшего к нему Бобошко. В.М.,157

**ПРИВОЛОКНУ́ТЬСЯ**
nachlaufen, nachsteigen, (eine Weile) den Hof machen
*слегка, немного поухаживать за кем-либо.*
Один полузнакомый молодой человек из третьего научного проплыл мимо и улыбнулся Инге. Они часто встречались в зале. Он, видимо, не прочь был за ней приволокнуться. В.Кор., 168

**ПРИВОЛО́ЧЬ**
herbei-/ heranschleppen, herschleifen
*доставить, привести кого-либо силой, против его желания.*
— В таком случае я окончательно отказываюсь понять, зачем ты меня сорвал с тахты и приволок сюда. М.Виленский, Л.Г., 8.9.76

**ПРИВОРО́ВЫВАТЬ** *несов.*
(ab und zu) etwas mitgehen lassen/ lange Finger machen
*воровать понемногу или время от времени.*
Прожил я таким образом месяца полтора, подрабатывал на погрузке, приворовывал по мелочам. В.М., 387

**ПРИВОРОЖИ́ТЬ**
bezaubern, betören, faszinieren; umgarnen, herumkriegen
*очаровать, привлечь к себе, заставить полюбить себя.*
Платье белое наглажу, / Вдоль по улице хожу. / Захочу кого — отважу, / Захочу — приворожу. Частушка из: В.М.,67

**ПРИВРА́ТЬ**
aufschneiden, übertreiben, (faust)dick auftragen; flunkern
*рассказывая о чем-либо, присоединить вымысел, ложь, неправду; соврать немного.*
Марья понимала, что Ефим здорово привирает. В.Ш., 136

**ПРИВЯЗА́ТЬСЯ** *неодобр.*
belästigen, auf die Nerven gehen, auf den Wekker fallen
*придраться, пристать, надоесть кому-либо.*
— Что вы ко мне привязались? — отрезал Володя. — Пироги напекла мне моя мама, чтобы их съел я, а не кто-нибудь другой. И.Ш., 19

**ПРИВЯ́ТЬ**
nicht frisch sein, etwas verwelkt sein
*слегка, немного увять; стать недостаточно свежим.*
— На закуску мы не будем заказывать ни заливную осетрину, ни буженину — буженина, конечно,

чуть лежалая, и осетрина привяла, потому что все это в холодильнике со вчерашнего банкета. С.Е.1, 23

**ПРИГЛЯНУ́ТЬСЯ**
(auf den ersten Blick) gefallen
*понравиться; показаться привлекательным, приятным.*
Я отставал, сбоил в строю, но как-то раз в одном бою / Не знаю чем я приглянулся старшине. В.В. 1, 34

**ПРИГОЛУ́БИТЬ**
liebkosen, streicheln, hätscheln; nett/ herzlich sein
*то же, что приласкать; ласково, нежно обращаться с кем-либо.*
В нашем государстве есть много безродных, слепых, калек, и никого государство не забывает, всех оно призреет, всех приголубит. С.Н., 38

**ПРИГОРЮ́НИТЬСЯ**
betrübt/ traurig/ niedergeschlagen sein, den Kopf hängen lassen
*впасть в уныние, стать грустным, печальным.*
— Чего пригорюнилась, Марфонька? — спросил Антип. — Все думаешь, как деньжат побольше скопить? В.Ш., 26

**ПРИДИ́РКА** *ж.*
Nörgelei, Mäkelei, Meckerei, Krittelei
*упрек, замечание, обвинение, сделанное без достаточных оснований.*
— Ваш муж, он же отец ребенка — Владислав? — спросила утомленная придирками Анны Сергеевны регистратор. Б-ка крок. № 18/815/, М., 1978, 36

**ПРИДРА́ТЬСЯ**
bekritteln, nörgeln, mäkeln; etwas zum Anlaß nehmen (für)
*упрекнуть за мелкую или кажущуюся провинность // использовать что-либо как повод для каких-либо действий, поступков и т.п.//.*
После работы Шляпников шагал по улице и смотрел. Сначала придраться было не к чему. М.Мишин, Л.Г., 24.11.76

**ПРИДУ́РИВАТЬСЯ** *несов.*
sich dumm stellen, den Dummen spielen
*прикидываться, притворяться не понимающим чего-либо.*
Потрогал лежащего носком сапога, потом нагнулся, стал бить его по щекам: „Эй, вставай, слышь, что-ли, вставай, нечего тут придуриваться!" Вл.В., 201

**ПРИДУРКОВА́ТЫЙ**
dumm, dümmlich, behämmert, bekloppt, geistig unterbelichtet
*бестолковый, глуповатый.*
Антип слегка запыхался... Улыбаясь, смотрел на Марфу. — А? А ты говоришь: Антип у тебя плохой! — Не плохой, а придурковатый, — поправила Марфа. В.Ш., 29

**ПРИДУ́РОК** *м.*
1 Gehilfe, Diener, Bursche, Lakai
2 Dummkopf, Holzkopf, Hornochse
*1. о человеке, пристроившемся в помощники к начальству.*
Не стесняясь нашего присутствия, он сказал генералу: „Куда я этих придурков дену? Как на довольствие их брать?" Л.Л., № 30, 143
Слово „придурок" — это тоже аббревиатура, оно расшифровывалось так: пристроившийся дуриком к командному составу. Л.Л., № 30, 144
*2. бестолковый, глупый, упрямый человек.*
...Думаю: ошибка какая-нибудь — не может быть, чтоб на свете были такие придурки. В.Ш., 48

**ПРИДУ́РОЧНЫЙ**
Diener-, Dienst-, Bedienungs-, Gehilfen-
*пристроившийся в помощники к начальству.*
Личный состав полка делился на три категории: постоянный, переменный и придурочный. Л.Л., № 29, 163

**ПРИЁМКА** *ж.*
Annahme, Annahmestelle
*прием чего-либо; приемный пункт.*
Не стирала по знакомым пеленки, / А служила в ателье на приемке, / Оформляла исключительно шибко, / И очки еще носила для шика. А.Г., 184

**ПРИЕ́СТЬСЯ**
überdrüssig sein, zuwider sein, zum Halse heraushängen
*надоесть; потерять интерес к чему-либо, привлекательность для кого-либо; стать противным.*
И снова крикнуть я хочу: / „Ребята, навострите руки, / вам это дело по плечу: / смахнем царя...

Такая ересь! / Жандармов всех пошлем к чертям — / мне самому они приелись... / Я поведу вас сам... Я сам..." Б.О., 283

**ПРИЖА́ТЬ**
jemanden in die Zange nehmen/ ausquetschen/ (sich) vorknöpfen
*заставить, принудить кого-либо объяснить, разъяснить что-либо.*
Вчера в столовой прижали капитана — почему нам не оплачивают сверхурочные. В.П., 38

**ПРИЖИВА́Л** *м.*
Schmarotzer, Parasit
*то же, что приживальщик; о человеке, живущем за чужой счет где-либо и не имеющем никаких определенных обязанностей.*
Негоже вам, Валерьян Семенович, больничным приживалой жизнь кончать. В.М., 303

**ПРИЖУ́ХНУТЬСЯ**
verstummen
*умолкнуть, притихнуть, притаиться.*
— ... Ить вот рассудок-то у людей: хворают называется! Ить придумали бы: идет такая страшная война, их как механизаторов на броне пока держут: тут надо прижухнуться и помалкивать, вроде тебя и на свете-то нету. В.Ш., 297

**ПРИЖУ́ЧИТЬ**
unter Druck setzen, in die Zange nehmen, in die Enge treiben
*поставить кого-либо в тяжелое, затруднительное положение; заставить, принудить кого-либо объяснить, разъяснить что-либо.*
Но и Лихин не думал отступаться. Однажды он меня прижучил на остановке в станционной уборной и потребовал объяснения. Л.Л., № 31, 175

**ПРИЗАДУ́МАТЬСЯ**
nachdenklich werden
*думать, размышлять; задуматься на некоторое время.*
Он чуть-чуть призадумался и произнес: „Так они и жили. Спали врозь, а дети были". И.Г.1, 24

**ПРИКАРМА́НИТЬ** *неодобр.*
sich etwas in die Tasche stecken, sich etwas unter den Nagel reißen, etwas einsacken
*завладеть чем-либо чужим; присвоить.*
Но только он представил, как он огорошит всех этим своим заявлением, как подумают многие: „Конечно, раз хозяина не нашлось, он и решил прикарманить." В.Ш., 105

**ПРИКАТИ́ТЬ**
angefahren/ angesaust/ angebraust kommen
*приехать куда-либо.*
... шум стоял неимоверный, кто-то на кого-то наступил, милиция прикатила, „Скорая помощь", даже пожарники зачем-то. Г.Кемоклидзе, Л.Г., 15.1.75

**ПРИКЕМА́РИТЬ и ПРИКИМА́РИТЬ**
einnicken, eindösen, einpennen
*заснуть ненадолго, слегка.*
— Прикимарил я малость. А тут жулье какое-то в окно влезло. И.Ф., 33

**ПРИКИ́НУТЬ**
1 (ab)schätzen, überschlagen, taxieren, über den Daumen peilen
2 (sich) überlegen, nachdenken, sich durch den Kopf gehen lassen
*1. приблизительно сосчитать, определить что-либо.*
Как ни прикидывала, как ни раскладывала Катерина теперешние деньги, все получалось, что на питание всей оравушке остается то десятка, то полторы. В.Б., 45
... Какой же умный хозяин примется рубить дом, если заранее не прикинет, сколько у него есть чего. В.Ш., 295
*2. предположить, решить что-либо.*
— Завтра прямо туда и приходите, где сегодня были. Соберемся, прикинем, с чего начать. В.М., 371

**ПРИКИ́НУТЬСЯ**
sich verstellen, simulieren, schauspielern, so tun als ob
*притвориться; принять какой-нибудь вид с целью обмана.*
Его разоблачат, а может быть даже Михаил Романович только прикидывается дурачком, все о нем знает и только помалкивает? С.Е., 58

**ПРИКЛА́ДЫВАТЬСЯ**
etwas trinken, einen zur Brust nehmen
*пить алкоголь понемногу или время от времени.*
Кузнец Филипп Наседкин — спокойный, уважаемый в деревне человек, беспрекословный труже-

ник — вдруг запил. Да и не запил вовсе, а так — стал прикладываться. В.Ш., 179

**ПРИКОВЫЛЯ́ТЬ**
angehumpelt kommen
*прийти, ковыляя, хромая, куда-либо.*
Устало приковылял Сергей Митрофанович на вокзал. В.А., 561
Под горьким, тягостным впечатлением от общественного порицания Пробуднов приковылял на свидание со своей невестой Танечкой и с устатку повис у ней на плече, где она его и пригрела. Ю.Цыбанев, Л.Г., 17.10.79

**ПРИКОЛБАСИ́ТЬ**
(an)kommen, angefahren kommen
*прийти, приехать, прибыть куда-либо.*
Моня приколбасил опять домой, написал записку, что он себя неважно чувствует, нашел бабку на огороде, велел отнести ей записку в совхозную контору, не стал больше ничего говорить бабке, а ушел в сарай и начал делать вечный двигатель. В.Ш., 342

**ПРИКО́НЧИТЬ**
1 aufbrauchen, aufessen, austrinken, vertilgen
2 um die Ecke bringen, erledigen, den Garaus machen, umlegen, killen
*1. съесть или допить все до конца.*
Если бутылка водки откупорена, ее необходимо прикончить. М. Ш., 230
*2. убить кого-либо.*
В эту минуту я мог бы ее прикончить. В.П., 33

**ПРИКОРНУ́ТЬ**
einnicken
*заснуть, прислонившись к кому-, чему-либо.*
Она вдруг почувствовала себя усталой, раздерганной, вспомнила, что мало спала эту ночь и что всего охотней удрала бы сейчас из библиотеки и прикорнула дома на диванчике, пусть ворчит Вава, фиг с ней! В.Кор., 180

**ПРИКРЫ́ТЬ**
schließen, zumachen, dichtmachen
*ликвидировать, закрыть что-либо.*
Спекулянтка с тряпками приходит. Толкучку в городе прикрыли, вот они по учреждениям и шатаются. Л.Наумов, Л.Г., 6.9.78

**ПРИЛА́ДИТЬСЯ**
sich anpassen, sich gewöhnen an etwas, vertraut werden mit etwas
*пристроиться, приспособиться, принаровиться к чему-либо.*
В гостиницах ставят столики низкие — совсем низкие, как у американцев, вот так. Сперва даже не знаешь, как к нему приладиться. А.С., 317

**ПРИЛЕПИ́ТЬСЯ**
sich hängen an jemanden
*испытать привязанность, расположение к кому-, чему-либо.*
Идут под руку. Лялька прилепилась к Пете, как чужая пожухлая ветка к дубку... В.Ш., 162

**ПРИМА́ЗАТЬСЯ**
sich einschleichen, sich anbiedern, sich einschmeicheln
*из корыстных целей примкнуть к чему-либо, проникнуть в какую-нибудь компанию, среду, общество.*
... как попозавчерашний архаизм, / проникнут нежелательные типы. / Примажутся. Вотрутся. Проползут. С.В.,5
— Ты уж совсем сбрасываешь главу семейства со счета, — обиделся на меня хозяин. — Выходит, что я примазываюсь к чужой славе. И.Ш., 40

**ПРИМАРАФЕ́ТИТЬСЯ**
sich schminken, sich anmalen
*наложить грим, косметику.*
Примарафетилась наспех и к нему: „Гражданин начальник, жизни лишусь, пожалейте." В.М., 397

**ПРИМЕЧА́ТЬ** *несов.*
bemerken, wahrnehmen, aufpassen
*замечать, обращать внимание, наблюдать, следить.*
В тихом, остывшем за ночь гараже даже шум проворачивающего мотор стартера звучал, как обвал. Машина завелась с пол-оборота. „Сегодня, Володя, я выеду сам, — сказал Игорь, — ты садись рядом. Но примечай". С.Е.1, 33

**ПРИМО́ЛКНУТЬ**
verstummen, (still)schweigen
*замолчать, умолкнуть.*
Даже недруги твои, даже такой змеина, как Санька, примолкнут, открыв рты. В.А., Л.Г., 14.12.77

**ПРИМОСТИ́ТЬСЯ**
sich (hin)hocken, sich (hin)kauern, sich niederlassen; sich dazwischenquetschen

*поместиться, пристроиться где-либо /обычно в неудобном месте/.*
Обуреваемый светлыми мыслями, купил я первую попавшуюся открытку, примостился у окна / все столики были заняты отдыхающими/, черкнул несколько теплых слов. Й.Садауникас, Л.Г., 26.7.78
— Что у тебя? — спросил доцент. Он примостился у печки, где прежде сидел художник. В.Кор., 289

**ПРИНАРЯДИ́ТЬСЯ**
sich herausputzen, sich (her)ausstaffieren, sich feinmachen, sich in Schale werfen
*одеться нарядно, наряднее чем обычно.*
Каждый, кто хотел принарядиться, мечтал попасть на очередь к нему. С.М., 30

**ПРИНОРОВИ́ТЬСЯ**
sich anpassen, sich richten nach; sich gewöhnen an
*приспособиться к кому-, чему-либо // приурочить что-либо к какому-нибудь времени, сроку, событию //.*
Приходится, приноровившись к какому-либо событию, организовать встречу в ресторане. Л.Наумов, Л.Г. 31.8.77
Плясать оба не умели, но работали ладно: — Ат-та, оп-па!.. — приговаривал Ермолай, приноравливаясь к сыну. В.Ш., 46

**ПРИНУДИ́ЛОВКА** *ж.*
Zwangsarbeit, Fronarbeit
*принудительная работа.*
— Опять Федор, всю мою рыбу выудил. От прохвост! Ходит кажин день, как на принудиловку, — сказал Куров, — и все под моей загородой удит. В.Б., 57

**ПРИНУ́ДЧИК** *м.*
Zwangsarbeiter, Lagerhäftling
*о ком-либо, подвергшемся принуждению, насилию.*
Мне сказали, что он принудчик, раньше сидел в лагерях. Перед моим появлением он сбежал из отделения в одной пижаме и пробрался домой к старикам. Время и мы, № 43, 32

**ПРИНЮ́ХАТЬСЯ**
sich an einen/ den Geruch gewöhnen
*долго вдыхая какой-либо запах, привыкнуть к нему.*
Ты одну ноздрю приоткрой, а когда пообвыкнешь, принюхаешься, открой и вторую. Вл.В., 106

**ПРИНЯ́ТЬ**
einen zur Brust nehmen, einen heben
*выпить что-либо /обычно алкоголь/.*
Взяли „жигулевского" и „дубняка" / Третьим пригласили истопника, / Приняли, добавили еще раза, / Тут нам истопник и открыл глаза. А.Г., 187

**ПРИОДЕ́ТЫЙ**
feierlich/ hübsch angezogen sein
*одетый в хорошую одежду, нарядный.*
Зоя посмотрела серьезно, уговорила Гарусова подождать до получки, а то и принять человека нечем будет. Назначили день, Зоя купила бутылку, испекла пирог, сделала холодное, накрыла на стол. Стали ждать гостя приодетые: Зоя в голубом крепдешиновом, Гарусов в новом костюме. И.Г. 2, 133

**ПРИОСА́НИТЬСЯ**
(eine würdevolle) Haltung annehmen, sich in Positur werfen
*принять важный, бодрый, молодцеватый вид.*
Актриса первой категории Ворожцова мгновенно приосанилась, словно сбросила с плеч добрый десяток лет. Ц.С., 21

**ПРИПАСТИ́**
sich versehen mit etwas, sich versorgen mit etwas, sich eindecken mit etwas
*заготовить на случай надобности, впрок.*
Завалимся-ка мы лучше спать. У тебя, случаем, раскладушек не припасено? Г.Кемоклидзе, Л.Г., 15.1.75

**ПРИПА́СТЬ**
sich niederbeugen, sich zu Boden werfen; eng anschmiegen
*приникнуть к кому-, чему-либо, склониться, прижаться вплотную.*
И к ногам осины, весь в поту, припадаю. Б.О., 125

**ПРИПАЯ́ТЬ**
jemandem etwas anhängen; (eine Strafe) aufbrummen, verdonnern
*обвинить в чем-либо, приговорить к какому-либо сроку заключения.*
Согласно кодекса, за мелкое хищение. / „За горстку гаек" припаяли срок! С.М., 21

**ПРИПЕРЕ́ТЬ**
1 auftreiben, heranholen, herbeiholen, organisieren
2 ankommen, angefahren kommen, eintrudeln
3 jemanden in die Enge treiben, jemandem auf die Pelle rücken
*1. принести, доставить кого-, что-либо.*
Он припер вещички в гололедицу / Все в один упрятал узел драненький. А.Г., 143
— Слыхала? — Ленка даже не может улыбнуться: от мороза у нее свело губы. — Неужели она нам валенки приперла? А.К., 30
*2. прийти, приехать, прибыть куда-либо.*
... И не помню я, как на свою станцию примахал, гляжу на два фонаря, гляжу на них, и до того мне от ихнего свету тепло стало, что лучше не говори, друг мой! С лесозаготовки так не бегал, за одну ночь вот домой припер, как сто пудов с плеч скинул!.. В.Б., 118
*3.поставить кого-либо в безвыходное, тяжелое положение.*
Отец родной уже чувствовал и, когда приперло, вспомнил и Ивана Грозного, и Донского, и синод открыл... В.Кор., 376

**ПРИПЕРЕ́ТЬСЯ**
eintrudeln; angeschissen kommen
*прийти, приехать, прибыть куда-либо.*
Вы не ждали нас, а мы приперлися. А.Кучаев, Л.Г., 9.3.77
Авруцкая с Фирстовой, ведьмы эти, подняли крик, к управдому побежали, приперлись они втроем, так он даже их на порог не пустил. А.К., 308

**ПРИПЕЧА́ТАТЬ**
1 (eine Strafe) aufbrummen, verdonnern zu, verknacken
2 hauen, schlagen
*1. приговорить к какому-либо сроку заключения.*
Ох, лютует прокурор-дезертир! — / Припечатает годкам к десяти. А.Г., 22
*2. сильно придавить, прижать.*
Степан крепко припечатал кулак в столешницу. В.Ш., 45

**ПРИПЕ́ЧЬ**
nötig/ notwendig sein/ werden
*стать нужным, необходимым.*
Бесполезно было ей объяснять, что я инвалид, что у меня спина не гнется, что я попросту не могу мыть пол. „Припечет, так сможешь!" И, возможно, она права. Припекло бы — и смогла бы. И. Грекова, Вдовий пароход, Новый мир, № 5, 1981, 86

**ПРИПИЛИ́ТЬ**
besiegen, unterkriegen, in die Pfanne hauen
*выиграть, победить.*
— Слушай, как ты думаешь: припилят наши в баскет американцев? В.Ак., 15

**ПРИПИСА́ТЬ**
dazuschreiben, dazudichten
*добавить к какому-либо официальному документу ложные, не соответствующие действительности сведения с какой-либо корыстной целью.*
Он снова высадил ее у фанерного навеса и, вывалив грунт, подъехал: „Слушай, а ты как, ездки не приписываешь?" Г.В. 2, 65

**ПРИПЛЕСТИ́**
(überflüssigerweise) erwähnen/ heineinziehen
*упомянуть кого-, что-либо зря, напрасно.*
Она обхватила тетю Дуню, тряхнула ее, чтоб остановить в ней страшный, колдовской завод. — И Фросю какую-то приплела... Н.Б. 2, 12

**ПРИПЛЕСТИ́СЬ**
sich (mühsam) heranschleppen, schlurfen
*прийти, приехать куда-либо /обычно медленно, с трудом/.*
— ... Когда я, рыдая, приплелся назад, у дома толпился народ, стояла карета, отца, отчаянно отбивавшегося, сводили с крыльца, а в его кабинете лежал на ковре застрелившийся брат. И.В., 56

**ПРИПУСТИ́ТЬ**
eilen, hasten, (los)jagen, hetzen, flitzen
*идти или бежать быстро, стремительно.*
Коля взглянул на часы — времени у него было в запасе — и припустил что было силы в ближайшую химчистку. Л.Ленч, Л.Г., 30.6.76
Хоть она и жалуется на ноги, а сама и теперь может припустить так, что молодому надо гнаться и не известно еще, догонит или нет. В.Расп.1, 38

**ПРИПУ́ХНУТЬ**
auffliegen, platzen, hochgehen; in eine unangenehme Situation geraten
*попасть в затруднительное, неприятное положение.*

— Вот это — стихи! Не то что у контрика... Как его фамилия, забыл... Гумилев? — Да. По кронштадскому мятежу припух. В.Кор., 273

**ПРИРЕ́ЗАТЬ**
kaltmachen, abstechen, umlegen, die Kehle/ Gurgel durchschneiden
*убить, зарезать.*
— Он всегда такой был? — Какой? — Ну хулиганил, дрался?.. — Нет, раньше выпивал, но потише был. Это тут — к Михайле-то приревновал... С прошлого года начал. Да еще грозит! Грозит, Георгий Константиныч: прирежу, говорит, обоих. В.Ш., 285

**ПРИСОБА́ЧИТЬ**
anmachen, befestigen
*присоединить, приделать, приладить что-либо.*
И Марьяна чувствовала себя в семье старой и стертой подметкой, которую уж никак не присобачишь к дому. В.Кор., 508

**ПРИСО́ХНУТЬ**
viel/ eine Menge übrig haben für jemanden; nicht mehr loskommen von jemandem
*почувствовать симпатию, привязаться к кому-либо.*
Работалось и не работалось Любе в тот день... Перемогалась душой. Призналась неожиданно подруге своей, когда отдоились, молоко увезли и они выходили со скотного двора: — Гляди-ка, Верка, присохла ведь я к мужику-то. В.Ш., 453

**ПРИСОЧИНИ́ТЬ**
dazudichten, dazufabulieren
*рассказывая что-либо, сочинить от себя, прибавить.*
Нине Петровне приснилась первая жена ее второго мужа. Интересно, конечно, но послушать Нину Петровну можно и потом. Стоит попросить — с удовольствием перескажет. Даже художественнее, присочинит кое-что. К.Исмаилов, Л.Г., 25.7.79

**ПРИСПИ́ЧИТЬ**
höchst notwendig/ dringlich sein, in den Fingern jucken
*срочно понадобиться, очень захотеть.*
Ну, если уж так вам приспичило, — так реабилитируйте, но без очных ставок! А.С., 313

**ПРИСТАВА́НИЕ** *ср.*
Belästigung, Aufdringlichkeit, Zudringlichkeit
*неотступное, надоедливое обращение к кому-либо с чем-либо; назойливые просьбы, уговоры.*
Однажды дружинники задержали за приставание к иностранцам некоего Генкина... А.П., 23

**ПРИСТАВЛЯ́ТЬСЯ** *несов.*
schwindeln, flunkern, sich aus den Fingern saugen
*обманывать, придумывать.*
— Я ить не приставлялась, я тебе правду сказала. В.Расп.1, 40

**ПРИСТА́ТЬ**
sich jemandem aufdrängen, jemandem auf die Pelle rücken, anpöbeln, belästigen, jemandem ständig (mit etwas) in den Ohren liegen
*неотступно, надоедливо обращаться к кому-либо, назойливо просить, уговаривать.*
Он три дня уж, почитай, ходит злой и пьяный, / Перед тем, как приставать, пьет для куражу. В.В.1, 15
Сам бы ни за что не пошел. Но она пристала, пойдем да пойдем. Л.Измайлов, Л.Г., 12.1.76

**ПРИСТЕГНУ́ТЬ**
hinzufügen, zuordnen, anschließen
*присоединить, добавить.*
А другого офицера, которого вместо него прислали, сразу пристегнули к политотделу сверх штата. А.С., 248

**ПРИСТЕГНУ́ТЬСЯ**
sich anschließen, sich dazugesellen, sich anhängen
*присоединиться к кому-, чему-либо.*
Пить научился с торгашами. Поработать не поработают, а бутылки три-четыре „раздавят" в подвале /к грузчикам еще пристегнулись продавцы-мясники, здоровые лбы, беззаботные, как клоуны/. В.Ш., 237

**ПРИСТРАСТИ́ТЬСЯ**
scharf auf/ Feuer und Flamme für etwas sein, von einer Leidenschaft erfaßt werden
*сильно увлечься кем-, чем-либо; приобрести постоянную склонность к чему-либо.*
Замдиректора совхоза... напрямик спросил: — Честно доложи — запил, к „Охотничьей", к примеру, пристрастился? В.К., 15

**ПРИСТРО́ИТЬ**
anbringen, unterbringen, eine Stelle/ einen Posten verschaffen
*поместить, определить, устроить на какое-либо место, должность.*
Под трибунал меня решили не отдавать, но не знали, что со мной теперь делать и куда пристроить. Л.Л., № 30, 186

**ПРИСТРО́ИТЬСЯ**
unterkommen, eine Stelle/ eine Arbeit/ einen Job kriegen
*получить место, должность, устроиться на работу, на службу.*
— А так бы и пристроился где-нибудь, чтоб и забыли про тебя, и так бы лет двести! А? В.Ш., 128
Но сами герои давно успели сменить автоматы на чернильницы, поварешки или сапожный инструмент, либо пристроиться в ординарцы к начальству. Л.Л., № 30, 181

**ПРИСТРУНИ́ТЬ**
zurechtweisen, an die Kandare nehmen, sich vornehmen/ vorknöpfen
*проявить строгость по отношению к кому-либо, воздействовать на кого-либо строгими мерами; сделать строгое внушение, выговор.*
— Что ты к человеку с пустяками пристаешь, — приструнила его Анна Платоновна, — дай ему дух перевести. Б-ка крок., № 24/773/, М., 1976, 32

**ПРИСТУ́КНУТЬ**
erschlagen, niedermachen, den Schädel einschlagen
*ударить с силой кого-либо; убить ударом.*
Там несколько наших маршевиков, вооружившись железными ломами, пристукнули трех солдат-часовых, охранявших вагоны с продовольствием. Л.Л., № 31, 173

**ПРИСУДИ́ТЬ**
jemanden verurteilen/ verdonnern, etwas zu tun
*вынести судебный приговор.*
Марья понимала, что Ефим здорово привирает, но, в общем-то, ведь присудили платить за баню! В.Ш., 136

**ПРИСУШИ́ТЬСЯ**
viel/ eine Menge übrig haben für jemanden; nicht mehr loskommen von jemandem
*привыкнуть, привязаться, полюбить кого-нибудь.*
Привык к Людмиле, присушился, что правда, то правда. Ю. Трифонов, Избранные произведения, т.2, М., 1978, 199

**ПРИТАРА́НИТЬ**
herbeischleppen, (her)anschleppen
*принести, доставить что-либо.*
Притаранили пацаны два ящика пива, в общем, получается приятный тихий вечер. В.А., 57

**ПРИТАЩИ́ТЬ**
herbeischleppen, (her)anschleppen
*принести что-либо.*
Вместе с первым разрывом парень крикнул тоскливо: / — Почтальон, что ты мне притащил? / За минуту до смерти в треугольном конверте / Пулевое ранение я получил. В.В. 3, 3

**ПРИТАЩИ́ТЬСЯ**
sich heranschleppen, sich mühsam herschleppen
*прийти куда-либо медленно, с трудом.*
— А пока ваша красавица не притащилась, налейте-ка командиру кружечку. В.Р., 180

**ПРИТВО́РА** *м. ж.*
Simulant(in); Heuchler(in), falsche Schlange
*о ком-либо, притворяющемся, ложно принимающем какой-либо вид с целью ввести в заблуждение, в обман.*
— Проснись, притвора. Я тебе что, мединспекция из дивизии?! Отвечай, майор где? — Показалась распухшая злая физиономия: — Сам ты притвора. У меня, может, черная болезнь, откуда ты знаешь? Я, может, щас взрываться буду... — Балаболка. В.Р., 198
Лялька, фиксатая притвора, успевает зыркнуть глазами туда-сюда. В.Ш., 158

**ПРИТЕРПЕ́ТЬСЯ**
sich abfinden mit etwas, sich fügen in etwas
*привыкнуть к чему-либо неприятному, неудобному.*
Дошел слух, что живут они с Марьей неважно, что Марья тоскует. Филиппу этого только не хватало: запил даже от нахлынувшей новой боли, но потом пить бросил и жил так — носил постоянно в себе эту боль-змею, и кусала она его и кусала, но притерпелся. В.Ш., 356

**ПРИТИ́РКА** *ж.*
Anpassung
*приспособление к кому-, чему-либо.*

... Золотарев, Илья Никанорыч, не шаляй-валяй, кадровый товарищ, такие нынче на дороге не валяются, руководство о тебе заботу имеет, думаю, сработаетесь без притирки. В.М.1, 86

**ПРИТИ́СНУТЬСЯ**
sich andrücken, sich anschmiegen
*прижаться, встать близко, вплотную к кому-, чему-либо.*
— Дайте я вас поцелую! — пьяненько взревел Славик и притиснулся к Сергею Митрофановичу. В.А., 574

**ПРИТКНУ́ТЬ**
schnell irgendwohin stecken/ irgendwo verstauen
*наскоро, кое-как, поспешно, небрежно поместить, положить что-либо.*
— Приткни пальто куда-нибудь, отец, — сказал он гардеробщику внушительным и хорошо поставленным лекторским голосом. В.Кор., 181

**ПРИТКНУ́ТЬСЯ**
unterkommen, unterschlüpfen; einen Job kriegen
*устроиться, поступить куда-либо /обычно о работе, месте, должности/.*
— Вот гадаю,— продолжал дед Нечай, — куда приткнуться? Прям хошь петлю накидывай. В.Ш., 74

**ПРИТО́ПАТЬ**
ankommen, eintreffen
*то же, что прийти.*
Дверь приоткрылась, вышел дядя Хаким. Завидев Игоря Михайловича, он равнодушно улыбнулся: — Ну что, врач не притопал, а? — И подбадривающе усмехнулся, словно говоря, что дело это обычное, терпи и жди, сколько ни понукай, раньше положенного не приедет. Е.Т., 25

**ПРИТРАВИ́ТЬ**
aufhetzen, aufstacheln, anstacheln, scharfmachen
*натравить, напустить кого-либо на кого-, что-либо.*
А в коридоре лежит Джульбарс на коврике. Последний год Павел Николаевич пристрастился сам его по утрам выводить, это и себе полезно. Теперь будет Лаврик выводить. Он любит — притравит немножко на прохожего, а потом: вы не пугайтесь, я его держу! А.С., 23

**ПРИТУ́ЛИТЬСЯ**
sich niederlassen, sich hinsetzen, sich hinhocken
*пристроиться где-либо, расположиться на чем-либо /обычно неудобно/.*
— ... Да ты притулись, покури. Что, все учишься? На кого эдак долго тебя и учат?.. В.Б., 114

**ПРИТЫ́РИТЬ** *груб.*
verschwinden lassen, verstecken, verbergen
*украсть что-либо; спрятать.*
— Баба твоя тут была. Чемодан свой искала. Все перерыла и, понимаешь, нашла. Вот что значит следователь! Ты чего это его в свой чемодан притырил? В.Кор., 563

**ПРИУДА́РИТЬ**
den Hof/ schöne Augen machen, (anfangen zu) flirten; anmachen
*ухаживать за кем-либо.*
Антип миролюбиво засмеялся. — Я мировой все-таки парень был! Помнишь, как ты за мной приударяла? В.Ш., 27

**ПРИУДО́БИТЬСЯ**
es sich bequem machen
*удобно сесть, расположиться, устроиться.*
Но сегодня ему была нехоть смертная открывать рот, а приудобился он читать эту тихую, спокойную книгу. А.С., 117

**ПРИУНЫ́ТЬ**
traurig/ betrübt werden, den Kopf hängen lassen
*впасть в уныние, опечалиться.*
Сергей Митрофанович... сказал: „Что же вы, черти, приуныли? На смерть, что ли едете?" В.А., 572

**ПРИХВОРНУ́ТЬ**
unpäßlich sein, sich schlecht fühlen, sich nicht wohl fühlen
*болеть не очень серьезно, не сильно.*
Теперь Татьяне Федоровне было под шестьдесят. Она прихварывала, но преподавала в музыкальной школе, правда, уже отказавшись от частных уроков. В.Кор., 165

**ПРИХВА́Т** *м.*
(zwangsweise) Vorführung
*то же, что привод; принудительное доставление в органы следствия или в суд; временный арест.*
В вестибюле его задерживают мусора и с това-

ром ведут в милицию. Этот неприятный момент называется прихватом. А.П., 49

**ПРИХВАТИ́ТЬ**

1 mitnehmen

2 (zwangsweise) vorführen; festnehmen, abführen, (ab)holen, schnappen

*1. взять с собой кого-, что-либо.*

„Вот новую чашку-то и прихвати", — посоветовал Виктор. С.С., 9

*2. принудительно доставить кого-либо в органы следствия или в суд; временно арестовать.*

В начале фарцовщичьей „карьеры" всегда слишком даже часто прихватывают. А.П., 52

**ПРИ́ХВОСТЕНЬ** *м.*

Speichellecker, Kriecher

*о человеке, стремящемся лестью, угодничеством завоевать чье-либо расположение, доверие.*

А кто не верит нам, тот прихвостень и плакса. В.В.1, 19

**ПРИ-ХЕ-ХЕ́** *м. ж.*

Geliebte(r), Liebste(r)

*то же, что любовник, любовница.*

Я сейчас плохо помню ее лицо. Что-то маленькое, беленькое. Приходила с Женькой. Была разведенной женой и Женькиной „при-хе-хе". А.К., 356

**ПРИХЛЁБ** *м.*

Schluckgeräusch, Gluckern

*легкий шум, похожий на звук, производимый при глотании жидкости.*

... послышался какой-то странный с прихлебами звук, что-то ахнуло где-то и зазвенели оконные стекла. Вл.В., 273

**ПРИХЛЕБА́ТЕЛЬ** *м.*

Nichtstuer, Schmarotzer; Schmeichler, Mitläufer

*человек, живущий за чужой счет // угождающий кому-либо, поддерживающий кого-либо из корыстных соображений //.*

А Смыга, который так задирался и ненавидел Левку, стал затем его преданнейшим подручным и прихлебателем — это уж через год, когда отчим подарил Левке трофейный БМВ и Левка прикатил в Институт на вишневом, клопиного облика драндулете, вызывая у бедных студентов не просто зависть, а лишение дара речи. Ю.Т.1, 88

**ПРИХЛЁБЫВАТЬ** *несов.*

ab und zu einen Schluck nehmen, schluckweise trinken, langsam/ gemächlich schlürfen

*пить небольшими глотками; отпивать что-либо.*

... еще совсем недавно, на моем дне рождения, прихлебывая кофе с коньячком, она говорила: „Какая ты мягкая, женственная". Е.Ц., 17

**ПРИХЛО́ПНУТЬ**

(ein)klemmen, (ein)quetschen; erledigen, den Garaus machen, abmurksen, fertigmachen, killen

*придавить, прищемить, прижать чем-либо // убить, умертвить кого-либо //.*

— Да ведь и Льва Устиновича могла прихлопнуть, — зажмурилась Мария. В.А., 48

**ПРИХМУ́РИТЬСЯ**

finster dreinschauen

*слегка хмуриться, придавать лицу хмурое выражение.*

Но, обнаружив, что гость не только не поддержал его смеха, но еще больше прихмурился и почернел лицом, поспешил исправить свою промашку: „Да ты, кум, ел хоть что-нибудь нынче?" М. Алексеев, Наш современник, № 9, 1981, 44

**ПРИХОРА́ШИВАТЬ** *несов.*

schönmachen, zurechtmachen, herausputzen

*делать кого-, что-либо более нарядным, красивым.*

Дуся тоже прихорашивала свою обувь и вообще всю себя, но цели ее были иные. В.Крупин, Новый мир № 8, 1980, 53

**ПРИХОРА́ШИВАТЬСЯ** *несов.*

sich schönmachen, sich zurechtmachen

*стараться придать себе нарядный, красивый вид.*

— Немедленно возвращайтесь туда, где вам надлежит быть! Прихорашиваться будем в свободное от работы время. Ю.М., 5

**ПРИХРОМА́ТЬ**

leicht hinkend kommen

*слегка хромая, прийти куда-либо.*

А муж попался козлище, бросил ее на глазах у всех и прихромал, старея, к юной героине. В.С., 47

**ПРИЦЕПИ́ТЬСЯ**
anpöbeln, belästigen, auf den Wecker fallen, etwas bekritteln, auf etwas herumreiten
*назойливо, придирчиво пристать; придраться к кому-, чему-либо.*
Он хмуро снимал халат, искал куда его повесить — сестра показала ему, куда, — а сам выдумывал, к чему бы прицепиться и не даться. А.С., 362

**ПРИЦЫ́КНУТЬ**
anschreien, anschnauzen; verbieten, etwas zu tun
*прикрикнуть, окриком запретить что-либо делать.*
— Сына мне дайте! — крикнула она вернувшимся голосом. На нее прицыкнули: — Тихо, мамаша. Кормить принесут, вот и увидишь. И. Грекова, Вдовий пароход, Новый мир, № 5, 1981, 88

**ПРИЧЕСА́ТЬ**
ankommen, eintrudeln
*прийти, прибежать куда-либо.*
— А... Опять ко мне причесала?.. — с наигранной, добродушно-оскорбительной интонацией говорит он, громко, в расчете на любопытство соседей. О. Михайлов, Наш современник, № 9, 1981, 83

**ПРИЧИНДА́ЛЫ** *мн. шутл.*
Zubehör, Utensilien, Krimskrams
*о названии принадлежностей чего-либо.*
Фалалеев радостно дивился всему: надменности ладных продавщиц, ярости, с которой покупатель брал японские зонтики, изобилию зефирных дамских причиндалов. Д.Иванов, В.Трифонов, Л.Г., 28.7.76

**ПРИЧИТА́ТЬСЯ**
dran sein (einen auszugeben)
*то же, что приходиться /обычно о благодарности, угощении в виде выпивки/.*
— Оппоненты — приличные ребята? Не скоты? — Классные ребята, — в тон ему усмехаюсь я, вспоминая оппонентов. — Ну, блеск! Поздравляю. С тебя причитается. В.Ак., 2

**ПРИШИБИ́ТЬ**
eins über den Kopf ziehen, den Schädel einschlagen; erschlagen
*нанести повреждение, удар // убить кого-либо //.*
А этого Мориса, гада, лифтера, я бы три дня ждал и ловил, а на третий день словил бы и пришиб чем-нибудь. Время и мы, № 43, 57

**ПРИШИ́БЛЕННЫЙ**
niedergeschlagen, deprimiert, geknickt
*приниженный, угнетенный, подавленный.*
В палате люди менялись, но никогда не приходили веселые, а все пришибленные, заморенные. А.С., 340
— ... Я бухгалтеров-то видел-перевидел! Бухгалтера тихие все, маленько вроде пришибленные... В.Ш., 441

**ПРИШИ́ТЬ**
erledigen, umlegen, killen, kaltmachen
*убить, застрелить.*
А вместо него /соседа по нарам/ вынырнул ко мне какой-то солдат и шепнул: „Комсорг, я знаю, что ты оперативник... наши пришили троих солдат, вагон взломали!" Л.Л., № 29, 176

**ПРИШКАНДЫБА́ТЬ**
ankommen, angefahren kommen, eintrudeln
*прийти, прибыть куда-либо.*
— ... Людочка меня на лекцию водила, я со стыда чуть не сгорела. Все глаза на меня пялят: чего, старая лопата, пришкандыбала? И.Г.1, 151

**ПРИШЛЁПАТЬ**
hinkommen
*прийти куда-либо.*
Доктор, изумленный до чрезвычайности, смотрел на больного. Молчал. — Как же вы так живете-то? А? Как же так можно?.. Господи, боже мой-то, да неужели только за кусок хлеба? Да что вы, люди! Куда же мы так пришлепаем-то! В.Ш., 400

**ПРИЩУ́ЧИТЬ**
sich vornehmen, sich vorknöpfen, sich kaufen; in die Mangel nehmen, (jemanden) zur Rede stellen
*поставить кого-либо в затруднительное положение; принудить к чему-либо.*
Егор повернулся и пошел обратно. Слышал, как сзади кто-то двинулся было за ним — наверно, Коля, но его остановили: — Да брось ты его! Дерьма-то еще. Фраер городской. Мы его где-нибудь в другом месте прищучим. В.Ш., 479

**ПРОБАВЛЯ́ТЬСЯ** *несов.*
auskommen, zurechtkommen, sich begnügen

*довольствоваться, удовлетворяться чем-либо незначительным, малым.*

Как с нами мамка билась одна с пятерыми, это ужас зеленый. Мало не сдохли. Колоски собирали, картошку померзлую ночью копали в колхозном поле — тем пробавлялися. И.В., 63

Он мог бы, подобно Крапивникову /правда, тот был членом партии/, найти себе постоянное штатное место, но не терпел дисциплины, а тем более ответственности, и поэтому пробавлялся мелкой работой, надеясь использовать свободное время для чего-то серьезного, настоящего, как он говорил — для вечности и души. В.Кор., 176

**ПРОБИВНО́Й**

energisch, entschlossen, resolut

*энергичный, настойчивый в достижении цели.*

Пробивной официант неспроста дал объявление в газету. Т.Ш., 42

**ПРОБИ́ТЬСЯ**

sich (durch)drängen, sich (durch)zwängen/ durchboxen, sich den Weg bahnen

*пройти куда-либо, преодолевая какие-нибудь препятствия.*

Тут пробивается через толпу здоровенный дядька килограммов на сто пятьдесят. Г.Кемоклидзе, Л.Г., 15.1.75

**ПРО́БКА** *ж.*

Verkehrsstau

*скопление кого-, чего-либо, мешающее нормальному движению, проходу и т.п.*

На одном из перекрестков он угодил в пробку и поехал со скоростью черепахи. А.Ходанов, Б-ка крок., № 17/814/, М., 78

**ПРОБОЛТА́ТЬСЯ**

sich verplappern, ausplaudern, ausposaunen

*проговориться; выдать какую-либо тайну из-за своей болтливости.*

— ... Лучший способ не проболтаться — ничего не знать. В.Р., 198

**ПРОБОРМОТА́ТЬ**

(vor sich hin) murmeln, (in den Bart) brummen, brabbeln

*сказать что-либо тихо, неразборчиво, невнятно.*

— Что же вы стоите? — и тут же извиняющимся тоном доверительно пробормотал: — Писанины этой, писанины!.. В.А., 560

**ПРОБУРЧА́ТЬ**

brabbeln, nuscheln, murmeln

*сказать что-либо невнятно, неразборчиво.*

Женщина пробурчала что-то невнятное и положила трубку. А.Борин, Л.Г., 14.3.79

**ПРОВАЛА́НДАТЬСЯ**

die Zeit totschlagen/ verplempern

*провести какое-либо время попусту, зря; потерять время.*

У Жуковки два часа провалandались, дорогу закрыли, так мы в объезд — прямо горе! А уж сколько искали больницу: тот туда покажет, — другой — обратно, словно смеялись над нами! Е.Т., 32

**ПРОВА́ЛИВАТЬ: ПРОВА́ЛИВАЙ /-ТЕ/**

hau ab!, verschwinde!

*уходи /-те/, ступай /-те/ вон, убирайся /-тесь/.*

Представь, что к концу лекции к трибуне подошел бы некий здоровяк со шваброй и... закричал бы на профессора: „А ну, проваливай!" А.Ходанов, Б-ка крок., № 17/814/, М., 78

— Вот акт — специально для тебя храню. Прочитала? А теперь проваливай! А.Я., 20

**ПРОВАЛИ́ТЬСЯ**

1 durchfallen, durchrasseln, durchrauschen (in der Prüfung)

2 verschwinden, vom Erdboden verschluckt werden, in den Boden versinken

*1. не выдержать испытания, экзамена.*

В вуз попасть пытался с хода, но, конечно, провалился. С.В., 9

*2. исчезнуть, пропасть из виду.*

— Не буду, Иван Тимофеевич, — пообещал Леша. — Вот чтоб мне провалиться на этом месте — не буду. Вл.В., 73

**ПРОВАЛЯ́ТЬСЯ**

untätig herumliegen, sich herumsielen; (krank) liegen, darniederliegen

*провести какое-то время валяясь, лежа // пролежать больным в течение какого-либо времени //.*

... воробей на этот счет Петр Васильевич был стреляный, не в одном госпитале провалялся... В.М., 53

**ПРОВЕ́ДАТЬ**
aufsuchen, besuchen; vorbeikommen, vorbeigehen
*навестить, посетить кого-, что-либо.*
К старухе Агафье Журавлевой приехал проведать, отдохнуть сын Константин Иванович с женой и дочерью. В.Ш., 172

**ПРОВЕРНУ́ТЬ**
bewerkstelligen, deichseln, schaukeln, schmeißen, managen, hinkriegen
*быстро осуществить, сделать, провести что-либо.*
Только всю эту историю поскорее провернуть надо, так сказать... А.К., 390

**ПРОВЕРНУ́ТЬСЯ**
schnell hin- und her laufen, schnell wieder da sein
*быстро сбегать туда и обратно.*
— Ну дак беги, когда надо, я тебя не держу. — Ты не думай, я быстро провернусь. В.Расп.1, 40

**ПРОВЕРТЕ́ТЬ**
durchbohren
*то же, что просверлить.*
Гарусов активно помогал по благоустройству, одних дырок, наверно, штук тридцать провертел: стены-то кирпичные, гвоздя не вобьешь. И.Г.2, 136

**ПРОВЕСТИ́**
täuschen, hinters Licht führen, ein X für ein U vormachen; hereinlegen
*обмануть, перехитрить кого-либо.*
„Нет, — с трагическим надрывом думал он. — Это все неспроста! Меня не проведешь! Так просто такие подарки не делаются... Я-то уж знаю!" В.Бахнов, Л.Г., 25.11.75

**ПРОВЕ́ТРИТЬСЯ**
frische Luft schnappen; neue Eindrücke sammeln
*освежиться, набраться новых впечатлений, отвлекаясь от чего-либо.*
— Здравствуйте, ребята! — сказал он, по примеру волков клацнув зубами. — Вот вышел немного проветриться. Ф.К., 47

**ПРОВОЖА́ТЬСЯ**
(einander) begleiten
*провожать кого-либо или друг друга.*
Нюшка была самолучшей подружкой Катерины. Вместе плясали и провожались, вместе рвали черемуху. В.Б., 20

**ПРОВОЛО́ЧКА** *ж.*
Verzögerung, Verzug, Säumigkeit, Verschleppung, Aufschub
*задержка, промедление при выполнении чего-либо.*
Не хочу скрывать: дочки смелые — / без проволочек, не как-нибудь. С.В., 32

**ПРОВОЛЫ́НИТЬ**
trödeln, sich Zeit lassen; verzögern, in die Länge ziehen, hinauszögern
*медлить, тянуть с чем-либо; заставить ждать окончания, решения чего-либо.*
... Летом семье придется торчать в Москве или снимать за большие деньги комнату с террасой у частников. Он не говорил об этом с Ольгой Витальевной, но знал, она надеется, что проволынят до лета. В.Кор., 544

**ПРОВОНЯ́ТЬ**
einen Geruch (von etwas) annehmen; (übel) riechen/ stinken nach etwas
*пропахнуть, пропитаться каким-либо запахом /обычно неприятным/.*
— Ну, дай я хоть обуюсь... Да закусить вынесу чего-нибудь. — Не надо! У меня полные карманы шоколада, я весь уже провонял им, как студентка. В.Ш., 465

**ПРОВОРОВА́ТЬСЯ**
(auf frischer Tat) ertappt werden, (endlich) auffliegen
*попасться в систематическом длительном воровстве, хищении.*
... племянница проворовалась в сельпо... В.К., 43
Теперь Колька загремел на три года, проворовался. А.К., 451

**ПРОВОРО́НИТЬ** *неодобр.*
verpassen, vergessen, verbummeln, verschlafen, verpennen
*по невнимательности, оплошности пропустить, упустить кого-, что-либо.*
Воскресными вечерами, когда мы собираемся все вместе, она говорит, какие мы все-таки лопухи, коль проворонили целых двадцать лет. Л.Наумов, Л.Г., 23.5.79

**ПРОГАДА́ТЬ**
sich verrechnen, sich verkalkulieren
*ошибиться в расчетах, оказаться в невыгодном положении.*
Бостоном не мог обшиться, макен позаграничнее нацепить. Жмешься вот, а себе же и прогадываешь. Г.В.1, 6

**ПРОГОЛОСОВА́ТЬ**
ein Auto durch Winken anhalten
*поднять руку в знак просьбы об остановке проезжающего мимо транспорта.*
Снова машина двинулась по накаляющейся Москве. Сразу же после Красных ворот на Садовом кольце „проголосовала" пожилая женщина. С.Е.1, 36

**ПРОГОРЕ́ТЬ**
Bankrott/ Pleite machen, abgebrannt/ blank sein
*потерпеть неудачу в деле /преимущественно денежном/; разориться.*
Директора, импресарио, владельцы театров — этих убыточных предприятий, мыкались, прогорали и искали спасения всеми правдами и неправдами... Т.Ш., 5
Дам зарплату вдвое выше городской. Мало — втрое! Не бойся, не прогорю. Г.Б., 39

**ПРОГРЕМЕ́ТЬ**
Furore machen; (ganz) groß herauskommen; Staub aufwirbeln
*приобрести славу, известность; прославиться.*
— Вот увидите, — уверяли специалисты, — мальчик скоро прогремит на весь мир. И.Двинский, В.Коваль, Л.Г., 30.11.77

**ПРОГРЕССИ́ВКА** *ж.*
Leistungsprämie
*оплата за выполнение сдельной работы сверх нормы.*
— Ты строго не суди Семеныча: с него начальство за каждую забракованную вещь семь шкур снимает! И еще прогрессивку! Ю.Рихтер, Юность, № 2, 75, 111

**ПРОГУ́Л** *м.*
Schwänzen, Bummeln, Arbeitsbummelei, Blaumachen
*пропуск работы без уважительной причины.*
Мать у него хорошая, но покладистая очень, не может настоять на своем, а отец попивает. Три места работы сменил. Из одного выгоняют за прогулы и пьянку, а в другом берут... до нового прогула. А. Малышев, Наш современник, № 3, 1981, 67

**ПРОГУ́ЛЬЩИК** *м.*
Bummelant, Schwänzer
*о том, кто пропускает работу без уважительной причины.*
Директор сделал обзор общего положения с труддисциплиной, покритиковал прогульщиков и лодырей. Х.Л., 14

**ПРОГУЛЯ́ТЬ**
verbummeln, versäumen, schwänzen, blaumachen
*не явиться куда-либо без уважительной причины / обычно на работу, на занятие /; пропустить, упустить что-либо.*
Ну, а как и кому возразить против такой, например, разящей наповал фразы: „Проявлял недисциплинированность?" Ее ведь и одной достаточно, чтобы не избрать человека. За что же получен такой приговор? Прогуливал Петров? Опаздывал на работу? Г.Целмс, Л.Г., 24.1.81

**ПРОГУНДО́СИТЬ**
näseln, mit näselndem Tonfall sprechen
*сказать, произнести в нос, гнусаво; прогнусавить.*
— Аечка, ну как ваш старый кобель? — В смысле? — надменно прогундосила Айка. А.К., 291

**ПРОДА́ТЬ**
verraten, verpfeifen, hochgehen lassen, ans Messer liefern
*совершить предательство; изменить кому-, чему-либо, поступая бесчестно, из корыстных побуждений.*
Он пил, как все, и был как будто рад. / А мы, его мы встретили, как брата. / А он назавтра продал всех подряд. / Ошибся я, простите мне, ребята. В.В.3, 12

**ПРОДЁРНУТЬ** *неодобр.*
kritisieren, heruntermachen, herunterputzen; verreißen
*резко отрицательно отозваться о ком-, чем-либо /обычно в печати/.*
— Товарищи! Товарищи, давайте не отклоняться от повестки дня. О ком мы еще напишем? — Учителей бы надо продернуть, школу, в общем. Х.Л., 36

**ПРОДЕШЕВИ́ТЬ**
verschleudern, verramschen
*продать слишком дешево, ниже стоимости.*
— Ты пойми, моя курочка, ведь сейчас инфляция! Сама понимаешь, кризис! Все дорожает! Не продешевить бы... Т.Ш., 44

**ПРОДРА́ТЬ: ПРОДРА́ТЬ ГЛАЗА́ (ВЕ́КИ)**
aufwachen; sich den Schlaf aus den Augen reiben
*проснуться.*
... после отставки, едва он продрал глаза, вокруг него плотно сомкнулось кольцо ненасытных собирателей сенсаций. М.С.1, 39

**ПРОДРА́ТЬСЯ**
sich durchdränge(l)n, sich einen Weg bahnen
*с трудом пройти, пробраться, протиснуться.*
Колхозник, почти ступая по нежным ножкам моих девчонок, продрался ко мне в закуток. А.К., 118

**ПРОДТО́ЧКА** *ж.*
kleines Lebensmittelgeschäft, Verkaufsstelle
*то же, что продовольственная точка; небольшой продовольственный магазин, ларек, киоск.*
Всякое бывало в нашей продточке, но чтобы покупатель требовал жалобную книгу для вынесения благодарности, — подобной ненормальности еще не наблюдалось. М.Л., 283

**ПРОДУ́ТЬ**
verlieren, verspielen
*проиграть в какой-либо игре.*
В эту субботу Ботвинник творил чудеса. Отступать чемпиону было некуда. Три партии подряд он продул и теперь отставал от Смыслова на очко. В.Кор., 565

**ПРОДЫРЯ́ВИТЬ**
durchlöchern, ein Loch machen
*сделать, пробить дыру, отверстие в чем-либо.*
— Пали! — кричит режиссер. — Продырявь ему башку к чертовой бабушке. Будет знать, как играть. А.Курляндский, Л.Г., 19.9.79

**ПРОДЫША́ТЬСЯ**
(sich) verpusten, Atem holen/ schöpfen, tief durchatmen
*отдышаться; вздохнуть свободно, глубоко, полной грудью.*
Когда дежурил ночью — двери совсем не запирал: приспичило — беги в туалет, стало невмоготу — выйди и продышись. Ф.Кан., 67

**ПРОЕ́СТЬСЯ**
sich verausgaben
*истратиться, издержаться на еду, на жизнь.*
Постскриптум: вышли немного денег, рублей сорок — мы с Иваном малость проелись. Иван тоже попросил у своей шестьдесят рублей. Потом наверстаем. Все. В.Ш., 264

**ПРОЖИГА́ТЕЛЬ** *м.* **ПРОЖИГА́ТЕЛЬНИЦА** *ж. неодобр.*
Verschwender(in), Schlemmer(in), Prasser(in), Lebemann, Lebedame
*о ком-либо, растрачивающем деньги, силы, здоровье на развлечения, удовольствия.*
Нет на свете чудака / Своенравней и капризней. / Берегитесь мундштука, / Прожигательницы жизни! Ф.К., 10

**ПРОЖУЖЖА́ТЬ**
jemandem in den Ohren liegen, jemanden vollquatschen, jemandem die Ohren vollquasseln
*надоесть долгими разговорами об одном и том же, повторением одного и того же.*
Да по радио чего только не узнаешь! Никаких институтов не захочешь. Да хоть про этого Карлу Марксу ведь все уши прожужжали! А.К., 51

**ПРОЙДО́ХА** *м. ж. неодобр.*
durchtriebener/ gerissener/ geriebener/ mit allen Wassern gewaschener/ schlitzohriger Kerl, durchtriebenes/ gerissenes/ geriebenes/ mit allen Wassern gewaschenes/ schlitzohriges Weib
*пронырливый, плутоватый, жуликоватый человек.*
... ей прислала жениха с Запада, разумеется, за капусту, подружка Лена, тоже пройдоха-баба... А.П., 148

**ПРОЙТИ́СЬ**
über jemanden herziehen; verspotten, verhohnepiepeln, durch den Kakao ziehen
*высказаться о ком-, чем-либо насмешливо, неодобрительно; плохо отозваться о ком-либо.*
Потом стали прохаживаться насчет нашего эпохального труда. А.З., 38

**ПРОКА́ЗЛИВЫЙ**
schelmisch, zu Streichen aufgelegt
*игривый, лукавый, шаловливый.*

„Дети,- скажете вы. — Что с них взять! У них проказливые умы и резвые руки". Р.Киреев, Б-ка крок., № 17/814/, М., 78

**ПРОКАНТОВÁТЬСЯ**
die Zeit verbringen/ totschlagen; herumsitzen, herumliegen
*кантоваться некоторое время; находиться, быть где-либо.*
Поработала в хозчасти уборщицей, а потом — на кухню. Так и прокантовалась до амнистии. В.М., 397

**ПРОКЛИНÁТЬ** *несов.*
verfluchen, verdammen, verwünschen
*ругать, бранить, осуждать кого-либо, выражать сильное недовольство, возмущение.*
Сапелкин проклинал себя за то, что в доме не оказалось запаса сигарет и выпивки... С.Альтов, Л.Г., 3.9.76

**ПРОКЛЯ́ТЫЙ** *бран.*
verflucht, verdammt, verwünscht
*вызывающий досаду, раздражение.*
Когда он уже отъехал немного, Антон закричал ему вслед: — Лопата у тебя есть? — А как же! — Почаще соскребывай. Скользит, а? — Скользит, проклятая. Г.В.2,77

**ПРОКОВЫЛЯ́ТЬ**
(hin/her) humpeln
*пройти какое-либо расстояние, ковыляя.*
Аркашка проковылял к стене, похрюкал, пригладил ладонями патлы. В.Ш., 276

**ПРОКÓЛ** *м.*
Pech, Mißgeschick, Reinfall, Fiasko
*неудача, невезение, провал.*
Только вот прокол с учебой: / в каждом классе — по два года. С.В., 9

**ПРОКОРПÉТЬ**
(eine Weile) brüten über etwas; durchmachen, -ackern, -sitzen
*кропотливо, усердно проработать, прозаниматься некоторое время.*
А если ты прокорпел все десять классов и еще пять курсов, чему-то выучился и что-то понимаешь, то ты уже гнилой и должен учиться у тех, кто не доучился, потому что был туп и ленив. В.Кор., 493

**ПРОКРУ́ЧИВАТЬ** *несов.*
abspielen (eine Schallplatte), ablaufen lassen (ein Tonbandgerät)
*ставить, слушать грампластинки, магнитофонные записи и т.п.*
Она с утра на весь квартал прокручивает идиотские негритянские мелодии. А.З., 63

**ПРОКУКАРÉКАТЬ**
die Zeit verbringen/ totschlagen
*провести время где-либо.*
— Трюхнутый, — пояснил тот, — в вытрезвителе, что ль, ночь прокукарекал? Е.Т., 145

**ПРОКУКОВÁТЬ**
verplempern, vergeuden, vertun (die Zeit)
*прожить, провести какое-либо время зря, напрасно, бесцельно.*
... А ты-то зачем жила? Прокуковала весь свой век, а теперь злится. Нечего и злиться теперь... В.Ш., 228

**ПРОКУРОЛÉСИТЬ**
(eine Weile) Unfug treiben, Radau machen
*озорничать, буянить какое-либо время.*
— А что?— искренне удивился Локтев.— Прокуролесил, а теперь вырулил. Нормально. Держишь себя. В. Мурзаков, Наш современник, № 6, 1979, 17

**ПРОКУ́РЕННЫЙ**
verqualmt, verräuchert
*пропитанный табачным дымом, копотью и т.п.*
Так прошло полсрока, и в доме отдыха все уже было не в новинку: и сидевшие в холле вокруг круглых столов прокуренные преферансисты, и унылый культурник, пожиратель сердец... В.Кор., 265

**ПРОКУРÓРША** *ж.*
Staatsanwältin; Frau des Staatsanwalts
*женщина-прокурор // жена прокурора //.*
О нем насочиняли западные писатели, а потом стали попугайничать всякие гулящие личности, вроде прокурорши Марьяны. Б.Кор., 233

**ПРОЛÁЗА** *м. ж.*
durchtriebener/ geriebener/ gerissener/ raffinierter Mensch/ Kerl
*пройдоха, жулик, проныра.*
Гордиться, что не тщеславен, не карьерист, не пролаза. В.Кор., 179

**ПРОЛИВНЯ́К** *м.*
Regenguß, Platzregen, Wolkenbruch
*проливной, очень сильный дождь.*
Приехал сюда — тут вместо зимы дождь-проливняк, а у меня — валенки под мышкой, у нас же там морозяга. А.С., 250

**ПРОМА́ЗАТЬ**
das Ziel verfehlen, danebenschießen
*сделать промах, не попасть в цель.*
А если бы все же признался в этом грехе и попытался вспомнить, то пришлось бы перелопатить в памяти самые свои юношеские годы, когда, промазав на охоте в присутствии отца, он стягивал с себя рубаху и искал несуществующего муравья, который будто бы „цапнул его за волосья подмышкой" вовремя выстрела. Л.Бородин, Грани № 19, 1981, 5

**ПРОМАРИНОВА́ТЬ**
(zwangsweise) aufbewahren, verwahren, schmoren/ zappeln lassen
*заставить находиться, пребывать в каком-либо положении, состоянии в течение какого-нибудь времени.*
„Если вы полчаса его под мышкой промаринуете, так он и сорок покажет", — заметила она. А.Я., 17

**ПРОМАХНУ́ТЬСЯ**
einen Fehler machen, einen Fehlgriff tun, einen Bock schießen, sich verhauen; auf dem Holzweg sein
*ошибиться, совершить оплошность, ошибку.*
Все хотят по дешевке обтяпать. Ну, голуба, тут ты промахнулся. И.С., 21

**ПРОМА́ШКА** *ж.*
Fehler, Fehlgriff, Versehen, Mißgriff, Patzer, Schnitzer
*оплошность, неудача, промах, упущение / в действиях, поступках /.*
Тут отвисла у меня, прямо, челюсть — / Ведь бывают же такие промашки! А.Г., 264
Распекал за другую промашку кого-то другого, хозяйство у нас большое, многих, знаете, приходится распекать. Н.М.,22

**ПРОМОКА́ШКА** *ж.*
Löschpapier
*промокательная бумага.*
Врач поставил точку, промокнул ученической голубой промокашкой написанное и поднял глаза. В.А., 560

**ПРОМА́ЯТЬСЯ**
sich abmühen, sich abquälen, sich abplacken
*провести какое-либо время маясь, испытывать нравственные или физические мучения; томиться, терзаться.*
Если вчера человек почти полсмены промаялся от безделья, то сегодня ему трудно объяснить, почему нельзя опоздать на пятнадцать минут. В.Кавторин, Л.Г., 25.3.81

**ПРОМОРГА́ТЬ** *неодобр.*
verpassen, sich etwas durch die Lappen gehen lassen
*не заметить, упустить, прозевать кого-, что-либо.*
Задумал же он /Николашка/ вот что. Вечером, поздно, сел в горнице к столу, надел очки, взял ручку и стал писать: „Красно-Холмскому райисполкому. Довожу до вашего сведения факт, который мы все проморгали..." В.Ш., 407

**ПРОМОТА́ТЬ**
verschwenden, vergeuden, durchbringen
*неразумно, нерасчетливо тратить деньги, терять что-либо.*
Потом Тамара произвела строгие расчеты и сообщила мне, сколько денег я должен оставлять в семье, и сколько могу проматывать на своих шлюх. А.З., 82

**ПРОМЫ́КАТЬСЯ**
darben, vegetieren, sich durchhungern, herumgestoßen werden
*прожить, мыкаясь, скитаясь, подвергаясь невзгодам, испытывая нужду.*
... мне, старухе, все радость белый свет поглядеть, как родилась, нигде не бывала, весь век на деревне своей промыкалась... В.М.1, 173

**ПРОМЫ́СЛИТЬ**
auftreiben, organisieren
*добыть, приобрести, достать что-либо /обычно с трудом/.*
Промыслить бы подсолнух, пощелкать семечек, поплеваться... В.А., Л.Г., 14.12.77

**ПРОМЯ́МЛИТЬ**
undeutlich sprechen, nuscheln, murmeln, brabbeln, in den Bart brummen

*произнести, сказать что-либо невнятно, вяло, неразборчиво.*
— А где три рубля?! — Наверно, обмишурился, — виновато промямлил я. А.Джалан, Л.Г., 21.2.79

**ПРОНЫ́РА** *м. ж.*
gerissener/ raffinierter/ durchtriebener Kerl; raffiniertes Aas
*о ловком, хитром, жуликоватом человеке.*
Так часто напевает, подпрыгивая, эта верткая проныра, эта ловкая пройда Михаильчик. А.К., 270
Против формалистов, сионистов и проныр / Пусть наш новый, новый, новый „Новый мир". Ю.К.3, 65

**ПРОНЮ́ХАТЬ** *неодобр.*
wittern, von etwas Wind bekommen, den Braten riechen
*разузнать, узнать что-либо /обычно о скрываемом, тайном/.*
Неужель ты людей не знаешь? Они вот пронюхали твою доброту и пользуются, и пользуются. В.Ш., 161

**ПРОПА́СТЬ**
zugrundegehen, auf den Hund kommen, vor die Hunde gehen; verloren/ am Ende sein/ zu nichts (mehr) nütze sein
*погибнуть, // оказаться ни к чему не пригодным //.*
Осатанел я от его слов! Думаю: этак пропадешь совсем. М.Булгаков, Юность, № 7, 74

**ПРО́ПАСТЬ** *ж.*
Unmenge, jede Menge
*очень много, большое количество кого-, чего-либо.*
Перебывал он во многих краях, переделал пропасть разной работы, там ломал, там копал, там снабжал... А.С., 111

**ПРОПА́ЩИЙ**
(hoffnungslos) verloren, verkommen, unverbesserlich, untauglich
*ни к чему не пригодный, дурной, неисправимый.*
Клавка мне улыбнулась персонально: „Ты к ним не очень швартуйся, они пропащие, бичи. А ты еще такой молоденький, человеком можешь стать". Г.В.1, 9

**ПРОПЕРЕ́ТЬ**
eine große Entfernung zurücklegen
*пройти, проехать определенное /обычно большое/ расстояние.*
— Сколько мы уже проперли, Сережа? — Еще ехать да ехать. В. Мурзаков, Наш современник, № 6, 1979, 39

**ПРОПЕСО́ЧИТЬ**
rüffeln, einen Rüffel/ eine Zigarre verpassen; ausschimpfen, zurechtweisen
*сделать строгое внушение, выговор.*
Пропесочив пьянчуг, лодырей и руководство колхоза, Микола стал закругляться. П.Рабянок, Л.Г., 6.12.78

**ПРОПЕЧА́ТАТЬ**
in der Presse herziehen über jemanden, jemanden in der Presse fertigmachen
*поместить в печатном издании какие-либо неодобрительные, неблагоприятные, осуждающие кого-либо сведения, известия.*
„Я вас, товарищ корреспондент, — обратился он к одному из приехавших, — лично прошу, — пропишите и пропечатайте на весь Советский Союз". Вл.В., 153

**ПРОПИСА́ТЬ**
in der Presse über jemanden herfallen/ herziehen
*подвергнуть осмеянию в печати, огласить печатно чьи-либо предосудительные поступки.*
„Я вас, товарищ корреспондент, — обратился он к одному из приехавших, — лично прошу, — пропишите и пропечатайте на весь Советский Союз". Вл.В., 153

**ПРОПИ́СКА** *ж.*
Eintragung der Anmeldung in den Paß; polizeiliche Anmeldung
*пометка в паспорте или в другом документе об официальной регистрации места жительства // официальная регистрация факта проживания //.*
... Тамара заканчивала институт и не хотела уезжать из Москвы. Ее устраивала московская прописка и комната, которую она бралась затем превратить в роскошное кооперативное палаццо. С.Е.1, 38

**ПРОПИТО́Й и ПРОПИ́ТЫЙ**
versoffen, Säufer-
*хриплый от пьянства /обычно о голосе/.*
В беспорядочном галдеже застолья по-обыкновению преобладал пропитой басок Пономарева. В.М.1, 218

**ПРОПИ́ТЬ**
vertrinken, verzechen, versaufen
*истратить, израсходовать что-либо на выпивку.*
Там, по его словам, не зная, куда девать деньги, вставил себе полон рот золотых коронок. Потом пропил их, поэтому зубы его без эмали, что, правда, не мешало открывать ими бутылки и крышки от консервов. В.Н., № 18, 74

**ПРОПИ́ТЬСЯ**
sich durch Alkohol zugrunde richten, alles versaufen/ vertrinken
*разориться от пьянства.*
После выгрузки из эшелона наше маршевое пополнение по внешнему виду смахивало на легендарных чапаевских бойцов /из кинофильма братьев Васильевых/, застигнутых врасплох белогвардейцами. Некоторые пропились до исподнего белья, на других оставались лишь стеганные ватные портки... Л.Л., № 30, 176

**ПРОПЛЁШИНА** *ж.*
kahle/ lichte Stelle, Stelle mit dünnem/ schütterem/ dürftigem Haarwuchs
*место с поредевшими волосами на голове человека, небольшая плешь.*
Я спросила тогда, почему эта девушка острижена под машинку, да еще какая-то проплешина у нее на затылке. Н.Б.1,44

**ПРОПО́Й** *м.*
Vertrinken, Versaufen
*трата, расходование денег на выпивку, пьянство.*
Поскольку этот гамлетовский вопрос гложет их / солдат/ души на всем пути на фронт, они, на всякий случай, торопятся урвать от жизни все, что может сгодиться на пропой. Л.Л., № 31, 171

**ПРОПО́ЙЦА** *м. ж. презр.*
Trunkenbold, Trinker(in), Säufer
*о том, кто тратит много денег на алкоголь; спившийся человек, пьяница.*
Не бродяги, не пропойцы, / за столом семи морей, / вы пропойте, вы пропойте / славу женщине моей. Б.О.,191
А следом за нею выползают на сцену всякие проходимцы и пропойцы, которых и на пушечный выстрел нельзя подпускать к концертным залам. И.Ш., 26

**ПРОПУСТИ́ТЬ**
hinuntergießen, hinunterkippen, einen hinter die Binde gießen
*выпить какое-либо количество алкоголя.*
Пока варилась щерба из чебачков, пропускали по первой, беседовали. В.Ш., 116

**ПРОРАБО́ТАТЬ**
(jemanden) fertigmachen, abkanzeln, zusammenstauchen
*подвергнуть суровой критике.*
Тренера снимают, игроков прорабатывают, болельщики клянут свою команду. О.Попов, Крокодил, № 9, 78

**ПРОРА́БСТВОВАТЬ** *несов.*
als Bauleiter/ Polier arbeiten
*работать прорабом, руководителем работ на строительстве чего-либо.*
И даже не знаю, что бы со мной было, если б не попался мне Назарка наш, Карасик. Он и там прорабствовал. В.М., 398

**ПРО́РВА** *ж.*
Abgrund, tiefes Loch, Schlund; Faß ohne Boden
*о чем-либо бездонном, все поглощающем.*
— Лешой, лешой, унеси, лешой, водяной! — заругалась Дашка и долго глядела, как ведро летело вниз, в темную холодную прорву сруба. В.Б., 47

**ПРОРЕВЕ́ТЬ**
(eine Zeit) heulen/ weinen/ flennen
*проплакать какое-либо время.*
— Доченька, доченька!.. Пойди, милая, пойди, попрощайся ладом... А то проревешь дорогие-то минутки, потом жалеть будешь... В.А., 570

**ПРОРЕ́ЗАТЬСЯ**
durchbrechen, durchkommen, zum Vorschein kommen
*появиться, возникнуть.*
Видимо, какой-то могучий условный рефлекс, давно уснувший в наших душах, внезапно проснулся и прорезался. М.Виленский, Л.Г., 8.9.76

**ПРОРЕ́ХА** *ж.*
1 Lücke, Fehler, Mangel, Makel, Defekt
2 Riß, Schlitz, Loch
*1.недостаток, изъян, упущение /обычно в делах, в хозяйстве и т.п./.*
Иной месяц под угрозой срыва оказывался план „по валу", и во избежание его срыва прорехи в спешном порядке затыкались парикмахерами, портными или поварами. Л.Л., № 30, 166
Голосом, в котором явственно рокотали волевые нотки, „первому" было велено пользы ради отдать один из лучших колхозов корреспонденту, который в хорошем якобы хозяйстве найдет массу прорех и тем самым обнажит в ярком свете тьму неиспользованных возможностей, укажет путь роста колхоза. Г.Б., 23
*2.разрез, дыра.*
Третий – небольшого роста, головастый, смирный. Он в серой туристской куртке, за которую держалась курчавенькая девочка в короткой юбке с прорехой на боку. В.А., 562

**ПРОРЫЧА́ТЬ** *неодобр.*
anbrummen, (an)knurren
*грубо закричать; сказать что-либо рычащим голосом.*
Он прорычал: „Ну, берегись, падла, подстерегу тебя с перышком!" Люда ринулась прочь, прорвалась сквозь кусты на дорогу, он за нею не гнался. И.Г.1, 31

**ПРОСАДИ́ТЬ** *неодобр.*
verpulvern, ausgeben, sich verausgaben
*истратить, израсходовать что-либо в большом количестве.*
... Просадит силенки до тридцати годов, нашумит, наорется, а дальше – пшик. В.Ш., 295

**ПРОСВИСТЕ́ТЬ**
vergeuden, verplempern, verschwenden, vertun, verpulvern, auf den Kopf hauen
*потерять // бесцельно, напрасно израсходовать //.*
Жену с детьми просвистел, завел себе какую-то кикиморку, а сам смотреть на нее не может, того и гляди глаза от злости выскочат. В. Мурзаков, Наш современник, № 6, 1979, 17

**ПРОСЕ́РИТЬ**
verpassen, versäumen, verträumen, sich durch die Lappen gehen lassen
*прозевать, проиграть, упустить что-либо.*
Да, игрушку мы просерили, / Протютюкали, прозяпали, / Хорошо б она на Севере, / А ведь это ж, бля, на Западе. А.Г., 199

**ПРОСЛУ́ШКА** *ж.*
Abhören, Mithören
*прослушивание, подслушивание.*
За кем-то неотступно ездят машины, телефоны если не у всех прослушиваются, то каждый, у кого ни побываешь, считает, что именно его на прослушке. В.Н., № 18, 72

**ПРОСЛЫ́ТЬ**
gelten, bekannt sein als, in dem Ruf stehen, in den Ruf kommen
*заслужить какую-либо репутацию, стать известным в качестве кого-, чего-либо.*
„Получше их бей, а не то прослывешь пацифистом, / и пряников сладких отнять у врага не забудь". Б.О., 141

**ПРОСМАКОВА́ТЬ**
auskosten, schwelgen, genießen
*испытать, пережить особенное удовольствие.*
Ей /Розе/, конечно, хотелось побыть одной. Всласть пережить, просмаковать свою радость. И.В., 71

**ПРОСО́ХНУТЬ**
nüchtern werden, ausnüchtern
*стать трезвым.*
Федор выпивкой не увлекался, разве на Первомай или на Октябрьскую. Да и то не шибко и поведения не позволял. Скажет только: „Перебрал я, Фиса",– и спать ложится. Утром проспится: „Ты уж меня прости за вчерашнее." А чего прощать-то? Мужчина он и есть мужчина. У Анфисы отец, можно сказать, не просыхал. И. Грекова, Вдовий пароход, Новый мир, № 4, 1981, 78.

**ПРОСПА́ТЬСЯ**
den Rausch ausschlafen
*прийти в трезвое состояние после сна.*
– Слушайте, – двинулся к нему Сашка, – хочу поговорить с вами... – Иди, проспись сперва! Понял? Он будет еще останавливать... „Поговорить". Я те поговорю! Поговоришь у меня в другом месте. В.Ш., 209

**ПРОСТА́К** *м.*
Einfaltspinsel, Kindskopf
*простодушный или недалекий по уму человек, простой в обращении.*

Но Ботвинник не был таким простачком и троянского подарка не принял. В.Кор., 436

**ПРОСТЕ́ЦКИЙ**
einfach, treuherzig, vertrauensselig
*добродушный, простодушный, не церемонный.*
Но ни простецкую улыбку, ни длинную шею никто в деревне словно не замечал. Г.Б., 19
— Да ну, что мы... первый год замужем, что ли? — Кондрашин улыбнулся простецкой улыбкой. В.Ш., 309

**ПРОСТИЛЯ́ЖИТЬ**
vergeuden, verschwenden, verplempern, vertun, durchbringen, verjubeln, verpulvern
*истратить, растратить что-либо.*
И в расточительство пустился, ибо гостей стал принимать еще больше. Каждый вечер — гости. Народу, что людей — распропасть. Я боюсь, что он простиляжит все деньги, полученные за содержимое семнадцати чемоданов. А.К.,268

**ПРОСТОВОЛО́СЫЙ**
ohne Kopfbedeckung, barhäuptig
*с непокрытой головой, без платка / обычно о женщине /.*
Варвара, слегка покачиваясь, шла пустынной улицей, простоволосая — платок съехал на плечи — и злыми, тоскливыми глазами поглядывала на окна. Ф.Абрамов, Пряслины, Л.,1978, 255

**ПРОСТОФИ́ЛЯ** *м. ж. пренебр.*
Einfaltspinsel, Depp, Naive(r)
*глупый, малосообразительный человек.*
Ходьба — длинноногое чудо дорог — / дала мне такое имущество: / „Бери сто морок, / позабудь свой мирок, / иди, простофиля, / помучайся." Б.О., 158

**ПРОСТЫ́ТЬ**
1 spurlos verschwinden, längst über alle Berge sein
2 sich erkälten
*1. след простыл: о полном, бесследном исчезновении кого-, чего-либо.*
И только тогда кто-то догадался, что дело совсем не в оркестре, а в том, что в лощине заорало стадо ишаков. Пока их угомонили и разогнали, правительственной комиссии и след простыл... Л.Л., № 31, 177
*2. простудиться.*
Два дня Шура собиралась пойти в фотографию, а на третий заболела. Простыла. Н.Б. 2, 9

**ПРОСТЯ́ГА** *м.ж.*
Einfaltspinsel, Depp, Naive(r), Kindskopf
*то же, что простак; простодушный или недалекий по уму человек, простой в обращении.*
Когда Васька с морей приходил, когда у него в каждом кармане по прессу четвертных лежало, вот тогда к нему просто так заходили. Бич не бич, вали к Ваське, раз он загулял — не остановится. Простяга парень, дурак, одним словом. В.Мурзаков, Наш современник № 6,1979, 15

**ПРО́СЫП и ПРОСЫ́П** *м.* **: БЕЗ ПРО́СЫПА, БЕЗ ПРОСЫ́ПУ**
ganz fest schlafen; ununterbrochen, pausenlos (saufen)
*спать крепко, не просыпаясь // пить без протрезвления, без конца //.*
Но офицеров-экспедиторов, как и солдат, тоже гложет неизвестность. Они не знают: вернутся ли они обратно в запасной полк за новой партией, или пойдут под Военный трибунал, если не довезут груз до места. Поэтому они и пьют без просыпа всю дорогу... Л.Л., № 31, 171

**ПРОТЕЖНУТЬ**
protegieren, begünstigen, fördern
*то же, что протежировать; оказать покровительство, протекцию кому-либо.*
— Что ж, — решительно ввязался в беседу отец Вадима, Виктор Александрович, — пятнадцать рублей в месяц деньги небольшие, это мы поможем... Протежните, тетя Груша, протежните, а уж мы вас отблагодарим. А.К., 390

**ПРОТИ́СНУТЬСЯ**
sich durchdränge(l)n, sich einen Weg (durch die Menge) bahnen
*протолкнуться, пробраться с усилием, трудом.*
Пичугин в новом замшевом пиджаке стоял в тесном кругу мужчин и докладывал свежие анекдоты. Протиснуться к нему было невозможно. С.Альтов, Л.Г., 3.9.75

**ПРОТОЛКНУ́ТЬ**
in Gang bringen, in Bewegung setzen; beschleunigen, vorantreiben
*ускорить, дать ход, развитие чему-либо.*
Я всегда помогал К-ву. Несколько статей протолкнул в нашем журнале. А.З., 215

**ПРОТО́ПАТЬ**
tippeln, trotten, stapfen; durchlaufen, zurücklegen
*пройти какое-либо расстояние.*
Он водку пил и пил одеколон, / Он песни пел и женщин брал нахрапом! / А сколько он повкалывал кайлом! / А сколько он протопал по этапам! А.Г., 201

**ПРОТОРЧА́ТЬ**
(eine Zeitlang irgendwo) stecken
*пробыть, прожить где-либо в течение какого-либо времени.*
А Константин Ращупкин прибыл после спецшколы в авиационное училище,... в котором проторчал полгода и потом охранял небо приволжских городов. В.Кор., 220

**ПРОТРЕПА́ТЬСЯ**
sich verplappern, ein Geheimnis ausplaudern, sich verquatschen
*выдать тайну из-за своей болтливости; проговориться.*
— Иди, ври больше! Знаем, не протреплемся. С утра такой клочкастый был. Из театра тоже звоночек праздничный: „Где была, с кем ходила?" Да и сам до часу ночи неизвестно где... В.С., 58

**ПРОТРУБИ́ТЬ**
(eine Zeitlang) (durch)arbeiten, abdienen, absitzen
*прослужить, проработать, пробыть где-либо в течение какого-либо времени.*
Я подковой вмерз в санный след, / В лед, что я кайлом ковырял! / Ведь недаром я двадцать лет / Протрубил по тем лагерям. А.Г., 69

**ПРОТЮТЮ́КАТЬ**
verpassen, versäumen, verträumen, verschlafen
*прозевать, проиграть, упустить что-либо.*
Да, игрушку мы просерили, / Протютюкали, прозяпали, / Хорошо б она на Севере, / А ведь это ж, бля, на Западе. А.Г., 199

**ПРОУЧИ́ТЬ**
zurechtweisen, die Meinung geigen, eine Lektion erteilen
*наказать кого-либо.*
— Ну, что, — спрашивает, — согласны роль Марьи играть? А мне что Марьи, что Ивана, все равно. Мне главное проучить его. Л.Измайлов, Л.Г., 12.11.75

**ПРОХА́МКАТЬ**
versäumen, verpassen, sich entgehen lassen, sich durch die Lappen gehen lassen
*упустить что-либо; прозевать.*
— Читал, Петров, сегодня газету-то? — спрашивает Куров Мишку. — Опять, чуешь, буржуазники-то шалят с бомбой. А наши прохамкают опять. В.Б., 58

**ПРОХАРЯ́** *мн. груб.*
Stiefel, Knobelbecher, Langschäfter
*о ботинках, сапогах.*
А я любимчик был. Прохаря мне модные в тринадцать лет купили, тельняшку, кепку-малокозырку. И.Ф., 9
Хозяин квартиры вполне тянул на большого начальника. — Проходи. Прохаря только скинь. Паркет. В.Кор., 67

**ПРОХВО́СТ** *м.* **ПРОХВО́СТКА** *ж. презр. бран.*
Schurke, Spitzbube, Halunke, Schuft, Betrügerin, Schwindlerin
*о подлом, гадком, мерзком человеке; мошеннике.*
С женой я, конечно, крупно поговорю, разведусь, наконец, но что с этим прохвостом делать? Не скандалить же с ним, как на базаре! Н.Елин, В.Кашаев, Л.Г., 29.8.73
Она обводила всех вокруг пальца и не больно смущалась, если ее тоже обжуливали. Конечно, она была прохвостка. В.Кор., 262

**ПРОХИНДЕ́Й** *м. бран.*
Gauner, Spitzbube, Betrüger
*жулик, мошенник, обманщик.*
Витька пошел... И пока шел до автобусной станции, накопил столько злобы на городских прохиндеев, так их возненавидел, что даже боль в голове поунялась, и наступила свирепая ясность, и родилась в груди большая мстительная сила. В.Ш., 147

**ПРОХИНДЕ́ЙСКИЙ** *бран.*
schurkisch, betrügerisch, gaunerhaft
*свойственный прохиндею; мошеннический, жульнический, авантюристический.*
— Очень здорово, что у тебя в „Коммунисте" статья выходит. — Ерунда, — говорю я. — Самая пустяковая холуйская и прохиндейская заметка. А.З., 113

**ПРОХИНДЕ́ЙСТВО** *ср. бран.*
Gaunerei, Betrug
*жульничество, обман, мошенничество.*
Возникла проблема, кого пригласить и как поступить с ближайшими друзьями — с Зиминым и Гуревичами. Решили поступить по всем правилам советского прохиндейства: разделить! Так и сделали. С Зимиными и Гуревичами собрались в „узком семейном кругу". А.З., 188

**ПРОХЛО́ПАТЬ**
versäumen, verpassen, verschlafen, sich entgehen lassen, sich durch die Lappen gehen lassen
*упустить, пропустить что-либо, лишиться чего-либо по рассеянности, невниманию, ошибке.*
„Вот лопух! — укорял он себя. — Все свое счастье прохлопал..." И. Двинский, Л.Г., 1.1.79

**ПРОХОДИ́МЕЦ** *м. презр.*
Gauner, Hochstapler
*мошенник, плут, обманщик.*
— Какой он, — говорю, — режиссер. Такой же проходимец, как вы, да только получше вас знакомиться умеет. Л.Измайлов, Л.Г., 12.11.75
А следом за нею выползают на сцену всякие проходимцы и пропойцы, которых и на пушечный выстрел нельзя подпускать к концертным залам. И.Ш., 26

**ПРОХУДИ́ТЬСЯ**
zerreißen; löcherig/ undicht werden, schadhaft/ unbrauchbar werden
*стать дырявым, порваться.*
Наш амбар в дожди течет, прохудился верно! В.В.1, 16
У него уже прохудился ботинок, а никто не ехал, никто не летел, никто не давал указаний, как быть дальше. Вл.В., 76

**ПРОЦЕДУ́РКА** *ж.*
Behandlungsraum
*процедурный кабинет.*
Она выпроводила меня быстро, захлопнула процедурку и была такова. Время и мы, № 43, 47

**ПРОЦЕНТОМА́НИЯ** *ж.*
Streben nach prozentualer Mehrleistung (gemessen am Plan)
*забота о внешних, выраженных в процентах, показателях выполнения плана, успеваемости и т.п.*
Я бы принимал абитуриентов больше плана, чтобы иметь возможность отсеять нерадивых. И чтобы не лелеять троечника, не впадать в ту же процентоманию. В.Столетов, Л.Г., 21.1.81

**ПРОЧУ́ХАТЬСЯ**
zu sich kommen, die Besinnung wiedererlangen
*очнуться, опомниться, прийти в себя.*
А политрук на что — душа и сердце подразделения! Прочухается, опохмелится и все объяснит. В.Н., № 18, 84

**ПРОША́МКАТЬ**
(mit zahnlosem Munde) murmeln, nuscheln, undeutlich sprechen
*проговорить, произнести что-либо шамкая, непонятно, невнятно.*
„Я твоя навеки!" — прошамкала молодая. Т.Ш., 44
— У вас большое спортивное будущее! Поверьте моему опыту! — прошамкал один из старичков. В.Стронгин, Л.Г., 22.11.78

**ПРОША́РКАТЬ**
schlurfen, latschen
*пройти, шаркая ногами, производя шорох, шум.*
Фалалеев обессиленно прошаркал обратно в коридор, пихнул в рот сигарету не тем концом и, всосав гари от зажженного фильтра, по-рачьи выкатил глаза. Д.Иванов, В.Трифонов, Л.Г., 10.1.79

**ПРОШВЫРНУ́ТЬСЯ**
(ein wenig) Luft schnappen/ schöpfen, sich Bewegung verschaffen
*прогуляться, пройтись.*
— На Урал! На Урал! — отвечал он на вопрос: куда это он собрался? При этом круглое мясистое лицо его, круглые глаза выражали в высшей степени плевое отношение к дальним дорогам — они его не пугали. — На Урал! Надо прошвырнуться. В.Ш., 103
Мы прошвырнулись мимо клуба до самого порта, через который Вашеку посчастливилось проскочить, но фирмы не было, были только фарцовщики и проститутки. А.П., 71

**ПРОШИБИ́ТЬ**
1 ergreifen, packen; (in Schweiß) geraten, (in die Augen) treten (Tränen); überkommen
2 beeindrucken, imponieren, starken Eindruck machen

*1.сильно подействовать, вызывая появление слез, пота, испарины и т.п.*
Фалалеева мгновенно прошиб пот. Д.Иванов, В.Трифонов, Л.Г., 28.7.76
*2. оказать сильное воздействие, влияние; пронять.*
Хотя вряд ли бы он стал ее читать не на этой койке и не с этой шеей, стреляющей в голову. Рассказиками едва ли можно было прошибить здорового. А.С.,117

**ПРОШЛЁПАТЬ**
schlurfen, latschen
*пройти, шлепая ногами, производя шорох, шум.*
Он проснулся, закурил „Беломор", / Взял пинжак, где у него кошелек, / И прошлепал босиком в коридор, / А вернулся — и обратно залег. А.Г., 105

**ПРОШЛЯ́ПИТЬ**
verpassen, versäumen, verschlafen, verträumen
*пропустить кого-, что-либо, недоглядеть за кем-, чем-либо; допустить ошибку, оплошность.*
Подбитое дешевой рифмовкой высказывание в общем шуме рухнуло на стол, как жареная утка... „Запишу, лады? Жирнейшая получилась штучка": „Прошляпили, Мемозов. Это из Аристофана." В. Аксенов, Золотая наша железка, Мичиган, 1980, 74

**ПРОШМЫГНУ́ТЬ** *неодобр.*
vorbei-/ durchhuschen, vorbei-/ durchschlüpfen
*быстро, незаметно пройти, проскользнуть куда-либо, мимо кого-, чего-либо.*
„Вам не было бы так приятно, если б вы заметили, как втиснувшись в их дружную компанию, незаметно прошмыгнул „зайцем" ваш бывший помощник, погоревший на бесславном поприще пропусков", — подумал тренер. Ц.С.,41
— Тогда вспомните,.. не вскакивали ли вы по ночам в холодном поту оттого, что в темноте мимо вас что-то прошмыгнуло? Т.Ш., 39

**ПРОШТРА́ФИТЬСЯ**
sich etwas zuschulden kommen lassen, sich strafbar machen
*провиниться в чем-либо.*
— А вот говорят: если провинился человек, то его сажают в каменный мешок... — В карцер. Это редко, это если сильно проштрафился... В.Ш., 44

**ПРОЩЕЛЫ́ГА** *м. ж. бран.*
Gauner, Spitzbube, Schurke, Lump, Betrügerin, Schwindlerin
*о подлом, гадком, мерзком человеке, мошеннике.*
Всю ночь за стеной ворковала гитара, / Сосед — прощелыга крутил юбилей. А.Г., 129
В конце концов Сеничкин прощелыга, к тому же женат на работнице грозного ведомства. В.Кор., 178

**ПРЫ́СНУТЬ**
in Gelächter ausbrechen, losplatzen, (los)prusten
*не сдержавшись, рассмеяться.*
Я чуть не прыснула: получилась вылитая Мила,.. глаз у нее действительно чуть косит, а я раньше не замечала. Н.Б.1,45

**ПРЫ́ТКИЙ**
flink, hurtig, wendig, fix, behende
*быстрый, проворный, подвижный, резвый, бойкий.*
... Санька игрок хотя и прыткий, но ведает: я пропущу кого угодно, а его удозорю. В.А., Л.Г., 14.12.77

**ПРЫ́ТКО**
flink, hurtig, wendig, fix, behende
*быстро, проворно.*
... я даже в лапту играл и довольно бойко лупил по тряпичному или скатанному из коровьей шерсти мячу, прытко носился от „сала" к „салу". В.А., Л.Г., 14.12.77

**ПРЫ́ТЬ** *ж.*
Flinkheit, Behendigkeit, Wendigkeit
*подвижность, проворство, резвость, живость.*
Иной политикан, / Что искушен в дискуссионной прыти, / Своих понятий старый чемодан / Не в силах выкинуть за борт больших событий. С.М., 10

**ПРЯМЁХОНЬКО**
gerade, geradeaus; direkt, der Nase nach
*то же, что прямо.*
Помни, твои слова попадают прямехонько в точку. Л.Уварова, Л.Г., 27.12.78

**ПРЯМИКО́М**
gerade, geradezu, schnurgerade, schnurstracks
*напрямик, кратчайшим путем, не сворачивая в сторону.*
— Ну как же, ну как же, — заерзал Лупинский, —

Я к вам прибежал прямиком от Бабинского, который устроил гаражик Карпинскому. А. и Л.Шаргородские, Л.Г., 30.11.77
Оглушил его этот инженер. И стыдно было, что отчитали, и злость поднялась на инженера нешуточная... Но ужасно, что явилось сомнение в вечном двигателе. Он пошел прямиком домой — к чертежу. В.Ш., 338

**ПСИХ** *м.*
Spinner, Neurotiker, Psychopath
*психически неуравновешенный человек.*
— Давай съездим к речке, в горы, — просили сыновья. — Психи, что ли? — добродушно спрашивал он у всех. Э.Медведкин, Л.Г., 9.6.76

**ПСИХИАТРИ́ЧКА** *ж.*
Nervenheilanstalt, Klapsmühle
*психиатрическая больница.*
— Шизик! — вещал третий. — Маньяк! Скоро кусаться начнет! В психиатричку его надо! Л.Наумов, Л.Г., 10.10.79
Тебя в психиатричку не для бегов посадили. Время и мы, № 43, 33

**ПСИХОВА́ТЬ** *несов.*
sich aufregen; nervös/ jähzornig sein/ werden, die Beherrschung verlieren
*проявлять вспыльчивость, несдержанность; нервничать.*
Он /Князев/ вскочил с места и скорым шагом, почти бегом устремился к двери. Открыл ее одной рукой и сказал громко: — Я прошу! Я очень пр-рошу! Не надо нам твоего чая, только не грохай, пожалуйста, и не психуй! В.Ш., 368
— Уж не дядя ли Сережа опять психанул? — Нет, — говорю, — дядя Сережа по-прежнему на небывалой высоте. М.Л., 283

**ПСИХОПА́Т** *м.*
Psychopath, Neurotiker, Spinner
*взбалмошный, неуравновешенный, вспыльчивый, несдержанный человек.*
Князеву уже приходилось попадать на таких вот нервных. Он не испугался самого этого психопата, но испугался, что сейчас сбегутся люди, будут таращить глаза, будут... Тьфу! В.Ш., 376
— Что тебе от меня надо, психопат? — заскулил Фрам. — Вы свою долю получили. В.Ак., 36

**ПСИХПО́МОЩЬ** *ж.*
(psychiatrischer) Krankenwagen
*о машине врачебно-санитарной группы, оказывающей неотложную, срочную медицинскую помощь психически больным людям.*
Родители испугались появления сына и позвонили в милицию тайком. „Ментовка" и карета психпомощи прибыли одновременно. Время и мы, № 43, 33

**ПСИХУ́ШКА** *ж. неодобр.*
Nervenheilanstalt, Klapsmühle
*психиатрическая больница.*
Тема ее — жизнь российских психушек — также не нова. Время и мы, № 43, 40

**ПТА́ХА** *ж.*
Vögelein, Vögelchen
*маленькая птица, птичка.*
Сядут... у себя во дворе и начнут сворачивать птахам головы. С.Б., 33

**ПТИ́ЧКА** *ж.*
Häkchen, Zeichen
*пометка в виде двух черточек, образующих острый угол книзу.*
Будем в списке ставить птички, / Проверять по многу раз. А.Г., 158

**ПУЗА́Ч** *м. неодобр.*
Dickwanst
*о человеке с большим животом.*
— Перестань жевать, пузач! — возмутился коллега Дериглазов. Е.Ц., 4

**ПУ́ЗО** *ср.*
Bauch, Wanst
*то же, что живот.*
Я это пишу сейчас из зависти, потому что сама явилась в Москву отощавшей от многолетней диеты, с пузом, присохшим к спине и с профилем вместо личности. А.К., 428

**ПУЗЫРЁК** *м.*
Fläschchen (Wodka)
*о маленькой бутылке водки.*
И не увижу я никогда уже своего бедолагу, беспутного Ваньку, и не раздавлю с ним пузырька, и даже письмо не знаю куда написать. В.Н., № 18, 76

**ПУЛЯ́ТЬ** *несов.*
1 schmeißen, schleudern, werfen
2 schießen, feuern
*1. бросать, кидать что-либо.*

Хмырь поначалу еще пулял туда-сюда взгляды — все приглашал посмотреть, как он охмуряет. В.Ш., 240

*2. стрелять.*

Ванька Секачев с ужасом думал: „Неужели они все там наверху, которые образованные, такие дурни? Да я бы такому на своем дворе гальюн рыть не доверил. Идиот, в воздух пулял. Ничего, батя ему правду покажет". В.Кор., 48

**ПУПЫ́РЫШЕК** *м.* **ПУПЫ́РЬ** *м.*

Bläschen, (kleiner) Huckel

*об округлой выпуклости, шишечке.*

— Ой, не могу! — возмутилась Тайка. — Какое ж шевро? Шевро-то с пупырышками. Вл.В., 11

**ПУСТИ́ТЬ**

schicken, loslassen (auf)

*направить в какую-нибудь сферу деятельности, заставить делать что-либо.*

— Я ее по русским классикам пустил. Вчера целое воскресенье про русских женщин в произведениях Некрасова писала. Л.Маков, Крокодил, № 31, 76

**ПУСТИ́ТЬСЯ**

anfangen/ beginnen/ loslegen mit etwas

*начать делать что-либо.*

... музыка играет все как положено. Двое даже в пляс пустились. Г.Кемоклидзе, Л.Г., 15.1.75

**ПУСТОБРЁХ** *м. пренебр.*

Schwätzer, Quatschkopf

*болтун.*

— Вы кричали на них: „Почему вы́ не понимаете этой идеи со спинкой скамьи?.. Вы пустобрехи! Кустари!" Чего вы хотели от них? Они же глупы, как... В.Ш., 261

**ПУСТОГОЛО́ВЫЙ** *пренебр.*

hohlköpfig, behämmert, doof

*глупый, бестолковый, несерьезный.*

„... А все Митька, братец пустоголовый, — он сманил, из-за него попала Ивану вожжа под хвост..." В.Б., 107

**ПУСТОЗВО́Н** *м.*

Schwätzer, Quatschkopf

*о том, кто говорит, болтает вздор, чепуху; болтун.*

— Ты, лоботряс, только рассуждать умеешь. А коснись самого, не так бы запел. Ходишь по деревне, пустозвонишь... Пустозвон. В.Ш., 139

И Демка был хороший мальчик, Вадим угадывал в нем не пустозвона. А.С., 285

**ПУСТОЗВО́НИТЬ** *несов.*

schwatzen, quasseln, quatschen, dummes Zeug reden

*говорить, болтать вздор, чепуху, ерунду.*

— Ты, лоботряс, только рассуждать умеешь. А коснись самого, не так бы запел. Ходишь по деревне, пустозвонишь... Пустозвон. В.Ш., 139

**ПУСТОЗВО́НСТВО** *ср. пренебр.*

Wortgeklingel, Bla-Bla

*о чем-либо, привлекательном внешне, но лишенном серьезного содержания.*

В работах Яковкина со товарищи поражало наполнявшее их научное пустозвонство. После каждого абзаца хотелось спросить: ну и что? И.Г.1, 141

**ПУСТОЛА́ЙКА** *м. ж.*

Schwätzer(in), Quatschliese, Quatschkopf

*о пустом, несерьезном или болтливом человеке.*

— Не обращай внимания на пустолаек, — говорила жена Клара. В.Ш., 311

**ПУСТОМЕ́ЛЯ** *м. ж. пренебр.*

Schwätzer(in), Plappermaul, Phrasendrescher(in)

*о человеке, говорящем вздор, болтающем пустяки.*

То-то радости пустомелям, / Темноты своей не стыжусь, / Не могу я быть Птоломеем, / Даже в Энгельсы не гожусь. А.Г., 283

— Не мели, пустомеля, — сказала старуха сердито, — чего же надо? Живем, как люди. Г.Б., 62

**ПУСТОСЛО́В** *м.*

Schwätzer, Plappermaul, Phrasendrescher

*о человеке, болтающем вздор, пустяки.*

Не пойду я к тебе в гости, Моргулькин! Не обижайся. Лодырь ты многоопытный и пустослов. В.К., 42

**ПУСТЯ́К** *м.*

Bagatelle, Kleinigkeit, Lappalie, Nichtigkeit

*о малом числе, количестве чего-либо.*

Во имя Отца и Сына!.. / Мы к ночи помянем черта, / Идут по Синаю танки, / И в черной крови пески! /

Три с половиной миллиона / Осталось до ровного счета! / Это не так уж много — / Сущие пустяки! А.Г., 227

**ПУСТЯКО́ВЫЙ, ПУСТЯ́ЧНЫЙ**
unbedeutend, nichtig, unwichtig
*ничего собой не представляющий, ничтожный, не стоящий внимания.*
Но каждый раз, когда верная подруга жизни делает Константину Федоровичу пустяковый подарок, Протопусов вздрагивает и надолго мрачнеет. В.Бахнов, Л.Г., 26.11.75
А из пустячных жалоб все запущенные болезни и вырастают. А.С., 469

**ПУСТЯЧО́К** *м.*
Bagatelle, Kleinigkeit, Lappalie, Nichtigkeit
*о незначительном, нестоящем предмете, не представляющем большой ценности; безделица.*
И в конце концов он отправлялся в магазин и покупал жене какой-нибудь милый пустячок — брошку, духи или пудренницу. В.Бахнов, Л.Г., 26.11.75

**ПУ́ТАНИК** *м.*
Wirrkopf
*тот, кто плохо разбирается в чем-либо, путает себя и других.*
Я бы тебе не выговор записал, путанику несчастному, а вообще с фабрики выставил коленом пониже спины... И.С. 30

**ПУ́ТАТЬСЯ** *несов., груб. неодобр.*
sich einlassen mit jemandem, üblen Umgang haben, Unzucht treiben, herumhuren
*общаться с кем-либо, // находиться в любовной связи, в сожительстве с кем-либо //.*
Но немцем был его отец, немецким оккупантом безымянным, которого постигла заслуженная кара, с которым путалась его мамаша... Ю.С., 113

**ПУТЁВЫЙ**
tauglich, ordentlich, vernünftig, tüchtig
*дельный, разумный, толковый.*
Девушка заполнила формуляр. — Идите, пожалуйста, выбирайте!.. — А вы, — забормотал он, — вы сами суньте мне что-нибудь путевое. И.Ф., 41

**ПУТЁМ**
richtig, ordentlich, wie es sich gehört
*так, как должно быть; правильно.*
— ... Если я не самый передовой, на май могу позволить себе съездить в Ленинград, посидеть там в ресторане с девушками, сходить в театр и одеться при этом хорошо, культурно, а он, этот самый передовой товарищ с этой же автобазы, трешку у меня сшибает, разве это путем? С.Е.1, 33

**ПУ́ТНЫЙ**
tauglich, ordentlich, vernünftig, tüchtig
*дельный, толковый, положительный, полезный, пригодный.*
Нет, честное слово, Борька, порви. А через неделю притаскивай чего-нибудь путное. В.Кор., 90

**ПУЧЕГЛА́ЗЫЙ**
glotzäugig, froschäugig
*имеющий большие, выпученные глаза.*
Воды бы, замучила жажда, воды бы. / Красиво здесь? — Все это сказки, / Здесь лишь пучеглазые рыбы / Глядят удивленно нам в маски. В.В. 3, 46

**ПУ́ЧИТЬ** *несов.*
glotzen, starren, Stielaugen machen, anstieren
*таращить, широко раскрывать /обычно о глазах/; пристально всматриваться в кого-, что-либо.*
— Дневальный, где рота? — Не могу знать, товарищ старший лейтенант! — преданно пучил глаза дневальный. Вл.В.1, 242

**ПШИК** *м.*
Nichts, Leere, eine winzige Menge, Klacks
*о чем-либо малом, ничтожном.*
Иван Африканович отмахнулся и взялся за лопату, а Митька отнял у него эту лопату и опять: — Ты меня послушай. Сена у тебя пшик, с одной загороды, так?.. В.Б., 100

**ПШИ́КНУТЬ**
zischen
*издать звук, напоминающий шипение.*
Поезд пшикнул тормозами и остановился на небольшой станции, вокруг которой клубился дымчатый пихтовник. В.А., 576

**ПЫЖИТЬСЯ** *несов., неодобр.*
1 sich anstrengen, sich abmühen
2 sich wichtigmachen; großtun, sich aufspielen
*1. стараться изо всех сил что-либо сделать / обычно без результата/.*

Я ради чего пыжусь! Борьба с пьянством — наше общее дело. Р.Киреев, Б-ка крок., № 17/814/, М., 78

*2. надуваться, напрягаться; важничать.*

Снова обвешиваются железками и пыжутся на парадах „разгромим", „раздавим", „дадим отпор"! В.М., 447

**ПЫРНУ́ТЬ**

einen Schlag/ Stoß versetzen; stechen

*ударить с силой чем-либо колющим, режущим.*

Тогда боец вскочил с табуретки и приблизил штык к животу капитана. — Руки вверх! — Я тебе сейчас дам руки вверх, — улыбнулся капитан, пытаясь расстегнуть кобуру. „Я ведь пырну", — предупредил красноармеец. Вл.В., 214

**ПЫХТЕ́ТЬ** *несов.*

ackern, schuften, sich abrackern mit etwas

*напрягаться, усиленно трудиться над чем-либо, стараться сделать что-либо.*

Наших-то, за пятый класс, ему ни за что не решить. И так пыхтит целый день. Л.Маков, Крокодил. № 31, 76

**ПЬЮ́ХА** *м. ж.*

Säufer(in), Trinker(in)

*тот, кто много пьет, пьянствует; алкоголик, пьяница.*

— И хозяин этот пьюха! Вчера бутылки бил, я говорю: „Тася, проверь, может, его опасно здесь держать." В. Крупин, Новый мир № 8, 1980, 57

**ПЬЯ́НКА** *ж.*

Sauferei, Saufgelage

*пьянство; постоянное, чрезмерное употребление спиртных напитков.*

— Да чо ты извязалась с пьянкой-то! — рассердилась мать. — Он и до тебя не шибко пил, чо ты с пьянкой-то? Заладила: „пьянка, пьянка." В.Ш., 312

**ПЬЯНЧУ́ГА, ПЬЯНЧУ́ЖКА** *м. ж.*

Trunkenbold, Trinker(in), Säufer(in)

*человек, злоупотребляющий спиртными напитками, алкоголик, пьяница.*

— Что там, Роза? — спросили тетю другие продавцы. — Да вот директора стоит требует!.. Вынь да положь директора! Фон-барон. Пьянчуга. В.Ш., 207

— ...Она хорошая девка, добрая, только все както не везет ей... Этого пьянчужку нанесло — насилу отбрыкались. В.Ш., 472

**ПЬЯНЬ** *ж.*

1 Trunkenbold, Trinker(in), Säufer(in)
2 Trunkenheit, Rausch, Vollrausch

*1. то же, что пьяница, алкоголик.*

При чем здесь пивнуха, Виктор. У меня на работе все лучшие мастера — пьянь. Е.Терновский, Р.М., 15.3.79

*2. состояние сильного опьянения.*

Друг познакомил с Веркой по пьяни — / Мол, Верка поможет, а водка спасет. В.В.1, 6

**ПЯ́ЛИТЬ** *несов.*

1 herausstellen, betonen; zeigen
2 anstarren, anglotzen

*1. выставлять что-либо напоказ.*

... И Егор быстро пошел вон со сцены. И пока шел через зал, терзался, что наговорил директору много слов. Тараторил, как... Извинялся, что ли? А что извиняться-то? Не могу — и все. Нет пошел объяснять, пошел выкладываться, несознательность свою пялить. В.Ш., 471

*2. пристально, упорно смотреть на кого-, что-либо.*

С непривычки он теперь сидел, пяля глаза на окружающих, и хихикал. Е.Ц., 11

**ПЯ́ЛИТЬСЯ** *несов.*

anstarren, anglotzen

*смотреть упорно, пристально, не отрываясь, на кого-, что-либо.*

„Так!.." — похмельно туго соображал форейтор чуть позже, пялясь на разоренную постель и окурок со следом помады. Д.Иванов, В.Трифонов, Л.Г., 21.6.78

**ПЯТА́К** *м.*

Fünfer, Fünfkopekenstück; fünf Kopeken

*монета или сумма в пять копеек.*

— Ну, спасибо, Клашенька! — растрогался Протопусов, глядя на круглые, величиной с медный пятак, запонки. В.Бахнов, Л.Г.,25.11.75

**ПЯТАЧО́К** *м.*

1 Fünfer, Fünfkopekenstück, fünf Kopeken
2 enger Raum, kleiner Platz

*1. монета или сумма в пять копеек.*

На автобусной остановке тоскливо думал: „За пятачок оно; конечно, средство передвижения. А за полжизни — памятник". Э.Медведкин, Л.Г., 9.6.76

*2. небольшое, ограниченное чем-либо пространство.*

... он узнал ее. Он танцевал с нею тогда на пятачке. Г.В.2,72

**ПЯТЁРКА** *ж.*

Fünfrubelschein; fünf Rubel

*денежный знак или сумма в пять рублей.*

— А ты дай пятерочку, — проверочно сказала она. — Посмотришь, что выйдет. Д.Иванов, В.Трифонов, Л.Г., 14.6.78

**ПЯТЕРНЯ́** *ж.*

Hand, Pfote, Flosse, Pratze

*ладонь руки с пальцами или кисть руки.*

Лена, поддержанная пятерней отца, вылетает в дверь. В.С., 39

**ПЯТЁРОЧНИК** *м.*

Klassenprimus, Vorzugsschüler

*ученик, постоянно получающий отличные отметки — пятерки; отличник.*

— Костя вообще-то в математике рубил хорошо, — вспомнил кто-то, кто учился с Костей в школе. — Пятерочник был. В.Ш., 173

**ПЯТИРУБЛЁВКА** *ж.*

Fünfrubelschein

*денежный знак в пять рублей.*

Когда машина остановилась возле министерства, Игорь сказал Володе, складывая в бумажник пятирублевку: „Никогда с пассажиром не веди разговоров о деньгах, потому что, если попадешься, пропал". С.Е.1, 34

**ПЯТИТО́НКА** *ж.*

Fünftonner

*автомашина грузоподъемностью в пять тонн.*

Ты думаешь, так просто будет этот зуб вытянуть? Тут пятитонкой его тащить надо... А.Я., 5

**ПЯТНА́ШКА** *ж.*

Fünfzehnkopekenstück

*монета в пятнадцать копеек.*

Я тебе пятнашек давать не буду. Не позвонишь. В.Кор., 494

**ПЯТО́К** *м.*

fünf

*то же, что пять.*

Рядовое профсоюзное собрание, а страсти так накаляются. Почти по Шекспиру... точнее, по Пескоструйскому. Пожалуй, прервемся минут на пяток. Ц.С., 22

# Р

**РАБОТЁНКА** *ж. пренебр.*

Arbeit

*то же, что работа.*

Как трудны эти три работенки: / Надежда, Любовь и Пристрастие! / Оттого-то, наверно, и нет на земле / работенки прекраснее. Б.О., 282

**РАБОТЯ́ГА** *м. ж.*

unermüdlicher Arbeiter, arbeitsamer Mensch, Arbeitstier

*усердный, старательный, очень много работающий человек.*

Работяга не спеша / Пьет портвейн из чашки. А.Г.1, 114

А когда какому-нибудь работяге за сорок лет работы отвалят двухкомнатную квартиру на четверых, твоя теория тут как тут: глядите мол! А.З., 208

**РАДИКУЛИ́ТЧИК** *м.*

an Radikulitis Erkrankter

*человек, больной радикулитом.*

В приемный покой приятели явились со скорбными минами заядлых радикулитчиков. Т.Ш., 28

**РАЖ** *м.*

Wut, Rage, Aufregung

*сильное возбуждение, неистовство, исступление.*

На черноморском пляже / Две дамы встретились в невыразимом раже. С.М., 33

**РА́ЖИЙ**

bärenstark, vierschrötig

*дородный, здоровый, сильный.*

И тут ты заплачешь и даже / Пригнешься от боли тупой, / А кто-то нахальный и ражий, / Взмахнет картузом над толпой! А.Г., 25

„Популярно говорил" мой работодатель, инспектор по художественному воспитанию, огромный детина, ражий до ужаса, с рыжими волосами в ноздрях. И. Грекова, Вдовий пароход, Новый мир, № 5, 1981, 70

**РАЗАГИТИ́РОВАТЬ**
agitieren, werben, anwerben
*подвергнуть усиленной агитации; агитируя, сделать сторонником какой-либо партии, политики.*
Разводит там демагогию насчет всеобщей справедливости, разагитировал своих дуболомов, коммуной живут... В.М.1, 82

**РАЗБАЗА́РИВАНИЕ** *ср. неодобр.*
Verschleuderung, Verschleudern, Vergeudung, Verschwendung
*легкомысленная, безрассудная, бесхозяйственная трата чего-либо.*
Например, массовые репрессии, прикрепление к месту жительства, отсутствие свободы слова и печати, дефицит необходимых продуктов, разбазаривание средств, коррупция в массовых масштабах, карьеризм... А.З.,134

**РАЗБАЗА́РИВАТЬСЯ** *несов.*
verschleudern, verplempern, vergeuden, verschwenden
*легкомысленно, бестолково тратить, расходовать что-либо.*
Часто сравнивали настоящее с прошлым. Правда вольные порядки /скорее беспорядки/, царившие при Энэне, не во всем были хороши. Много было разговоров, шума, почем зря разбазаривалось время, в помещении кафедры работать было почти невозможно. И.Г.1, 130

**РАЗБАЗА́РИТЬ**
verschleudern, verplempern, vergeuden, verschwenden
*распродать, раздать по мелочам; бесхозяйственно растратить, израсходовать что-либо.*
... как же можно так бесхозяйственно разбазаривать государственные средства. А.И., 7

**РАЗБАЛОВА́ТЬ**
verwöhnen, verziehen, verhätscheln; verderben, einen schlechten Einfluß ausüben
*сделать балованным, непослушным // сделать распущенным, безнравственным //.*
Всеми этими приписками, выводиловкой настолько развратили и разбаловали многих строителей, что никакой новый метод не поможет, так как и при новом методе надо работать или, как говорят строители, „вкалывать." Б.Николаев, Л.Г., 16.1.80

**РАЗБИТНО́Й**
forsch, gewandt, wendig, ungezwungen
*бойкий, расторопный, живой, общительный.*
К загсу, где их уже поджидали принарядившиеся по такому случаю свидетели — разбитной, навеселе парень... и... девушка, в мучительном смущении терзавшая в руках носовой платок, — они подошли несколько до срока. В.М., 84

**РАЗБИ́ТЧИЦА** *ж.*
Ehebrecherin; eine, die alles kaputtmacht, Störenfried, böser Geist
*о женщине, разрушающей, уничтожающей что-либо /физически или духовно/, мешающей осуществлению чего-либо.*
Ты дура-потаскушка, / разбитчица семей. / Тебя разбить нетрудно, / за гро́ши, за гроши́ / нас превращаешь в трупы — / разбитчица души. Е.Е., 22

**РАЗБО́ЙНИЧАТЬ** *несов.*
herumbasteln, herumwursteln, herumfummeln, herum schnippeln
*совершать, делать что-либо (обычно грубо, властно, резко и т.п.).*
Вместе с главным хирургом Львом Леонидовичем, действительно рослым мужчиной с длинными руками, эта узенькая постаревшая женщина делала все операции, за какие бралась их клиника — ... разбойничала в лоне тазового пояса, а к концу операционного дня ей доставалось... удалить одну-две молочные железы, пораженные раком. А.С., 125

**РАЗБО́ЛТАННОСТЬ** *ж.*
Schlamperei, Undiszipliniertheit, Haltlosigkeit
*неорганизованность, недисциплинированность, отсутствие выдержки, порядка.*
А Марина говорит громко, нагло: „Опять эта идиотская разболтанность! Оставляют сумку в пустой комнате, да еще и раскрытую!" Н.Б.1, 49
— Это что за разболтанность! — возмутился директор. Почему в рабочее время не на работе?! Д.Я., 12

**РАЗБОЛТА́ТЬ**
1 ausplaudern
2 zersetzen, demoralisieren, (die Disziplin) untergraben
*1. рассказать кому-либо то, о чем не следовало говорить; выдать какую-либо тайну.*
Бронька знал, что все равно захотят послушать. Всегда хотели. – Разболтаете ведь?... – Не разболтаем... В.Ш., 118
*2. сделать кого-либо недисциплинированным, неисполнительным.*
Общение со штатскими разбалтывало офицеров, никак не добавляя им чисто технических знаний, потому что участвовать в монтаже Ращупкин офицерам запрещал. В.Кор., 143

**РАЗБОЛТА́ТЬСЯ**
ins Schwatzen kommen, seiner Zunge freien Lauf lassen
*начать болтать, стать болтливым.*
Голос его неожиданно сорвался на крик: – Разболтался! У них десятки миллионов, а ты мои слова пробуешь на зуб, сомневаешься... В.Р., 149

**РАЗБРОСА́ТЬСЯ**
auseinanderwerfen, umherwerfen, verstreuen
*разложить что-либо в беспорядке, небрежно, неаккуратно.*
Своими альпенштоками разбрасывается направо-налево, а как до вершины добраться, так подавай ему чужой. А.Тараскин, Л.Г., 14.11.79

**РАЗБУШЕВА́ТЬСЯ** *неодобр.*
in Zorn/ Wut/ Raserei geraten, aufbrausen
*начать сильно шуметь, буянить; стать буйным.*
– Держи, а то убежит. Загоняй, загоняй его в угол. Ишь как разбушевался. Ничего, сейчас мигом успокоится. А.Я., 6

**РАЗВА́ЛИНА** *ж.*
(menschliches) Wrack
*о дряхлом или больном человеке, который не может самостоятельно передвигаться.*
Сейчас она виновато убеждала его, что навестила б и без худого случая, а он не давал ей снять пальто самой. – Позвольте, позвольте, я еще не развалина! А.С., 458

**РАЗВАЛИ́ТЬСЯ**
sich ausstrecken, sich rekeln, sich hinflegeln
*лежать или сидеть в небрежной позе, вытянувшись, раскинувшись.*
– Хам, – сказала Теща. – Ишь, развалился! И делает вид, негодяй, что не замечает стоящих перед ним всеми уважаемых заслуженных старших по возрасту женщин! А.З., 62

**РАЗВАЛЮ́ХА** *ж. пренебр.*
Ruine, windschiefe Hütte
*о ветхом, разваливающемся строении.*
Появился он этой весной, облюбовал у цыган развалюху, сторговал, купил и стал жить. В.Ш., 180

**РАЗВЕДЕ́НЕЦ** *м. пренебр.*
geschiedener Mann
*разведенный мужчина.*
... Владимир Антонович... пообещал ей оперную карьеру, заниматься стал чаще и ревностнее... И вот среди занятий, протекавших в его захламленной квартире многократного разведенца, как-то нечаянно сошелся с нею. И.Г.1, 50

**РАЗВЕДЁНКА** *ж. пренебр.*
geschiedene Frau
*разведенная женщина.*
– А она, – в свою очередь, принесла протест внучка, – пускай перестанет дразнить меня разведенкой. М.С.1, 15

**РАЗВЕЗТИ́**
benommen/ benebelt sein von etwas; schlapp sein/werden, ausgelaugt/ kaputt/ knille sein
*быть, находиться в состоянии изнеможения, полной расслабленности /обычно под действием алкоголя, жары, духоты и т.п./.*
Ему сказали: „Не много ли, парень? Смотри, развезет". А.Борин, Л.Г., 14.3.79
Но потом водка развезла Курчева, он смирился и даже начал находить какое-то утешение в этой грустной ноющей жалобе английского певца. В.Кор., 480

**РАЗВЕСЁЛЫЙ**
(kreuz)fidel, sehr lustig, puppenlustig
*очень веселый.*
Плачьте дети! / Умирает мартовский снег!.. / Мы устроим ему развеселые похороны. Б.О., 164

**РАЗВЕ́СИТЬ : РАЗВЕ́СИТЬ У́ШИ**
die Ohren spitzen, gespannt/ begierig zuhören
*слушать что-либо с любопытством, с увлечением, с доверчивостью.*
У Чичко стало в груди таинственно. Он закивал головой и развесил уши. В.Р., 17

**РАЗВИДНЕ́ТЬ**
tagen, Tag werden, hell werden
*то же, что светать.*
Уже совсем развиднело. Моня не заметил, как пришел к дому инженера. В.Ш., 343

**РАЗВОЕВА́ТЬСЯ** *шутл.*
toben, in Wut geraten, Krach schlagen
*вести себя воинственно, шуметь, буянить.*
— Ах пошуметь бы?.. Ах бы да сейчас развоеваться бы?.. В.Ш., 141

**РАЗВОРОВА́ТЬ**
ausrauben, nach und nach alles wegstehlen
*расхитить что-либо; воровать что-либо по частям.*
Клещевину разворовали и стали тайком варить в теплушках, а она в неочищенном виде оказалась ядовитой. Л.Л., № 30, 173

**РАЗВОРОТИ́ТЬ**
umwühlen, das Unterste zuoberst kehren, durcheinanderwerfen, aufreißen
*нанести раны, обнажить внутренности.*
— Что она, как? — спросила Иоганна Карловна. — Плохо, — ответила Нора. — Пить просит, возбуждена. — Да как же не плохо, — вступила Роза, сверкая агатовыми глазами, — полбрюха разворотили, сколько всякой хурды-мурды в ведро повыбрасывали, а оно ведь все нужное человеку, или нет, как вы думаете? И.В., 64

**РАЗВЯЗА́ТЬСЯ**
sich befreien/ sich freimachen von etwas, freiwerden von etwas, etwas loswerden
*освободиться от того, что лишает свободы действия, связывает; избавиться от чего-либо.*
И видно было, что все это ему давным-давно смертельно надоело, что сам он — Калинин — здесь ни при чем, и что, наконец, поскорее бы развязаться со всем этим и уйти домой. В.М., 175

**РАЗВЯ́ЗНЫЙ**
vorlaut, flegelhaft, frech, dreist
*излишне фамильярный, наглый в обращении, поведении.*
Поддуев не был ценным для общества человеком, как и вот эта развязная санитарка. А.С., 292

**РАЗГИЛЬДЯ́Й** *м. недобр.*
Liederjan, Schlamper
*небрежный в делах, неряшливый человек.*
— Да он, товарищ капитан, разгильдяй, — охотно объяснил старшина и снова положил Чонкина. Вл.В., 16

**РАЗГИЛЬДЯ́ЙСТВО** *ср. неодобр.*
Schlamperei, Lotterwirtschaft, Liederlichkeit
*небрежность в делах, несобранность, неряшливость.*
Замполит по кличке „Микадо", мирно погладив ежик на круглой голове, громко и сочно артикулируя, начал говорить: —...Мы должны быть начеку каждую минуту, каждую секунду, каждый миг! В таких обстоятельствах простое разгильдяйство — преступление. В.Р., 39

**РАЗГОВО́РНИК** *м.*
Entertainer, Showmaster
*артист эстрадного разговорного жанра.*
—...Без меня хватает. Уж лучше репризы разговорникам сочинять, по крайней мере, совесть не мучает. В.М., 298

**РАЗГОВО́РЧИК** *м. неодобр.*
Gerede, Gequatsche, Tratsch
*праздный, пустой или вредный разговор.*
— И, надеюсь, — я не услышу слюнтяйских разговорчиков... Т.Ш., 3

**РАЗГО́Н** *м.*
Rüffel, Zigarre, Rüge
*взыскание, наказание за какой-либо проступок.*
— Конечно, Андрей Петрович! — обрадовался я, что обошлось без разгона. А.Саркисов, Л.Г., 21.2.79

**РАЗГУ́ЛЬНЫЙ**
unmäßig, unbändig, ausgelassen
*свободный, ничем не стесненный в проявлении действий.*
Это он сказал однажды, горько и изумленно, наслушавшись их разговоров о всеобщем, разгульном воровстве: „Это надо же! Все вокруг воруют, один я попадаюсь..." Ф.Кан. 35

**РАЗГУЛЯ́ТЬСЯ**
1 außer Rand und Band geraten, übermütig werden
2 sich aufklären, sich aufheitern
*1. дать себе волю, начать действовать без стеснения.*
— Безобразие, словно купчики разгулялись! В.К., 30

*2. стать ясным, солнечным /обычно о дне, о погоде/.*

И не видел он, что день разгулялся, перед заходом где-то проглянуло солнце, только не с их стороны здания. А.С., 211

**РАЗДАВИ́ТЬ**

einen hinter die Binde gießen/ kippen, einen saufen

*выпить алкоголь.*

Чтобы так плюнуть в душу воспитателя: отказаться с ним раздавить пол-литра! Н.Яковлев, Крокодил, № 9, 78

**РАЗДА́ТЬСЯ**

in die Breite gehen, zunehmen, zulegen; auseinandergehen

*поправиться, пополнеть, потолстеть.*

Курточка мне и вправду оказалась „в самый раз", ну чуть свободна в плечах. Но это ведь не на год покупается, я же еще раздамся! Г.В.1, 7

**РАЗДЕВА́ЛКА** *ж.*

Kleiderablage, Garderobe, Umkleideraum

*помещение для раздевания, переодевания или хранения одежды; гардероб.*

Вот третьего дня подбегает он ко мне в раздевалке, сует в карман две барбариски и смеется: „Андрей Иваныч, это вам конфетки". А.К., 102

**РАЗДЕ́ЛАТЬСЯ**

abrechnen/ fertig werden/ reinen Tisch machen mit jemandem, sich jemanden/ etwas vom Halse schaffen

*закончив какие-либо дела, освободиться от чего-либо неприятного, тяготившего.*

Когда я вернусь / И прямо с вокзала, разделавшись круто / с таможней,.. / Ворвусь в этот город, / которым казнюсь и клянусь... А.Г.1, 9

**РАЗДЁРГАННОСТЬ** *ж.*

Kribbeligkeit, Nervosität, Unruhe, Getriebensein

*отсутствие внутренней собранности, уравновешенности, спокойствия.*

... В его нынешнем состоянии раздерганности и безнадеги не хотелось никаких перемен: раз уж есть чемпион, пусть остается. В.Кор., 480

**РАЗДОБЫ́ТЬ**

auftreiben, mit Mühe beschaffen, ergattern

*добыть, достать, обычно с трудом, после поисков.*

На большом листе бумаги, который откуда-то раздобыл Всеволод Иванович, горячо поддержавший мою идею, я изобразил Гитлера верхом на свинье. Л.Л., № 30, 156

**РАЗДОЛБА́Й** *м.*

Liederjan, Schlamper

*небрежный в делах, неаккуратный, неряшливый человек.*

— Что ж ты, младшой,.. не смотришь, что у тебя этот раздолбай курит на посту? Вл.В., 268

**РАЗДРАЗНИ́ТЬ**

necken, reizen

*дразня, привести в раздраженное, возбужденное состояние.*

„На! На! На!" — словно собачонку раздразнивал меня загольный. В.А., Л.Г., 14.12.77

**РАЗДРА́ИТЬ**

weit aufmachen/ öffnen/ aufreißen

*расстегнуть, распахнуть.*

... Вовчик меня взял за пальто, раздраил на груди... Г.В.1, 6

**РАЗДРАКО́НИТЬ**

verreißen, herunterputzen, heruntermachen, zur Minna machen

*сильно отругать, отчитать; раскритиковать.*

Месяца два назад Бороздыка согласился набросать для Инги эти куски, но то ли не засел, то ли у него ничего путного не вышло, и он даже обрадовался, когда вскоре за это нудное дело обещал приняться молодой доцент. Раздраконить всегда можно. А там, глядишь, и удастся перелопатить сеничкинскую писанину так, что ни он сам, ни Инга не узнают. В.Кор., 178

**РАЗДРЫ́Г : В РАЗДРЫ́Г**

unter Aufgebot aller Kräfte, mit aller Gewalt

*вовсю, изо всех сил, очень сильно.*

Подумаешь, пахнет весною, / И вербой торгуют в раздрыг. А.Г., 151.

**РАЗДРЫ́ЗГ** *м.*

Durcheinander, Wirrwarr

*состояние сумбура, крайнего беспорядка, путаницы.*

Завтра к восьми утра ему нужно быть в полку на разводе. А там никому дела нет до твоего раздрызга. Если документы не пришли, то изволь ать-два и на объект. В.Кор., 547

**РАЗДРЫЗГАННЫЙ**
unordentlich, chaotisch, durcheinander
*сумбурный, беспорядочный, путаный.*
... — чего-то ждалось. Весны и ждалось. И вот она наступила, та самая — нагая, раздрызганная и ласковая, обещающая земле скорое тепло, солнце... В.Ш., 86

**РАЗДУ́ТЬ**
aufbauschen, übertreiben
*намеренно увеличить размеры или значение чего-либо, представить большим, чем есть в действительности.*
А последующие поколения марксистов раздули именно идеологический аспект. А.З., 60
Опухоль на шее теперь свободно побалтывалась, была плоская, небольшая. Да, наверно, и с самого начала такой опасности не было, как раздули! А.С., 503

**РАЗДУХАРИ́ТЬСЯ**
viel Lärm/ Radau/ Krach machen, außer sich geraten
*прийти в буйное состояние, начать сильно шуметь.*
В данном случае он не ошибся, потому что даже пьяный раздухарившийся Гришка и тот не согласился играть с Марусей и... отошел от стола. В.Кор., 497
А пока мне нужны деньги. Я должен стать Ротшильдом, Каупервудом и Плюшкиным одновременно и тогда, может я приеду в Ригу и кое-кому скажу: „Дорогуши, вы хвастаетесь вашей кубышкой — плевал я на нее со своего балкона!" „Размечтался. Раздухарился!" В.П., 39

**РАЗЖЕВА́ТЬ**
erklären, klarmachen, erläutern; vorkauen, auseinanderklabüsern
*разъяснить, растолковать что-нибудь очень подробно.*
— Эх, вы, неподготовленный зритель... Все вам растолкуй да разжуй! Ю.Золотарев, Л.Г., 26.1.77

**РАЗЖИ́ЖКА** *ж.* : **НА РАЗЖИ́ЖКУ**
um in Fahrt/ Schwung zu kommen
*для поднятия тонуса, настроения.*
— Эх, Федька, нам бы с тобой сейчас двух баб на разжижку, за милую бы душу раскочегарились! В.М.1, 116

**РАЗЖИРЕ́ТЬ**
zu Geld kommen, reich werden; sich gesundstoßen
*стать зажиточным, состоятельным; разбогатеть за счет кого-, чего-либо.*
На этом дьяконстве разжирели они, сама только и делает, что золото скупает, вся часами, да кольцами, да брошками так и обвешалась, а все мало, а все им мало... А.К., 400

**РАЗЖИ́ТЬСЯ**
zu etwas kommen, etwas abkriegen/ ergattern
*достать, раздобыть, получить что-либо.*
Но это такие скупердяи, что когда туда попадешь, то за столом не очень разживешься. И.С., 37

**РАЗЗАДО́РИТЬ**
anreizen, aufstacheln, anfeuern, anspornen
*возбудить, усилить какое-либо чувство, желание и т.п.*
Алеша искусно это делал: он мелко тряс веник возле тела, и листочки его, точно маленькие горячие ладошки, касались кожи, раззадоривали, вызывали неистовое желание сразу исхлестаться. В.Ш., 329

**РАЗЗЯ́ВА** *м.ж. груб. бран.*
zerstreuter/ saumseliger Mensch, Schlafmütze
*разиня; рассеянный, невнимательный человек.*
Он был наслышан о раззявах, клевавших на подобные посулы. Д.Иванов, В.Трифонов, Л.Г., 28.7.76

**РАЗЗЯ́ВИТЬ** *груб.*
weit aufmachen/ aufreißen/ aufsperren
*широко открыть, раскрыть /рот, пасть и т.п./.*
— Ты что стоишь, хлебальник раззявила! — Шикалов, выставив вперед волосатые руки, пихнул бабу с ребенком. Вл.В., 122

**РАЗИ́НУТЬ**
weit aufmachen/ aufreißen/ aufsperren
*широко открыть, раскрыть /рот, пасть и т.п./.*
— Ты не кричи, чего ты рот-то разинула? Чего ты всех созываешь-то?.. В.Ш., 228

**РАЗИ́НЯ** *м. ж. пренебр.*
zerstreuter/ saumseligr Mensch, Schlafmütze
*рассеянный, невнимательный, нерасторопный человек.*

В очереди раздался тихий возглас: „Ну и разиня! У тебя, наверное, ранний склероз развивается." В.К., 39

**РАЗИ́ТЬ** *несов.*
üblen/ scharfen Geruch verbreiten, stark riechen, stinken
*сильно пахнуть чем-либо; издавать сильный, резкий запах.*
В комнате было по-прежнему натоплено и жутко разило клеем. В.Кор., 393
Князев несколько помолчал... — Ничего я не хотел... Но внушить кое-что надо бы! — вдруг осмелел он. И посмотрел прямо в глаза выпиваке. Тот, кстати, не так уж и пьян-то был, только глаза блестели и разило. В.Ш., 381

**РАЗЛА́ПИСТЫЙ**
weitausgebreitet, weitverzweigt
*раскинувшийся широко в разные стороны / обычно о деревьях, ветвях, корнях и т.п./.*
В лесу уже появились знакомые деревья, разлапистые кусты, запомнившиеся перелески, изученные спуски. В.Кор., 265

**РАЗЛЮБЕ́ЗНЫЙ**
sehr liebenswürdig, sehr freundlich
*очень приятный, милый.*
Остальные спали... кажется, что спал весь мир... все люди, дома и дела,.. а также знаки препинания вместе с заглавными буквами и красной строкой... вот дозвенел будильник... медленно освободился человек от разлюбезного одеяла и в нижнем белье прогулялся по квартире... В.С., 38

**РАЗЛЯ́ПИСТЫЙ**
frech, unverschämt
*грубый, резкий.*
Вдруг какой-то особенно расхлябанный, разляпистый голос раздался от другой стены: — Еще какие больные! А.С., 390

**РАЗМАЗНЯ́** *м. ж. пренебр.*
Waschlappen, Weichling, Jammerlappen
*о вялом, слабохарактерном, нерешительном человеке.*
—... Хорошо живешь-то, сынок, хорошо. Куда с добром!.. Слава те, господи! И живи. Она бабочка-то ниче, с характером, правда, но такая-то лучше, чем размазня кака-нибудь. Хозяйка. Живите с богом. В.Ш., 235

**РАЗМАХРИ́ТЬСЯ**
ausfransen
*порваться на части так, что концы чего-либо имеют вид бахромы.*
„А что до обновки, так и завтра еще не поздно шнурки для ботинок купить. У моих-то совсем кончики размахрились". Д.Иванов, Б.Трифонов, Л.Г., 28.7.76

**РАЗМА́ШИСТЫЙ**
schwungvoll, temperamentvoll, schmissig; lässig
*крупный, небрежный.*
Бурлей вынул из портфеля брошюру Прокопенко и быстро надписал, поставив под посвящением размашистую подпись. С.Е., 52

**РАЗМЕНЯ́ТЬ**
umbringen, umlegen, abservieren, umnieten
*то же, что убить.*
— Да пусть молится богу, что не попался мне в руки в двадцатом году, я бы его разменял как контрика! Ю.Т.1, 146

**РАЗМИНУ́ТЬСЯ**
sich verpassen, sich verfehlen, aneinander vorbeigehen
*разойтись в пути; не встретиться, не столкнуться при движении навстречу друг другу.*
— ... И брат дежурил, когда она умирала, а я угадал это — точно, минута в минуту — помчался в больницу, но не успел, и мы разминулись... И.В., 55

**РАЗМОРИ́ТЬ**
erschöpft/ entkräftet/ schlapp sein/ machen
*привести в расслабленное, сонное состояние; довести кого-либо до изнеможения, бессилия.*
Иван Африканович отхлестал мерина и примирительно зевнул: — Ишь ты, Парменко, как меня разморило-то... В.Б.,7

**РАЗМОЧИ́ТЬ**
einen hinter die Binde kippen/ gießen
*выпить что-либо /обычно алкоголь/.*
— Гуляй, — махнул Селиванов. — Будет сухо в глотке, приходи ко мне, размочу! Л. Бородин, Грани № 119, 115

**РАЗМЯ́ТЬ**
lockern, glattmachen, glattstreichen
*разжимать, распускать что-либо сжатое.*

Пронякин стоял, тяжело наклонив голову, сминая и разминая в руках кепку. Г.В. 2, 73

**РАЗМЯ́ТЬСЯ**
sich Bewegung verschaffen, sich warmlaufen, sich aufwärmen, Lockerungsübungen machen
*движениями привести тело в состояние физической бодрости.*
Сделав дело, встал, чтоб размяться. Потягиваясь, подошел он к окну с поднятыми руками. Вл.В., 199

**РАЗНЕСТИ́**
zerstören, demolieren, zertrümmern; stehlen, klauen, wegschleppen
*разрушить, разбить, разломать // растаскать, украсть //.*
Студентов он в принципе, как добрый человек, любил, но лабораторное оборудование берег ревниво. „Разбойники, — говорил он, — ну чистые разбойники! За ними недоглядишь — все разнесут". И.Г.1, 47

**РАЗНОГОЛО́СИЦА** *ж.*
Mißklang, Mißton, Dissonanz, Unstimmigkeit; Katzenmusik
*нестройное пение или игра на музыкальных инструментах.*
Постепенно привычный ход официального застолья, оборачиваясь хмельной разноголосицей, превращался в обычную пьянку. В.М.1, 250

**РАЗНОЛА́Д** *м.*
Uneinigkeit, Entzweiung, Zwietracht, Meinungsverschiedenheit, Differenz, Mißhelligkeit
*раздор, разногласие; отсутствие единства, согласованности.*
Но если был бы разнолад, если б одни говорили по-старому, а другие — по-новому, заметно было бы, что что-то изменилось. А.С., 320

**РАЗНОМА́СТНЫЙ**
bunt, scheckig, buntgefleckt, verschiedenfarbig
*отличающийся от другого /других/ цветом, окраской, видом.*
Сколько было дорог и отелей / И постелей, и мерзких простынь, / Сколько я разномастных Офелий / Навсегда отослал в монастырь! А.Г., 61

**РАЗНО́С** *м.*
strenge Zurechtweisung, Verweis, Rüffel, Zigarre
*строгий выговор, внушение, резкая критика.*
... сам-де завернул в ателье, учинил разнос, требовал книгу жалоб и предложений, грозил лишить прогрессивки... Ю.М., 16

**РАЗНОСИ́ТЬ** *несов.*
eine Rüge erteilen, ausschimpfen
*бранить, делать выговор кому-либо.*
Быстро оценив обстановку, Лихачев подогнал своего коня к конюшне, на ходу выскочил из саней и направился к людям. К удивлению Анфисы, он не стал разносить ее. Ф. Абрамов, Пряслины, Л., 1978, 19

**РАЗНОСО́Л** *м.*
ausgesuchte Delikatessen/ Leckerbissen
*изысканная, разнообразная еда, прихотливые кушанья.*
— Тащи, Маша, свои разносолы, а то брюхо к спине присохло! В.М.1, 87

**РАЗНОШЁРСТНЫЙ**
bunt, scheckig, gemischt, durcheinandergewürfelt
*разнообразный, случайный по составу; состоящий из разных, непохожих друг на друга людей.*
Со всех концов страны поезда доставляли на его главный распределительный пункт разношерстное человеческое сырье... Л.Л., № 30, 163

**РАЗНУЗДА́ТЬСЯ**
sich gehenlassen, über die Stränge schlagen, alle Hemmungen fallenlassen
*стать распущенным, разнузданным; дойти до крайних пределов своеволия, произвола.*
А полковник-пижон, что того поросенка принес, / Открывает „боржом" и целует хозяйку взасос, / Он совсем разнуздался, подлец, он отбился от рук, / И следят за полковником три кандидата наук. А.Г., 209

**РАЗНЫ́ТЬСЯ** *несов.*
anfangen (dumpf) zu schmerzen/ weh zu tun
*начать болеть, давать о себе знать ощущениями тупой, тягучей боли.*
Два дня на скамейке только и было разговору, что о Дарье и ее кошке. Сама Дарья не выходила — сердце ослабло, спина разнылась. Н. Баранская, Женщина с зонтиком, М., 1981, 194

**РАЗНЮ́НИТЬСЯ** *неодобр.*
in Tränen ausbrechen, zu weinen beginnen, losweinen, losheulen

*расплакаться, разрыдаться.*

Он ударил ладонью по ее плечу и бодро воскликнул: — Не трусь, детка! Держи хвост пистолетом! Галя отпрянула... — Слушай, почему ты так со мной обращаешься? Я ведь тебе не Юрка и не Алик. — Что я тебе сделал? — Дима, мы ведь уже не дети. — Это она мне говорит! Сама разнюнилась, как... В.Ак., 17

**РАЗОБРА́ТЬ**

ergreifen, fassen, packen

*оказаться во власти какого-либо чувства, желания.*

Спрятав лицо в ладони, она качалась из стороны в сторону и плакала, плакала... — Вера Георгиевна, милочка, перестаньте, — сказала Иоганна Карловна. — Что это вас разобрало? Успокойтесь, пожалуйста. Слышите? И.В., 65

**РАЗОБРА́ТЬСЯ**

kapieren, mitkriegen, aus etwas klug werden; klarkommen, zurande kommen

*хорошо понять что-либо, изучить // справиться, управиться с кем-, чем-либо //.*

— Ну, допустим, что с сыновьями мы кое-как разобрались. Ю.Золотарев, Л.Г., 26.1.77

**РАЗОГНА́ТЬ**

gewaltsam auflösen, auseinanderjagen

*уволить, выгнать /обычно с работы, со службы/.*

Через три года после этого редколлегию стенгазеты разогнали за совершенно безобидный номер. А.З., 22

**РАЗОЙТИ́СЬ**

außer Rand und Band geraten, bis zum Äußersten gehen

*прийти в состояние сильного раздражения, очень рассердиться, начать кричать.*

— Тут тебе на тысячу лет разгребать, Антон!.. — Чего ты разошелся? — спросил Антон. Г.В.2, 76

**РАЗО́К** *м.*

einmal, ein einziges Mal

*один раз.*

— Зачем ты это сделал-то? — Сбежал-то? А вот — пройтись разок... соскучился. В.Ш., 47

**РАЗОНРА́ВИТЬСЯ**

nicht mehr gefallen

*перестать нравиться.*

Иван Иванович пригляделся к коврику повнимательнее, и он ему явно разонравился. М.С.1, 16

**РАЗОПСЕ́ТЬ**

dick/ korpulent/ rundlich werden, Fett ansetzen, in die Breite gehen

*растолстеть, стать толстым, жирным.*

А теперь он совсем разопсел, отолстогубился, опузился. А.К., 430

**РАЗОРИ́ТЬСЯ**

ruiniert/ blank sein, zugrunde gerichtet sein, verarmen, sich verausgaben, Bankrott/ Pleite gehen; spendieren, springenlassen

*расточить свои средства, деньги; потратиться на кого-, что-либо.*

„Купила я тебе мя-а-ачик! Разорилась, конечно, но уж делать нечего, владей!" — сияя, что солнце вешнее, бабушка катнула мячик с крыльца. В.А., Л.Г., 14.12.77

**РАЗОРЯ́ТЬ** *несов.*

in Armut stürzen, ruinieren, zugrunde richten, Pleite/ Bankrott machen

*принуждать к затратам, к расточительству.*

В кассе взаимопомощи ему больше не давали, и он занимал у кого придется, вовремя отдать затруднялся и очень страдал. Еще его разоряли подарки Зое и Ниночке, куда он тоже не ходил с пустыми руками. И.Г. 2, 138

**РАЗОРЯ́ТЬСЯ** *несов.*

schimpfen, schreien, herumbrüllen

*браниться, говорить с излишней горячностью; запальчиво кричать.*

... один на тебя кричит, почему отправляешься слишком рано, другой разоряется, почему отправляешься слишком поздно. Я.А., 12

**РАЗОТКРОВЕ́ННИЧАТЬСЯ**

(ganz) vertraulich/ offenherzig werden, sich (ganz/ allzu) offen anvertrauen

*откровенничать, говорить слишком откровенно.*

Размышляя подобным образом, я разоткровенничался перед самим собой. А.З., 26

**РАЗО́ХАТЬСЯ**

aufstöhnen, aufseufzen

*выразить досаду, огорчение, ощущение боли, используя восклицание „ох"; охать.*

Лида, оказавшаяся тоже здесь — она приходила за деньгами, — страшно разохалась. Н.Б.1, 44

**РАЗОХО́ТИТЬСЯ**
(große) Lust bekommen, in Stimmung kommen
*начать чувствовать сильное желание к чему-нибудь.*
Петя сходил в сарайчик, принес гвозди, молоток. Не спеша прибил штакетины. Постоял, поиграл молотком, видно, разохотился поработать, решает, что бы еще прибить. В.Ш., 160

**РАЗРУГА́ТЬ**
ausschimpfen, heruntermachen, den Kopf waschen; sehr abfällig beurteilen; (in der Presse) ver-/ zerreißen
*сильно выругать, изругать кого-либо // раскритиковать в печати //.*
От находчивости он рассуждает: эти вещи сколь плохо ни пой, все равно разругать не посмеют. А.М., 47

**РАЗРУГА́ТЬСЯ**
sich verzanken, sich überwerfen
*рассориться, прекратить дружеские отношения.*
И с парнем я со своим разругалась, и с этим ничего не вышло. Л.Измайлов, Л.Г., 12.11.75

**РАЗРУ́ХА** *ж.*
Zerrüttung, Verfall, Ruin
*о разрушении, полном расстройстве, превращении чего-либо в развалины.*
А я, крестом раскинув руки, / Как оступившийся минер — / Все о беде, все о разрухе, / Все в ре-минор, да в ре-минор... А.Г., 195

**РАЗУДА́ЛЫЙ**
kühn, verwegen, draufgängerisch
*исполненный удали, задора; лихой, бойкий.*
Кто-то сделал шкоду: выставил на подоконник загранмагнитофон и вместо того, чтобы пустить что-нибудь тужурно-амурное, поставил на полную мощность разудалую нашу „Летку-енку". А.К., 193

**РАЗУЗНА́ТЬ**
nachforschen, in Erfahrung bringen, sich erkundigen, Erkundigungen einziehen, auskundschaften
*узнать, выведать что-либо.*
— Вот мне велели, бабушка, все разузнать, — сказала Люба. В.Ш., 474

**РАЗУКРА́СИТЬ**
(die Fresse) polieren
*избить до синяков, ссадин.*
Она всю дорогу причитала: „Уж я ему харю разукрашу! Он у меня будет знать, придурок окаянный!" В.М., 321

**РАЗУЛЫБА́ТЬСЯ**
lächeln, ein freundliches/ gütiges Lächeln aufsetzen
*начать приветливо, дружелюбно улыбаться.*
— Игорь Савельевич, а почему вначале, когда вы начали говорить, официант был сам не свой, я думал, он нас покусает, а в конце он уже разулыбался? С.Е.1, 24

**РАЗУ́МНИК** *м.* **РАЗУ́МНИЦА** *ж.*
vernünftiger/ kluger/ gescheiter/ schlauer Mensch
*умный, толковый человек.*
Авиета была разумница, никогда ни о чем она не думала хуже, чем родители, только — лучше... А.С., 311

**РАЗУХА́БИСТО**
ausgelassen, schneidig, forsch
*бойко, молодцевато, задорно.*
... вслед ему нестройный хор разухабисто горланил на мотив „Две гитары за стеной жалобно заныли..." В.М., 284

**РАЗЪЕ́СТЬСЯ**
dick/ korpulent/ rundlich werden, Fett ansetzen, in die Breite gehen; sich dick (und rund) essen
*потолстеть от обильной пищи; стать упитанным, тучным, толстым.*
Зазнались, голуби! / У них надменный вид, / На даровых хлебах разъелись, словно куры. С.М., 12

**РАНОСТА́В** *м.*
Frühaufsteher
*о ком-либо, кто рано встает.*
Он с детства был раноставом. Бывало, еще покойник дед говаривал голоштанному внуку: — Встанешь раньше, шагнешь дальше. В.Б., 39

**РАНЬ** *ж.*
Frühe
*раннее утреннее время.*
— Такая рань, — посетовал старшина, — а жара уже, хоть помирай. Вл.В., 15

**РАСКАЧА́ТЬСЯ**
sich aufraffen, sich in Bewegung setzen, in Schwung kommen
*выйти из состояния апатии, бездействия; стать активным.*
Спирька сел. Сергей Юрьевич смотрел на него. — С приездом, — сказал Спирька. — Спасибо. — Пришел попроведать, — пояснил гость. — А то пока наш народ раскачается, засохнуть можно. В.Ш., 189

**РАСКВА́КАТЬСЯ**
ins Schwatzen kommen, seiner Zunge freien Lauf lassen; das Maul (weit) aufreißen; verlangen
*начать много говорить, требовать что-либо; разговориться.*
— Чего расквакались-то? Погодите... Вот только эти сикачи уйдут — вы у меня потявкаете! А.К., 195

**РАСКВА́СИТЬ**
blutig schlagen
*разбить до крови / обычно нос, губы, лицо/.*
Третьему — честное слово, нечаянно! — нос расквасил. Л.Ленч, 36

**РАСКИДА́ТЬСЯ**
herumwerfen, um sich werfen, verstreuen
*кинуть, бросить в разные стороны.*
— Гроши-то возьми, — напомнил Вовчик. — Раскидался. Г.В.1, 8

**РАСКИПЯТИ́ТЬСЯ**
in Wut geraten
*прийти в раздраженное состояние; разгорячиться, рассердиться.*
Он так раскипятился, что пожаловался матери и бабе Ниле, и те тоже напали на Глебова. Ю.Т.1, 98

**РАСКИ́СНУТЬ**
schlapp werden, schlappmachen; (ganz) apathisch werden
*прийти в расслабленное состояние, стать вялым, апатичным /от жары, алкоголя, утомления и т.п./.*
„Ты тут не раскисай", — он складывал слова, явно думая о чем-то совсем другом... В.М., 328

**РАСКЛАДУ́ШКА** *ж.*
Klappbett
*легкая раскладная кровать.*
— Завалимся-ка мы лучше спать. У тебя, случаем, раскладушек не припасено? Г.Кемоклидзе, Л.Г., 15.1.75

**РАСКЛЕ́ИТЬСЯ**
kränkeln, schlappmachen
*расхвораться, стать вялым, слабым; недомогать, плохо себя чувствовать.*
Нельзя вам себя попускать, никак нельзя. Времена не те, чтобы расклеиваться. У вас не поле, а вся жизнь впереди. Нервишки-то еще, ой как пригодятся. В.М., 161

**РАСКЛЯ́КНУТЬ**
schlapp werden, schlappmachen
*стать вялым, слабым; недомогать, плохо себя чувствовать.*
Лица ее он в темноте не видел, но чувствовал, что женщине невесело. — Расклякла я у вас, — сказала, поводя плечами. — Пластинки, жаль, все старые. Я вам другие принесу. В.Кор., 422

**РАСКОЛО́ТЬ**
zum Sprechen bringen
*узнать правду о ком-, чем-либо.*
И сейчас он заробел, предполагая увидеть перед собою проницательного, быстрого на оценки и решения человека, который тут же его расколет и выведет на чистую воду. С.Е., 57

**РАСКОЛО́ТЬСЯ**
gestehen, zugeben, singen
*признаться в совершении чего-либо.*
Губошлеп вынул из кармана наган... — Брось, дура! — резко и зло сказал Егор. — Психопат. Может, те не расколются... А ты тут стрельбу откроешь. В.Ш., 431
А один раз о каком-то больном, который отпирался, а потом признался, Лев Леонидович со смехом сказал: „Раскололся-таки!" — и еще больше задел Олега. А.С., 424

**РАСКОПА́ТЬ**
ausfindig machen, ans Licht bringen, herausfinden
*найти, обнаружить что-либо в результате поисков, разбора.*
В 1839 г. маркиз де Кюстин, французский дворянин, раскопал такой афоризм: „Веселие на Руси есть пити". М. Ш., 230

**РАСКОРЯ́КА** *ж.*
Spreizbeinige, Säbelbeinige; Ungetüm
*о ком-, чем-либо неуклюжем, изогнутом, растопыренном.*
Я провела Катю к себе. Мы уселись друг против друга на приземистые кресла-раскоряки и стали молчать. И.Г.1, 160

**РАСКОРЯ́ЧИТЬСЯ**
sich die Laune verderben, mißmutig/ mißgestimmt/ apathisch werden/ sein
*расстроиться, прийти в расслабленное, апатичное состояние.*
Это, правда, было как горе — эта неопределенность. Это впервые в жизни Ваганов так раскорячился... „Господи, да что же делать-то? Что делать?" В.Ш., 289

**РАСКОСЯ́К** *м.*
Zwietracht, Uneinigkeit, Zwiespalt, Zerwürfnis, Mißhelligkeit
*отсутствие порядка, согласованности; раздор, разногласие.*
— ...Я тоже думал об этом же... Почему же, мол, люди жить-то не умеют? Ведь ты погляди: что ни семья, то разлад. Что ни семья, то какой-нибудь да раскосяк... В.Ш., 291

**РАСКОЧЕГА́РИТЬСЯ**
erregt werden, in Erregung geraten, sich erhitzen
*прийти в возбужденное, взволнованное состояние.*
– Эх, Федька, нам бы с тобой сейчас двух баб на разжижку, за милую бы душу раскочегарились! В.М.1, 166

**РАСКОШЕ́ЛИТЬСЯ**
ausgeben, spendieren, freigebig sein, (etwas) springen lassen
*перестав скупиться, пойти на издержки, траты, платить за что-либо.*
Вроде должен, предместкома раскошелиться на две южные путевочки. В.К., 33
— Раскошеливайся, Богдан, Магдалене завтра пятьдесят стукнет. Кто сколько — экспромт. Ю. Цыбанев, Л.Г., 17.10.79

**РАСКУДА́ХТАТЬСЯ**
lamentieren; ins Schreien/ Keifen kommen, in Geschrei/ Gekeife ausbrechen
*раскричаться, разворчаться попусту, напрасно, зря.*
„Раскудахталась: „Урусов двигай ушами!" Папа с дочкой! Последние (деньги) желает выудить, падла." В.П., 45

**РАСКУМЕ́КАТЬ**
dahinterkommen, herauskriegen, durchschauen, auf die Schliche kommen
*смекнуть, сообразить, понять.*
Может, особист у вас болван — не раскумекает. Но наверх все равно пошлет, а там люди поумней, разберутся. В. Кор., 90

**РАСКУРО́ЧИТЬ**
öffnen, aufmachen, aufbrechen, knacken, entkorken
*открыть с силой что-либо, сломать, взломать.*
„Во дает! — одобрил приблудный паренек поступок Сергея Митрофановича и цапнул бутылку: — Сейчас мы ее раскурочим!.." В.А., 569

**РАСКУСИ́ТЬ**
dahinterkommen, herauskriegen, durchschauen, auf die Schliche kommen
*понять кого-, что-либо, сообразить; разобраться в ком-, чем-либо.*
Кондрат выразительно посмотрел на сына, вышел из оградки. — Понял? Издаля только можно. Потому что знающие люди враз раскусят. Чистая работа! В.Ш., 36

**РАСПАТРО́НИТЬ**
öffnen, aufmachen; knacken, aufbrechen
*открыть что-либо с трудом, с усилием; сломать.*
Юрка раздраженно скучал по своей работе и несколько раз на дню вспоминал о ней. То расскажет, как тару распатронивали и бутылку-другую с собой забирали или как кольца копчушки под рубашкой проносили... Е.Т., 19

**РАСПЕРЕ́ТЬ**
auseinanderspreizen, aufblähen
*давлением, напором изнутри заставить раздвинуться, расшириться.*
В детстве я страдал одышкой и много бегать, особенно в гору, не мог, у меня подгибались ноги, распирало грудь кашлем, из глаз сыпались искры. В.А., Л.Г., 14.12.77

**РАСПЕ́ТЬСЯ**
sich einsingen
*пропев некоторое время, начать петь хорошо, легко, свободно.*
Во втором отделении Адамо распелся. С.Е., 54

**РАСПЕ́ЧЬ**
jemandem den Kopf waschen, jemanden heruntermachen
*сделать кому-нибудь серьезный выговор, внушение; отчитать.*
„Может, зря так энергично его распекаю", — мелькнуло в голове профессора. В.К., 28
В отсеке было тесновато и не с руки было распекать нерадивого лейтенанта. В.Кор., 142

**РАСПИВА́ТЬ** *несов.*
gemächlich trinken
*пить что-либо долго, не торопясь.*
Сергей Михайлович вернулся раньше, чем жене обещал. Вернулся, а дома жена с каким-то незнакомым мужчиной чай распивает. Н.Елин, В. Кашаев, Л.Г., 29.8.73

**РАСПИ́КАТЬСЯ**
aufbegehren, aufmuck(s)en
*делать попытки говорить что-либо, возражать против чего-либо.*
— Я тебе попикаю! — злобно сказал Алабышев и в наказание шваркнул трубку на рычаг. — Распикалась, тоже. Е.Ц., 4

**РАСПИНА́ТЬ** *несов.*
(mit den Füßen) stoßen
*толкать, пинать что-либо /обычно ногами/.*
...ребятишки в еще не потрепанной форме шли с сумками из школы, распинывая листья и гомоня. В.А., 561

**РАСПИНА́ТЬСЯ** *несов.*
sich (außerordentlich) bemühen, sich die Beine/ ein Bein ausreißen; verteidigen; steif und fest behaupten
*горячо отстаивать, доказывать справедливость чего-либо.*
Это языком он себе выговаривал плату там, где ее не заработал. Клялся в том, чего не делал. Распинался, чему не верил. И кричал на начальство. И обкладывал рабочих. А.С., 112

**РАСПИРА́ТЬ** *несов.*
erfassen, ergreifen, befallen, überkommen
*захватывать целиком, полностью; переполнять кого-либо /обычно о чувствах, впечатлениях, настроениях и т.п./.*
Зато когда мы с приятелем проникли на охраняемый бензосклад и начертили на цистернах короткое слово из трех букв, нас буквально распирало от романтики. А.З.1, 13

**РАСПИСА́ТЬ**
(breit) ausmalen, eingehend beschreiben
*красочно описать что-либо, рассказать, приукрашивая, преувеличивая.*
А сейчас Дубль-ве у нас главный дока по кибернетике. Дубль-ве в очень строгих академических тонах расписывает великие деяния своего отдела. В.Ак., 45

**РАСПИСА́ТЬСЯ**
standesamtlich heiraten, sich standesamtlich trauen lassen
*зарегистрировать брак.*
В Мурманске его ждет невеста, расписываться должны. В.П., 25
Я всегда догадывалась, что это за особа, и все ее похождения предвидела. Но уж если расписался с ней, то держись. В.Кор., 371

**РАСПИХА́ТЬ**
hineinstopfen/ -schieben/ -stecken
*рассовать, разложить, разместить по разным местам.*
Книжки у меня распиханы по всей камере на случай шмона, всякие запрещенные вещицы — ножичек, несколько лезвий, шильце самодельное. Вл.Б., 161

**РАСПЛАТИ́ТЬСЯ**
sühnen, büßen
*понести наказание за что-нибудь.*
— ... Почему я должен расплачиваться за чужие сентиментальные порывы? М.Виленский, Л.Г., 8.9.76

**РАСПЛЕВА́ТЬСЯ**
sich verzanken, sich überwerfen, sich verkrachen
*поссориться, расстаться с кем-, чем-либо.*
И оттого, что ни у кого этой жалости нет, хочется ему расплеваться: и с работой своей неблагодарной, и с домом постылым, и с колхозом несчастным. Г.Б., 48

**РАСПЛОДИ́ТЬСЯ**
sich vermehren; massenhaft auftreten
*появиться в большом количестве, во множестве.*
Однако на моей памяти ни один придурок так и не

был захвачен живьем, несмотря на то, что, согласно секретным сведениям, поступившим в вышестоящие политические инстанции, в нашем полку расплодилась невероятная тьма сапожников, парикмахеров... Л.Л., № 30, 164

**РАСПЛЫ́ТЬСЯ**
strahlen (übers ganze Gesicht)
*широко улыбаться, выражать удовольствие, радость, расположение.*
„Мне очень нравятся ваши статьи о футболе", — вдруг расплылся начальник узла. С.Е., 52

**РАСПОГО́ДИТСЯ**
sich aufklären, sich aufheitern
*стать ясным, светлым.*
Там и звуки и краски не те, / Только мне выбирать не приходится — / Очень нужен я там в темноте, / Ничего, распогодится. В.В.1, 26

**РАСПОДО́НОК** *м.*
Abschaum, Gesindel, Gesocks; Pottsau
*о деклассированном, разложившемся, преступном элементе общества.*
В библиотеках царило равноправие, и будь ты самый расподонок, тебе все равно обязаны были выдать заказанную книгу. В.Кор., 393

**РАСПОЗНА́ТЬ**
erkennen, einer Sache auf den Grund kommen, durchschauen
*понять, догадаться о чем-либо по каким-либо признакам.*
... Он попался на глаза старшему лейтенанту Зяблику, который его сразу же распознал, но не подал вида. Л.Л., № 32, 154

**РАСПОЯ́САТЬСЯ** *неодобр.*
sich gehenlassen, über die Stränge schlagen, außer Rand und Band geraten
*стать распущенным, наглым; утратить сдержанность.*
Но и мне уж не до них стало. Потому что в это время мужики окончательно распоясались и начали всех зрителей женского пола в полон брать. М.Задорнов, Л.Г., 14.3.79
Зная, что жена его выгораживает, ваш зять все больше распоясывается. Н.М., 30

**РАСПРО́ПАСТЬ** *ж.*
sehr viel, eine große Menge, Unmenge
*очень много, большое количество.*
И в расточительство пустился, ибо гостей стал принимать больше. Каждый вечер — гости. Народу, что людей — распропасть. Я боюсь, что он простиляжит все деньги, полученные за содержимое семнадцати чемоданов. А.К., 268

**РАСПРОЩА́ТЬСЯ**
sich trennen von etwas/ jemandem; Abschied nehmen
*расстаться с кем-, чем-либо; проститься.*
Исключили мы еще одного баяниста, вернули два этажа — с другой стороны удар. Станция метро, которая раньше около нас намечалась, переехала чуть ли не на километр. — Мы, — говорят, — на плывуны напоролись. Пришлось распрощаться с другим баянистом. Только возвратили станцию метро, тут строители куда-то исчезли. А.Курляндский, Л.Г., 13.10.76

**РА́СПРЯ** *ж.*
Streit, Streitigkeiten, Zwist, Zwistigkeiten, Zwietracht
*разногласие, расхождение, отсутствие единства во взглядах; ссора, раздор, вражда.*
... скоро мы забыли про распри, вошли в азарт игры. В.А., Л.Г., 14.12.77

**РАСПСИХОВА́ТЬСЯ**
sich aufregen, in Erregung geraten, aus dem Häuschen geraten
*расстроиться, разнервничаться; прийти в возбужденное, взволнованное состояние.*
И уж вовсе распсиховался, когда знаю еще чуть не полдня до конца рабочего дня. В.К., 7
— Ну, ну, ну! — угрожающе закудахтала тетя Груша, ты нас не нервировай! Так я тебя и испугалась... Чего ты выставляешь-то из себя? Распсиховался тоже! А.К., 396

**РАСПУСТЁХА** *ж.*
Schlampe, Schmutzliese, Verlotterte(r), Schmutzfink
*небрежно одетый, неряшливый человек.*
Сыскать нужный документ — это почти совершить шестой гераклов подвиг. И этот распустеха еще и кичится. — Я вам не канцелярская крыса какая-нибудь, чтобы лелеять каждую скрепку! Я.Полищук, Б-ка крок., № 17/814/, М., 1978, 7

**РАСПУСТИ́ТЬ: РАСПУСТИ́ТЬ РУ́КИ**
(los)schlagen
*не сдерживать себя, давать волю кому-, чему-*

*либо; допускать большую свободы в проявлении каких-либо чувств, настроений и т.п.*
... Ты — за рукоприкладство-то — в один миг вылетишь из Москвы. Нашелся!.. Для тебя мы ее ростили, чтоб ты руки тут распускал?! В.Ш., 236

**РАСПУСТИ́ТЬСЯ**
sich gehenlassen, außer Rand und Band geraten, ungezogen sein/ werden
*стать непослушным, своевольным, недисциплинированным.*
Вот сейчас в угол поставлю, тогда научишься с бабушкой разговаривать! Совсем распустился, молокосос! М.Задорнов, Л.Г., 29.8.79
Федька вовсе распустился, пил, резался в преферанс и отчаянно скучал в дневные часы, когда офицеры сидели на объектах. В.Кор., 134

**РАСПЫЛИ́ТЬСЯ**
sich ereifern, in Fahrt kommen
*внезапно начать много говорить о чем-либо, доказывать что-либо.*
Но здесь я вдруг распылился и стал говорить, что сдам дом тогда, когда он будет полностью готов, и что мне плевать на Силаева и плевать на всех остальных, я поступлю так, как мне подсказывает совесть. Вл.В.1, 36

**РАСПЯ́ЛИТЬ**
weit öffnen, aufsperren
*широко раскрыть что-либо.*
Злоумышленник подло распялил рот: „Ну, бей! Бей!" В.А., Л.Г., 14.12.77

**РАССВИРЕПЕ́ТЬ**
in Wut geraten, fuchsteufelswild werden
*стать свирепым, впасть в ярость, неистовство, бешенство.*
В этот день я очень рассвирепела. Поставила ему в дневник „пару" по поведению за всю неделю, отправила к завучу, велела позвать мать в школу и обозвала жестоким негодяем. А.К., 104

**РАССВИСТЕ́ТЬСЯ**
anfangen zu pfeifen, lospfeifen
*начать свистеть сильно, с увлечением.*
Вы только прислушайтесь, как птички распевают, щебетом заливаются. О, какая-то прямо рассвистелась. И.С., 19

**РАССЕ́ЯТЬСЯ**
sich zerstreuen, auf andere Gedanken kommen
*отвлечься от чего-нибудь неприятного, тяжелого.*
Сегодня к ней обещал приехать Илья. Она и сама не знала, хотелось ли ей откровенного с ним разговора — один на один, с глазу на глаз — или просто отвлечься, рассеяться, поболтать ни о чем. И.В., 45

**РАССИРО́ПИТЬ**
beschönigen, schönfärben, in rosa Farben darstellen
*смягчить, приукрасить, дополнить что-либо слащавыми подробностями.*
Их имен с эстрад не рассиропили, / В супер их не тискают облаточный, / „Эрика" берет четыре копии, / Вот и все, и этого достаточно! А.Г., 162

**РАССКАНДА́ЛИТЬСЯ**
sich verzanken, sich überwerfen, sich verkrachen
*рассориться, поссориться с кем-либо.*
Вроде бы Дарья говорила, что пока внуков нянчила, они со снохой ладили, а как те подросли, стали ругаться и расскандалились совсем. Н. Баранская, Женщина с зонтиком, М., 1981, 196

**РАССОВА́ТЬ**
(an verschiedenen Stellen) hineinstecken, aufs Geratewohl hineinstopfen
*устроить, пристроить, разместить в разных местах.*
Внука завозила к нему в тяжкий для сына год сослуживица снохи. Та, в ожидании высылки, рассовывала детей, куда попало, лишь бы подальше от беды. В.М., 41

**РАССОСА́ТЬСЯ**
sich verkrümeln, verduften, sich auflösen, auseinandergehen, sich zerstreuen
*постепенно расходиться, рассеиваться /о скоплении людей/.*
...толпа поволновалась и понемножку начала рассасываться. Г.Кемоклидзе, Л.Г., 15.1.75

**РАССТАРА́ТЬСЯ**
sich abmühen
*приложить большое старание, очень постараться.*
В миг расставания, в час платежа, в день увяданья недели, / чем это стала ты нехороша? Что они все, одурели?! / И утонченные как соловьи, гордые как гренадеры, / что же надежные руки

свои прячут твои ухажеры? / Нет бы собраться им — время унять, нет бы им всем расстараться. Б.О., 303

**РАССУСО́ЛИВАНИЕ** *ср. неодобр.*
weitschweifiges/ umständliches Erzählen
*долгие, ненужные, лишние разговоры, разъяснения.*
И Гуров и Десятков охотно признали, что они уже давно не дети, а потому все поняли без особых рассусоливаний. Д.Я., 13

**РАССУСО́ЛИВАТЬ** *несов., неодобр.*
weitschweifig/ umständlich erzählen, weitläufig beschreiben; herummähren, etwas unlustig/ langsam tun
*говорить долго, останавливаясь на излишних, ненужных подробностях; делать что-либо медленно, нерасторопно, лениво.*
Смуглый посмотрел на рассказчика... Понимающе кивнул головой. — Вот про себя скажи: я не жадный, а бережливый. А то — „не надо оркестра, я его все равно не слышу". Скажи уж: денег жалко. Чего рассусоливать-то? В.Ш., 221
...пианист со взбитым коком отчаянно залабал мелодию „Я иду не по нашей земле", которую через минуту, поднеся ко рту микрофон, стала рассусоливать низким и надтреснутым голосом пожилая женщина в длинном переламывающемся на полу платье. В. Кор., 239

**РАСТАБА́РИТЬ**
schwatzen; etwas durchhecheln
*рассказать о чем-либо ненужном /обычно от безделья, скуки и т.п./.*
Правда, Нюрка очень ценит их отношения между собой и по целым часам растабарывает об этом, несмотря на строгое запрещение и просьбы хозяев, со своими товарками на бульваре. А.К., 19

**РАСТЕЛЁШИТЬСЯ**
weitschweifig erzählen, weitläufig beschreiben
*рассказать подробно о ком-, чем-либо.*
— Чего они тебе? — Ничего! Чего... Зарабатывал, зарабатывал авторитет, да пойду теперь растелешусь перед кем попало... Одним махом все перечеркнут. Я же знаю их, языкастых. В.Ш., 201

**РАСТЕРЁХА и РАСТЕРЯ́ХА** *м.ж.*
kopfloser/ vergeßlicher Mensch, der ständig etwas verliert/ liegen läßt
*рассеянный человек, постоянно теряющий что-либо.*
Оказалось, что эта растеряха развозила колбасу по магазинам, сопроводительный, или фактурный документ на всю партию оставила действительно здесь. Б-ка крок., № 18/815/, М., 1978, 39

**РАСТОПЫ́РИТЬ**
spreizen
*раздвинуть что-либо врозь.*
— Теперь ему опять вот эта штука будет! Два! — Растопырил два пальца и торжествующе портяс ими. — Два года еще! В.Ш., 49

**РАСТОРМОШИ́ТЬ**
wach-/ aufrütteln, munter machen
*вывести из состояния безразличия, вялости; побудить к каким-либо действиям.*
Вчерашнее появление Кости Ращупкина и сногсшибательный компромат на закадычную подругу несколько растормошили переводчицу и развлекли ее в унылом ничегонеделанье. В.Кор., 234

**РАСТРАНЖИ́РИВАНИЕ** *ср.*
Vergeuden, Vergeudung
*легкомысленное расходование, трата.*
И для этого, как известно, не требуется самопожертвования, титанических усилий, растранжиривания нервных клеток, более того, не требуется даже излишнего напряжения голосовых связок. Б-ка крок., № 18/815/, М., 1978, 33

**РАСТРАНЖИ́РИТЬ**
vergeuden, verprassen, verschwenden, durchbringen
*легкомысленно истратить, израсходовать деньги, имущество.*
А последнее время стал попрекать, дергать, предостерегать: „Растранжириваете, Филипп Афанасьевич, средства на подарки приезжающим в район". В.К., 2

**РАСТРЁПА** *м. ж. неодобр.*
1 Schlampe(r), Liederjan
2 Schlafmütze, zerstreuter/ zerfahrener Mensch
*1.непричесанный, неопрятно одетый человек.*
Пора за дело браться: стать битницей — причесанной растрепой, надеть брючки уже собственных ног, взять в рот вместе с жевательной резинкой полуметровую сигарету, сесть в тяжелый грузовик, в унисон с которым бьется сердце, — и укатить в неизвестность. А.К., 290
*2.невнимательный, рассеянный, нерасторопный, глупый, несообразительный человек.*

— ... Вот пошехонцы-ти раньше тоже были растрепы. Кушать кушали, а жить-то не умели. В.Б., 30

**РАСТРЕПА́ТЬ**
ausschwatzen, ausplaudern, herumtratschen
*широко разгласить, распространить слухи, вести, новости и т.п.*
Родной матери жена и вправду ничего не сказала, а соседкам на кухне растрепала про мое разоблачение. С.Н., 12

**РАСТЯ́ПА** *м. ж. неодобр.*
Schlafmütze, Tolpatsch, Tölpel
*неловкий, рассеянный, невнимательный человек.*
— „Как, как"! — передразнила жена. — Растяпа! Вот ты кто! А. Джалан, Л.Г., 21.2.79
Растяпе-мужу оставалось сопровождать вояж своей эротической жены по открыткам, которые она присылала ему из каждой столицы с просьбой о разводе. А.П., 70

**РАСФУФЫ́Р**
aufgeputzt, aufgedonnert, aufgetakelt
*слишком нарядно, крикливо.*
Представляешь, такая, новый тип. Одета — не то, что мы с тобой — расфуфыр! а так, скромно, ничего лишнего. В общем, не простой орешек. В.Кор., 237

**РАСФУФЫ́РЕННЫЙ**
aufgeputzt, aufgedonnert, aufgetakelt
*одетый во что-либо слишком нарядное, крикливое.*
Прошлым летом, когда из ГДР приехала в отпуск Марьянина подруга по эвакуации, расфуфыренная в пух и прах переводчица Клара Викторовна — и Алексей Васильевич, приведенный в восторг разнообразием ее туалетов, уже собирался с ней переспать, Марьяна спешно выписала из Подмосковья Курчева. В. Кор., 98

**РАСФУФЫ́РИТЬСЯ**
sich auftakeln, sich aufdonnern, sich herausputzen
*одеться слишком нарядно, крикливо.*
— Ты чего расфуфырилась-то? — спросил Сергей, чувствуя, что Зина сегодня таит немало сюрпризов. А. Кучаев, Л.Г., 9.3.77

**РАСХВА́СТАТЬСЯ**
maßlos zu prahlen/ sich zu brüsten beginnen
*начать чрезмерно хвастаться.*
Но, стоп! Расхвастался! Быть может даже малость приукрасил, обошел молчанием всякие неприятности, огорчения, болезни, смерти. В.Н., № 18, 71

**РАСХВАТА́ТЬ**
schnell alles aufkaufen; reißenden Absatz finden (Ware)
*быстро раскупить что-либо.*
Одна крупная блондинка объяснила мне...: „Представьте себе — вы вдруг увидели, что продают хорошие сапоги по 70 рублей. Надо сразу встать в очередь, ехать домой за деньгами некогда. Пока вы вернетесь в магазин, сапоги расхватают". М.Ш., 125

**РАСХВОРА́ТЬСЯ**
für lange Zeit krank werden, ernsthaft erkranken
*начать хворать; заболеть серьезно, надолго.*
Правда, мама расхворалась, / нездоровится ей что-то. / Ничего! Потерпит малость. / Постоит до поворота. С.В., 9

**РАСХЛЕБА́ТЬ**
auslöffeln, ausbaden
*выяснить, разобраться в чем-либо сложном, запутанном.*
Предупреждать, чтоб не ходили в самоволку, пожалуй, не стоит — знают, что им век не расхлебать ее: нарядов на работу будет больше, чем сил. В.Р., 171
Крик один будет и беда, да такая, что и тыщу лет не расхлебать. В.М., 267

**РАСХЛЮ́ПАТЬСЯ**
in Tränen ausbrechen, zu weinen/ zu heulen beginnen, losheulen
*заплакать, расплакаться.*
Хорошо и беззаботно быть временным хахалем. Ночь прошла — и ладно. Вся твоя задача — только не расхлюпаться и не начать ныть о своей любви, чтобы тебя пожалели. В.Кор., 452

**РАСХЛЯ́БАННЫЙ**
lässig, nachlässig, salopp, lax
*лишенный устойчивости, твердости; слабый.*
Вдруг какой-то особенно расхлябанный, разляпи-

стый голос раздался от другой стены: — Еще какие больные! А.С., 390

**РАСХНЫ́КАТЬСЯ**
in Tränen ausbrechen, zu weinen/ zu heulen beginnen, losheulen
*начать сильно плакать; расплакаться.*
Надоели, Марка, твои фокусы. Всех оклевещешь, сама расхнычешься, а окажется — одни пустяки. В.Кор., 320

**РАСХО́ДОВАТЬСЯ** *несов.*
ausgeben, sich verausgaben
*тратить свои средства на кого-, что-либо.*
„Зачем же вы расходовались?" — разом запротестовали ребята и девчонки. В.А., 569

**РАСХО́ЖИЙ**
zum alltäglichen Gebrauch bestimmt, (ganz) gewöhnlich, prosaisch, gängig
*обыденный, будничный, предназначенный для обычного постоянного употребления.*
Не хуже, конечно, чем у других, но и не лучше. Так себе, расхожая серединка. В.М., 318

**РАСХОТЕ́ТЬСЯ**
keine Lust mehr haben, die Lust verlieren
*перестать хотеть делать что-либо.*
Дома Сашка хотел было рассказать жене Вере, как его в магазине... Но начал, и тут же расхотелось... В.Ш., 210

**РАСХОХОТА́ТЬСЯ**
loslachen, in Gelächter/ Lachen ausbrechen
*начать хохотать; громко рассмеяться.*
Я тогда дико обозлился, а она расхохоталась мне в физиономию: „Урусов, ревнуешь?" В.П., 36

**РАСХРАБРИ́ТЬСЯ**
Mut fassen, sich ermannen, es über sich bringen, sich ein Herz fassen
*набраться храбрости; осмелеть.*
— Ну! — сказала она весело, вернувшись с пустым шприцем. — Вы, наконец, расхрабрились? Идите и обнажите место для укола, больной Костоглотов. А.С., 269

**РАСХРИ́СТАННЫЙ**
lässig, nachlässig, salopp; abgerissen
*неряшливо одетый в распахнутую или разорванную одежду.*
Гладышев схватил подкову, выскочил из-за стола и как был в расхристанной рубашке кинулся вон из дома. Вл.В., 163

**РАСЧИХА́ТЬСЯ**
sich verabschieden, sich trennen, aufgeben
*распрощаться, закончить какое-либо дело, порвать с кем-либо.*
— ...документы забрал? — За этим что ли дело с тюлькиной конторой расчихаться? Г.Б.1, 5

**РАСЧУ́ВСТВОВАТЬСЯ**
zutiefst gerührt werden, sentimental werden/ sein
*прийти в состояние большого умиления; растрогаться.*
А Кружавный тем временем, подперев голову руками, невыразимо страдал... „Не устоял на этот раз, смалодушничал, расчувствовался — и подписал!" В.К., 4

**РАСША́РКИВАНИЕ** *ср. презр.*
Katzbuckelei, Kriecherei, Liebedienerei
*проявление излишне почтительного, подобострастного отношения к кому-, чему-либо.*
...завод предназначен для выпуска продукции, а не для расшаркивания перед Дульцинеями. Э. Полянский, Б-ка крок., № 17/814/, М., 1978

**РАСШВЫРЯ́ТЬ**
durcheinanderwerfen, zerstreuen, herumschmeißen
*разбросать, раскидать в разные стороны.*
— И кто ж это веники расшвыривает? — выползая на улицу, в раздумье произнесла старуха. С.С., 16

**РАСШИБИ́ТЬ**
stoßen, verletzen; kaputtmachen
*разбить, повредить /обычно ударом, ушибом/.*
Я от кого-то слышал: сырые эти мячики расшибают единым ударом. В.А., Л.Г., 14.12.77

**РАСШИБИ́ТЬСЯ**
sich bemühen, sich einsetzen/ zerreißen (für), sich anstrengen, sich abmühen
*сделать что-либо с усердием, стараясь услужить, помочь кому-либо.*
Кто что попросит, расшибусь, а сделаю. И.С., 12

**РАСШУХАРИ́ТЬСЯ**
lärmen, Radau machen
*расшуметься, раскричаться.*

— Ребята, — встревожилась буфетчица, — чего это вы расшухарились? Это ты, что ль, Федька? — в ее голосе встала угроза; пожилой аккуратный человек не отозвался, он ладил бутерброд из половинки батона. Е.Т., 144

**РА́ФИК** *м.*
PKW der Rigaer Automobilfabrik
*легковой автомобиль производства рижского автомобильного завода.*
Рафик, в который он меня усадил, был цвета хаки. На окнах изнутри толстые решетки. Ручки на двери нет. Кабина водителя отгорожена стеклом и железными перекладинами. Время и мы, № 43, 10

**РАЦУ́ХА** *ж.*
Verbesserungsvorschlag, Rationalisierungsvorschlag
*то же, что рационализаторское предложение.*
Рассмотрели дедову „рацуху" где надо и поняли, что дед форменный невежда, абсолютно не понимающий поставленной перед ним задачи. Л. Фульштинский, Л.Г., 11.3.81

**РВАНИ́НА** *ж.*
Fetzen, Lumpen; Penner, Stromer, zerlumpter Kerl, Schlampe
*о ком-, чем-либо рваном, сильно потрепанном, изношенном // никчемный человек //.*
Ты бей штыком, а лучше бей рукой — / Оно надежней, да оно и тише. / И ежели останешься живой, / Гуляй, рванина, от рубля и выше. В.В.3, 19
На заводе так его и звали: „Валька-тряпье". И трепач, и рванина, все вместе. Е.Терновский, Р.М., 15.3.79

**РВАНУ́ТЬ**
sich aufmachen, losziehen, auf und davon gehen
*отправиться куда-либо, понестись, помчаться.*
— Можем мы один раз в жизни до „Каховской" рвануть? — Зачем? — снова не поняла она.— Ну как зачем? — засуетился он. — Сколько лет уже здесь живем, а никогда до конечной не ездили. М.Задорнов, Л.Г., 7.11.79
Думаю в Молдавию рвануть. Там тепло, зима легкая, вина много. Ф.Кан., 43

**РВАНЬ** *ж. презр. бран.*
Lump, Lumpen, Lumpenpack, Gesocks
*об опустившихся людях; мерзавец, негодный человек.*
Я рвань, / я дрянь, / меня жалеть опасно. / А ты живи праздно: / сам ешь, не давай никому... Б.О., 280

**РВАЧ** *м. презр.*
Raffer, Raffgieriger, Habgieriger, Raffzahn
*человек, стремящийся извлечь из своей работы, положения как можно больше личных выгод.*
Рвач, доносчик, подхалим. Нахватался слов разных и несешь околесицу на всяком собрании. В.М., 487

**РЕ и РЭ** *м.*
Rubel
*то же, что рубль.*
„Ваша среднемесячная зарплата?" „Семьдесят ре". В.П., 23

**РЕБЯТЁНОК** *м.*
Kindchen
*то же, что ребенок.*
По ее и без того размытому лицу катились круглые, как у ребятенка, слезы. В.А., 569

**РЕБЯТИ́ШКИ** *мн.*
Kinderchen
*маленькие дети.*
Какой желанный покой на душе, господи! Ребятишки не болеют, ни с кем не ругался, даже денег взаймы взяли. В.Ш., 323

**РЕБЯТНЯ́** *ж.*
1 Kinder
2 junge Leute
*1. ребята, маленькие дети.*
Во время разговора ребятня молча таскала целехонькие, с краями, ложки, стараясь не укапывать по столу дорогу от себя к блюду. Г.Б., 32
*2. о молодых людях.*
— Смотри. Ребятня здесь подобралась — один к одному, пьют все, включая смесь из огнетушителей. В.М., 370

**РЕБЯ́ТУШКИ** *мн. уменьш.*
junge Leute, Burschen
*молодые люди, парни.*
И блаженней блаженного во Христе, / Раскурив сигаретку „Маяк", / Он глядит, как ребятушки — вохровцы / Загоняют стихию в барак. А.Г., 86

**РЕБЯ́ЧИЙ**
kindlich; kindisch
*относящий к ребенку; принадлежащий, свойственный детям // по-детски наивный; легкомысленный //.*
... вспомнил я разом, как боговала только городская голь по станциям, моровой стон стоял только, да голосили бабы над ребячьими люльками. В.М.1, 117

**РЕВЕ́ТЬ** *несов.*
laut heulen/ flennen/ brüllen
*громко плакать.*
— Ты, мать, и радуишься и горюешь — все одинаково, — строго заметил Ермолай. — Чо захлюпала-то? Ну, пришел, теперь, радоваться надо. — Дак я и радуюсь, не радуюсь, что-ли... — Ну и не реви. В.Ш., 42

**РЕДА́КТОРША** *ж.*
Redakteur(in)
*женщина-редактор.*
Особенно недоумевала одна редакторша-старая дева, если не ошибаюсь, из „Невы". В.П., 31

**РЕДАКТРИ́ССА** *ж.*
Redakteur(in)
*женщина-редактор.*
...охотников поставлять подобную жизнеутверждающую макулатуру было всюду так много, что усталые редакторы /хотя чаще всего почему-то редактриссы, но тоже усталые/, едва взглянув мельком на первую страницу его машинописи, произносили скучным голосом одну и ту же фразу: „Оставьте, мы вам напишем..." В. Максимов, Континент, № 30, 1981, 85

**РЕЖИ́МИТЬ** *несов.*
eine festgelegte Ordnung/ ein Regime aufrechterhalten, befolgen; ein geregeltes Leben führen
*строго соблюдать режим, придерживаться точно установленного распорядка жизни, занятий, деятельности.*
С юных лет он занимался тяжелой атлетикой, режимил, не курил, не пил, даже когда тренер советовал опрокинуть рюмочку для разрядки. В.Стронгин, Л.Г., 22.11.78

**РЕ́ЗАТЬСЯ** *несов.*
leidenschaftlich spielen
*долго, с азартом играть в какую-либо игру.*
Там уже устоялась веселая таборная жизнь. На лавках дремали, закусывали, резались в домино. Д. Иванов, В. Трифонов, Л.Г., 21.6.78

**РЕЗВА́Ч** *м.*
Wildfang, Draufgänger
*человек, играющий быстро, проворно, рискованно.*
Я незаметно переталкивал его в другую команду, но там тоже не очень-то рады такому резвачу. В.А., Л.Г., 14.12.77

**РЕЗО́Н** *м.*
Argument, vernünftige Begründung, Beweis
*достаточное основание, разумный повод, причина.*
— А что за нее держаться, за воду-то? Теперь уж зима скоро, кто ж ее будет пить? — Тоже резон. Г.В. 2, 63

**РЕЗО́ННО**
vernünftig, sinnvoll, begründet
*разумно, обоснованно.*
— Вы прошлый год с нонешним не равняйте, Лида Александровна! — крикнула Вера снизу. — Я не равняю, просто сказала, как платила в прошлом году. Но вам тоже спорить не резонно: вы же работы не видели. Ю.Т., 154

**РЕМЕСЛУ́ХА** *ж.*
Gewerbeschule, gewerbliche Berufsschule
*ремесленное училище.*
Я мамашку мою еще в пятом классе схоронил, а сам в ремеслуху пошел. В.М., 484

**РЕТИ́РОВАТЬСЯ** *шутл.*
sich aus dem Staube machen, verduften
*уйти, удалиться, скрыться.*
Заметив патрульных, он хотел ретироваться, но Борис Николаевич властно его окликнул. Л.Ленч, 37

**РЕХНУ́ТЬСЯ**
überschnappen, verrückt werden, den Verstand verlieren
*сойти с ума.*
— Слышь-ка!.. Проснись, — будил Матвей жену. — Ты смерти страшишься? — Рехнулся мужик! — ворчала Алена. — Кто ее не страшится, косую? В.Ш., 101

**РЕЧИ́СТЫЙ**
redselig, gesprächig, beredsam

*разговорчивый, словоохотливый, красноречивый.*
Прыгала девчонка маленькая, размером с пуговицу, но бойкая, кудрявая и речистая. И.Г.1, 34

**РЕЧУ́ГА** *ж.*
Rede, Ansprache
*публичное выступление по какому-либо поводу; речь.*
Все читают газеты. Виктор тоже читает. — Ну что там нового? — спрашиваю с полным ртом. — Фидель толкнул речугу в ООН? В.Ак., 57

**РЕЧЬ** *ж.*
Rede, Sprache, Wort(e)
*слова, высказывания; публичное выступление.*
За такие речи любой моряк дал бы мне по глазам. Г.В.1, 5

**РЕ́ШКА** *ж.*
Vorderseite der Münze
*сторона монеты, на которой обозначена ее стоимость.*
Жисть как пятак — с одной стороны орел, с другой решка, все хотят на орла попасть, а того не знают, что и с той, и с другой стороны он пять копеек стоит. В.Расп. 2, 64

**РЖАТЬ** *несов.*
wiehernd/ laut lachen, (los)wiehern
*громко, несдержанно смеяться; хохотать.*
И кто-то жрал, и кто-то ржал / Над анектодом... А.Г., 115
Я заслушался, забыл, что у меня в руке, да как хватану одним глотком. Господи! Даже глаза на лоб полезли. Ребята ржут. А.Тараскин, Л.Г., 26.9.73

**РОБЕ́ТЬ** *несов.*
zaghaft/ schüchtern sein, ängstlich/ furchtsam sein, Angst/ Furcht haben
*бояться, трусить.*
Егор покачал головой, засмеялся. — Ничего, не робейте — летите. Садитесь только подальше от кабины. В.Ш., 20

**РО́ВНО**
gleichsam, gewissermaßen, sozusagen, quasi
*как будто, словно.*
Поезд пошел без рывков и гудков, на одной скорости, и не шел он, а ровно бы летел уже низко над землею... В.А., 571

**РО́ВНЯ** *м.ж.*
Gleichgestellte, Gleiche, Gleichrangige
*о человеке, равном в каком-либо отношении с другим или с другими.*
— Это... все так, — вздохнул Баев. Он не скрывал, что не ровня ему полуграмотная Марья спорить, неглубоко берет баба своим рассудком. В.Ш., 301

**РОГОНО́СЕЦ** *м. шутл.*
Hahnrei, betrogener/ gehörnter Ehemann
*муж, которому изменяет жена.*
Зато прозрей он в середине второго акта /когда даже глупому полицейскому комиссару становится ясно, что ди Спелта — рогоносец/, все стало бы на свои места. Г.Цитриняк, Л.Г., 21.22.79

**РОДИ́ЛКА**1 *ж.*
Entbindungsstation
*родильное отделение в больнице.*
Когда поутихло, блатняжка, вперед всех смеясь, начал рассказывать: „Этот сыр, ха-ха... банку такую же в родилку принесли, ха-ха!.. Передачку, значит..." В.А., 565

**РОДИ́ЛКА**2 *ж.*
Gebärorgane
*женский детородный орган.*
— ...Чем с тобой лежать, я лучше какого-нибудь старичка к себе возьму. Мы с ним, глядишь, ищо ребеночка родим. — Ты, девка, свою родилку-то, однако, поране меня сняла да сушить повесила. В. Расп. 1, 37

**РОДИ́ТЕЛЬ** *м.*
Vater, Erzeuger, der Alte, alter Herr
*то же, что отец.*
— Товарищ родитель, как вы смели являться к врачу в таком виде? И.Ш., 14

**РО́ДИЧ** *м.*
Verwandte
*родственник.*
К вам родичи навяжутся такие, что о них вы и слыхом не слыхали никогда. И.С., 19
Он собрал в одном месте, объединил в одном производственном коллективе почти всех своих родичей. Д.Я., 8

**РОДНУ́ЛЯ** *м.ж.*
(mein) Lieber, (mein) Guter, (mein) Teurer
*ласковое обращение к кому-либо.*
— Милые мои! Толя-лапа! Нинулик-золотце! Владимир Семеныч-солнышко! Родные мои, ну войдите в мое-то положение! Смену мне переносят второй раз, роднулечки мои, горю! С восьми утра как угорелый... В.С., 50

**РО́ДСТВЕННИЧЕСТВО** *ср.*
Verwandtschaft, Sippe, Sippschaft
*родня, родственники.*
Она заменяла мне и мать, и отца, и вообще все старшее предтекущее мое родственничество. Время и мы, № 43, 35

**РО́ЖА** *ж. груб.*
Fratze, Visage, Fresse
*то же, что лицо.*
— Не работает? — спросила, сунувшись в дверь, какая-то рожа. И.В., № 32, 73

**РОЖО́Н** *м.:* **НА РОЖО́Н**
wider den Stachel (löcken)
*на рожон (лезть, идти, переть): предпринимать что-либо рискованное, обреченное на неудачу.*
Чего, мол, человеку не хватает?! Почему на рожон лезет?! Л.Наумов, Л.Г., 10.10.79
Они лады перебирают, / Как будто лезут на рожон, / Они слова перевирают, / То в соль-мажор, / То в ре-мажор. А.Г., 194

**РО́ЗДЫХ** *м.*
Rast, Verschnaufpause
*кратковременный отдых, передышка.*
— Чего не спишь?.. Иди спать, завтра не дам роздыху. В.М., 103

**РОМА́Н** *м.*
(Liebes)Verhältnis, Liebesgeschichte
*любовные отношения между мужчиной и женщиной.*
Меня поначалу сомнение взяло. Какой, думаю, интерес мастеру Половинкину крутить роман с Татьяной Ивановной. С.Н., 11

**РО́ССКАЗНИ** *мн.*
Geplauder, Geschwätz, Faseleien, Geschichtchen, Anekdoten
*измышления, выдумки, небылицы, вызывающие сомнения в достоверенности.*
Прежнего земного не увидим небосклона; / Если верить россказням ученых чудаков. В.В.1, 8

**РОТОЗЕ́Й** *м. неодобр.*
Gaffer, Guckindieluft, unaufmerksamer/ zerstreuter Mensch, einer, der Maulaffen feilhält
*беспечный, рассеянный человек.*
Левинарцов отправился в клубы и убедился, что среди руководителей этих культурно-просветительных учреждений немало ротозеев. И.Ш., 24
Он обвинил меня в том, что я украл какие-то гайки, в том что я не подписываю каких-то бумаг, много ем, не знаю русского языка, и в конце концов назвал ротозеем. Б.С., 48

**РО́ХЛЯ** *м.ж.*
Tölpel, Tolpatsch
*медлительный, вялый, нерасторопный человек.*
— Да. Тюфяк. Рохля. Я и раньше понимал, что гублю свою жизнь. В.Кор., 191

**РУБА́КА** *м.*
Messerheld, Messerstecher
*храбрый человек, мастерски, отлично владеющий холодным оружием.*
И строятся, строятся в ряды / Белые казачьи рубахи, / И скалятся, скалятся в пыли / Чубатые, кудлатые рубаки. Б.А.3, 77

**РУБАНУ́ТЬ**
1 zurechtweisen, Bescheid sagen/ stoßen
2 futtern, mampfen, reinhauen, spachteln
3 schlagen, hauen, schmettern
*1. сказать что-либо очень резко, прямо.*
— Ничего, — сказал Глеб. — Я понимаю, что, может не по специальности задал вопрос. — Да нет такой проблемы! — сплеча рубанул кандидат. В.Ш., 175
Кларкино же несчастье в том, что она любит „выражаться". Иногда так рубанет, что даже я тихо уйкаю. А.К., 314
*2. есть много, энергично, с аппетитом.*
Хлеба с молочком да с картошечкой рубануть, да на свежем воздушке поработать только впрок... А.К., 125
Помолюсь, как говорится, Аллаху / И рубаю в маринаде салаку. А.Г.1, 108
*3. ударить с размаху.*
— Подите вы все к едрене Фене! — взбеленился я,.. и так рубанул дверью, что наверное все жильцы повскакивали... Е.Терновский, Р.М., 15.3.79

**РУБА́ХА** *ж.*
Hemd

*то же, что рубашка.*

Уже к полудню все на тебе становится взмокшим — майка, рубаха, шорты, и во всем этом ты словно погружаешься в препротивнейшую ванну, из которой до самых сумерек не можешь выбраться. В.П., 19

**РУБЛЁВИК** *м.*
Einrubelschein
*то же, что бумажный рубль; кредитный билет достоинством в один рубль.*
Раздражало Юрку и то открытое удовольствие, с каким дядя Хаким получал за свою расторопность полтинники и рублевики. Юрке деньги давали редко, да он как-то и стыдился их брать. Е.Т., 19

**РУБЛЁВКА** *ж.*
Einrubelschein
*кредитный билет достоинством в один рубль; бумажный рубль.*
Потом сами подходили, принимали Серегу за начальство, совали рублевки: „Сделай товар получше". Ф.Кан., 46

**РУ́БЧИК** *м. уменьш.*
Einrubelschein
*то же, что рубль.*
... знаешь, сколько врач получает после семи лет — шесть в институте, год в ординатуре? Восемьдесять рубчиков... В.Терновский, Р.М., 15.3.79

**РУМЫ́НКИ** *мн.*
Winterstiefeletten
*короткие зимние женские сапожки.*
Один фраер тут румынки предлагает. А.К., 319

**РУПЬ** *м.*
Einrubelschein
*то же, что рубль.*
— Вот колбаски у нас тоже нет. Такой, сухой, вообще не бывает, что вы. Бывает, выкинут по рупь тридцать — чайная, — так такая давиловка. Е.Т., 80

**РУ́ХЛЯДЬ** *ж.*
Gerümpel, Plunder, Lumpen
*ветхие домашние вещи, одежда.*
... молодой человек, постарайтесь поскорее избавиться от этой рухляди. М.С.1, 36

**РЫ́ЖИЙ**
nicht Dazugehörige, Fremde
*другой, иной.*
Им жрать надо, а мы рыжие? Еще до фестиваля до энтого две недели. а в магазине как шаром покати. А.К., 53

**РЫЖУ́ХА** *ж.*
Gold
*то же, что золото.*
На этой рыжухе у Хуся было какое-то помешательство, фикс-идея: имея ровные, белые зубы, он часто, особенно подвыпивши, начинал мечтать, как он вставит в рот рыжуху — золотые зубы. В. Карпов, Наш современник, № 1, 1979, 7

**РЫ́КАТЬ** *несов.*
brüllen, schnauzen, blaffen
*говорить грубо, отрывисто, сердито.*
А он как рыкнет: „Все еще, говорит, у тебя слоны на уме!" М.Булгаков, Юность, № 7, 74

**РЫ́ЛО** *ср. бран.*
1 Schnauze, Fresse, Visage
2 Person, Nase, Kopf (in den Wendungen pro Person, pro Kopf, pro Nase)
*1. то же, что лицо.*
И как в жизни, но еще половчей, / Бьют по рылу палачи палачей. А.Г., 95
*2. о человеке как единице счета при распределении чего-либо.*
Оказывается гулянка у них с девками. Значит в пятом классе по пентуху с рыла. И.Ф., 9

**РЫ́ПАТЬСЯ** *несов.*
sich (krampfhaft) bemühen, etwas zu tun
*порываться куда-либо пойти, что-либо сделать.*
Даже сам замполит Дубин... поднял меня на смех, когда я обратился к нему с просьбой об отправке меня в маршевую роту. — Сиди и не рыпайся со своими двойными рамами! Л.Л., № 30, 161
Давай, — говорят — молчи, — говорят, / Сиди, — говорят, — и не рыпайся! А.Г.1, 103

**РЫЧА́ТЬ** *несов.*
brüllen, schnauzen, blaffen
*кричать, говорить грубым, раздраженным, резким голосом.*
— На, не рычи, что кидать: колбасу с яичницей или котлету? Масло шипит, точно как ты, любимая... В.С., 39

**РЮМА́ХА** *ж. груб.*
(Wein-/ Schnaps-)Gläschen
*то же, что рюмка.*
—... А ученых дураков не бывает? Инженер засмеялся и встал. — Бывают! Но все же неученых их больше. Я не к этому случаю... вообще. Будь здоров! — Давай еще по рюмахе? — Нет, и тебе не советую. В.Ш., 346

**РЮМА́ШЕЧКА** *ж. уменьш. ласк.*
(Wein-/ Schnaps-)Gläschen
*то же, что рюмка.*
Снежный Человек хлопнул рюмочку винца, маленькую совсем рюмашечку, и вдруг — цап! Фигурально выражаясь, конечно, но — цап Валерия по уху, да так, что у последнего под печенкой икнуло! А.К.,176

**РЮ́МОЧКА** *ж. уменьш. ласк.*
(Wein-/ Schnaps-)Gläschen
*то же, что рюмка.*
... Пропустили рюмочки по три, заговорили о том, что все-таки их хотят надуть с этим прилавком. Дело в том, что когда они рядились в цене, то упустили из виду прилавок: надо его делать плотникам или это уже столярная работа. В.Ш., 272

**РЯ́ВКНУТЬ**
brüllen, böse schreien, (an)knurren,
*крикнуть, сказать что-либо громким, грубым голосом.*
— Отвяжись! — рявкнул вдруг Малафейкин. И покраснел как свекла. В.Ш., 271

# С

**САБАНТУ́Й** *м.*
Tumult, Aufruhr; Fete, Saufgelage
*сильный шум, переполох //праздник, вечеринка//.*
Когда проходит несколько лет и на нас начинают всерьез дуться, от сабантуя уже не отбиться никакими силами. Л.Наумов, Л.Г., 31.8.77
Толкаешь дверь в парадное, возвращаясь домой после какого-нибудь очередного сабантуя. А.К., 381

**САДАНУ́ТЬ**
schlagen, einen Hieb/ Schlag versetzen
*сильно ударить.*
У нас — со стороны руля — отворотило угол, который у кабины... Тот, видно, крюками саданул, какими борт захлестывается. В.Ш., 404
Когда в последний раз не удалось подвести под корову веревку, навернулись на глаза обидные от бессилия слезы, не сдержался, носком сапога саданул корове в опавшую боковину. Г.Б., 48

**САКС** *м.*
Saxophon
*то же, что саксофон.*
— Ой, не могу, сакс! Из кинозала снова вырвались сумасшедшие звуки. — Ой, не могу, сакс! В.П., 28

**САЛА́ГА** *м.*
Grünschnabel, Neuling, Anfänger
*о незрелом, беспомощном молодом человеке; о молодом неопытном работнике.*
Он утомленно взглянул на бутылку в моих нелепых, недодумавших ее прикрыть руках, после — на мое лицо, и произнес больше губами, чем голосом: — Топай за мной, салага. Бутылка не букет роз, дубина. В.Р., 144

**САЛЮ́Т** *м.*
Servus! Sei(d) gegrüßt!
*полушутливое приветствие: привет, здравствуй.*
Тут они являются, два деятеля. Вынырнули из тумана: „Кореш, — кричат, — салют!" Г.В.1, 3

**САМОВА́РНИК** *м. пренебр.*
Person aus einer Gegend, in der Samoware produziert werden; Samowar-Teetrinker
*о человеке, родом из областей, выпускающих самовары // о том, кто пьет много чая из самовара//.*
— Откуда, из какой области? — Тульский. — Федор невольно заражался ее тоном. — Нас еще самоварниками зовут... — Ладно, топай, самоварник... В.М.1, 190

**САМОВО́ЛКА** *ж.*
unerlaubte Entfernung (von der Truppe)
*самовольная отлучка /обычно в армии/.*

Мне было в общем наплевать на три рубля, мне ежемесячно приходили из дому переводы — хватало, но для многих это была единственная надежда выпить, если удастся вырваться из части хотя бы на несколько часов в самоволку. В.Р., 27

**САМОВО́ЛЬНИЧАТЬ** *несов.*
eigenwillig/ eigenmächtig handeln
*поступать по своему желанию, усмотрению, прихоти; поступать самовольно.*
— Вы почему нарушаете, самовольничаете и эксплуатируете людей?.. — выпалил он. В.К., 25

**САМОВО́ЛЬЩИК** *м.*
eigenmächtig Handelnder
*человек, поступающий по своей воле, по своему усмотрению, не считающийся с законами, правилами, требованиями.*
—...Шли мы по Сергеевке, охотились за ловкачами, самовольщиками. Бывало, начальничек патруля, капитан, завопит, что, мол, лови! держи! В.Р., 144

**САМОГО́НЩИК** *м.*
Schwarzbrenner
*тот, кто занимается изготовлением кустарным способом спиртных напитков /самогона/ и их продажей.*
Рассказывали, что комиссия допустила просчет, отправившись на поиски самогонщиков без противогазов. Л.Л., № 30, 164

**САМОДЕ́ЛКА** *ж.*
selbstgemachter/ selbstgebastelter Gegenstand
*самодельная вещь.*
Одних автомобилей много, они стоят в ряд, лакированные и блестящие, только что выпущенные с конвейра. А рядом другой, самоделка, чистый, но не блестящий, немного неуклюжий, но зато надежный, потому что каждую гаечку шофер закручивал сам. М.М., 7

**САМОЕ́ДСТВО** *ср.*
Selbstvorwürfe, Zerknirschung
*причинение себе нравственных страданий вследствие недовольства собой, своими поступками.*
Любой огрех после себя он переживал с мучительным самоедством. В.М., 410

**САМОКРУ́ТКА** *ж.*
selbstgedrehte Zigarette, Selbstgedrehte
*самодельная папироса, свернутая из бумаги.*
Овсянников не отрываясь смотрел в огонь, попыхивал самокруткой, изредка сплевывал в огонь. В.М. 1, 52

**САМОПИ́СКА** *ж.*
Füller
*автоматическая пишущая ручка; авторучка.*
Прошла минута тишины, лишь изредка нарушаемая скрипом самописки. С.С., 21

**САМОСА́Д** *м.*
selbstangebauter Tabak
*табак собственного посева и домашней обработки.*
Закурю любимый самосад, / Посмотрю-взгляну на садик-сад: / Березняк, сосняк, дубняк, орешник, / Хорошо, вольготно и тепло. А.Р., 27

**САМОСТИ́ЙНО**
selbständig, von allein(e)
*самостоятельно, по своему вкусу.*
... он решил переконструировать теткину комнату самостийно. Создать эдакий богемно-недорогой интерьер. С.Е., 49

**САМОУ́ЧКА** *м. ж.*
Autodidakt
*о человеке, научившемся чему-либо самостоятельно, без систематического обучения, без руководителя.*
— Да, чуть не забыл самую важную новость: твоя Людмила выходит замуж. И как ты думаешь, за кого? Ни за что не угадаешь! За Маркина, за этого остряка-самоучку с кафедры Флягина. И.Г. 1, 163

**САНТИМЕ́НТЫ и СЕНТИМЕ́НТЫ** *мн. ирон.*
Gefühlsduselei, Sentimentalität(en)
*проявление излишней чувствительности / обычно в словах, в поступках/.*
Казалось, все Сысоеву до лампочки. / Он сантименты слал всегда к чертям. Е.Е., 33
— Я украду четыре. Да что там четыре!.. Я ради вас... — Ну, будет, оставим слюнявые сантименты... Но учти, поймаю на воровстве — выгоню! Д.Я., 12

**САТАНЕ́ТЬ** *несов.*
wütend/ fuchsteufelswild werden
*становиться очень злым, приходить в состояние бешенства, ярости.*

Сатанея от мелких каверз, / Пересудов, и глупых ссор, / О тебе я не помнил, каюсь, / И не звал тебя до сих пор. А.Г., 149

**САЧКОВА́НИЕ** *ср.*
Müßiggang, Nichtstun
*безделье, праздность.*
Но учитель говорит, что он — типичный российский сачок, изображающий из себя „некую тайную персону" с целью сачкования. А.З.1, 58

**САЧКОВА́ТЬ** *несов.*
faulenzen, auf der faulen Haut liegen, herumlungern
*бездельничать, лодырничать.*
Как завелся я тут с пол-оборота: / — Так и будем сачковать?! / Так и будем?! / Мы же в счет восьмидесятого года / Выдаем продукцию людям! А.Г.1, 103

**САЧО́К** *м.*
Müßiggänger, Faulenzer, Nichtstuer, Faulpelz
*бездельник, лодырь, тунеядец.*
Левка запомнился ему нескладным — вечно нечесанные патлы над изможденным всеми мыслимыми пороками лицом — слесарем из депо, за которым по всей дистанции ходила слава самого изобретательного „сачка." В.М., 479
Член комсомольского бюро, красавец, службист и одновременно сачок, Хрусталев выступал в конце года на собрании и ... стал критиковать комсомольца Курчева за невыполнение возложенных на него поручений. В.Кор., 155

**СБА́ГРИТЬ**
loswerden, sich vom Halse schaffen
*избавиться от кого-, чего-либо.*
Поснимался немного за столом, прошли в цех — там поснимались. Только там Николай Иванович больше с рабочими и мастерами говорил. Потом и совсем „сбагрил" корреспондентов главному инженеру, пришел опять в кабинет. В.Ш., 82

**СБА́ЦАТЬ**
eine kesse Sohle aufs Parkett legen, das Tanzbein schwingen, schwofen
*станцевать, сплясать.*
— Хочу плясать! — заявила Люсьен. И трахнула фужер об пол... — Ша, Горе! — повысил голос Губошлеп. — Выбрали время! — Да мы же услышим звонок! — заговорили со всех сторон Губошлепу. — Пусть сбацают. В.Ш., 428

**СБЕСИ́ТЬСЯ**
erzürnen, wild/ rasend/ wütend werden, in Wut geraten
*то же, что взбеситься; прийти в состояние крайнего возбуждения, раздражения.*
— Фалалеев,— сказала Надя, помолчав, — ты окончательно сбесился? Д.Иванов, В.Трифонов, Л.Г., 10.1.79

**СБО́НДИТЬ и СБО́НТИТЬ** *груб.*
stehlen, klauen, stibitzen
*украсть, стащить что-либо.*
— ...Хватит уже миндальничать. Какой ты, к черту, председатель? Распустил, скоро печать сбонтят. В.Б., 93

**СБРОД** *м. пренебр.*
Gesindel, Pack, Mob, Gesocks
*о негодных, ничтожных людях.*
Я бы не решился подойти к нему первым, хотя сразу почувствовал в нем единственную родственную душу среди всего этого сброда . Л.Л., № 30, 149

**СБРО́СИТЬСЯ**
zusammenlegen
*собрать деньги с какого-то количества людей.*
— Тогда может, — говорю, — по трояку сбросимся? А.Тараскин, Л.Г., 26.9.73

**СВАЛИ́ТЬ**
1 erfolgreich absolvieren
2 abwälzen, abwimmeln, abschieben, sich vom Halse schaffen
*1.успешно выполнить что-либо.*
Люда... научилась сваливать контрольные, умело пользуясь шпаргалкой, готовиться к лабораторкам, долбить на память важные формулы, не вникая в их смысл. И.Г.1, 32
*2.переложить на кого-нибудь что-либо обременительное.*
... он вынужден всю ответственность свалить на меня. Я.А., 33

**СВАЛИ́ТЬСЯ**
(plötzlich) auftauchen
*появиться где-либо, прийти куда-либо неожиданно, вдруг.*
Тут тебе еще товарищ из области в галстуке свалился. Г.Б., 49

**СВА́ЛКА** *ж.*
Handgemenge, Rauferei, Schlägerei, Prügelei
*общая драка, побоище, потасовка.*
Гвалт. Свалка. Врата небесные с треском обрушиваются. Х.Л., 37

**СВА́РА** *ж.*
Gekeife, Gezeter, Schimpfen, Geschimpfe
*шумная перебранка, раздор, ссора.*
Только в общих кухнях продолжались обычные свары за овладение плиткой, конфоркой, местом, правом голоса. В.Р., 154

**СВАРГА́НИТЬ** *пренебр.*
managen, deichseln, drehen, hinkriegen, zustandebringen; zusammenschustern/ -bauen/ -basteln
*сделать что-либо наскоро или кое-как.*
— У врача-то не был? — Не пойду я к врачу. Давай сами. Сейчас за милую душу операцию сварганим. — Не дури, Ефим. Хошь я сама схожу в больницу и приведу кого-нибудь — прямо здесь вырежут. И никто не узнает... В.Ш., 204

**СВЕЖАЧО́К** *м.*
Neues(tes)
*о чем-либо свежем, новом.*
...А утром, чуть свет, меня разбудил мой рыжий шофер, и мы поехали по свежачку. В.Ш., 403

**СВЕКРУ́ХА** *ж. груб.*
Schwiegermutter (Mutter des Ehemannes)
*то же, что свекровь.*
Твоя свекруха меня шуганула. В.Кор., 289

**СВЕРНУ́ТЬСЯ**
seine Tätigkeit beenden, zum Abschluß bringen, Schluß machen, seine Zelte abbrechen
*ограничить или прекратить свою деятельность.*
„Значит, ходила она, ходила, а у Норд-Капа стал он ей намекать, что, мол, пора свертываться. В Мурманске его ждет невеста, расписываться должны." В.П., 25

**СВЕРХПОТРЯ́СНЫЙ**
super, stark, toll, phantastisch, umwerfend
*потрясающий, необычно сильный, крайне волнующий.*
Для нее это была сверхпотрясная /как говорили молодые пижоны/ новость. В.Кор., 229

**СВИДА́НКА** *ж.*
Wiedersehen, Rendezvous; Besuch
*то же, что свидание.*
У матери больно сжалось сердце... — Разреши мне хоть свиданку с ним... — Это можно, — сразу согласился прокурор. — У него что, деньги большие были, говорят? В.Ш., 153
А нет очков — свиданки с родителями нет, посылок с воли нет, всяких зэковских благ. Г.Р., 125

**СВИЛЬНУ́ТЬ**
zur Seite huschen, schnell abbiegen, ausweichen
*быстрым, юрким движением свернуть в сторону.*
...А опасность летела навстречу нам... Рыжий сбавил скорость и неотступным, немигающим, оцепенелым каким-то взглядом следил, как приближается этот встречный дурак. Тот перед самым носом у нас — свильнул, но все равно нас крепко толкнуло, и раздался омерзительный, жуткий треск... В.Ш., 404

**СВИ́НСТВО** *ср. неодобр.*
Schweinerei, Gemeinheit
*низкий поступок, подлость.*
И что за привычка сразу в газету писать... непорядочно это, свинство какое-то. Ю.М., 40

**СВИНЯ́ЧИТЬ** *несов.*
verschmutzen, versauen, einsauen
*загрязнять что-либо; мусорить, пачкать где-либо.*
— Вы что думаете, если собрались бежать отсюда, то свинячить можно? В.Кор., 158

**СВИ́СТНУТЬ**
1 stehlen, klauen, stibitzen
2 schlagen, hauen, einen Hieb/ Schlag versetzen
*1. украсть что-либо.*
Вот у меня, не доезжая Жмеринки, чемоданчик свистнули, так действительно начисто. М.З., 43
Вчера у Федорова новую тюбетейку свистнули прямо с головы. А.К., 136
*2. сильно, с размаха ударить.*
И, между прочим, если б знал кто, сам бы, может, ему по физике свистнул. Г.В.2, 66
Матти быстро свистнул Димке по уху, а Димка мгновенно ответил хуком в челюсть. В.Ак, 36

**СВИСТОПЛЯ́СКА** *ж. пренебр.*
wilder Tanz, wildes Toben; Wirrwarr, Unordnung, Tohuwabohu

*о сильном, бурном проявлении чего-либо // неразбериха в чем-либо, беспорядок//.*
Неожиданная стужа / завела на все лады / продувную свистопляску / разгулявшейся воды. С.В., 19

**СВИСТУ́Н** *м.*
Nichtstuer, Faulenzer, Faulpelz; Windhund, loser/ lockerer/ leichter Vogel
*пустой человек, прожигатель жизни; бездельник, тунеядец.*
— Семен, ездил к сыну-то? — Ездил... — Ну как? — Никак. Как пил, так и пьет. С работы опять прогнали, свистуна. В.Ш., 139

**СВИХНУ́ТЬСЯ**
überschnappen, den Verstand verlieren, wahnsinnig/ verrückt werden
*сойти с ума, стать помешанным.*
— Ты же свихнешься там! Тому осталось... самое большее полтора года, ему все равно, как их дожить. А ты-то?! В.Ш., 180

**СВОЛОТА́** *ж. груб. бран.*
Gesindel, Pack, Gesocks; Lump, gemeiner Kerl
*то же, что сволочь; дрянной, подлый человек, негодяй.*
Челюсть болела. Князев время от времени трогал ее и качал головой. И шептал: — Сволота... Руки, видете ли, начал распускать!.. Гад какой! В.Ш., 384

**СВОЛОЧНО́Й** *груб. бран.*
schlecht, miserabel, elend; beschissen
*подлый, негодный, дрянной, отвратительный.*
— Это величайшее кощунство, — сквозь одышку выговорил Бороздыка, звякая ключом. — Сволочной замок. В.Кор., 295

**СВО́ЛОЧНОСТЬ** *ж. бран. груб.*
Gemeinheit, Schäbigkeit, Schweinerei, Sauerei
*подлость, низость.*
И этот светский лев... годен вымахать в светскую гиену, отягощенную неприязнью к... сволочности. А.М., 9

**СВО́ЛОЧЬ** *ж. бран. груб.*
Gesindel, Pack, Gesocks; Lump, gemeiner Kerl, Schwein
*негодяй, мерзавец; подлый человек.*
С плиткой опять получилась канитель — полчаса на варку, час на ремонт. „Сволочи, — сказала она, — боба Хая и фетер Сруль платят за нас такие деньги, а они на спиральках экономят, чтоб им на том свете экономило!" А.Л., 115
Пусть он, сволочь, врет и предает, / Пусть он ходит, ворон, — в перьях сокола, / Все на свете пули — в недолет, / Все невзгоды — не к нему, а около! А.Г., 28
Сволочь Борька, сушеный крокодил, у тебя никогда не было настроений! В.Ак., 44

**СВОЛО́ЧЬ**
schleppen, schleifen
*отвести или отнести куда-либо.*
Сволокли его в отделение, выскочил на шум майор, он и майору в лоб! Ф.Кан., 41

**СВЯЗА́ТЬСЯ**
sich einlassen mit jemandem
*вступить с кем-либо в какие-либо отношения, иметь какое-либо общее дело /обычно неприятное, предосудительное/.*
— ... меня ведь затопчут, и следов потом не найдешь. Надо было мне с вами связываться... тер бы спины в бане и в ус не дул. Г.Кемоклидзе, Л.Г., 15.1.75

**СВЯТЬ**
verzagen, den Mut verlieren, aufgeben, resignieren
*сникнуть, прийти в плохое настроение, в подавленное, угнетенное состояние.*
А как вызвали меня, я свял от робости, / А из зала мне кричат — давай подробности! А.Г., 168

**СГИ́НУТЬ**
verschwinden, von der Bildfläche verschwinden; krepieren, abkratzen
*пропасть, исчезнуть // погибнуть, умереть //.*
Где теперь крикуны и печальники? / Отшумели и сгинули смолоду... / А молчальники вышли в начальники, / Потому что молчание золото. А.Г., 13
Наконец сопровождающий воскликнул: „Стоп, приехали! Отель „Амбассадор"! — нечисть сгинула вмиг, как в вакуум-трубу всосало, закрученный спиралью туман устремился за ней... А.Л., 101

**СГЛУПИ́ТЬ**
eine Dummheit/ einen Fehler machen, einen Bock schießen, sich dumm anstellen
*сказать, сделать что-либо глупое.*
Теперь, оглядываясь на свою жизнь, Филипп знал, что тогда он непоправимо сглупил. В.Ш., 355

**СГОДИ́ТЬСЯ**
nützlich/ tauglich/ brauchbar sein, von Nutzen sein, zustatten kommen
*оказаться годным, полезным для чего-либо; пригодиться.*
Поскольку этот гамлетовский вопрос гложет их души на всем пути на фронт, они, на всякий случай, торопятся урвать от жизни все, что может сгодиться на пропой. Л.Л., № 30, 171

**СГОНЯ́ТЬ**
spielen, ein Spiel(chen) machen, eine Partie spielen
*сыграть в какую-либо игру.*
...он сразу же предложил сгонять партию в шахматы. Л.Л., № 32, 78

**СГОРБА́ТИТЬСЯ**
einen krummen Rücken machen/ bekommen
*то же, что сгорбиться; стать сгорбленным, сутулым.*
...рабочая спина его, ссутулившаяся за сорок лет работы у верстака, так и не распрямилась, и так он плясал — слегка сгорбатившись... В.Ш., 46

**СГОРЕ́ТЬ**
fehlschlagen, sich zerschlagen, in die Brüche/ zu Bruch gehen, schiefgehen, platzen, auffliegen, in den Eimer gehen
*пропасть, провалиться /о каком-либо деле, мероприятии, начинании/.*
Зазвонил телефон. Про него как-то забыли все. Бульдог кинулся к аппарату, схватил трубку... — Сгорели, — коротко и ужасно сказал Бульдог. — По одному — кто куда,— скомандовал Губошлеп. Веером. — На две недели все умерли. Время! В.Ш., 430

**СГРАБА́СТАТЬ**
ergreifen, schnappen, kaschen, verhaften, festnehmen
*поймать, захватить, насильно задержать; арестовать.*
— ...Ну, мы все за ночь сделали, сграбастали одного, потолще который, связали, поволокли. А он, немец-то, орет, я ему пилоткой заткнул хайло, да и поволокли. В.Б., 62

**СГРУБИ́ТЬ**
Grobheiten sagen, grob sein, jemandem dumm kommen
*сказать грубость; нагрубить.*
— Можете ждать сколько хотите! — сгрубила она. Ю.М., 5

**СГРУДИ́ТЬСЯ**
sich aneinanderdrängen, sich ansammeln, sich zusammenrotten
*собраться вместе, в кучу.*
Бурлей уже по опыту знал: главное, чтобы вокруг прилавка сгрудилась толпа. С.Е., 50

**СГУБИ́ТЬ**
zugrunde richten, ins Verderben stürzen; unglücklich machen, das Leben schwer/ zur Hölle machen
*привести к гибели, смерти // сделать кого-либо несчастным, испортить кому-либо жизнь//.*
— ...Никак я, Нора, в голову не возьму, за что ж они батьку мово сгубили? И.В., 64

**СГУБИ́ТЬСЯ**
sich zugrunde richten, sich ins Verderben stürzen; sich unglücklich machen, sich das Leben schwer/ zur Hölle machen
*прийти к гибели, смерти // стать несчастным, испортить себе жизнь//.*
— Слушай, Демка, я тебе серьезно: сгубишься. Займись приемниками — и покойно жить и подшибать будешь. А.С., 434

**СГУЛЬНУ́ТЬ**
einen Seitensprung machen
*вступить с кем-либо в короткие любовные отношения.*
Баба, наша русская баба, не может бросить мужа в увечье. Здорового может, сгульнуть, если невтерпеж, может. В.А., 573

**СДА́ТЬСЯ**
benötigen, nötig haben, (ge)brauchen können; vonnöten/ gut zu gebrauchen sein
*понадобиться, стать нужным, необходимым для чего-либо.*
Уже потом, вороша воспоминания, он не мог припомнить, на кой ляд сдались ему эти простроченные штаны. Д.Иванов, В.Трифонов, Л.Г., 28.7.76

**СДВИГ** *м.*
Stich, Vogel, Macke, Flitz
*небольшое психическое расстройство, ненормальность, неполноценность.*
Это точно, со сдвигом была. и на допросе он

твердил потом, пусть альбом у ней поищут, на квартире, с фотками, такой в шелку, с цветочками нашитыми, — пусть глянут! Ю.С., 113

**СДВИ́НУТЫЙ**
nicht normal, nicht (ganz) richtig (im Kopf/ im Oberstübchen)
*психически ненормальный, неуравновешенный.*
Живет на свете человек, его зовут Психопат... Он и правда какой-то ненормальный. Не то что вовсе с вывихом, а так — сдвинутый. В.Ш., 394

**СДЕ́ЛАТЬ**
betrügen, hintergehen, hinters Licht führen, übers Ohr hauen, aufs Kreuz legen, hereinlegen
*обмануть, перехитрить кого-либо.*
И пойдет теперь мурыжево — / Федерация, хренация, / Как, мол, ты не сделал рыжего — / Где ж твоя квалификация?! А.Г., 199

**СДО́ХНУТЬ** *груб.*
draufgehen, krepieren, abkratzen, ins Gras beißen
*то же, что умереть.*
— Сдохнуть можно, — сказал пучеглазый чуть не навзрыд. Г.В.1, 7
И сказал: „Признаюсь по чести, / Если выполню просьбу эту, / Ты тотчас же сдохнешь на месте." А.З., 146
— Поживу, — говорит, — бабой, сколько удастся, а сдохну — туда и дорога. И.В., № 32, 18

**СДРЕ́ЙФИТЬ**
Schiß kriegen
*испугаться, струсить.*
Лежишь, скажем, ночью в постели... и думаешь: зря ты, Рачков, сдрейфил, зря! Ю.М., 45

**СДУРЕ́ТЬ**
dumm werden, verblöden, vertrotteln
*стать дураком, совершить глупые поступки.*
— Ты что, сдурел, парень? — спросил участковый, вглядываясь в лицо Степана. В.Ш., 47

**СДУ́РУ**
aus Dummheit, dummerweise
*по глупости, не сообразив в чем дело.*
Эй, горожане, прячьте жен, / Не лезьте сдуру на рожон! А.Г., 18

**СДЮ́ЖИТЬ**
können, imstande sein, vermögen; aushalten, verkraften, ertragen
*оказаться в силах, смочь что-либо сделать // выдержать, вытерпеть//.*
— А куда я пойду — разведусь-то? Она же дом отсудит? Отсудит. Да и это... ребятишки еще не оперились, жалко мне их... — Сколько у вас? — Трое. Меньшому только семь, я люблю его до смерти. Мне на стороне не сдюжить — вовсе сопьюсь. В.Ш., 283

**СЕКРЕТА́РША** *ж.*
Sekretärin
*женщина-секретарь.*
А в глазах у тебя дача в Павшине, / Холуи да топтуны с секретаршами, / И как вы смотрите кино всей семейкою, / И как счастье на губах — карамелькою... А.Г., 174
В понедельник утром секретарша принесла Грачеву необходимую для запуска новой машины документацию. А.Я., 26

**СЕМИЛЕ́ТКА** *ж.*
1 Siebenklassenschule (in der UdSSR)
2 Siebenjahresplan
*1. школа с семилетним курсом обучения.*
Моня окончил семилетку в деревне ... В.Ш., 332
*2. семилетний план.*
— Неплохие они, по-моему, ребята, — задумчиво сказал Шурик. — В общем, „герои семилетки", — процедил Игорь. — Мне ясно, почему они именно здесь — решили подкалымить. В.Ак., 37

**СЕРДЕ́ЧНИК** *м.* **СЕРДЕ́ЧНИЦА** *ж.*
Herzkranke(r)
*тот, кто страдает болезнью сердца.*
Конечно, вы мужчина кубатуристый, в вас много войдет, это надо понимать и ухаживать, а то эта корова расплясалась и вас дергает. Надо же понимать, человек — сердечник. В. Крупин, Новый мир № 8, 1980, 57
В комнате рядом живет Саня Купавина, бывшая ткачиха, певунья и балоболка, и не так чтобы старая, всего под семьдесят, одна беда — сердечница. Л.Ленч, 33

**СЕРДОБО́ЛЬНЫЙ**
mitleidig, mitfühlend, barmherzig
*отзывчивый, сочувствующий чужому горю, несчастью.*

— Но ведь растешь! — уже жалела подругу сердобольная переводчица. В.Кор., 236

**СЕРЁДКА** *ж.*
das Innere, Mitte, Kern
*внутренняя часть чего-либо // середина//.*
...и сперва выешь мякоть из середки, после и за семечки примешься. В.А., Л.Г., 14.12.77

**СЕРЕДНЯ́К** *м. пренебр.*
farbloser/ mittelmäßiger Mensch
*о ком-либо, ничем особенно не выдающемся, (обычно о способностях, внешности и т.п.).*
Дамы, сидевшие у Крапивникова, были хоть и не старые, но совсем не очаровательные, как уверял по телефону хозяин. Так, мелкий середнячок. В.Кор., 212

**СЕ́РОСТЬ** *ж.*
Farblosigkeit, Ausdruckslosigkeit; Halbbildung, Mangel an Bildung; Ignoranz
*бесцветность, безликость, отсутствие индивидуальности // малокультурность, необразованность, невежество//.*
Предмет настоящей литературы — их обычность, серость, заурядность. А.З., 173

**СЕРЧА́ТЬ** *несов.*
böse sein, sich ärgern, zürnen
*сердиться, обижаться на кого-либо.*
Я к ней, в ВЦСПС, в ноги падаю, / Говорю, что все во мне переломано, / Не серчай, что я гулял с этой падлою,/ Ты прости меня, товарищ Парамонова! А.Г., 167

**СЕ́РЫЙ**
ungebildet, unkultiviert
*малокультурный, необразованный.*
... сама исподтишка подглядывает за Лешкой Турбиным, посредственным, серым учеником, каким-то непонятным образом завладевшим ее сердцем. А. Сафронов, Юность № 3, 1981, 112

**СЕРЯ́К** *м.*
ungebildeter/ unkultivierter Mensch, Banause
*необразованный, малокультурный, невежественный, заурядный человек.*
Затем на уровне дирекций и деканатов часть приличных людей вычеркнули, а вместо них вставили подонков и серяков. А.З., 86

**СЕСТРУ́ХА** *ж. груб.*
Schwester
*то же, что и сестра.*
— А сеструха у тебя, Алексей Михалыч, надо сказать стоющая. Первый сорт, можно сказать, девка. В.М., 179

**СЕЧЬ** *несов.*
1 verstehen, begreifen, kapieren, schnallen, mitkriegen, checken
2 (be)merken, anmerken
*1. понимать, осмысливать, осознавать что-либо.*
Понимаешь, я ведь не младенец. Кое-что секу сам. Вся наша историческая наука — почти сплошное вранье и фальсификация. А.З., 51
*2. замечать, подмечать что-либо; обращать внимание на кого-, что-либо.*
Тянуть воз в гору, нагруженный до верху подпольным бизнесом, опасным бытием /секут мусора или не секут?/, и напряженной учебой в институте — довольно тяжеловато. А.П., 45

**СИВОЛА́ПЫЙ** *презр.*
grob, ungehobelt, ungeschliffen, unkultiviert, ungebildet
*грубый, невоспитанный, необразованный, неловкий.*
... голос буфетчицы звучал, будто из-под пола: — Не толпись, кацапня, всем достанется, успеете нализаться, — дорвались сиволапые, теперь за уши не отдерешь... В.М.1,47

**СИВУ́ХА** *ж.*
Fusel, Schnaps, Stoff
*плохо очищенная хлебная водка // о водке вообще //.*
— ... Ну, что же: так мы и будем веками дуть эту сивуху? В.Ш., 382

**СИГАНУ́ТЬ**
abhauen, türmen, die Kurve kratzen
*то же, что убежать.*
... он где-то на повороте в лесу сиганул из машины и дал стрекача в одних кальсонах, со связанными руками. Л.Л., № 32, 173

**СИДЕ́ЛЕЦ** *м.*
Mensch mit sitzender Tätigkeit
*о том, кто много сидит /на работе, на собраниях, заседаниях и т.п./.*
И начинается великое сидение, так что даже не-

мнущиеся ткани дают слабину, отчего вы сразу узнаете сидельца по пузырям на коленях. А.М., 43

**СИ́ДОР** *м.*
Soldatenrucksack, Tornister
*солдатский вещевой мешок.*
Вещевой мешок за плечами, так называемый сидор, горбит ее и старит. ...Лямки сидора режут плечи, особенно левое, возле ключицы, где в прошлом году ранило. И. Грекова, Вдовий пароход, Новый мир, № 5, 1981, 75

**СИЛЁНКА** *ж. презр. уменьш.*
Kraft, Stärke
*то же, что сила.*
План планом, а силенок хватит и на большее. В.Ш., 81

**СИЛКО́М**
mit (aller) Gewalt, unter Anwendung von Gewalt, gewaltsam
*силой, насильно.*
А заведующая сама уже приняла его за корреспондента, силком напялила на него белый халат и волоком потащила по магазину. М.Хазин, Крокодил, № 9, 78

**СИМВОЛЯ́ТИНА** *ж. пренебр.*
Symbolik, symbolische Bedeutung
*то же, что символ, символика.*
— Образный кинематограф? Чепуха, символятина... — грустно произнес он. Б.С., 16

**СИМПАТЯ́ГА** *м. ж.*
sympathischer/ angenehmer Mensch
*симпатичный, приятный, милый человек.*
Гримерная. Симпатяга Анечка — гример. В.С., 49

**СИМПОМПО́НЧИК** *м.*
sympathischer/ angenehmer Mensch
*о ком-либо, вызывающем симпатию, расположение к себе // о ком-либо приятном, милом, привлекательном //.*
— Я не знаю, как тебе, а мне он даже показался симпатичным, правда? — Конечно, очень симпатичный. Симпомпончик. Хороший парень, на все сто! А.К., 348

**СИМПО́ТНЫЙ**
sympathisch, angenehm, zusagend
*то же, что симпатичный; вызывающий симпатию, располагающий к себе, привлекательный.*
— А вечером, после колледжа, куда? — прервала их разговор Наталья. — В кабак, — хором ответили Пит, Алекс и Любаня. — Здесь музыка симпотная. Чуваки. Б-ка крок., № 18/815/, М., 1978, 22

**СИРОТИ́НУШКА** *ж. ласк.*
Waise, Waisenkind
*то же, что сирота; человек, лишившийся одного или обоих родителей.*
— ...У тебя правда, что ли, никого нету? Родных-то... — Нет, я сиротинушка горькая. Я же писал... В.Ш., 437

**СКАЛДЫ́РНИЧАТЬ** *несов.*
knausern, geizen, raffgierig sein
*проявлять жадность, скупость; жадничать.*
Неужели садиться только на причитающиеся ей пятнадцать рублей? Что значит на пятнадцать?.. Что же наша Пупеле, жадничает? Скалдырничает? Жмотничает? А.К., 386

**СКА́ЛИТЬ** *несов.* : **СКА́ЛИТЬ ЗУ́БЫ** *неодобр.*
(laut) lachen
*смеяться, хохотать.*
Рота дремала, только курсанты Сергейчук и Топорко скалили зубы: месяца полтора назад они хотели „пустить кровь жидюге Самуилу". В.Р., 40

**СКА́ЛИТЬСЯ** *несов.*
grinsen, feixen, grienen
*улыбаться, смеяться, хохотать.*
... так заразительна была его улыбка. Она передавалась, как зевота, и я скалился, хотя на душе у меня в этот момент скребли кошки. Л.Л., № 32, 178

**СКАЛОЗУ́Б** *м.*
Spötter, Zyniker
*о том, кто любит много смеяться, насмехаться над кем-, чем-либо; насмешник.*
— Конечно, Лен, если б молодой он, так я и внимания б не обратила. Мало ли чего они, скалозубы, ржут-то. А то, ведь, пожилой, дети уже все женатые. А.К., 32

**СКАЛОЛА́ЗКА** *ж.*
Bergsteigerin
*о женщине, занимающейся альпинизмом.*
Ох, какая же ты близкая и ласковая, / Альпинистка моя, скалолазка моя. В.В. 3.5

**СКАНДА́ЛИТЬ** *несов.*
Krach/ Radau machen
*устраивать скандалы, ссоры, драки.*
Бронька много скандалил на своем веку. В.Ш., 116

**СКАПУ́ТИТЬСЯ**
zugrunde gehen, draufgehen, ums Leben kommen, umkommen, kaputtgehen, vor die Hunde gehen
*погибнуть, умереть.*
В 37-м перемололи, да и вообще. Победоносиковы скапутились. В.Кор., 377

**СКАРБ** *м.*
Hausrat, Habseligkeiten, Siebensachen
*пожитки, старые домашние вещи, имущество.*
Лашков, помогая Ивану втаскивать его нехитрый скарб в освобожденную угловую, с окнами во двор, и до того видел, что хоть и озорует слегка Левушкин, ... не чувствуется ... хозяйской полноты, удовлетворения... В.М., 172

**СКА́РЕД** *м.*
Geizhals, Geizkragen, Knicker, Knauser, Raffzahn
*жадный, скупой человек; скупец, скряга.*
Благо и фраза уже приготовлена для литфондовских скаред, замечательно убеждающая. А.М., 3

**СКАТИ́ТЬСЯ**
hinunter-/ hinab-/ herabrollen, hinuntergleiten, hinunterrutschen
*съехать, сползти вниз, падать откуда-либо, с чего-либо.*
Когда с фронтона Большого театра, / подковами бронзовыми звеня, / стремительно скатывается тройка / и мчится в сумерках на меня, / я вижу бег ее напряженный... Б.О., 227

**СКВАЛЫ́ГА** *м. ж.*
Geizhals, Knicker, Knauser, Raffzahn
*скупой, жадный человек.*
Хохот стоял в этом домике до полуночи, к неудовольствию парторга роты охраны Волхова, трезвенника и сквалыги, который сам себе стирал исподнее и, несмотря на запрещение Ращупкина, в целях экономии заправлялся из солдатского котла. В.Кор., 12

**СКВИТА́ТЬСЯ**
abrechnen mit jemandem
*отомстить, отплатить кому-либо за причиненное зло, обиду.*
...они разбили нос именно ему, — теперь появилась реальная возможность с ними сквитаться. А.Гл., 34

**СКИ́НУТЬ₁**
abtreiben, eine Abtreibung machen
*при помощи медикаментов, хирургического вмешательства и т.п. вызвать преждевременные роды.*
Она к женской сестре ходила, капли пила, чтобы скинуть, но не скинула, а родила девочку Ниночку, хорошенькую и здоровенькую, всю как две капли в слесаря-механика. И.Г.2, 131

**СКИ́НУТЬ₂**
ablegen, ausziehen
*сбросить, снять что-либо надетое.*
Дядькина бригада тем временем скинула фуфайки, сапоги тоже все в гардеробе поставили. Г. Кемоклидзе, Л.Г., 15.1.75

**СКИ́НУТЬСЯ**
(Geld) zusammenlegen
*собрать деньги на какое-либо общее дело.*
А видели вы, чтоб они „на троих" / Скидывались по рублю? Б.Юдин, Б-ка крок., № 17/814/, М., 78
Тогда Ребров предложил скинуться по трешке, купить пару бутылок, сырку, колбаски. А.З., 97

**СКИ́СНУТЬ**
schlechter Stimmung sein, Trübsal blasen, den Mut verlieren/ sinken lassen
*стать унылым, упасть духом.*
Но очередь оказалась какая-то вялая, неразговорчивая. Да и продавщица работала быстро. Шляпников опять было скис. М. Мишин, Л.Г., 24.11.76

**СКЛАД** *м.*
logischer Aufbau/ Zusammenhang, Sinn(gehalt)
*логическая связь, стройность, смысл; толк.*
Ни лада, ни смысла, ни склада, / Как в громе, гремящем вдали, / А только и есть, что ограда / Да мерзлые комья земли. А. Г., 151

**СКЛАДНИ́К** *м.*
Klappmesser
*то же, что складной нож.*
... у Енисея, подле хохловской бани расположилась братва, жует серу, бросает камни в воду, втыкает складник в землю. В.А., Л.Г., 14.12.77

**СКЛА́ДНО**
gut aufgebaut, logisch, zusammenhängend, flüssig, fließend (Rede)
*связно, гладко.*
Приезжаю на студию. Заводит в пустую комнату и начинает мне про фильм заливать. Да складно так. Списал, наверное, где-нибудь и выучил. Л.Измайлов, Л.Г., 12.11.75

**СКЛА́ДНЫЙ**
gut gebaut, stattlich
*хорошо сложенный, статный, стройный.*
Особой красотой, скажем прямо, она не отличалась, но страшно гордилась своей высокой и очень стройной фигурой. И я ей завидовала: „Какая ты, Кларка, складненькая!" А.К.,313

**СКЛЕРО́ТИК** *м.*
Sklerotiker, Zerstreuter, Vergeßlicher
*о ком-либо, имеющем плохую память, многое забывающем.*
Сапелкин проклинал ...Пичугина, склеротика / „анекдот не может запомнить!" /. С.Альтов, Л.Г., 3.9.75

**СКЛИ́ЗКИЙ**
glatt, glitschig, schlüpfrig; unklar, verschwommen; aalglatt
*скользкий, неясный // хитрый, увертливый//.*
Ох, и вскинулся я прямо на-дыбы, / Ох, не надо бы вслух, ох, не надо бы! / Больно тема какая-то склизкая, / Не марксистская, ох, не марксистская! А.Г., 244

**СКЛИ́ЗКО**
glatt, glitschig, schlüpfrig
*скользко.*
— У тебя же золотые руки! — скажут ему /Семке/. — Ты бы как сыр в масле катался... — А я не хочу как сыр в масле. Склизко. В.Ш., 245

**СКЛО́ЧНИК** *м.*
Intrigant, Ränkeschmied, Giftmischer, Stänkerer
*человек, затевающий ссоры, споры, передающий сплетни, пишущий жалобы и доносы.*
— Знаешь, дочка... не пара он тебе. Дебошир, склочник, скандалист. С таким жить да мучиться... А.Я., 42

**СКЛО́ЧНИЧАТЬ** *несов.*
Ränke schmieden, intrigieren, stänkern
*заниматься склоками; жаловаться, доносить на кого-либо; сплетничать.*
А мужик ее хоть и молчал, да фельдшерице от этого было не легче: такие молчуны самая дрянь; молчат-молчат, а потом айда до главного и давай катить бочки... Но этот человек вроде и не думал склочничать. Е.Т., 8

**СКЛЯ́НКА** *ж.*
Fläschchen, Gläschen
*стеклянная посуда.*
Она доит корову, процеживает сквозь марлю молоко и разливает его по всевозможным банкам и склянкам. В. Расп. 2, 57

**СКОБА́РЬ** *м.*
ungehobelter Kerl, grober Klotz
*о грубом, невежественном, необразованном человеке.*
Вот он и тешится, что может там своим скобарям-почтовым служащим тебя, как советского слона, показать. Л.П., 140

**СКОБЛИ́ТЬСЯ** *несов. шутл.*
sich rasieren
*то же, что бриться.*
Из-за нее я не беру в лавочке масла, скоблюсь бритвой „Нева". В.П., 43

**СКО́МКАТЬ**
(ab)kürzen, kürzer machen, abschneiden, in aller Eile/ hastig/ flüchtig machen, schludrig machen, hinschludern
*сократить что-либо, сделать что-либо наспех или небрежно.*
Ведь именно котом в мешке получаете вы машину, пробный пробег вам скомкают, совершить по уму не дадут. А.М.,19

**СКОМОРО́ШНИЧАТЬ** *несов., неодобр.*
Possen reißen, Spaß/ Unsinn machen, ulken
*вести себя подобно скомороху, шуту, клоуну.*
Он же уже не хохмил, не скоморошничал. В.Ш., 118

**СКО́ПОМ**
(alle) zusammen, miteinander, gemeinsam, gemeinschaftlich
*все вместе, сообща.*
Прибежала милиция... Всем скопом загнали Витьку в угол — между ларьком и забором. В.Ш., 148

**СКОПЫ́ТИТЬСЯ**
umfallen, umkippen, zusammensacken, zusammenklappen, schlappmachen; abkratzen
*свалиться с ног от усталости, болезни; заболеть, умереть.*
Старик Федор, как выразился Митька, уже давно скопытился и попал не на тот маршрут: одетый храпел на Мишкиной лежанке. В.Б., 79

**СКО́РЕНЬКО** *ласк.*
schnell, geschwind, rasch
*то же, что скоро.*
Всякое смущение у Кайгородова прошло. Он скоренько оделся, и они вышли с Князевым из номера. В.Ш., 365

**СКОРЁХОНЬКО** *ласк.*
schnell, geschwind, rasch
*то же, что скоро.*
Надо уж и на ферму бежать. Катерина, в резиновых сапогах, еще без фуфайки, скорехонько покормила меньшого — он сосал не жадно, не торопясь, и она соском чувствовала, как мальчонка изредка улыбается в темноте. В.Б., 41

**СКОРМИ́ТЬ**
verfüttern
*дать съесть что-либо, накормить чем-либо.*
„Экая диковина! — скажет. — Из-за моря небось привезли?!" И спрячет их /персики/, а потом ему же и скормит. В.А., 562

**СКОРОПАЛИ́ТЕЛЬНЫЙ**
übereilt, überstürzt, unüberlegt, unbedacht
*слишком скорый, чересчур поспешный.*
...руководству и общественным организациям... хладнокровие, к счастью, не изменило, горячку они пороть не стали, скоропалительных мер решили не принимать. А.Борин, Л.Г., 14.3.79

**СКОРОСПЕ́ЛКА** *м. ж.*
übereilt/ unbedacht/ überstürzt handelnder Mensch
*о человеке, делающем все слишком быстро, поспешно // о ком-либо, рано, без подготовки начинающем что-либо//.*
Настя выделялась порывистостью и удивительной энергией. „Скороспелка", — говорила о ней Василиса. В.Расп. 2, 60

**СКОРОТА́ТЬ**
die Zeit verbringen, sich die Zeit vertreiben
*провести где-либо время.*
— ...Впускай нас — мы хоть у тебя под крышей ночь скоротаем. Г.Кемоклидзе, Л.Г., 15.1.75

**СКО́РЧИТЬСЯ**
sich krümmen, einschrumpfen, sich zusammenkauern, krumm/ schief werden, sich ducken
*согнуться, искривиться.*
Скорчится, поскулит за столом — домой отпустят. И.С., 26

**СКОСОБО́ЧИТЬСЯ**
sich krümmen/ verzerren, krumm/ schief werden, schieflaufen, schiefgehen
*искривиться; стать неверным, неправильным.*
Жизнь Спирьки скособочилась рано. Еще он только был в пятом классе, а уж начались с ним всякие истории. Учительница немецкого языка, тихая, обидчивая старушка из эвакуированных, удивлялась на Спирьку. В.Ш., 186

**СКОСОМО́РДИТЬСЯ**
das Gesicht verziehen/ verzerren, Grimassen schneiden
*скоситься, скривиться; сделать гримасу.*
— Что ты! У нас этого нет, — игриво скосомордилась Надя, — Янечка это просто какая-то запрограммированная честность. А.К., 429

**СКОСОРО́ТИТЬСЯ**
den Mund/ das Gesicht verziehen, eine Schnute ziehen
*скосить, скривить рот при плаче, улыбке и т.п.*
И старик тоже скосоротился на такую глупость. — На кой она ему черт нужна, печать? — Да я к слову говорю! Сразу „мама"! Слова не дадут сказать. В.Ш., 462

**СКОСТИ́ТЬ**
abnehmen, streichen, vermindern, (ab)kürzen, kürzer machen
*убавить, уменьшить что-либо.*
А ты стучи, стучи, а тебе Бог простит, / А начальнички тебе, Леха, срок скостят! А.Г., 78

**СКОТ** *м. бран.*
grober/ gemeiner Mensch, Schwein
*грубый, подлый человек.*
— ...Революция — вот смысл существования всякого человека, если только он не превратился в скот. И.В., 74

**СКОТИ́НА** *м. ж. бран.*
grober/ gemeiner Mensch, Schwein
*грубый, подлый человек.*
Санитар, слышавший эти слова, подошел и рявкнул: — Не давай ты ему ничего, надоел уже всем. И ему: — Заткнись, скотина, опять попрошайничаешь. Время и мы, № 43, 19

**СКО́ТСТВО** *ср. бран.*
Brutalität, Bestialität; Schweinerei, Sauerei, Gemeinheit
*грубость, бескультурье // низость, подлость//.*
— Чего же он-то не обижается, что еще вчера хозяином тут был я? — изумлялся кандидат. — Это ж надо так войти в роль... сверхсовременных людей. Или это уж скотство какое-то. В.Ш., 413

**СКРЕСТИ́** *несов.*
schwatzen, plaudern, dummes Zeug reden; klatschen, tratschen
*говорить, болтать вздор, ерунду, чепуху // сплетничать о ком-, чем-либо//.*
— Значит, политику скребете? Что это гостя не слышно? Все ты, старичок, гудишь, слышу с кухни. В.С., 48

**СКРИВИ́ТЬСЯ**
das Gesicht verziehen, eine Grimasse schneiden
*сделать гримасу, перекосить лицо.*
И Пронякин, посмотрев как она /руда/ уложена, скривился, как от зубной боли, и молча отъехал. Г.В.2, 71

**СКРИПЕ́ТЬ** *несов.*
1 knausern, geizen, knapsen, knickern, raffgierig sein
2 (gerade) so/ mühsam über die Runden kommen, sich durchschlagen, sich durchwursteln
*1. жадничать, скупиться.*
— ...Гроши попридержи, не раскидывайся, уродовался, наверно, в море за эти гроши. — А для чего ж уродовался? Чтоб скрипеть над ними? Г.В.1, 11
*2. жить кое-как, с трудом поддерживая свои силы, свое существование.*
— Здоровьишко-то как, Васильевич? — Скриплю. В.М., 495

**СКРО́МНИК** *м.*
bescheidener/ anspruchsloser/ genügsamer Mensch, die Bescheidenheit selbst
*скромный человек.*
Сталин при таком сравнении выглядит скромником. А.З., 107

**СКРОМНЯ́ГА** *м. ж.*
bescheidener/ anspruchloser/ genügsamer Mensch, die Bescheidenheit selbst
*скромный человек.*
Какой-то ты, выходит, скромняга, ничем не выделяешься. И.Ф., 37
— Представляешь, такая, новый тип. Одета — не то, что мы с тобой — расфуфыр, а так, скромно, ничего лишнего. В общем, не простой орешек. Скромняга. Алешка ее закадрил на Новый год у Крапивникова. В.Кор. 237

**СКРУ́ТКА** *ж.*
selbstgedrehte Zigarette
*самодельная папироса, самокрутка.*
Сперва он вышел встречать ее в садик, зная по какой косой аллейке она должна прийти, выкурил там две махорочных скрутки, но потом подумал, что в бабьем халате будет выглядеть глупо, не так, как хотел бы ей представиться. А.С., 264

**СКРЮ́ЧИТЬСЯ**
krumm werden, sich (zusammen)krümmen
*согнуться, искривиться.*
Ванька зажмурился от боли... упал, скрючился. В.Ш., 278

**СКУКО́ЖИТЬСЯ**
sich krümmen, einschrumpfen, einlaufen, aus der Fasson geraten
*съежиться, скорчиться, потерять форму.*
Сапоги за три недели от неноски и нечистки вовсе скукожились, и Курчев решил заняться ими по возвращении из бани. В.Кор., 547

**СКУКОТА́** *ж.*
Langeweile
*то же, что скука.*
— Алла Павловна, какой я дурак, лучше бы я свой билет Вике-Тике отдал... Ей так хотелось... А теперь расскажу, что скукота была, так все равно не поверит, подумает, что утешаю... А.К., 134

**СКУМЕ́КАТЬ**
begreifen, kapieren, mitbekommen, schnallen
*сообразить, додуматься до чего-либо.*
— Ну, он, понимаешь, скумекал, что непищевое подождет, оформляет документы и везет в подарок Питеру три вагона сушеных абрикосов. В. Кор., 62

**СКУПЕРДЯ́Й** *м. пренебр. бран.*
Geizhals, Knicker, Knauser
*скупой, жадный человек.*
А теперь взгляни на этого юного скупердяя. Только что я обнаружила под аквариумом его заначку. А.Хорт, Л.Г.,6.4.77

**СКУ́РВИТЬСЯ**
1 denunzieren, anzeigen, verpfeifen
2 untreu sein, die Treue brechen, fremdgehen
*1. донести на кого-либо.*
Ни разу в жизни я не мучился / И не скучал без крупных дел. / Но кто-то там однажды скурвился, ссучился, / Шепнул, навел — и я сгорел. В.В.3, 28
*2. изменить кому-либо.*
„Пришел я, бритый, она лежит, как удав на перине. Ну, говорю, рассказывай, как ты тут без меня опять скурвилась?" В.Ш., 285

**СКУЧИ́ЩА** *ж.*
Langeweile, Öde
*скука, тоска, уныние, вызываемые однообразием обстановки, отсутствием дела, интереса к окружающему.*
И только Губин не унимался. Он словно не за тем сюда пришел, чтобы сделать спектакль наилучшим образом, он словно с кем-то пари заключил тормозить и сеять скучищу. В.С., 44

**СКУЧНЯ́ТИНА** *ж.*
Langeweile, Öde
*о чем-либо наводящем скуку, тоску, уныние.*
Кончится тем, что я вышвырну его /телевизор/ в мусоропровод. Замучил скучнятиной. Н.М., 33

**СЛАБА́К** *м.*
Schwächling, Waschlappen, Weichling
*о слабосильном или малодушном человеке.*
Ныне и слабак может ухлопать могучую медведицу. С.Б.,33
И по их беспомощности, и по желанию врать себе до последнего, что у них не рак, выходило, что все они слабаки и что-то в жизни упустили. А.С., 115

**СЛАБИ́НА** *ж.*
schwache/ dünne Stelle
*слабое место, недостаток.*
И начинается великое сидение, так что даже и немнущиеся ткани дают слабину, отчего вы сразу узнаете сидельца по пузырям на коленях. А.М., 43

**СЛАБИ́НКА** *ж.*
schwache/ dünne Stelle
*слабое место, недостаток.*
И незадача с Марьяной не раздражала отчима, а как бы наоборот, нащупывала слабинку в удачливом пасынке и приближала его к министру, которому сейчас было препаршиво. В.Кор., 473

**СЛАБО́**
das schaffst du nicht, das packst du nicht
*не под силу, невмочь /употребляется при выражении сомнения в чем-либо, недоверия к кому-, чему-либо/.*
— Спорим, что наш ОТК с любым дефектом мебель принимает? Что, слабо? — Почему это слабо? Спорим! Ю.Рихтер, Юность, № 2, 75, 111

**СЛАД** *м.* **: СЛАДУ́ НЕТ**
mit jemandem ist nicht auszukommen/ kein Auskommen
*нет возможности справиться с кем-, чем-либо.*
С фантазиями нету сладу: / я вижу, как в чужом раю, / перемахнув через ограду, / отыскивая дичь свою, / под носом у слепой двустволки / малиновые бродят волки... Б.О., 179

**СЛА́ДИТЬ**
zusammenbasteln, -schustern
*изготовить, сделать что-либо.*
— Нельзя ли из кусочков сладить? — Нет, — говорю, — любезный коммерсант, из кусочков, ничего не выйдет. Требуется полное стекло четыре на три. А цена тому зеркальному стеклу будет семьдесят пять целковых и бой мне. Цена, любезный коммерсант, вне конкуренции и без запроса. М.З., 23

**СЛАДКОЕ́ЖКА** *м. ж.*
Leckermaul
*о том, кто любит есть сладкое.*
Надо продавать в магазине сахар лишь по рецепту врача, чтобы не погубить сладкоежек, которые склонны к полноте и к кариесу. А. Рубинов, Л.Г., 11.3.81

**СЛА́ЗИТЬ**
klettern, steigen, kriechen
*спуститься или подняться куда-либо и, побыв там, вернуться обратно.*
Ефим слазил в погреб, отхватил добрый кус сала. В.Ш., 136

**СЛЕСА́РИТЬ** *несов.*
schlossern
***то же, что слесарничать; заниматься слесарной работой, быть слесарем.***
В это лето отца за пьянство списали из паровозной бригады, и он слесарил в депо. В.Кор., 391

**СЛИЗНЯ́К** *м. презр.*
willenloser/ willensschwacher/ haltloser Mensch, Schwächling
***о безвольном, бесхарактерном, ничтожном человеке.***
„... Поэтому я еще раз спрашиваю /как на допросе!/: что это, Майя? Умоляю тебя, напиши мне еще одно письмо, коротенькое, ответь на вопрос: что это, Майя?" Так начал Ваганов свое длинное письмо... Он отодвинул его, склонился на руки. Почувствовал, что у него даже заболело сердце от собственной и глупости и беспомощности. „Попугай! Что это, Майя? Что это, Майя? Тьфу!.. Слизняк". В.Ш., 289

**СЛИМО́НИТЬ** *груб.*
klauen, mitgehen lassen
***украсть что-либо.***
— Сапоги, — говорю, — граждане, чуть не слимонили. М.З., 44

**СЛИНЯ́ТЬ**
abhauen, stiftengehen, türmen
***уйти, убежать, исчезнуть.***
Энтузиасты за спиной форейтора мигом слиняли, сразу утратив интерес к дармовой выпивке. Д.Иванов, В.Трифонов, Л.Г., 11.10.78

**СЛОВЦО́** *ср. уменьш. ласк.*
Wort, Wörtchen
***то же, что слово.***
У лошади была грудная жаба, / Но лошадь, как известно, не овца! / И лошадь на парады выезжала, / И маршалу про жабу ни словца. А.Г., 215

**СЛОЖИ́ТЬСЯ**
(Geld) zusammenlegen
***собрать деньги на какое-либо общее дело.***
...местком выделил пятьдесят рублей, музыканты сложились по два рубля, купили ценный подарок, и я сказал речь. Я.Зискинд, Л.Г., 27.8.75

**СЛОМА́ТЬСЯ**
1 schwach werden, zusammenklappen, schlappmachen
2 eine tiefe Verbeugung/ einen Bückling machen; sich erniedrigen
*1. лишиться силы воли, энергии.*
Чемодан мой от водки ломится, / Предложил я, как полагается: / — Может выпить нам, познакомиться, / Поглядим, кто быстрей, сломается. В.В. 3, 9
*2. поклониться низко кому-либо // унизиться перед кем-либо//*
И возьмут медяки, / и подрядчику сломятся в пояс, / и пойдут-побредут, / не поняв своего колдовства. Б.О., 157

**СЛОНЯ́ТЬСЯ** *несов., неодобр.*
umherschlendern, sich herumtreiben, herumlungern
***ходить взад и вперед, бродить без дела.***
И тихо подождал /Князев/ на вокзале все долгое время до поезда. Ни с кем не заговаривал, а только сидел на скамейке в зале ожидания и смотрел, и смотрел на людей, как они слоняются туда-сюда по залу. В.Ш., 384
Посланец „Сигмы" долго слонялся по ворсистым коврам министерских коридоров, спал на подоконнике, питался сосисками из буфета и разгадывал давно разгаданный кроссворд. Б-ка крок., № 18/815/, М., 1978, 41

**СЛО́ПАТЬ**
die/ eine bittere Pille schlucken, einen Mißerfolg erleben
***выслушать что-либо неприятное // потерпеть неудачу//.***
— Ха-га! Ха-га! — зарадовался Костоглотов неожиданной поддержке. Вот этого аргумента ему здорово не хватало, выручил старик! — Слопали? А.С., 453

**СЛУЖА́КА** *м. ж.*
Beamtenseele
***опытный, усердный служащий.***
Мы думали, говорит, что ты такой однобокий служака,.. сухарь заплесневелый. И.Ф., 31

**СЛУЖБИ́СТ** *м. неодобр.*
(alter) Dienstknochen
***о ком-либо, старательно, но формально относящемся к служебным обязанностям.***
„Тоже мне умник, — ругал себя Борис. — Вечно влюбляешься в кого-то ... Добро бы в бабу, в Вальку, например... А то в начальство. А чего тебе в нем? Службист и подлиза..." — и Курчев

вспомнил, как месяца четыре назад на осенней инспекторской Ращупкин рапортовал корпусному командиру. В.Кор. 22

**СЛУКА́ВИТЬ**
sich verstellen, so tun als ob
*сказать неправду, схитрить.*
И добавил: — А впрочем, слукавь, солги — / Может, вымолишь тишь да гладь!.. А.Г.1, 33

**СЛУПИ́ТЬ**
verschlingen, vertilgen, hinunterschlingen, verputzen
*съесть большое количество чего-либо.*
Как-то играли мы в верхнем конце села. Колька жрать захотел, домой бежать далеко, он завернул к тетке своей — Степаниде Демченко. Она как раз блины пекла. И слупил парнечек восемнадцать блинов! — блин не клин, брюха не расколет. В.А., Л.Г., 14.12.77

**СЛУ́ЧАЕМ**
zufällig
*случайно.*
У тебя, случаем, раскладушек не припасено? Г.Кемоклидзе, Л.Г., 15.1.75

**СЛУШО́К** *м. неодобр.*
Gerücht, Gerede, Gemunkel
*то же, что слух; молва, толки.*
Но прошел слушок окольный, / Что, мол, снова быть беде. А.Г., 76

**СЛЫТЬ** *несов.*
gelten als etwas, gehalten werden für etwas
*быть известным в качестве кого-, чего-либо.*
А в чем ты повинна? / А в том и повинна, / что рада была / любви половинной: / любимой слыла, / да ненужной была. Б.О., 301

**СЛЮНТЯ́Й** *м. пренебр.*
willenloser / willensschwacher / haltloser Mensch, Schwächling
*безвольный, бесхарактерный, ничтожный человек.*
Я его в полку не видела. Может, там он и настоящий, а со мной — слюнтяй. В.Кор., 241
Люба с Егором вылезли из кабины, и Петро подошел к ним. — Там этот пришел... твой, — сказал он по своей привычке как бы нехотя, через силу. — Колька? — неприятно удивилась Люба. Вот гад-то! Что ему надо-то? Замучил, замучил, слюнтяй!.. В.Ш., 477

**СЛЮНТЯ́ЙСКИЙ** *пренебр.*
weichlich, schwach, schwächlich, willensschwach, haltlos
*безвольный, бесхарактерный, ничтожный.*
— И надеюсь, я не услышу слюнтяйских разговорчиков о том, что, мол „вдова президента"... и прочую болтовню? Т.Ш., 3

**СЛЮНТЯ́ЙСТВО** *ср. пренебр.*
Katzbuckelei, Speichelleckerei, Arschkriecherei
*безволие, бесхарактерность; поступки, поведение слюнтяя.*
Слюнтяйство здесь абсолютно ни при чем. Федосеев ведь племянник начальника, а на главбуха я при всем желании не могу оказать никакого давления. И.Ф., 21

**СЛЮНЯ́ВИТЬ** *несов.*
mit Speichel anfeuchten
*слюнить, пачкать, смачивать слюной.*
От нечего делать смотрел какой-то иностранный журнал с картинками. Слюнявил губой толстый прокуренный палец и перелистывал гладкие тоненькие страницы. В.Ш., 31

**СЛЮНЯ́ВЫЙ** *пренебр.*
geifernd, sabbernd, besabbert
*запачканный слюной, покрытый слюнями, влажный от слюней.*
На суд, на суд картавые идут, / На суд, на суд плюгавые идут, / На суд, на суд слюнявые идут, / Сопливые бегут. А.Х.З., 56

**СЛЯ́КОТНО**
ekelhaft, eklig, widerlich
*неприятно, противно, мерзко.*
— Слякотно на душе, Вадюха, а выпьешь, вроде глаза прорезаются: птахи поют, в листках запах разный, жить хочется! В.М., 307

**СЛЯ́МЗИТЬ** *груб.*
klauen, mitgehen lassen
*украсть, стащить.*
Каждый из коллег старался урвать, утащить, укроить и слямзить у родного отечества, при этом кляузничая и донося один на другого. С.Б., 45

**СЛЯ́ПАТЬ**
zusammenhauen/ -schustern, hinhauen
*сделать что-либо /обычно наспех, небрежно, как попало, кое-как/.*

— Только что я обошел вверенную вам территорию и всюду видел стожки, как выражаются специалисты, кстати, кое-как сляпанные. В.К., 27

**СМА́ЗАТЬ**
schlagen, einen Hieb versetzen
*сильно ударить кого-, что-либо.*
С ним /Ворошиловым/ было несколько человек в плащ-накидках и в том числе толстозадый обладатель будки, по которой я не смазал исключительно в силу своей хлипкости. Л.Л., № 31, 201

**СМАЗЛИ́ВЫЙ**
niedlich, hübsch, allerliebst, süß
*миловидный, хорошенький; с приятной, привлекательной внешностью.*
Очень может быть, что уже завтра все заборы... украсят нашими портретами, словно мы смазливые секс-бомбы или кандидаты в президенты. Т.Ш., 26

**СМАК** *м.*
Geschmack, Genuß, Vergnügen; Sinn, Pointe
*удовольствие, приятное ощущение, испытываемое во время чего-либо // особый интерес, смысл, особая острота чего-либо //.*
Магазин открылся в десять часов, бабы ждали выпечки хлеба и со смаком обсуждали новость: — Говорят, сперва-то ухватом, а потом ножик сгребла со стола-то да с ножиком на мужиков-то!В.Б., 14

**СМАКОВА́НИЕ** *ср.*
Genuß, Vergnügen, Genießen, Auskosten
*удовольствие, наслаждение, испытываемое во время еды, питья и т.п.*
Разве же можно быть глухим и целиком отдаться смакованию суточных щей, когда в эти минуты передают классическую вещичку Гоголя — балет „Тарас Бульба"? Ц.С., 4

**СМАКОВА́ТЬ** *несов.*
mit Genuß kosten, genießen, auskosten
*делать, переживать что-либо, испытывая особенное удовольствие.*
Посадила его теща, и весь срок он с наслаждением смаковал, как будет ее казнить... Ф.Кан., 71

**СМАЛОДУ́ШНИЧАТЬ**
kleinmütig sein, den Mut sinken lassen, den Mut verlieren, klein beigeben
*вести себя малодушно; проявить малодушие, отсутствие твердости духа, решительности.*
А Кружавный тем временем, подперев голову руками, невыразимо страдал... „Не устоял на этот раз, смалодушничал, расчувствовался — и подписал!" В.К., 4

**СМАСТЕРИ́ТЬ**
anfertigen, herstellen, zusammenzimmern, basteln
*сделать, изготовить что-либо самому, своим трудом.*
Я из кирпича стол смастерил, полочку книжную. С.Лившин, Л.Г., 12.9.73

**СМА́ХИВАТЬ** *несов.*
ähneln, erinnern (an)
*быть несколько похожим на кого-, что-либо, напоминать кого-, что-либо.*
Мне также очень понравился один артист, который, говорят, живет в этом городе. Ты его, может, тоже видала в кино: говорит быстро-быстро, легко, как семечки лускает. Маленько смахивает на бабу — голоском и манерами. В.Ш., 264

**СМА́ЧНО**
mit Genuß, genußvoll, genießerisch; ausdrucksvoll, saftig, deftig
*с удовольствием, с наслаждением // выразительно, сочно //.*
Егор выпил, смачно крякнул, разгладил усы. В.Ш., 18

**СМЕКА́ЛИСТЫЙ**
gescheit, helle, mit schneller Auffassungsgabe
*сообразительный, умный, толковый.*
О Потрошителе стали говорить, что он смекалистый, дерзновенный в своих молниеносных ударах... В.Симонов, Л.Г., 5.12.79
Закурили. — Дак какое, говоришь, недоразумение-то вышло? Метил, кому-нибудь по лбу, а угодил в лоб? — как бы между прочим спросил дед. Егор посмотрел на смекалистого старика. В.Ш., 440

**СМЕКА́ТЬ** *несов.*
begreifen, kapieren, mitkriegen, schnallen, durchsteigen
*соображать, понимать что-либо; догадываться о чем-либо.*
— ... Поговорили да опять пошли, опять солнышко к земле пригнулось, опять комарочки запели — запокусывали. Надо ночлег смекать. В.Б., 35

Раньше других в селе /Дерябин/ смекнул, что детей надо учить, всех /у него их трое — два сына и дочь/ довел до десятилетки, все потом окончили институты и теперь на хороших местах в городе. В.Ш., 406

**СМЕЛЬЧА́К** *м.*
Tollkühner, Verwegener, Wag(e)hals
*смелый человек.*
— Я не хочу скрывать, что скорее всего смельчака ждет смерть. В.М., 162

**СМЕ́РШЕВЕЦ** *м.*
Mitarbeiter der sowjetischen Spionageabwehrorganisation „Tod den Spionen"
*сотрудник организации СМЕРШ — „Смерть шпионам" /особый отдел в войсках/.*
Смершевцы не могли из него состряпать подходящего блюда и потому спихнули его в политуправление корпуса, где стали скучно склонять имя подполковника Колпикова. В.Кор., 213

**СМЁТКА** *ж.*
Auffassungsgabe, Auffassungsvermögen, Findigkeit
*способность быстро соображать; догадливость, находчивость, сметливость.*
Разве деловым людям заказано проявлять инициативу и сметку? М.С.1, 44

**СМЕХОТА́** *ж.*
etwas Lächerliches, etwas Lachhaftes
*о чем-либо смешном, достойном смеха, насмешки.*
— Монография? — иронично улыбнулся Аннушкин. — Какая смехота для масштаба моего таланта! А.Инин, Л. Осадчук, Л.Г. 19.4.78

**СМЕШИ́НКА** *ж.*
(leichter) Spott, Spöttelei, Stichelei
*усмешка, легкий смех.*
Все как в газетах: „Председатель колхоза, кряжистый, сильный, строго, но со скрытой смешинкой посмотрел на молодых рыбаков и просто сказал: „Товарищи молодые рыбаки, на вас возлагается задача..." В.Ак., 47

**СМЕШО́К** *м.*
Lachen, Auflachen
*короткий, непродолжительный смех.*
Вначале то здесь, то там возникали смешки, потом по залу прокатился гулкий ропот, а он все пел и пел, пока не послышались настойчивые свистки и крики: „Хватит!", „Долой!", „Сыпь к маме!" М.Л., 144

**СМИКИ́ТИТЬ**
begreifen, kapieren, mitkriegen, mitbekommen, durchsteigen, schnallen
*догадаться, сообразить.*
Сержант, что по ошибке увел в КПЗ не того Полякова, видать, позднее смикитил, но было уже поздно, а Митькин и след уже простыл. В.Б., 96

**СМОЛИ́ТЬ**
rauchen, schmauchen, qualmen, paffen
*то же, что курить.*
Митька уже смолил, в окно глядел с подушки. Ю.С., 131

**СМОРГНУ́ТЬ**
beiseite wischen, wegwischen; sich keine Blöße geben
*удалить, отбросить // не обнаружить никакого смущения. //.*
Как соринки, попавшие в глаз, застят свет его фразы про „господ Пушкиных, Тютчевых, Фетов", про „вмешательство внешних сил", у нее бы нашлось, что на них возразить, но она сморгнула эти соринки и промолчала. И.В., 51

**СМОРО́ЗИТЬ**
Unsinn / Blödsinn / Schwachsinn erzählen
*сказать глупость, вздор.*
— Ты, старуха, ума, ли че ли, решилась, — обижается Василиса. — Да я с ним и рядом не сяду. Ты сморозишь — хоть стой, хоть падай. В.Расп.2, 59
Не ляпни перед киношниками какую-нибудь чушь вроде той, которую ты сморозил на дне рождения у Костогрызовых. Н.М., 23

**СМОТА́ТЬСЯ**
1 schnell (hin- und her) laufen / rennen, auf einen Sprung gehen / laufen / fahren
2 abhauen, verduften, sich davonmachen
*1. быстро сбегать, сходить куда-либо.*
Не слушая слабых возражений Петра Васильевича, тот смотался в магазин еще раз. В.М., 481
Но и лейтенант знал, что и майор не так уж часто бывал на заводе и раза два в неделю обязательно сматывался к жене в Иваново. В.Кор., 142
*2. уйти, исчезнуть.*
— Саня, — говорит он, — кончай ты эту бодягу,

давай смотаемся пораньше — по кружке пива примем, пока народ не набежал. Ю.Рихтер, Юность, № 2, 75, 111
— Итак, друзья мои, мы по всей вероятности будем сматываться отсюда, — сказал Дима после второй рюмки /после первой он как раз говорил о балалайке/. А.З., 37

**СМУГЛЯ́ВЫЙ**
gebräunt, braungebrannt, dunkelhäutig
*то же, что смуглый.*
На одном костыле прохромал из двери молодой узбек Ахмаджан — один веселый в комнате. Объявил: — Ложки к бою! И смуглявый у печки оживился: — Вечерю несут, хлопцы! А.С., 20

**СМУХЛЕВА́ТЬ**
durch Täuschung / List / Irreführung etwas erreichen
*достичь чего-либо при помощи обмана, хитрости и т.п.*
Хорошенькую свинью подложил мне лейтенант Кваша, живьем в партию оформил вместо погибшего за родину, чтоб смухлевать на своих показателях. Л. Ларский, Время и мы, № 59, 207

**СМЫ́ТЬСЯ**
verduften, sich verdrücken, abhauen, verschwinden
*исчезнуть, убежать // удалиться, скрыться //.*
Мы тебя — не то что взгреем, / Мы тебя сотрем в утиль! / Нет, не зря ты стал евреем! / А затем ты стал евреем, / Чтобы смыться в Израиль. А.Г., 224
Мне не до трепа, задание срочное. Сделать надо, доложить и смыться. К.Исмаилов, Л.Г., 21.11.79

**СМЫШЛЁНЫЙ**
aufgeweckt, gescheit, verständig, helle
*сообразительный, понятливый, сметливый.*
Лицо у парня переменчивое, юркое, глаза цепкие, смышленые, руки суетливые. В.А. 563

**СМЯ́КНУТЬ** *неодобр.*
weich werden, umfallen, klein beigeben
*утратить твердость, решительность; смягчиться.*
— ... А бабу мою Митька успокоил, насулил всего, она и смякла, баба-то, поревела да и смякла, а мы и качнулись бурлачить... В.Б., 115

**СМЯТЬ**
zerknittern, zerknüllen, zusammendrücken
*сжать, сдавить, стиснуть.*
Пронякин стоял, тяжело наклонив голову, сминая и разминая в руках кепку. Г.В.2, 73

**СНАРЯДИ́ТЬСЯ**
aufbrechen, sich auf den Weg machen, sein Bündel schnüren
*отправиться, собраться куда-либо.*
Ишо как-нить день перемогу, и все, и надо снаряжаться. В. Расп.1, 39

**СНЕДЬ** *ж.*
Speise, Nahrung
*пища, еда.*
С лихорадочной поспешностью Андрей расставил по столу нехитрую снедь. В.М., 63

**СНИ́КНУТЬ**
verzagen, den Mut sinken lassen, resignieren, den Kopf hängen lassen
*прийти в плохое настроение, подавленное, угнетенное состояние.*
Заметив, что инвалид сник, не знает, куда глаза и дрожащие руки деть, она взглядом победителя обвела приемную залу. В.А., 559

**СНОГСШИБА́ТЕЛЬНЫЙ** *шутл.*
verblüffend, umwerfend, unerhört
*поразительный, потрясающий неожиданностью // вызывающий крайнее удивление, изумление //.*
Нужна сенсация, какой-то трюк! И не обычная сенсация, а что-то такое... сногсшибательное. Л.Ленч, 45
Вчерашнее появление Кости Ращупкина и сногсшибательный компромат на закадычную подругу несколько растормошили переводчицу и развлекли в ее унылом ничегонеделанье. В.Кор., 234

**СНОРО́ВИСТО**
gewandt, fix, behende
*ловко, умело.*
Хозяин бросился им на подмогу, втроем они легко и сноровисто определили груз к месту и лишь после этого позволили себе сесть и молча закурить. В.М., 394

**СНЮ́ХАТЬСЯ** *презр.*
sich einlassen mit jemanden, ein Verhältnis eingehen

*вступить в близкие отношения, в любовную связь.*
— Ну ладно, — Чонкин поставил винтовку к ноге и посмотрел Нюре в глаза. — Чего у тебя было с Борькой?.. Ты с им давно живешь?.. Говори, стерва, когда ты с им снюхалась! Вл.В., 81

**СОБУТЫ́ЛЬНИК** *м.*
Zechbruder, Zechkumpan
*о ком-либо, пьющем, пьянствующем вместе с кем-либо.*
Без отрыва от любимого дела он отбывал сейчас двухлетнее условное наказание за хулиганство: ударил одного из охотников-собутыльников поллитровкой по голове. Д.Я., 7

**СОВА́ТЬ** *несов.*
(unbemerkt) zu-/hineinstecken
*давать что-либо тайно, незаметно.*
„Этак каждому встречному червонцы совать, так нагишом домой вернешься!" Д.Иванов, Б.Трифонов, Л.Г., 28.7.76

**СОВА́ТЬСЯ** *несов.*
sich heranmachen an jemanden, sich aufdrängen
*обращаться куда-либо, к кому-либо.*
И среди наших неграмотных есть и грамотные, и все больше барышни. Одна было и сунулась к контролеру. М. Булгаков, Юность, № 7, 1974

**СО́ВЕСТИТЬ** *несов.*
jemanden beschämen, jemandem ins Gewissen reden
*стыдить, укорять, стараясь вызвать в ком-либо чувство стыда.*
Его действительно несколько раз вызывали в сельсовет, совестили, грозили принять меры. В.Ш., 122

**СОВРА́ТЬ**
(vor)lügen, aufschneiden, flunkern
*солгать; сказать неправду.*
Бывало, если когда и соврешь, то все равно честно, не знаю, как объяснить... И.В., № 32, 69

**СОДРА́ТЬ**
1 abreißen, abrupfen
2 abschreiben, plagiieren
*1. рывком стянуть, сорвать, снять что-либо.*
Опять они с Аскольдом ушли, потом он приносит, озираясь, четыре поллитры в телогрейке, и мы с них зубами содрали шапочки, налили по полному и закрасили пивом Г.В.1,10
*2. списать, позаимствовать, выдавая за свое.*
Опишу также туалет. Туалет просто поразительный. Иван говорит: содрали у иностранцев. Да, действительно, у иностранцев содрали много кое-чего. Например, жалюзи. В.Ш., 262
Папа в свое время рассказывал, что в Академии Власов очень хромал по политическим дисциплинам и обычно сдирал у него конспекты по марксизму и политэкономии. Л.Л., № 30, 146

**СОЖРА́ТЬ** *груб.*
1 auffressen, verschlingen, vertilgen
2 hinausschmeißen, rausschmeißen, feuern, schassen, abschießen; in die Pfanne hauen
*1. съесть (обычно жадно, быстро)*
— ... А ведь... это дорого их /зверей/ держать-то? Это ж сколько он сожрет за сутки! В.Ш.,380
*2. принудить кого-либо уйти с занимаемой должности // истребить, уничтожить//.*
Мама рассказывала, что он трех своих заместителей сожрал и глазом не моргнул. В.Свиридов, Л.Г., 12.1.77
В общем, сделать все от нас зависящее, чтобы нас не сожрали эти подонки из АОН и ВПШ. А. З., 27

**СОЗВОНИ́ТЬСЯ**
sich telefonisch in Verbindung setzen, sich telefonisch verabreden
*позвонив по телефону, договориться о чем-либо.*
...помню, долго созванивались, сговаривались, выбирали день, и вот результат — все мы, шесть идиотов, взираем с темной бумаги /15х20/, наклеенной на картонку. А.Гл., 8

**СОЙТИ́**
es geht, es ist annehmbar/ akzeptabel, gut (genug) sein (für)
*оказаться приемлемым, пригодным.*
... может жизнь — судьба эта самая — могла бы быть какой-нибудь иной, малость лучше?.. А в общем-то и так ничего — сойдет..В.Ш., 39

**СОЙТИ́СЬ**
ein Verhältnis eingehen, sich einlassen, zusammenleben mit jemandem
*вступить в брачные отношения, в сожительство.*
Клара Викторовна, которая не так уж и любила,

как она выражалась „клюкнуть", поддалась общему загулу и, понятно спьяну, сошлась с одним военным инженером, в котором тут же разочаровалась. В.Кор., 233
Моне шел двадцать шестой год. Он жил с бабкой, хотя где-то были и родители, мать с отцом, но бабка еще маленького взяла его к себе от родителей /те вечно то расходились, то опять сходились/ и вырастила. В.Ш., 332

**СОЛДАФО́Н** *м. пренебр.*
Kommißhengst; großer Klotz, Fuhrknecht, Rauhbein
*об ограниченном, некультурном, грубом человеке.*
Из клуба выходят Алик и Юрка. Галя взбегает на крыльцо и сталкивается с ними. — Мальчики! — Девочки! — орет Юрка, как солдафон. В.Ак., 61

**СООБРАЖА́ЛА** *м. ж. пренебр.*
Veranstalter, Organisator
*о ком-либо, устраивающем что-либо (часто совместное питье алкоголя).*
— Не перевариваю этих соображал, — продолжал дядя Володя. — Живут — небо коптят. В.Ш., 143

**СООБРАЖА́ЛКА** *ж. шутл. пренебр.*
Verstand, Geist, Grips, Denkvermögen; Kopf
*понимание, ум // голова // о способности человека мыслить, соображать, ясно понимать что-либо //.*
Цитаты из классиков были уже переписаны. Оставалось их соединить покрасивей и поаккуратней, чтобы на кафедре истории партии поняли, что соображалка у лейтенанта как-никак, а работает. В.Кор., 16

**СООБРАЗИ́ТЬ**
organisieren, veranstalten; sich einen zu Gemüte führen, einen heben
*устроить что-нибудь; организовать // выпить какой-либо спиртной напиток; выпить вскладчину //.*
И когда он наступал, желанный /день/, с утра сладко ныло под сердцем, и Бронька торжественно молчал. — Что это с вами? — спрашивали. — Так, — отвечал он. — Где будем отвальную соображать? На бережку? — Можно на бережку. В.Ш., 116

**СОПЛИ́ВЫЙ** *пренебр.*
rotzig, rotznäsig, mit laufender Nase; Rotznase, Anfänger, Neuling
*такой, у которого текут сопли из носа // малолетний, неопытный, неумелый //.*
Ты почему не на прогулке, сопливый, порядков не знаешь? Время и мы, № 43, 42

**СОПЛЯ́** *м. ж. бран.*
Dreckskerl, Dreckstück
*о ничтожном, жалком человеке.*
Резким движением я заворачиваю Борьке руку за спину. Мне хочется выбросить его в окно. Я выпускаю его. — Слушай, сопля, если бы не эти священные стены!.. Убирайся! В.Ак., 44

**СОПЛЯ́К** *м. бран.*
Rotznase; Anfänger, Neuling
*очень молодой, неумелый, неопытный человек.*
Придет проверка — и все на мою голову. Начкара /начкар — начальник караула/ нет — с баб, сопляк, не слазит. В.Р., 7
И Шура, наверно, протянул Егору заготовленные деньги. Егор, наверно, взял их и с силой ударил ими по лицу Шуры — раз, и другой, и третий. И говорил негромко, сквозь зубы: — Сучонок... Сопляк... Догадался сучонок! В.Ш. 482

**СОПОСТЕ́ЛЬНИК** *м.*
Liebhaber, Geliebter, Bettgenosse
*любовник, ухажер.*
И эта еще торшер приобрела. Очаг решила украсить сопостельнику, Игорю Петровичу. В.П., 44

**СОПРЕ́ТЬ**
in Schweiß geraten
*сильно вспотеть.*
А в караулке пьют с рафинадом чай, / И вертухай идет, весь сопрел. / Ему скучно чай, и неподручно, чай, / Нас в обед вести на расстрел! А.Г., 79

**СОРВАНЕ́Ц** *м.*
Wildfang, Schlingel
*озорник, проказник.*
Опять где-то звякнул колокол. Старушка подняла голову, посмотрела в дальний конец кладбища, где стояла в деревьях маленькая заброшенная церковка, сказала негромко: — Сорванцы. — Ребятишки, что ли? В.Ш., 394

**СОРВА́ТЬСЯ**
1 weglaufen, abhauen, losrennen
2 die Beherrschung verlieren, durchdrehen
*1. быстро, стремительно покинуть, оставить какое-либо место; убежать откуда-нибудь.*
Стоило свинье из соседних бараков зайти на школьный двор, как Михаил Петрович, рыча, словно тигр, срывался с урока и несся во двор, чтобы покарать нарушительницу школьной границы. Л.Л., № 30, 156
*2. сделать что-либо необдуманно, опрометчиво, потерять контроль над собой.*
„А я тебе говорю — положи товар на место и уходи отсюда!" — прикрикнул я на него и чувствую — вот-вот сорвусь... А. Эйрамджан, Л.Г., 22.9.76

**СОРВИГОЛОВА́** *м. ж.*
Mordskerl, Draufgänger
*очень смелый, отчаянный человек.*
Вдруг вижу, какой-то сорвиголова — прыг в воду, а выплывать не выплывает. И.С., 47

**СОРТИ́Р** *м.*
Toilette, Klosett, Lokus
*уборная, туалет.*
Сидел на вонючем толчке и материл почем зря на весь сортир. Ф.Кан., 29

**СОСВА́ТАТЬ**
verschaffen, ergattern, organisieren
*раздобыть, приобрести что-либо.*
А хочешь — мы тебе курточку сосватаем. Г.В. 1,6

**СОСКОЧИ́ТЬ**
verschwinden, verduften, die Kurve kratzen
*исчезнуть быстро, внезапно.*
Но не всем иностранным морякам хочется томиться весь вечер под заботливыми взглядами мусоров и комсомолок. Некоторые похрабрее незаметно соскакивают в город. Тут наши девушки не теряются. Но и фарцовщики тоже. А.П., 67

**СО́СЛЕПА и СО́СЛЕПУ**
aus Kurzsichtigkeit, aus Blindheit
*по слепоте, по близорукости.*
Сердце у Петра Васильевича резко и учащенно задергалось: „Еще и не узнаю сослепу, помяло, небось, на чужбине-то!" В.М., 503

**СОСНУ́ТЬ**
einnicken, ein Nickerchen machen, ein Schläfchen machen
*поспать недолго.*
— ... Пришел, значит, я в палату, лежат эти козлы... Я им по-хорошему: „Здравствуйте, мол, ребята!" И прилег с дороги-то соснуть малость: дорога-то дальняя, в телеге-то натрясло. В.Ш., 297

**СОСТРЯ́ПАТЬ** *неодобр.*
veranstalten, organisieren, machen; herrichten
*сделать, устроить, организовать что-либо (обычно наскоро, кое-как, небрежно).*
Смершевцы не могли из него состряпать подходящего блюда и потому спихнули его в политуправление корпуса, где стали скучно склонять имя подполковника Колпикова. В.Кор., 213

**СОСТРЯ́ПАТЬСЯ** *неодобр.*
organisiert/ hergerichtet/ veranstaltet werden
*сделать, устроить, организовать что-либо.*
На факультете состряпалось несколько бытовых персональных дел, и бдительность постоянно повышалась. В.Кор., 227

**СОСУНО́К** *м. пренебр.*
Neuling, Anfänger
*о молодом, неопытном, неумелом человеке.*
Джо Люк схватился за голову: боже, до чего он дожил, ему перебегают дорогу уже сосунки! М.С.1, 38

**СОСЧИТА́ТЬСЯ**
abrechnen mit jemandem
*производить взаимные денежные расчеты, рассчитаться с кем-либо.*
Снимись на свои, я тебе потом компенсирую. Деньгами не смогу — отгулом сосчитаемся. Н.Б. 2, 9

**СО́ТЕНКА** *ж.*
das Hundert, hundert Rubel, Hunderter
*сто рублей.*
В общем, я за усопшую тетеньку / Пропил с книжки последнюю сотенку. А.Г., 245

**СО́ТКА** *ж.*
hundert Gramm
*сто граммов (обычно водки).*
Музыканты как раз вернулись из кухонных недр, где, похоже, дернули по сотке для большей слаженности. Д.Иванов, В.Трифонов, Л.Г., 14.6.78

**СО́ТНЯ** *ж.*
das Hundert, hundert Rubel, Hunderter
*сто рублей.*
Потом все в бассейн нырнули. А я сижу, накаляюсь. И все без толку! Нагреваться эти сволочи (джинсы) нагреваются, а расширяться — ни-ни! Недаром жена за них спекулю сотню дала... Г.Горин, Л.Г., 6.8.75

**СОТНЯ́ГА** *ж.*
das Hundert, hundert Rubel, Hunderter
*сто рублей.*
Вовчик мне доказывает: „Сотнягу просит. Можно считать — даром отдает". Г.В.1, 6

**СО́ХНУТЬ** *несов.*
Liebeskummer haben, schmachten
*страдать от любви к кому-либо.*
Чудаки, неужели они думают, что я всю жизнь буду сохнуть по Галке? Я ведь не Пьеро какой-нибудь, я человек вполне современный. В.Ак., 47

**СПАСИ́БОЧКО, СПАСИ́БОЧКИ**
dankeschön
*то же, что спасибо.*
Ну, ну. Спасибочки. Билеты у Надьки в руках. А.К., 427

**СПЕ́КУЛЬ** *м.*
Spekulant, Schieber, Geschäftemacher
*спекулянт; лицо, занимающееся скупкой и перепродажей товаров.*
Это она мне как-то купила у спекуля джинсы. Г.Горин, Л.Г., 6.8.75

**СПЕКУЛЬНУ́ТЬ**
spekulieren, etwas zu seinem Gunsten ausnutzen
*умышленно использовать что-либо в своих корыстных целях.*
Владимир Эвентов, о котором идет речь, просто пытался спекульнуть на закономерном уважении к работникам пера. М.Хазин, Крокодил, № 9, 1978
И вот престарелые супруги хотят спекульнуть, немножко нажиться. Они хотят быть тунеядцами и паразитами общества. А.К., 383

**СПЕРВА́**
erst, zuerst, zuallererst, vor allem
*сначала, раньше, прежде всего.*
— Хорошее дело... Только может быть, мы сперва научимся хотя бы газеты читать? В.Ш., 177

**СПЕРВОНАЧА́ЛА и СПЕРВОНАЧА́ЛУ**
zuerst, anfangs, vor allem
*сначала, раньше, прежде всего.*
Ты прости, дорогой товарищ, ты мне спервоначалу показался... Как бы это... Железа в тебе маловато, что ли. В.М., 260

**СПЕРЕ́ТЬ**
klauen, stibitzen, mitgehen lassen
*украсть что-либо.*
Однажды, например, у артиллерийской батареи все винтовки сперли. Л.Л., № 32 173
Продавщица усмехнулась — что он там хотел купить своей деревенской возлюбленной? — и поглядывала, чтоб чего не спер. А.С., 553

**СПЁРТЫЙ**
stickig, muffig, vermieft
*душный, несвежий /обычно о воздухе/.*
И дух по залу спертый, / Как в общей душевой, / И он скорее мертвый, / Чем все-таки живой. А.Г., 256

**СПЕЦО́ВКА** *ж.*
Berufskleidung, Arbeitskleidung
*специальная одежда для работы на производстве (куртка, комбинезон, халат).*
Она в спецовочке такой промасленной, / берет немыслимый такой на ней. Б.О., 208

**СПЕ́ЧЬСЯ**
abgekämpft/ ausgepumpt/ kaputt/ k.o./ groggy sein/ werden
*измениться в чем-либо под влиянием сильной усталости, переутомления, нервного напряжения и т.п.*
Воля волей, если сил невпроворот, а я увлекся: / Я на 10 000 рванул, как на 500, и спекся. В.В.3, 43
— Незачем это, — сказала она, отходя. — Я, Василий, спеклась, меня боле греть ни к чему. В.Расп.2, 61

**СПЕ́ШКА** *ж.*
Eile, Hetze, Hetzerei, Hast
*торопливость, поспешность; стремление сделать, выполнить что-либо быстро, суетливо, торопливо.*
Погрузка на катере происходила в напряженной обстановке, в страшной спешке. Л.Л., № 32, 178

**СПИСА́ТЬ**
abschreiben, als Ausgabe buchen
*документально оформляя, возложить ответственность на кого-, что-либо за повреждение, уничтожение и т.п. чего-либо.*
— По какому же такому недоразумению загуделто? — прямо спросила старуха. — Начальство воровало, а он списывал, — пояснила Люба. В.Ш., 440

**СПИ́ТЬСЯ**
dem Suff verfallen, versoffen sein
*приучиться к пьянству, стать алкоголиком, пьяницей.*
Дуралеи спешат смеяться, / Чистоплюи воротят морду... / Как легко мне было сломаться, / И сорваться, и спиться к черту! А.Г., 154

**СПИХНУ́ТЬ**
1 herunterstoßen, herunter-/ hinunterschubsen
2 loswerden, abschieben, losschlagen, sich vom Halse schaffen, abwimmeln
*1. сдвинуть, сбросить, столкнуть кого-, что-либо.*
И пусть болят мои травмы в паху, / И пусть допрыгался до хромоты — / Но я все-таки был наверху, / И меня не спихнуть с высоты. В.В.3, 38
*2.избавиться от кого-, чего-либо.*
Нас в сентябре в мужскую перевели — так директор себе одних прибитых оставил да отличников. А всех лучших ребят в женскую спихнул. А.С., 147

**СПЛА́ВИТЬ**
loswerden, abschieben, losschlagen, sich vom Halse schaffen, abwimmeln; etwas an den Mann bringen, abstoßen, absetzen
*избавиться от кого-, чего-либо // продать, сбыть что-либо //.*
Бурлей быстро сплавил „нагрузку", а с книжкой о футболе надо только было поспевать сдавать сдачу. С.Е., 50

**СПЛОХОВА́ТЬ**
einen Fehler machen, danebenhauen
*допустить ошибку, промах.*
... С ней вон какие ребята дружили, инженеры, не тебе чета... — Что же вы сплоховали? Надо было хватать первого попавшего и в загс — инженерато... В.Ш., 236

**СПОЗАРА́НКУ и СПОЗАРА́НОК**
in aller Frühe, (früh)morgens
*с раннего утра, рано утром, очень рано.*
Мы мечтали о морях-океанах, / Собирались прямиком на Гавайи! / И, как спятивший трубач, спозаранок / Уцелевших я друзей созываю. А.Г., 50
— Ладно, покеда. Мне ведь спозаранку. Он шагнул к себе — в тень флигельных сеней... В.М., 174

**СПО́ЛЗАТЬ**
(hin- und zurück) gehen, holen
*сходить куда-либо.*
А все-то ихние переплеты сползать раз в день отметиться в кадрах. Г.В., 1, 3

**СПОХВАТИ́ТЬСЯ**
sich plötzlich (eines anderen) besinnen
*внезапно вспомнить о чем-либо, заметить упущенное, вспомнить о забытом.*
Задумается-задумается (Филипп), потом спохватится — и опять вразумлять людей, опять раскрывать им глаза на новое, небывалое. В.Ш., 356

**СПРА́ВИТЬ**
1 feiern, begehen
2 etwas anschaffen, (käuflich) erwerben
*1. отпраздновать что-либо.*
В самый последний день, когда справляли отвальную, Бронька приступал к главному своему рассказу. В.Ш., 116
*2. приобрести, купить что-либо.*
Сестре надо новое платье справить, нужна свежая копейка. Я.Полищук, Б-ка крок., № 17/814/, М., 1978

**СПРА́ВНЫЙ**
intakt, gut erhalten, in gutem Zustand; wohlhabend, vermögend
*находящийся в хорошем состоянии // зажиточный, состоятельный //.*
Было это в тридцать третьем году. Старик (тогда еще не старик, а справный мужик Анисим Квасов, Анисимка, звали его) был уже в колхозе, работал объездным на полях. В.Ш., 124

**СПРОВА́ДИТЬ**
hinauskomplimentieren, abschieben, abwimmeln, sich vom Halse schaffen
*стараясь избавиться от кого-либо, отправить его куда-либо, выпроводить.*

Не раз он к ней подступался, и не раз она его спроваживала. Н.Б. 2,9

**СПРОВО́РИТЬ**
bewerkstelligen, zustande/ zuwege bringen, managen, deichseln
*проворно, ловко сделать, устроить что-либо.*
— И какой же трудяга такую дачку спроворил? Эх-хе-хе... — сам с собой разговаривал шофер. Ю.Т., 158

**СПРОСО́НОК**
schlaftrunken, verschlafen
*не совсем проснувшись, в полусонном состоянии.*
Больше всех спросонок переполошились богомазы, но, разобравшись, что приказ их не касается, они от всего сердца принялись мне помогать снаряжаться. Л.Л., № 30, 170

**СПРОСО́НЬЯ**
schlaftrunken, verschlafen
*не совсем проснувшись, только что проснувшись.*
Василий спросонья ничего не понимал. Она повторила еще решительнее: „Выметайся, тебе говорят!" В.Расп. 2, 59
И в гостинице странную, страшную, / Намечтал он спросонья мечту. А.Г., 86

**СПРЫ́СНУТЬ**
begießen, feiern
*отметить приобретение чего-либо, завершение какого-либо дела выпивкой, угощением.*
... Прокопенко сказал: „А теперь по поводу оптовой покупки спрыснем у меня дома". С.Е., 50

**СПУСТИ́ТЬ**
verjubeln, verjuxen, auf den Kopf hauen
*полностью израсходовать что-либо, истратить.*
В ресторане угощал каких-то студентов — звали в Москву, хвалились, что у них во всех вузах знакомство. В общем, сотню спустили / да еще официантке — пятерку /. В.П., 40

**СПЬЯ́НА и СПЬЯ́НУ**
im Suff, unter Alkoholeinfluß, in betrunkenem Zustand
*будучи пьяным, в нетрезвом состоянии.*
А что зубы подчистую — тю-тю, / Так, верно, спьяну обломал об кутью! А.Г., 101
Клара Викторовна, которая не так уж и любила, как она выражалась „клюкнуть", поддалась общему загулу и, понятно спьяну, сошлась с одним военным инженером, в котором тут же разочаровалась. В.Кор., 233

**СПЯ́ТИТЬ**
übergeschnappt sein, einen Vogel/ einen Stich/ eine Macke haben
*сойти с ума, помешаться.*
— Спятила, старая? — вежливо спросил Шляпников. — Совсем одурела. М.Мишин, Л.Г., 24.11.76

**СПЯ́ЧКА** *ж.*
Apathie, Trägheit, Schläfrigkeit
*состояние апатии, пассивности, бездействия.*
Но нельзя допустить, чтобы систему охватила апатия и она впала в глубокую спячку... М.С.1, 28

**СРАМ** *м.*
Schimpf, Schande, Schmach, Blamage
*стыд, позор, бесчестье.*
До такого позора и срама дошло дело. И все из-за американской авиакомпании „Локхид". М.С.1, 43

**СРАМИ́ТЬ** *несов.*
bloßstellen, blamieren, Schande machen; schmähen, beschämen, beschimpfen
*позорить, порочить // укорять, стыдить, бранить кого-либо //.*
В этот момент жена потерпевшего Сырцова выскочила из дома и, подстрекаемая мужем, начала срамить участкового уполномоченного Клещева. С.Н., 15

**СРАМИ́ТЬСЯ** *несов.*
sich blamieren, sich lächerlich machen, sich unmöglich machen
*позориться, бесчестить себя.*
— Ступай, ради Бога, — сказал Хомяков, досадливо морщась. — Не срамись. Ты же умный парень... Г.В. 2, 74

**СРАМНИ́К** *м.* **СРАМНИ́ЦА** *ж.*
Schamlose, Unverschämte, Unverfrorene
*бесстыдник, бесстыдница.*
Он держал двумя пальцами байковые штанишки, и лицо его выражало полную растерянность. — Женя, — сказал он, — гляди-ко, чего наделала срамница. Вл.В.1, 51

**СРЕ́ЗАТЬ**
1 kürzen, (weg)streichen
2 ins Wort fallen, das Wort abschneiden, über den Mund fahren
3 durchfallen lassen
*1. уменьшить, сократить, урезать что-либо.*
Только утвердили проект, снова беда. Районный архитектор нам два этажа срезает. А.Курляндский. Л.Г., 13.10.76
*2. оборвать чью-либо речь резким замечанием.*
И как-то так повелось, что когда знатные приезжали в деревню на побывку, когда к знатному земляку в избу набивался вечером народ — слушали какие-нибудь дивные истории или сами рассказывали про себя, если земляк интересовался, — тогда-то Глеб Капустин приходил и срезал гостя. В.Ш., 172
*3. провалить кого-либо на экзамене.*
В прошлом году, когда поступал сын соседки, там принимали даже с двойками, а в этом требуют знаний и поэтому срезали мою единственную дочь Клавдию. С.Н., 9

**СРОБЕ́ТЬ**
nicht den Mut aufbringen, kneifen, verzagen, den Mut verlieren
*почувствовать робость, оробеть.*
Ботвинник забрал пешку, и тут Смыслов то ли промедлил, то ли сробел, и Ботвинник напал на вторую осиротевшую пешку. В.Кор., 435

**СРО́ДУ**
nie im Leben, niemals
*никогда, ни разу в жизни.*
— Оружия нет? — спросил участковый, отвлекаясь от протокола. — Сроду никакой гадости не таскал с собой. В.Ш., 48

**СРО́ЧНИК** *м.*
(eingezogener) Wehrpflichtiger
*о солдате, отбывающем в положенный ему срок, время, воинскую повинность.*
— ...Есть ребята-срочники, которые хнычут. А чего хныкать? На всем казенном вплоть до бани и белья, да еще задаром 3.80 дают в месяц... В.Р., 60

**ССУ́ЧИТЬСЯ**
zum Denunzianten/ Zuträger werden; überlaufen
*донести на кого-либо // перейти на сторону кого-либо //.*
Ни разу в жизни я не мучился / И не скучал без крупных дел. / Но кто-то там однажды скурвился, ссучился. / Шепнул, навел — и я сгорел. В.В. 3, 28

**СТАРИКА́Н** *м. пренебр.*
Alter, Greis, alter Zausel, alter Knacker
*то же, что старик, старый человек.*
Когда старикан сядет в вагон следующего электропоезда, они подойдут к нему и скажут: — А ну, папаша, предъявите билет! И.Ш., 15
С характером старикан, его на вороных не объедешь. В.М., 499

**СТАРИКА́ШКА** *м. презр.*
Alter, Greis, alter Zausel, alter Knacker
*то же, что старик, старый человек.*
...какая-то часть во главе с шустрым старикашкой кинулась за грабителями. Т.Ш., 26

**СТАРУШЕ́НЦИЯ** *ж. шутл.*
Alte, Greisin, altes Mütterchen, altes Weiblein
*то же, что старуха, старая женщина.*
А недавно к нам на комиссию / Принесло одну старушенцию. А.Г., 247
— Позвонить опять старушенции? Сказать, что передумал — машинка нужна? Заодно и узнаю дом отдыха. Может, съезжу сегодня. В.Кор., 271

**СТАРЬЁ** *ср.*
Plunder, Trödel; altes Zeug, Schnee von gestern
*старые, подержанные вещи // о том, что отжило, устарело, вышло из моды, употребления //.*
Пятится он, к переулочку лепится, / старьем его занесло-занесло, / а мимо бегут-проплывают троллейбусы, / голубые и звонкие, как назло. Б.О., 215
Да вон, вчера письмо получила из деревни, пишет Саня, подруга: „Достань, Тонь, „Подмосковные вечера" да „Нас четверо". Эти пластинки все любят, а это-то, что вы говорите — все старье, на кой оно?" А.К., 42

**СТАТЬ** *несов.*
kosten
*обойтись в какую-либо сумму.*
Денег на дорогу вышлю. Только добираться лучше самолетом — это дешевле станет. В.Ш., 15

**СТАЩИ́ТЬ**
klauen, stibitzen, mitgehen lassen
*украсть что-либо.*
Я сбил пепел за батарею под окном и опять вста-

вил сигарету ему в рот. — Слушай, друг, дай мне еще одну и положи ее под подушку, чтоб не стащили. На запаску. Время и мы. № 43, 19

**СТЁГАНКА** *ж.*
Wattejacke
*стеганная ватная куртка, ватник.*
И только на лестничной площадке заводского дома, когда они трое наткнулись на какую-то обрюзгшую немолодую женщину в странной стеганке с пришитым облезлым лисьим воротником, Бороздыка понял, что ничего не будет и придется поворачивать в столицу не солоно хлебавши. В.Кор., 417

**СТЕКЛЯ́ШКА** *ж.*
Glasbau/ -gebäude
*о каком-либо здании, сделанном преимущественно из стекла.*
Меня и так уважай в десятикратном размере. А кто тебе поднесет? Пошли в стекляшку проверим. Заворачивай. Никто не заплачет, где могилка твоя... В. Крупин, Новый мир, № 8, 1980, 30

**СТЕ́РВА** *ж. презр., бран.*
Aas, Miststück, Schwein, Sau, Pottsau
*подлый, отвратительный человек, негодяй, мерзавец.*
— Да кто еще к этой стерве-то пойдет? А Зинке 600 рублей платят и комната отдельная. Сам-то ничего, мужчина симпатичный на лицо, а сама — как зверь какая... Говорят, и его бьет... А.К., 40

**СТЕРВЕ́Ц** *м. презр. бран.*
Aas, Miststück, Schwein, Sau, Pottsau
*подлый, отвратительный человек, негодяй, мерзавец.*
И племянники-стервецы выбежали на улицу и говорят: „Да подумаешь? Все равно, она была уже старая". А.К., 214

**СТЕРВО́ЗНЫЙ**
gemein, infam, mistig
*подлый, отвратительный, мерзкий.*
Потом на уровне ректоров и отделений академий вычеркнули еще несколько из оставшихся приличных людей и вписали еще более серых и стервозных. А.З., 86

**СТИ́БРИТЬ**
klauen, stibitzen, mitgehen lassen
*то же, что украсть.*
Он подружился с Витей, который ухитрился... полувылизывать банку сапожного крема, стибренную им у аэропортовского чистильщика... Е. Евтушенко, Юность, № 3, 1981, 28

**СТИЛЯ́ГА** *м. ж. неодобр.*
Stutzer, Stenz, Modegeck, Modepuppe
*человек, для которого характерны утрированно модный стиль одежды и вызывающие, несоответствующие общепринятым нормам манеры и вкусы.*
— Ты его, приятель, примечай, может, он заморский попугай... — Почему же попугай? Очень скромно и удобно одеты. — Молчи, Зинка. Сама стиляга. В.Ак., 17
Он (Леонид) не бредил, он писал письмо Аллочке Сергеевой, и за вычетом имен Татьяны и Онегина все в письме было от сердца, от любви и от первой горькой ревности к Веньке Дашевскому, стиляге и обманщику, девчачьему кумиру. В.С., 49

**СТИПУ́ХА** *ж.*
Stipendium
*то же, что стипендия.*
— Тут у вас выпить-то хоть можно? — спросил Кондрат, оглядываясь на другого студента. Тот понял это по-своему: — Сейчас займем где-нибудь... Завтра стипуха. В.Ш., 32

**СТИША́ТА** *мн.*
Verse
*то же что стихи.*
— ...Помнишь Джека Алтаузена? Есть у него такие стишата, я твердил их в лагере, когда разбирала тоска... И.В., 74

**СТОЛО́ВКА** *ж.*
Mensa, Kantine
*то же, что столовая; предприятие общественного питания.*
Иначе макака (официант) завтра же вылетит из ресторана в столовку самообслуживания — подносы протирать. Д.Иванов, В.Трифонов, Л.Г., 14.6.78

**СТОПА́РЬ** *м.*
Gläschen, Schnapsglas
*то же, что стопка.*
А потом, под огурчик / Пропустив стопаря, / Да уж, песня — в ажурчик, / Приглашали не зря! А.Г., 91

**СТОРГОВА́ТЬСЯ**
sich einigen, übereinkommen, handelseinig werden
*торгуясь, сговориться о цене чего-либо.*
Погляди-ка, Зин, чего я с рук купил у какого-то типа. Еле сторговался за двадцать пять рублей. Н.Елин, В.Кашаев, Л.Г., 26.9.79

**СТОРОЖИ́ХА** *ж.*
Wächterin; Wächtersfrau
*женщина-сторож // жена сторожа //.*
— ... Ну, взял он (Мишка) у сторожихи блюдо. Хлеба накрошил с полблюда. В.Б., 4

**СТОРУБЛЁВКА** *ж.*
Hunderter, Hundertrubelschein
*денежный знак, достоинством в сто рублей.*
Не отрицаю я вины — не в первый раз садился, / Но написали, что с людьми я грубо обходился. / Неправда, тихо подойдешь, попросишь сторублевку... / Причем тут нож, причем грабеж? Меняй формулировку. В.В. 3, 11

**СТРАХОЛЮ́ДНЫЙ**
abscheulich, gräßlich, abstoßend, widerlich, fies
*очень страшный, безобразный, неприятный.*
Он сел в огромное кресло и закинул ногу на ногу. Сапоги впрямь были страхолюдны. В.Кор., 93

**СТРА́ШНО**
schrecklich, furchtbar, fürchterlich, entsetzlich
*очень сильно, весьма, значительно.*
Рай — всего девять квадратных метров и к тому же страшно заставлен хозяйкиными вещами. В.П., 35

**СТРАШНОМО́РДЫЙ**
abscheulich, gräßlich, abstoßend, widerlich
*очень страшный, неприятный, безобразный.*
То у ней был Юрка Синев, то Володька Мирзоян, то бандит, страшномордый Жорка Демидовский, — то вдруг появился откуда-то кудрявый, интеллигентный Додик. А.К., 201

**СТРАЩА́ТЬ** *несов.*
einschüchtern, bedrohen
*то же, что пугать чем-либо, заставлять бояться кого-, чего-либо.*
— Не зря, видно, помощник твой тебя боится, — она хрипло хохотнула, — стращает: вот, мол, придет мой начальник, попробуй, сунься... В.М., 24

**СТРЕКАНУ́ТЬ**
(weg)flitzen, davonsausen
*быстро, стремительно убежать.*
Генка как увидал да как стреканет, был и нету. В.Расп. 1, 38.

**СТРЕ́ЛЯНЫЙ**
alter Hase, alter Fuchs; gewieft, erfahren
*бывалый, опытный, ко всему привыкший.*
А я стреляный, а я с опытом! / А я враз понял — пропал пропадом! / Пропал пропадом! А.Г., 248

**СТРЕЛЯ́ТЬ** *несов.*
schnorren
*просить дать что-либо; выпрашивать, одалживать.*
— Ну, потом тут рубль стрельнул, там полтинник. Л.Измайлов, Л.Г., 21.1.76.
Не хотелось на мороз, и еще он надеялся стрельнуть у офицеров хорошего курева. В.Кор., 246
— „Марлборо" дома оставил, — изо всех сил медленно и лениво сказал кандидат... Вышел уже и хватился: где же у меня „Марлборо"-то? Потом вспомнил: играл на электрооргане и там, наверно, оставил. Ну, думаю, у Кэт кто-нибудь будет, я стрельну. В.Ш., 415

**СТРЁМА** *ж.*
Schmiere (stehen); Hut, Kien (auf der Hut/ dem Kien)
*охрана, стража, выставляемая для предупреждения об опасности.*
Скажешь — дремлет Пентагон, нет не дремлет! / Он не дремлет, мать его, он на стреме! А.Г., 267

**СТРОГА́Ч** *м.*
strenge Rüge
*строгий выговор.*
И на жалость я их брал, и испытывал, / И бумажку, что я псих, им зачитывал, / Ну, поздравили меня с воскресением, / Залепили строгача с занесением! А.Г., 169
Последним выявили главспеца Козырева. Умник этот, как потом признался нам по секрету, опоздал-то, оказывается всего на десять минут и в ожидании снятия кордона гулял в скверике напротив. Он и схлопотал по большому счету. Строгача. К.Исмагилов, Л.Г., 25.8.79

**СТРО́ИТЬ** *несов.*
sich wichtig machen, sich aufspielen, große Töne spucken

*предствлять, изображать из себя кого-либо.*
... очень надо ему иметь дело с молоденькими дурочками вроде Галки, которые строят из себя черт-те что. Вл.В. 1, 111

**СТРОЧИ́ТЬ** *несов. шутл.*
schnell/ hastig/ viel schreiben
*писать быстро, торопливо, много.*
Для них сама Люшка стала уже не хуже дойной коровы. Строчат про нее статьи, очерки, песни слагают. Вл.В., 153

**СТРУХНУ́ТЬ**
es mit der Angst zu tun bekommen, Schiß kriegen
*сильно струсить, испугаться.*
И вдруг до меня дошел весь трагизм ситуации: ведь я даже не комсомолец, а Дубина послал меня комсоргом. Я струхнул не на шутку. Л.Л., № 31, 170

**СТРЯ́ПАТЬ** *несов.*
kochen, zubereiten, zusammenbrauen
*готовить, варить пищу, еду, кушанье.*
Но гостила у сына Анисья Федоровна с удовольствием. Нянчилась с внуком, стряпала и вообще вела дом. Е.Ц., 37

**СТРЯ́ПАТЬСЯ** *несов.*
zusammenschmieren, zusammengeschmiert werden
*сочинять, создавать что-либо (обычно наскоро, кое-как, небрежно).*
Они-то уж знают, как эти рецензии стряпаются и чего они стоят. А.Ч., 47

**СТРЯПНЯ́** *ж.*
1 Speise, Gericht
2 Schund, Schwund, Mist
*1. приготовленная пища.*
Правда, его стряпня бесхитростна — все больше каша да макароны вперемешку с консервами. В.Расп., 2, 58
*2. о чем-либо, сочиненном, созданном наскоро, кое-как, небрежно.*
Жаль, что эту позорную стряпню подхватывают за рубежом издательства и журналы... В.Баснер, Л.Г., 14.11.79

**СТРЯСТИ́СЬ**
zustoßen, passieren, geschehen
*произойти, случиться.*
И тут с нами что-то стряслось. Видимо, какой-то могучий условный рефлекс, давно уснувший в наших душах, внезапно проснулся и прорезался. М.Виленский, Л.Г., 8.9.76

**СТУДЕНТЕ́ССА** *ж.*
Studentin
*то же, что студентка.*
Никольский проснулся от боли в затекшей шее. Поблизости в плетеной качалке сидела Вера и с шутейской улыбкой поглядывала на него. — Ушла твоя студентесса? — Господи, да я уже обед успела сготовить, и все остыло. Ф.Розинер, Время и мы, № 59, 16

**СТУДИО́З** *м.*
Student, Studiosus, Studiker
*то же, что студент.*
Он эту муру целый день студиозам мурлычет, а вечером еще для журналов перекатывает. В.Кор., 241

**СТУКА́РЬ** *м.*
Denunziant, Zuträger, Spitzel
*то же, что стукач; доносчик, осведомитель.*
А второй зека — это лично я, / Я без мамы жил, и без папы жил, / Моя б жизнь была преотличная, / Да я в шухере стукаря пришил! А.Г., 79

**СТУКА́Ч** *м.*
Denunziant, Zuträger, Spitzel
*осведомитель, доносчик.*
Там и фауна, и флора, / Там и галки, и грачи, / Там глядят из-за забора / На прохожих стукачи. А.Г., 228

**СТУ́КНУТЬ**
1 (...Jahre) alt werden/ auf dem Buckel haben
2 einfallen, in den Sinn kommen
*1. минуть, исполниться (обычно о возрасте).*
Я говорю: „Не на ту напали. На эту удочку семнадцатилетних дурочек ловите, а мне уже восемнадцать стукнуло". Л.Измайлов, Л.Г., 12.11.75
Недавно ему, сотруднику биофака МГУ, одному из лидеров молодежного природоохранительного движения стукнуло тридцать. Д.Кавтарадзе, Л.Г., 28.11.79
*2. о мысли, идее, неожиданно появившейся, пришедшей в голову.*
И тут у меня стукнула идея. Как только я выпиваю лишнего, меня начинают стукать разные идеи. В.Ш., 260

**СТУЧА́ТЬ** *несов.*
1 denunzieren, anzeigen, zutragen
2 auf der Schreibmaschine schreiben, maschineschreiben, tippen
*1. доносить на кого-либо.*
Сколько раз на меня стучали, / И дивились, что я на воле, / Ну, а если б я гнил в Сучане, / Вам бы легче дышалось, что ли? А.Г., 154
*2. печатать на пишущей машинке.*
Левой рукой она продолжает стучать по клавишам, правой, наконец, кладет трубку. Л.Измайлов., Л.Г., 2.4.76

**СТУШЕВА́ТЬСЯ**
in Verwirrung geraten, verlegen werden
*оробеть, смутиться, прийти в замешательство.*
Трудно поверить, но на добрых четверть минуты стушевался сам главреж, закалившийся в горниле многочисленных творческих дискуссий и „круглых столов". Ц.С., 16

**СТЯНУ́ТЬ**
stibitzen, klauen, mitgehen lassen
*утащить, украсть что-либо.*
Щенок был одинок — он в детстве потерялся / И вот теперь с трудом в собаки выбивался: / Тут переспит, там драку обойдет, / Где выпросит кусок, где стянет, где найдет. С.М., 26

**СУ́БЧИК** *м.*
Subjekt, Kreatur
*то же, что субъект; темная, подозрительная личность; лицо, вызывающее неприязнь.*
И вот Иван Африканович косил по ночам, как вор либо какой разбойник. Ворона на ветке лапами переменится или сучок треснет — оглядывайся, того и жди, выйдет бригадир, либо председатель, либо уполномоченный. „А что вы, — скажут, — товарищ Дрынов, в лесу делаете? А где, товарищ Дрынов, ваша колхозная совесть, с которой мы вперед идем?" Возьмут субчика под белы руки и поведут в сельсовет. В.Б., 70

**СУДА́ЧИТЬ** *несов., неодобр.*
klatschen, tratschen
*заниматься пересудами, сплетнями; сплетничать.*
Надо жить в квартире коммунальной, / Потому что больше там людей. / С каждым я о том, о сем судачу, / Каждый даст мне тему не одну, / А потом уедут все на дачу, / И тогда я тоже отдохну. А.Р., 34

**СУДЬИ́ХА** *ж. груб.*
Richter(in)
*женщина-судья.*
Она: „Раскаиваетесь?" — а он и глаза опустил, совесть перед народом. Костюмчик — кримплен, плечики подложены, бровь дугой. „Это у кого?" — нечаянно спрашивал Энэн... Как-то не вязалась у него в один образ косые пуговицы и костюмчик — кримплен. „Ясно, судьиха. Не жена из могилы встала... Не буду рассказывать." „Дарья Степановна, не сердитесь, я и в самом деле не понял." И.Г. 1, 42

**СУЕТИ́ТЬСЯ** *несов.*
hasten, (geschäftig) hin und her laufen/ rennen
*хлопотать, много двигаясь, бегая.*
— Да чего бы тебе, Спиренька, ангел ты наш... Чего бы тебе за это? — суетятся старики. Спирьке хорошо. — Стакан водяры. — И смотрит с любопытством. В.Ш., 188

**СУЕТНЯ́** *ж.*
Eile, Hast, Unruhe
*то же, что суета; беспорядочное движение, торопливая беготня, хлопоты.*
Нет ясности в главном. Отсюда — удручающая суетня всех и во всем. А.З., 73

**СУ́КА** *ж. груб. бран.*
Strolch, Schwein, Dreckstück, Miststück, Sau, Pottsau
*о бесчестном, подлом человеке.*
Плотники опять засмеялись. — Сука, — прошептал серьезный Ванька. В.Ш., 277

**СУКО́НКА** *ж. груб. бран.*
Strolch, Schwein, Dreckstück, Miststück, Sau, Pottsau
*то же, что сука.*
— Ты у меня, суконка, уже всю пасту почти перетаскал. — Не умрешь, принесут завтра. Время и мы, № 43, 58

**СУЛИ́ТЬ** *несов.*
versprechen, zusagen
*обещать что-либо.*
Катерина воровски, чтобы не увидели доярки, смахнула слезу. „... а Гришке с Васькой по рубахе, уж давно сулила, надо купить, больно рубашки-то добры в лавку привезли, да Марусе сапожки резиновые, весна скоро, а дома вон тоже уже не сидит, бегает. Ой, много всего надо!" В.Б., 44

**СУЛИ́ТЬСЯ** *несов.*
versprechen, zusagen
*обещать сделать или дать что-либо.*
Старуха остановила себя и, отступая от своего рассказа, спросила, чтобы не забыть потом: „Твои-то не сулятся ноне приехать?" В.Расп. 1, 41

**СУ́МЕРНИЧАТЬ** *несов.*
in der Dämmerung sitzen (und nichts tun oder sich leise unterhalten), sein Dämmerstündchen abhalten
*сидеть без огня в сумерках, ничего не делая или тихо беседуя.*
— Сумерничаешь? — Груша вошла, зажгла свет и сразу заполнила комнату собой, запахом стирки и своим уверенным размахом. В.М., 210

**СУМЯ́ТИЦА** *ж.*
Verwirrung, Durcheinander, Wirrwarr, Tohuwabohu
*суматоха, сутолока, толчея // путаница, сумбур в чем-либо //.*
Сквозь сумятицу, и полночь, и туман... / Неужели ты не слышишь, как веселый барабанщик / вдоль по улице проносит барабан?! Б.О., 10

**СУ́НУТЬ**
1 schnell/ nachlässig/ unauffällig in die Hand drücken/ zustecken/ zuschieben
2 eilig/ nachlässig/ unauffällig (hin)einstecken
*1. дать что-либо торопливо, грубо, небрежно или тайком.*
И тогда они стали о нас заботиться. Каждая камера о своем еврее. Совали в столовой лишнюю порцию каши. Ф.Кан., 55
*2. класть что-либо торопливо, небрежно или тайком.*
У Витьки в укромном месте, в загашнике, был червонец — еще на базаре сунул туда на всякий случай... В.Ш., 7

**СУ́НУТЬСЯ**
hinstreben, hin(ein)rennen, hin(ein)stürzen
*устремиться куда-либо, войти.*
Петро уже раздевался в предбаннике, когда туда сунулся Егор. В.Ш., 444

**СУПЕРМЕ́Н** *м.*
Supermann
*человек, обладающий умственным, нравственным и физическим превосходством.*
Когда ты идешь в своей шерстяной пополам с нейлоном тенниске, и мускулы выпирают из тебя, и прохожие шарахаются, ты понимаешь, что ты супермен. В.Ак., 14

**СУПРУ́ЖНИК** *м.* **СУПРУ́ЖНИЦА** *ж.*
Gatte, Ehemann; Gattin, Ehefrau
*то же, что супруг, супруга, муж, жена.*
— Супружница хворает? — Да, врачи велят... Климат... — соврал Гришка. — Что ж, устроишься. Да я могу тебя хоть сейчас в ателье. Только ты ведь дизелист. В.Кор., 69

**СУ́ТОЧНИК** *м.*
Arrestant (der einige Tage absitzt)
*о том, кто осужден за нарушение общественного порядка на несколько суток принудительных работ.*
А по косорогу, вдоль дороги, понурившись, бредут мужички, мятые, патлатые, грязные, подконвойные — суточники. Ф.Кан., 87

**СУХОМЯ́ТКА** *ж.*
Trockenkost, Kaltverpflegung
*сухая пища, без жидкого и горячего.*
Все было готово к ужину, но молоко, по недосмотру хозяйки, сбежало. Пришлось обойтись сухомяткой — подгоревшей котлетой с хлебом. Ф.К., 62

**СУХОРУ́КИЙ**
mit einem verkrüppelten/ eingeschlafenen Arm; mit zwei linken Händen
*такой, у которого исхудала и отнялась рука, который не владеет рукой // нерасторопный, неуклюжий //.*
„Ой ты, сухорукая, — подумал Куров, поливая ковшом рассаду, — не тебе бы, сухорукой, ходить по воду; ежели замуж выйдешь, дак одно от тебя мужику разоренье". В.Б., 48

**СУ́ЧИЙ** *груб. бран.*
schweinisch, beschissen, elend, Scheiß-
*бесчестный, подлый, мерзкий.*
И с каждым днем любезное житье, / Но в минуту самую внезапную / Пусть ему — отчаянье мое / Сдавит сучье горло черной лапою! А.Г., 28

**СУ́ЧКА** *ж. груб. бран.*
Sau, Pottsau
*то же, что сука.*
Я повизгивал, а они вдвоем, процедурная и еще какая-то сучка, подбирались к моим задним позициям. Время и мы, № 43, 9

**СУЧО́НОК** *м. груб. бран.*
Schwein, Scheißtyp
*то же, что сука.*
И Шура, наверно, протянул Егору заготовленные деньги. Егор, наверно, взял их и с силой ударил ими по лицу Шуры — раз, и другой, и третий. И говорил негромко, сквозь зубы: — Сучонок... Сопляк... Догадался, сучонок!.. В.Ш., 482

**СХА́ВАТЬ**
auffressen, verschlingen, vertilgen, verspachteln
*съесть что-либо.*
— Задушу в объятьях!.. Разорву и схаваю! И запью самогонкой. Все! В.Ш., 434

**СХАМИ́ТЬ**
sich flegelhaft/ ruppig benehmen
*то же, что нахамить, поступить по-хамски, нагрубить.*
— Спасибо. Теперь уже нет необходимости, — схамил Бороздыка, но тут же, испугавшись, перебежал на другую сторону улицы и заспешил к себе домой. В.Кор., 532
Затем полдня буду со стыдом вспоминать тех, кому испортила настроение, но где-то будет копиться и сожаление — ведь на некоторые оскорбления я не успела ответно схамить. В.Шацкая, Л.Г., 28.11.79

**СХВАТИ́ТЬ**
(ab)kriegen, übergebraten bekommen, aufgebrummt kriegen, sich (Krankheit) holen
*получить, приобрести что-либо.*
Однажды я схватил десять суток губы по милости все того же Василия Титовича Полежаева. Л.Л., № 31, 201

**СХИМИ́ЧИТЬ**
abstauben, in die eigene Tasche wirtschaften, unterschlagen
*сделать что-либо незаконное, сплутовать, смошенничать.*
„Какой же ты директор, если живешь хуже, чем лоточник. Тот и то, глядишь, может на пару рублишек схимичить". И.Ф., 10

**СХИТРИ́ТЬ**
eine List anwenden, zu einer List greifen
*проявить хитрость, поступить хитро или сказать что-либо с хитростью.*
А она нарочно схитрила, сказала как о пустяке, потому что устала от этих объяснений, а знала твердо... пришла пора нанести опухоли еще новый удар, очень рекомендуемый для данного рака современными руководствами. А.С., 96

**СХЛЕСТНУ́ТЬСЯ**
zusammenrasseln, aneinandergeraten, sich verkrachen, sich verzanken
*вступить в бой, драку; затеять ссору, спор.*
... Филя запил. И все решили, что надо Филю спасать. Главное, всех насторожило, что Филя „схлестнулся" с Саней Неверовым. Саня — человек очень странный. В.Ш., 179

**СХЛОПОТА́ТЬ**
(ab)bekommen, (ab)kriegen
*получить что-либо; добиться чего-либо (обычно неприятного).*
И сидим мы у стола с нею рядышком, / И с улыбкой говорит товарищ Грошева / — Схлопотал он строгача, ну и ладушки, /Помиритесь вы теперь по-хорошему. А.Г., 170

**СХО́ДУ**
schnell, geschwind, rasch
*быстро, скоро.*
Вот тогда-то Зубихин сходу хотел подцепить Ишкова, но солдат свалял ваньку, выпучил непонимающе глаза, и Зубихину не обломалось. В.Кор., 215

**СХОРОНИ́ТЬ**
begraben, beerdigen, unter die Erde bringen
*то же, что похоронить.*
Оба пальца — указательный и средний — принес домой и схоронил в огороде. В.Ш., 116

**СХРУ́МКАТЬ**
auffressen, verschlingen, vertilgen, verspachteln
*съесть что-либо.*
У вас работа нервная? У меня — спокойная: я в науке. Сиди, не высовывай — будет хорошо. Один высовывал, его р-раз! И, как огурчик, схрумкали. Г. Дробиз, Л.Г., 24.10.79

**СХУЛИГА́НИТЬ**
Unfug treiben, einen Bubenstreich verüben, randalieren
*совершить хулиганский поступок.*
Волновалась я перед докладом неумеренно. Впрочем, это не помешало мне схулиганить — снять с руки часы, со стуком положить их на стол и сказать: „Не будем терять время". И.Г. 1, 112

**СЦА́ПАТЬ**
fassen, packen, (er)greifen; verhaften, festnehmen, schnappen
*поймать, задержать // лишить свободы, арестовать //.*
От такого удара мяч летит сонно и куда попало. Его, голубчика, сцапают — и „ваша не пляшет!" В.А., Л.Г., 14.12.77.

**СЦЕПИ́ТЬСЯ**
sich in die Haare geraten, (heftig) aneinandergeraten, zusammenrasseln
*спорить, ссориться, драться с кем-либо.*
Приехал в то семейство — тоже отдохнуть — некто Сильченко, тоже зять, тоже горожанин и тоже несколько ушибленный общими вопросами. И они сразу сцепились. В.Ш., 371

**СЧАСТЛИ́ВЧИК** *м.*
Glückspilz, Sonntagskind
*то же, что счастливец; счастливый человек.*
Счастливчиков, оставшихся в живых, сажали, их место занимала молодежь из ударного призыва. В.М., 37

**СЧИТА́ЛКА** *ж.*
Abzählreim, Abzählvers
*стишок со счетом в детских играх.*
Как в старой считалочке детских лет, / губы обидные выпятив: / „Выпади мне цвет, которого нет: / самый счастливый выпади!" Б.О., 172

**СШИБИ́ТЬ**
umstoßen, umrennen, umschmeißen, über den Haufen rennen
*ударом, толчком сбить, свалить.*
С тех пор я нет-нет ловлю себя на том, что присматриваюсь к рыжим: ...Очень они мне нравятся. Не все, конечно, но вот такие — молчаливые, спокойные, настырные... Такого не враз сшибешь. И зубы ему не заговоришь — он свое сделает. В.Ш., 406
Он, например, привел такой факт: он выглянул в окно и видит, что мотор горит. Если бы это было так, то летчик стал бы сшибать пламя скоростью, как это обычно делается. В.Ш., 21

**СШИБИ́ТЬСЯ**
zusammenstoßen/ zusammenprallen mit jemandem/ mit etwas
*столкнуться с кем-, чем-либо.*
Шляпников ринулся вперед и прямо в дверях сшибся с заходящей в магазин бабушкой. М.Мишин, Л.Г., 24.11.76
Словно сдвинулись во мгле полюса, / Словно сшиблись над огнем топоры. А.Г., 20

**СЪЕ́ЗДИТЬ** *груб.*
schlagen, einen Hieb/ Schlag versetzen, eins drüberziehen
*ударить кого-либо.*
Бригадир тогда съездил его по шее, тот отряхнулся, взялся тыкать лопатой. А.С., 231

**СЪЕХИ́ДНИЧАТЬ**
eine boshafte Bemerkung machen
*сказать что-либо ехидное, злое, неприятное.*
Кафедра еще некоторое время гудела. Когда шум затих, Флягин посмотрел на часы: „Кто еще хочет высказаться?" — „С тем же результатом? — съехидничал Маркин. — Боюсь, вы останетесь без сотрудников". И.Г. 1, 111

**СЫ́ЗМАЛА и СЫ́ЗМАЛУ**
von klein auf, von Kindesbeinen an
*с малых лет, с младенчества.*
Андрей-то Васильевич, говорят, сызмала за ней ухлестывал. В.М., 452

**СЫ́ЗМАЛЬСТВА**
von klein auf, von Kindesbeinen an
*с малых лет, с детства, с малолетства.*
... А вот насчет классов, мол, не густо: отец сызмальства начал по тайге с собой таскать. В.Ш., 119

**СЫ́ЗНОВА**
aufs neue, von neuem; wiederum, abermals
*снова, опять, еще раз // заново, с самого начала//.*
А он — человек-то, как наелся, так сызнова его к вечной жизни потянуло. В.М., 81

**СЫ́ПАТЬ** *несов.*
1 stampfen, trampeln; eindreschen auf jemanden
2 abhauen, sich davonmachen
*1. внезапно и с силой производить какое-либо действие, связанное с частыми, быстрыми движениями, ударами.*
В круг к нему протиснулся Степан, сыпанул тяжкую, нечеткую дробь. В.Ш., 46
*2. бежать, мчаться откуда-либо или куда-либо.*
И вообще, сыпь отсюда,историк. Надоел. В.Кор., 562

**СЫРЯ́ТИНА** *ж.*
Nasses, Feuchtes; Rohes
*о чем-либо влажном, сыром; покрытом или пропитанном влагой.*
— Все перепилили? — Нет, еще кубометра два осталось. Володя придет в праздники, распилим. Дрянь — дрова. Сырятина. Е.Т., 184

**СЫСКА́ТЬ**
auffinden, aufspüren, auftreiben
*найти, обнаружить в результате поисков; отыскать.*
Где уж она этакий (мячик) сыскала, неизвестно — черный, вроде бы как в пепле изовоженный, липкий. В.А., Л.Г., 14.12.77

**СЮСЮ́КАНЬЕ** *ср. неодобр.*
Verweichlichung, Verzärtelung, Verpäppelung, Verhätscheln
*обращение с маленьким ребенком; мелочная опека, нежничанье.*
Сейчас Саша высок, строен, узок в поясе, широк в плечах. Имени Сайкин терпеть не может, говорит: „Дамское сюсюканье" (и все равно в мыслях я его иначе не называю). И.Г. 1, 21

# Т

**ТАБА́К** *м.*
eine schlechte/ schlimme Sache/ Angelegenheit
*о чем-либо плохом, скверном.*
— А картина эта...— Лихачев поморщился.— Ежели говорить критически, табак, а не картина! Ф. Абрамов, Пряслины, Л., 1978, 9

**ТАБЕЛИРОВА́ТЬСЯ** *несов.*
sich in die Kontrolliste/ -tafel eintragen
*отмечать явку на работу и уход с работы.*
На службу, как все люди, не ходим, не табелируемся, пишем неритмично, не конфликтуем с ОТК, в итоге наша выработка и, главное, качество не поддаются учету и справедливой оплате в соответствии с количеством и качеством затраченного труда. Л.Г., 14.1.1981, 16

**ТАБУНИ́ТЬСЯ** *несов.*
sich (um jemanden herum)dränge(l)n, sich zusammendrängen
*ходить, держаться толпой; толпиться.*
— Слушай, а лакированные эти почем стоют? Что ответила другая — не было слышно, а опять Нэлля — Эх, мне б в таких пойти — вот бы хахали табунились! А.С., 291

**ТАГАНО́К** *м. уменьш.*
Feuerbock, Dreifuß
*то же, что таган; железный обруч на ножках, служащий подставкой для котла, чугуна при приготовлении пищи на открытом огне.*
Во дворах на таганках потеют семейные чугуны с похлебкой. В.Ш., 30

**ТАКСИ́СТ** *м.*
Taxifahrer, Taxichauffeur
*водитель такси.*
К тому же таксисту надо давать чаевые, что крайне унизительно. А.З., 12

**ТАКУ́СЕНЬКИЙ**
sehr klein, winzig klein
*маленький, крошечный.*
— Вот, Дмитрий, какая моя Катька. Ты вот ее такусенькой помнишь... Ты, Катюша, не забыла тетю Машу из Ольховского? А это Дмитрий Арсеньевич. Забыла, чай, сколько тебе годов было, когда ты гостила там? Е.Т., 172

**ТАЛДЫ́ЧАНИЕ** *ср.*
Wiederkäuen, (ständige) Wiederholung
*скучное, однообразное повторение одного и того же.*
Вообще „талдычание" старого характерно для всей нашей советской жизни. Ведь на всех собраниях партийных, профсоюзных говорят одно и то же, отчеты можно просто писать под копирку, так же, как и резолюции. В.Енютина, Р.М., 6.3.80

**ТАЛДЫ́ЧИТЬ** *несов.*
wiederkäuen, (ständig) wiederholen; herunterleiern, her(unter)beten, abspulen
*повторять, твердить одно и то же // говорить, читать скучно, однообразно //.*
Создается впечатление, что начальство больше любит повторы. Ему спокойнее „талдычить", как мы говорим, старое. В.Енютина, Р.М., 6.3.80

**ТАМАДА́** *м.*
Tischmeister bei Festessen
*распорядитель пира, пирушки, вечеринки.*
Мне могут снова сказать: „Эй, тамада, ты о чем говоришь! Ты пропагандируешь алкоголизм! Замолчи, грешник!" Б-ка крок., № 18/815/, М., 1978, 24

**ТАНКЕ́ТКА** *ж.*
Pumps mit Keilabsatz, Keilpantolette
*легкие женские туфли на сплошной подошве, утолщающейся от носка к пятке.*
... вдруг увидел на ногах учительницы красивые танкетки из белой простроченной кожи, и вспомнил, что подарок жене он так и не купил. Вл.В.1, 85

**ТАРАБА́НИТЬ** *несов.*
laut klopfen, rattern; tippen
*громко стучать, греметь; делать что-либо со стуком, грохотом // печатать на пишущей машинкс //.*
Он давно знал этого несчастного забулдыгу-еврея, окрещенного женским именем из-за того, что в своей прежней жизни Маруся работал в машинописном бюро, тарабанил на ундервуде. В.Кор., 496

**ТАРАБА́РИТЬ** *несов.*
schwatzen, plappern, plaudern
*заниматься пустыми разговорами, болтать.*
Тарабарим, а такси все нет и нет. И. Пономарев, Наш современник, № 3, 1981, 83

**ТАРАБА́РСКИЙ**
ungereimt, unverständlich; verworren, abstrus, konfus, wirr
*непонятный, сложный, недоступный для понимания; бессмысленный, нелепый.*
Вот фаготы с каких-то высот пролились, / и тромбонов трудна тарабарская речь, / две вертлявые скрипки идут на прогулку / между мной и кулисами / по переулку, / не сходя с музыкантских мозолистых плеч. Б.О.,176

**ТАРАБА́РЩИНА** *ж.*
Kauderwelsch, Kohl, Blech, Kokolores, Unfug
*о чем-либо бессмысленном, непонятном.*
— Когда ты только успел нахвататься этой тарабарщины. В.Максимов, Грани, № 87—88, 13

**ТАРАРА́М** *м.*
Krach, Gepolter, Tamtam; Tumult, Spektakel, Skandal
*шум, грохот // переполох, суматоха, скандал //.*
Он входит точно по утрам, / когда рассветный тарарам / еще не смог очнуться, / лишь стоит под рукой дверям / едва-едва качнуться. Б.О., 288

**ТАРАТА́ЙКА** *ж. ирон.*
Vehikel, Karre
*об автомобиле или другом виде транспорта.*
Что же касается клоуна, то ведь ты отлично знаешь, это районный культпросвет его нам сподобил. Вся моя вина состоит в том, что я его довез сюда на своей таратайке. М. Алексеев, Наш современник, № 9, 1981, 38

**ТАРАТО́РИТЬ** *несов., неодобр.*
plappern (wie ein Wasserfall), schwatzen (ohne Punkt und Komma); tönen
*говорить быстро, скороговоркой, болтать без умолку // много и громко говорить /обычно о чем-либо незначительном //.*
... И Егор быстро пошел вон со сцены. И пока шел через зал, терзался, что наговорил директору много слов. Тараторил, как... Извинялся, что ли? В.Ш., 471
Пока около нас вертится народ, мы боимся говорить о Кларке и нарочно громко тараторим о посторонних вещах, пожирая друг друга странно раскрытыми лживыми глазами. А.К., 327

**ТАРАТО́РКА** *м. ж. неодобр.*
Plaudertasche, Plappermaul
*тот, кто быстро и много говорит, тараторит.*
„Черти принесли твою тараторку Любу!" — упрекнул я жену. И.С., 4

**ТАРАХТЕ́ЛКА** *ж.*
Rassel, Knarre, Klapper
*о чем-либо, производящем шум, треск, грохот, стук.*
Игроки заняли стол. Курчев поставил углом свою тумбочку, и началась знакомая жизнь — преферанс под аккомпанемент маленькой тарахтелки. В.Кор., 43

**ТАРАХТЕ́ТЬ** *несов.*
1 knattern, poltern, rasseln
2 plappern, schwatzen, schnattern

*1. производить шум с глухим треском, скрипом.*
Но вот уже тарахтит машинка в дирекции завода „Электродвигатель". А.Вихрев, Б-ка крок., № 17/814/, М., 1978
*2. быстро и громко говорить, тараторить.*
— Сперва проверить, не стоит ли на передаче! — тарахтела Майка. А.С., 512

**ТАРА́ЩИТЬ** *несов.*
die Augen aufsperren, glotzen
*внимательно, пристально смотреть на кого-, что-либо, широко открыв глаза.*
— ...Сама только и знаешь, что на чужих мужьев глаза свои грязные таращишь. Вл.В.1, 164

**ТАРА́ЩИТЬСЯ** *несов.*
die Augen aufsperren, glotzen
*смотреть на кого-, что-либо пристально, широко открытыми глазами.*
Славик высунул нос из воротника куртки и изумленно таращился на Сергея Митрофановича. В.А., 573

**ТА́РЫ-БА́РЫ** *мн.*
Schwatz, Geschwätz, Geplapper
*пустые разговоры, болтовня.*
Конторе нужен кирпич, и какие еще там могут быть тары-бары. В.М., 257

**ТАСКА́ТЬ** *несов.*
1 schleppen, schleifen, (mit)zerren
2 (mit sich/ auf sich) herumschleppen/ tragen
*1. заставлять, принуждать идти, водить за собой кого-, что-либо.*
... А вот насчет классов, мол, не густо: отец сызмальства начал по тайге с собой таскать. В.Ш., 119
*2. надевать, носить /обычно платье, обувь/.*
Я стоял на посту... и думал, что где-то за тысячи километров есть Франция, страна, где я родился, где наверняка не таскают на посту такой тяжелой шубы — тепло там, наверно. В.Р., 5

**ТАСКА́ТЬСЯ** *несов., неодобр.*
sich hin-/ herschleppen, trotten, stapfen
*ходить куда-либо /обычно без охоты, желания, по принуждению/.*
А сидеть вам в Соловках да в Бутырках, / И ходить вам без шнурков на ботинках, / И не делать по субботам „лехаим", / А таскаться на допрос с вертухаем. А.Г., 54
Тут, в библиотеке, я вас заражаю своей никчемностью. Идите и пишите. И зачем вам таскаться в библиотеки? Вы сами больше любого книжного хранилища. В.Кор., 179

**ТАЩИ́ТЬ** *несов.*
1 schleppen, schleifen
2 stibitzen, klauen
*1. вести, тянуть за собой.*
И тут Марина опять уперлась, выдернула руку из моей и сказала громко: „Оставь меня, Женя, куда ты меня тащишь, это же глупо!" Н.Б.1, 44
*2. воровать, красть что-либо.*
Дети не понимали воспитательного значения этих слов и воспринимали их буквально: раз все равно ворованное, значит, и нам не грех утащить! И тащили, несмотря на хухаловский кинжал. Л.Л., № 31, 171

**ТАЩИ́ТЬСЯ** *несов.*
sich schleppen, trotten; bummeln, sich im Schneckentempo fortbewegen
*идти или ехать медленно, с трудом, без желания или по принуждению.*
Как он тащится, этот поезд, / Триста лет на один откос! / И такой он ужасно гордый, / Что ему и гудеть-то лень... А.Г.1,16

**ТВАРЬ** *ж. бран.*
Kreatur, Luder
*о подлом, гадком, отвратительном человеке // о развратной женщине //.*
— Видно уж такая у нее натура. Ненасытная тварь. Ну и задерись она в доску, — думал подполковник Опаликов, когда в мотоциклетной коляске подъехал Пахомов. Вл.В., 164

**ТВИСТОВА́ТЬ** *несов.*
Twist tanzen
*танцевать твист.*
Люда вспомнила дни самодеятельности, танцевала с увлечением, он — небрежно, снисходя. Предложил: „Твистанем?" В Москве девочки научили Люду и твисту, он уже выходил из моды, но тут она робела: никто на всей площадке не твистовал. И.Г.1., 31

**ТЕАТРА́ЛКА** *ж.*
Theaterliebhaberin, Theaterfreundin
*любительница, частая посетительница театра.*
Взгляд театралки из надменного превратился в сочувствующий. Ю.Золотарев, Л.Г., 26.1.77

**ТЕКУ́ЧКА** *ж.*
1 laufende Sachen, alltäglicher Kleinkram
2 Fluktuation der Arbeitskräfte
*1.мелкие повседневные, будничные дела, заслоняющие главное, основное.*
За текучкой я о Петьке забыл, но как-то на службе вдруг вспомнил и похвастался. Л.Наумов, Л.Г., 23.5.79
*2. частая смена работников на предприятии.*
Потом мы заговорили о системе оплаты труда, о текучке кадров, о прикреплении. А.З., 217

**ТЕЛЕВИЗИО́НЩИК** *м.*
Angestellter einer Fernsehanstalt
*работник телевидения, телевизионной студии.*
Догадливые телевизионщики тут же нам показывают яркий сюжет, из которого следует, что эта фабрика уже пыталась выпрыгнуть из отсталости... А. Родов, Л.Г., 4.2.81

**ТЕЛЕ́ГА** *ж.*
amtliches Schreiben (mit unangenehmem Inhalt), blauer Brief
*письменное сообщение /обычно неприятное, выражающее недовольство кем-, чем-либо/.*
И, по словам Тамары Петровны, выходило, что допрыгался Смирнов до того, что на него из милиции телега пришла. Л.Измайлов, Л.Г., 31.10.79

**ТЕ́ЛЕК и ТЕ́ЛИК** *м.*
Fernsehgerät, Fernseher
*то же, что телевизор.*
С воскресенья и до воскресенья / Шло у нас вот такое веселие, / А очухался чуть к понедельнику, / Сел глядеть передачу по телику. А.Г., 246
... Сегодня посмотрим по своему телеку последнюю серию. И.Ф., 25

**ТЕЛЕПА́ТЬСЯ** *несов.*
herumhängen, herumlungern; baumeln
*быть, находиться где-либо /обычно без дела/ // болтаться //.*
Ребята вспомнили, что проходил какой-то тяжелораненный, когда я раздевался. Нижняя челюсть у него была начисто оторвана, язык телепался на груди. Л.Л., № 30, 183
А граф Монте-Кристо, видимо, прохлаждался в Греции вместе со своей Гайде. А Виола — телепайся здесь одна. Как будто она хуже всех! Е.Ц., 24

**ТЕЛЕФО́НЧИК** *м. уменьш.*
Telefonnummer, Rufnummer
*то же, что телефон; номер телефона.*
Семенов попрощался со мной дружески и попросил „телефончик на всякий случай". Н.Б.1, 46

**ТЕЛОГРЕ́ЙКА** *ж.*
Wattejacke
*стеганая ватная куртка; ватник.*
Тут они являются, два деятеля... Оба расхристанные, шапки на затылке, телогрейки настежь, и пар от них, как от загнанных. Г.В.1, 3

**ТЕ́ЛЬНИК** *м.*
Matrosenhemd
*то же, что тельняшка, матросская нижняя полосатая рубашка, обычно трикотажная.*
А главное, во внешнем облике, как говорится, ничего у меня морского-то не было — один тельник под сорочкой. Г.В.1, 6

**ТЕ́МЕНЬ** *ж.*
Dunkelheit, Finsternis
*то же, что темнота; тьма, мрак.*
Приходит он на кладбище, плач затих... А темень, глаз коли. В.Ш., 391

**ТЁМНАЯ** *ж.*
(eigenmächtige) Abrechnung, Selbstjustiz, Feme
*самочинная расправа с кем-либо без ведома властей, суда.*
Минометчики вошли во вкус: еженощно они до или после обхода дежурного офицера входили в казарму, выбирали жертву, устраивали ей темную и спокойно уходили. В.Рыбаков, Р.М., 2.11.78

**ТЕМНИ́ЛО** *м.*
Lügner, Schwindler
*о ком-либо, кто говорит неправду, обманывает, скрывает что-либо.*
Шоферня — свои, и молодые и старые, в большинстве относились к нему с дозой восхищения: ну и ловкач, ну и темнило, ну и стрелок — одним словом, хищник. С.Е.1,20

**ТЕМНИ́ТЬ** *несов.*
lügen, schwindeln, flunkern
*говорить неправду, лгать, обманывать.*
— Я все понимаю — у человека всегда может повод случиться. Но зачем темнить-то? А.Тараскин, Л.Г., 26.9.73
— Ты писал туда? — Вроде нет, — неопределен-

но хмыкнул Борис. Он писал выше — в Совет Министров. — Не темни. Кому писал? — Корпусному. В.Кор., 269

**ТЕМНОТА́** *ж.*
Unwissenheit, Unkenntnis, Rückständigkeit; Indolenz
*невежество, бескультурье; косность.*
— А вы с этими вашими бабками еще бы тыщу лет в темноте жили... В.Ш., 56

**ТЕ́ННИСКА** *ж.*
Tennishemd, Sporthemd
*легкая спортивная рубашка с короткими рукавами, обычно трикотажная.*
Когда ты идешь в своей шерстяной пополам с нейлоном тенниске, и мускулы выпирают из тебя, и прохожие шарахаются, ты понимаешь, что ты супермен. В.Ак., 14

**ТЁПЛЕНЬКИЙ** *уменьш.*
einträglich, lukrativ, vorteilhaft
*то же, что теплый; доходный, выгодный / обычно о службе, работе/.*
Спору нет, имелись среди ветеранов и бывшие вояки, в свое время отличившиеся в боях, а затем сменившие строй на тепленькие места подальше от передовой. Л.Л., № 29, 181

**ТЕПЛУ́ШКА** *ж.*
(be)heizbarer Güterwagen
*товарный вагон, приспособленный для перевозки людей.*
—... Пусть едут оба в вагоне с наглядными пособиями, — ответил генерал. — Но там одни женщины, и гальюна в теплушке нет, — возразил комиссар. Л.Л., № 30, 143
Эшелон с вышним начальством нас не принимал. Идите, говорят, в теплушку, там проспитесь. А.К., 158

**ТЁПЛЫЙ** *неодобр.*
auf frischer Tat ertappt
*только что сделавший, совершивший что-либо.*
В Москве разгон. Наших берут пачками, прямо теплых. В.Ак., 29

**ТЕПЛЫ́НЬ** *ж.*
mildes/ warmes Wetter, milde Witterung
*очень теплая погода.*
А в Крыму теплынь, в море сельди, / И миндаль, небось, подоспел. А.Г., 78
Он ни о чем не думал. Просто вспомнил, как три года назад, весной в Запорожье стояла теплынь, грело солнце, и солдаты играли в волейбол. В.Кор., 570

**ТЕРЕБИ́ТЬ** *несов.*
keine Ruhe lassen, quälen, plagen, auf den Geist/ auf die Nerven gehen
*не давать покоя кому-либо, постоянно обращаться с просьбами, делами, вопросами и т.п.*
Я весь век горблю, а меня со всех сторон теребят: читал ли? читал ли? А.С., 490

**ТЕТЁШКАТЬ** *несов.*
verhätscheln, verpäppeln, verpimpeln; verwöhnen
*забавлять, баловать кого-либо.*
Пусть опять нас тетешкает слава, / Пусть друзьями назвались враги, — / Помним мы, что движенье направо / Начинается с левой ноги! А.Г., 22

**ТЁТКА** *ж.*
Tante; ältere Frau
*то же, что тетя // о немолодой женщине //.*
В очереди меж тем стойко держался народ самого разного ценза: и хвощевидные пацаны, и крутобедрые тетки. Д. Иванов, В.Трифонов, Л.Г., 28.7.76

**ТЕХА́СЫ** *мн.*
Jeans
*то же, что джинсы.*
— Не в этом дело, земляк. Ты глянь, что творится! За паршивыми техасами часы отстаиваем. Д.Иванов, В.Трифонов, Л.Г., 28.7.76

**ТЕХНА́РЬ** *м.*
Techniker
*человек, занимающийся техникой, техническими науками.*
Впрочем, чего эти технари знают о людях? Им бы только железки, лекции и испытания. С.Е., 58

**ТЕХНИ́ЧКА** *ж.*
Putzfrau, Raumpflegerin
*служащая низшего обслуживающего персонала; уборщица.*
Техничка тетя Клава в том доме квартиру получила. К.Исмаилов, Л.Г., 21.11.79

**ТИ́КАТЬ** *несов.*
ticken
*тихо и мерно постукивать /обычно о звуке работающего часового механизма/.*
— Тук-тук, тук-тук, — постукивает Антип. И еще тикают ходики, причем как-то так, что кажется, что они вот-вот остановятся. В.Ш., 26

**ТИКА́ТЬ** *несов.*
abhauen, türmen, verduften, ausbüxen
*поспешно, торопливо уходить, убегать, спасаясь от опасности.*
Потом-то я понял, что это муравьи от такого шума ко мне под костюм тиканули. М.Задорнов, Л.Г., 14.3.79

**ТИП** *м.*
Subjekt, Type
*о человеке, к которому относятся пренебрежительно, с презрением.*
— Да, милый, у меня два билета на „Гамлета" Один тип достал. Л.Измайлов, Л.Г., 2.4.76
И предупредил жену того типа: учтите, мол, с кем живете. И.В., № 32, 23
Теперь мне только не хватало, чтобы этот тип узнал, за кого я его принял и стал сводить счеты. Л.Л., № 32, 78

**ТИП-ТО́П**
tipptopp
*хорошо, в полном порядке.*
— Эх, наладить бы нам снабжение, и все было бы тип-топ. Х.Л., 16

**ТИ́ПУС** *м.*
Subjekt, Type
*то же, что тип.*
— Будь он покультурнее, из него бы хоть начетчик вышел, — жаловался частенько Наладьев, — а теперь вот изволь возиться с таким типусом! М.Л., 194

**ТИ́ПЧИК** *м. презр.*
Subjekt, Type
*то же, что тип.*
Ишь ты, сидит, размечталась! Актриса! Сидит и будто не видит этих типчиков, что перебрались к ней поближе со своим мячом. В.Ак., 19

**ТИ́СКАТЬ** *несов.*
(ab)drücken, schmusen, umarmen
*прижимать к себе, обнимать кого-либо.*
Первыми пришли папины подчиненные, которые, едва переступив порог, принимались Димку тискать, целовать. В.Свиридов, Л.Г., 12.1.77

**ТИ́СКАТЬСЯ** *несов.*
(sich)(durch)dränge(l)n; sich bedrängen/ beengen; sich umarmen
*пробираться, проталкиваться в тесноте, в толпе // толкать, теснить друг друга // прижиматься к кому-либо, обниматься //.*
Костя не знал, о чем еще говорить. Замолчал. Но теперь почему-то не мучился, что молчит. „Обязательно тискаться, что-ли?" — подумал сердито. В. Шукшин, Охота жить, Казань, 1977, 83

**ТИ́СНУТЬ**
drucken, veröffentlichen, herausbringen
*поместить в каком-либо издании, опубликовать.*
Настоящий взлет ее начался, когда какой-то корреспондент с ее слов тиснул в газете сенсационное сообщение, что Люшка порывает с дедовским методом доения коров. Вл.В., 152

**ТИ́ТЬКА** *ж.*
Titte
*молочная железа, грудь.*
Той прошлый год одну титьку отрезали, а нонешним летом — вторую... И.В., № 32, 18

**ТИХО́НЯ** *м. ж.*
Leisetreter, Duckmäuser
*тихий, смирный человек.*
— Ты не смотри, что тихоня, она у меня с характером... В.М.1, 52

**ТКНУТЬ**
(hin)weisen/ zeigen/ deuten auf etwas
*указать кому-нибудь на что-либо; обращать чье-либо внимание на что-нибудь.*
— ... Я их носом ткну, где написано черным по белому: какие работы плотницкие, а какие столярные. В.Ш., 273

**ТКНУ́ТЬСЯ**
Obdach/ Unterschlupf/ Unterkunft finden, unterschlüpfen, unterkriechen
*деться; быть, находиться.*
Лашков был озадачен, но позиций не сдал: — Наверное, и не знаешь, куда ткнуться? Москва, брат, она хитрых любит. В.М., 260

**ТОВА́РКА** *ж.*
Freundin, Kollegin
*то же, что подруга.*
Правда, Нюрка очень ценит их отношения между собой и по целым часам растабарывает об этом, несмотря на строгое запрещение и просьбы хозяев, со своими товарками на бульваре. А.К., 19

**ТОВАРНЯ́К** *м.*
Güterzug
*то же, что товарный поезд.*
... в самом исходе перегона Роща — Дубки лоб в лоб столкнулись два товарняка. В.М., 76
Соберем вещи, совсем немного, чтоб не хватились и — на поезд. До города на товарняке. А там — на пригородной электричке опять бесплатно. Г.Б., 29

**ТОЛИ́КА** *ж.*
eine kleine Menge, ein Klacks, ein Tröpfchen
*некоторое количество, немного, небольшая часть чего-либо.*
... некий пьяный маляр... по пути домой забрел сюда, чтобы кому-нибудь из будущих новоселов загнать банку краски и ящик шпаклевки и добавить к выпитому еще толику. Х.Л., 27

**ТОЛК** *м.*
Sinn; Nutzen, Vorteil
*польза, прок; смысл.*
Мне немного лет... / гибнуть толку нет... Б.О., 125

**ТОЛКА́ТЬСЯ** *несов.*
sich herumtreiben, sich herumdrücken, herumlungern
*быть, находиться без дела среди толпы, множества людей; толочься, толпиться.*
Стало тошно Олегу не только глазеть на витрины и вывески, но даже и по улицам толкаться среди густеющего роя озабоченных и веселых людей. А.С., 559

**ТОЛКА́Ч** *м.*
jemand, der eine Sache (auch mit illegalen Mitteln) vorantreibt; Gönner, Förderer, Mäzen, Sponsor
*человек, который разными ухищрениями, часто незаконными, способствует приобретению чего-либо // тот, кто побуждает другого к какой-либо деятельности, помогает в работе //.*
Высокий улыбнулся тридцатью двумя золотыми зубами: — Сатирик, репризер, куплетчик! — Толкач? — Нет, сам пишет. Б.С., 42
Виктор Зубакин был главным толкачом и организатором. Д. Кавтарадзе, Л.Г., 28.11.79

**ТОЛКНУ́ТЬ**
1 verkaufen, abstoßen, absetzen, verschachern
2 etwas sagen, eine Rede halten, etwas von sich geben
*1. продать что-либо.*
И так мне захотелось утешить Вовчика, и Аскольда утешить, и торгаша заодно: он ведь тоже человек — наверно не от хорошей жизни такую курточку толкнул... Г.В.1, 10
... Через месяц жена его манто слесаревой супруге продала, через два профессорская библиотека к столяру перекочевала, через три Ван Гога они толкнули. А. и Л. Шаргородские, Л.Г., 13.12.78
*2. сказать, произнести что-либо.*
Все читают газеты. Виктор тоже читает. — Ну, что там нового? — спрашиваю с полным ртом. — Фидель толкнул речугу в ООН. В.Ак., 57

**ТОЛКОВА́ТЬ** *несов.*
erklären, erläutern, auseinandersetzen
*разъяснять, заставлять понять что-нибудь.*
И толкуем мы о разном и ясном, / О больнице и больничном начальстве. А.Г., 91

**ТОЛКОВИ́ЩЕ** *ср.*
ernstes Gespräch, ernste Unterhaltung
*серьезный разговор, беседа.*
Ну, подошли бы по-человечески, о деле бы каком, о кино, о трюковых съемках, что ли спросили — разве бы я не ответил?! Да если уж на то пошло, я сам первым люблю завести толковище, но только о деле. И. Пономарев, Наш современник, № 3, 1981, 96

**ТОЛКОТНЯ́** *ж.*
Gedränge, Drängelei
*беспорядочное движение, теснота, давка // суета, суматоха //.*
В столовую бегут, как на пожар. Прибегают, хватают миски, ложки, хлеб: вдруг не достанется! Толкотня у столов, как толкотня вокзальная. Ф.Кан., 23

**ТОЛКУ́ЧКА** *ж.*
1 Gedränge, Drängelei
2 Trödelmarkt, Flohmarkt

*1. место, где толпится много народу; толкотня, давка.*

Не хочет, чтобы у нас таскали деньги из сумок, поэтому говорит мне, что в магазинах всегда толкучка и действительно легко что-нибудь потерять. Н.Б.1, 44

*2. рынок, базар, где торгуют подержанными вещами.*

Спекулянтка с тряпками приходит. Толкучку в городе прикрыли, вот они по учреждениям и шатаются. Л.Наумов, Л.Г., 6.9.78

**ТОЛО́ЧЬСЯ** *несов.*

herumstehen, sich herumtreiben, sich herumdrücken

*находиться где-либо без определенного дела /с оттенком неодобрения, иронии/.*

Идите погуляйте, тут в гараже нельзя посторонним толочься. Л.Лиходеев, Л.Г., 23.4.75

**ТОЛСТОЗА́ДЫЙ**

mit dickem Hintern, dickärschig

*с большим, толстым задом.*

Я выхожу во двор, где меня уже ждет толстозадый щенок. Л.М., № 30, 49

**ТОЛСТОМО́РДЫЙ**

mit dicker Schnauze, mit Pfannkuchengesicht

*с толстым, мясистым лицом.*

— И маму с дочкой несет. — Как маму с дочкой? — удивился толстомордый Боря. С.Спасский, Л.Г., 5.9.79

**ТОЛСТОПЯ́ТЫЙ**

plump, ungehobelt, derb, roh

*грубый, невоспитанный, некультурный человек.*

Она подкараулила Надежку у изгороди и накинулась на бедную девку: ты, дескать, и такая, и ты и сякая, ехала бы туда, откуда приехала, у тебя, мол, и подол короток, и зубы железные, а Надежка не думала с ней из-за Мишки ругаться, взяла да пошла от Пужанки, а Дашка в нее щепкой кинула и кричит на всю деревню и руками машет. Вот дура толстопятая. В.Б., 87

**ТОЛСТУ́ХА** *ж.*

Dicke

*толстая, полная женщина, девочка.*

Толстуха, легонько подталкивая гостя к внутренней двери, полностью им завладела и, судя по ее решительности, всерьез и надолго. В.М., 52

**ТОЛСТУ́ШКА** *ж. уменьш. ласк.*

Dickerchen, (kleine) Dicke

*то же, что толстуха.*

Нона мне показалась толстушкой. М.Кравчук, Л.Г., 18.10.78

**ТОЛСТЯ́К** *м.*

Dicker, Dickwanst

*толстый, полный человек.*

... Федосеев немедленно привел главбуха — седого толстяка с красным распаренным лицом. И.Ф., 22

— Вы правильно говорите, — ответил ему розовощекий толстяк в ондатровой шапке. Н.Латынов, Л.Г., 17.10.79

**ТОЛЧЕЯ́** *ж.*

Gedränge, Gestoße, Drängelei

*давка, толкотня, скопление большого количества людей, толкающих друг друга.*

Он всякий раз захаживал туда, хотя и без определенной цели, а скорее, любя атмосферу лихой толчеи и суетной озабоченности. Д. Иванов, В.Трифонов, Л.Г., 28.7.76

**ТОЛЧО́К** *м.*

Trödelmarkt, Flohmarkt

*то же, что толкучка.*

Загнала все... На толчке — пыльник — пятнадцать. Хозяйка ссудила десять. В.П., 45

**ТОНЮ́СЕНЬКИЙ**

sehr dünn, hauchdünn

*очень тонкий, тончайший.*

...Михаил Федотович смущенно крякнул, отчего все в зале вздрогнули, и неожиданно для слушателей вместо себя поднял свою жену — совсем крошечную рядом с ним, тонюсенькую женщину с необыкновенно большими и выразительными на болезненно-бледном лице глазами. М. Алексеев, Наш современник, № 9, 1981, 28

**ТО́ПАТЬ** *несов.*

gehen, tippeln, trotten

*идти, отправляться.*

— Что, — спрашиваю, — бичи? На промысел топаете? Г.В.1, 4

И вдогонку шипят: / — Ай-вай!.. — / Тем, кто топает на трамвай. А.Г., 1,17

К обеду, когда выводил свою последнюю смену, подошел офицер из штаба, сказал: — Мальцев, топай в штаб, во Францию поедешь. Слышишь? В.Р., 127

**ТОПТУ́Н** *м.*
Detektiv, Spitzel, Schnüffler
*сыщик, тайный агент.*
А папаша приезжает сам к полуночи, / Топтуны да холуи тут все по струночке! А.Г., 175
Институт стукачей и топтунов не перевелся. В.Н., № 18, 72

**ТОПИ́ТЬ** *несов.*
zugrunde richten, ins Verderben stürzen; (das Leben) zur Hölle machen
*ставить кого-либо в безвыходное положение // делать жизнь невыносимой, губить кого-либо //.*
„Ну да, а я сейчас, выходит, иду человека топить, — думал Ефим. — На кой бы мне она черт сдалась, если так-то, по-доброму-то?" В.Ш., 133

**ТОРГАНУ́ТЬ**
verkaufen
*то же, что продать.*
Вчера, после того, как мы разошлись, они все-таки малость торганули, выпили, явились к автобусной остановке, приставали ко всем подряд. В.Карпов, Наш современник № 1, 1979, 19

**ТОРГА́Ш** *м.*
1 Händler, Kaufmann, kaufmännischer Angestellter
2 Krämerseele, Schacherer, Raffer
3 Seemann der Handelsmarine
*1. то же, что торговец; работник торговли.*
Пить научился с торгашами. Поработать не поработают, а бутылки три-четыре „раздавят" в подвале /к грузчикам еще пристегнулись продавцы — мясники, здоровые лбы, беззаботные, как клоуны/. В.Ш., 237
Подлая порода базарных торгашей в смокингах, с апломбом, который мгновенно улетучивается в разговоре с победителем. В.М.1, 144
*2. стяжатель, корыстолюбивый человек.*
Если ты честен, живи в коммуналке на свою сотню, а торгаш и прохиндей даст кому следует на лапу, купит кооператив и пойдет увешивать потолки тысячными хрустальными люстрами. Г.Р., 132
*3. моряк торгового флота.*
— ... у спекуля разве такую /куртку/ достанешь? — А он что, не спекуль, торгаш этот? Г.В.1, 6

**ТО́РКНУТЬ**
stoßen, puffen, schubsen
*ткнуть, толкнуть.*
... она... больно торкнула кулаком в грудь, и он, словно удовлетворившись ее ударом, осекся, лег на подушку. Г.Б., 30

**ТО́РКАТЬСЯ** *несов.*
sich an etwas stoßen
*тыкаться, толкаться.*
А пока что несостоявшийся кум королю торкнулся рукой в болотный чемодан, прихваченный по дорожной привычке. Д.Иванов, В.Трифонов, Л.Г., 5.7.78

**ТОРМОШИ́ТЬ** *несов.*
stören, keine Ruhe lassen, auf den Geist/ auf die Nerven gehen
*теребить, дергать, лишая покоя.*
Только немая что-то забеспокоилась, замычала тревожно, начала тормошить отца. В.Ш., 47

**ТОРМОШИ́ТЬСЯ** *несов.*
hasten, (geschäftig) hin- und herrennen; herumwirtschaften, geschäftig sein
*суетиться, хлопотать, возиться с чем-либо.*
Юлия Михайловна по причине общей болезненности только тормошилась беспомощно, досаждала другим бестолковыми указаниями; Соня была с ленцой и неумеха, а Николай Васильевич застревал в кабинете, пропадал среди старых книг и бумаг. Ю.Т.1, 119

**ТОРОВА́ТЫЙ**
großzügig, gebefreudig, generös, nobel, spendabel
*щедрый, расточительный.*
Фалалеев радостно дивился всему: надменности ладных продавщиц,.. изобилию зефирных дамских причиндалов, с тороватой откровенностью вываленных на прилавок. Д.Иванов. В.Трифонов, Л.Г., 28.7.76

**ТОРЧА́ТЬ** *несов.*
stecken, sich befinden
*быть, находиться, присутствовать где-либо.*
Позже, когда под сводами магазина залился трелью звонок, оповещавший о закрытии, Фалалеев одиноко торчал в центре зала у фонтана. Д.Иванов. В.Трифонов, Л.Г., 28.7.76
— Садись! — воскликнул с сердцем Баев. —

Чего ж ты тут заместо мужика торчишь ночами? Садись в контору и посиживай. В.Ш., 300

Раз человек торчит в редакции, стало быть что-то там делает и на что-то влияет. В.Кор., 182

**ТОЧИ́ЛКА** *ж.*

Spitzmaschine, Bleistiftspitzer

***инструмент для очинки карандашей.***

Нельзя также встать и подойти к точилке для карандашей или попить воды, если тебя мучает жажда... М. Ш., 310

**ТО́ЧКА** *ж.*

Geschäft, Kiosk, Verkaufsstelle

***маленький магазин, ларек.***

Я ж воду на точке продавала около конторы. Г.В. 2, 63

**ТОЧНЕ́Ц**

genau

*то же, что точно.*

Или Тонечка Калинецкая, бывшая подруга, в дамском гадюшнике — гримерной: „Павликовский только с виду добряк! Этот добренький, девочки, — погодите год-другой — такого отмочит! Он через трупы пойдет! Вы меня еще вспомните: точнец, полный точнец!" В.С., 41

**ТОШНИ́ЛОВКА** *ж.*

etwas, was Brechreiz/ Übelkeit verursacht, etwas, was einen ankotzt, Brechmittel

*о чем-либо, вызывающем чувство отвращения, омерзения.*

— Неприятный звонок? — насторожилась мать. — Нет, просто занудный, — солгала Инга. — Один доброхот. Предлагает написать за меня основополагающую часть тошниловки. В.Кор., 167

**ТО́ШНО**

ekelhaft, schlecht, übel, zum Kotzen

*мучительно, тяжело // противно, отвратительно //.*

Эх, до чего же тошно вылезать на сцену, когда в зале сияют некупленные кресла! В.С., 43

**ТРАВИ́ТЬ**1 *несов.*

1 hetzen, verfolgen, ansetzen (ein Tier auf)

2 quälen, peinigen, martern, foltern; etwas (Unangenehmes) durchmachen

*1. напускать, натравливать /собак, диких зверей и т.п./ на кого-либо.*

Он наших зверей вагонами обеспечивает. Захочет — даст целый состав, а нет — хоть тиграми его трави. А.Курляндский, Л.Г., 13.10.76

*2. изводить, мучить, раздражать // пережить что-либо тяжелое, неприятное //.*

Колька думал на работе, думал дома, думал днем, думал ночами. И ничего не мог придумать, только травил душу, и хотелось выпить. В.Ш., 237

**ТРАВИ́ТЬ**2 *несов.*

1 sich übergeben, sich erbrechen, brechen

2 lügen, flunkern, aufschneiden

*1. тошнить, рвать.*

Я травил за борт, и меня всего трясло. Меня выворачивало, черт знает как. Потом стало холодно и очень легко, как после болезни. В.Ак., 51

*2. говорить неправду, врать; рассказывать неправдоподобные, вымышленные истории.*

Он теперь в Крым поедет, будет там на пляже придуркам травить, какая в Атлантике сильная погода. Г.В.1, 5

**ТРА́ВЛЯ** *ж.*

Hetze, Hetzjagd, Treibjagd, Verfolgung

*преследование, мучение кого-либо нападками, придирками.*

Это мог сделать любой больной с ожесточенным сердцем. Ведь всякая травля, однажды кликнутая, — она не лежит, она бежит. А.С., 68

**ТРАНЖИ́РА** *м. ж.*

Verschwender(in)

*человек, нерасчетливо, неразумно тратящий, расходующий деньги, средства.*

Ловкие транжиры с палочками в руках. / Время для нас — что деньги / в чужих кошельках. Б.О., 153

**ТРА́ТИТЬСЯ** *несов.*

(Geld) ausgeben, verschwenden

*тратить свои деньги на что-либо.*

Круглый год не работать, а потом еще тратиться на такие поездки. И.С., 41

**ТРА́ХНУТЬ**

1 einen Hieb versetzen, zu Boden schmettern

2 futtern; saufen

3 einen heben/ zwitschern/ kippen

4 bumsen, vögeln

*1. ударить, сильно стукнуть кого-либо.*

Тут дядя, не долго думая, как трахнет его кулаком по горбу. И.Ф., 3

*2. выпить, съесть что-либо.*
Сейчас компотика твоего трахнем. А.С., 356
*3. выпить алкоголь.*
— Может, трахнем, пока нету стиляг? — предложил блатняжка, которого угнетало одиночество, и с готовностью потер руки. В.А., 571
*4. находиться с кем-либо в интимных отношениях, любовной связи.*
Он в отделе всего три года. Сменил Алимкина, которого шуганули за аморалку: трахнул референта, а та забеременела. А.Л., 150

**ТРА́ХНУТЬСЯ**
bumsen, vögeln
*вступить с кем-либо в интимные отношения, любовную связь.*
Шведам захотелось трахнуться. Но девочки не были настроены. Мой длинноногий викинг начал обвинять меня в пустословии. А.П., 61

**ТРЕ́ЗВЕННИК** *м.*
Abstinenzler, Enthaltsamkeitsapostel
*человек, который ведет трезвую жизнь, не пьет спиртных напитков.*
— Может пьяницы? Лодыри? — спросил я у аксакалов. — Как пчелы, трудолюбивые... Трезвенники... — тихо ответили старики. С.Б., 22

**ТРЕЗВО́Н** *м. неодобр.*
Klatscherei, Geklatsche, Tratsch
*ненужные, нежелательные разговоры, пересуды, толки.*
— А за что ж его? — Да за абстракцию. / — Это ж надо! А трезвону подняли. А.Г., 143

**ТРЕЗВО́НИТЬ** *несов.*
jemanden oft oder lange anrufen; an der Strippe hängen, sich ans Telefon/ an die Strippe hängen
*продолжительно или часто звонить по телефону.*
Только по телефону еще долго трезвонили, но я не подходил. Г.Кемоклидзе, Л.Г., 15.1.75
В АТС между тем предложили установить дополнительный телефон. — Один, значит, пусть себе трезвонит по поводу стихийного Сильвестрова, второй же будет для вас персонально. С.Комиссаренко, Л.Г., 1.2.78

**ТРЕНИРО́ВКИ** *мн.*
Trainingshosen
*то же, что тренировочные спортивные брюки.*
Из-за нее я не беру в лавочке масла, скоблюсь бритвой „Нева" и хожу в драных тренировках. В.П., 43

**ТРЕ́НЬКАТЬ** *несов.*
(auf einem Saiteninstrument) herumstümpern, (herum)zupfen/ -klimpern
*плохо или небрежно играть на щипковом музыкальном инструменте.*
И в этом треске, стонах и ругани какой-то чудак все же ухитрился с пьяненькой невозмутимостью тренькать на балалайке. В.М.1, 171
... Я сижу, гитарой тренькаю — / Хохот, грохот, гогот, звон... А.Г., 92

**ТРЁП** *м.*
Geschwätz, Gequatsche, Tratsch(erei), Rederei, Geflunker
*болтовня, глупые, вздорные, лживые разговоры.*
Ну, и пошел, конечно, обыкновенный рыбацкий треп. Г.В.1,4
Мне не до трепа, задание срочное. Сделать надо, доложить и смыться. К.Исмагилов, Л.Г., 21.11.79

**ТРЁПАНЫЙ**
strapaziert, abgetragen, abgenützt, schäbig
*долго бывший в употреблении, истрепанный, ветхий, потертый.*
Но сегодня, едва Василий отставил метлу, во двор, хозяйственно озираясь, вошел и встал посреди высокий сутулый бородач, судя по разношерстной и трепаной одежде, из пешей и, к тому же, дальней дороги. В.М., 230

**ТРЕПА́ТЬ** *несов.*
1 zerzausen, zerreißen
2 auf die Nerven gehen
3 tratschen, klatschen, lästern
*1.теребить, дергать что-либо, разрывая, растрепывая.*
... в субботу вывесили бабы бельишко сушить — все изодрал. Разыгрался, сукин сын, и давай трепать... В.Ш., 40
*2. трепать нервы: заставлять кого-то нервничать.*
В остальном рабочий день прошел спокойно, потому что Шляпников решил себя пощадить и не трепать нервы по мелочам. М.Мишин, Л.Г., 24.11.76
*3. говорить, болтать, судачить.*
... а то у нас в деревне народ знаете какой... Пойдут трепать языком. В.Ш., 118

**ТРЕПА́ТЬСЯ** *несов.*
1 flattern
2 tratschen, klatschen, lästern; flunkern
*1.развеваться, колыхаться, раскачиваться.*
Опять взвякивает гармонь, и треплется по вспотевшему лбу Кольки льняной мягкий чубарик. В.Ш., 233
*2. болтать, говорить вздор; говорить неправду.*
Если мы и треплемся, то в такой форме, что к нам не придерешься. А.З., 154
... у Енисея, подле хохловской бани расположилась братва, жует серу, бросает камни в воду... Треплется, ждет, когда появится парнишка с мячиком. В.А., Л.Г., 14.12.77

**ТРЕПА́Ч** *м. груб.*
Schwätzer, Quatschkopf, Aufschneider, Angeber; Nichtstuer, Müßiggänger
*болтун, лгун // пустой бездельник, распутник //.*
... Ты у меня спроси: я их видел-перевидел, этих артистов! Они к нам на фронте каждую неделю приезжали. Все алкоголики! Даже бабы. И трепачи! В.Ш., 32
На заводе так его и звали: „Валька — тряпье". И трепач, и рванина, все вместе. Е.Терновский, Р.М., 15.3.79
Потом, минуточку улуча, / Спихнул другого трепача. А.З., 116

**ТРЕПЛИ́ВЫЙ**
geschwätzig, angeberisch, aufschneiderisch
*болтливый, хвастливый, лживый.*
— Ну, чего ты болтаешь, — беззлобно, как бы подчеркивая, что такую глупость Бурлей мог сказать только по трепливой инерции, промолвил Никита. — На Маню ты произвел впечатление. С.Е., 48

**ТРЕПОЛО́ГИЯ** *ж. пренебр.*
Geschwätz, Gequatsche, Gerede
*болтовня; пустые, ненужные разговоры.*
— Есть кандидаты технических наук, есть общеобразовательные, эти в основном трепологией занимаются. В.Ш., 173

**ТРЕПОТНЯ́** *ж.*
Geschwätz, Gequatsche, Gerede
*болтовня, пустые, ненужные разговоры.*
Давай плати, не отнимай мои трудочасы своей трепотней. Я.А., 27
Раньше я не придавал никакого значения таким разговорам, смотрел на них как профессионал с полумировым именем на трепотню дилетантов и кустарей-одиночек. А.З., 127

**ТРЕПЫХА́НИЕ** *ср.*
Aufregung; Versuch, etwas zu ändern, Aufbegehren
*волнение, дрожь // попытка изменить что-либо //.*
— Поймите, — продолжал гость, — от вашего трепыхания ничего не изменится. Отпускать, не отпускать — эти дела решают на высоком уровне дипломаты, деловые люди, как я, журналисты... К. Хенкин, Охотник вверх ногами, Франкфурт/Майн, 1979, 284

**ТРЕПЫХА́ТЬСЯ** *несов.*
sich widersetzen, sich sträuben, widersprechen
*возражать, спорить.*
„Марья, — думал он /Филипп/, — эх, Марья, Марья... Вот как ты жизнь-то всем перекосила. Полаялись вот — два дурака... Обои мы с тобой побирушники, Павел, не трепыхайся." В.Ш., 362

**ТРЕСКОТНЯ́** *ж. неодобр.*
Geschwätz, Salbaderei, Phrasendreschen
*шумиха, хвастливые, высокопарные речи; разговор о пустяках.*
— И ведь не стыдно! — изумлялся Кондрашин. — Все на полном серьезе... Хоть бы уж попросил кого-нибудь, что ли. Одна трескотня, одна трескотня, ведь так даже для районной газеты уже не пишут. Нет, садится писать! Вот же Долдон Иваныч-то. В.Ш., 305

**ТРЕ́СНУТЬ: ХОТЬ ТРЕ́СНИ**
koste es, was es wolle, um jeden Preis
*о желании, усилии достигнуть чего-либо.*
Я платье, говорит, взяла у Нади, / Я буду нынче как Марина Влади. / И проведу, хоть тресну я, часы свои воскресные, / Хоть с пьяной твоей мордой, но в наряде. В.В.3, 26

**ТРЁХНУТЬСЯ и ТРЕХНУ́ТЬСЯ**
verrückt/ meschugge werden, den Verstand verlieren, um den Verstand kommen
*сойти с ума, стать психически ненормальным.*
— Ты что, трехнулся?! — возмутился я. — Дезертировать предлагаешь? Л.Л., № 32, 195

**ТРЕХРЯ́ДКА** *ж.*
(dreireihige) Ziehharmonika
*трехрядная гармонь.*

Каждую неделю в субботу вечером, Колька Паратов дает во дворе концерт. Выносит трехрядку с малиновым мехом, разворачивает ее, и: „А жена мужа в Париж провожала, / Насушила ему сухарей..." В.Ш., 232

**ТРЁХЭТА́ЖНЫЙ** *груб.* **: ТРЁХЭТА́ЖНАЯ БРАНЬ**
unflätige/ ordinäre Beschimpfung
*сквернословие; грубое, неприличное ругательство.*
Водители бешено сигналили и пускали в Ватрушкина трехэтажным. А.Павлов, Л.Г., 28.11.79

**ТРЁШКА** *ж.*
Dreirubelschein
*то же, что три рубля.*
— Фалалеев! — притормозила пролетавшая мимо машинистка Бухалева. — Вы трешку на подарки детям сдавали? Д.Иванов, В.Трифонов, Л.Г., 10.1.79

**ТРЁШНИЦА** *ж.*
Dreirubelschein
*то же, что три рубля.*
„Грабеж, кричит, среди белого дня! Вчерась, кричит, на ихнем концерте... у меня бумажник сперли, а в нем трешница чистыми." В.М., 130

**ТРЕЩА́ТЬ** *несов.*
schwatzen, schwätzen, plappern, schnattern
*быстро, без умолку говорить, болтать.*
Номер три. Рыжеволосая... Тоже, как я, ждет не дождется воскресенья — приходит на скамеечку раньше подружек, трещит без умолку, но авторитетом в коллективе не пользуется: суждения ее неглубоки. В.Ш., 255

**ТРО́ЕЧНИК** *м.*
mittelmäßiger Schüler
*учащийся, постоянно получающий посредственные отметки (тройки) по успеваемости.*
— Рядчиков Ростислав. Троечник, но при желании может дать четверку. Грамматика ничего, но синтаксис никуда. А.К., 72

**ТРО́ЙКА** *ж.*
befriedigend (Schulzensur in der UdSSR)
*отметка об успеваемости учащегося в пятибальной системе, обозначающая удовлетворительно.*
Я могу сказать ему, что маме надо помогать, что я сам бы помогал ей, если бы больше бывал дома, что он напрасно опустил руки и тянет выпускные экзамены на сплошные тройки. В.Ак., 2
На последней сессии Долманский получил тройки по теплотехнике и политэкономии, а по станкам и инструментам — двойку. И.Ш., 19

**ТРОЙЧА́ТКА** *ж.*
Schmerzmittel
*лекарственное средство /обычно от головной боли/, состоящее из трех компонентов.*
— У вас неприятности? — спросила Марьяна. — Нет, просто голова болит. — Хотите „тройчатки?" — Марьяна открыла небольшую сумку на длинном ремне. В.Кор., 209

**ТРО́ЛЛИК** *м.*
Obus
*то же, что троллейбус.*
Дитя-злодей влезает в „троллик", / всех раскидав, / одновременно сам и кролик / и сам удав. Е.Е., 10

**ТРО́НУТЬСЯ**
überschnappen, verrückt werden, nicht (mehr) richtig ticken
*стать психически ненормальным, сойти с ума.*
Тут мне совсем жутко стало. Я ползком-ползком — да из огорода. Прибежал к деду своему, рассказал все. Дед оделся, и мы пошли с ним на зады. — Он сам с собой или вроде как с ней разговаривает? — расспрашивал дед. — С ей. Советуется, как теперь быть... — Тронется ишо, козел старый. Правда, пойдет выкопает. Может пьяный? В.Ш., 75

**ТРОЯ́К** *м.*
1 Dreirubelschein
2 befriedigend (Schulzensur in der UdSSR)
*1. три рубля.*
— Тогда может, — говорю, — по трояку сбросимся? А.Тараскин, Л.Г., 26.9.73
А следом за нею выползают на сцену всякие проходимцы и пропойцы, которых и на пушечный выстрел нельзя подпускать к концертным залам. Те, которые за трояк готовы изобразить все что угодно. И.Ш., 26
*2. то же, что тройка; отметка об успеваемости учащегося в пятибальной системе, обозначающая удовлетворительно.*
Правда, англичанка грозилась вывести годовую двойку, но мы ее чуть ли не всей учительской на коленях умоляли поставить трояк. А.К., 131

**ТРУБИ́ТЬ** *несов.*
ackern, schuften, sich plagen/ herumschlagen
*то же, что работать; заниматься чем-либо / обычно надоевшим или тяжелым, утомительным/.*
За грудки меня не трогай. / И не смей по морде бить. / Будем мы при коммунизме / По способностям трубить. А.З., 21

**ТРУДОВУ́ХА** *ж.*
Arbeitsbuch
*то же, что трудовая книжка; документ, содержащий сведения о стаже работы, поощрениях за труд и т.п.*
— Третья жалоба,— предупредил главный,— будет последней. Тогда не только на подстанцию не возьмут, а залепят такое в трудовуху, что потом и нянечкой никуда не приткнешься... Е.Т., 10

**ТРУДЯ́ГА** *м. ж.*
Arbeitstier
*о ком-либо, кто много работает, трудится; труженик, труженица.*
И можно ли в такой волнительный момент игнорировать трудягу-вратаря? Ц.С., 27

**ТРУСИ́ХА** *ж.*
Feigling; ängstliche, schüchterne Frau
*о женщине, легко поддающейся чувству страха.*
Глаза у него были такие горькие, что мне стало не по себе. Надо бы сказать сразу по-честному: люблю другого, уходите, не мучьте себя. Нет, к этому я, трусиха, не была готова. И.Г.1, 21

**ТРУСЦА́** *ж.*
leichter Trab
*неторопливый бег.*
И трусцой бежит в туалет под окрики командиров. Ф.Кан., 68

**ТРУХЛЯ́ВЫЙ**
verfault, mürbe, morsch, baufällig
*превратившийся в труху от ветхости, рассыпающийся от гнили.*
Человек тридцать населения района Селезневки горбится на скользких бревнах перед окнами полуподвала старого, коричневого, трухлявого дома в Юрином переулке. А.К., 80

**ТРУХНУ́ТЬ**
Angst bekommen, sich in die Hosen machen
*струсить, испугаться.*
Мужик чуть в штаны не наворотил. Захлопнул дверь да в избу. Да давай в трубу орать: „Караул! У меня черт на крыльце!" Городской старик громко захохотал. До слез смеялся... — Трухнул мужичок. А? Ха-ха!.. В.Ш., 130

**ТРЫ́НЬКАТЬ** *несов.*
vergeuden, verschwenden, verplempern, verjubeln, durchbringen, veruntreuen
*тратить, расходовать незаконно, с корыстной целью доверенные кем-, чем-либо деньги, имущество.*
— Мне коровник не на что строить, а ему только диаграммы свои рисовать, трынькать колхозные деньги. Вл.В., 54

**ТРЮ́ХАТЬ** *несов.*
langsam gehen
*медленно идти.*
Я удивлялся: „Аркадий Иванович, да почему же, бог ты мой, не взять такси? Ведь и деньги у вас есть, вы в выигрыше". „А зачем? Я ночную Москву люблю. И погода чудесная. За час дотрюхаю спокойненько". Но и в мороз, в дождь, в снегопад трюхал так же спокойненько. Ю. Трифонов, Опрокинутый дом, Новый мир, № 7, 1981, 71

**ТРЮ́ХНУТЫЙ**
verrückt, beknackt, plemplem
*психически ненормальный; сумасшедший.*
— Чего ты — такой? — вдруг спустил он взгляд на Горичева... — Это какой — такой? .. — Трюхнутый, — пояснил тот, — в вытрезвителе, что ли ночь прокукарекал? Е.Т., 145

**ТРЯПИ́ЦА** *ж.*
Lumpen, Lappen, Fetzen, Fummel
*то же, что тряпка, кусок ткани.*
Ефим распутывал тряпицу, никак не мог распутать, торопился, оглядывался на дверь. В.Ш., 137

**ТРЯПИ́ЧНИЦА** *ж. пренебр.*
putzsüchtige Frau
*женщина, интересующаяся только нарядами.*
Таисия Петровна сама называла себя тряпичницей и гордилась этим званием, как простительной слабостью хорошенькой женщины. А.П., 12

**ТРЯ́ПКИ** *мн.*
Klamotten, Fetzen, Fummel
*об одежде // женские наряды //.*

Спекулянтка с тряпками приходит. Толкучку в городе прикрыли, вот они по учреждениям и шатаются. Л.Наумов, Л.Г., 6.9.78

**ТРЯПЬЁ** *ср. пренебр.*
1 Klamotten, Fetzen, Fummel
2 Schwätzer, Quatschkopf, Angeber
*1.одежда, платья, наряды.*
Покупает квартирами, мебелишкой, тряпьем, / и уже не задиры мы, а шумим — если пьем. Е.Е., 25
Воровал мой оголец, как ни попадя. Я тряпье на базар таскала. В.М., 396
*2. то же, что трепач, болтун, лгун.*
На заводе так его и звали: „Валька-тряпье". И трепач, и рванина, все вместе. Е.Терновский, Р.М., 15.3.79

**ТРЯСТИ́СЬ** *несов.*
durcheinandergerüttelt/ -geschüttelt werden
*ехать на чем-либо, испытывая колебания, сотрясения, дрожь.*
Ехать сюда, трястись в набитом транспорте после трудового дня, здесь ругаться, спорить, ублажать, дарить презенты, нервы портить. В.Барсов, В.Дальский, Л.Г., 17.8.77

**ТУ́БИК** *м.*
Tuberkulosekranker, Schwindsüchtiger
*человек, больной туберкулезом.*
Я выпил еще рюмочку. Потом я выпил еще: товаровед из 27-й квартиры не только растратчик, он еще и без одного легкого. Куркуль недорезанный. Тубик. В.Ш., 260

**ТУ́ГО**
sehr gut, ausgezeichnet, prima
*очень хорошо, отлично.*
Бабка у нас — молоток, свое дело туго знает. Е.Ц., 29

**ТУГОДУ́М** *м.*
schwerfälliger (unentschlossener, langsam denkender)/ begriffstütziger Mensch, einer, der schwer von Kapee ist
*о ком-либо, медленно думающем, соображающем.*
Отвечал мне студент, которого я хорошо знала по упражнениям в течение года. Не блестящий, но старательный, тугодум, к тому же с легким дефектом речи. И.Г.1, 113

**ТУ́ГРИКИ** *м.*
Geld, Kies, Kohle
*то же, что деньги.*
— У тебя, конечно, тугриков нет? — вздохнул Лешка и вытащил из бумажника полусотенную. В.Кор., 131

**ТУ́ЖИТЬСЯ** *несов.*
sich anstrengen, sich Mühe geben
*напрягаться, делать усилие.*
И как ворона ни старалась, / Ни тужилась, ни надрывалась, / А уволочь с собой добычу не смогла. С.М., 11

**ТУЛИ́ТЬ** *несов.*
verstecken, hinlegen, hintun
*класть что-либо // прятать //.*
Спать будешь ложиться в гостинице — тули сумку под головку. Л.Ленч, 22

**ТУПИ́ЦА** *м. ж. пренебр.*
Dummkopf, Holzkopf, Schwachkopf, begriffstutziger Mensch
*тупой, лишенный острого восприятия, несообразительный человек.*
Ах, боже мой, какой же он тупица!.. А.Ч., 38

**ТУПОГОЛО́ВЫЙ**
stumpfsinnig, borniert, begriffsstutzig
*плохо, медленно соображающий, несообразительный.*
Я предпочел быть честным со своим сыном. Я любил его. Он никогда не будет счастлив, потому что слишком много понимает. Но из него хоть не вырастет тупоголовый осел. М.Ш., 320

**ТУПЬЁ** *ср. пренебр.*
Schwachköpfe, Dummköpfe, dummes/ stumpfsinniges Volk
*о тупых, умственно ограниченных людях.*
Где на гладких стенах эстампы... и „Подсолнухи" Ван-Гога, по которым сходит с ума все наше тупье?.. А.К., 208

**ТУРНУ́ТЬ**
hinaussetzen, rausschmeißen, an die frische Luft setzen
*прогнать, выгнать.*
Я протянул ему руку: — Давай. Залазь. Тебя что, из палатки турнули? В.Р., 66

**ТУРУ́СИТЬ** *несов.*
schwätzen, schwatzen, quasseln
***говорить, болтать вздор, ерунду, чепуху.***
— Что, хватил вчера лишнего, что ли? — спросил миролюбиво. — Чего турусил-то ночью? Зачем? В.Ш., 271

**ТУРУ́СЫ** *мн.*
Geschwätz, Gequatsche, Gerede
***пустые разговоры, болтовня, вздор, чепуха, ерунда.***
Народу битком, толкутся там всякие, турусы разводят, а контролеров — ни одного. Х.Л., 35

**ТУ́ТОШНИЙ**
hiesig, ortsansässig
***здешний, местный.***
Под столом нарежем сальца, / И плевать на всех на тутошних. / Балычок? Прости, кусается... / Никаких не хватит суточных. А.Г., 180

**ТУТУ́ШКАТЬ** *несов.*
verwöhnen; sich beschäftigen (mit)
***нянчить кого-либо, возиться с кем-либо, баловать.***
С той поры во время переменок ученицы старшего класса нянчили и тутушкали директорского малыша, появившегося у них почему-то поздно: Михаилу Федотовичу и Надежде Николаевне было за тридцать. М. Алексеев, Наш современник, № 9, 1981, 30

**ТУФТА́** *ж.*
Schau, Schaustellung, Täuschung, Augenwischerei
***фальшивая, показная работа.***
„Необходимо строго наказывать любителей „туфты". Для наведения должного порядка нужны кардинальные меры государственного масштаба", — вторит М.Борисов. Б.Николаев, Л.Г., 16.1.80

**ТУХЛИ́НКА** *ж.*
Haltlosigkeit, Verdorbenheit, Verkommenheit
***испорченность, распущенность, безнравственность.***
К Жорке несколько лет назад захаживал артиллерист, майор, потом, кажется, подполковник. Красавец детина. Сажень в плечах. Росту — на двоих достанет. А уже порченный. Уже с тухлинкой и на московских артисток заглядывался. В.Кор., 365

**ТУ́ЧНИК** *м.*
Dickwanst, Fettwanst
***об упитанном, толстом мужчине.***
За этого волосатого тучника никто и сольди ломанного не даст. Т.Ш., 4

**ТУ́ША** *ж.*
Dickwanst, Fettwanst
***о большом, тучном человеке // о теле большого тучного человека //.***
Еще некоторое время смутно маячила перед ним квадратная туша Сержа; потом она исчезла... Послышались удаляющиеся шаги. В.Ш., 416

**ТУШЕВА́ТЬСЯ** *несов.*
sich genieren, Hemmungen haben, verlegen sein/ werden
***робеть, смущаться, испытывать неловкость, приходить в замешательство.***
— Не тушуйтесь, — говорим, — это счастье, что так легко обошлось. Л.Лиходеев, Л.Г., 23.4.75
В комнате был еще один, тоже очень крупный, лысый мужчина, который понимающе улыбался лейтенанту: дескать, не тушуйся. В.Кор., 279

**ТУШЁНКА** *ж.*
Schmorfleisch in Büchsen
***консервированное тушеное мясо.***
Звездочку он /старшина/ тоже мне выдал — жестяную, вырезанную кое-как из банки от американской тушенки. Л.Л., № 31, 185

**ТЫ́КАНЬЕ** *ср.*
das Zeigen mit dem Finger
***указательный жест в направлении кого-, чего-либо.***
— Не заставляйте нас выбирать, тыкать пальцем, тем более, что потом... вместо выбранного нашим тыканьем дышащего, бодрого карпа, на кухне вполне могут кинуть на сковородку заснувшего еще в прошлую декаду. С.Е.1,24

**ТЫ́КАТЬ1** *несов.*
1 weisen, zeigen
2 mit den Fingern auf jemanden weisen/ zeigen
*1. показывать, обращать чье-либо внимание на кого-, что-либо.*
— Посчитаем, — злорадно сказал Шурка и стал тыкать пером в слова и считать шепотом: — Раз, два, три, четыре... В.Ш., 17
*2. показывать что-либо резким движением, жестом, приближаясь к лицу собеседника.*

— Пиши и мой телефон, пиши! — тыкал он в грудь Русанову пальцем. А.С., 511

**ТЫ́КАТЬ2** *несов.*
duzen
*обращаться к кому-либо на „ты".*
Я подошел по всем правилам устава: — Товарищ подполковник, младший сержант Мальцев по вашему приказанию прибыл. — Я знаю, Мальцев, что ты устав знаешь. Не разыгрывай комедию. Я знал, что с ним это действительно бесполезно, но прежде, чем ответить, все же осмотрелся. До двери было далеко, подслушивать нас не мог никто. — Да знаю, поэтому, если вы будете меня тыкать, то мне останется только брать с вас пример. В.Р., 122

**ТЫ́КАТЬСЯ** *несов.*
1 sich einmischen, dazwischenpfuschen
2 stecken, vergraben
*1. лезть, соваться куда-либо.*
— ... Нет, не моги покосить для своей коровы -- и весь протокол. Пусть трава пропадает, а не тыкайся... В.Б., 80
*2. утыкаться, зарываться головой, лицом во что-либо.*
Василий, сморщившись, потерянно махнул рукой и стал невольно тыкаться лицом в ребячьи плечи. В.Расп.2, 60

**ТЫЧО́К** *м.*
Stoß, Schubs, Stups
*легкий удар, резкий толчок.*
Очнулся он от внушительного тычка в бок. Л.Ленч, 43

**ТЬМУТАРАКА́НЬ** *ж.*
Rückständigkeit, Zurückgebliebenheit; (Ort) wo sich die Füchse gute Nacht sagen, finstere/ hinterste Provinz
*о чем-либо, находящемся очень далеко; о месте, до которого трудно доехать, добраться, где царит темнота, невежественность, культурная отсталость.*
— И куда только вас несет, господа! В эту тьмутаракань! В.М., 368
Всю жизнь, сколько Федор помнил себя, он рвался отсюда куда глаза глядят, лишь бы прочь из этой тьмутаракани, этой кричащей скудости и беспробудно матерного пьянства. В.М.1, 10

**ТЮ́КАНЬЕ** *ср.*
Klopfen, Tuckern
*звуки ударов, стука по чему-либо.*
Тюкая долго, размеренно, и уже совсем все встало на свое место, он /Иван Африканович/ успокоился от этого тюканья, как вдруг опять появился тот уполномоченный. В.Б., 73

**ТЮ́КАТЬ** *несов.*
klopfen, schlagen, hauen
*ударять, стучать чем-либо.*
Схватил он топорище, покидал из руки в руку. Сразу видно — человеком когда-то был, тоже тюкал. Г.Б., 65
— Ишь ты... какой, — говорил он ласково чурбаку. — Атаман какой... Ставил этого „атамана" на широкий пень и тюкал по голове. В.Ш., 319
— Марш, марш в палату, больная! Не терплю, чтоб стояли у меня за спиной. Кто вас знает, еще тюкнете по башке. И.В., 43

**ТЮ́КНУТЫЙ**
verrückt, behämmert, bekloppt; einer, der nicht (mehr) richtig tickt
*психически ненормальный, сумасшедший.*
Да что ж они, умственно отсталые, что ли? На самих себя да телегу катить? В собственной бане да угорать? Поищите в другом лесу тюкнутых, здесь не растут. А.К., 436

**ТЮРЯ́ГА** *ж.*
Knast
*то же, что тюрьма.*
„Так, балда, так, — подначил Валерка. — В тюрягу, говорит, садитесь добровольцами, а я на свободе буду гулять." В. Карпов, Наш современник № 1, 1979, 14

**ТЮ́ТЕЛЬКА** *ж.*: **ТЮ́ТЕЛЬКА В ТЮ́ТЕЛЬКУ**
(ganz) genau, aufs Haar, haargenau, genau bemessen, auf Heller und Pfennig
*точь-в-точь, совершенно точно.*
Будьте честны перед собой, — ведь жена дает вам денег тютелька в тютельку, и лишние тридцать четыре копейки — совсем не пустяк. А.Я., 7

**ТЮТЮ́КНУТЬ**
zerstören, abtragen, dem Erdboden gleichmachen
*разломать, разрушить.*
— Дом-то тютюкнули! Жалко. — Ага, — кивнул племянник. — Ну, тебе-то не очень... Ты вон

устроился, — сказал дядька, наконец стаскивая пальто и оглядывая комнату. В.Кор., 548

**ТЮФЯ́К** *м. пренебр.*
Schlappschwanz, Schwächling, Weichling; Tolpatsch
*о вялом, нерасторопном, безвольном человеке.*
— И, вправду, какая я элита? С вами я тюфяк тюфяком. — Не скромничайте. — Да. Тюфяк. Рохля. Я и раньше понимал, что гублю свою жизнь. В.Кор., 191

**ТЮ́ХА** *м. ж.*
Schlappschwanz, Tolpatsch; Schlafmütze
*о нерасторопном человеке; растяпа, разиня.*
Ее сердило, что он сегодня такой тюха. В прошлый раз он был куда занятней. В.Кор., 410
Хотя бы научился входить в ресторан не как тюха-матюха, есть и пить без солдатской жадности, кутить, не жалея червонцев... В.Кор., 30

**ТЮ́ХТЯ** *м. ж.*
Schlappschwanz, Tolpatsch, Schlafmütze
*то же, что тюха.*
— Да, мама, — сказал Аркадий Кожа, коснувшись мамы рукою вялой, как капустный лист. — Я мямля. Тюхтя без запросов. А.М., 31

**ТЯГА́ТЬСЯ** *несов.*
sich messen, wetteifern
*состязаться, соперничать в чем-либо // добиваться чего-либо в борьбе, в соперничестве с кем-либо //.*
В тридцать восемь, да если еще здоровье дает себя знать, тягаться с двадцатипятилетним — спорт не на равных. А. Астраханцев, Наш современник, № 9, 1981, 133

**ТЯГОМО́ТИНА** *ж.*
Last, Druck, Schwere
*о том, что тягостно, докучливо, нудно.*
А сейчас какая-то тягомотина, гниение на корню. В.Н., № 18, 72

**ТЯП-ЛЯ́П** *неодобр.*
nachlässig, schlampig, flüchtig, huschelig
*кое-как, небрежно, без старания /обычно о выполнении какой-либо работы/.*
А действительно... здорово эта тема может прозвучать!.. Только сразу, тяп-ляп об этом не напишешь. С.С.,48

**ТЯ́ПНУТЬ**
1 hauen
2 einen heben, einen kippen
*1.ударить, стукнуть.*
Еще налетело человек пять... Попало и Витьке: кто-то сзади тяпнул бутылкой по голове, но вскользь — Витька устоял. В.Ш., 148
*2. выпить что-либо /обычно алкоголь/.*
Главная причина алкоголизма — плохая выпивка и отсутствие приличной закуски. Того, что мы с Вами сейчас тяпнули, хватило бы свалить с ног десяток уличных алкоголиков. А.З., 229

**ТЯ́ТЯ** *м.*
Vater, Papa
*то же, что отец /в крестьянской среде/.*
И тут на пороге, в дверях, вырос сын его — Степан. — Здорово, тять. В.Ш., 40

# У

**УБИВА́ТЬСЯ** *несов.*
sich zu Tode grämen, vor Kummer vergehen
*чрезмерно предаваться отчаянию, горю, страданию.*
Погасший, облезший, Кирилл сидел, опустив голову, и мне было его жаль. Уж больно единодушно все его осуждали: „Если б не он, была бы жива..." Кириллу я так и сказала: „Не убивайтесь, в том, что случилось, вашей вины нет." И. Грекова, Кафедра, М., 1980, 21

**УБЛАЖИ́ТЬ**
jemanden umschmeicheln, jemandem jeden Wunsch von den Augen ablesen; jemandem Trost spenden/ zusprechen, Mut zusprechen, besänftigen
*угодить; доставить удовольствие кому-либо; удовлетворить кого-либо // утешить, успокоить кого-либо //.*
... Водка, она действует тем же методом: я тебя сперва ублажу, убаюкаю, а потом уж возьмусь за тебя. В.Ш., 181

**УБЛЮ́ДОК** *м. пренебр. бран.*
Bastard; Miststück, Kanaille, Dreckskerl
*о недостойном, неполноценном, никчемном человеке.*
Но человек не пробка, и мне захотелось пустить в ход свои кулаки, свои ногти, свои зубы, потому что эти безумцы дрались за росчерк какого-то ублюдка, а я дрался за нечто более существенное для меня, чем даже моя собственная жизнь — я дрался за жизнь своего сына. А.Л., 107

**УБРА́ТЬСЯ**
sich aus dem Staube machen, (rechtzeitig) verschwinden/ abhauen/ verduften
*то же, что уйти, удалиться /обычно быстро, поспешно/.*
— Убирайся сейчас же с глаз моих! Запорю до смерти. В.А., Л.Г., 14.12.77

**УБУ́ХАТЬ**
vergeuden, auf den Kopf hauen, verplempern
*расточительно, нерасчетливо истратить, израсходовать что-либо.*
Строили долго, главным образом — зимой, когда расценки выше. И убухали на это дело уйму средств. А.З., 9

**УВАЖА́ЕМЫЙ** *м. пренебр.*
mein Verehrtester
*фамильярное обращение к кому-либо.*
... Игорь спрашивает, встретившись через зеркальце над рулем со взглядом пассажира: — А куда вам собственно, уважаемый? — Мне,— отвечает пассажир,— на проспект Калинина, в министерство. — Вай-вай, очень сожалею,— Игорь излучает доброжелательность,— а я думал на вокзал! Нам совсем не по пути, извините, уважаемый, мы при деле, нам надо за начальником ехать! Опаздывать нельзя. С.Е.1, 34

**УВАЖИ́ТЕЛЬНЫЙ**
ehrerbietig, respektvoll
*относящийся с уважением к кому-, чему-либо; почтительный.*
— Кака уважительна бабочка-то, — говорит старушка сама с собой, — цельный день только и слыхать: „Петя! Петя!" Дружно живут, дай господи. Дружная парочка. В.Ш., 162

**УВА́ЖИТЬ**
entgegenkommen, zu Gefallen sein, eine Bitte berücksichtigen
*оказать кому-нибудь уважение, выполнив его желание // доставить удовольствие, угодить кому-либо, сделав что-либо в знак уважения, внимания //.*
Мне позвонили от Виктора Григорьевича Габузова-Патрикеева. Как-то неудобно было не уважить старика. И.Ш., 25

**У́ВАЛЕНЬ** *м.*
schwerfälliger/ unbeholfener Mensch, Tolpatsch, Tölpel, Trampel
*неуклюжий, неповоротливый, медлительный в движениях человек.*
Нашла себе ленивого увальня, так и неси свой тяжкий крест до конца! И.С., 11

**УВЕРНУ́ТЬСЯ**
ausweichen, entgehen, aus dem Wege gehen, sich entziehen
*быстрым движением свернуть, отклониться в сторону, избегая удара, толчка и т.п.*
Неожиданно из-за угла выскочил третий, такой же черный, в красном капюшоне, бросился на одного, ударом в скулу сшиб его с ног, потом на другого, тот увернулся, но через мгновение, получив удар головой в живот, отлетел к стене ударившись, успел еще крякнуть и шмякнулся наземь. А.Л., 110

**УВЁРТЛИВЫЙ**
gewandt, wendig, fix; findig
*умеющий увернуться; ловкий, проворный, очень подвижный.*
В отличие от Маргоши Ульяна тоща и увертлива. Л.Ленч, 21

**УВЕ́СИСТЫЙ**
schwer, wuchtig
*очень тяжелый, большого веса.*
Я достал спрятанную под сенями увесистую лапту, уже до стеклянного блеска отшлифованную моею рукой, В.А., Л.Г.,14.12.77

**УВЕСТИ́**
stehlen, klauen, mitgehen lassen/ heißen
*украсть что-либо.*
Читатель, вероятно, помнит, какая катастрофа меня постигла в связи с таинственной пропажей моих очков. В какую-то минуту мне казалось, что „увести" их мог только уэллсовский человек-невидимка, но все произошло куда проще: очки, как и ушанку, увели солдаты того самого отделения,

с которым я был во внеочередном наряде. Л.Л., № 31, 168

**УВИВА́ТЬСЯ** *несов., неодобр.*
jemandem den Hof machen, jemanden umschwärmen, ständig um jemanden herumscharwenzeln
*постоянно быть около кого-нибудь, ухаживать, добиваясь чего-либо.*
— Так он же за Лаймой целое лето увивался, — внес ясность безбородый усач. Ю.Булота, Л.Г., 26.7.78

**УВИ́ЛИВАНИЕ** *ср.*
Drücken, Herumdrücken, Drückebergerei
*попытка уклониться от чего-либо, прибегая к хитростям, уловкам.*
С утра потянулась старая служба. Для стариков медленный подъем, равноду́шный взгляд на вскакивающих салаг, увиливание от зарядки, вытаскивание прячущихся в гальюнах от двухкилометровой пробежки салаг, ожидание завтрака, орудийный парк, чистка орудий, классы. В.Р.,117

**УВИЛЬНУ́ТЬ**
ausweichen, entschlüpfen, sich herausreden, sich drücken, sich winden, sich herumdrücken um etwas, kneifen
*уклониться от чего-нибудь, прибегая к хитрости, уловкам.*
— Ваши товарищи попутно делают и другую работу. Один вы увильнули от одновременной работы над вторым проектом. Ц.С., 44

**УВОЛО́ЧЬ**
fortschleppen, fortschleifen, wegschleppen
*унести, утащить что-либо.*
И как ворона ни старалась, / Ни тужилась, ни надрывалась, / А уволочь с собой добычу не смогла. С.М., 11

**УВЯЗА́ТЬСЯ**
jemandem nicht von der Seite gehen, sich an jemandes Fersen heften, jemandem auf der Pelle sitzen
*неотступно следовать за кем-, чем-либо, присоединиться к идущим куда-либо без их согласия, без приглашения.*
Бездомный, он искал в любом мальчишке друга. / Однажды увязался за одним, / Весь день сопровождал... С.М., 26

**УГЛЯДЕ́ТЬ**
finden, auswählen; erblicken, bemerken, erspähen, ausmachen
*увидеть, высмотреть, разглядеть.*
Скоро дочка углядела голубого мотылька, перелетавшего с цветка на цветок, и последовала за ним, наклоняясь, протягивая руки, пытаясь поймать его. А. Малышев, Наш современник, № 9, 1981, 108

**УГНА́ТЬ**
entführen, rauben
*похитить, украсть что-либо.*
...Бандиты увидят, что в машине сидит одна пожилая дама, возьмут и убьют ее, а машину угонят. Л.Ленч, 38

**УГОДИ́ТЬ**
(zufällig irgendwohin) geraten/ gelangen/ landen
*попасть куда-нибудь, очутиться где-либо помимо воли, желания.*
... В палате ишо пять гавриков лежат, у кого что: один с рукой, один с башкой забинтованной, один тракторист лежал — полспины выгорело, бензин где-то загорелся, он угодил туда. В.Ш., 297

**УГО́ДНИЧАТЬ** *несов., неодобр.*
kriechen, liebedienern, katzbuckeln, scharwenzeln
*вести себя угодливо; стараться угодливым поведением расположить к себе кого-либо.*
Я и говорю ей: „Что ж ты уж так угодничаешь-то? Прямо на колени готова стать". В.Ш., 263

**УГОЛО́ВНИК** *м.*
Krimineller
*уголовный преступник.*
Поют, как будто общий уговор у них / или как будто все из уголовников. Е.Е., 45

**УГОЛО́ВЩИНА** *ж.*
Kriminalität, Kriminalverbrechen; Kriminelle, Verbrecher pl.
*уголовное преступление, а также все, что имеет характер такого преступления // уголовные преступники //.*
Бывает, сбудут такого Ваську, тысяч на восемь тонн, миллионов на двести ценою, а под уголовщину это дело не подведешь. А.М., 21

**УГОМОНИ́ТЬ**
beruhigen, besänftigen, beschwichtigen, zur Räson bringen
*успокоить, привести в спокойное, уравновешенное состояние.*
— Да кому ж твое исподнее надо? — пробовали угомонить его жители переулка. С.Б., 4

**УГОМОНИ́ТЬСЯ**
sich beruhigen, ruhig werden
*успокоиться; прийти в спокойное, уравновешенное состояние.*
Доказывай сколько угодно, что ты не верблюд, он все равно не угомонится, пока тебя через игольное ушко не прогонит. Й.Садаунискас, Л.Г., 26.7.78
В большой же женской — огромной, где стояло больше тридцати коек, женщины никогда не угоманивались вовремя, гаси им свет или не гаси. А.С., 34

**УГОРА́ЗДИТЬ**
1 jemanden veranlassen/ auf die unglückliche Idee bringen, etwas (meist Unnötiges, Unsinniges) zu tun, jemanden zu etwas verleiten
2 auf etwas verfallen, in eine Sache geraten
*1. побудить кого-либо сделать что-либо /обычно ненужное, нелепое/.*
И Чонкин отвечал ему охотно и обстоятельно, пока не спохватился, что выбалтывает первому встречному совершенно секретную Военную тайну. И как это его угораздило! Вл.В., 94
*2. попасть, угодить куда-нибудь, во что-либо.*
Ну, почему, почему именно нас угораздило в этот притон! А.Л., 119

**УГОСТИ́ТЬ**
schlagen, versohlen, vertrimmen, verkeilen
*бить, избить кого-либо.*
В милицию мать пришла, когда там как раз обсуждали вчерашнее происшествие на автобусной станции. Милиционера Витька угостил здорово — тот действительно лежал в больнице. В.Ш., 149

**УГОСТИ́ТЬСЯ**
sich vollaufen lassen, einen tanken
*пить спиртные напитки.*
— Мыться не мылись, а уж угостились. Горло оне там моют, а то оно горло-то заросло, хлебушко уж не лезет. — Вино, че ли, пьют? В.Расп.1, 41

**УГРО́БИТЬ**
kaltmachen, umbringen, erledigen, umlegen, unter die Erde bringen; (Zeit) totschlagen
*убить, оказаться виновником чьей-либо гибели // потратить зря, провести без пользы /о времени, о жизни и т.п.//.*
Я прожил жизнь. И всю ее угробил на изучение подноготной советского образа жизни и его законов. А.З., 71
Конечно, среди генералов-придурков попадались и дельные мужики, которые в ходе войны, учась на своих ошибках, превратились в прославленных военачальников. Но сколько миллионов советских солдат они угробили зря, обучаясь „сталинской науке побеждать"!? Л.Л., № 30, 148

**УГРО́ХАТЬ**
auf den Kopf hauen, ausgeben
*израсходовать, растратить в большом количестве /обычно о деньгах, ценностях и т.п./.*
Так, когда решено устроить вечеринку или есть другой предлог выпить, они могут угрохать всю премию или солидную часть зарплаты за один вечер безудержного веселья и эмоционального славянского: „Что хочу, то и делаю". М.Ш., 228

**УД** *м.*
befriedigend (Schulzensur in der UdSSR)
*то же, что удовлетворительно /о школьной оценке/.*
Мы все отлично учились. Исключением опять же была Инка. Отметка „отлично" в журнале была для нее редкостью... Зато „уды" она тщательно скрывала даже от нас. Борис Балтер, До свидания, мальчики!, М., 1978, 9

**УДАВИ́ТЬСЯ**
sich erdrosseln, sich erwürgen, sich erhängen
*задушиться, повеситься.*
Это был воскресный день, но мусора не отдыхают, / у них тоже план. Давай, хоть удавись. В.В.3, 24

**УДА́ВЛЕННИК** *м.*
Erdrosselter, Erwürgter, Erhängter
*о том, кто повесился или кого задушили, повесили.*
И еще тот повесившийся... Вернее, не сам он, лежавший в гусиной травке под деревом, чуть в стороне от дороги,.. а тот, другой человек, с портфелем, который их обогнал, но заметив удавленника, круто свернул с дороги, подошел к

нему деловой походкой и, спокойно раздвинув зевак, дотронулся до веревки на шее и удалился, помахивая портфелем И.В., 59

**УДА́РИТЬ**
einen heben/ saufen/ zur Brust nehmen
*выпить алкоголь.*
Сели они втроем, еще по одной ударили, а Мишка говорит: „Ты уж извини меня, Родионов, за глупую шутку!" Л.Измайлов, Л.Г., 23.5.79

**УДАРЯ́ТЬ** *несов.*
jemandem den Hof machen, jemandem nachlaufen, hinter jemandem her sein
*ухаживать за кем-либо, оказывать внимание, проявлять интерес к лицу другого пола.*
— Любила, конечно! — убежденно сказала Алена. — Не любила, так не пошла бы. За мной Минька-то Королев вон как ударял. Не пошла же. В.Ш., 100

**УДЕ́ЛАТЬ** *груб.*
1 lächerlich machen, blamieren, bloßstellen
2 es jemandem geben, jemandem eine freche Antwort geben
3 jemanden nehmen (sexuell), umlegen
*1. обсуждая, уязвить кого-либо, поставить в затруднительное, смешное положение.*
За этого лысого, который диссертацию пишет, я выпил рюмочку — очень уж славно они его уделали. Голеньким выставили — со всех сторон. В.Ш., 257
*2. грубо ответить.*
— И садись с Богом, — откликнулся устало старушечий голос. — Это ты верно, бабуль, про Бога. Он всегда при мне. Гот мит унс! Как я не по-нашему уделал, а ребята? Ю.С., 122
*3. быть с кем-либо в интимных отношениях.*
Один, к примеру, рассказывал, как резал поросят на Октябрьскую, другой, как уделал Нюрку на Пасху. Л.Л., № 32, 168

**У́ДЕРЖ** *м.* **: НЕТ /НИКАКО́ГО/ У́ДЕРЖУ**
hemmungslos, unaufhaltsam, nicht zu bändigen/ bremsen, kennt keine Grenzen
*невозможно удержать, сдержать кого-, что-либо.*
— Ну, хорошо, — говорю, — я же пьяный удержу не знаю. Л.Измайлов, Л.Г., 12.1.79

**УДО́БСТВО** *ср.*
Toilette, Klosett
*то же, что туалет, уборная /обычно во дворе/.*
Из мокрых осенних сумерок выплыли... деревянные сооружения во дворе, которые по странной и стойкой привычке именуются „удобствами". В.Выжутович, Л.Г., 4.2.81

**УДОЗО́РИТЬ**
sehen, erblicken, bemerken; mitkriegen
*увидеть, заметить.*
... Санька, игрок хотя и прыткий, но ведает: я пропущу кого угодно, а его удозорю. В.А., Л.Г., 14.12.77

**УДОСУ́ЖИТЬСЯ**
Zeit (und Muße) finden, sich die Zeit nehmen
*найти свободное время для чего-либо.*
Второй-то раз он ей благодарность написал, а я как-то не удосужился отреагировать. А.Ч., 36

**УДРА́ТЬ**
sich davonmachen, sich verdrücken, abhauen
*убежать /обычно поспешно, тайком/; скрыться.*
Все-таки удирать с мандаринами и напившись чужого чаю может только четырехлетний. Е.Шатько, Л.Г., 12.7.78
— Вот у нас в парке от одного дубоватого праведника — тоже не пил, не курил — жена удрала с лейтенантом — это дело. И. Пономарев, Наш современник, № 3, 1981, 100

**УДРУЖИ́ТЬ** *ирон.*
1 jemandem einen Gefallen tun, jemandem einen Freundschaftsdienst leisten
2 jemandem einen Bärendienst erweisen
*1. оказать дружескую услугу, услужить.*
Мне билеты по знакомству за тройную цену удружили. М.Задорнов, Л.Г., 14.3.79
*2. причинить кому-нибудь вред, не желая этого.*
Спасибо, Петр Васильевич, удружили под старость. В.М., 80

**УЕ́СТЬ**
kränken, verletzen, verwunden, weh tun, vor den Kopf stoßen
*уязвить кого-либо, поставить кого-либо в затруднительное, смешное положение.*
Итак, заготовил пачку сигарет, бутылку хорошего вина /буду пропускать по рюмочке, когда какой-нибудь из этих трех удастся особенно больно уесть прохожего, или если выяснится, что у това-

роведа из 27-й квартиры крупная недостача или что он рогоносец/. В.Ш., 255

**УЖЕСТОЧИ́ТЬ**
jemanden hart/ härter machen, grausam(er) werden lassen; verschärfen
*сделать кого-, что-либо более жестким.*
Он заметно ужесточил требования по отношению к Петрову. Отныне почти ни один приказ по институту не выходил без упоминания его фамилии. Г.Целмс, Л.Г., 24.1.81

**УЗНАВА́ТЕЛЬ** *м.*
jemand, der schnell etwas/ jemanden erkennt
*о ком-либо, кто быстро, легко узнает, обнаруживает в ком-, чем-либо знакомого или знакомое.*
Выше голову, артист. И — вверх по эскалатору. Вон еще группа любителей, почитателей, узнавателей. В.С.,43

**У́ЙКАТЬ** *несов.*
oh ausrufen
*произносить, вскрикивать „уй", выражая восторг, удивление, досаду и т.п.*
Кларкино же несчастье в том, что она любит „выражаться". Иногда так рубанет, что даже я тихо уйкаю. А.К., 314

**У́ЙМА** *ж.*
Unmenge, Riesenmenge
*множество, большое количество.*
Они задавали уйму вопросов, которые его ужасно сердили. В.Свиридов, Л.Г., 12.1.77

**УКАТА́ТЬ** *несов.*
1 jemanden fertigmachen, zur Erschöpfung bringen
2 wegschaffen, wegschicken, abtransportieren
*1.измучить, изнурить кого-либо.*
„Укатали, черти!" — сказал он несколько грубым голосом. И.Ш., 8
*2. насильственно отправить куда-либо, выслать.*
— Сашку укатают в Сибирь, а тебе института не видать тогда, как своих ушей. А.З., 26

**УКАТИ́ТЬ**
wegfahren, fortfahren; abreisen, abrauschen
*быстро, поспешно или внезапно уйти, уехать.*
Коля в понедельник укатил в неожиданную для него командировку, не успев даже позвонить своей Зое. Л.Ленч, Л.Г., 30.6.76

**УКОКО́ШИТЬ**
umbringen, um die Ecke bringen, umlegen, abmurksen
*убить кого-либо.*
— ... мы можем сделать то, чего не могли сделать вы. Мы можем... вырваться из города... и уехать куда-либо далеко, ... где ... — Где вас и укокошит какая-нибудь банда выродков вроде ваших „хиппи". Л.Ленч, 40

**УКОСТЫЛЯ́ТЬ**
weggehen, fortgehen, abdampfen
*уйти, удалиться куда-либо.*
— ...Иди выбери с мяском да отнеси. Да скажи спасибо. А то укостылял и спасибо не сказал небось. Мужик-то вон какое дело сделал! В.Ш., 136

**УКРО́ЙТЬ**
sich unter den Nagel reißen
*захватить, присвоить себе часть чего-либо /обычно чужого, запретного/.*
Каждый из коллег старался урвать, утащить, укроить и слямзить у родного отечества, при этом кляузничая и донося один на другого. С.Б., 45

**УЛЕТУ́ЧИТЬСЯ**
sich in Luft auflösen, verduften, sich verdünnisieren; durch die Finger rinnen (Geld)
*быстро израсходоваться, разойтись /обычно о деньгах, ценностях и т.п./*
Два года назад, еще будучи курсантом учебной в/ч 45536 в селе Сергеевка, раз утром я заметил: мои кровные курсантские 3 рубля 80 копеек, выданные мне накануне — улетучились. Дочиста ограбленной оказалась вся рота. В.Р., 27

**УЛИЗНУ́ТЬ**
entwischen, sich davonmachen
*уйти, убежать, скрыться незаметно, тайком, потихоньку.*
Перед большими праздниками мы принимаем все меры, чтобы улизнуть в какой-нибудь пансионат. Л.Наумов, Л.Г., 31.8.77
Но третий выход имелся, и именно в него, спасаясь от „наркомзема", незаконно улизнуло несколько миллионов человек. Л.Л., № 31, 195
Хорошо было бы улизнуть не прощаясь, но в кабинете осталась синяя папка и машинка. В.Кор., 94

**УЛОЖИ́ТЬ**
umbringen, umlegen, abmurksen
*то же, что убить.*

Я готовился достойно умереть или, по крайней мере, достойно встретить смерть, однако разумик мой, который, несмотря ни на что, наверное, хотел жить, сопротивлялся, подумывая, как бы все-таки уложить его прежде, чем он уложит тебя. Время и мы, № 43, 12

**УЛОМА́ТЬ**
mit Mühe überzeugen/ überreden
*убедить, уговорить кого-либо (обычно с трудом).*
А вы не капризничайте, ...вы пока еще не Бобби Фишер, уламывать вас никто не будет. С.С., 19
Но и его уломал юбиляр: показал список будущих гостей, а против каждой фамилии — жирная галочка. В.К., 42

**УЛО́ПАТЬ** *груб.*
verputzen, wegputzen, verdrücken
*съесть что-либо.*
Надо было граммов четыреста хлеба черного купить, улопать его всухомятку, и ехать в центр. А.С., 542

**УЛУЧИ́ТЬ**
(den richtigen Zeitpunkt) abpassen
*найти, выбрать подходящее для чего-либо время.*
Олег не против был бы сейчас подсесть к Шулубину: он ни разу еще не улучил толково с ним поговорить, а хотелось, потому что из лагеря он знал: те-то и носят в себе, кто молчат. А.С., 477

**УЛУЧШЕ́НЕЦ** *м.*
Verbesserer
*о ком-либо, кто стремится изменить, улучшить что-либо.*
Они скорее примирятся с ревизионистами, чем с улучшенцами, ибо улучшенец — реальный конкурент. А.З., 83

**УЛЫ́БЧАТЫЙ**
freundlich, nett, gutgelaunt, heiter, zum Lächeln aufgelegt
*часто улыбающийся, расточающий улыбки.*
Они и в жизни контрастны. Катя — непоседливая, улыбчатая. Анатолий — немногословный, печально - задумчивый, чуточку отстраненный. В. Марьяновский, Юность № 3, 1981, 97

**УЛЫ́БЧИВОСТЬ** *ж.*
freundliches/ gewinnend-entgegenkommendes Wesen, gewinnendes Lächeln
*способность часто улыбаться, расточать улыбки.*
...проникаясь неотразимой улыбчивостью артиста, он решительно обмяк. В.М., 128

**УЛЫ́БЧИВЫЙ**
freundlich, nett, gutgelaunt, heiter, zum Lächeln aufgelegt
*часто улыбающийся, расточающий улыбки.*
...Леша М., совсем еще молодой паренек, застенчивый, розовощекий, улыбчивый. Л.Ленч, 28

**УЛЬТРАМОДЕ́РНО**
supermodern, hypermodern, hochmodern
*очень модно, современно.*
Как же мы с Темкой живем? Колоссально живем. Ультрамодерно. А.К., 293

**УЛЮЛЮ́КАНЬЕ** *ср.*
Verspotten, Verspottung, Verhöhnen, Verhöhnung, Geläster
*злобная насмешка, издевательство, открытое глумление над кем-либо.*
Как ни была провинциальна Светлана Филипченко, однако простить аспиранта, да еще при тихом улюлюканье подруг — она не могла. В.Кор., 205

**УМА́СЛИТЬ**
jemandem Honig ums Maul schmieren
*склонить к чему-либо лаской, лестью, угодничеством.*
— Так вот, знайте, я и этот наш разговор туда занесу! Меня не умаслишь. А.Я., 4

**УМА́ЯТЬСЯ**
ermüden, von Kräften kommen, sich abrackern
*сильно устать, утомиться.*
... Сам на ту сопку спать лег, умаялся за день... А.И., 28
Но он так умаялся, протащив на плечах через шесть улиц полубездыханное тело компаньона, что сам едва держался на ногах. Н.М., 19

**УМЕ́ЛИНКА** *ж.*
Geschicklichkeit, Fingerfertigkeit, Fertigkeit, Flinkheit
*умение, искусность, навык в чем-либо.*
За один год настоящий-то мужик, с умелинкой-то в руках, с мозгой-то в башке — в десять раз себя окупит и перекупит. Г.Б., 39

**У́МНИК** *м.*
Kluger, Schlaukopf; Klugredner, Besserwisser
***умный, знающий, толковый человек // о том, кто умничает, считает себя очень умным, старается казаться умным //.***
Этих умниц, умников он всю жизнь не любил, никогда с ними не спорил, спокойно признавал их всяческое превосходство, но вот теперь и у него взыграло ретивое — теперь как-то это стало не опасно, и он запоздало, но упорно повел дело к тому, что он редкого ума человек. В.Ш., 294

**У́МНИЦА** *м. ж.*
kluger Kopf, artiges/ kluges Kind
***умный, знающий, толковый человек // благоразумный, рассудительный, послушный человек //.***
Баев и сам поверил, что он, пожалуй, и впрямь мужик с головой, и стал намекать в разговорах, что он умница. В.Ш., 294

**У́МНИЧАНИЕ** *ср. неодобр.*
Besserwisserei
***желание показать себя очень умным, глубокомысленным.***
... Бурлею было свободно с нею, потому что она слушала его байки и рассказы, терпела умничание, и рядом с нею Бурлей ощущал себя по-настоящему взрослым, бывалым и даже верил своим словам. С.Е., 54

**У́МНИЧАТЬ** *несов., неодобр.*
klug tun; klügeln, vernünfteln, Haare spalten; alles besser wissen
***поступать по-своему, усложнять все; мудрить.***
Ты кончай, автомат, школьничать, / Ты кончай, автомат, умничать! / Мы отучим тебя вольничать, / Мы научим тебя жульничать. А.Г., 190

**УМНЯ́ГА** *м. ж.*
kluger Kopf, Schlaukopf
***очень умный человек.***
— Ну...— поднимает он стакан.— Земля Коле пухом и наша добрая память. Я хоть и маловато его знал, но ясно помню: светлый был парень. Умняга. От земли жил. И пел с душой. И. Пономарев, Наш современник, № 3, 1981, 78

**УМОЛЧА́ТЬ**
verschweigen, für sich behalten
***не сказать, не упомянуть о чем-либо; обойти молчанием что-либо; утаить, скрыть.***
„Умолчать об этом тоже не могу, скажут, скрыл факты". В.П., 23

**УМОПОМРАЧИ́ТЕЛЬНО**
verblüffend, erstaunlich, zum Verrücktwerden, phantastisch
***необычайно, поразительно, необыкновенно.***
На лестничной площадке стояло двое интересных мужчин. Один был одет умопомрачительно, во все иностранное. А.К., 203

**УМОПОМРАЧИ́ТЕЛЬНЫЙ**
verblüffend, erstaunlich, zum Verrücktwerden, phantastisch
***необыкновенный, поразительный, потрясающий, ошеломляющий по силе, степени и т.п.***
Действительно, минут через пять он увидел товарища в полной обмундировке, а за его спиной на сколоченной тахте сидела умопомрачительная фря, чуть худенькая, но поразительно свежая и такая чистенькая, словно она спала с английским лордом, а не с этим неряхой-технарем в засаленном кителе и фараонских сапогах. В.Кор., 441

**УМО́РА** *ж.*
zum Totlachen, zum Kranklachen
***уморительный случай, что-либо уморительное.***
Поняли экзаменаторы указание ректора и вырубили из программы 82 года чилийской истории — с 1891 по 11 сентября 1973 года. Как частокол из лозы. Умора! М.С.1, 31

**УМОРИ́ТЕЛЬНО**
höchst lächerlich, urkomisch, höchst belustigend; possierlich, putzig, drollig
***очень смешно, чрезвычайно забавно; потешно.***
И, убежав за шкаф, Нинка уморительно пищит какую-то похабщину. А.К., 42

**УМОРИ́ТЬ**
1 zu Tode quälen, umbringen
2 zum Totlachen bringen
***1.довести до смерти, погубить.***
Сам подохнет около коровы и других уморит. Г.Б., 49
— Нет, Нюрка, ты мне парня уморишь, это уж я точно тебе говорю. Ты подумай, — сует Ленка мне под нос блюдечко манной каши. — Каша это? Черте-что! А.К., 28

*2. насмешить, заставить смеяться до изнеможения.*

... она смеялась до слез и, одинаково бурно выражая свои восторги по адресу каждого рассказчика, приговаривала: — Ой, лопну! Ой, умру! Ой, уморили! М.Л., 329

**УМОРИ́ТЬСЯ**

ermüden, von Kräften kommen, sich abquälen, sich abrackern

*сильно устать, утомиться.*

Было так жарко, что, пройдя три ряда из конца в конец огорода, Нюра совсем уморилась. Вл.В., 6

**УМОСТИ́ТЬСЯ**

sich hinpflanzen, sich hinfläzen, sich breitmachen

*расположиться, разместиться, устроиться где-либо (обычно с трудом).*

... эти вольные теперь, ничего не подозревая, сидели перед ним, развязно умостившимся на подоконнике, — и ждали опоры своим надеждам. А.С., 140

**УМОТА́ТЬ**

weglaufen, sich aus dem Staube machen, abhauen

*убежать, поспешно удалиться.*

... остановился... возле... инспектора ГАИ, который закричал ему на ухо осипшим от команд голосом: „А ну, уматывай отсюда!" А.Ходанов, Б-ка крок., № 17/814/, М., 1978

**УМОТА́ТЬСЯ**

1 ermüden, von Kräften kommen, sich völlig verausgaben

2 weglaufen, sich aus dem Staube machen, abhauen

*1 сильно устать, утомиться, дойти до изнеможения.*

— Понимаешь, — говорит дядька, — мы за день умотались в дороге, глаза слипаются, а завтра вставать к семи. Г.Кемоклидзе, Л.Г., 15.1.75

*2. убежать, поспешно удалиться.*

— Ну, мы еще у тебя будем! — И умотнулся на пятиминутку — уже последний, опаздывая, быстро расталкивая воздух. А.С., 392

**УМУДРИ́ТЬСЯ** *ирон.*

fertigbringen, fertigbekommen, fertigkriegen, schaffen

*сделать что-нибудь такое, чего легко можно было избежать.*

Он был моложе меня лет на двенадцать, но до войны — совсем еще мальчишкой — умудрился побывать где-то на севере /в погоне за длинным рублем/. В.Н., № 18, 74

**УМЫ́КАТЬ** *несов.*

klauen, mopsen

*украсть, своровать.*

— Да людей у меня мало для такой работы, Назар Степаныч. В срок не освоим объект. — Люди не задача. Людей я тебе дам. — Он вскинул на вошедших тяжелые веки. — Чего вам?.. Мельком пробежал поданное направление, недовольно поморщился... — Чему научился? — Всего понемногу. — Штукатурное дело приходилось? — И это было. — Видишь, — удовлетворенно оживляясь, он повернулся к парню, — на ловца и зверь бежит. Хватай, пока не умыкнули. В.М., 365

**УМЯ́ТЬ**

schnell/ gierig essen, hinunterschlingen, verputzen, mampfen

*съесть что-либо быстро, с жадностью.*

Гринька, недолго думая, подседлал коня — и в деревню. Через недолго время привозит пяток кур с открученными головами. Мы все радешеньки. Заварили их тут же... Ну и умяли в охотку. В.Ш., 130

Теперь дальше: садятся все за стол у камина, начинают шашлыки уминать. Г.Горин, Л.Г., 6.8.75

**УНЮ́ХАТЬ**

ausschnüffeln, herauskriegen, ausbaldowern

*ловко, незаметно узнать, проведать о чем-либо.*

Сергей Ишков оказался надежным парнем, а за полсотни с большим гаком километров Марье Александровне было не унюхать, чем ее Костя занят в столице. В.Кор., 228

Он вспомнил о жене и весь наполнился невольным восхищением: „Унюхала-таки, сушеная камбала, где у меня припрятан чек". Т.Ш., 38

**УНЯ́ТЬСЯ**

sich beruhigen; nachlassen, sich legen, aufhören

*остановиться, прекратить что-либо делать; успокоиться.*

— А тебе, земляк, так сильно нужны эти портки? — не унимался „пирожок". Д.Иванов, В.Трифонов, Л.Г., 28.7.76

**УПАКО́ВОЧКА** *ж.* **: ДАТЬ УПАКО́ВОЧКУ**
sterben, abkratzen, abnibbeln, draufgehen
*то же, что умереть.*
Доложи, говорю, обстановочку, / А она отвечает не в такт / —Твой начальничек дал упаковочку — / У него получился инфаркт! А.Г., 217

**УПЕРЕ́ТЬ**
stehlen, entführen, klauen, stibitzen
*украсть, стащить, своровать.*
Чтобы книгу не уперли и утром ее не искать, Ефрем сунул ее к себе под матрац. А.С., 117

**УПЕРЕ́ТЬСЯ**
sich widersetzen, sich sträuben, sich sperren
*упрямо не соглашаться с кем-, чем-либо.*
— Ладно, с тобой бесполезно, ты упрешься — и ничего! В.С., 40

**УПЁЧЬ**
jemanden (gegen seinen Willen) verschicken, verfrachten; ins Gefängnis bringen, einsperren
*отправить, послать куда-либо насильно по чьему-либо произволу // лишить кого-либо свободы //.*
— Все равно ты у меня не открутишься, в штрафную все равно упеку, — злорадствовал Забрудный. Л.Л., № 32, 162

**УПИ́СЫВАТЬ** *несов.*
etwas mit großem Appetit essen/ verspeisen
*съедать что-либо с большим аппетитом.*
Юрка слушал и с удовольствием уписывал мерзлое душистое сало, действительно на редкость вкусное. В.Ш., 58

**УПИ́ТЬСЯ**
sich vollsaufen, sich vollaufen lassen
*напиться допьяна.*
— Упьетесь ведь, как свиньи, — проворчал по-старушечьи, пряча усмешку. В.Кор., 53
После трех-четырех таких сеансов друзья упивались до полного одурения, и Левушкин хватался за свою затрепанную трехрядку. В.М., 253

**УПИХА́ТЬ**
hineinpressen, hineinstopfen
*то же, что запихать, втиснуть, положить что-либо с трудом.*
— У нас, говорит, много кой-чего не хватает до мотоцикла. Какой-то шкаф выдумала, в который все на свете упихать можно. Н. Баранская, Женщина с зонтиком, М., 1981, 219

**УПЛЕТА́ТЬ** *несов.*
etwas mit großem Appetit essen/ verspeisen
*съедать что-либо с большим аппетитом.*
Мы сидим посреди избы прямо на полу и уплетаем что-то невероятно вкусное. А.К., 119

**УПЛОТНИ́ТЬСЯ**
dichter werden; sich einschränken, zusammenrücken
*стать более заселенным // уплотнить свое жилище, стеснить себя, поселить к себе кого-либо //.*
Старуха Храмова из одиннадцатой добровольно уплотняться отказалась наотрез. В.М., 174

**УПОИ́ТЬ**
jemanden vollaufen lassen, jemanden betrunken/ besoffen machen
*напоить кого-либо допьяна, до бесчувствия.*
... русские считают делом чести упоить иностранца, особенно американца, до того, что тот валится под стол. М. Ш., 232

**УПРА́ВИТЬСЯ**
1 mit jemandem zurechtkommen/ klarkommen/ fertigwerden
2 sich durchsetzen, sich behaupten
*1. справиться с чем-либо.*
— ... С молокопоставками не управились — ему /Неверову/ хоть это... хоть живым в могилу зарывайся. В.Ш., 295
*2. подчинить себе, заставить повиноваться.*
„Грамотные, холеры! Языкастые! С такими нашему хохлу-старшине не управиться бы". В.А., 567

**УПРАВЛЕ́НЕЦ** *м.*
Verwaltungsangestellter, Angestellter (einer Behörde)
*работник какого-либо управления.*
И, не чувствуя в угрюмом похмельном лице управленца должного отклика, схватил того за ворот гимнастерки, поднял, притянул к себе вплотную. В.М.1, 261

**УПРЕДИ́ТЬ**
vorher mitteilen, rechtzeitig benachrichtigen, (vor)warnen
*известить заранее, предупредить.*
— Упредила, упредила. А я ишо подумай вечером-

то: „Какому добру, — думаю, — мне суседка-то предсказала?" В.Ш., 46

**УПРЯ́МЕЦ** *м.*
Starrkopf, Dickkopf, Dickschädel, Querkopf
*упрямый человек.*
Но такой дотошный, любознательный упрямец, как этот или как Рабинович, изводивший ее выяснениями о ходе болезни, попадался на пятьдесят больных один, и не миновать было тяжкого жребия иногда с ними объясняться. А.С., 90

**УПРЯ́МИТЬСЯ** *несов.*
eigensinnig/ dickköpfig/ halsstarrig sein, nicht mit sich reden lassen
*упрямо не соглашаться на что-либо; проявлять упрямство, быть упрямым.*
— Да зачем это мне нужно! — упрямился Чонкин. Вл.В., 27

**УПРЯ́ТАТЬ**
einlochen, einsperren, hinter Gitter bringen
*принудительно поместить кого-либо в неприятное, нежелательное для него место // подвергнуть заключению, посадить в тюрьму //.*
— Да они бы тебя, милок, за одну неделю за решетку упрятали... А.Ч., 27

**УРАВНИ́ЛОВКА** *ж.*
Gleichmacherei
*нежелательное равенство; необоснованное, неоправданное уравнение в чем-либо.*
— Коли ты умный такой и сам черт тебе не страшен, возьми да и вылови всю эту вражью дребедень на общем собрании: так, мол, и так, желаю всеобщей уравниловки, на базе сектантской чертовщины. В.М.1, 89

**УРВА́ТЬ**
sich verschaffen, abzwacken, abzweigen; unterschlagen
*захватить, присвоить себе часть чего-либо / обычно чужого, запретного/.*
— Ну да, в колхозе-то неохота работать, — согласилась старушка. — Господи, господи... Вот жизнь пошла! Лишь бы день урвать, а там хоть трава не расти. В.Ш., 394

**УРЕЗО́НИТЬ**
zur Vernunft/ Räson bringen; jemandem gut zureden
*уговорить, убедить при помощи каких-либо доводов, резонов.*
— Да это ж встроенный шкаф, — пытается урезонить Агнесу хозяйка Гликерия Петровна. Е.Ц., 15
Правда, один протянул было руку, но Андрей Андреевич его урезонил, сказав, что жалобная книга — орудие мщения, а не средство достижения цели. А.Кулич, Л.Г., 29.8.79

**У́РКА** *м.*
Dieb, Bandit, Krimineller, Gangster, schwerer Junge
*жулик, вор, бандит.*
— Чем я плох вам?.. Я хулиган? Стою в подъезде с финкой? Я пьянь? Фарцовщик? Урка? Бич? А.М., 30

**УРКАГА́Н** *м.*
Krimineller, schwerer Junge, Dieb, Bandit, Gangster
*то же, что урка.*
— А вот говорят: если провинился человек, то его сажают в каменный мешок... — В карцер. Это редко, это если сильно проштрафился... И то урканов, а нас редко. В.Ш., 44

**УРОДИ́ТЬСЯ** *несов.*
nach jemandem geraten/ kommen, von Natur aus/ Geburt an so sein
*родиться похожим на кого-либо; иметь от рождения какие-либо определенные качества.*
И такое положение вещей считалось вполне нормальным, хотя, собственно говоря, отчего ж человеку не быть слишком умным, если он таким уродился? Вл.В., 177

**УРО́ДОВАТЬСЯ** *несов.*
sich abplacken, sich abrackern, sich schinden
*много, тяжело работать.*
— ... Гроши попридержи, не раскидывайся. Уродовался, наверно, в море за эти гроши. Г.В.1, 11

**У́РОЧКА** *м. ласк.*
schwerer Junge, Krimineller, Dieb, Bandit, Gangster
*то же, что урка.*
А вот еще: в Мазурочки, / То шагом, то ползком, / Отправились два „урочки" / В поход за „языком!" А.Г., 240

**УРЫ́ЛЬНИК** *м.*
Nachtgeschirr, Ente
*то же, что судно; сосуд для испражнений и мочи.*
... вот уже без малого двадцать лет /Антонина/ ходит за ним, кормит, обстирывает, выносит урыльники. В.М., 16

**УСА́Ч** *м.*
Schnurrbärtiger, Schnauzbärtiger
*о человеке с большими усами.*
— Так он же за Лаймой целое лето увивался, — внес ясность безбородый усач. Ю.Булота, Л.Г., 26.7.78

**УСВИСТА́ТЬ**
wegfliegen, entfleuchen, abschwirren
*то же, что улететь, удалиться.*
Повторилась та же история, только бутылка усвистала к небесам и больше не вернулась, наверное стала естественным спутником Земли. В. Крупин, Новый мир № 8, 1980, 44

**УСЕ́ЧЬ**
verstehen, begreifen, kapieren, mitkriegen, schnallen, checken
*понять что-либо, разобраться в чем-либо.*
— Не усек? Скажу популярно: наша сила в том, чтобы уложить игру в минимальное время. Ц.С., 25
— Кто эта девушка? — тихо спросила Нора. — Какая-то чокнутая. Наговорила-наговорила, семь верст до небес! Ничего я не усекла, — вздохнула толстуха. — Бывайте, говорит, здоровы, живите богато! Уж и не рада, что позвала. У самой, небось, денег навалом, так думает, что у всех. И.В., № 32, 20

**УСИДЕ́ТЬ**
austrinken, auspicheln, verkonsumieren
*выпить что-либо /обычно алкоголь/.*
— Пошли, Кузьма, выпьем по стаканчику. — Не могу по трем причинам: во-первых, я бросил пить, во-вторых, жена будет недовольна, в-третьих, я уже сегодня усидел бутылку. А.Романов, Л.Г., 6.12.78

**УСМЕ́ШЛИВЫЙ**
spöttisch, ironisch
*часто улыбающийся, веселый.*
Вошел невысокий человек лет сорока пяти, голубоглазый, в галстуке, усмешливый, чуть нахальный. В.Ш., 363

**УСОВЕСТИ́ТЬ**
jemandem ins Gewissen reden, jemanden beschämen
*то же, что совестить, стыдить.*
Оказалось, во дворе несколько мальчишек азартно гоняли, нет, не мяч, а кусок замерзшего батона! Ну, конечно, я усовестил их, положил батон на скамейку — хоть голуби поживятся. В.Сытин, Л.Г., 18.2.81

**УСТА́ВИТЬСЯ**
anstarren, anglotzen, fixieren
*не сводя глаз, смотреть на кого-, что-либо.*
Широков перевел взгляд на потолок, гость в окно уставился. Н.Елин, В.Кашаев, Л.Г., 29.8.73
„На людей уставился, — подумал неодобрительно Кнопочкин, — от женщин оторвать глаз не может, старая калоша". Н.Лабковский, Л.Г., 12.9.79

**УСТА́ТОК** *м.*
Müdigkeit
*то же, что усталость.*
Под горьким, тягостным впечатлением от общественного порицания Пробуднов приковылял на свидание со своей невестой Танечкой и с устатку повис у ней на плече, где она его и пригрела. Ю.Цыбанев, Л.Г., 17.10.79

**УСТЕРЕ́ЧЬ**
(be)hüten, bewahren; aufpassen, achtgeben
*сберечь, сохранить кого-, что-либо // следить за кем-либо, не давать уйти, пропасть //.*
Тридцать восемь их /коров/ у меня в остаток. Как одна... А пошел, шесть десятков было. Да уж, видно, и этих не устерегу. В.М., 151

**УСТРÓИТЬ**
1 einrichten, arrangieren
2 etwas anstellen; zubereiten, auftischen, servieren
*1.посодействовать кому-нибудь в получении, достижении чего-либо.*
Приезжаю на киностудию. Не знаю, уж как он это устроил, но только через проходную пропустили. Л.Измайлов, Л.Г., 12.11.75
*2. сделать что-либо неприятное.*
Зло меня тут взяло. Ну, думаю, устрою я тебе кинокомедию. Л.Измайлов, Л.Г., 12.11.75

**УТА́ЙКА** *ж.*
Verbergen, Verheimlichung, Verschweigen
*намеренное умолчание о каком-либо факте, обстоятельстве и т.п.*
— Товарищи, — гаркнул лейтенант, — я буду проходить, и вы будете бросать в сумку значки, присутствие которых на груди советского солдата по уставу не разрешается. И смотрите /его голос понизился и засвистел/, за утайку... Это приказ. В.Р., 33

**УТАЩИ́ТЬ**
wegschleppen, fortschleppen; klauen, stehlen, entwenden
*забрать, унести с собой // взять что-либо тайком; украсть, своровать //.*
Поднялся переполох — решили, что немцы пулемет утащили. Л.Л., № 32, 168
Каждый из коллег старался урвать, утащить, укроить и слямзить у родного отечества, при этом кляузничая и донося один на другого. С.Б., 45

**УТЕШЕ́НЬИЦЕ** *ср. уменьш. ласк.*
Trost, Tröstung, Zuspruch
*то же, что утешение; участливые, успокоительные слова, речи.*
Предложенное ее новым знакомым, этим юродивым Аурелиу, которого даже мысленно было неловко звать этим именем /вроде как женщину или цветок/, казалось ей слишком уж примитивным: „Будете долго жить", „Скоро напишете дивный рассказ" /Что за бред? Какая собака, какая утка!/ — это все детские утешеньица. И.В., 58

**УТИКА́ТЬ** *несов.*
weglaufen, abhauen
*спасаться бегством, стремительно убегать.*
„Грабеж, кричит, среди белого дня!.. Бей, кричит, пока не утек." Б.М., 130

**УТИРА́ЛЬНИК** *м.*
Handtuch
*то же, что полотенце.*
Сразу же после похорон я вернулся домой, прошмыгнул мимо возившейся во дворе матери в избу, отхватил полкраюхи ржаного хлеба, „отдыхавшего" под утиральником на судной лавке, еще горячего и оттого пахучего... М. Алексеев, Наш совремнник, № 9, 1981, 44

**УТИХОМИ́РИТЬ**
besänftigen, beschwichtigen
*заставить успокоиться, утихнуть.*
Вначале их пытались утихомирить, но ведь это же стихия! М.Виленский, Л.Г., 8.9.76

**УТИХОМИ́РИТЬСЯ**
sich beruhigen
*успокоиться, утихнуть.*
Он вытянул губы трубочкой и потянулся к Еве, но, получив в бок тычок локтем, быстро утихомирился. С.С., 27

**УТКНУ́ТЬСЯ**
sich vertiefen/ versenken/ vergraben (in etwas)
*погрузиться в какое-либо занятие, внимательно рассматривая что-нибудь.*
Стихи не больно его интересовали, но ханурик, которого Курчев по неосторожности толкнул, с презрением взглянул на лейтенанта и тут же уткнулся в журнал. В.Кор., 270
Сказал, поднялся, пройдя немного по дорожке, сел на свободную скамейку и демонстративно снова уткнулся в книгу. Л.Ленч, Л.Г., 13.12.78

**УТОПИ́ЧКА** *ж.*
Utopistin
*то же, что утопистка; мечтательница, фантазерка.*
Наверно, какой-нибудь из ее начальников полетел за аморалку. Или кто-нибудь где-нибудь отступил. Она утопичка: ей кажется, что никто никогда не должен уступать. Ммх, лапочка!.. В.Ш., 255

**УТРЯ́СКА** *ж.*
Regelung, Bereinigung, Schlichtung
*устройство, улаживание каких-либо дел.*
А сам он занят ныне увязкой, утряской, привязкой, согласованием. В. Выжутович, Л.Г., 4.2.81

**УТРЯСТИ́**
regeln, in Ordnung/ ins Lot bringen, hinkriegen, hinbiegen
*уладить что-либо, устроить, привести к благополучному исходу.*
— Завтра мы с товарищем Груздевым окончательно утрясем план трехдневника, получим визу Аркадия Макаровича, утвердим смету, и можете уже заготовлять дорожные бутерброды. М.Л., 217

**УТУ́МКАТЬ**
verstehen, begreifen, kapieren, schnallen
*понять что-либо, разобраться в чем-либо.*
— Не усек? Скажу популярно: наша сила в том, чтобы уложить игру в минимальное время. Опять не утумкал? Тебе, Анулкин, вижу нужно разжевать и в рот положить. Ц.С.,25

**УТЮТЮ́КАТЬ** *несов.*
(ver)hätscheln, kosen, herzen, Koseworte sagen
*проявлять излишнюю, ненужную заботливость, внимание, преувеличенную слащавость, льстивость.*
Первыми пришли папины подчиненные, которые, едва переступив порог, принимались Димку тискать, целовать, утютюкать и называть хорошим мальчиком. В.Свиридов, Л.Г.,12.1.77

**УТЯНУ́ТЬ**
entwenden, entführen, stehlen, klauen
*тайно унести, взять; украсть.*
К осени не житье — благодать, где гороху, где бобов, где моркови, где брюкву или репу промыслишь — подживление сил, интерес большой утянуть огородину. В.А., Л.Г., 14.12.77

**УТЯ́ПАТЬ**
mitnehmen, einnehmen, einziehen
*то же, что забрать, увести куда-либо.*
Бывало, идет Мишка с ребятами, а тот сидит под окошком, зубы скалит: „Зятек, приворачивай на чаек". Так и прилип этот „зятек", как репей к шелудивому барану. Ладно, хоть черта зубастого на войну утяпали, а то бы житья от него не было. Ф. Абрамов, Пряслины, Л., 1978, 16

**УХАЖЁР** *м.*
Herzensbrecher, Frauenheld, Schürzenjäger; Verehrer, Liebhaber
*человек, любящий ухаживать за женщинами; поклонник.*
... Один ухажер бросил ее за то, что была молчалива, мол, не о чем даже поговорить. Вл.В., 44

**УХАЖЁРСТВО** *ср.*
Hofmachen, Flirt
*проявление особого интереса, внимания к женщине с целью добиться ее расположения.*
— Инженер свое ухажерство прочно поставил, на все четыре колеса, — улыбнулся комполка собственной шутке. В.Кор., 256

**УХАЖО́РИСТЫЙ**
Schürzenjäger-, Frauenheld-, Liebhaber-
*то же, что ухажорский; любящий проявлять интерес, оказывать внимание женщине.*
Марина перебежала „Ручеек" и незаметно справа двинула меня плечом: — Чарунсв-то, а? Ухажористый парнишка! А.К., 110

**УХАЙДА́КАТЬ**
1 zu Tode quälen, martern, foltern, plagen
2 verlieren, verbummeln
*1. измучить кого-либо.*
— Ну, Рубинчик, ну, пострел. Ухайдакал бабу. Еще немного, и совсем бы в гроб загнал. Откуда в тебе такое? Э.С., 146
*2. потерять что-либо.*
— Ну, вот так, давай, вроде проехали мостик-то, приговаривал ездовой. — Нам бы только с тобой накладную-то не ухайдакать, накладную-то... В.Б., 6

**УХАЙДА́КАТЬСЯ**
ermüdet/ kaputt/ abgerackert sein
*устать, изнемочь.*
Вот он наш: ухайдакается до того, глаза бы мои на него не глядели. В.Расп.1, 41

**У́ХАРСТВО** *ср.*
Tollkühnheit, Verwegenheit, Waghalsigkeit
*смелость, бесшабашность, молодечество.*
Я говорю про все про это без ухарства, / Шутить мне некогда — расстрел мне на носу. В.В. 3, 15

**У́ХАРЬ** *м.*
tollkühner/ verwegener/ waghalsiger Mensch, Waghals, Draufgänger
*удалой, бойкий, с задором человек; удалец.*
— Мать меня в подоле принесла. Был в этих местах один ухарь. Кожи по краю ездил собирал, заготовитель. Ну, заодно и меня заготовил. В.Ш., 191

**УХВА́ТИСТЫЙ**
wendig, behende, gelenk(ig), geschmeidig, fix
*ловкий, проворный, расторопный, хваткий.*
А я-то думала, что теперь уж и не помнит никто, что были при царе Горохе такие ухватистые дамы. М.С.1, 13

**УХВАТИ́ТЬ**
schnell erfassen, verstehen, begreifen
*воспринять, уловить, понять.*

— Ну, ты, может быть, меня и не до конца понял, но добра я тебе желаю искренне. Со временем разберешься, и что сейчас не ухватил — досоображаешь. С.Е.1, 25

**УХИТРИ́ТЬСЯ**
fertigbringen, zuwege bringen
*умудриться, изловчиться; оказаться в состоянии, быть в силах сделать что-либо, несмотря на трудности.*
Но они как-то ухитряются все, воруемое у других, приводить к виду, адекватному им самим. А.З.1, 86

**УХЛЕСТА́ТЬ**
weglaufen, abhauen
*уйти, убежать куда-либо.*
Люся ишо утресь на гору ушла, а Варвара куды-то в деревню ухлестала. В.Расп.1, 41

**УХЛЕСТНУ́ТЬ**
jemandem den Hof machen
*ухаживать за кем-либо.*
Андрей-то Васильевич, говорят, сызмала за ней ухлестывал. Да и она по нем, вроде, сохла. В.М., 452
Торгаш посмотрел ей вслед как она плывет лодочкой... и даже присвистнул. — Хорошая, — говорит, — лошадь. Я бы уж не пропустил, ухлестнул бы на твоем месте. Г.В.1, 9
... он... принимает Анну просто за ладную бабенку, за которой сразу же не прочь ухлестнуть. В.Иванова, Л.Г., 5.12.79

**УХЛО́ПАТЬ**
1 verschwenden, verschleudern, verplempern, (Geld) auf den Kopf hauen
2 umbringen, abmurksen, killen
*1. истратить, израсходовать слишком много или зря.*
— Это же мечта! На нее полжизни ухлопано. На мечте не ездят. Э.Медведкин, Л.Г., 9.6.76
*2. убить кого-либо.*
Ныне и слабак может ухлопать могучую медведицу. С.Б., 33

**УХМЫ́ЛКА** *ж.*
selbstgefälliges Lächeln
*самодовольная усмешка, выражающая насмешку или недоверие.*
И кассир мне деньгу отслюнит по рублю, / Ухмыльнется ухмылкой грабительской. А.Г., 231

**УХМЫЛЬНУ́ТЬСЯ**
selbstgefällig lächeln
*самодовольно улыбнуться.*
Катерина сидела на лавке и кормила грудью младшего. Она ухмыльнулась, лукаво глядя на Ивана Африкановича, а он подошел, сел рядом, но, не зная, что делать, пошел к ведрам, с маху дернул ковшик воды. В.Б., 54

**У́ХНУТЬ**
1 vertun, verschleudern, auf den Kopf hauen
2 zusammenbrechen, zusammenkrachen; plumsen
3 stöhnen, ächzen
*1.истратить, израсходовать что-либо /обычно быстро и напрасно/.*
Получил получку и в тот же день всю ее и ухнул. Л.Измайлов, Л.Г., 21.1.76
*2. упасть, провалиться /обычно с шумом, силой, внезапно/.*
Так тяпнул корову, что когда сорвались руки, ухнул в омут, насилу вытащили. Г.Б., 48
*3. издавать громкие, отрывистые восклицания, крики „ух" в знак поощрения, одобрения.*
Камера уши развесит, камера ухает от удовольствия, а он несет себе да несет... Ф.Кан., 35

**УХОХОТА́ТЬСЯ**
sich schieflachen, sich kaputtlachen, einen Lachkrampf kriegen
*смеяться много, очень сильно, до полного изнеможения.*
Как поймали беременную кошку, бритвой разрезали ей живот, ухохатывались на копошащихся, не родившихся еще котят. Ф.Кан., 28

**УЧАСТКО́ВЫЙ** *м.*
Abschnitts-/ Bezirks-/ Distriktsbevollmächtigter
*уполномоченный работник милиции, наблюдающий за порядком в подведомственном ему участке.*
— Ты что, сдурел, парень? — спросил участковый, вглядываясь в лицо Степана. В.Ш., 47

**УЧЁБКА** *ж.*
Lehranstalt
*учебное заведение.*
Ребята встретили нормально: — Из учебки? — Да, из Сергеевской. — Сколько мариновали? — Четырнадцать месяцев. Лица ребят покрылись уважением. В.Р., 90

**УЧИ́ЛКА** *ж. груб.*
Lehrerin, Paukerin
*то же, что учительница.*
... везде одно ее лицо за делом грешным смотрит в объектив — училки языка и литературы. Ю.С., 113

**УЧИНИ́ТЬ**
vollführen, begehen, machen, durchführen
*произвести, устроить, совершить что-либо / обычно нежелательное, неприятное/.*
Я на ощупь, и на вкус, и по весу, / Учиняю им проверку, но вскоре / Вновь приносят мне газету — повестку / К отбыванию повинности горя. А.Г., 51

**УЧИ́ТЕЛЬША** *ж. груб.*
Lehrerin, Paukerin
*то же, что учительница.*
... беззаветно влюбленная в отца мама Клава, учительша, как ее звали во дворе, завербовалась на все лето в пионерский лагерь и осенью подарила машинисту на день рождения новый, обитый коричневым дерматином патефон. В.Кор., 413

**УЧУДИ́ТЬ**
komische/ merkwürdige Sachen machen
*сделать что-либо необычное, странное.*
А Тамару Петровну окружили сослуживцы, потому что интересно, чего этот Смирнов учудил. Л.Измайлов, Л.Г., 31.10.79
Дескать, вот он, твой лучший друг. Опять учудил. Но Родионов на это обратил ноль внимания. Л.Измайлов, Л.Г.,23.5.79

**УЧУ́ЯТЬ**
wittern, spüren, Wind bekommen von etwas
*уловить чутьем, почувствовать // догадаться о чем-либо, подметить что-либо //.*
Последний месяц она, не признаваясь родным, чувствовала себя как никогда плохо и уже не верила, что доживет до матча, а вот дожила. Особенно худо было ей те два дня, когда уехал племянник с женой, а Инга еще не вернулась. Но та, видно, как-то учуяла, прискакала. В.Кор., 434

**УША́СТЫЙ**
langohrig, großohrig
*с большими ушами.*
Она /синичка/ вспорхнула с бревна, метнулась над ушастой головой крашегося за ней кота. В.Б., 47

**УШЛЁПАТЬ**
weggehen, wegtippeln, abmarschieren
*уйти, отправиться куда-либо.*
Пока он занимался баней, ребятишки, один за одним, ушлепали в школу. В.Ш., 321

**У́ШЛЫЙ**
durchtrieben, raffiniert, gerissen
*ловкий, способный; хитрый, пронырливый.*
— До чего ушлый народ пошел! Эдак они нас заставят и рамы вязать. В.Ш., 273

**УШМЫГНУ́ТЬ**
weglaufen, abhauen, entwischen
*удалиться, уйти, убежать.*
... Русанов громко, с обидой, выговорил лаборантке, еще не успевшей ушмыгнуть: — Послушайте! Послушайте! Но ведь я же ясно просил давать газету первому мне! А.С., 236

# Ф

**ФАБЗА́ЯЦ** *м.* **ФАБЗАЙЧИ́ХА** *ж.* **ФАБЗАЙЧА́ТА** *мн.*
Lehrling (in einer Betriebslehrwerkstatt)
*ученик /-ца, -и/ школы фабрично-заводского ученичества.*
На заводе все по-новому: мужиков забрали, одни бабы, да ребята-фабзайцы, да старый мастер Кузьмич, на мороза похожий. И Грекова, Вдовий пароход, Новый мир, № 5, 1981, 79
Возможно, что его приютил бы в то время какой-нибудь сплоченный коллектив фабзайчат и наш герой стал бы искусным кочегаром или плотником. М.С. 2, 25

**ФАКТ** *м.*
klarer Fall
*точно, действительно, ясно.*
Но день был особенный, и было жалко Якова Моисеевича: старик совсем расхандрился, факт... Кажется, Веньямин не играет сегодня. А вдруг играет? Играет или не играет? Забыла... Склероз! Факт — не успею ему выгладить белую рубашку.

Н. Баранская, Женщина с зонтиком, М., 1981, 116

**ФАНФАРО́Н** *м.*
Aufschneider, Großtuer, Angeber, Großmaul
***легкомысленный хвастун, выставляющий напоказ свои мнимые достоинства.***
— Безусловно, — согласился Бороздыка. — Фанфарон ваш подполковник. В.Кор., 365

**ФАРАО́Н** *м. груб.*
Bulle, Polyp
***презрительно о человеке, работающем в милиции /полиции/.***
— Пойми, лейтенант, я не совершил ничего такого, чтобы меня можно было упрятать в каталажку. И зря твои фараоны погорячились... М.С.1, 32

**ФАРТ** *м.*
Glück, Glücksfall, Glücksgriff, Massel, Schwein
***удача, счастливый случай.***
На зависть удачливо промышлял он рыбой и дичью, в песцовый же сезон, там, где матерые старожилы считали десяток шкурок в неделю за счастливый фарт. В.М., 310

**ФАРТИ́ТЬ** *несов.*
Glück/ Schwein haben
***иметь удачу, везение.***
Что ж, Зубихину в этом полку явно не фартило и, перебарывая лень, капитан стал всерьез наезжать в эту сволочную передовую часть. В.Кор., 215

**ФАРТО́ВО**
flott, keck, keß, ungeniert
***ловко, лихо, бойко.***
Над синей улицей портовой / всю ночь сияют маяки. / Откинув ленточки фартово, / всю ночь гуляют моряки. Б.О., 190

**ФАРТО́ВЫЙ**
glückbringend, erfolgversprechend; hübsch, flott, schick
***счастливый, удачливый // красивый, видный //.***
И айда за той, фартовой, / Закусивши удила, / За той самой, за которой / Три деревни, два села! А.Г., 222

**ФАРЦ** *м.*
Geschäftemacher, Spekulant, Schieber, Schacherer
***то же, что фарцовщик.***
Добрые дяди-туристы соблазняли нас жвачкой, по-фински пуругумми, а взрослые солидные фарцы нас презрительно называли пуругумщиками. А.П., 36

**ФАРЦЕВА́ТЬ** *несов.*
schieben, schachern, Schwarzhandel treiben
***заниматься фарцовкой.***
Поэтому фарц плюет на все предостережения и продолжает фарцевать дальше. А.П., 49

**ФАРЦО́ВКА** *ж.*
Schieberei, Schacherei, Schwarzhandel
***покупка или обмен вещей у приезжающих в СССР иностранцев и спекуляция ими.***
Пришел племянник Вениамин Потаповский. Когда он вернулся домой после амнистии /сидел за фарцовку/ и поселился опять у своей матери в Перловке, то с ним произошел такой случай... А.К., 256

**ФАРЦО́ВЩИК** *м.*
Geschäftemacher, Spekulant, Schieber, Schacherer
***тот, кто занимается фарцовкой.***
— Чем я плох вам?.. Я хулиган? Стою в подъезде с финкой? Я пьянь? Фарцовщик? Урка? Бич? А.М., 30
Там стали регулярно появляться иностранцы, фарцовщики, и, само собой разумеется, стукачи. А.З., 50

**ФАСО́НИСТО**
flott, schick, affig
***модно, франтовато, щегольски, вычурно.***
Она оттого скорее возмутилась, что противная Лариса как-то фасонисто, по-городскому ломает язык. В. Крупин, Новый мир, № 8, 1980, 54

**ФЕЛЬДШЕРИ́ЦА** *ж.*
Arzthelferin
***женщина-фельдшер.***
— Врача, врача, — злится Василий. — Была вчера фельдшерица, а толку сколько? В.Расп. 2, 65

**ФЕ́НЯ**1 *ж.*
Rotwelsch, Gaunersprache
***жаргон деклассированных элементов.***
Всех обогрел весенний свет, / Длинны, как строки, тени... / И вот уже сидит поэт / И ботает по фене. А.Иванов, Л.Г., 29.8.79

**ФЕ́НЯ₂: ДО ФЕ́НИ**
unwichtig, uninteressant; egal, piepe, piepegal, schnuppe, schnurz(piepe)
*неважно, безразлично, неинтересно.*
— Братья и сестры, — проникновенно сказал он /Егор/, — у меня только что от нежности содрогнулась душа. Я понимаю, вам до фени мои красивые слова, но дайте все же я их скажу. В.Ш., 459

**ФИ́ГА** *ж.*
Feige ( Faust mit dem zwischen Zeige- und Mittelfinger gesteckten Daumen als Zeichen der Verachtung/ des Spottes)
*то же, что кукиш, показываемый в знак презрения, издевки.*
— Нет, уж, фигушки. Давай на деньги и всерьез... — Давай, — кивнул доцент, смешивая карты. Но игра все равно не ладилась. В. Кор., 373

**ФИ́ГЛИ-МИ́ГЛИ** *мн.*
unsaubere Tricks, Finten; Schabernack, Streiche, Possen
*уловки, шутки, проделки, выходки.*
— В шахматы тоже учись, Славка. Попадешь в какую-нибудь компанию: кто за бутылку, кто за разные фигли-мигли, а ты раз — за шахматы: „Желаете?" В.Ш., 63

**ФИГНЯ́** *ж.*
Quatsch, Blödsinn, Käse, Firlefanz
*ерунда, чепуха // о чем-либо неважном, незначительном //.*
— Ну, хоть достучишь свою фигню. И хлопнем по рюмахе. Ведь расстаемся. В.Кор., 65

**ФИ́ЗИКА** *ж. пренебр.*
Physiognomie, Visage, Fratze, Fresse, Maul
*то же, что лицо.*
И, между прочим, если б знал кто, сам бы, может, по физике свистнул. Г.В. 2, 66

**ФИЗИОНО́МИЯ** *ж. пренебр.*
Physiognomie, Visage, Fratze, Fresse, Maul
*то же, что лицо.*
— Ну, гляди... — опасливо произнесла супруга. — Как бы он тебе за такое унижение физиономию не набил... Н.Елин, В.Кашаев, Л.Г., 26.9.79

**ФИЗКУЛЬТУ́РИТЬСЯ** *несов.*
Turnübungen machen, Sport treiben
*заниматься физкультурой.*
Стала Анфиса делать физкультуру, да больно смешно, бросила. Кому делать нечего, пусть физкультурится. И Грекова, Вдовий пароход, Новый мир, № 5, 1981, 87

**ФИКСА́ТЫЙ**
mit einer Goldkrone
*имеющий фиксу, золотую коронку на переднем зубе.*
Лялька, фиксатая притвора, успевает зыркнуть глазами туда-сюда. В. Ш., 158

**ФИЛО́Н** *м.*
Faulpelz, Nichtstuer, Tagedieb; Schmarotzer, Taugenichts
*лентяй, бездельник, тунеядец.*
— Вам, значит, на вашу работу наплевать! Граждане, вы видели такого филона... Ц С., 33

**ФИЛО́НИТЬ** *несов.*
nichtstun, faulenzen, (herum)gammeln, eine ruhige Kugel schieben
*бездельничать, лениться.*
— Всю, понимаешь, смену — от гудка до гудка — в дежурке у печки или в сарае у дизеля филонил. В.Кор., 62
Но потом вдруг заскучал, начал филонить, пропускать послеобеденные занятия и, наконец, плюнул и заявился в санчасть. В.Кор., 134

**ФИНА́НСЫ** *мн.*
Geld; Finanzen
*то же, что деньги; денежные дела.*
— Слушайте, Дима, — тихо сказал он, — у вас вообще как с финансами? В крайнем случае не смущайтесь. Если хотите на месяц в долг... — Пока терпимо. Спасибо. В.Ак., 30

**ФИНГА́Л** *м.*
blauer Fleck, Veilchen
*синяк, посиневший кровоподтек на теле.*
— А я и так на утро не помню ничего. Проснешься, вот такой фингал под глазом, а кто и откуда — не помню. Л.Измайлов, Л.Г., 21.1.76

**ФИ́НКА** *ж.*
finnischer Dolch
*то же, что финский нож.*
— Чем я плох вам?.. Я хулиган? Стою в подъезде с финкой? Я пьянь? Фарцовщик? Урка? Бич? А.М., 30

**ФИНТ** *м.*
Trick, Schlauheit, List, Finte
*хитрость, уловка, увертка.*
Проделав этот финт, Сеня спас Славика от встречи с разгневанной Анечкой... Ю.М., 17

**ФИНТИ́ТЬ** *несов.*
schlau/ listig sein, sich (allerlei) Finten ausdenken
*хитрить, изворачиваться, лукавить.*
Союзнички финтят и прочат француза, а наверху, в Совмине, волынят и никак не могут решить, посылать ли на выборы Василия Митрофановича... В.Кор., 420

**ФИНТИФЛЮ́ШКА** *ж.*
Nippsache, Tand
*мелкое украшение.*
Отвечал кратко, улыбался сдержанно, а на ковры, на картины, на всякие финтифлюшки, повсюду понатыканные, не поднимал глаз. Ю.Т.1, 108

**ФИ́РМА** *ж. презр.*
(westliche) Ausländer, ausländische Geschäftsreisende
*об иностранцах, приехавших в СССР по делам своих фирм.*
Мы прошвырнулись мимо клуба до самого порта, через который Вашеку посчастливилось проскочить, но фирмы не было, были только фарцовщики и проститутки. А.П., 71

**ФИРМА́К** *м.*
Markenerzeugnis, Markenware
*фирменное изделие.*
— Привезли кожаные пиджаки, — сказала она, — фирмак хочешь иметь? А.Джалан, Л.Г., 1.2.78

**ФИРМА́Ч** *м.*
Mitarbeiter/ Vertreter einer westlichen Firma
*тот, кто представляет какую-то фирму.*
Каждый месяц оружейные фирмачи представляют на Уайт-холл до тысячи заявок на экспортные лицензии. В.Александров, Л.Г., 11.2.81

**ФИ́РМЕННЫЙ**
Marken-
*сделанный какой-либо известной фирмой.*
... она просто хотела иметь заграничные вещи, так как считала, что они лучше и являются атрибутами „красивой жизни". В те дни люди говорили „импортные" товары. Теперь им нравится считать себя более искушенными, и они употребляют слово фирменный, хотя практически это означает одно и то же. М.Ш., 128

**ФИТИ́ЛЬ** *м.*
abgemergelter/ ausgezehrter Mensch; nur noch Haut und Knochen
*об очень изможденном человеке.*
Научный работник, врач, она воспринимается теперь всеми только как доходяга. Даже не доходяга, а настоящий фитиль. Е. Гинзбург, Крутой маршрут, Милан, 1979, 48

**ФИ́ФА** *ж.*
Püppchen
*пустая, легкомысленная девушка или молодая женщина, бросающаяся в глаза своим внешним видом.*
Вот Пашке такая же фифа капала на мозги, он и чокнулся с трамваем. Хорошо, что только у одной тетки бутылка с постным маслом разбилась да термос с горячим кофе разлился и один высокий старикан очки потерял. Е.Ц., 19

**ФИФЁЛА** *м. ж.*
Schlampe, Schmutzfink, Schmierfink, unsauberer Mensch
*растрепа, неряха; небрежно и грязно одетый человек.*
— ...Заботы! — кривит губки Риточка. — У кого их нет? — просто неорганизованная фифела. Л.Наумов, Л.Г., 29.11.78

**ФЛАНЁР** *м.*
Flaneur, Nichtstuer
*о ком-либо, проводящем время без всякой цели, попусту; бездельник.*
— Если говорить по существу, по-солдатски прямо, мы заказ сделали с тобой ничего, на хорошую сумму, значит, он свое с нас возьмет, заработает, и, главное, он понял, что мы такие же, как и он, справные мужики, не фланеры, не фуфло, которые забрели случайно, не мелкие пижоны с пятеркой в кармане. С.Е.1, 24

**ФЛАНИ́РОВАТЬ** *несов., неодобр.*
flanieren, herumbummeln, umherschlendern
*прогуливаться, ходить без цели.*
Фарцовщики и проститутки фланируют по своему излюбленному отрезку от Адмиралтейства до Садовой. А.П., 55

**ФЛЕТУ́ХА** *ж.*
Wohnung
*то же, что квартира.*
— Не знаю, как с юбками, а в языке нужна позиция разумного консерватизма,— сказал Терновский.— Если студентов не поправлять, они бог знает до чего докатятся. Этот чудовищный жаргон, помесь английского с нижегородским... Квартира у них „флетуха", девушка — „гирла"... И.Г.1, 141

**ФО́КУС** *м.*
Trick, (dummer) Spaß, Jux
*явление, событие, поступок, привлекающие внимание своей необычностью, неожиданностью.*
— Я должен тебя предупредить. Понимаешь, это ненужные фокусы. Почина здесь не получится, подумают, что ты просто гонишься за заработком. Г.В. 2, 74

**ФОРДЫБА́ЧИТЬ** *несов.*
sich frech/ unverschämt aufführen/ betragen; bockig/ störrisch/ widerspenstig sein
*вести себя дерзко, вызывающе, надменно // возражать, протестовать из-за упрямства//.*
Но если попадались умники, то с ними было хлопот еще больше, потому что умников надо было доводить до уровня полуидиотов, а те фордыбачили, цеплялись, если не за идеи, то хотя бы за фразы, обзывали непотребными словами, словно ему, Георгию Ильичу, больше других нужно. В.Кор., 362
Да и домашние дела надоели. Жена считала, что пенсия Васю губит. Дочка фордыбачила, считая, что уволенный министр не пробьет ее в институт. В.Кор., 543

**ФО́РИН** *м. презр.*
(westlicher) Ausländer
*то же, что иностранец.*
Разумеется, нумизматика официанта меньше всего интересует, и бедному форину приходится расплачиваться валютой, которую он так умело сэкономил во время пребывания в Союзе, получив кучу советских денег за проданный товар. А.П., 43

**ФО́РМЕНКА** *ж.*
Uniform, Kluft
*то же, что форменная одежда.*
Обходчица — разбитная старуха в выгоревшей добела форменке с мокрым тряпьем в руках — заслонила от них роженицу. В.М., 120

**ФО́РТЕЛЬ** *м.*
Kunststück, Trick, toller Streich, Schabernack
*ловкая проделка, неожиданная выходка.*
А звать кого-нибудь к себе, по правде-то тебе говоря, я и сама боюсь. Неизвестно ведь, какой он фортель выкинет. А.К., 309

**ФО́ТКА** *ж.*
Photo, photographische Aufnahme
*то же, что фотография.*
Это точно, со сдвигом была, и на допросе он твердил потом, пусть альбом у ней поищут на квартире, с фотками, такой в шелку, с цветочками нашитыми — пусть глянут! Ю.С., 113

**ФОФА́Н** *м. пренебр.*
Hohlkopf, Doofkopp, Pfeife, Depp
*недалекий, ограниченный человек.*
Я вышел из порта веселый, и мороз мне был нипочем, вот только пиджак и пальто неудобно было тащить — все, кто ни шел навстречу, ухмылялись: ну и фофан, обарахлился, до дому не утерпел. Г.В.1, 11

**ФРА́ЕР** и **ФРА́ЙЕР** *м. пренебр.*
Stutzer, Fatzke, Lackaffe; Liebhaber; Schürzenjäger
*о франтоватом, никчемном человеке // то же, что ухажер //.*
А Алешка — гусь лапчатый, фраер. Вот бы кому я с удовольствием врезал. В.Кор., 372
— Пойми, глупышка, это же фраера. За личными шмотками побежали! Каждый свое волок, с-суки такие. Тьфу, мерзость, — и он передернулся. И.В., № 32, 35

**ФРИЦ** *м. бран.*
Deutscher
*то же, что немец.*
Ничего такой фриц, вроде не больно занозистый. И.В., № 32, 56

**ФРЯ** *м. ж. пренебр.*
(feine) Dame, eingebildete(r) Person/ Kerl, Persönchen
*человек, кажущийся особенным, необыкновенным.*
Действительно, минут через пять он увидел товарища в полной обмундировке, а за его спиной на

сколоченной тахте сидела умопомрачительная фря, чуть худенькая, но поразительно свежая и такая чистенькая, словно она спала с английским лордом, а не с этим неряхой-технарем в засаленном кителе и фараонских сапогах. В.Кор., 441

**ФУФЛÓ** *ср.*
windiger Bursche, Windhund, Windbeutel, loser Vogel; lose Vögel, Windhunde
***о мелком, ничтожном, пустом человеке; о мелких, ничтожных, пустых людях.***
Чего они хотят из этих бюстиков выжать? Дела у них, значит, неважнец, если на такое „фуфло" кидаются. Ю.Т.1, 143
— Если говорить по существу, по-солдатски прямо, мы заказ сделали с тобой ничего, на хорошую сумму, значит, он свое с нас возьмет, заработает, и, главное, он понял, что мы такие же, как и он, справные мужики, не фланеры, не фуфло, которые забрели случайно, не мелкие пижоны с пятеркой в кармане. С.Е.1, 24

**ФЫ́РКАТЬ** *несов.*
losplatzen, kurz auflachen
***смеяться, усмехаться, издавая глухие, отрывистые звуки.***
— Чистейший дилетантизм, — фыркнул доцент. В.Кор., 95

# Х

**ХАВИ́РКА** *ж.*
Hütte, Bude
***убогий домик.***
Трясущаяся от всякого порыва ветра хавирка — это кухня. Е. Гинзбург, Крутой маршрут, Милан, 1979, 61

**ХАЙ** *м.*
Krach, Lärm, Geschrei, Skandal
***шум, скандал.***
Колька встал. — Ты это... не говори никому, что... слупил с меня четвертной. А то дойдет до людей — хаю не оберешься. Напиши чего-нибудь. — Ладно. В.Ш., 227
Начальница ЗАГСа пробовала поднять хай, требуя отчество любое, ну, хоть само Алькино, если она мать-одиночка, но Алька переорала ее. А.К., 213

**ХАЙЛÓ** *ср. груб.*
Maul, Schnauze, Fresse
***рот, горло, глотка.***
— ... Ну, мы все за ночь сделали, сграбастали одного, потолще который, связали, поволокли. А он, немец-то, орет, я ему пилоткой заткнул хайло, да и поволокли... В.Б., 62

**ХАЛАБУ́ДА** *ж.*
(armselige) Hütte, Bude
***убогий домик, лачуга.***
Перед „овощехранилищем" стояла такая халабуда, как перед военным городком, но пропуска тут спрашивали. В.Кор., 139

**ХАЛА́ТНО**
nachlässg, fahrlässig, schlampig; gleichgültig, achtlos, wurstig
***небрежно, безразлично, недобросовестно.***
Балеруном, к его великому сожалению, он не был. За что он постоянно упрекал свою толстую, важную маму, которая так халатно отнеслась к будущему своего сына. А.П., 99

**ХА́ЛДА и ХАЛДА́** *ж. бран.*
ordinäres/ unverschämtes Weib, ordinäre Person
***грубая, наглая женщина.***
— Ну, окаянная, ну, халда! — сокрушалась старуха. — Ну, че я могла с халдой поделать? Ниче же я не могла... В.Ш., 439

**ХАЛТУ́РА** *ж.*
1 (leichter) Nebenverdienst, Schwarzarbeit; Nebenarbeit
2 Pfuscherei, Stümperei, Pfuscherarbeit
***1. дополнительная работа // побочный легкий заработок //.***
В этот день Толик возвращался с очередной халтуры. Б.С., 37
***2. небрежная, недобросовестная работа.***
— Стоп, стоп! — поморщился Надеин. — Типичнейшая халтура... Нет уж, ты пиши о том, что тебе хорошо знакомо. С.С., 47

**ХАЛТУ́РИТЬ** *несов.*
1 etwas nebenher verdienen, auf Schwarzarbeit gehen
2 pfuschen, stümpern, schludern

*1. заниматься какой-либо работой сверх основной для побочного заработка.*
Он халтурит налево для того, чтобы подработать: позирует в новых американских прическах для больших портретов в витринах парикмахерских. А.К., 298
*2. небрежно, недобросовестно работать.*
Фу, какая там пыль! Халтурит наша Степанида Ефремовна, надо ей сказать. Н.Б.1, 49

**ХАЛТУ́РНО**
stümperhaft, dilettantisch, pfuscherhaft
*небрежно, недобросовестно, кое-как.*
Построили Лозунг, как и следовало ожидать, халтурно. А.З., 9

**ХАЛТУ́РНЫЙ**
stümperhaft, dilettantisch, schlampig; fahrlässig
*небрежный, недобросовестный.*
Беспрецедентный случай: лучшую диссертацию за многие-многие годы! /это признавали почти все/ провалили. А сотни халтурных работ пропускали без звука. А.З., 102

**ХАЛТУ́РЩИК** *м.*
Pfuscher, Stümper, Schluderer, Murkser
*о ком-либо, работающем небрежно, недобросовестно, кое-как /обычно без знания дела/.*
— Только не убивайте. У меня вечером концерт. — Одним халтурщиком меньше. Пали! А.Курляндский, Л.Г., 19.9.79
Шел, говоря на эстрадном жаргоне, обычный „чес", то есть групповой налет гастролеров-халтурщиков на карман доверчивого зрителя. Д.Иванов, В.Трифонов, Л.Г., 21.6.78

**ХАЛУ́ПА** *ж. пренебр.*
Behausung, Hütte, Bude
*квартира //маленький домик; помещение для жилья//.*
— Чего я поперся за ним? — думал Борис. — Небось, какая-нибудь халупа. Не приткнешься. В.Кор., 291
Хоть бы Борька скорей получил свою халупу. У него бы пожила. В.Кор., 319

**ХАМ** *м.* **ХА́МКА** *ж. презр. бран.*
Flegel, (frecher) Lümmel, Rüpel; Rohling, Grobian
*грубый, наглый, низкий человек.*
Как ты умел сполна хама умерить прыть, / высмеять болтуна, лодыря посрамить! С.В., 26
Кругом хамье. Подследственные — те про себя, а сослуживцы — в открытую хамы. В.Кор., 242
Во всяком случае, я собираюсь быть с вами откровенной и хочу рассказать о себе — как постепенно, на своих собственных глазах становлюсь хамкой. Не усмехайтесь. Я не шучу. В.Шацкая, Л.Г., 28.11.79

**ХАМЁЖ** *м.*
Frechheit, Unverschämtheit; Grobheit, Roheit
*то же, что хамство, грубость, наглость.*
... за хамеж — предупрежденье, / за бесчинство — два привода. С.В., 11

**ХАМИ́ТЬ** *несов.*
sich flegelhaft/ unverschämt/ frech/ grob benehmen
*вести себя грубо, нагло.*
— Перестань хамить, — сказала блондинка голосом Катеньки. М.Казовский, Л.Г., 17.1.79
Студенты забивали его хитрыми вопросами, он метался, начинал хамить и его увольняли. В.Кор., 175
... — Ну, говорит, что я что-то такое вчера натворил в магазине. Я вчера и в магазине-то не был. — Так что же вы волнуетесь-то, если не вы натворили? Не вы и не вы — и все! — Она же хамить начала! Она же обзывается. В.Ш., 207

**ХА́МКАТЬ** *несов.*
gähnen; nicht aufpassen, schlafen, schlafmützig sein
*широко раскрывать рот; зевать.*
Пришли в лес. Гришка ртом хамкает, от комаров отмахивается, ему очень захотелось спать. В.Б., 71
— Читал, Петров, сегодня газету-то?— спрашивает Куров Мишку. — Опять, чуешь, буржуазники-те шалят с бомбой. А наши прохамкают опять. Вся земная система в таком напряжении стоит, а наши хамкают. В.Б., 58

**ХАМЛО́** *ср. бран.*
Flegel, (frecher) Lümmel, Rüpel; Rohling, Grobian
*хам, грубый, наглый человек.*
— Вот хамло, а? — сказал Шляпников.— Во-первых, старших некрасиво перебивать. М.Мишин, Л.Г., 24.11.76

**ХАМОВА́ТЫЙ**
(ein wenig) unverschämt, frech
*немного грубый, наглый.*

**ХАХАЛИ́ХА** *ж.*
Geliebte
*любовница.*
Костя сообразил: раз для Сашки новость, что Нина приехала, стало быть, его... хахалиха, что ли Валя. В.Шукшин, Охота жить, Казань 1977, 76

**ХА́ХАЛЬ** *м.*
Liebhaber
*любовник, ухажер.*
Ой, сержант, вы пальцем в небо попали! / То ж не хахаль был, а Шейлин папаня! А.Г., 186

**ХА́ХАЛЬСТВО** *ср.*
Hofmachen, Flirt
*ухаживание за кем-либо без серьезных намерений.*
Костя слушал девушку... И так бы и слушал, и слушал ее — не надоело бы. „Какое тут к черту хахальство!— подумал он.— Тут в пору жениться на такой". В. Шукшин, Охота жить, Казань, 1977, 76

**ХА́ХАНЬКИ** *мн.*
Gelächter, Gekicher, Gewieher
*смех, шутки.*
Увидев Ефима Степаныча, /бабы/ перестали жужжать, с любопытством уставились на него. „Несдобровать, — с отчаянием подумал Ефим. — Мигом разузнают — к обеду вся деревня хаханьки будет разводить". В.Ш., 203

**ХА́ЯТЬ** *несов.*
jemanden ausschimpfen, schlecht/ abfällig reden von jemandem, über jemanden schimpfen
*ругать, бранить, порочить кого-, что-нибудь, дурно отзываться о ком-, чем-либо.*
Театр я не хаю. Но кино все-таки лучше. М.З., 53

**ХВАЛИ́ТЬСЯ** *несов.*
prahlen, protzen, angeben, sich brüsten
*то же, что хвастаться, хвалить самого себя.*
В ресторане угощал каких-то студентов — звали в Москву, хвалились, что у них во всех вузах знакомство. В.П., 40

**ХВАСТУ́Н** *м.*
Prahler, Angeber
*хвастливый человек.*
Глебова Антон привлекал не только гениальными способностями, но и тем, что он был скромным, не хвастун, не зазнайка — в отличие от других жителей большого дома, в каждом из которых сидела хотя бы малой дозой некая фанаберия, отвратительная Глебову... Ю.Т.1, 93

**ХВАТИ́ТЬ**
schnell/ hastig essen/ hinunterschlingen/ trinken
*выпить или съесть что-нибудь поспешно, быстро, на скорую руку.*
Мишель чуть хватил лишнего, осмелел, как-то само собой получилось, что он проводил Кэт домой, вошел с ней вместе, и они весело хихикали и болтали до утра в ее маленькой милой квартирке. В.Ш., 410
Я заслушался, забыл, что у меня в руке, да как хватану одним глотком. А.Тараскин, Л.Г., 26.9.73

**ХВАТИ́ТЬСЯ**
plötzlich vermissen
*внезапно заметить исчезновение, отсутствие кого-, чего-либо.*
— Может, скажешь дома-то?.. А то хватятся... — Сегодня не надо — пусть погуляют. В.Ш., 47

**ХВА́ТКА** *ж.*
Geschick, Geschicklichkeit, Gewandtheit, Findigkeit
*умение, ловкость, быстрота в действиях, в работе.*
Андрей, запершись в председательской светелке, мысленно прикидывал деловую хватку каждого из своих подчиненных. В.М., 97

**ХВА́ТКИЙ**
geschickt, wendig, gewandt; pfiffig, clever, gewitzt
*быстро, легко схватывающий, подмечающий окружающее, умеющий хорошо наблюдать.*
Впрочем, тактичная публика была достаточно хваткой: большинство прекрасно знало, кто такой Бурлей, но если мальчик играет в такую игру, отчего не поддержать? С.Е., 50

**ХВОРА́ТЬ** *несов.*
krank sein, kränkeln, unpäßlich sein
*испытывать нездоровье, недомогание; болеть.*
Подошел к очереди, насмешливо оглядел всех страждущих. — Многонько вас! А вот в праздники-то, когда они бывают, никого ведь тут нету. Не хвораете, что ль, по праздникам? — Спросил и сам не понял — зачем? Вылетело. В.Ш., 203

**ХВОРО́БА** *ж.*
Krankheit, Leiden, Gebrechen
*болезнь.*
— ...Я и без тебя знаю, что у нас в Штатах самая пустяковая хвороба... влетает в хорошенький финансовый нокаут. Т.Ш., 27

**ХВО́РОСТЬ** *ж.*
Krankheit, Leiden, Gebrechen
*то же, что хворь, болезнь.*
Говорят, что есть на свете острова, / Где растет на берегу забудь-трава, / Забудь о гордости, забудь про горести, / Забудь про хворости! / Вот какие есть на свете острова! А.Г., 55
Парторг, подняв голову, посмотрел в глаза бригадира: „Кто не придет — перепишешь. А кто откажется, будет сваливать на хворость или еще чего — двадцать пять трудодней штрафу." Вл.В., 131

**ХВО́РЫЙ**
krank, kränklich, angekränkelt, schwächlich, leidend
*больной, болезненный.*
— Надоел. Да куда ж тебя девать такого хворого. В.М., 460
— Мне нельзя, — сказала Галинка, равнодушно отстраняясь от Генкиного лица, — мамка у меня хворая. Г.Б., 29

**ХВОРЬ** *ж.*
Krankheit, Leiden, Gebrechen
*то же, что болезнь.*
— Здоровый ли, сынок? — спросила мать. — Может по хвори какой раньше-то отпустили? В.Ш., 42

**ХВОСТ** *м.*
1 nicht geschaffte Prüfung
2 Ende der Schlange/ Reihe
*1.несданный экзамен.*
— ...Но почему все-таки он так безобразно относится к учебе и упорно отмалчивается, когда спрашиваю о родословной шести хвостов. В.К., 28
*2. очередь; конец очереди.*
— Да уж постою, раз стал, — строптиво ответил Фалалеев, заподозрив в „меховом пирожке" человека, стоявшего в хвосте и потому нарочно разлагающего очередь. Д.Иванов, В.Трифонов, Л.Г., 28.7.76

**ХВОСТИ́СТ** *м.*
jemand, der bei der Prüfung durchgefallen ist, der Prüfungen wiederholen muß
*о студенте, имеющем „хвосты" /несданные экзамены, зачеты/.*
Зато подлинные неудачники, хвостисты и отчисленные, чудаки и сумасшедшие летели на нее как мухи на мед. И.Г.2, 134

**ХИБА́РА** *ж.*
(elende) Hütte, Kate; Behausung, Bude
*убогий домик, лачуга // скромное жилище //.*
Он только мотнул головой в угол двора, где лепилась к котельной заброшенная хибара Штабеля... В.М., 257

**ХИЛЯ́К** *м.*
schwacher/ kränklicher Mensch
*слабый, хилый человек.*
— Знаешь, Гоша, у моей сослуживицы вот так же на парня всем скопом навалились, а он газ на кухне открыл да на пол лег... — Это каким хиляком надо быть, чтобы из-за женитьбы?.. Ты, Ленская, иногда такое брякнешь! Н. Соротокина, Наш современник, № 1, 1979, 103

**ХИЛЯ́ТЬ** *несов.*
schlendern, tippeln
*идти, отправляться куда-либо.*
— Спички, — презрительно сказал мэн, но коробок взял. Потом внимательно оглядел Наталью и присел за наш столик. — В ликбез хиляешь или в контору? — процедил он, закуривая. Б-ка крок., № 18/815/, 1978, 21

**ХИМИ́ЧИТЬ** *несов.*
betrügen, beschwindeln, mogeln
*делать что-либо незаконное; плутовать, мошенничать.*
И еще в полку, к смертельному неудовольствию подполковника, жили вольные. Они чего-то химичили на двух объектах. В.Кор., 5

**ХИМИ́ЧКА** *ж.*
1 Chemielehrerin
2 Angestellte in einer chemischen Reinigung
*1. учительница химии.*
И в переменку какой-то громила-старшеклассник кричал: „Эй ты, разноглазый, химичку не видел?" А.К., 67
*2. работница химчистки.*
— Попросите подойти сюда вашу химичку, и я

**ХЛОПОТУ́Н** *м.* **ХЛОПОТУ́НЬЯ** *ж.*
Geschäftige(r), unruhiger Geist
*тот, кто постоянно хлопочет о чем-нибудь, суетиться.*
Да, тут, конечно, и заботливая, недалекая хлопотунья Анна Афанасьевна, главврач... В. Шукшин, Охота жить, Казань, 1977, 116

**ХЛЫНЯ́ТЬ** *несов.*
herumschlendern, (umher)flanieren
*ходить, бродить /обычно без дела, без цели/.*
Генка... на первом же экзамене завалился, вертался в деревню, но нигде не работал, хлынял по деревне, уверяя, что, вот, мол, из города придет вызов, и он поедет учиться. Г.Б., 25

**ХЛЮ́ПАТЬ** *несов.*
schluchzen
*издавать всхлипывающие звуки, втягивая воздух.*
Анфиса иногда против правил все же брала ребятишек на руки: очень уж жалко. Прижмется такой, хлюпает, щека мягкая, нос сопливый, ну просто сил нет, до чего жалко. И. Грекова, Вдовий пароход, Новый мир, № 5, 1981, 91

**ХЛЮ́ПИК** *м. пренебр.*
Jammerlappen, Waschlappen, Weichling
*ничтожный, безвольный, жалкий, малодушный человек.*
— В наше время настоящих мужчин днем с огнем не сыщешь, — резюмировала она. — Хлюпики они нынче. Скажешь иному словцо покрепче — он уже в обмороке лежит. Х.Л., 8

**ХЛЯ́БАТЬ** *несов.*
schlottern, schlenkern, bammeln; wackeln
*шататься, болтаться, стучать /обычно о том, что плохо укреплено, пригнано/.*
Подергал. Закрыто изнутри. Крючок хлябает. Г.Б., 26

**ХЛЯ́СТНУТЬСЯ**
sich fallenlassen, sich hinhauen
*упасть // удариться, шлепнуться//.*
Напарится не напарится — угорит, придет, хлястнется на кровать, еле живой — и думает, это баня. Хэх!.. В.Ш., 321

**ХМЕЛИ́НА** *ж.*
(berauschendes) Getränk/ Gebräu/ Gesöff
*пьянящий, хмельной напиток.*
— Сахару больше кладите в хмелину-то, вот и будет пиво. А на табаке его настаивать — это стыдоба. В.Ш., 19

**ХМЫ́КАНЬЕ** *ср.*
ärgerliches/ ironisches/ verlegenes Räuspern
*произнесение звуков „гм", „хм" в знак смущения, иронии, досады.*
Юрка только хмыкнул. Ошибиться в значении хмыканья было невозможно. Е.Ц., 22

**ХМЫ́КАТЬ** *несов.*
sich ärgerlich/ ironisch/ verlegen räuspern, „hm" sagen
*произносить „гм", „хм" в знак удивления, иронии, досады, смущения.*
Сосед посмотрел вперед... Хмыкнул. Сказал тоже шепотом, весело: — Я ему еще по шее разок дам. Когда приедем. Чтоб он не врал тут. В.Ш., 244
В доме стоял рев. Нюшка с плачем кидала на пол что попало, вся в слезах кричала и металась по избе и материла весь белый свет. — Ну и ну!.. — сказал Мишка, щупая локоть. А Иван Африканович растеряно хмыкал. В.Б., 13

**ХМЫРЬ** *м. неодобр.*
raffinierter/ durchtriebener/ geriebener/ gerissener Kerl
*о неприятном, нахальном, пронырливом человеке.*
Вот он сел за крайний столик / К одинокому хмырю. А.Г.1, 115
Вокруг шумела вокзальная Москва, лязгали трамваи, фырчали такси и автобусы, а тут один хмырь читал, а другой на него злился — и смотреть на эту комедь раздосадованному лейтенанту было чудно и почему-то приятно. В.Кор., 270

**ХНЫ : ХОТЬ БЫ ХНЫ́**
piepe(gal), schnuppe, schnurz(piepe)
*все равно, безразлично.*
Он подтянул, трепач, штаны, / И выдал румбу с перчиком, / А ей, принцессе, хоть бы хны, / Едва качнула плечиком. А.Г., 260

**ХНЫ́КАНЬЕ** *ср.*
Geplärr, Gewinsel, Geflenne, Geheule
*тихий, жалобный плач с прерывистыми носовыми звуками.*
Но вот из спальни до ушей будущего кандидата

технических наук донеслось недовольное кряхтенье и хныканье. Л.Ленч, 25

**ХНЫ́КАТЬ** *несов.*
plärren, flennen, heulen, winseln
*слезливо жаловаться, выражая свою полную беспомощность.*
— ... Есть ребята, срочники, которые хнычут. А чего хныкать?.. В.Р., 60

**ХОББИ́СТ** *м.*
jemand, der ein Hobby hat
*тот, у кого есть любимое занятие, увлечение, хобби.*
И вот, получив задание и письмо, присланное одним из хоббистов в „клуб ДС", я отправился к автору письма, проживающему в одном из районов Москвы. Н.Новиков, Л.Г., 4.2.81

**ХОВА́ТЬ** *несов.*
verstecken, hinstecken, hintun
*прятать что-либо.*
— ...Ведь деньги при мне окажутся немалые, а куда их ховать? Л.Ленч, 21

**ХО́ДИКИ** *мн.*
einfache Pendeluhr (mit Gewichten)
*простые стенные часы с гирями.*
Тут вошла старушка, с нею вошел аромат пирога, запах чая. Они попили, закусили, поскребли международную политику, Леонид глянул на ходики и охнул. — Что, хороши ходики? — Филипп Филиппыч, я опоздал, мне на радио, извините, я уж в другой раз... В.С., 48

**ХО́ДКИЙ**
gängig, stark gefragt, vielgekauft
*пользующийся большим спросом, имеющий широкое распространение.*
Автор трудится ретиво / В ходком жанре детектива: / У него уже на совести / Пятьдесят четыре повести. Ф.К., 57
Ходкая газетенка. Ну, а все ж какую-нибудь покупаешь. Завернуть что-нибудь или в автобусе почитать от скуки. В.Кор., 151

**ХО́ДКО**
schnell, leicht
*быстро, скоро, легко.*
Товар шел ходко. Совершенно неожиданно Бурлей быстро сплавил „нагрузку", а с книжкой о футболе надо было поспевать сдавать сдачу. С.Е., 50

**ХОДУ́ЛЬНЫЙ** *неодобр.*
schwülstig, geschraubt, gestelzt
*пошлый, напыщенный, высокопарный.*
Сентенции же о чужом и своем, чуждом и исконном, казались ей несколько ходульными. Но она понимала, что вызваны они искренним чувством раскаяния. В.Кор., 484

**ХОДУ́Н** *м.*: **ХОДУНО́М ХОДИ́ТЬ**
wackeln, zittern
*трястись, сотрясаться.*
Гульба была такая, что барак ходуном ходил, мат стоял — хоть топор вешай, и мои агитаторши, девочки из приличных семей, даже близко к этому вертепу не решались приблизиться. Л.Л., № 31, 192

**ХОЖА́ЛОЧКА** *ж.*
Pflegerin
*о ком-либо, ухаживающем за больными; сиделка.*
Сняли брюки с меня и кожаночку, / Все мое покидали в мешок, / И прислали Марусю-хожалочку, / Чтоб дала мне живой порошок. А.Г., 216

**ХОЛУ́Й** *м. презр.*
Lakai, Speichellecker, Kriecher
*подхалим, низкопоклонник.*
И кричит она, дрожит, голос слабенький, / А холуи уж тут как тут, каплют капельки. А.Г., 168
Когда я пришел в Институт молодым кандидатом философских наук, тут методологией теории научного коммунизма занимались всего три сталинских кретина и холуя в секторе научного коммунизма. А.З., 13

**ХОЛУ́ЙСКИЙ**
kriecherisch, lakaienhaft, liebedienerisch
*подхалимский, льстивый, угодливый, раболепный.*
— Очень здорово, что у тебя в „Коммунисте" статья выходит. — Ерунда, — говорю я. — Самая пустяковая холуйская и прохиндейская заметка. А.З., 113

**ХОЛУ́ЙСТВО** *ср.*
Speichelleckerei, Kriecherei
*подхалимство, льстивость, угодничество, раболепие.*
...Например, холуйство и угодливость перед начальством. Стремление вылезти на вид. А.З., 204

**ХОЛЯ́ВА** *м. ж.*
Schlampe, Schmutzfink, Schmierfink
*неряха, растрепа.*
Дежурный отбросил кнут и досадливо сплюнул: „Стоило надрываться: пусть бы подыхала, стерва... Давай глотнем помаленьку... эта холява все одно не встанет". В.М., 46

**ХОРОВО́ДИТЬ** *несов.*
leiten, lenken, führen
*руководить; управлять чем-либо.*
— Так почему ж его задом к нам посадили? — А, — говорит, — так ему удобнее оркестром хороводить!.. М.Булгаков, Юность, № 7, 74

**ХОРОВО́ДИТЬСЯ** *несов.*
sich abgeben/ sich einlassen/ verkehren/ Umgang haben/ sich herumtreiben mit jemandem
*общаться, встречаться с кем-либо, проводить совместно время.*
И вдруг догадалась: к Левкиному отцу... То отмахивались и пальцем грозили: ты, мол, от них подальше, не хороводься, а теперь за помощью к Левке. Ю.Т.1, 98

**ХОРОНИ́ТЬСЯ** *несов.*
sich verbergen, sich verstecken, sich verkriechen
*прятаться, скрываться от кого-нибудь.*
На работу отправляется затемно — мяса нарубить до открытия, — а дошлые мужички уже по дворам хоронятся, водкой промышляют. Ф.Кан., 40
Идем счас с работы, глядим — кто это на мосту к перилам прижался. Как вроде от нас хоронится. Ну и подумалось сослепу, дескать, Настенька Сoколкина Серегу Иванова ждет. Г.Б., 56

**ХОРОХО́РИТЬСЯ** *несов.*
prahlen, großtun, angeben
*держаться заносчиво, храбриться.*
— И чуют ведь, что неладно живут, а все хорохорятся. „Разма-ах!" В.Ш., 92
А небо хорохорилось, пыхтело, да, наконец и расплакалось. А.К., 66

**ХО́ХМА** *ж.*
Witz, Scherz, Spaß, Ulk
*остроумная, веселая шутка.*
— А это не думайте. Я так просто, для хохмы. В.П., 27
Но он выглядит как мальчишка, ценящий веселые хохмы и время от времени учиняющий их. А.З., 64

**ХОХМА́Ч** *м.*
Spaßvogel, Witzbold, Possenreißer
*о том, кто придумывает остроумные, веселые шутки, о любителе шутить.*
В другой группке звеньевой-хохмач, мамалыга, шпарит анекдоты и шуточки. А.Зиновьев, В преддверии рая, Лозанна, 1979, 145

**ХОХМИ́ТЬ** *несов.*
Späße machen, scherzen, Possen reißen
*придумывать остроумные, веселые шутки, шутить.*
Он же уже не хохмил, не скоморошничал. В.Ш., 118
Везде трепались о чем придется, рассказывали анекдоты и сплетни, просто хохмили. А.З., 185

**ХОХО́Л** *м. шутл.*
Ukrainer
*название украинца /первоначально презрительное, теперь — шутливое, фамильярное/.*
Врач полка, медицинский лейтенант Музыченко, хмурый, не слишком уверенный в себе хохол, хмыкнул при виде Федькиных фурункулов и дал освобождение. В.Кор., 134

**ХОХОТНУ́ТЬ**
auflachen
*издать смешок, звук сдерживаемого хохота.*
— Счас возьму и силком суну в тазик, — сказал Петро невыразительно. — И посажу на каменку. Без паспорта. — Петру самому понравилось, как он сострил. Еще добавил: — Со справкой. — И хохотнул коротко. В.Ш., 445

**ХОХОТУ́ШКА** *ж.*
lachlustige Frau
*любительница похохотать, посмеяться.*
Приходили ее подруги по институту иностранных языков, блестящие и ярко одетые девочки, щебетуньи, хохотушки, модницы, фифы; некоторые из них сразу болезненно его задевали. Ю.Т.1, 111

**ХРАБРИ́ТЬСЯ** *несов.*
mutig tun, den Tapferen spielen, sich aufplustern
*хвастаться, стараться показать себя на все готовым, способным.*

Башмак храбрился: „Что нам слякоть, / И грязь, и ливень, и пороша!" Ф.Кан., 14

**ХРЕБТИ́НА** *ж.*
Rücken, Rückgrat
*то же, что хребет, спина.*
Кирпиков распалился: — За что простить? За то, что всю жизнь хребтину ломал, за это? В. Крупин, Новый мир, № 8, 1980, 31

**ХРЕН** *м. груб.*
alter Knacker/ Zausel
*пренебрежительно о старом человеке.*
На углу Садовой какие-то трое остановили меня. Они сбили с меня шапку, засмеялись и спросили: — Ты еще не в Израиле, старый хрен?! А.Г.1, 62

**ХРЕНО́ВИНА** *ж.*
Blödsinn, Schwachsinn, Unsinn
*чепуха, ерунда, глупость.*
— Заслушав и обсудив всю ту хреновину, которую каждый из вас нес здесь в меру своих способностей, я пришел к выводу, что самолет мы оставим на месте до прибытия мотора. Вл.В., 20

**ХРЕНО́ВО**
schlecht, miserabel, mies, beschissen
*тяжело, скверно, плохо.*
Сидя у слабо нагретой печки, он глядел на сжавшегося больного, хотел сказать: „Брось, парень. Мне самому хреново", но вместо этого спросил: — Ну, как? Осознали, Курчев? В.Кор., 249
— У нас с ним — порядок. Я людьми интересуюсь. Кто как живет. На огонек зашел к вам. — Это надо. Интересуйся. Я те скажу, как живем — никудышно, хреново! Г.Б., 62

**ХРЕНО́ВЫЙ**
schlecht, miserabel, mies, beschissen
*скверный, тяжелый, плохой.*
Холод жуткий, настроение хреновое, перспектив никаких, а она свою „Мамочку милую" поет, чтоб людей посмешить! А.К., 372

**ХРОМАЧИ́** *мн.*
Stiefel aus Chromleder
*то же, что хромовые сапоги; сапоги, сделанные из хрома.*
... прибежал тот же самый старший лейтенант, теперь уже в хромачах, и предложил: „Кто хочет учиться на лейтенантов-радиолокационников, подавайте заявление на годичные курсы в училище под Ленинградом". В.Кор., 111

**ХРУ́ПАТЬ** *несов.*
kauen, mampfen (mit knirschendem/ knackendem Geräusch), mahlen, malmen
*есть, жевать что-либо с хрустом, треском.*
Под навесом неподвижные лошади всю ночь тихо хрупали сено — и нельзя было выдумать звука слаще! А.С., 295

**ХРУПТЕ́НИЕ** *ср.*
Knirschen, Geknirsche, Knacken
*хруст, сухой треск.*
Так и не понял я, что это было за хруптение. Уже много времени спустя рассказал я этот случай старому охотнику Ивану Григорьевичу. А.Р., 44

**ХРУЩО́БА** *ж. пренебр.*
Höhle, Loch, Hundehütte
*о новых малогабаритных квартирах, построенных в то время, когда главой государства в СССР был Н.С. Хрущев.*
Три счастья было на его памяти в семье. Одно — когда в хрущобу из барака переехали. Ю.С., 126

**ХРЫЧ** *м. груб. бран.*
alter Knacker/ Zausel
*о старом человеке, старике.*
Прочь с дороги, старый хрыч, наш рабочий день кончился. Х.Л., 37
„А, впрочем, спасибо старому хрычу, — вдруг улыбнулся Курчев. — Второй раз буду аккуратней", — решил про себя. В.Кор., 321

**ХРЫЧЕ́НЦИЯ** *ж. груб. бран.*
alte Vettel, alter Trampel, Olle
*о старой женщине, старухе.*
— Не можете ли вы, тетя Груша, наконец мне сообщить, когда ваша байковая пантуфля загнется? В переводе на великий и могучий русский язык: когда эта старая хрыченция подохнет? А.К., 396

**ХРЯ́СТНУТЬ**
hauen, eins überziehen
*сильно ударить.*
— И еще вот чего: отбирай у меня пятиалтынные. И сам не таскай в карманах. А увидишь — лезу в автомат, руки скручивай и хрясть по морде. В.Кор., 468

**ХУ́ДО**
schlecht, übel, schlimm, mies
*плохо, скверно.*
Если тебя не „ушьют" или „ушьют худо", ты овладеешь мячом, может, кого перехватишь в поле. В.А., Л.Г., 14.12.77

**ХУДО́ЖЕСТВО** *ср.*
Streich, Schabernack
*проделка, выходка, дурной поступок.*
Неужели никто не может помочь ребятам пережить этот возраст без „разбойничьих нападений" и других таких же художеств? А.Портнов, Л.Г., 16.1.80

**ХУДО́Й**
schlecht, schlimm, mies, miserabel
*плохой, скверный, дурной.*
Однако кураж не должен перейти ту границу, за которой наступало бы полное презрение команды к себе, и она, проникшись худым настроением, заранее упала бы духом. В.А., Л.Г., 12.14.77

**ХУДЫ́Р** *м.*
schwacher/ kränklicher Mensch
*очень худой, тощий человек.*
А вот Кирпиков от жары раздался. Он тяжело переносил ее, ничего не мог поделать, толстел. Это Кирпиков-то, худыр — восемь дыр, раздобрел. Но вернуться к курению не тянуло. В. Крупин, Новый мир, № 8, 1980, 59

**ХУЛИГАНЬЁ** *ср. презр.*
Rangen, Flegel, Rowdies, Rabauken
*о тех, кто безобразничает, бесчинствует, нарушает общественный порядок.*
— Хулиганья развелось, — наконец сказал он и выпрямился. А.Я., 26

**ХУ́КНУТЬ**
(an)hauchen
*дохнуть на что-либо.*
Он повертел перед глазами никелированную головку молоточка, хукнул на нее — она затуманилась. Деловито потер его о рукав — головка засияла с новой силой. М. Колосов, Л.Г., 4.2.1981

**ХУ́НДЫ-МУ́НДЫ** *мн.*
Habseligkeiten
*вещи, пожитки.*
— Забирай свои хунды-мунды и катись к своей невестке. В. Крупин, Новый мир, № 8, 1980, 49

**ХЫ́КНУТЬ**
zischen, fauchen
*издать звук „гк", „хк".*
Набитый потными курортниками, троллейбус хыкнул, словно ему дали в поддых, и несколько пассажиров из передней двери вылетело на асфальт. Д.Иванов, В.Трифонов. Л.Г., 11.1О.78

# Ц

**ЦА́ПАТЬСЯ** *несов.*
sich zanken
*ругаться, ссориться.*
Сема плюс ко всему, плюс к этим его особенностям, был еще и покладистым и аккуратным парнем. Особенно, если это было поручение „самого" Богоевского, с которым Сема до смерти любил цапаться... С. Залыгин, Наш современник № 2, 1979, 44

**ЦА́ПНУТЬ**
packen, ergreifen, greifen nach etwas
*схватить что-либо.*
Раздались нетерпеливые голоса: — Не цапай, узкоглазая сволочь, не твое уже! В.Р., 33

**ЦА́ЦА** *м. ж.*
Großkotz, Angeber(in), feiner Pinkel, aufgeblasener Kerl, aufgeblasene Ziege
*о ком-либо, важничающем, имеющем слишком высокие претензии; зазнайка, недотрога.*
— Лев, позвони мне завтра, пожалуйста. — Нет, завтра не стану. Только сегодня. Ты что, министр? Завтра звонить! Ишь ты, какая цаца. Никаких завтра. Ю.Т.1, 87

**ЦА́ЦКА** *ж.*
Nippsache, Kleinigkeit, Firlefanz
*игрушка; безделушка, побрякушка.*
Я ж за правду хлопочу, не за цацки! А.Г., 1, 102

**ЦА́ЦКАТЬСЯ** *несов.*
sich abgeben/ aufhalten/ abmühen (mit jemandem)
*возиться, носиться, нянчиться с кем-либо.*

... чего он с ней цацкался больше года, мало, что ли, молоденьких девок? И.В., № 32, 73

**ЦВЕТА́СТЫЙ**
bunt, farbenfroh
*яркий по цвету, тону // ярких, разных цветов, красок //.*
Голубой, зеленый, синий, красный, / Желтый, белый, снова голубой, / Уж ты сад мой, самосад прекрасный, / До чего ж цветасты мы с тобой! А.Р., 26

**ЦЕЛИНА́** *ж.*
(blutiger) Anfänger, Grünling, Grünschnabel
*о ком-либо неопытном в чем-либо, некомпетентном в каком-либо вопросе.*
— Свежий ты человек, Юра. Целина. Удивительное дело. Тебя бы к нам на судно. Вы вообще-то комсомольцы или нет? В.Ак., 18

**ЦЕ́ПКИЙ**
zäh, hartnäckig
*очень упорный, не отступающий от чего-то намеченного; настойчивый.*
И вот сидит себе сейчас,.. покуривает, читает книжку и... качает своего сына! Цепкий оказался дворничихин сын. С.Е., 52

**ЦЕПЛЯ́ТЬ** *несов.*
jemanden belästigen, jemandem auf den Wecker fallen; herummäkeln/ etwas auszusetzen haben an jemandem
*привязываться, придираться к кому-либо.*
Сидит, сперва, и вечно цепляет: „Что-то вы сегодня отечный, Федя, неужто злоупотребляли?" В.Гастелло, Л.Г., 5.12.79

**ЦЕРЕМО́НИТЬСЯ** *несов.*
Umstände machen, sich zieren
*проявлять излишнюю мягкость, стеснение.*
Нынче милиция не церемонится, она тебя, голубчика, моментом острижет. В.А., 559

**ЦИГА́РКА** *ж.*
selbstgedrehte Zigarette
*самодельная папироса.*
Иван Африканович вздохнул, загасил цигарку, вдавил ее в дерн. В.Б., 61

**ЦИРКА́Ч** *м.* **ЦИРКА́ЧКА** *ж.*
Zirkusartist(in); Spaßvogel
*артист цирка // о ком-либо, способном на ловкие проделки, неожиданные выходки //.*
Что с тобой? — Опоздал я. Извини, вечером не забудь, расскажи. — Ну, комик, ну, циркач! В.С., 46
И птичка какая-то, словно циркачка, / шикарно качается на проводах. Б.О., 168

**ЦУ́ЦИК** *м.*
Anfänger, Neuling, Grünling, Grünschnabel
*об очень молодом, неопытном человеке.*
Единоначалие — наш закон, без него пропадем, как цуцики, каждый должен знать свое место. В.М.1, 219

**ЦЫГАНЁНОК** *м.*
Zigeunerjunge
*ребенок-цыган.*
„Жиды идут", — сказал кто-то. „Шерифы!" — заорал цыганенок, углядев огромные шестиконечные звезды. Ф.Кан., 49

**ЦЫГА́НЩИНА** *ж. неодобр.*
nach Zigeunerart gemachte Musik
*песни и романсы, созданные в подражание цыганским мелодиям и цыганской манере исполнения.*
Вся бездумщина, вся цыганщина, / весь набор про сердца на снегах — / это липкая тараканщина / с микрофонами в лапках-руках. Е.Е., 29

**ЦЫ́КАТЬ** *несов.*
jemanden anfahren/ anfauchen, jemandem über den Mund fahren
*резко останавливать, одергивать кого-либо, запрещать что-либо, прикрикивать на кого-либо с угрозой.*
Бычки или Бычковы, веселая семейка, жили в глебовской квартире, как паны. Все их боялись, на всех они цыкали и творили, что хотели. Ю.Т.1, 98

**ЦЫПКИ** *мн.*
kleine Risse in der Haut
*мелкие трещинки на коже рук, лица, появляющиеся при обветривании.*
А я была чумазая, этакий заморыш, руки в цыпках. И.Г.1, 24

# Ч

**ЧАЁВНИЧАТЬ** *несов.*
gemütlich Tee trinken
*пить чай; проводить время за питьем чая.*
... в следующий момент перед его лицом явилась ее рука с ярко выписанными ногтями, и мгновенно — еще не успела чаевничающая аспирантка произнести свое грозное: „Девушка!" — яркий длинный ноготь отчеркнул у него на странице два места. С.Е., 48

**ЧАЕВЫ́Е** *мн.*
Trinkgeld
*деньги, даваемые за мелкие услуги, на чай.*
Узнал Лякин, что резус-макака /официант/ непременно нагреет его при расчете. Да за это получит еще и чаевые. Д.Иванов, В.Трифонов, Л.Г., 14.6.78
„Сейчас я вас бесплатно загипнотизирую, чтоб вам деньги противно брать было! Ведь чаевые унижают, правда?.." Е.Смолин, Л.Г., 16.1.80

**ЧАЙ**
wohl, wahrscheinlich, vermutlich
*по-видимому, вероятно, пожалуй.*
Только Юра-сынок когда никогда — и заглянет с цветочками, а муж, чай, объелся груш и носа не кажет. И.В., 39

**ЧА́СОМ**
zufällig
*случайно.*
— Что вы придумали: девчонку в кафе? Или деньги у вас чересчур лишние ... или ... Слушайте, а вы, часом, не с Киева? Н. Баранская, Женщина с зонтиком, М 1981, 219

**ЧАСТЕ́НЬКО**
ziemlich oft
*нередко, довольно часто.*
Гаврила Семенович проводил в ней время до работы и после. Частенько ночевал. Э.Медведкин, Л.Г., 9.6.76

**ЧАСТИ́ТЬ** *несов.*
schnell aufeinanderfolgend ertönen
*быстро следовать друг за другом, чередоваться (обычно о звуках, движениях, каких-либо действиях и т.д.)*
— А вы уж тоже — „бам-бам" не могли спеть! — упрекнул всех Михайлыч. — Чего там петь-то! — Да, разнобой вышел... — Это Кирилл вон... Куда зачастил? — Кто зачастил? — оскорбился Кирилл. — Я пел нормально — как вроде в колокол бьют. Я же понимаю, что там не надо частить. Колокол, его еще раскачать надо. В.Ш., 463
... прямо у его ног, аспидным бесенком объявился и пошел частить голыми подошвами крохотный цыганенок. В.М., 127

**ЧА́СТНИК** *м.*
Privatunternehmer
*мелкий частный предприниматель / обычно о врачах, учителях, ремесленниках и т. п. /.*
... курортная индустрия никак не может насытить манящее побережье вожделенными койками. Ей на помощь с готовностью приходит частник. Д.Иванов, В.Трифонов, Л.Г., 20.9.78

**ЧАХО́ТКА** *ж.*
Schwindsucht, Tuberkulose
*туберкулез легких.*
И заболей она с горя в четвертом действии чахоткой. М.Булгаков, Юность, № 7, 74

**ЧА́ЯТЬ** *несов.* **: ДУШИ́ НЕ ЧА́ЯТЬ**
einen Narren an jemandem gefressen haben, abgöttisch lieben
*очень сильно, безгранично любить кого-либо.*
Знаешь ты, что я души в тебе не чаю, / Для тебя готов я днем и ночью воровать. В.В.3, 28

**ЧВА́ННЫЙ**
hochmütig, arrogant, wichtigtuerisch, aufgeblasen
*спесивый, кичливый, тщеславный.*
Какие у них простые между собой отношения! Лауреаты — а друг друга по именам. И какие сами они люди не чванные, прямодушные. А.С., 318

**ЧЕКУ́ШКА** *ж.*
Viertelliterflasche Wodka
*то же, что четвертинка.*
Один, к примеру, рассказывал,.. как жена ему мариновала огурчики под чекушку... — в нашей роте все жили интенсивной духовной жизнью. Л.Л., № 32, 174

**ЧЕПЕ́** *ср.*
besonderes Vorkommnis
*чрезвычайное происшествие.*

... я и директорши не боюсь. Что она мне сделает? Сама до смерти боится всяких чепе. И. Грекова, Вдовий пароход, Новый мир, № 4, 1981, 112

**ЧЕПУХА́** *ж.*
Unsinn, dummes Zeug, Blödsinn, Quatsch
*вздор, глупость, чушь.*
— Че-пу-ха! — отчеканила театралка и зачем-то посмотрела на меня в бинокль. Ю.Золотарев, Л.Г., 26.1.77

**ЧЕПУХО́ВИНА** *ж.*
Unsinn, dummes Zeug, Blödsinn, Quatsch
*то же, что чепуха.*
Она намекнула, что от меня, наверное, хотят избавиться. Чепуховина! В.К., 5

**ЧЕПУХО́ВЫЙ**
dumm; belanglos, nichtig, nicht/ kaum der Rede wert
*глупый, пустой // ничтожный, незначительный //.*
Вот Борис Дмитриевич Кузьмищев, папин начальник, тот молодец: погладит по голове и не пристает с чепуховыми вопросами. В.Свиридов, Л.Г., 12.1 .77

**ЧЕРЕПУ́ШКА** *ж. шутл.*
Schädel; Kopf
*то же, что череп // о голове человека //.*
Под черепушкой, как от тока, зашуршало, языком пошевелить не могу. Время и мы, № 43, 47
—Кокну я ее сейчас о твою черепушку, — задумчиво сказал Юрка, глядя на произведение искусства. В.Ак., 28

**ЧЕРЕСЧУ́Р**
zu (sehr), übermäßig, viel zu
*слишком, чрезмерно, очень, до крайности.*
Но щедрая природа наделила Константина Федоровича Протопусова и чересчур любвеобильным сердцем, и в то же время — болезненной совестью. В.Бахнов, Л.Г., 25.11.75

**ЧЕРКНУ́ТЬ**
schnell/ flüchtig schreiben, (schnell) hinkritzeln
*быстро, коротко записать, написать что-нибудь.*
Обуреваемый светлыми мыслями купил я первую попавшуюся открытку, примостился у окна,.. черкнул несколько теплых слов. Й.Садауникас, Л.Г., 26.7.78

**ЧЕРНОБУ́РКА** *ж.*
Silberfuchs; Silberfuchspelz
*черно-бурая лиса // мех, горжетка из черно-бурой лисы//*
Как была, объятая по плечам двумя чернобурками, Капитолина Матвеевна пошла по коридору, где написано было: „В верхней одежде вход воспрещен". А.С., 9

**ЧЕРНОМА́ЗЫЙ**
schwarzhaarig; schwarzhäutig, dunkelhäutig
*очень смуглый, черноволосый // чернокожий; негр //.*
Выйдут нам эти черномазые боком, помяните мое слово! А.З., 64

**ЧЕРНЯ́ВЫЙ**
schwarzhaarig, dunkelhäutig
*темноволосый, смуглый.*
...вон того черняненького продавца звать Боря. Д.Иванов, В.Трифонов, Л.Г., 29.7.76

**ЧЕРНЯ́ШКА** *ж.*
Schwarzbrot
*то же, что черный хлеб.*
Весь Достоевский /марксовского издания/ был прочитан именно так, и поэтому роднился у лейтенанта с кисловатым запахом черняшки и легкой изжогой. В.Кор., 295

**ЧЁРТОВ**
Teufels-, verteufelt; vertrackt, schwierig
*очень плохой, неприятный, негодный // тяжелый, трудный//.*
Сейчас я поставлю этот чертов опыт. Плевать я хотел на сарказм шефа и на все фетиши на свете. В.Ак., 13

**ЧЕРТО́ВКА** *ж.*
Teufelin
*употребляется как бранное слово по отношению к женщине.*
„Все знает, чертовка..." — вздрогнула Инга, но ответила любезно: „Нет, у нас тихо!". В.Кор., 209

**ЧЕРТОВНЯ́** *ж.*
Durcheinander, Teufelskram, -werk, ungereimtes, unheimliches Zeug
*то же, что чертовщина; нечто непонятное, невероятное, несуразное, нелепое.*
— Она умная женщина, — сказал я, и вдруг губы у меня запрыгали, кровь ударила в глову, я совер-

шенно потерял контроль над собой. — Эта фигня! Эта чертовня! Эта хреновина! — кричал я. А. Житинский, Нева № 4, 1981, 147

**ЧЕРТО́ВСКИ**
außerordentlich, extrem, ungeheuer
*очень, чрезвычайно, до крайности.*
Мужчины от нее как-то мгновенно обалдевают. Чертовски она привлекательна, а чем — не поймешь. Н.Б.1, 44

**ЧЕРТОВЩИ́НА** *ж.*
Durcheinander, Teufelskram, -werk, ungereimtes, unheimliches Zeug
*нечто непонятное, невероятное, несуразное, нелепое.*
Какая все же чертовщина — жизнь! Ведь это же надо такому случиться совпадению! Е.Т., 203

**ЧЕРТЫХА́НЬЕ** *ср.*
Fluchen, Flüche
*брань, в которой употребляется слово черт.*
— Туда ей и дорога, — с деланным смехом заявил Антон Петрович, вошедшей на шум и чертыханье жене. Е.Ц., 3

**ЧЕРТЫХА́ТЬСЯ** *несов.*
fluchen
*ругаться, браниться, вспоминая черта.*
„Слишком зло", — подумал Курчев и, взглянув на большие электрические часы, понял, что пора сдавать книги и спускаться в раздевалку, где уже, наверно, чертыхается Новосельнов. В.Кор., 493

**ЧЕРТЯ́КА** *м. шутл.*
Teufel
*то же, что черт.*
— Да выпить не забудьте, чертяки, чтоб брату повезло в любви! Ю.С., 142

**ЧЁС** *м.*
mittelmäßiger Theater-/ Konzertauftritt
*выступление артистов в провинциальных городах, селах и т.п. на очень низком художественном уровне.*
„Чес" — на языке жучков от эстрады значит выступления в „глубинке", сомнительные по качеству, но выдающиеся в количественном отношении. Л.Г., 11.11.1981, 16

**ЧЕСА́ЛЬЩИК** *м.*
mittelmäßiger Schauspieler; Schmierenkomödiant, Komödiant, Kulissenreißer
*артист, выступающий в провинции на очень низком художественном уровне.*
Налетит летучая бригада таких „чесальщиков", допустим, на Ростовскую, Воронежскую или еще какую область, промчится по сельским клубам, делая по шесть-семь концертов в день и вычистит, как саранча, кассы соответствующих филармоний. Л.Г., 11.11.1981, 16

**ЧЕСА́ТЕЛЬНЫЙ**
mittelmäßiger Theater-/ Konzertauftritt
*проводимый на очень низком художественном уровне (обычно о спектаклях, концертах, представлениях и т.п.).*
Наконец, поэтому в „Литературную газету" приходят письма от зрителей „чесательных" концертов с недоуменными вопросами по поводу того или иного „лауреата"... Л.Г., 11.11.1981, 16

**ЧЕСА́ТЬ** *несов.*
1 rennen, (los)wetzen, flitzen, abhauen
2 schwatzen, quasseln, quatschen
*1. бежать, быстро двигаться.*
Однако после боя солдаты из его же роты рассказали, что беднягу Тувакина просто случайно задавило из-за его неловкости — все чесанули, а он, мудак, как всегда зачухался. Л.Л., № 31, 205
Одинокий шагает памятник, / Повторенный тысячекратно. / То он в бронзе, а то он в мраморе, / То он с трубкой, а то без трубки, / И за ним, как барашки на море, / Чешут гипсовые обрубки. А.Г., 31
*2. болтать, говорить зря, попусту.*
... Какая же она у тебя такая, что ее и показать нельзя? — Никакая. Не вякай, раз не понимаешь. Сразу вся деревня узнает, начнут потом языки чесать, черти. В.Ш., 201

**ЧЕСА́ТЬСЯ** *несов.*
jucken (es juckt in den Fingern)
*о желании сделать что-либо, заняться чем-либо.*
... Вечно хмурый, вечно грубый: ... руки, видно, чесались по мордобою. Ф.Кан., 65

**ЧЕСТИ́ТЬ** *несов.*
beschimpfen, schmähen
*ругать, бранить, обзывать обидными словами.*
... /он/ волчком кружил среди людской мешанины

и честил всех подряд захлебывающимся дискантом: — Дармоеды сычевские, туды вашу расту-ды! В.М., 146

**ЧЕСТНЯ́ГА** *м. ж.*
sehr ehrlicher Mensch, Ehrenmann
*очень честный человек.*
Я сразу музыкантам знак: завязывай. Но ребята там честняги, принципиальный народ. Ты, говорят, заплатил, и мы должны исполнить еще пять раз, по тарифу. В. Мурзаков, Наш современник, № 6, 1979, 43

**ЧЕТВЕРТА́К** *м.*
1 fünfundzwanzig Jahre Gefängnis
2 Fünfundzwanzigrubelschein
*1. двадцатипятилетний срок тюремного заключения.*
Четвертак на морозе, / Под охраной, во вшах. / А теперь в леспромхозе / Я и сам в сторожах. А.Г., 100
*2. двадцать пять рублей.*
Ведь они, как пить, четвертак еще за комиссию попросят, у них такой прейскурант... Г.В.1, 6

**ЧЕТВЕРТИ́НКА** *ж.*
Viertelliterflasche Wodka
*бутылка водки объемом в одну четверть литра.*
— Вот идиот-то! — опять ругнулась Марья. — А ты что, за четвертинкой в сельмаг? В.Ш., 302

**ЧИ́КАТЬСЯ** *несов.*
sich herumschlagen/ abgeben/ abmühen (mit etwas)
*возиться, канителиться.*
Я не чикался на курсах, не зубрил, сопромат, / Я вполне в научном мире личность лишняя. А.Г., 189

**ЧИ́КНУТЬ**
schnipp machen, abschneiden, wegschneiden; abmurksen, abstechen, erstechen
*быстрым движением отсечь, разрезать что-либо // убить, зарубить кого-либо //.*
— Спасай скотину. Ведь зарежет. Чиканет ножом и привет. Вл.В., 170

**ЧИНА́РИК** *м.*
Kippe, Stummel
*то же, что окурок папиросы, сигареты.*
Я чуть замешкался и, не вступая в спор, / Чинарик выплюнул и выстрелил в упор. В.В.1, 33

**ЧИНУ́ША** *м. пренебр.*
Beamtenseele, Bürokrat
*то же, что чиновник.*
Эвон, сколько написано фельетонов по поводу одеревенелых чинуш. Я.Полищук, Б-ка крок., № 17/814/, М., 1978

**ЧИ́РЕИ и ЧИ́РИИ** *м.*
Furunkel, Geschwür
*гнойный нарыв, фурункул.*
— Ладно, не мешай... „Чтоб ей ноги ломило, чтоб ей руки крутило. Голова болью набухла. Губа чирьем распухла". Н.Б. 2, 12

**ЧИРИ́КАТЬ** *несов.*
schnell/ hastig/ flüchtig etwas machen
*быстро делать что-либо.*
Он сидел у окна дежурки, туго перетянутый поперек и наискось ремнем, и быстро чирикал на чудной, вовсе куцей, такой, что в полевую сумку спрячешь, пишущей машинке. В.Кор., 7

**ЧИ́РКНУТЬ**
schnell darüberfahren, abtasten, antippen
*быстро задеть что-либо, провести по чему-либо.*
— И как-то раз я ей вымя теплой водой помыла и думаю, дай-ка я посмотрю, есть-нет в нем молоко. Чиркнула — есть. В.Расп.1, 42

**ЧИСТОГА́Н** *м.*
Bargeld, Mammon; Profit, Gewinn
*наличные деньги // прибыль, доход, барыш, чистые деньги //.*
Молодые люди готовы уехать летом на сибирские стройки, если это позволит заработать тысячу рублей чистоганом. М.Ш., 335

**ЧИСТОПЛЮ́Й** *м. пренебр.*
Mensch, der schwere/ schmutzige Arbeit verabscheut; feiner Pinkel
*о ком-либо брезгливо-чистоплотном, боящемся грязной, черной работы.*
... этот чистоплюй не только помнит номер своей рубашки, но и номер своего воротничка?! А.С., 551
Дуралеи спешат смеяться, / Чистоплюи воротят морду. А.Г., 154

**ЧИСТОПЛЮ́ЙСТВО** *ср. пренебр.*
Reinlichkeitsfimmel; Abscheu vor körperlicher/ schmutziger Arbeit

*брезгливая боязнь грязной, черной работы // отстранение от себя нечистоты жизни, нежелание бороться с пороками //.*
В докторах он презирал также их неистребимое чистоплюйство, из-за которого у него чуть было не провалилось несколько важнейших политических акций. В.М. 1,57

**ЧИСТОПЛЮ́ЙСТВОВАТЬ** *несов.*
sich vor körperlicher/ schmutziger Arbeit scheuen/ drücken
*бояться грязной, черной работы // не уметь трудиться, работать //.*
Парень был на шесть лет моложе, пописывал стихи... рвался на работу, не рассуждал, не мямлил, не чистоплюйствовал, делал, что приказывалось. В.М.1, 229

**ЧИСТЮ́ЛЯ** *м. ж.*
Sauberkeitsfanatiker
*чрезмерный любитель чистоты, очень чистоплотный человек.*
Около меня Юра, Вика Тикке, Нора Явлинская,.. чистюля-шахматист Женя Фуфрин, абсолютный нуль Ракита Валерий... и много других — почти весь мой класс. А.К., 99

**ЧИТА́ЛКА** *ж.*
Lesesaal
*то же, что читальня; специальное помещение при библиотеке, клубе и т.п. для занятия чтением.*
— Я ее из читалки сама за руку привела. Наврала, мол, Алешка зовет. В.Кор., 237
Сам он Достоевского читал с великим увлечением, просиживая все институтские утра и вечера в читалках, если не предвиделось никакой левой работенки в речном порту или на сортировочной. В.Кор., 295

**ЧИТУ́ШКА** *ж.*
kleine Flasche Wodka, Viertelliterflasche Wodka
*то же, что четвертинка.*
— Хочешь, читушечку тебе возьмем? — Можно, — согласился Антип. Марфа вытерла слезы, встала. — Иди пока в магазин, а я ужин соберу. В.Ш., 29

**ЧИФИ́Р** *м.*
sehr starker Tee, Tee-Absud
*очень крепкий чай; чай, обладающий наркотическими свойствами.*
И вот ничего не случилось, все на месте. Даже за снегом идти на улицу не надо, ставь чайник, гоноши чифирок. В. Мурзаков, Наш современник, № 6, 1979, 47

**ЧИФИРИ́ТЬ** *несов.*
sich mit Tee-Extrakt/ Tee-Absud berauschen
*пить чифир — очень крепко заваренный чай, подобный наркотику.*
На дворе вечерит, / Ну, а Сивка чифирит. В.В.З, 26

**ЧМО́КАНЬЕ** *ср.*
(laut) schmatzender Kuß
*звонкий, звучный поцелуй.*
Собрав губы, как для чмоканья, Шулубин еще покивал. А.С., 478

**ЧМО́КАТЬ** *несов.*
(laut) schmatzend küssen
*звучно целовать кого-либо.*
Передумав злиться, он /Леонид/ нежно обхватил пальцами дочкин игрушечный нос и чмокнул ее в щечку. В.С., 38

**ЧМО́КАТЬСЯ** *несов.*
sich schmatzend abküssen, sich abschmatzen
*звучно, звонко целоваться.*
Степан опустил худой вещмешок на порожек, подошел к отцу... Обнялись, чмокнулись. В.Ш., 40

**ЧО́КНУТЬСЯ**
verrückt werden, den Verstand verlieren, um den Verstand kommen
*стать психически ненормальным, сумасшедшим.*
— Ты что, чокнулся? — орет Игорь. — Зачем сюда пришел? В. Ак., 62

**ЧО́КНУТЫЙ**
1 schrullig, verschroben, wunderlich, überkandidelt, verrückt
2 verrückt, nicht (ganz) richtig im Kopf/ Oberstübchen, tickt nicht richtig
*1. чудаковатый, странный.*
— Какая-то чокнутая. Наговорила-наговорила, семь верст до небес! И.В., № 32, 20
Солдаты, не обращая внимания на чокнутого идейного лейтенанта, лежали на буханках, как на сене, разве что подбирали под шинели смазанные соляркой сапоги. В.Кор., 326
*2. психически ненормальный, сумасшедший.*
Парень он неглупый, но немного чокнутый... Я думаю, что в лагере он слегка свихнулся. А.З., 17

**ЧУБА́РИК** *м.*
Schopf, Haarschopf, Tolle, Locke
*то же, что чуб; прядь волос, спадающая на лоб.*
Опять взвякивает гармонь, и треплется по вспотевшему лбу Кольки льняной мягкий чубарик. В.Ш., 233

**ЧУБА́ТЫЙ**
mit einem Haarbüschel/ Haarschopf
*имеющий чуб.*
И строятся, строятся в ряды / Белые казачьи рубахи, / И скалятся, скалятся в пыли / Чубатые, кудлатые рубаки. Б.А.3, 77

**ЧУВА́** *ж.*
Weib, Käfer, (flotte) Biene, Puppe
*девушка, женщина.*
Хорошо так: кофеинчик с портвейнчиком, чува под боком, класс жизнь! Время и мы, № 43, 19

**ЧУВА́К** *м.*
Jugendlicher, junger Mann, Bursche, Teenager, Twen
*молодой человек, мужчина.*
... Попробуйте в цехе найти чувака, / Который бы мыслил не то! А.Г., 95
Про таких говорят: „Круто стоит чувак". Г.Р., 125

**ЧУВИ́ХА** *ж.*
Weib, Käfer, (flotte) Biene, Puppe
*девушка, женщина.*
— ... Из тебя выйдет мировая чувиха. А.З., 63

**ЧУГУ́НКА** *ж.*
gußeiserner Ofen, Kanonenofen
*чугунная печка.*
... Он подбежал к чугунной печке / „вздор, подумал я, откуда чугунка, здесь таможня!" /. А.Л., 120

**ЧУДАКОВА́ТЫЙ**
schrullig, verschroben, wunderlich, verrückt, überkandidelt, überspannt
*несколько странный, необычный.*
Старожилы рассказывают, что это были два чудаковатых субъекта, которые летом в соломенных шляпах, а зимой в серых папахах встречались... и не спеша прогуливались. Вл.В., 221

**ЧУДЕ́СИТЬ** *несов.*
sich schrullig/ wunderlich/ seltsam benehmen, einen Spleen haben
*то же, что чудить, вести себя странно, совершать нелепые поступки.*
Я думал: ты звезда, а ты наоборот. / Я думал: я звезда, но есть другое мнение. / Ах, Волга, мать-река! Осталось не одно ль? / Ошибся я, но буду вновь чудесить! А.Р., 22

**ЧУ́ДИК** *м.*
Sonderling, komischer Kauz, Eigenbrötler, seltsamer Vogel
*то же, что чудак; человек со странностями, поступки которого вызывают недоумение, удивление.*
„Сплошные чудики у нас работают", — подумал Усов, когда оператор вышел. И.Ф., 15

**ЧУДИ́ЛА** *м. ж.*
Sonderling, komischer Kauz, Eigenbrötler, seltsamer Vogel, komische Ziege
*то же, что чудак, человек со странностями, чьи поступки вызывают недоумение, удивление.*
— Доктор, доктор, скажите на милость, где у вас тут приемное? — умоляюще, как будто тот мог ему отказать, прикоснулся он к Юркиному плечу. — Да вот оно. — Юрка мотнул головой. Ишь ты, чудила, за врача принял. Е.Т., 21

**ЧУДИ́ТЬ** *несов.*
sich schrullig/ wunderlich/ seltsam benehmen, einen Spleen haben
*совершать нелепые, странные поступки.*
Я, как раненый зверь, напоследок чудил: / Выбил окна, и дверь, и балкон уронил. В.В. 3, 17

**ЧУ́ДИТЬСЯ** *несов.*
scheinen, vorkommen, dünken, anmuten
*казаться, мерещиться, представляться.*
И тогда ей не жалко было умереть, ей чудилось, что эти песни поют у кого-то на поминках. В.Расп.1, 38

**ЧУДНО́**
komisch, merkwürdig, sonderbar
*восклицание, выражающее недоумение, изумление.*
Степан прислонился спиной к воротнему столбу, усмехнулся: „Чудно? Ничего..." В.Ш., 47

**ЧУДНО́Й**
sonderbar, wunderlich, absonderlich, komisch, lächerlich
*странный, необычный, вызывающий недоумение.*
— Чудной какой. — Шофер покрутил головой и

засмеялся. — Сразу видно, что чокнутый. Вл.В.1, 156

**ЧУЖА́К** *м.*
1 Fremdling, Fremder, Unbekannter, Zugereister
2 Außenseiter, Außenstehender, nicht Dazugehöriger
*1. чужой, нездешний человек.*
Я был чужак. Сельские педагоги жили хозяйством: говорили о стельных коровах, об опоросе. Г.Р., 117
*2. человек, чуждый какой-либо среде.*
Долго еще ходил он вокруг посиделок, стесняясь чужаком втереться в шахтерское веселье. В.М., 67
И вот из-за того весь полк, от буфетчицы Зинки до начштаба, встал против одного Курчева, потому что Курчев — тоже чужак! В.Кор., 50

**ЧУМА́ЗЫЙ**
schmierig, schmutzig, schmuddelig
*грязный, испачканный.*
„Жиды идут", — сказал кто-то. „Шерифы!" — заорал чумазый цыганенок, углядев огромные шестиконечные звезды. Ф.Кан., 49

**ЧУМИ́ЧКА** *м. ж.*
Schmierfink, Dreckspatz, Schmutzliese
*о грязном, неопрятном человеке.*
Женский голос говорил: „Вечно изгваздаешься, чумичка. Покажи-ка руки... Ну, так я и знала!" И.Двинский, В.Коваль, Л.Г., 20.12.78

**ЧУМНО́Й**
toll, wild, rasend, verrückt
*шальной, дурной; ненормальный.*
— Ну, Христос с тобой. — Мать во тьме перекрестила его. — Потише хоть ехай-то, а то гоните, как чумные. В.Ш., 197

**ЧУМОВО́Й**
toll, wild, rasend, verrückt
*то же, что чумной.*
— Вы, папаша, по Конституции должны отдыхать, а не вкалывать, как чумовой. Л.Ленч, 18

**ЧУРА́ТЬСЯ** *несов.*
meiden, scheuen, aus dem Weg gehen, einen (großen) Bogen machen um jemanden
*сторониться, избегать кого-либо.*
— Милые, — попеременчиво заглядывая обеим в глаза сказал Аурелиу, — нельзя вам чураться друг друга! И.В., № 32, 21

**ЧУРБА́К** *м.*
Klotz, Holzblock, Kloben
*обрубок дерева, короткое бревно.*
Не медля ни минуты, я отправился во двор, выбрал тяжелую палку и начал поддавать ею щепки, комки земли, чурбаки. В.А., Л.Г., 14.12.77

**ЧУРБА́Н** *м.*
Dummkopf, Tölpel, Holzkopf
*о малоподвижном, глупом, бесчувственном человеке.*
— Пусть брат чудак и неуч. Но бескорыстье надо уважать. Пусть брат чурбан, — Инга вспомнила некрасивое, топорно сработанное лицо лейтенанта, — а ты красив и тонок. В.Кор., 186

**ЧУТО́К**
ein wenig, ein bißchen
*почти, чуть-чуть, немного.*
— Немтая-то наша, — заговорил отец, поднимаясь, — чуток замуж не вышла. В.Ш., 41

**ЧУ́ТОЧКУ**
ein (klein) bißchen
*немного, слегка, чуть-чуть.*
Она теперь каждый вечер была чуточку пьяна. И каждый вечер танцы и разговоры об искусстве, о современной сцене, и тонкие намеки, тонкие шутки, и все такое вкусное на столе, а почему не выпить „несколько капель солнца"? В.Ак., 39

**ЧУ́ХАТЬ** *несов.*
gehen, marschieren, tippeln; fahren, rasen, brausen
*идти, ехать.*
Тот по-прежнему чухал серединой тракта... Мы повисли у него на задке, рыжий стал гудеть, прося дороги. В.Ш., 405

**ЧУ́ХАТЬСЯ** *несов.*
zu sich kommen, das Bewußtsein wiedererlangen, wieder zur Besinnung kommen
*приходить в чувство.*
— Че там у них? — спросил у стоявших вновь подошедший мужик. — Петро ихний... Пьяный на каменку свалился, — пояснила какая-то старушка. — Ох, е! — сказал мужик. — Дак а живой ли? — Живой... Вишь, сидит. Чухается. В.Ш., 447

**ЧУ́ЧЕЛО** *ср.*
Vogelscheuche, Popanz, Popel
*о нелепом, несуразном, безобразном человеке.*
Я мечтаю о дожде, может быть, поэтому я его и слышу. Он настигает совсем недалеко от дачи, и ты этаким мокрым чучелом вваливаешься на веранду, где пьют чай. В.Ак.,4

**ЧУШЬ** *ж.*
Unsinn, dummes Zeug, Quatsch
*ерунда, нелепость.*
На собраниях тоже выступает сам, и какую бы чушь ни предложил, спрашивает: „Возраженьев нет?" В.П., 42
Статья Шафаревича любопытна. Остальное — чушь. А.З., 24

**ЧУ́ЯТЬ** *несов.*
spüren, empfinden, wittern; ahnen
*предчувствовать, предугадывать, внутренне ощущать /обычно о чем-либо неприятном/.*
— Да ты что уж, помираешь, что ли? Может ишо оклемаешься. — Счас — оклемался. Ноги вон стынут... Ох, господи, господи... — Старик глубоко вздохнул. — Господи... может ты есть, прости меня, грешного. ... Егор пришел вечером... На кровати лежал старик, заострив кверху белый нос. Старуха тихо плакала у его изголовья... Егор снял шапку, подумал немного и перекрестился на иконку. — Да, — сказал он, — чуял он ее. В.Ш., 115

# Ш

**ША**
Schluß, Sense
*конец.*
Вместо водки на столе появился коньяк. — Я сразу себе стакан, потом — ша: привык так. Можно? Спирьке любезно разрешили. В.Ш., 191

**ШАБА́РКНУТЬ**
bumsen, klopfen, poltern, rumpeln
*ударить, стукнуть.*
— Тошно мне! — схватилась за голову бабушка, что-то делавшая в избе. — Эт-то он что же вытворяет! Вот дак шабаркнул. В.А., Л.Г., 14.12.77

**ШАБА́Ш**
basta, genug damit, Sense
*хватит, довольно.*
А к ихнему начальнику, точно по повестке, / Тоже баба прикатила — налетела блажь — / И тоже: — Милый, — говорит /только по-турецки/, — / Свадьба будет, — говорит, — свадьба. И шабаш. В.В. 3, 20
Нет никого над нами. До шести вечера сидим — и шабаш. В.Кор., 275

**ШАБА́ШИТЬ** *несов.*
Feierabend/ Schluß machen
*кончать работу, делать перерыв в работе.*
— Шабашите? — Взгляд Карасика рассеянно блуждал по стенам. — Молодцы. А у них там еще работы дня на три. В.М., 407

**ШАБА́ШКА** *ж.*
Schwarzarbeit
*работа на стороне, обычно в свободное, неурочное время, связанная с побочными высокими заработками.*
Но предложили бы мне сейчас в любом хозяйстве работу, чтобы я мог заработать, не задумываясь, бросил бы шабашку. В. Шаденко, Советская Россия, 27.12.1981

**ШАБА́ШНИК** *м.*
Schwarzarbeiter
*член неофициальной артели, берущей за особую плату сдельную работу и постоянно переезжающей с места на место.*
„Во фраер-то!" — изумился Мишка. Ему сверху было видно, как покраснели уши Малафейкина. Он не стал больше приставать к маляру-шабашнику. В.Ш., 270

**ШАБА́ШНИЧАТЬ** *несов.*
schwarzarbeiten
*работать на стороне, обычно в свободное, неурочное время с целью высоких заработков.*
Так что я все еще шабашничаю в других хозяйствах. В. Шаденко, Советская Россия, 27.12.1981

**ШАБА́ШНИЧЕСТВО** *ср.*
Schwarzarbeit
*работа на стороне в свободное, неурочное время, связанная с высокими заработками.*

Сам я — шабашник уже в течение шести лет и могу изнутри осветить проблему шабашничества. В. Шаденко, Советская Россия, 27.12.1981

**ШАБА́ШНЫЙ**
Schwarzarbeit-
*зарабатываемый во время шабашки, шабашничества.*
После шести лет шабашничества я все-таки пришел к выводу, что горек „длинный" шабашный рубль, который достается тяжким трудом в отрыве от семьи, от нормальных условий жизни, без праздников и выходных. В. Шаденко, Советская Россия, 27.12.1981

**ШАЛА́ВА** *ж. груб.*
Dirne, Hure
*о безнравственной, распутной женщине.*
А на разбой берешь с собой надежную шалаву, / Потом за грудь кого-нибудь и делаешь варшаву. В.В. 3, 11
— Начитался ты, Алик, западной литературы, — криво улыбнулась она и пошла прочь. — Шалава, — сказал вслед Юрка. В.Ак., 36

**ШАЛА́ВЫЙ** *груб.*
dumm, blöd(e), hohl, behämmert, bescheuert
*придурковатый, взбалмошный.*
... — в субботу вывесили бабы бельишко сушить — все изодрал. Разыгрался, сукин сын, и давай трепать... — Шалавый дурак. В.Ш., 40

**ШАЛА́ТЬСЯ** *несов.*
sich herumtreiben, umherschwirren, (herum)streunen
*ходить, бродить без толку.*
— А Борзя-то живой ишо... — А где он? — Шалается где-нибудь. В. Ш., 40

**ШАЛА́ШОВКА** *ж. груб.*
Obdachlose, Trebegängerin; Herumtreiberin, Flittchen
*о бездомной женщине // о женщине легкого поведения //.*
— Шалашовки, — ругался Егор, выходя с почты. — Вы у меня танец маленьких лебедей будете исполнять. Краковяк!.. В.Ш., 455

**ШАЛМА́Н** *м.*
Kneipe, Kaschemme, Spelunke
*пивная, ресторан низшего разряда, кабак.*
В матерщинном субботнем загуле шалманчика / Обезьянка спала на плече у шарманщика. А.Г., 120
Шалман, куда они завернули, был уже полон, в дыму и пивной сырости голос буфетчицы звучал, будто из-под пола. В.М.1, 47

**ШАЛОПА́Й** *м.*
Taugenichts, Faulenzer, Herumtreiber, Gammler
*бездельник, повеса, праздношатающийся человек.*
Варвара Терентьевна была тут своя, и она жила здесь все двадцать четыре партии, пока длился этот сумасшедший, душу и нервы выматывающий изнурительный и прекрасный матч, так и не закончившийся победой ее любимца, чудака и шалопая Бронштейна. В.Кор., 433

**ШАЛОПУ́ТСТВО** *ср.*
Herumtreiberei
*непутевые, сумасбродные, легкомысленные поступки, поведение.*
Не очень хорошо у него работа шла, но наперекор материнскому шалопутству, он водки не пил, песен не орал, а занимался. А.С., 124

**ШАЛУ́Н** *м.*
Wildfang, Range, Frechdachs; Schelm, Spaßvogel, Lauser, Lausejunge
*о ком-либо, ведущем себя предосудительно, легкомысленно.*
И еще одна омерзительнейшая была у этого резвого шалуна привычка: настрочит сестру на сестру, втянет их в междоусобную войну, а сам жиганет в сторону. А.К., 242

**ШАЛУНИ́ШКА** *м. уменьш. ласк.*
Schelm, Schalk, Frechdachs
*то же, что шалун.*
Она отнимает правую руку: — Идите уже, шалунишка. Л.Измайлов, Л.Г., 2.4.76

**ША́ЛЫЙ**
toll, wild, zügellos; plötzlich aufkommend
*то же, что шальной; случайный, неизвестно откуда взявшийся.*
Шалый сырой ветерок кружится и кружит голову... В.Ш., 39

**ШАЛЬНО́Й**
1 leicht/ schnell verdient
2 wild, toll, zügellos, unvernünftig, übermütig
*1. полученный без особого труда.*

... он все еще мотался по стране со случайными бригадами в погоне за шальными деньгами, откладывая серьезную работу на потом. В.М., 291

*2. безумный, одурелый // безрассудный, сумасбродный, беспорядочный //.*

Мишка-хват: молодой поджарый красавец, длиннорукий и длинноногий, рыжеватый и кучерявый, гибкий как хлыст, глаза шальные, нараспашку... Ф.Кан., 35

**ША́МКАТЬ** *несов.*

(mit zahnlosem Munde) murmeln, nuscheln, undeutlich sprechen

*говорить невнятно, неотчетливо из-за отсутствия зубов.*

Кирпиков не смог даже пристойно кончить передачу — не будешь же шамкать беззубым ртом. В. Крупин, Новый мир, № 8, 1980, 32

**ШАНДАРА́ХНУТЬ**

schmettern, zuschlagen

*сильно стукнуть, ударить.*

Выучишься попадать, заявишься на поляну, возьмешь лапту да ка-ак подденешь! Во как шандарахнул! Во как я умею. В.А., Л.Г., 14.12.77

**ШАНТРАПА́** *м. ж. бран.*

nichtsnutziger Mensch, Taugenichts; Gesindel

*пустой, никчемный, никуда не годный человек.*

... А Гитлер и вся его шантрапа знают того человека в лицо. В.Ш., 119

Какие муки он за всю эту шантрапу принял, какие муки! В.М., 255

**ША́ПОЧНЫЙ**

zufällig, flüchtig

*случайный.*

Знакомство, конечно, шапочное, но почему не поприветствовать старика Иванова-Петрова? В.Ак., 21

**ШАРА́ГА** *ж. неодобр.*

Betrieb, Laden, Verein

*о какой-либо организации, о каком-либо учреждении.*

... Я попал в эту шарагу в разгар похоронной страды, наступавшей всегда после выхода полка из боев и отвода его во второй эшелон на отдых. Л.Л., № 31, 185

**ШАРА́ХНУТЬ**

1 schlagen, hauen, zuschlagen

2 hin und hergestoßen werden, hin und hergerüttelt werden, hin und hergeschüttelt werden; zur Seite gestoßen werden

*1. неожиданно сильно ударить, побить.*

Но тут шарахнули запал, / Применили санкции, — / Я упал, и он упал, / Завалил полстанции... А.Г., 282

— ...подойдешь по-простому — хамят, и на вежливость, сам видишь, как и чем отвечают... Шарахнуть бы по ним бронебойным... И. Пономарев, Наш современник, № 12, 1981, 86

*2. неожиданно, резко броситься в сторону.*

Шарахает нас из стороны в сторону, минами садит, некуда плюнуть. В.Б., 62

**ШАРА́ХНУТЬСЯ**

1 zur Seite springen, abspringen

2 ausweichen, aus dem Wege gehen

*1. неожиданно, резко изменить направление, отношение к чему-либо и т.п.*

Мысль шарахается то вбок, то вверх, то вниз на два метра. Но кресты, как руки деревянные, растопырились и стерегут свою тайну. В.Ш., 389

*2. посторониться, стараясь избежать кого-, чего-либо.*

Она спокойно разговаривала с ним по телефону и, встречая его в библиотеке или у знакомых, не шарахалась в сторону. В.Кор., 173

**ШАРА́ШИТЬСЯ** *несов.*

sich abmühen

*делать что-либо, возиться с чем-либо.*

А по ночам Иван Африканович ходил косить для себя. Стыдно, конечно, было, бродишь как вор, от людей по кустам прячешься. Да устанешь за день на колхозном покосе, а тут опять всю ночь шарашиться. В.Б., 69

**ШАРА́ШКА** *ж. неодобр.*

Betrieb, Laden, Verein

*то же, что шарага.*

Людочкин любовник,— суперделовой еврей Беня,— занимал в торговой шарашке какой-то неопределенный пост. А.П., 136

**ША́РИТЬ** *несов.*

1 tastend suchen, (herum)kramen

2 durchsuchen, durchstöbern, filzen

*1. усердно искать, разыскивать что-либо.*

Я стал шарить под лавкой. „Что ты там потерял?"

— осведомился друг. М.Виленский, Л.Г., 8.9.76
*2. обыскивать кого-либо.*
— Любите ситники, а в карман городскую булку запихали. — Ну проверьте мои карманы. — Мы по карманам не шарим. У нас доверие. Б-ка крок., № 24/773/, М., 1976, 17

**ША́РКАНЬЕ** *ср.*
Scharren, Schlurfen
*звук, производимый шорохом, шуршанием, шумом.*
За столом бодрствовала строгая черная Мария и чутко повернулась на его шарканье. А.С., 222

**ША́РКАТЬ** *несов.*
1 scharren, schlurfen
2 eine versetzen, eins draufhauen
*1. производить шорох, шуршание, шум /обычно при ходьбе/.*
Начинаешь шаркать, забивается пыль внутрь, и уже не ходьба, а сплошное мучение. В.Кор., 508
*2. сильно, с шумом ударить.*
— Вот те и „мэ", — сердито сказал отец и шаркнул ладонью по глазам. В.Ш., 41

**ШАРЫ́** *мн. груб.*
Augen, Glotzaugen
*то же, что глаза.*
Иван вошел в избу... Его ждали: в избе сидели тесть, жена Ивана и милиционер. Милиционер улыбался. — Ну что, Иван? — Та-ак... Сбегал уже? — спросил Иван, глядя на тестя. — Сбегал, сбегал. Налил шары-то, успел? — Малость принял для... красноречия. — Иван сел на табуретку. В.Ш., 72

**ША́СТАТЬ** *несов.*
laufen, hin und herlaufen, herumrennen
*быстро ходить, шнырять, сновать, рыскать.*
Тридцать шесть лет — ни семьи, ни хозяйства настоящего. Знает свое — матерщинничать да к одиноким бабам по ночам шастать. В.Ш., 186
Лет пять шастал по загранице. Налаживал связи с молодежью Африки. А.Л.1, 147

**ШАСТЬ**
husch, schwups, sieh da
*употребляется для обозначения стремительного движения.*
И вдруг откуда ни возьмись, во втором действии он и шасть на сцену. М.Булгаков, Юность, № 7, 74

**ШАТА́ТЬСЯ** *несов.*
müßig/ ohne Ziel gehen, sich herumtreiben, herumschlendern
*бродить где-либо без дела, без цели.*
Спекулянтка с тряпками приходит. Толкучку в городе прикрыли, вот они по учреждениям и шатаются. Л.Наумов, Л.Г., 6.9.78

**ША́ТИЯ** *ж. пренебр.*
Bande, Meute, Horde, Clique
*компания, группа людей.*
Призовем из писательской шатии / Самых злых медведей-шатунов. Ю.К. 3, 58

**ША́ШНИ** *мн.*
Intrigen, Ränke; Streiche; Flirt, Techtelmechtel
*проделки, происки, козни, интриги // о любовных интригах, сожительстве //.*
— Внимание, слушать мою команду!.. Перепивать запрещаю категорически, драки — тоже, отлучаться на стоянках только в пределах станций, шашни — в меру. В.М.1, 21
Конечно, опытные господа знают, с кем надо дела иметь и, невзирая на свое иностранное положение, обрабатывают свои амурные шашни-машни с такими как Жанна, Светлана и им подобными. А.П., 130

**ШВАЛЬ** *ж.*
Gesindel, Lumpenpack, Bagage, Gesocks
*о презренных, ничтожных людях.*
Паясничают гомункулусы, / Геройские рожи корчат, / Рвется к нечистой власти / Орава речистой швали... А.Г., 299
— Ты ведешь себя неправильно, — сказал Корытов. — Якшаешься со всякой швалью. А.З., 137

**ШВА́РКАТЬ** *несов.*
1 hinschmeißen, hinpfeffern
2 jemandem kräftig eins verpassen
3 patschen, klatschen
*1. кидать, бросать с силой.*
Их разговор, как видно, слышал больной, поступивший три дня назад и до сих пор лежавший в коридоре на раскладушке. Тот самый, которому нянька шваркнула тазик. И.В., 43
*2. ударять кого-либо с силой.*
Колька впервые тогда шваркнул жену по загривку. Она, ни слова не говоря, умотала к своим. В.Ш., 236
*3. задевать, пачкать чем-либо.*
... в зале появляется уборщица с ведром горячей

воды. Макает в ведро швабру с тряпкой и легким изящным движением со всего размаха шваркает этой тряпкой очереди по ногам. Л.Измайлов, Л.Г., 3.11.76

**ШВЫ́РКНУТЬ**
1 schmeißen, schmettern
2 schmatzen, verschlingen, schlürfen, schlabbern
*1. бросить, кинуть резко, с силой; швырнуть.*
Вот он строчит вспять, к „салу". Колька — швыркнул мне мячик, заметался Санька, заплясал, вызывая поспешный удар. В.А., Л.Г., 14.12.77
*2. с шумом вобрать в рот пищу или питье.*
Я рвал горбушку зубами, швыркал простоквашу. В.А., Л.Г., 14.12.77

**ШВЫРЯ́ТЬ** *несов.*
schmeißen, werfen, pfeffern, schleudern
*бросать с силой, резко; кидать.*
Итак, он сорвал повязку, — Да прекрати ты, Роза, не вой! — стал шарить по тумбочке, хватать с нее разные склянки, швырять на пол, кричать, бесноваться. И.В., 66
Сейчас он готов эти деньги швырнуть ей в лицо... М.Хазин, Крокодил, № 9, 78

**ШВЫРЯ́ТЬСЯ** *несов.*
um sich werfen/ schmeißen; wegwerfen; geringschätzen, verschmähen
*бросаться чем-либо // пренебрегать кем-, чем-либо, отказываться от кого-, чего-либо //.*
„Смотри! — говорю. — Не швыряйся! А то свой рыжий парик быстро потеряешь!.." А.Джаган, Л.Г., 21.2.79

**ШЕБАРШИ́ТЬ** *несов.*
lärmen, randalieren, Krach/ Radau machen, krakeelen; schimpfen, keifen
*шуметь, браниться, ворчать.*
— Да когда с водки хуже бывает, ты чо! — Старика досада взяла. — Всю жисть трясетесь над ей, а не понимаете: водка — это первое лекарство. Сундуки какие-то... — Хоть счас-то не ерепенься! — тоже с досадой сказала старуха. — „Сундуки" ... Одной уж ногой там стоит, а ишо шебаршит ково-то. Не велел доктор волноваться. В.Ш., 113

**ШЕБУРШЕ́НИЕ** *ср.*
Geraschel; das Hin und Her
*копошение, возня.*
Из угла, между дверью и окном, где оторвался кусок обоев и открылась стена, обычная, подвального цвета бетонная плита, шло веселое шебуршение, сын закричал, чу, мышь, и бросился ловить... А.Л., 114

**ШЕВЕЛЮ́РА** *ж.*
Haarschopf, Tolle, Wolle, Mähne
*длинные, густые, обычно пышные волосы.*
Ростом же, голубыми глазами, большим открытым лбом и вьющейся широкими кольцами белокурой шевелюрой его наградила природа. С.Е., 47

**ШЕЛАБА́ХНУТЬ**
schlagen, schmettern, eins draufhauen
*ударить, стукнуть.*
... Лякин схватил со стола хрустальный кувшин: „Вот шелабахну сейчас первому же по башке, а там пропадай все пропадом!" Д.Иванов, В.Трифонов, Л.Г., 14.6.78

**ШЕЛУДИ́ВЫЙ**
mies, lumpig, schäbig, elend, miserabel, beschissen
*очень плохой, дряной, скверный.*
Филя Дуда молодецки пощелкивал бичом, приправляя каждый удар забористой руганью или скороговоркой: „Поспешай, шелудивые! Нет теплей, чем у бога за пазухой". В.М., 136

**ШЕ́ЛЬМА** *м. ж. бран.*
Spitzbube, Schurke, Gauner(in); Schelm(in), Filou, Schlawiner
*мошенник, нечестный человек, негодяй // плут, ловкий человек //.*
— Что же он вытворял? — живо заинтересовался городской старик. — Расскажи-ка... Пожалуйста, пока отдыхаешь. — Хэх!.. — Анисим покачал головой, долго молчал. — Шельма был... В.Ш., 129
— ... Я говорю: „Какой ты, Мишка, шельма. Ты ведь, — говорю, — шельма! Ну кто вино с хлебом ложкой хлебает? Ведь это, — говорю, — не шти какие-либо, не суп с курой, чтобы его, вино-то, ложкой, как тюрю, хлебать". В.Б., 4

**ШЕЛЬМОВА́ТЬ** *несов.*
entehren, jemandes Ehre beflecken; heruntermachen, in den Dreck ziehen
*позорить, бесчестить /обычно без достаточных оснований/.*
— Не в этом суть. А в том, — мастер дамской

красоты пригладил чудо-усики, — что нельзя недооценивать, обобщать и шельмовать!.. В.К., 24

**ШЕРСТИ́ТЬ** *несов.*
prüfen, kontrollieren, durchkämmen, filzen
*проверять, контролировать.*
Оба раза шерстили всех сверху донизу, но Миляге удалось уцелеть и даже продвинуться по службе. Вл.В., 212

**ШЕСТЁРКА** *ж.*
Kriecher, Schmeichler
*о ком-либо, старающемся услужить, угодить кому-либо.*
Матти и Фрам пошли к выходу. — А ты подожди, шестерка, — сказал Димка Фраму. Он схватил Фрама за руку и повернулся к ребятам. В.Ак., 36

**ШЕФ** *м.*
Chef, Vorgesetzter, Boß
*начальник, глава какого-либо предприятия, учреждения и т.п.*
Я выхожу в коридор и неожиданно для себя заворачиваю к кабинету шефа. В.Ак., 42

**ШЕФИ́НЯ** *ж.*
Chefin, Vorgesetzte
*женщина-шеф.*
„Критикесса", „геологиня", „шефиня" — уже сами эти новообразования говорят о некоторой парадоксальности явления. В.Иванова, Л.Г., 5.12.79

**ШИБАНУ́ТЬ**
kräftig/ stark riechen
*сильно, резко пахнуть.*
Ударило в нос молодыми гороховыми стручками, шибануло сладким овсяным духом. Г.Б., 17
— ... Не знаю, но демонстрирует она это свое уважение так, что в нос шибает. В.Ш., 159
Он боялся, что скисший запах армейского пота шибанет аспирантке в ноздри. В.Кор., 83

**ШИБАНУ́ТЬСЯ**
anfangen, etwas zu machen
*начать делать что-либо.*
Саврасова Ирка опять у крылечка дрогнет. Небось, мать на улицу выгнала. Небось, опять в загул шибанулась. А.М., 33

**ШИ́БЕР** *м.*
Großschieber
*крупный спекулянт.*
Не хочу посмертных антраша, / Никаких красивостей не выберу. / Пусть моя нетленная душа / Подлецу достанется и шиберу! А.Г., 28

**ШИ́БЗДИК** *м. груб. бран.*
Zwerg, Liliputaner, Dreikäsehoch, Winzling, Knirps
*о низкорослом, невзрачном человеке.*
Гляжу, рядом с вахтой офицерья навалом и все — навытяжку, а посреди них сидит себе на стульчике, покуривает плюгавенький такой шибздик в полковничьей папахе, соплей перешибешь. В.М.1, 114

**ШИ́БКО**
sehr, in höchstem Grade
*очень, в сильной степени.*
Шибко тяжело было, сынок? В.Ш., 42
— На каникулы приехала. На фортепиано шибко хорошо играет. Е.Шатько, Л.Г., 5.10.77

**ШИ́ВОРОТ** *м.*
Kragen, Schlafittchen
*ворот, воротник.*
... он взял меня за шиворот и потащил в ваше отделение. Вл.В., 184

**ШИ́ЗИК** *м.*
an Schizophrenie Leidender
*то же, что шизофреник; больной шизофренией.*
Если существует разноцветность абитуриентов-шизофреников, то я типичный такой шизик. В.П., 38
— Шизик! — вещал третий. — Маньяк! Скоро кусаться начнет! В психиатричку его надо! Л.Наумов, Л.Г., 10.10.79

**ШИЗО́ИД** *м.*
an Schizophrenie Leidender
*то же, что шизофреник, больной шизофренией.*
— Тише ты, — шипит Валерка, — всех шизоидов перебудишь. И чего сам не спишь? — возмущается он. Время и мы, № 43, 58

**ШИКА́РНО**
prima, ausgezeichnet, großartig, erstklassig
*прекрасно, превосходно, замечательно.*
Наши примитивные друзья не понимают этой арифметики и шепчутся, как шикарно мы их при-

нимаем и какие мы хорошие и широкие люди. Л.Наумов, Л.Г., 31.8.77
И птичка какая-то, словно циркачка, / шикарно качается на проводах. Б.О., 168

**ШИКА́РНЫЙ**
fein, elegant, schick
*роскошный, изысканный, изящный.*
— Шикарный, между прочим, мужчина. Седой такой — мечта! В.П., 28
Вернее, в больнице он лежал, но к воскресенью был уже /правда, временно/ выписан и отправлен на поправку под Москву в один из самых шикарных закрытых санаториев. В.Кор., 543
/Он/ дружески хлопнул Димку по плечу, пожал руку Гале и зашагал, шикарный и бодрый. В.Ак., 30

**ШИ́КАТЬ** *несов.*
zischen, pst machen
*произносить звук „шш!" призывая к тишине, молчанию.*
Гул в зале рос, и уже в партере некоторые невыдержанные зрители поднимались на своих местах. На них шикали, и какой-то грубоватый мужчина подходил к краю сцены и просил соблюдать тишину. В.Кор., 568

**ШИПЕ́ТЬ** *несов.*
zischen, raunen, flüstern
*говорить сдавленным от злости голосом, выражать недовольство, неодобрение.*
Читаю в комнате, все молчат, одобряют, один Белошубов из угла шипит: „Не набрал себе очков наш талантливый Рочков". Ю.М., 44

**ШИРМА́РЬ: НА ШИРМАРЯ́**
kostenlos, umsonst; auf fremde Kosten
*даром, бесплатно; за чужой счет.*
От радости и счастья по случаю получения на ширмаря новой квартиры и того, что он остался за это безнаказанным, Михаильчик поднял хвост веретеном, впал в детство, начал собирать марки и писать историю возникновения переводных картинок. А.К., 267

**ШИРПОТРЕ́Б** *м.*
Massenbedarfsartikel, Gebrauchsartikel
*товар, продукция, предназначенная для использования в большом количестве широкими слоями населения.*
„Виселица" дернулась припадочно и поехала кверху, потом вниз, демонстрируя весь этот ширпотреб, аккуратно вздернутый на плечики. Л.Ленч, Л.Г., 30.6.76
В бодром настроении рококо я прохаживалась по огромному магазину Клайна, в Нью-Йорке, закупая ширпотреб. А.К., 150

**ШИ́ТЬСЯ** *несов.*
sich abgeben, umgehen, Umgang haben, verkehren mit jemandem
*общаться, встречаться, иметь дело с кем-либо.*
Таранькe было десять, учился он в третьем, а Миньке — пятнадцать, тот нигде не учился, потому что в пятом классе два раза оставался, выгнали, пошел куда-то учеником, бросил. И занимался какими-то неясными делами, пропадал в парке и бильярдной и, может быть, даже с ворами шился. Ю.Т.1, 99

**ШИШ** *м.*
1 ein wenig, mordswenig, (nur) für den hohlen Zahn
2 überhaupt nichts, kein Stück, nicht die Bohne
*1. о чем-либо крайне малом, ничего не составляющем.*
— А я вот ранен под Воронежем, и шиш имею да сапоги залатанные — а родину люблю! А.С., 451
*2. ни шиша: ничего, ничто; о полном отсутствии чего-либо.*
— У тебя квартира. Не прибедняйся. — Хорошо, квартира. А больше — ни шиша. В.Кор., 503

**ШИШИ́** *мн. пренебр.*
Geld, Piepen, Moneten, Zaster, Mäuse
*то же, что деньги.*
— А на какие шиши мы поедем? Денег-то нет. — Это ерунда. Продадим свои часы, велосипеды, костюмы, у меня немного скоплено на мотороллер. В.Ак., 9

**ШИ́ШКА** *ж. шутл.*
1 hohes/ großes Tier, Großkopfete
2 Unannehmlichkeit, Ärger, Verdruß, Nackenschlag
*1. важное, влиятельное лицо.*
— Степа, сходил бы ты как-нибудь к Оловянникову — смотри, какой шишкой он стал. Л.Ленч, Л.Г., 12.9.79
*2. неприятность, бедствие.*
Шишки сыпались на голову городского головы. Т.Ш., 13

**ШКА́ЛИК** *м.*
Schnapsfläschchen
*небольшая бутылка водки.*
Только я не пил за счастье Ксенино, / И вообще не пил, а так... присутствовал, / И ни шкалика, и ни полшкалика... А.Г., 191

**ШКАНДЫБА́ТЬ** *несов.*
(einher)hinken, (einher)humpeln
*прихрамывать, ковылять.*
За бабами шкандыбали старики и старухи. Вл.В., 8

**ШКВА́РИТЬ** *несов.*
braten, brutzeln, schmoren, schmurgeln
*жарить что-либо.*
Сковороду и тарелки поставили на журнальный столик — другого не было, постояльцы, которые три раза на день жарят-шкварят, видимо, не предполагались. А.Л., 105

**ШКЕТ** *м. пренебр.*
Halbstarker, Halbwüchsiger
*мальчик, подросток.*
Четырнадцати лет, пацан еще и шкет, / А он уже полит-бандит, уже наймит, уже семит, / И вроде поджигатель Третьяковской галереи. Ю.К. 64
Сидел до него в камере Толик-шкет, мясник с рынка, мелкий, невидный, соплей перешибешь. Ф.Кан., 41

**ШКИ́РКА** *ж.*
Kragen
*то же, что шиворот; ворот, воротник.*
... Пахнуло стариковским жильем, отсыревшим полушубком, теплой печкой, тестом... Вот тут его давеча волокли за шкирку. В.Ш., 198

**ШКО́ДА** *ж.*
Unfug (der Schaden nach sich zieht), (böser) Streich
*баловство, озорство, шалость, проделка.*
Кто-то сделал шкоду: выставил на подоконник загранмагнитофон и вместо того, чтобы пустить что-нибудь тужурно-амурное, поставил на полную мощность разудалую нашу „Летку-енку". А.К., 193

**ШКО́ДИТЬ** *несов.*
Streiche machen, Unfug treiben, Schaden anrichten
*озорничать, шалить, устраивать проделки.*
... Нашкодил один — отец его ремнем. А брат или сестра смотрит, как отец учит шкодника, и думают, шкодить им или нет. Так в большом семействе поддерживался порядок. В.Ш., 152

**ШКОДЛИ́ВЫЙ**
schädlich; wild, ungezogen, ausgelassen
*приносящий вред, убыток // озорной, проказливый //.*
Волк — зверь хоть и шкодливый, но и трусливый. М. Алексеев, Наш современник, № 9, 1981, 36

**ШКО́ДНИК** *м.*
Wildfang, Range, Schelm, Lauser; Nichtsnutz, Halunke, Schuft
*баловник, озорник, шалун // негодяй, мерзавец //.*
... Нашкодил один — отец его ремнем. А брат или сестра смотрят, как отец учит шкодника, и думают шкодить им или нет. Так в большом семействе поддерживался порядок. В.Ш., 152

**ШКО́ЛЬНИЧАТЬ** *несов.*
ausgelassen sein, sich pennälermäßig benehmen; Kindereien treiben, kindisch sein
*вести себя шаловливо, как школьник; ребячиться.*
Ты кончай, автомат, школьничать, / Ты кончай, автомат, умничать! / Мы отучим тебя вольничать, / Мы научим тебя жульничать. А.Г., 190

**ШКОЛЯ́Р** *м.*
Schüler, Schuljunge; Grünschnabel, Grünling
*школьник // о неопытном человеке //.*
Романтика, романтика небесных номеров! / Нехитрая грамматика небитых школяров. А.Г., 153
Карьеру „золотых дел мастера" он начал очень рано: его втянули в шайку шестнадцатилетним школяром. М.С.1, 33

**ШКОЛЯ́РСТВО** *ср. неодобр.*
Schülerhaftigkeit, schülerhafte Unselbständigkeit, Dilettantismus
*ученический, несамостоятельный подход к чему-либо.*
Да и школярство в ней сидит, она непрошибаемо верит в их установленные методы лечения, и я не могу заставить ее усомниться. А.С., 330

**ШКРА́БАТЬ** *несов.*
(ab)kratzen, (ab)schaben
*сильно тереть что-либо.*
И лучше бы таз загорел, а Снежный Человек вор-

чал бы и ругался, что вместо того, чтобы помыть таз просто с мылом, — Риточка шкрабала его с ножом. А.К., 182

**ШКРА́БСТВО** *ср.*
Pennälermäßigkeit, schülerhafte Unselbständigkeit; Dilettantismus
*несамостоятельность, ученический подход к чему-либо; следование примитивным нормам, образцам.*
— Но все равно это не наука, а шкрабство. А я, знаете, больше доверяю талантам. В.Кор., 209

**ШКУ́РА** *ж. презр. бран.*
1 Haut; Leben
2 Halsabschneider, Blutsauger, Selbsüchtiger
*1. о жизни, существовании.*
— Это хорошая особенность, она есть и во мне, но я должен за нее бороться сам с собой, не щадя шкуры, а у тебя это совершенно естественно. В.Ак., 56
*2. о жестоком, продажном человеке, вымогателе.*
Но задул сорок первого ветер — / Вот и стали мы взрослыми вдруг. / И вколачивал шкура-ефрейтор / В нас премудрость науки наук. А.Г., 20

**ШКУ́РНИК** *м. презр. бран.*
Selbstsüchtiger; Halsabschneider, Blutsauger
*о человеке, заботящемся о своих корыстных интересах /обычно путем обмана, вымогательства и т.п./.*
Как ты умел поддеть / шкурника за ноздрю, / всыпать /чтоб знали впредь!/ / хану и визирю! С.В., 26

**ШКУ́РНИЧЕСТВО** *ср. презр. бран.*
Selbstsucht; Halsabschneiderei, Erpressung
*корыстолюбие, вымогательство, обман.*
На следствии выясняли, не родственник ли им дезертир, и если бы оказался родственником, это сильно смягчило бы следствие: это было простым шкурничеством, вполне понятным и даже извинимым. А.С., 302

**ШКУ́РНЫЙ** *презр. бран.*
selbstsüchtig, eigennützig; erpresserisch
*корыстный, заботящийся только о своих личных интересах в ущерб другим.*
Но знающие дело люди понимают и то, что в поступках Батарцева есть свой резон, не всегда шкурный. О.Доброзраков, Л.Г., 5.10.79

**ШЛЁНДРАТЬ** *несов. груб.*
sich herumtreiben, herumlungern, müßiggehen
*ходить без дела; слоняться, шататься.*
— И где эта дура шлендрает? — помянула Ингу. Времени был двенадцатый час. В.Кор., 445

**ШЛЁПАЛКА** *ж.*
eine, die schlurft
*о женщине, которая шаркает ногами, обувью при ходьбе.*
Повернув вместе с дорожкой, женщина стала приближаться и вскоре прошла возле беседки... — Правая туфля у нее стоптана, подшлепывает, — наблюдательная Дюшенька опустила бинокль... — Все же она ненормальная... — Почему обязательно „ненормальная"? Просто она шлепалка, — профессор Дюжин со вкусом произнес еще раз удачно найденное словечко. Н. Баранская, Женщина с зонтиком, М., 1981, 180

**ШЛЁПАНЦЫ** *мн. шутл.*
Pantoffeln, Latschen, Schlappen, Hausschuhe
*домашние туфли, обычно без задников.*
Конечно, я мог бы оставаться в пижаме и шлепанцах — никто нас не видел. М.Виленский, Л.Г., 8.9.76
В прохожей стояла интересная женщина средних лет, с молодыми острыми глазами, в пестром чепчике, домашнем халате и войлочных шлепанцах. И.Ш., 38

**ШЛЁПАТЬ** *несов.*
1 latschen; schlurfen
2 klatschen, schlagen
3 umbringen, erledigen, kaltmachen, umlegen
*1. идти, ходить.*
— Поэтому всегда надо вытирать ноги, — заметил сын. — А ты не вытираешь. — Не в этом дело. Их надо научиться прямо в луже уничтожать. А то — я вытру, знаю теперь, а Сенька вон Макаров... докажи ему: как шлепал, дурак, так и впредь будет. В.Ш., 168
*2. с шумом ударять, хлопать.*
Однако Семеныч взял стул, шлепнул на него штампик. „1-й сорт" и отдал его в упаковку. Ю.Рихтер, Юность, № 2, 75, 111
*3. убивать кого-либо.*
Никишкин снова встрепенулся и снова кинулся к Лашкову. — Гнида, гнида ты! Да я тебя враз шлепну! — Его подрагивающие пальцы уже ерзали по пуговице на заднем кармане галифе. В.М., 255

—... У наших у всех имена, лица, характеры, судьбы. Их всех, конечно, шлепнут. А.З., 204

**ШЛЁПАТЬСЯ** *несов.*
hinplumpsen, sich fallen lassen
*падать, производить шум; шумно садиться.*
Прибежала Мирониха, с маху шлепнулась на кровать рядом со старухой. Б.Расп.1, 40

**ШЛЫ́НДАТЬ** *несов.*
etwas qualitativ Schlechtes anhaben/ tragen
*ходить в чем-либо, носить что-либо.*
Опять к нашей бабке деньги занимать побежишь! Или снова пальто в ломбард отнесешь и всю зиму в плащике шлындать будешь... И. Пономарев, Наш современник, № 3, 1981, 87

**ШЛЮ́ХА** *ж. груб.*
Dirne, Hure, Schlampe
*о безнравственной, распутной женщине.*
Крик — злой, резкий — как бичом стегнул женщину. — Шлюха!.. Успела?! — Муж шагнул к ней. В.Ш., 195

**ШЛЯ́ПА** *ж.*
Schlappschwanz, Schwächling, Weichling
*нерасторопный, вялый, неэнергичный человек.*
— Но надо мной, понимаете, все просто начинают издеваться. Шляпа ты, а не директор, дескать, если свое счастье упускаешь. И.Ф., 10

**ШЛЯ́ТЬСЯ** *несов.*
bummeln; sich herumtreiben
*бывать где-либо // проводить праздно время //.*
—... А то шляешься с какими-то забулдыгами и подозрительными личностями. А.З., 23
Подумать только, девчонке только восемнадцать исполнилось, а к ней дни и ночи мальчишня шляется. А.К., 195

**ШМАЛЯ́НИЕ** *ср.*
Ballern, Herumballern, Knallerei
*то же, что стрельба.*
Курчеву же за сообразительность даже как бы простили шмаляние в воздух, тем более, что лейтенант лежал больной в страшной сорокаградусной ангине. В.Кор., 214

**ШМАЛЯ́ТЬ** *несов.*
1 knallen, ballern
2 ein wenig/ leicht schlagen, einen Klaps geben
*1. стрелять.*
—... Я его шмальну и все, и дело с концом. Вл.В., 81
*2. слегка ударять кого-либо.*
Сначала попеременно, а потом, ближе к донышку бутылки, перебивая друг друга, племянник и дядька стали предаваться сентиментальным воспоминаниям, и дядька все чаще шмалял племянника по затылку и тот в конце-концов по-дурацки, чуть не плача, обнял его. В.Кор., 550

**ШМА́РА** *ж. груб.*
Dirne, Hure, Flittchen
*безнравственная, распутная женщина.*
А Маяковский продавался на всех углах и мозолил глаза с плакатов. И всего толку в нем было, что пульнул в себя из-за какой-то гулящей шмары. В.Кор., 490

**ШМАТ** *м.*
Stück, Streifen
*кусок, лоскут, клок.*
Но тот пришел сам, нес в руках шмат сала в ладонь величиной. В.Ш., 58

**ШМА́ТА** *ж. пренебр.*
Klamotten, Kledasche, Fetzen
*об одежде, вещах.*
Не такое уж большое счастье эти тряпки! В Америке все это дешевле воздуха. Я боюсь, что мы задохнемся от этих шмат... А.К., 261

**ШМАТЬЁ и ШМОТЬЁ** *ср. пренебр.*
Klamotten, Kledasche, Fetzen
*об одежде, носильных вещах.*
Она как взяла у летчика адрес, так сюда не возвращалась. Даже шматье какое-то оставила. В.Кор., 554
Нет уж, до порта погодим. Поспешность, она пригодна известно где. А если шмотье действительно реализовала, тогда и объединимся. В.П., 45

**ШМОН** *м.*
Durchsuchung, Filzung
*обыск.*
До сих пор в глазах снега наст! / До сих пор в ушах шмона гам!.. А.Г., 69

**ШМО́РГАТЬ** *несов.*
schnauben, schnaufen
*шумно втягивать носом воздух.*

— Ну их на фиг, приемники, — шморгнул Демка. — Я правду люблю. — Так вот приемники будешь чинить — и правду будешь говорить, дура! А.С., 434

**ШМО́ТКИ и ШМУ́ТКИ** *мн.*
Klamotten, Kledasche, Fetzen
*об одежде, носильных вещах.*
За личными шмотками побежали! И.В., № 32, 35
А он шмутки тебе возит и боится обидеть, словно виноват, что ты не от него родила... В.Кор., 473

**ШМЫ́ГАТЬ** *несов.*
1 in verschiedenen Richtungen gehen/ huschen, sich schnell hin und her bewegen
2 schnuppern, schnüffeln
*1. быстро двигаться, ходить в разных направлениях.*
По ступенькам все время шмыгали разные абитуриенты. С.Е.,48
*2. шумно и часто втягивать носом воздух.*
Задергала губами Нинка Курзова, несколько дней назад отправившая мужа на фронт, зашевелились, начали шмыгать носами и остальные. Вл.В., 167

**ШМЯ́КНУТЬ**
klatschend fallen lassen, klatschend werfen, hinschmeißen; schmettern, schlagen
*уронить или бросить резко, с шумом // ударить, хлопнуть //.*
— Недооцениваете! Не дорожите доверием! — И абонент с возмущением шмякнул трубку на рычаги. В.К., 36
Экскаваторщик поднял ларчик над головой и шмякнул его оземь. Ал.Путяев, Л.Г., 1.2.78
А занимался он следующим: выдернет из воды рыбешку величиной с мизинец, сорвет ее с крючка, положит на гранит, шмякнет ей по голове кулаком, возьмет за хвостик и швырнет обратно в реку. И. Пономарев, Наш современник, № 3, 1981, 88

**ШМЯ́КНУТЬСЯ**
fallen, hinfallen, hinschlagen, aufklatschen
*упасть, удариться, шлепнуться.*
Мишка, сердитый, шмякнулся на дровни, мерин даже не остановился. В.Б., 9
Неожиданно из-за угла выскочил третий, такой же чернявый, в красном капюшоне, бросился на одного, ударом в скулу сшиб его с ног, потом на другого, тот увернулся, но через мгновение, получив удар головой в живот, отлетел к стене ударившись, успел еще крякнуть и шмякнулся наземь. А.Л., 110

**ШНЫРЯ́ТЬ** *несов.*
hin und herlaufen, hin und herwetzen
*поспешно двигаться в разных направлениях.*
В толпе шныряли какие-то темные личности в грязных ватниках, своим видом никакого доверия не внушавшие. Л.Л., № 30, 149

**ШОФЕРИ́ТЬ** *несов.*
als Fahrer/ Chauffeur arbeiten
*работать шофером.*
Он /Спирька/ не уехал. Малость погулял, отдал деньги матери, пошел шоферить. В.Ш., 188
Но у младшего лейтенанта было плохо с образованием. Он ушел шоферить, не закончив 8-го класса. В.Кор., 347

**ШОФЕРНЯ́** *ж. пренебр.*
Kraftfahrer
*то же, что шоферы.*
Шоферня — свои, и молодые и старые, в большинстве относились к нему с дозой восхищения. С.Е.1, 20

**ШОФЕРЮ́ГА** *м. груб.*
Kraftfahrer, Fahrer, Chauffeur
*то же, что шофер, водитель автомобиля.*
Гулять бы ей с подругами / И нюхать бы сирень! / А надо с шоферюгами / Ругаться, цельный день. А.Г., 176

**ШПАК** *м. презр.*
(aus der Armee) Entlassener, (aus der Marine) Abgemusterter
*о человеке, демобилизовавшемся из армии, уволившемся с флота.*
А Вовчик, друг мой, кореш, засмеялся и говорит: „Он же шпак теперь без пяти минут, разве не слышал?" Г.В.1, 5

**ШПАНА́** *ж. груб.*
Gesindel, Pack, Gesocks, Gauner pl.
*мелкое жулье, хулиганы, жулики.*
Еремиха хочет добром увлечь теленка к дому, теленок взбрыкнул и побежал в другую сторону, а старуха заругалась: — Прохвост, дьяволенок, шпана, ох уж я тебе и нахлещу, ох и нахлещу, я ведь уже не молоденькая бегать-то за тобой. Пте-пте-пте!.. В.Б., 57

**ШПАНИ́СТЫЙ**
Gesindel-, Gauner-
*относящийся к шпане.*
В городской секции самбо он бросал через голову взрослых парней из комбината — бог мальчишек, гроза шпанистой ребятни из пригородного поселка Индии. В. Тендряков, Избранные произведения, М., 1980, т.4, 633

**ШПАНЬЁ** *ср. груб.*
Gesindel, Pack, Gesocks, Gauner pl.
*хулиганы, жулики.*
В Пекине жгли мое чучело, / подвешенное шпаньем. Е.Е., 31

**ШПАРГАЛЕ́ТА** *ж.*
Spickzettel
*то же, что шпаргалка.*
Дурак, который еле полз на тройках, без шпаргалет не приходил на экзамены. В.Кор., 89

**ШПАРГА́ЛКА** *ж.*
Spickzettel
*листок бумаги с заметками, формулами и т.п., которым учащийся пользуется тайно от преподавателя.*
Они ходили вместе, разговаривали только друг с другом, вместе покуривали на лестнице, листали в стороне общий учебник, сверяли шпаргалки. С.Е., 47
... математик, предварительно решив задачу, незаметно пускал по рядам шпаргалку или просто подсказывал. Г.Р., 119

**ШПА́РИТЬ** *несов.*
etwas ohne aufzuhören/ ununterbrochen/ in einem fort tun; Dampf/ Druck dahintersetzen
*производить какое-либо действие с особой силой, энергией.*
И шпарит в таком духе без перерыва целый час. И ни разу не повторяется. А.З., 139
„Ладно, буду шпарить,— сказал Иван Африканович, — только пошто это шерсть-то у единоличных коров не в ту сторону растет?" В.Б., 70

**ШПЕ́НДРИК** *м. пренебр. груб.*
Zwerg, Gnom, Wicht; Kümmerling, Schwächling
*о маленьком, слабосильном человеке.*
— ... Позвонил /Ляпа/ в издательство: такую-то книжечку задержать, не пущать, такую-то срочно в набор. И при этом косится: мол, ясно тебе, от кого зависишь, шпендрик несчастный? И.В., 75

**ШПИ́ЛЬКА** *ж.*
Pfennigabsatz
*очень тонкий каблук женских туфель.*
Он толстый, холеный, только щечки обвислые /по таким девчонки с Пяти Углов обмирают! /, а она — рядом, куколка фарфоровая, нет не фарфоровая, живая, в клетчатой юбочке, на тоненьких шпильках. В.П., 36

**ШПО́РА** *ж.*
Spickzettel
*то же, что шпаргалка.*
Жизнь в институте бежала бегом... жевались булочки, спихивались зачеты, переходили из рук в руки конспекты и шпаргалки, так называемые „шпоры". И.Г. 2, 131

**ШПЫНЯ́ТЬ** *несов.*
jemandem die Höhle heiß machen/ auf den Wekker fallen; Spitzen austeilen, sticheln
*донимать попреками, колкостями, нравоучениями.*
Придет время, схватит Еську-Евсея на лету какая-нибудь баба-жох и всю жизнь потом будет шпынять, считая, что спасла его от беспутства и гибели. В.А., 566

**ШТАМПО́ВКА** *ж.*
Klischee, Schablone, Schema F
*о чем-либо, сделанном по общепринятым, избитым образцам.*
— Нет, — говорит Галя, — мы пойдем в кино. Я хочу посмотреть новую картину „Весенние напевы". — Ха! — Алик полон пренебрежения. — Очередная штамповка. В.Ак., 4

**ШТАНИ́НА** *ж.*
Hosenbein
*часть штанов, брюк, надеваемая на одну ногу.*
Он закатил штанину, она присела на его кровать и осторожно, издали, несколькими пальцами стала прощупывать ногу. А.С., 55

**ШТАНЫ́** *мн.*
Hose(n)
*то же, что брюки.*
Только теперь она была в лыжных мохнатых штанах и грела руку в кармашке перкалевой куртки. Г.В. 2, 72

**ШТА́ТНИК** *м. пренебр.*
Amerikaner, Ami
*о гражданине США.*

Штатник нацелился на магазин грампластинок. Иностранцы покупают возами от нас пластинки. А.П., 84

**ШТРАФБА́Т** *м.*
Strafbataillon, Strafkompanie
*штрафной батальон.*
По детдомам, как по штрафбатам — / Что ни сделаем — все вина! А.Г., 74

**ШТРАФНИ́К** *м.*
Soldat einer Strafkompanie
*военнослужащий, направленный судебным решением в специальную дисциплинарную (штрафную) часть.*
Ведь мы ж не просто так, мы — штрафники, / Нам не писать: считайте коммунистом. В.В. 3, 19

**ШТУ́КА** *ж. шутл.*
Sache, Ding, Stück
*какая-либо вещь, явление, обстоятельство.*
— Хотя, честно говоря, товарищ милиционер, это не для протокола, я плохо представляю себе, что это за штука. А.Тараскин, Л.Г., 14.11.79

**ШТУКА́РИТЬ** *несов.*
eine Schau/ Nummer abziehen
*создавать внешние эффекты, рассчитанные на то, чтобы своей причудливостью, необыкновенностью поразить, удивить кого-либо.*
— Лень, а? Может, не будем? Серьезный врач, влюблен. Может, нутром возьмем? Зачем штукарить? В.С., 44

**ШТУКА́РСТВО** *ср. неодобр.*
Angabe, Effekthascherei, Mache, Schau
*поведение, выходки, рассчитанные на создание внешних эффектов; желание удивить, поразить чье-либо воображение.*
И как нескоро удалось доказать, что мозг Анального — в полном порядке, а велокоза — всего лишь штукарство и недостойные трюки. А.М., 46

**ШТУКО́ВИНА** *ж.*
Sache, Ding, Stück
*то же, что штука; какая-либо вещь, явление, обстоятельство.*
Штуковина недорогая, невинная, а свое сделает. Й.Садаунискас, Л.Г., 26.7.78

**ШТУРМОВЩИ́НА** *ж.*
hastige Arbeit/ Arbeit unter Hochdruck, um Versäumtes aufzuholen, der reine Feuerwehreinsatz, Kampagne(arbeit)
*поспешная работа с целью наверстать упущенное, происходящая при плохой организации труда.*
„Обычно в начале месяца производство практически парализовано после штурмовщины последних дней прошедшего месяца", — объяснил Иосиф. М.Ш., 404

**ШТУ́ЧКА** *ж.*
1 Streich, Stückchen, Eskapade, Finte
2 Filou, Schlawiner
*1. выходка, проделка.*
Мишка, опасаясь всяких этих штучек, связанных с объяснением, приотстал. В.Ш., 271
*2. о хитром, ловком человеке.*
Не то, что какая-нибудь штучка в брючках. Женщина должна быть женщиной. Е.Ц., 17

**ШУГАНУ́ТЬ**
hinauswerfen, hinausbefördern, an die (frische) Luft/ vor die Tür setzen
*удалить, прогнать, выгнать /обычно с угрозой, с силой/.*
Хотела я его как следует шугануть, да неудобно как-то, вроде парень вежливый. Л.Измайлов, Л.Г., 12.11.75

**ШУКА́ТЬ** *несов.*
suchen, auf der Suche sein, fahnden, nachforschen, sich die Schuhe/ Hacken/ Beine ablaufen nach etwas
*искать, разыскивать.*
С гаражу я прихожу, язык за спину заложу / И бегу тебя по городу шукать. В.В. 3, 29

**ШУМИ́ХА** *ж.*
(viel) Lärm, Tamtam; Gerede, Klatsch, Aufsehen, künstliche Aufregung
*разговоры, толки, оживленное обсуждение чего-либо /обычно о чем-либо, не заслуживающем серьезного внимания/.*
Дело приняло обычный в таких случаях ход: шумиха, выявление виновных и, наконец,.. наказание невиновных. Л.Л., № 31, 174

**ШУРОВА́ТЬ** *несов.*
geschäftig/ eifrig/ aktiv/ emsig sein, geschäftig hin und herrennen

*проявлять, развивать энергичную деятельность; действовать активно.*
Солнце всходит и заходит, всходит и заходит — недосягаемое, неистощимое, вечное. А тут себе шуруют: кричат, спешат, трудятся, поливают капусту... В.Ш., 346

**ШУ́РЫ-МУ́РЫ** *мн.*
Techtelmechtel; Heimlichkeiten
*любовные дела, похождения // секретные, тайные дела //.*
Любовные шуры-муры его интересовали так же мало, как меня газета „Правда". А.П., 128

**ШУ́СТРО**
flink, fix, gewandt, geschickt, wendig
*бойко, быстро, проворно, расторопно.*
Облюбовал себе место рядом с колодцем и шустро стал строить, так как человек он был сильный и работящий. С.Б., 3

**ШУ́СТРЫЙ**
behend, geschwind, flink, gewandt, fix
*бойкий, проворный, расторопный.*
— Больно шустрые! Я как-то лежал в горбольнице... меня тогда Неверов отвез, председателем исполкома был в войну у нас, не помнишь? В.Ш., 295
Короче, общее веселье, а мальчик, сынишка родионовский, шустрый такой, мерзавец, в это время второй билет сверяет и кричит: „Ой, и здесь сошлось!" Л.Измайлов, Л.Г., 23.5.79

**ШУСТРЯ́ГА** *м. ж.*
wendiger/ fixer/ leichtfüßiger/ flinker Mensch
*о шустром, бойком, живом человеке.*
... но куда девалась она, легконогая шустряга из общежития педвуза... Ю.С., 117

**ШУСТРЯ́К** *м.*
wendiger/ fixer/ leichtfüßiger/ flinker Mensch
*о бойком, живом, проворном человеке.*
А тут еще мальчишка-шустряк говорит: „А третий билет проверять будем?" Л.Измайлов, Л.Г., 23.5.79

**ШУСТРЯЧО́К** *м. уменьш. ласк.*
wendiger/ fixer/ leichtfüßiger/ flinker Mensch
*то же, что шустряк.*
Сидел еще в камере Гоша-хиппарь, шофер на продуктовой машине, быстрый, смышленный, храбрый, шустрячок в дорогом джинсовом костюме... Ф.Кан., 42

**ШУХАРИ́ТЬСЯ** *несов.*
randalieren, krakeelen, Radau/ Rabatz machen
*шуметь, скандалить, безобразничать.*
— Ишь, шухарится, — уговаривал дядя Хаким, — ты малый, спокойней, спокойней, а то такую сейчас лягушку устроим, цельную неделю не распрямишься. Е.Т., 122

**ШУ́ХЕР** *м.*
Beobachtungspunkt; Schmiere (stehen)
*пост для наблюдения за приближением кого-, чего-либо.*
— Грабил или на шухере стоял? — Ничего я не грабил, парень, и украл-то всего только один раз, да и то специально, так, чтобы поймали. В. Мурзаков, Наш современник, № 6, 1979, 37

**ШУ́ШЕРА** *ж. презр.*
Miststück, Drecksau, Pottsau
*о дрянном, ничтожном, негодном, недостойном внимания, уважения человеке.*
А между тем, пила и кушала, / Вложив всю душу в сей процесс, / Благополучнейшая шушера, / Не признающая принцесс. А.Г., 261

**ШУШУ́КАНЬЕ** *ср.*
Geflüster, Geheimnistuerei; Gezischel; Getuschel
*тихий разговор, шепот /обычно по секрету/ // сплетни //.*
Для него стало объяснимым и появление лампадки в красном углу дочерней светелки, и суетливое ее радение вокруг всякой проходящей побирушки, и частое старушечье шушуканье по ту сторону перегородки. В.М., 74

**ШУШУ́КАТЬСЯ** *несов.*
tuscheln, munkeln, geheimnisvoll tun, heimlich tun
*шептаться, говорить друг с другом по секрету.*
Они между собой без конца шушукались, Набилин скрытно передавал ему какие-то бумажки, которые он прятал в свою полевую сумку. Л.Л., № 32, 153

# Щ

**ЩЕБЕТУ́НЬЯ** *ж.*
Schnatterliese
*о ком-либо, говорящем быстро, без умолку.*
Приходили ее подруги по институту иностранных языков, блестящие и ярко одетые девочки, щебетуньи, хохотушки, модницы, фифы; некоторые из них сразу и болезненно его задевали. Ю.Т.1, 111

**ЩЕКА́СТЫЙ**
pausbäckig, pausbackig
*имеющий толстые, полные щеки.*
На бревна, где только что сидели парень и девушка, слетела щекастая синичка. В.Б., 46

**ЩЕТИ́НА** *ж.*
Borsten, Stoppelbart
*жесткие, короткие волосы на лице человека.*
Бичи мои взвеселились, Аскольд ко мне лизаться полез, чуть глаз мне не выколол щетиной. Г.В.1, 10

**ЩИПА́ТЬСЯ** *несов.*
jemanden/ einander kneifen/ zwicken/ zwacken
*щипать кого-либо или друг друга.*
— Ой, отпусти! Папа, он щиплется. С.С., 28

# Э

**ЭГОЙСТВОВАТЬ**
egoistisch sein, nur an sich denken
*вести себя эгоистично, себялюбиво.*
— Товарища спасать надо, — покачал головой предместкома, — а ты эгоиствуешь. Б-ка крок., № 24/773/, М., 1976, 7

**ЭКИВО́КИ** *мн.*
Kniffe, Schliche, Listen, Winkelzüge, Fisimatenten
*проделки, ухищрения, увертки.*
— Леонид Алексеевич! — Кто еще? Господи, царица экрана. Людмила Сергеевна, позвольте ручку. — Экий вы церемонный, я к вам без экивоков. В.С., 46

**ЭКОНОМИ́НЯ** *ж. пренебр.*
Wirtschaftswissenschaftlerin
*женщина-экономист.*
— Разве у нас что-нибудь умеют делать? — морщит наша экономиня свой треугольный носик, совсем спрятавшийся в матрешкиных щечках. А.К., 429

**ЭКСКУРСОВО́ДКА** *ж.*
Reiseleiterin
*женщина-экскурсовод.*
— Вот представь себе, какой ужас: на юную экскурсоводку Аню нападает стая котов. С.С., 47

**ЭЛЕКТРИ́ЧКА** *ж.*
Stadtbahn, S-Bahn, (elektrischer) Vorortzug; elektrische Eisenbahn
*поезд электрифицированной железной дороги // электрифицированная железная дорога //.*
Кричат за лесом электрички, / от лампы — тени по стене, / и бабочки, / как еретички, / горят на медленном огне. Б.О., 262

**ЭМВЕДЕ́ШНИК** *м.*
Mitarbeiter des Innenministeriums
*сотрудник МВД /Министерства внутренних дел/.*
На его долю выпало принимать нестационарное электропитание, и эмведешники их стройбата, спаивая и, попеременно, то уговаривая, то запугивая, заставили Гришку забраковать три дизельные установки. В.Кор., 14

**ЭСТРА́ДНИК** *м.*
Estradenkünstler, Schmierenkomödiant
*артист эстрады.*
Вместо люстры у Бурлея висел большой шар, выложенный осколками зеркала — помог парень из театра эстрады; а над дверью, упираясь прицелом в шар — организовал тот же эстрадник, — был помещен маленький прожектор с моторчиком. С.Е., 49

**Э́ТАК**
so, so etwa, ungefähr
*примерно, приблизительно, так, таким образом.*

Берет он ножовку и у ножек готового стула отпиливает этак сантиметров по двадцать. Ю.Рихтер, Юность, № 2, 75, 111

# Ю

**ЮЛИ́ТЬ** *несов.*
scharwenzeln, kriechen, liebedienern, katzbuckeln
*угодничать, заискивать // лукавить, хитрить //.*
И ищи себе. Только не юли. Признайся честно себе во всем и становись Васькиным, Корытовым, Ивановым, Тваржинским. А.З., 54

**ЮМОРИ́ТЬ** *несов.*
Scherze/ Späße/ Witze machen, ulken, über etwas witzeln
*шутить, относиться к чему-либо юмористически.*
— Только не надо юморить, доктор этот — серьезный парень плюс влюблен. В.С., 41

**ЮРИ́СТКА** *ж.*
Juristin
*женщина-юрист.*
— Да вот соображают умные люди, как провести. Дочь — тоже юристка — выясняет. В.Кор., 69

# Я

**Я́БЕДНИЧАТЬ** *несов.*
verleumden; petzen, verpetzen, anschwärzen
*заниматься ябедами; наушничать, доносить, жаловаться.*
— Иван Акимыч, ведь правда, тот тощий зануда два раза к вам бегал на Зину ябедничать? А.Ч., 36
Да и откуда им было взяться, если братья ябедничали на сокурсников, писали жалобы на преподавателей. И.Ш., 17

**Я́БЕДНИЧЕСТВО** *ср.*
Verleumdung, Denunziation, Ohrenbläserei
*наушничество, доносительство, фискальство.*
В классах множества советских школ существует система так называемой самодисциплины, которая на практике представляет собой систему узаконенного ябедничества, когда один из детей — звеньевой — докладывает учителю о поведении детей, сидящих с ним в одном ряду. М.Ш., 305

**ЯДРЁНЫЙ**
drall, prall, feist, üppig
*полный, плотный.*
Даже Володина ядреная деваха стучала туфелькой о туфельку. В.А., 564

**ЯЗЫ́К** *м.*
Gefangener, von dem man wichtige Informationen erhalten kann
*пленный, от которого можно получить какие-либо нужные сведения.*
А вот еще: / В Мазурочки, / То шагом, то ползком, / Отправились два „урочки" / В поход за языком! А.Г., 240

**ЯЗЫКА́СТЫЙ**
scharfzüngig
*острый на язык, любящий поговорить, поругаться, поспорить.*
— Чего они тебе? — Ничего! Чего... Зарабатывал, зарабатывал авторитет, да пойду теперь растелешусь перед кем попало... Одним махом все перечеркнут. Я же знаю их, языкастых. В.Ш., 201

**ЯЗЫКА́ТЫЙ**
scharfzüngig
*то же, что языкастый.*
Сын, правда, слишком робкий, неязыкатый. А.Борин, Л.Г., 14.3.79
Работают Фиши медленно, не торопясь. Ленечка сидит, поет. Этот живописный Дзанни остроумен, языкат. А.К., 180

**ЯКША́ТЬСЯ** *несов., неодобр.*
verkehren/ gut Freund sein/ sich abgeben mit jemandem
*общаться, дружить с кем-либо.*

— Ты ведешь себя неправильно, — сказал Корытов. — Якшаешься со всякой швалью. А.З., 137

**ЯРИ́ТЬСЯ** *несов.*

wütend/ in Rage sein; etwas mit Feuer/ Eifer/ Begeisterung tun

***быть, находиться в состоянии ярости, сильного гнева // делать что-либо с рвением, с большой силой //.***

Сегодня на кафедре разговор об учебных планах. Спорят пылко, с серьезными лицами из-за каких-то часов. Особенно ярится Спивак. И.Г.1, 99

**Я́СЕЛЬНИК** *м.*

Krippenkind

***ребенок, посещающий ясли.***

Так и рос Вовка ясельником с третьего месяца своей жизни, целиком на Шуриных руках. Н.Б. 2, 9